비전공자도 합격시키는 쉽고 가벼운 ──── 진승현 토목직

가벼운 응용역학
기출문제집

2026

머리말

오늘도 하루를 견디고 있는 수험생에게...

저는 대학생활 동안 도서관에 있는 토목 전공서적을 '전부' 읽었습니다. 거의 외웠다 하는 표현이 맞겠습니다. 비가오나 눈이오나 한 달에 하루 정도를 제외하고는 눈을 뜬 모든 시간을 전공 공부에 쏟아 부었습니다. 토목공학과를 수석졸업하고 책의 내용을 모두 이해하고 보니 잘못 표현되거나 애매하게 표현된 내용들이 참 많았다는 생각이 들었습니다.

그러다 우연히 9급 공무원을 준비하는 학생의 전공과목 수업을 하게 되었습니다. 정말 간절한 마음으로 열심히 공부하는 학생들이 시험에 나오지도 않는 내용을 이해하려 애쓰고, 수많은 공식들을 암기하는 데 소중한 시간을 흘려보내고 있었습니다. 그 학생의 간절함을 보고 이 책을 쓰기로 마음먹었던 것 같습니다.

"선생님 책 언제 출판되나요?"

이 책이 세상에 나오기 전에 저는 합격하겠다며 농담을 건내던 학생들. 지금은 공무원이 되어버린 나의 학생들. 연거푸 감사하다며 식사대접하겠다고 찾아오는 학생들. 한숨을 쉬며 하루를 견디던 수험생이 공무원이 되어 밝게 웃는 얼굴을 보면 형언할 수 없는 책임감을 느낍니다. 그런 마음으로 책을 썼습니다.

> 어떻게 하면 학생이 빠르게 이해할 수 있을까?
> 어떻게 하면 학생들의 암기량을 줄일 수 있을까?
> 어떻게 하면 학생들의 수험기간을 줄일 수 있을까?

수험생의 간절함이 합격에 닿을 수 있게
이 책에 가장 빠른 길을 한 권의 지도로 남겨 놓습니다.

진승현

응용역학 학습전략

1. 이론에 집착하면 안됩니다.
수험생들이 풀어야 할 문제는 고난이도, 신유형 문제가 아닙니다. 매년 동일한 유형의 기출문제를 풀기 위해서는 이론에 대한 완벽한 이해가 필요하지 않습니다. 이론은 기출문제 이해를 위한 최소한의 의사소통 도구로만 의미를 가질 뿐입니다.

2. 너무 많은 공식을 암기하면 안됩니다.
공식이란 계산과정을 줄여주는 식일 뿐입니다. 너무 많은 공식을 암기할 경우 암기하는 것도 문제지만, 암기한 후 문제에 정확히 적용하는 것도 쉽지 않습니다. 최소한의 공식만 암기하여 신속히 이용해야 합니다. 책에는 수험생들이 암기해야 할 최소한의 필수적인 공식만 담았습니다.

3. 기출문제를 눈이 아닌 손으로 풀어야 합니다.
직접 계산과정에 부딪히고 숫자를 정리하는 과정 또한 응용역학 실력의 일부입니다.

4. 본인이 풀어야 하는 문제와 풀지 말아야 할 문제를 구분할 줄 알아야 합니다.
그리고 해당 문제에 소요되는 시간을 개략적으로 알고 있어야 합니다. 저는 이걸 문제의 견적이 나와야 한다고 표현합니다. 기출편에서 이런 학습방법을 구현해 놓았습니다.

교재 활용 방법 기출편

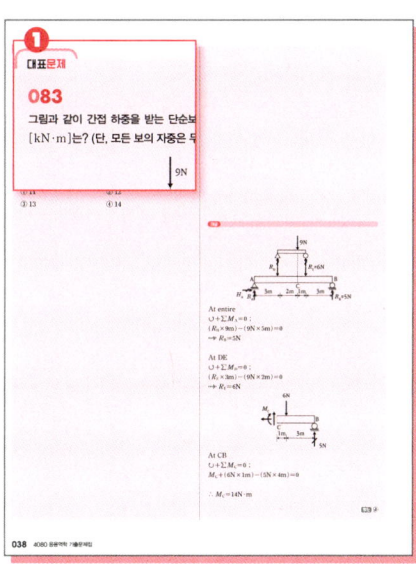
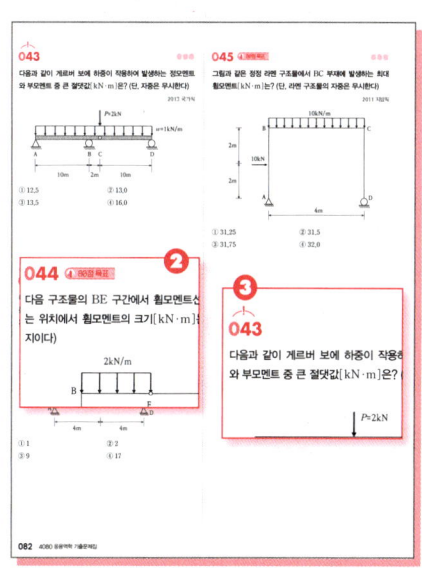

❶ 다른 문제를 이해하는 데 도움이 될 만한 문제를 **대표문제**로 선정했습니다.

❷ 수험생들이 시험장에서 풀기에 어려움이 있을 문제에 **80점 목표** 를 표시했습니다.

❸ 수험생들이 시험장에서 피해야 할 문제에 ⚠ 를 표시했습니다.

차례

CHAPTER 01	힘 평형 방정식	006
CHAPTER 02	합력	061
CHAPTER 03	전단력과 모멘트도	066
CHAPTER 04	재료와 단면의 특성	086
CHAPTER 05-1	강봉의 변형	104
CHAPTER 05-2	포아송 비(Poisson's ratio)	117
CHAPTER 06	응력-변형률 곡선	124
CHAPTER 07-1	휨응력 / 전단응력	130
CHAPTER 07-2	비틀림	153
CHAPTER 08	막응력	156
CHAPTER 09	미소요소해석	158
CHAPTER 10	여러 지점의 응력해석	167
CHAPTER 11-1	처짐	170
CHAPTER 11-2	2개 구조 나눠 해석하기	185
CHAPTER 12-1	변형에너지	187
CHAPTER 12-2	카스티길라노 제2정리	190
CHAPTER 13	공액보법	193

80점을 목표로 하는 수험생은 🔔 80점 목표 내용을 반드시 학습하십시오!

CHAPTER 14-1	영부재	195
CHAPTER 14-2	트러스트부재력	199
CHAPTER 15	강성	213
CHAPTER 16	강체를 포함한 구조	222
CHAPTER 17	기둥	224
CHAPTER 18	정정 / 부정정	237
CHAPTER 19	모멘트 분배법	265
CHAPTER 20	영향선	269
CHAPTER 21	절대최대전단력 / 절대최대모멘트	276
CHAPTER 22	케이블 일반 정리	280
CHAPTER 23	도르래	282
CHAPTER 24	안전율	284
CHAPTER 25	곡률	286
CHAPTER 26	파푸스정리	291
CHAPTER 27	역학 일반	292
CHAPTER 28	소성해석	295
CHAPTER 29	기타 문제	297

CHAPTER 01 힘 평형 방정식

정답·해설 002~047p

001

그림과 같은 부정정 구조물에 등변분포 하중이 작용할 때, 반력의 총 개수는? (단, B점은 강결되어 있다)

2017 국가직

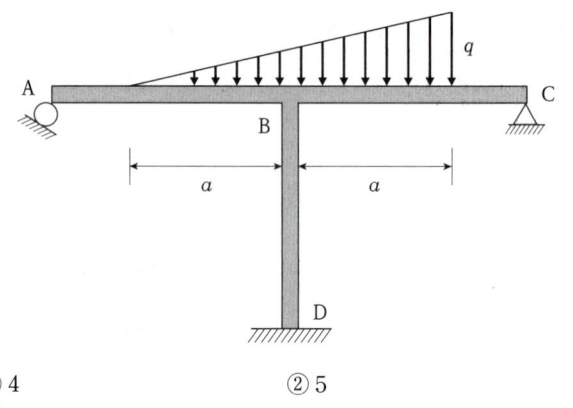

① 4　　② 5
③ 6　　④ 7

002

3차원 공간에 존재하는 3차원 구조물에서 한 절점이 가질 수 있는 독립 변위성분의 수는?

2017.12 지방직

① 6　　② 9
③ 12　　④ 무한대

003

힘의 평형에 대한 설명 중 옳지 않은 것은?

2009 지방직

① 2차원 평면상에서 한 점에 작용하는 힘들의 평형조건은 2개이다.
② 3차원 공간상에서 한 물체에 작용하는 힘들의 평형조건은 4개이다.
③ 3차원 공간상에서 한 점에 작용하는 힘들의 평형조건은 3개이다.
④ 2차원 평면상에서 한 물체에 작용하는 힘들의 평형조건은 3개이다.

대표문제

004

그림과 같이 하중 P가 작용할 때, 하중 P의 A점에 대한 모멘트의 크기[kN·m]는?

2017.12 지방직

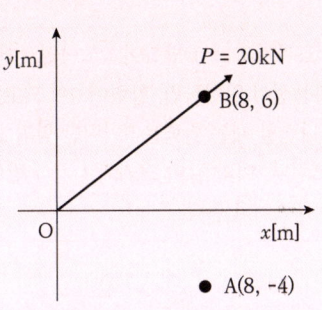

① 100 ② 120
③ 140 ④ 160

해설

주어진 조건에서는 A점에 대한 하중 P의 모멘트 팔을 계산하기가 쉽지 않다. 따라서 하중 P를 수평, 수직 하중으로 나누어 모멘트를 계산하여야 한다.

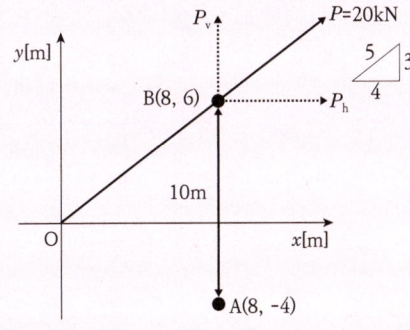

$P_h = P \times \dfrac{4}{5}$
$= 20\text{kN} \times \dfrac{4}{5} = 16\text{kN}$

$P_v = P \times \dfrac{3}{5}$
$= 20\text{kN} \times \dfrac{3}{5} = 12\text{kN}$

$\circlearrowleft + \Sigma M_A$;
$P_h \times (6\text{m} + 4\text{m})$
$= (16\text{kN})(10\text{m}) = 160\text{kN}\cdot\text{m}\,(\circlearrowleft)$

정답 ④

005

그림과 같이 힘 P가 작용할 때, 힘 P의 A점에 대한 모멘트의 크기[kN·m]는?

2025 지방직

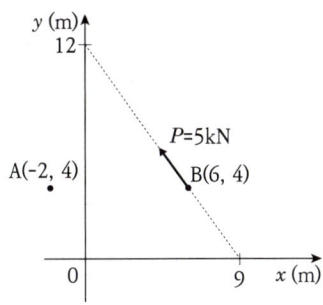

① 32 ② 35
③ 38 ④ 40

006

그림과 같이 $P_1 = 13\text{kN}$, $P_2 = 7\sqrt{2}\text{kN}$의 힘이 O점에 작용할 때, A점에 대한 모멘트의 크기[kN·m]는?

2021 지방직

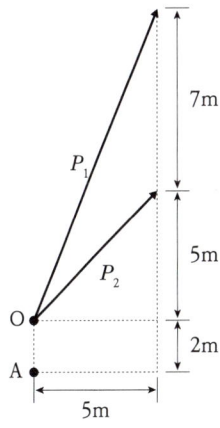

① 24 ② 26
③ 28 ④ 30

007

그림과 같이 경사방향으로 힘 P가 작용할 때, y축 방향의 분력 P_y의 크기[kN]는?

2022 국가직

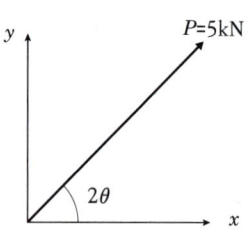

① $10\cos2\theta$ ② $10\sin2\theta$
③ $5\sin\theta\cos\theta$ ④ $10\sin\theta\cos\theta$

008

그림과 같은 반경이 r인 강체원판의 세 점 A, B, C에 각각 $2P$의 힘이 작용하는 평면력계에서 O점에 대한 합 모멘트는? (단, 원판은 O점에 고정되어 있고, 강체원판의 자중은 무시한다)

2024 지방직

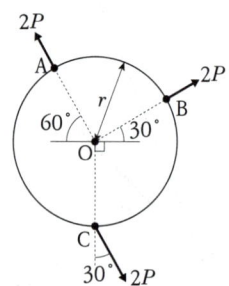

① $\sqrt{3}Pr$ ② $0.5Pr$
③ Pr ④ $(2+\sqrt{3})Pr$

대표문제

009

다음은 '우력'에 대한 약술이다. ( )에 들어갈 단어를 바르게 연결한 것은?

2008 국가직

> 어떤 물체에 크기가 (㉠) 방향이 (㉡)인 2개의 힘이 작용할 때 그의 작용선이 일치하면, 합력이 0이 되고, 작용선이 일치하지 않고 나란할 때는 합력은 0이지만 힘의 효과가 물체에 (㉢)을 일으킨다. 이와 같이 크기가 (㉠) 방향이 (㉡)인 한 쌍의 힘을 우력이라 한다.

	㉠	㉡	㉢
①	같고	반대방향	회전운동
②	다르고	반대방향	회전운동
③	다르고	같은방향	평행운동
④	같고	같은방향	평행운동

해설

우력이란 크기가 같고 방향이 반대인 두 개의 힘이 모멘트(회전운동)을 발생시키는 것을 의미한다.

정답 ①

010

다음 그림과 같이 강체(rigid body)에 우력이 작용하고 있다. A, B, C점에 관한 모멘트가 각각 $\sum M_A$, $\sum M_B$, $\sum M_C$일 때, 옳은 것은?

2012 지방직

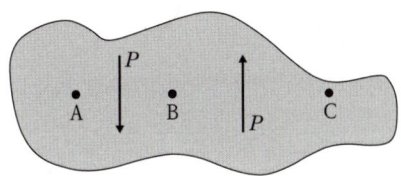

① $\sum M_A = \sum M_B < \sum M_C$
② $\sum M_A = \sum M_B > \sum M_C$
③ $\sum M_A < \sum M_B < \sum M_C$
④ $\sum M_A = \sum M_B = \sum M_C$

011

그림과 같이 크기가 같고 방향이 반대인 우력이 작용할 때, 옳지 않은 설명은? (단, a, b, c는 0보다 큰 상수이다)

2022 지방직

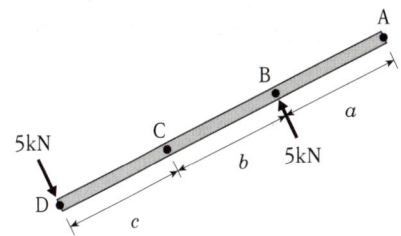

① A점 C점의 모멘트의 크기가 같다.
② B점 D점의 모멘트의 방향이 같다.
③ A점 D점의 모멘트의 크기와 방향이 모두 같다.
④ B점 C점의 모멘트의 크기는 다르나 방향은 같다.

대표문제

012

그림과 같이 원점에 작용하는 세 힘이 정적 평형 상태에 있기 위해서 필요한 힘 F의 크기[kN]와 x축과 이루는 각 $\theta[°]$는?

2025 국가직

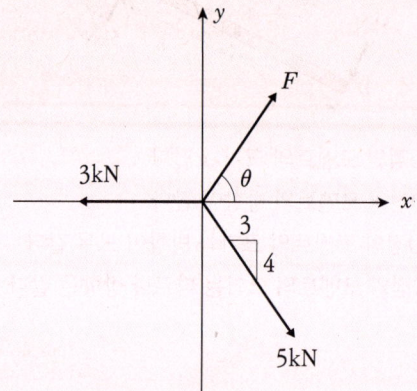

	F	θ
①	3	30
②	3	60
③	4	60
④	4	90

해설

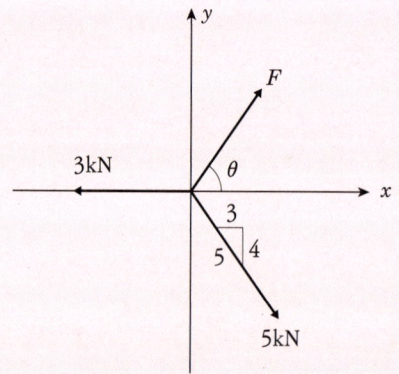

$\rightarrow + \sum F_x = 0$;
$(F \times \cos\theta) + \left(5\text{kN} \times \dfrac{3}{5}\right) - 3\text{kN} = 0$
$\rightarrow \theta = 90°$ ($F \neq 0$ ∵ 보기없음)

$\uparrow + \sum F_y = 0$;
$(F \times \sin\theta) - \left(5\text{kN} \times \dfrac{4}{5}\right) = 0$
$\rightarrow F = 4\text{kN}$

정답 ④

013

그림과 같은 아치 구조물의 지점 A에서 수평 반력의 크기 [kN]는? (단, 자중은 무시한다)
2025 지방직

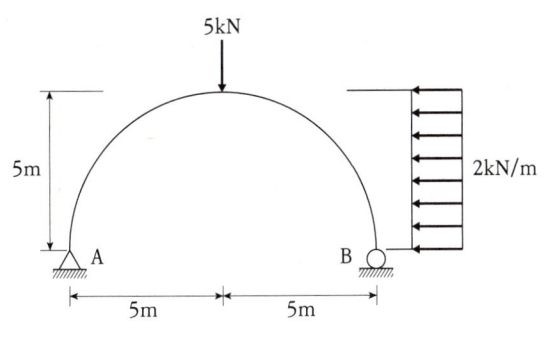

① 5   ② 10
③ 15   ④ 20

대표문제

014

그림과 같이 A점에서 3개의 힘이 동일 평면에 작용할 때, A점에 대한 힘의 모멘트가 0이 되기 위한 L의 길이[m]는?

2022 국가직

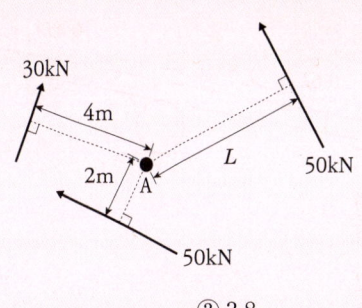

① 3.2   ② 3.8
③ 4.4   ④ 5.0

해설

$\circlearrowleft + \sum M_A = 0$;
$(50\text{kN} \times L) - (30\text{kN} \times 4\text{m}) - (50\text{kN} \times 2\text{m}) = 0$

$\therefore$ ③ $L = 4.4$m

정답 ③

015

다음 그림과 같이 길이 L인 통나무가 바위 위에 놓여 있다. 통나무의 무게가 1,400kN일 때, 600kN의 사람이 왼쪽에서 오른쪽으로 매우 천천히 걷고 있다. 통나무가 수평이 되기 위한 사람의 위치는? (단, 바위와 통나무의 위치는 변하지 않는다)

2010 국가직

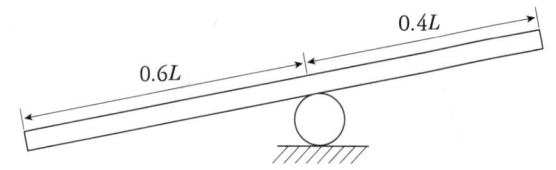

① 왼쪽에서 $\dfrac{2L}{3}$

② 왼쪽에서 $\dfrac{3L}{4}$

③ 왼쪽에서 $\dfrac{4L}{5}$

④ 왼쪽에서 $\dfrac{5L}{6}$

016

그림과 같이 정삼각형 구조체에 힘이 작용하고 있을 때 평형을 이루기 위해 필요한 모멘트 $[kN \cdot m]$는?

2009 지방직

① 3 (시계방향) ② $4\sqrt{3}$ (반시계방향)
③ 6 (반시계방향) ④ $6\sqrt{3}$ (반시계방향)

017

그림과 같이 500kN의 힘이 C점에 작용하고 있다. A점에서 물체의 회전이 발생하지 않도록 하는, B점에서의 최소 힘의 크기 $[kN]$는? (단, 구조물의 자중은 무시한다)

2021 국가직

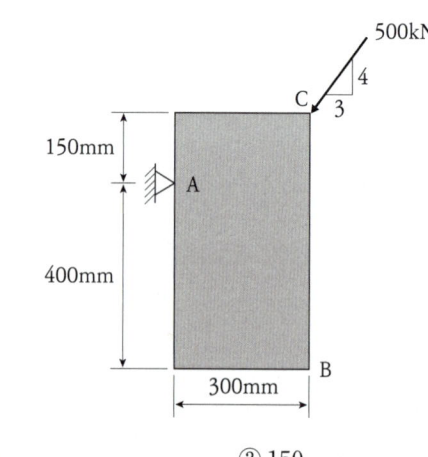

① 100 ② 150
③ 200 ④ 250

대표문제

018

그림과 같은 하중이 작용할 때 지점 A에 대한 휨모멘트 [kN·m]는?

2009 지방직

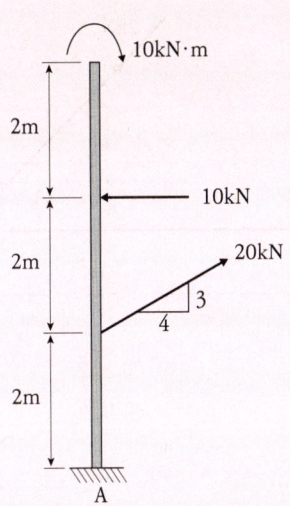

① 2
② 4
③ 8
④ 10

해설

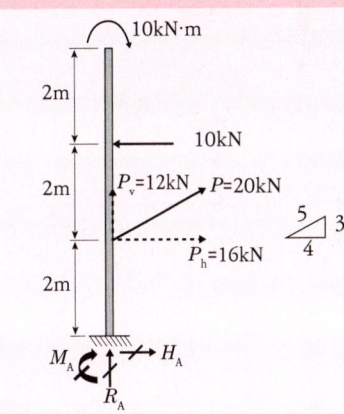

$P_h = P \times \dfrac{4}{5}$

$\quad = 20\text{kN} \times \dfrac{4}{5} = 16\text{kN}$

$P_v = P \times \dfrac{3}{5}$

$\quad = 20\text{kN} \times \dfrac{3}{5} = 12\text{kN}$

$\circlearrowleft + \Sigma M_A = 0;$
$M_A + (16\text{kN} \times 2\text{m}) - (10\text{kN} \times 4\text{m}) + 10\text{kN} \cdot \text{m} = 0$
$\therefore M_A = -2\text{kN} \cdot \text{m}(\circlearrowleft)$

꼭 알아두자!

문제에서 물어보지 않았으나 수평, 수직 반력도 구해 보자.
$\rightarrow + \Sigma F_x = 0;$
$H_A + 16\text{kN} - 10\text{kN} = 0 \;\Rightarrow\; H_A = -6kN(\leftarrow)$

$\uparrow + \Sigma F_y = 0;$
$R_A + 12\text{kN} = 0 \;\Rightarrow\; R_A = -12\text{kN}(\downarrow)$

정답 ①

019

그림과 같은 구조물에서 지점 A의 수평반력 H_A [kN], 수직반력 R_A [kN] 및 휨모멘트 M_A [kN·m]는? 2009 지방직

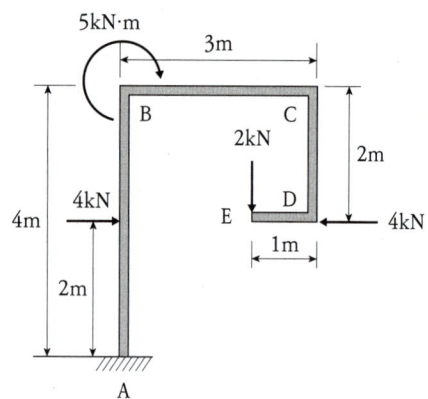

	H_A	R_A	M_A
①	2	2	5
②	2	2	9
③	0	2	5
④	0	2	9

대표문제

020

다음과 같은 구조물에서 A점에 발생하는 휨모멘트의 크기 [kN·m]는? 2012 국가직

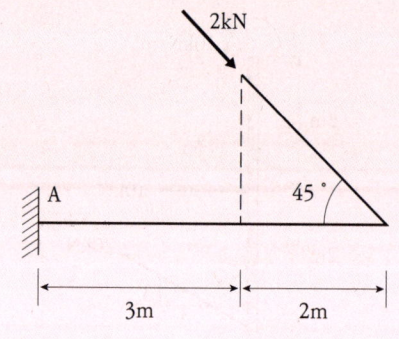

① $\sqrt{2}$
② $2\sqrt{2}$
③ $3\sqrt{2}$
④ $5\sqrt{2}$

021

그림과 같은 xy 평면상의 구조물에서 지점 A의 반력 모멘트 $[kN \cdot m]$의 크기는? (단, 구조물의 자중은 무시한다) 2017 국가직

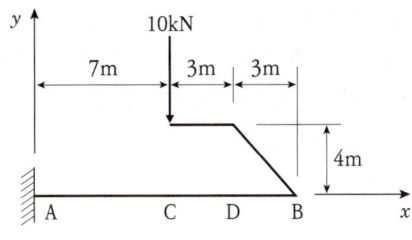

① 70
② 100
③ 104
④ 130

해설

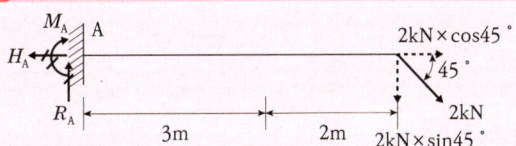

$\circlearrowleft + \sum M_A = 0$;
$M_A + (2kN \times \sin 45°)(5m) = 0$

$\therefore M_A = -5\sqrt{2} kN \cdot m (\circlearrowleft)$

꼭 알아두자!

하중을 이동하지 않고 바로 모멘트를 계산할 수 있으나 수평분력, 수직분력에 대한 모멘트를 모두 고려해야 한다.

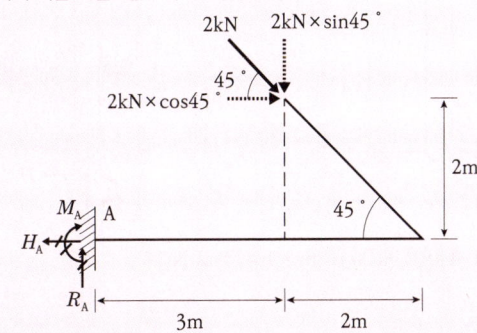

$\circlearrowleft + \sum M_A = 0$;
$M_A + (2kN \times \sin 45°)(3m) + (2kN \times \cos 45°)(2m) = 0$

$\therefore M_A = -5\sqrt{2} kN \cdot m (\circlearrowleft)$

정답 ④

대표문제

022

다음과 같은 표지판에 풍하중이 작용하고 있다. 표지판에 작용하고 있는 등분포 풍압의 크기가 2.5kPa일 때, 고정지점부 A의 모멘트 반력[kN·m]의 크기는? (단, 풍하중은 표지판에만 작용하고, 정적하중으로 취급하며, 자중은 무시한다)

2015 지방직

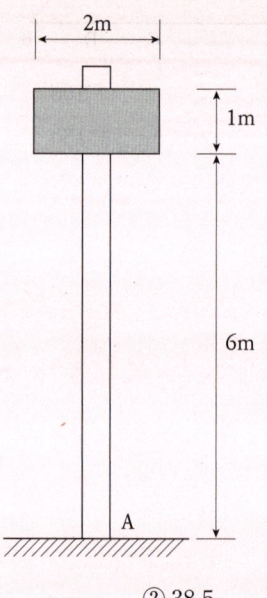

① 32.5　　② 38.5
③ 42.5　　④ 52.0

해설

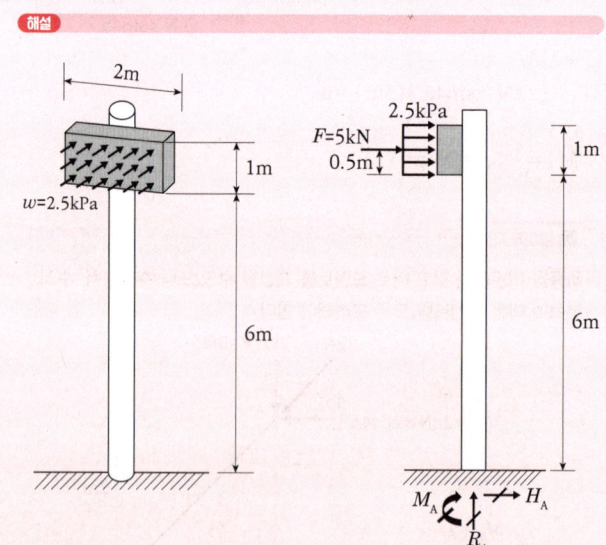

$F = w \times A = (2.5 \text{kP}a)(2\text{m} \times 1\text{m}) = 5\text{kN}$

$\circlearrowleft + \Sigma M_A = 0$;

$M_A + (F)\left(6\text{m} + \dfrac{1\text{m}}{2}\right) = 0$

→ $M_A + (5\text{kN})(6.5\text{m}) = 0$

∴ $M_A = -32.5 \text{kN} \cdot \text{m}(\circlearrowleft)$

정답 ①

023

그림과 같이 동일한 길이의 캔틸레버 보 (a), (b), (c)에 각각 그림과 같은 분포하중이 작용하였을 때, 캔틸레버 보 (a), (b), (c)의 고정단에 작용하는 휨모멘트 크기의 비율은? (단, 캔틸레버 보의 자중은 무시한다)

2018 지방직

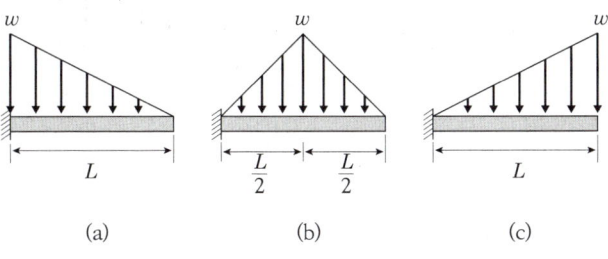

(a)　　　　(b)　　　　(c)

① 1 : 2 : 3
② 2 : 3 : 4
③ 4 : 3 : 2
④ 3 : 2 : 1

024

다음과 같이 2차 함수 형태의 분포하중을 받는 캔틸레버 보에서 A점의 휨모멘트[kN·m]의 크기는? (단, 자중은 무시한다)

2015 지방직

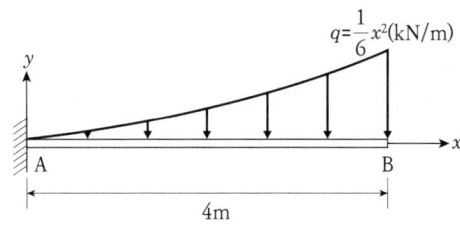

① $\dfrac{32}{9}$　　　　② $\dfrac{16}{9}$

③ $\dfrac{32}{3}$　　　　④ $\dfrac{16}{3}$

대표문제

025

그림과 같은 구조물에서 지점 B의 수평반력[kN]의 크기와 방향은? (단, 구조물의 자중은 무시한다)   2024 지방직

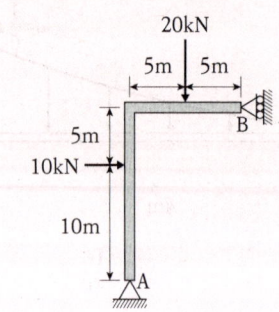

① $\dfrac{40}{3}$ (←) ② $\dfrac{10}{3}$ (←)

③ $\dfrac{40}{3}$ (→) ④ $\dfrac{10}{3}$ (→)

026

그림과 같은 내민보에서 지점 A의 수직반력[kN]은? (단, 구조물의 자중은 무시한다)   2023 지방직

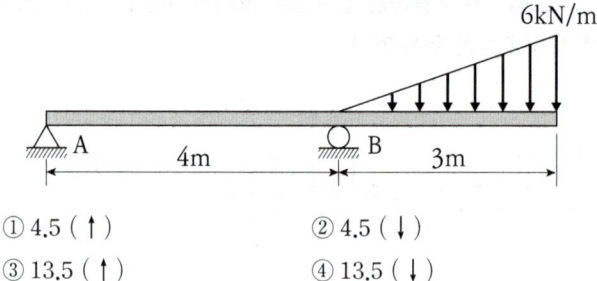

① 4.5 (↑) ② 4.5 (↓)
③ 13.5 (↑) ④ 13.5 (↓)

027

그림과 같은 분포하중을 받는 보에서 B점의 수직반력(R_B)의 크기는? (단, 구조물의 자중은 무시한다)   2019 국가직

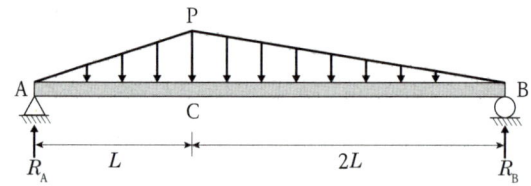

① $\dfrac{1}{6}PL$ ② $\dfrac{1}{3}PL$

③ $\dfrac{2}{3}PL$ ④ $\dfrac{5}{6}PL$

해설

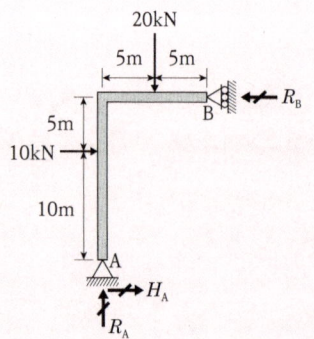

$\circlearrowleft + \sum M_A = 0$;
$(R_B \times 15\text{m}) - (10\text{kN} \times 10\text{m}) - (20\text{kN} \times 5\text{m}) = 0$
$\therefore R_B = \dfrac{40}{3}\text{kN}$ (←)

정답 ①

028

그림과 같은 단순보에서 지점 B의 수직반력[kN]은? (단, 보의 자중은 무시한다)

2015 국가직

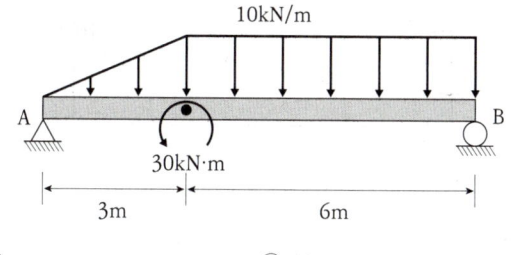

① 40
② 46
③ 52
④ 60

029

그림과 같은 단순보에 모멘트 하중이 작용할 때 발생하는 지점 A의 수직반력(R_A)과 지점 B의 수직반력(R_B)의 크기[kN]와 방향은? (단, 보의 휨강성 EI는 일정하며, 자중은 무시한다)

2016 지방직

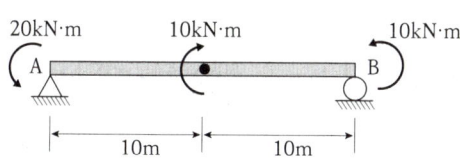

	R_A	R_B
①	1(↑)	1(↓)
②	1(↓)	1(↑)
③	2(↑)	2(↓)
④	2(↓)	2(↑)

030

다음 그림과 같은 보에서 지점 B의 반력이 $4P$일 때 하중 $3P$의 재하위치 x는?

2008 국가직

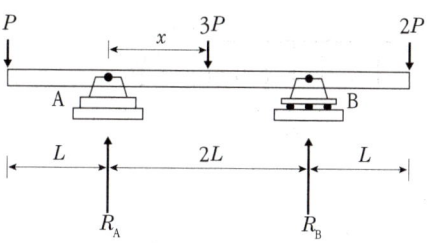

① $x = L$
② $x = \dfrac{3}{2}L$
③ $x = 2L$
④ $x = \dfrac{2}{3}L$

031

그림과 같은 내민보에서 지점 B의 상향 수직반력이 $3P$일 때, 길이 비 $\dfrac{b}{a}$는? (단, 자중은 무시한다)

2025 국가직

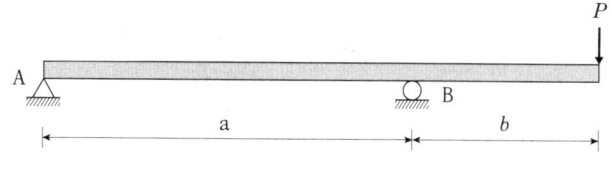

① 0.5
② 1.0
③ 2.0
④ 3.0

032

그림과 같이 하중이 작용하는 보의 B지점에서 수직반력의 크기 [kN]는? (단, 보의 자중은 무시한다)

2014 국가직

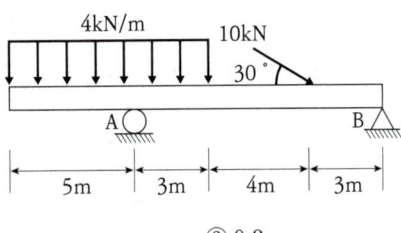

① 0.2
② 0.3
③ 3.8
④ 6.7

034

그림과 같은 구조물에서 A지점의 수직반력[kN]은? (단, 자중은 무시한다)

2016 국가직

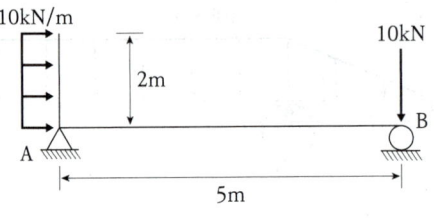

① 4(↑)
② 4(↓)
③ 5(↑)
④ 5(↓)

033

그림과 같이 D점에 수평력 2kN, C점에 수직력 4kN이 작용하는 내민 보에서 지점 A에 발생하는 수직반력 V_A[kN]는? (단, 자중은 무시한다)

2017.12 지방직

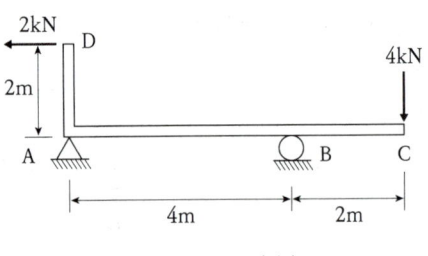

① 1(↓)
② 1(↑)
③ 2(↓)
④ 2(↑)

035

그림과 같은 보 구조물에서 지점 B의 수직반력[kN]은?

2009 지방직

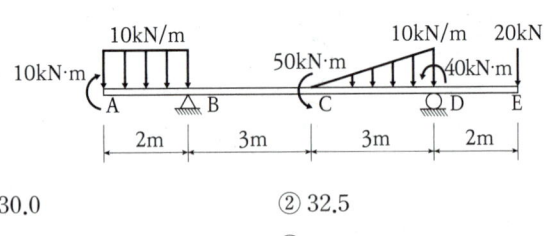

① 30.0
② 32.5
③ 35.0
④ 37.5

036

다음 그림과 같이 구조물에 하중이 작용하며 롤러 지점 반력 R이 300kN이고, 구조물은 평형상태이다. 미지의 힘[kN] F_1과 F_2는? (단, 구조물의 자중은 무시한다)   2012 지방직

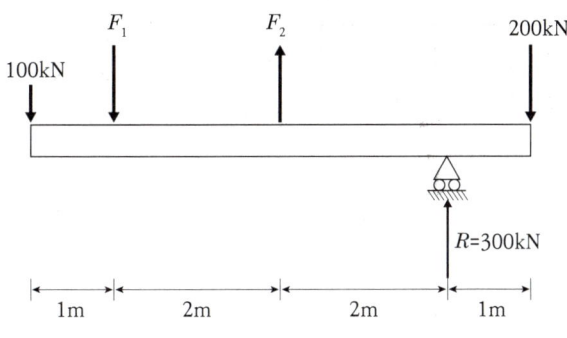

  F_1 F_2
① 100(상향) 100(하향)
② 100(하향) 100(상향)
③ 150(상향) 150(하향)
④ 150(하향) 150(상향)

대표문제

037

그림과 같이 하중을 받는 내민 보의 지점 B에서 수직반력의 크기가 0일 때, 하중 P_2의 크기[kN]는? (단, 구조물의 자중은 무시한다)   2020 지방직

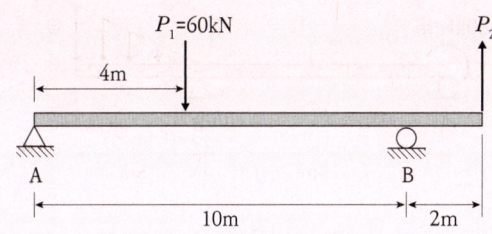

① 20   ② 25
③ 30   ④ 35

해설

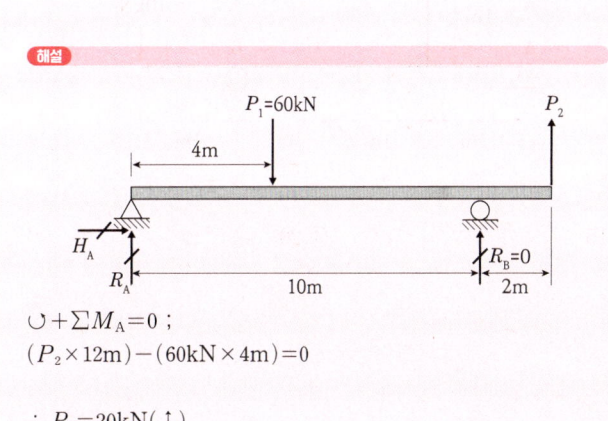

$\circlearrowleft + \Sigma M_A = 0$;
$(P_2 \times 12m) - (60kN \times 4m) = 0$

$\therefore P_2 = 20kN(\uparrow)$

정답 ①

038

그림과 같이 내민보에 집중 모멘트와 선형 분포하중이 작용하여 A 지점의 수직반력(V_A)의 크기가 0일 때, B 지점의 수직반력(V_B)의 크기[kN]는? (단, 보의 자중은 무시하고, w는 선형 분포하중의 최대 크기이다)

2022 국가직

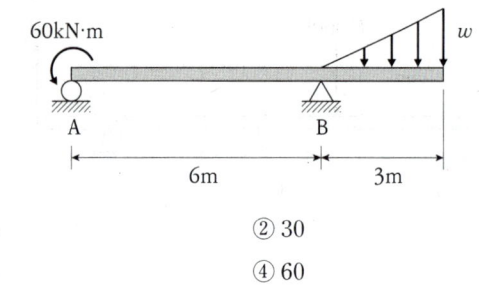

① 15
② 30
③ 45
④ 60

040

다음 그림과 같은 단순보에서 오른쪽 지점의 수직반력 R이 1kN일 때 작용하는 분포하중의 길이 x[m]는?

2010 지방직

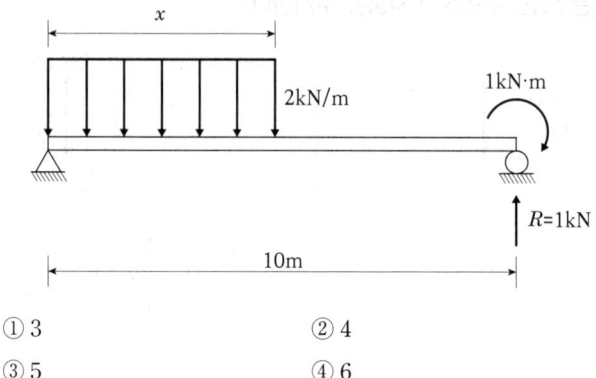

① 3
② 4
③ 5
④ 6

039

그림과 같은 보 ABC에서 지점 A에 수직반력이 생기지 않도록 하기 위한 수직하중 P의 값[kN]은? (단, 모든 구조물의 자중은 무시한다)

2016 지방직

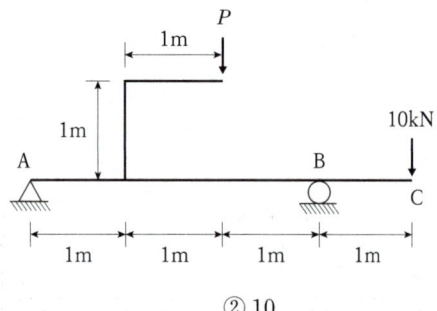

① 5
② 10
③ 15
④ 20

041

그림과 같이 하중을 받는 캔틸레버 보의 지점 A에서 모멘트 반력의 크기가 0일 때, 하중 P의 크기[kN]는? (단, 구조물의 자중은 무시한다)
2020 지방직

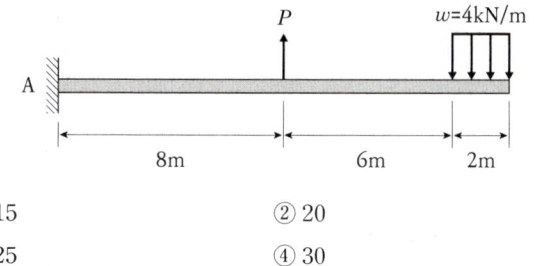

① 15 ② 20
③ 25 ④ 30

043

다음과 같이 분포하중이 작용할 때, 지점 A, B의 반력의 비는?
2012 국가직

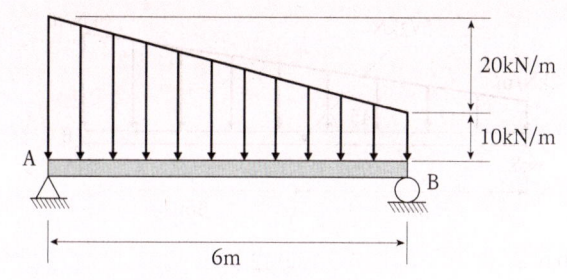

① 7 : 5 ② 5 : 3
③ 6 : 5 ④ 4 : 3

042

다음과 같은 캔틸레버 보에서 고정단 B의 휨모멘트가 0이 되기 위한 집중하중 P의 크기[kN]는? (단, 자중은 무시한다)
2015 지방직

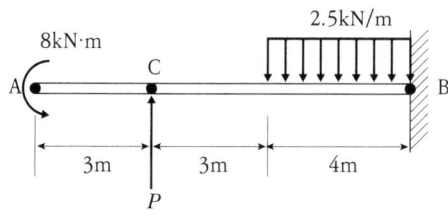

① 3 ② 4
③ 5 ④ 10

해설

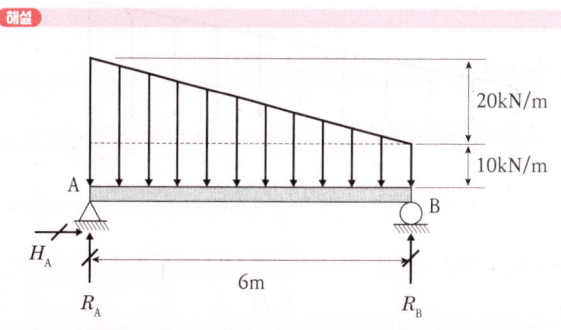

$R_A = \frac{1}{2}(10\text{kN/m} \times 6\text{m}) + \frac{2}{3}\left(\frac{1}{2} \times 6\text{m} \times 20\text{kN/m}\right) = 70\text{kN}$

$R_B = \frac{1}{2}(10\text{kN/m} \times 6\text{m}) + \frac{1}{3}\left(\frac{1}{2} \times 6\text{m} \times 20\text{kN/m}\right) = 50\text{kN}$

$\therefore R_A : R_B = 70\text{kN} : 50\text{kN} = 7 : 5$

정답 ①

044

그림과 같은 분포하중과 집중하중을 받는 단순보에서 지점 A의 수직반력 크기[kN]는? (단, 보의 휨강성 EI는 일정하고, 자중은 무시한다)

2019 지방직

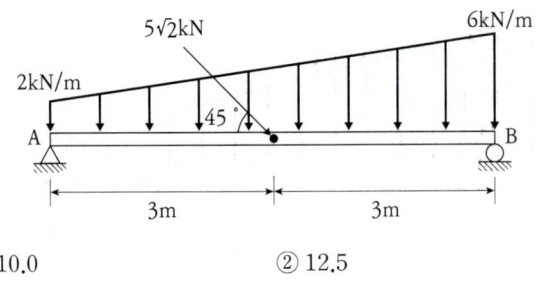

① 10.0 ② 12.5
③ 15.0 ④ 17.5

045 80점 목표

그림과 같은 분포하중을 받는 단순보에서 C점에서 발생하는 휨모멘트의 크기[kN·m]는? (단, 보의 자중은 무시한다)

2018 국가직

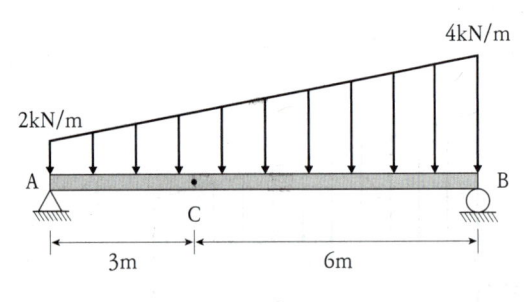

① 25 ② 26
③ 27 ④ 28

대표문제 046

다음 그림과 같은 구조물에서 부재 AB에 발생되는 축력의 크기는?

2010 국가직

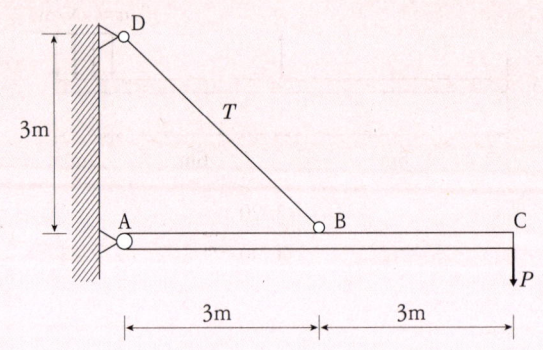

① $\dfrac{P}{\sqrt{2}}$ ② P
③ $\sqrt{2}P$ ④ $2P$

해설

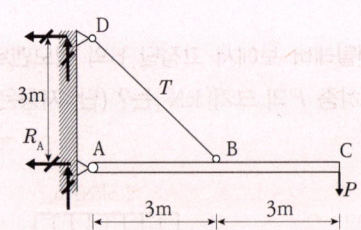

$\circlearrowleft + \sum M_D = 0$;
$(R_A \times 3\text{m}) + (P \times 6\text{m}) = 0$

$\therefore R_A = -2P(\rightarrow)$

꼭 알아두자!

축력 계산과정을 자세하게 보면 다음과 같다.

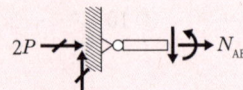

At 자유물체도
$\rightarrow + \sum F_x = 0$;
$N_{AB} + 2P = 0$

$\therefore N_{AB} = -2P(압축)$

정답 ④

047

그림과 같이 강체로 된 보가 케이블로 B점에서 지지되고 있다. C점에 수직하중이 작용할 때, 부재 AB에 발생되는 축력의 크기[kN]는? (단, 모든 부재의 자중은 무시한다) 2019 지방직

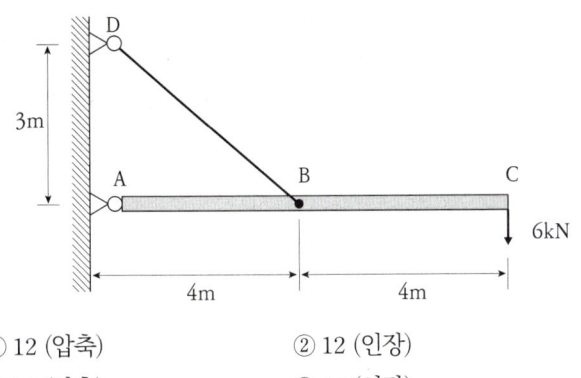

① 12 (압축) ② 12 (인장)
③ 16 (압축) ④ 16 (인장)

048 80점 목표

케이블 BC의 허용축력이 150kN일 때, 그림과 같은 100kN의 수직하중을 지지할 수 있는 구조물에서, 경사각 $0° \leq \theta \leq 60°$일 때, 가장 작은 단면의 케이블을 사용하려고 한다. 필요한 경사각의 크기는? (단, 봉 AB는 강체로 가정하고, 모든 자중과 미소 변형 및 케이블의 처짐은 무시한다) 2017.6 지방직

〈계산참고(근삿값)〉
$\sin 10° = 0.2,\ \sin 50° = 0.8,\ \sin 60° = 0.9$

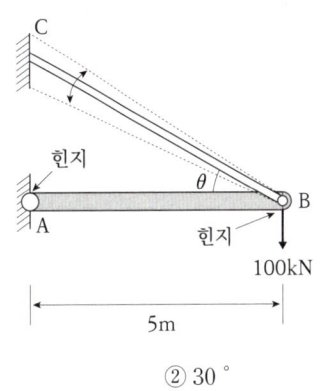

① 10° ② 30°
③ 50° ④ 60°

대표문제

049

그림과 같은 캔틸레버보에서 B점의 휨모멘트 크기[kN·m]는? (단, 구조물의 자중은 무시한다)

2023 지방직

① 150
② 240
③ 250
④ 340

050

그림과 같이 B점에 내부힌지가 있는 보에서, 지점 C에 발생하는 휨모멘트의 크기[kN·m]는? (단, 자중은 무시한다)

2025 지방직

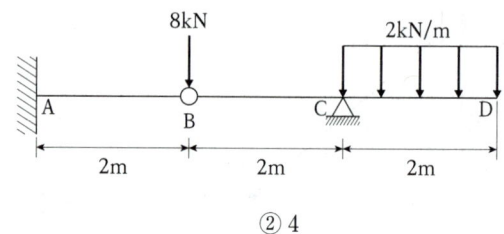

① 2
② 4
③ 6
④ 8

051

그림과 같은 캔틸레버보에 집중하중 P와 모멘트하중 M=PL이 작용할 때, 옳지 않은 것은? (단, 구조물의 자중은 무시한다)

2023 국가직

① A점에 발생하는 축력의 크기는 0이다.
② B점에 발생하는 전단력의 크기는 P이다.
③ C점에 발생하는 모멘트 반력의 크기는 0이다.
④ C점에 발생하는 수직반력의 크기는 P이다.

해설

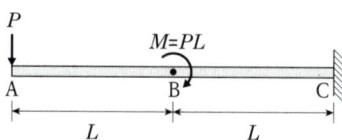

At BC
$\circlearrowleft + \Sigma M_B = 0$;
$M_B + (20\text{kN/m} \times 4\text{m})\left(\dfrac{4\text{m}}{2}\right) - 500\text{kN} \cdot \text{m} = 0$

∴ $M_B = 340\text{kN} \cdot \text{m}$ (↶)

정답 ④

052

다음과 같은 보에서 D점에 발생하는 휨모멘트의 크기[kN·m]는?

2012 국가직

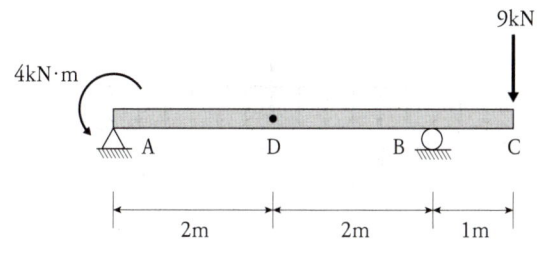

① $\frac{13}{2}$ ② $\frac{13}{3}$

③ $\frac{13}{4}$ ④ $\frac{3}{2}$

053

그림과 같이 부재에 하중이 작용할 때, B점에서의 휨모멘트 크기[kN·m]는? (단, 구조물의 자중 및 부재의 두께는 무시한다)

2020 국가직

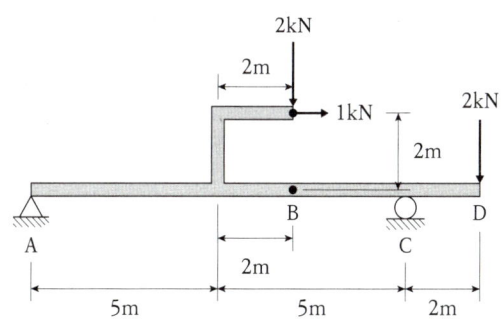

① 1 ② 2
③ 3 ④ 4

054

다음 그림에서 보의 중앙점 C의 휨모멘트의 크기는? (단, 보의 자중은 무시한다)

2012 지방직

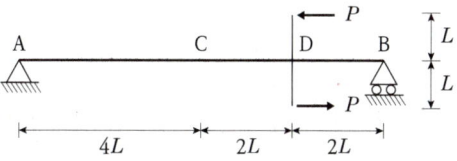

① $\frac{PL}{4}$ ② $\frac{PL}{2}$

③ PL ④ $2PL$

055

다음 그림과 같이 연직하중을 받는 단순보의 지간 중앙에 발생하는 휨모멘트의 크기[kN·m]는?

2010 지방직

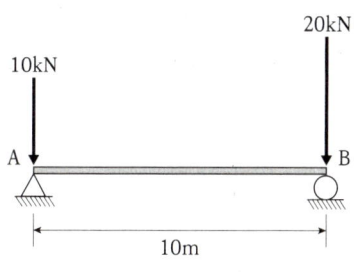

① 0 ② 10
③ 50 ④ 100

056

그림과 같이 집중하중과 등분포하중이 동시에 작용하는 단순보에서 구간 AB의 휨모멘트 분포식으로 옳은 것은? (단, 휨모멘트 단위는 kN·m로 한다)

2009 지방직

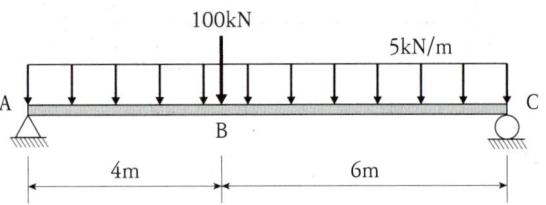

① $-2.5x^2 + 85x$
② $2.5x^2 + 85x$
③ $-2.5x^2 + 45x$
④ $2.5x^2 + 45x$

057

다음과 같이 집중하중이 작용하는 양단 고정보에서 지점의 반력모멘트가 그림과 같이 A점에 8kN·m(↻)이고 B점에 4kN·m(↻)일 때, C점의 휨모멘트[kN·m]는? (단, 자중은 무시한다)

2013 국가직

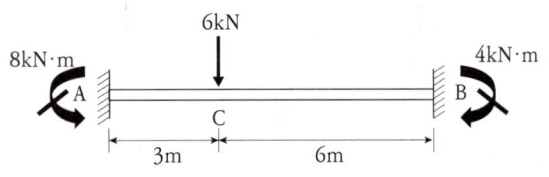

① $\dfrac{16}{3}$
② $\dfrac{20}{3}$
③ $\dfrac{22}{3}$
④ $\dfrac{25}{3}$

058

그림과 같은 단순보에서 D점의 전단력은? (단, 보의 자중은 무시한다)

2017 국가직

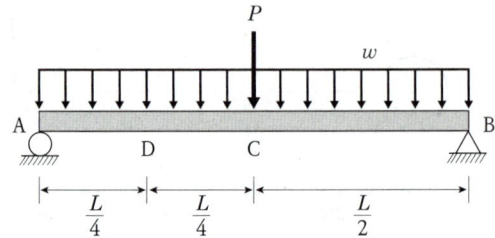

① $\dfrac{P}{2} + \dfrac{wL}{2}$
② $\dfrac{wL}{2}$
③ $\dfrac{P}{2} + \dfrac{wL}{4}$
④ $\dfrac{P}{2}$

059

다음 그림과 같은 내민보에서 B점에 발생하는 전단력의 크기[kN]는?

2010 지방직

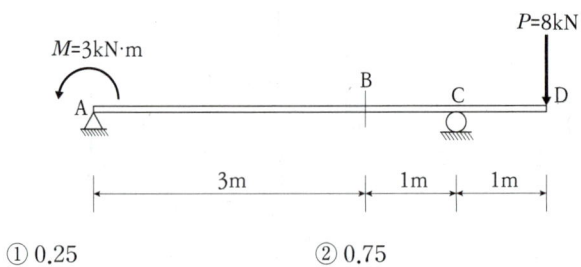

① 0.25
② 0.75
③ 1.25
④ 1.75

060

그림과 같은 단순보에서 B점에 집중하중 $P=10\text{kN}$이 연직방향으로 작용할 때 C점에서의 전단력 $V_C\,[\text{kN}]$ 및 휨모멘트 $M_C\,[\text{kN}\cdot\text{m}]$의 값은? (단, 보의 휨강성 EI는 일정하며, 자중은 무시한다)

2016 지방직

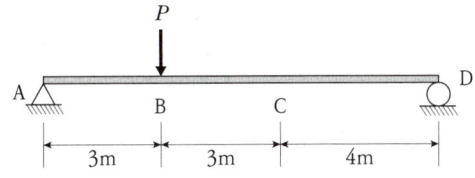

	V_C	M_C
①	-3	10
②	-3	12
③	-7	14
④	-7	16

대표문제

061

점 A와 점 B를 스프링으로 지지한 트러스 구조계가 있다. 점 C에 연직 하중 P가 작용하는 경우, 스프링의 부재력은? (단, 봉부재의 축강성과 길이는 각각 EA, L이고, 스프링 상수는 k이다)

2012 국가직

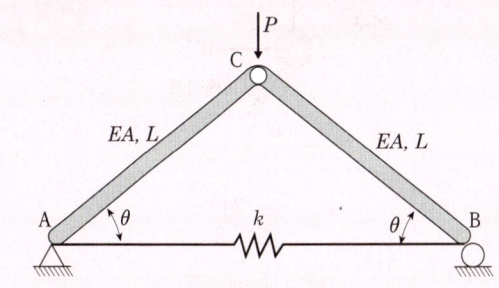

① $\dfrac{P}{2\sin\theta}$ ② $\dfrac{P}{2\cos\theta}$

③ $\dfrac{P}{2\tan\theta}$ ④ $\dfrac{P}{2\sec\theta}$

해설

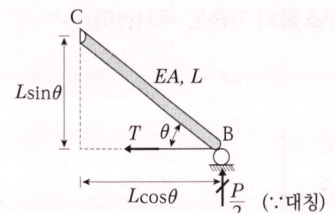

At CB ;
$\circlearrowleft + \Sigma M_C = 0$;
$(T \times L\sin\theta) - \left(\dfrac{P}{2} \times L\cos\theta\right) = 0$

$\rightarrow T = \dfrac{PL\cos\theta}{2L\sin\theta}$

$\therefore T = \dfrac{P}{2\tan\theta}$ $\left(\because \tan\theta = \dfrac{\sin\theta}{\cos\theta}\right)$

정답 ③

062

그림과 같이 지면에 케이블로 고정한 기구가 부양력 120kN과 수평풍하중(W)에 의해 케이블 각도가 60°에서 정지상태를 유지할 때, 케이블의 장력 T의 크기[kN]는? (단, 케이블의 형상은 선형이다)

2024 국가직

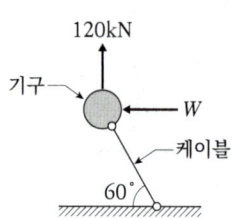

① $120\sqrt{3}$
② $\dfrac{240}{\sqrt{3}}$
③ $\dfrac{120}{\sqrt{3}}$
④ $240\sqrt{3}$

063

그림과 같이 케이블 AB에 의해 지지되고 있는 보 구조물의 B점에 수직하중 P가 작용하고 있다. 케이블의 최대 허용축력이 30kN일 때, C 지점에 발생할 수 있는 최대 수평반력의 크기[kN]는? (단, 구조물의 자중은 무시한다)

2022 국가직

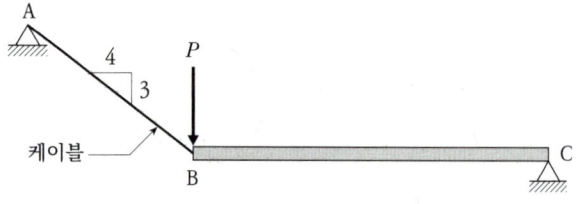

① 12
② 18
③ 24
④ 30

064 80점 목표

다음과 같이 보가 A와 D에서 단순지지 되어 있고, B점에 고정되어 있는 케이블이 E점의 도르래를 지나서 하중 P를 받고 있다. 이때, C점 바로 왼쪽 단면의 휨모멘트의 절댓값이 800N·m일 경우, 하중 P의 크기[N]는?

2012 국가직

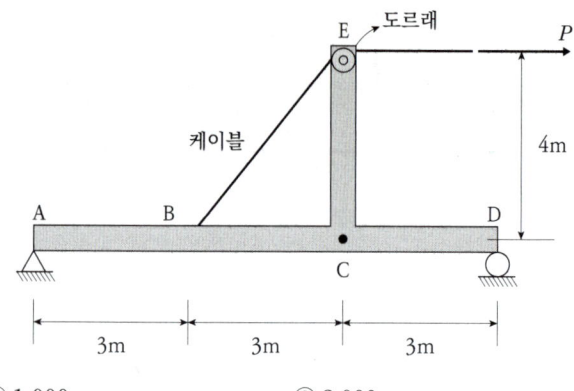

① 1,000
② 2,000
③ 3,000
④ 6,000

대표문제

065

다음 그림과 같이 자중이 20kN/m인 콘크리트 기초구조에 집중하중 100kN과 상향으로 등분포 수직토압이 작용할 때, 기초 중앙부 C점에 발생하는 모멘트[kN·m]는? 2012 지방직

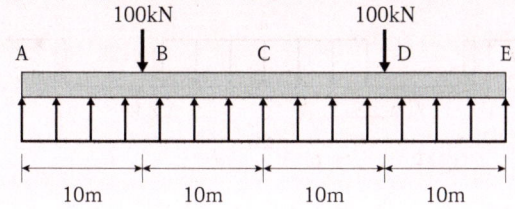

① 1,000(부모멘트)
② 0
③ 1,000(정모멘트)
④ 2,000(정모멘트)

해설

먼저 자중, 집중하중에 의해 발생하는 수직 토압(q)을 계산한다.

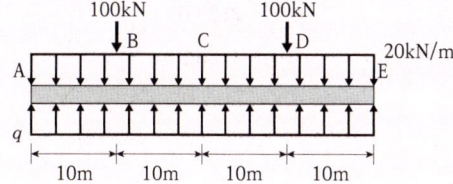

At entire
$\uparrow + \sum F_y = 0;$
$(q \times 40\text{m}) - (20\text{kN/m} \times 40\text{m}) - 100\text{kN} - 100\text{kN} = 0$
$\rightarrow q = 25\text{kN/m}$

자중 20kN/m과 수직 토압 25kN/m가 상쇄되므로 5kN/m만 고려한다.

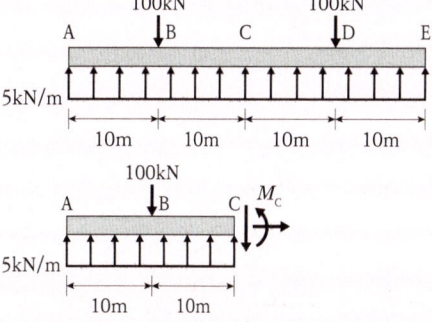

At AC
$\circlearrowleft + \sum M_C = 0;$
$M_C - (5\text{kN/m} \times 20\text{m})(10\text{m}) + (100\text{kN} \times 10\text{m}) = 0$

$\therefore M_C = 0$

정답 ②

066

그림과 같이 모래 위에 놓인 보 AB에서 점 D에 148kN, 점 E에 200kN의 집중하중과 AB의 중앙 C점에 모멘트하중 176kN·m이 작용한다. 모래 지반에서의 반력은 A로 부터 B까지 직선적으로 분포한다고 가정할 때 148kN이 작용되는 D점에서의 휨모멘트에 가장 가까운 값[kN·m]은? 2011 국가직

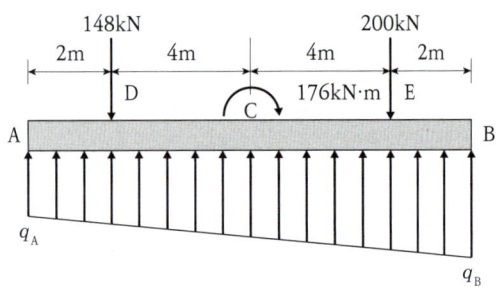

① 28.0　　　② 29.6
③ 31.5　　　④ 33.2

대표문제 067

그림과 같은 양단 내민보의 중앙 C점에서 휨모멘트가 0이 되기 위한 하중 P의 크기는? (단, 보의 자중은 무시한다) 2024 지방직

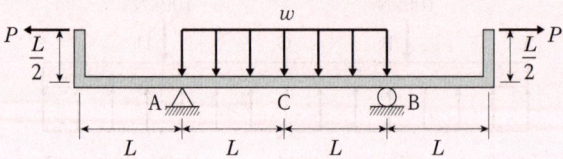

① $\frac{1}{8}wL$　　　② $\frac{1}{4}wL$
③ $\frac{1}{2}wL$　　　④ wL

해설

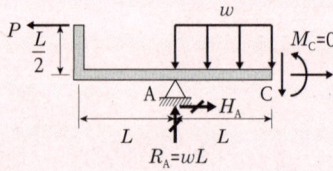

$R_A = \dfrac{w \times 2L}{2} = wL$ (∵ 대칭)

↺ $+\sum M_C = 0$;

$\left(P \times \dfrac{L}{2}\right) - (wL \times L) + (w \times L)\left(\dfrac{L}{2}\right) = 0$

∴ $P = wL$

정답 ④

068

다음 그림과 같은 구조물의 중앙 C점에서 휨모멘트가 0이 되기 위한 $\frac{a}{L}$의 비는? (단, $P=2wL$이다)

2008 국가직

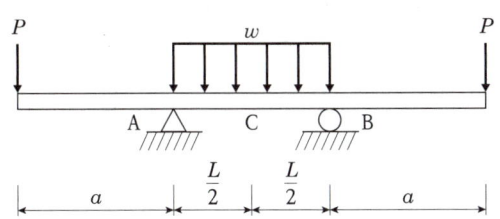

① $\frac{1}{4}$ ② $\frac{1}{6}$

③ $\frac{1}{8}$ ④ $\frac{1}{16}$

069 80점 목표

그림과 같은 내민보에서 C점의 휨모멘트가 0이 되는 길이 x는? (단, 자중은 무시한다)

2025 지방직

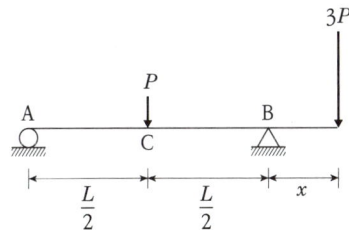

① $\frac{L}{6}$ ② $\frac{L}{4}$

③ $\frac{L}{3}$ ④ $\frac{L}{2}$

070 80점 목표

그림과 같이 하중을 받는 라멘구조에서 C점의 휨모멘트가 0이 되기 위한 집중하중 $P[\text{kN}]$는? (단, 휨강성 EI는 일정하고, 자중은 무시한다)

2025 국가직

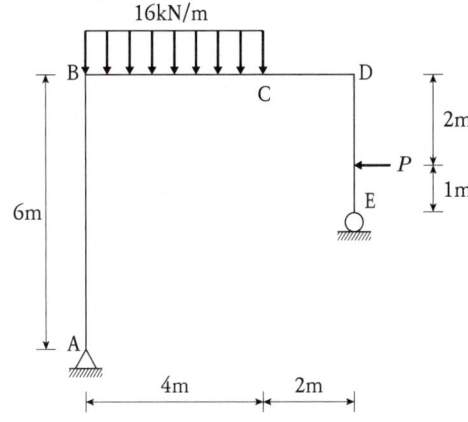

① 8.4 ② 9.6

③ 10.8 ④ 12.8

071 80점 목표

그림과 같은 하중을 받는 라멘구조에서 C점의 모멘트가 0이 되기 위한 집중하중 $P[kN]$는? (단, 라멘구조의 자중은 무시한다)

2018 지방직

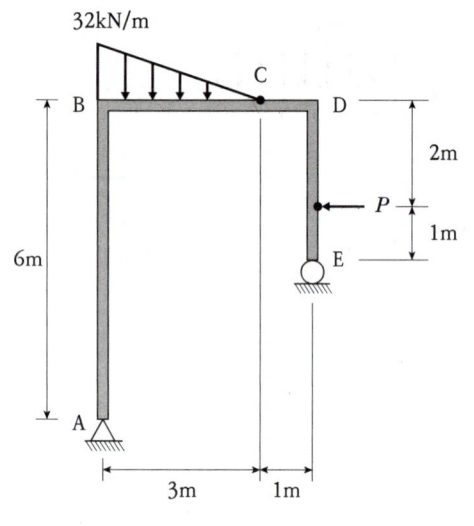

① 2　　　② 4
③ 6　　　④ 8

072 80점 목표

그림과 같이 B점에 수평력 P가 작용할 때, C점의 휨모멘트는? (단, 구조물의 자중은 무시한다)

2021 국가직

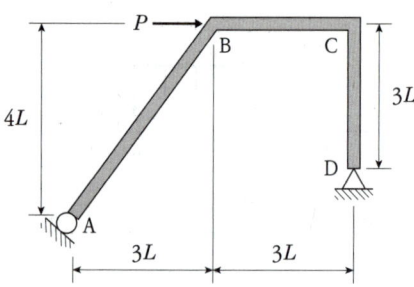

① $\dfrac{11}{7}PL$　　　② $\dfrac{12}{7}PL$

③ $\dfrac{13}{7}PL$　　　④ $\dfrac{15}{7}PL$

073 80점 목표

그림 (a)와 같이 30° 각도로 설치된 레이커로 지지된 옹벽을 그림 (b)와 같이 모사하였다. 옹벽에 작용하는 토압의 합력이 그림 (b)와 같이 하부의 지지점 A로부터 1m 높이에 $F=100kN$일 때, 레이커 BC에 작용하는 압축력[kN]은? (단, 옹벽 및 레이커의 자중은 무시한다)

2018 지방직

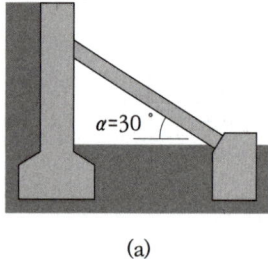
(a)

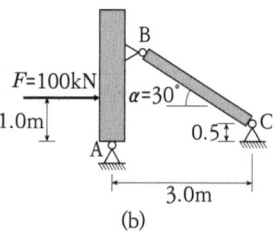
(b)

① $\dfrac{400}{6+\sqrt{3}}$　　　② $\dfrac{200}{6+\sqrt{3}}$

③ $\dfrac{200}{3+\sqrt{3}}$　　　④ $\dfrac{400}{3+\sqrt{3}}$

대표문제

074 80점 목표

그림과 같이 두 벽면 사이에 놓여있는 강체 구(질량 $m=1$kg)의 중심(O)에 수평방향 외력($P=20$N)이 작용할 때, 반력 R_A의 크기[N]는? (단, 벽과 강체 구 사이의 마찰은 없으며, 중력가속도는 10m/s² 으로 가정한다) 2019 국가직

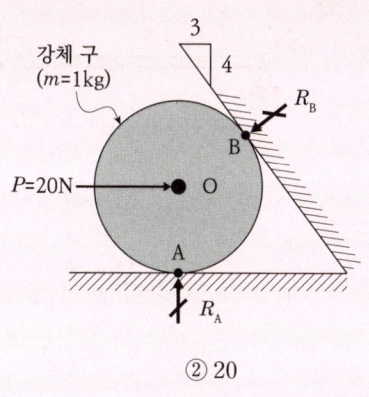

① 15 ② 20
③ 25 ④ 30

해설

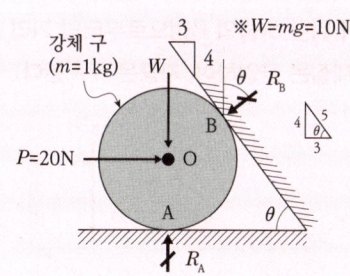

$\rightarrow + \sum F_x = 0;$
$20\text{N} - (R_B \times \sin\theta) = 0$
$\rightarrow 20\text{N} - \left(R_B \times \frac{4}{5}\right) = 0$
$\rightarrow R_B = 25\text{N}$

$\uparrow + \sum F_y = 0;$
$R_A - W - (R_B \times \cos\theta) = 0$
$\rightarrow R_A - 10\text{N} - \left(25\text{N} \times \frac{3}{5}\right) = 0$
$\rightarrow R_A = 25\text{N}$

정답 ③

075 80점 목표

무게가 W인 구가 그림과 같이 마찰이 없는 두 벽면 사이에 놓여 있을 때, 반력 R의 크기는? (단, 구의 재질은 균질하며 무게중심은 구의 중앙에 위치한다) 2011 지방직

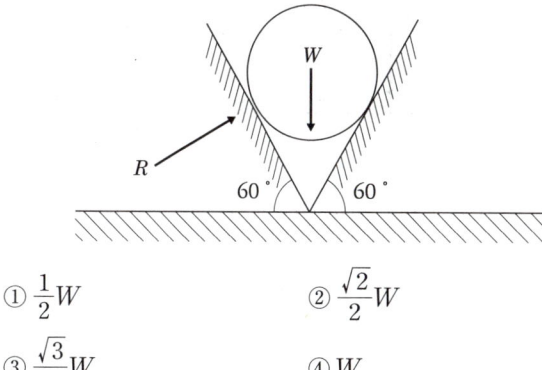

① $\frac{1}{2}W$ ② $\frac{\sqrt{2}}{2}W$
③ $\frac{\sqrt{3}}{2}W$ ④ W

076

다음과 같이 경사면과 수직면 사이에 무게(W)와 크기가 동일한 원통 두 개가 놓여 있다. 오른쪽 원통과 경사면 사이에 발생하는 반력 R은? (단, 마찰은 무시한다) 2015 지방직

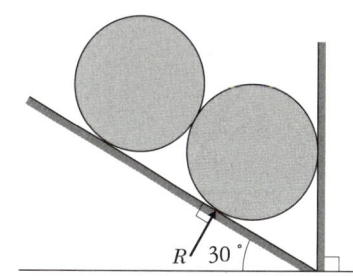

① $\frac{\sqrt{3}}{6}W$ ② $\frac{\sqrt{3}}{2}W$
③ $\frac{5\sqrt{3}}{6}W$ ④ $\frac{7\sqrt{3}}{6}W$

077

그림과 같이 집중하중 P가 작용하는 단순보에서, 지지점 B에서 $\theta=60°$ 경사면에 반력 R_B가 작용한다. 지지점 B에서 반력 R_B의 크기[kN]는? (단, 보의 자중은 무시한다) 2022 지방직

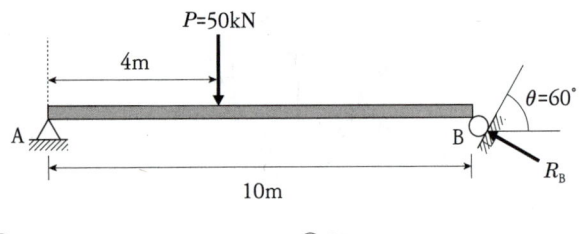

① 40.0 ② 37.5
③ 35.0 ④ 30.0

078

그림과 같은 라멘 구조물에서 지점 A의 반력의 크기[kN]는? (단, 모든 부재의 축강성과 휨강성은 일정하고, 자중은 무시한다) 2017.6 지방직

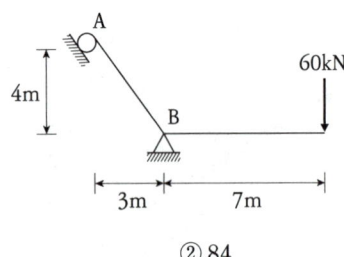

① 60 ② 84
③ 105 ④ 140

079

그림과 같이 구조물의 C점에 집중모멘트 M이 작용할 때, B점의 수직반력의 크기는? (단, $0 \leq \theta < 90°$이고, 구조물의 자중은 무시한다) 2023 국가직

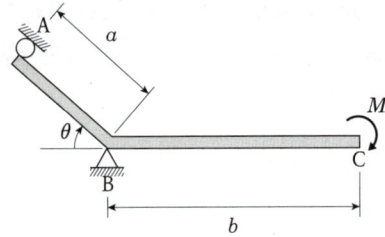

① $\dfrac{M\sin\theta}{a}$ ② $\dfrac{M\cos\theta}{a}$

③ $\dfrac{M\sin\theta}{b}$ ④ $\dfrac{M\cos\theta}{b}$

080 80점 목표

그림과 같이 마찰이 없는 경사면에 보 AB가 수평으로 놓여 있다. 만약 7kN의 집중하중이 보에 수직으로 작용할 때, 보가 평형을 유지하기 위한 하중의 B점으로부터의 거리 x[m]는? (단, 보는 강체로 재질은 균일하며, 자중은 무시한다) 2015 국가직

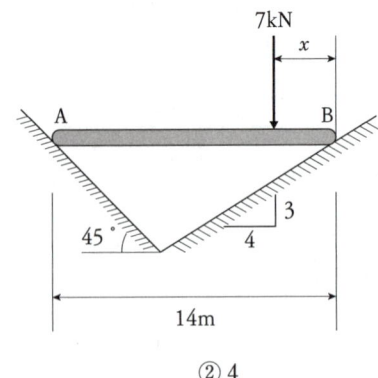

① 2 ② 4
③ 6 ④ 8

대표문제

081

그림과 같은 캔틸레버 구조물에서 부재 BC에 발생하는 축력의 크기[kN]는? (단, 자중은 무시한다)

2025 지방직

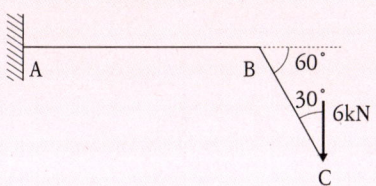

① $2\sqrt{3}$　　　　　　② 3
③ $3\sqrt{3}$　　　　　　④ 4

082

그림과 같은 라멘 구조물에서 AB 부재의 수직단면 $n-n$에 대한 전단력의 크기[kN]는? (단, 모든 부재의 자중은 무시한다)

2018 국가직

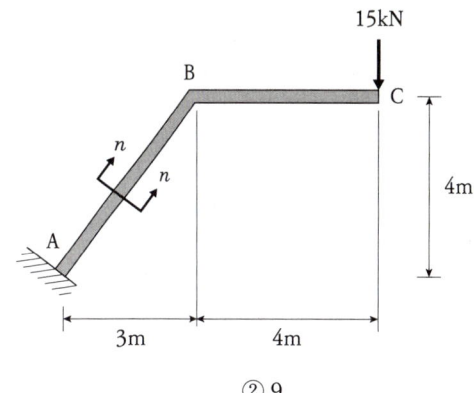

① 6　　　　　　② 9
③ 12　　　　　　④ 15

해설

At 자유물체도
$\searrow + \sum F_{x'} = 0$;
$-N_{x'} + (6\text{kN} \times \cos 30°) = 0$

∴ $N_{x'} = 3\sqrt{3}\text{kN}$

꼭 알아두자!

문제에서 물어보지 않았으나 전단력과 모멘트를 구해보자.
At 자유물체도
$\nearrow + \sum F_{y'} = 0$;
$V_{x'} - (6\text{kN} \times \sin 30°) = 0$
→ $V_{x'} = 3\text{kN}$

$\circlearrowleft + \sum M_{x'} = 0$;
$M_{x'} + (6\text{kN} \times \sin 30°) \times x' = 0$
→ $M_{x'} = (-3x')\text{kN}\cdot\text{m}$

정답 ③

대표문제

083

그림과 같이 간접 하중을 받는 단순보에서 C점의 휨모멘트 $[kN \cdot m]$는? (단, 모든 보의 자중은 무시한다) 2011 지방직

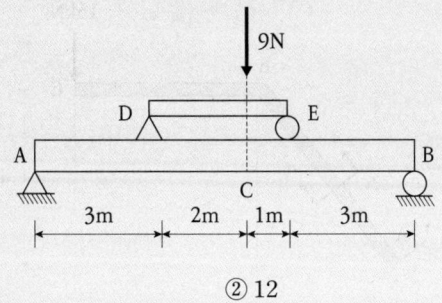

① 11
② 12
③ 13
④ 14

해설

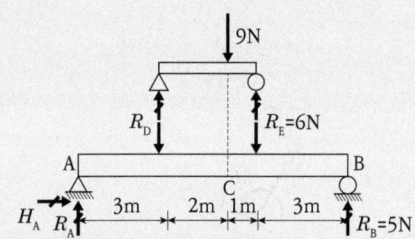

At entire
$\circlearrowleft + \sum M_A = 0$;
$(R_B \times 9m) - (9N \times 5m) = 0$
→ $R_B = 5N$

At DE
$\circlearrowleft + \sum M_D = 0$;
$(R_E \times 3m) - (9N \times 2m) = 0$
→ $R_E = 6N$

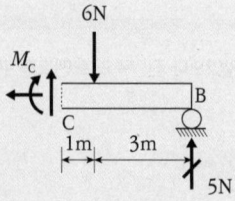

At CB
$\circlearrowleft + \sum M_C = 0$;
$M_C + (6N \times 1m) - (5N \times 4m) = 0$

$\therefore M_C = 14N \cdot m$

정답 ④

084

그림과 같이 간접하중을 받고 있는 정정보 AB에 발생하는 최대 휨모멘트의 값[kN·m]은?   2011 국가직

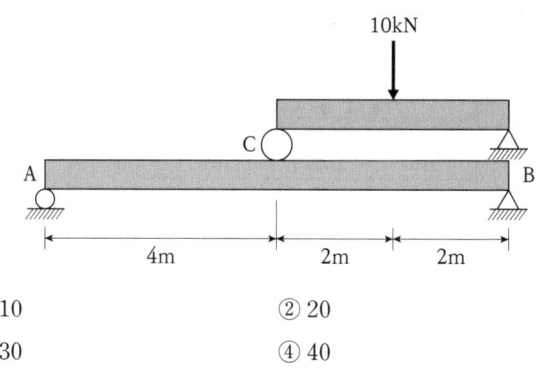

① 10
② 20
③ 30
④ 40

085

그림과 같은 구조물의 B지점에서 반력 R_B의 값[kN]은? (단, DE는 강성부재이고, 보의 자중은 무시한다)   2014 국가직

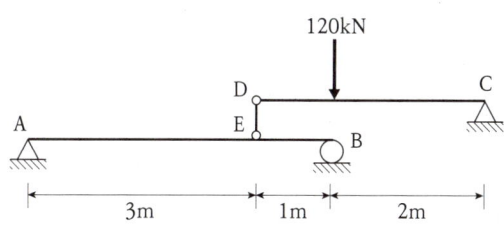

① 120
② 90
③ 80
④ 60

086

그림과 같이 보 구조물에 집중하중과 삼각형 분포하중이 작용할 때, 지점 A와 B에 발생하는 수직방향 반력 R_A[kN]와 R_B[kN]의 값은? (단, 구조물의 자중은 무시한다)   2019 국가직

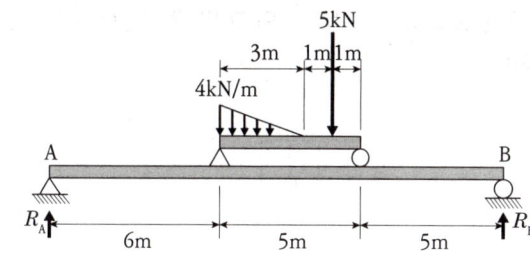

	R_A	R_B
①	$\frac{19}{4}$	$\frac{25}{4}$
②	$\frac{23}{4}$	$\frac{21}{4}$
③	$\frac{21}{4}$	$\frac{23}{4}$
④	$\frac{25}{4}$	$\frac{19}{4}$

대표문제

087

그림과 같은 게르버 보에 하중이 작용하고 있다. A점의 수직반력 R_A가 B점의 수직반력 R_B의 2배($R_A=2R_B$)가 되려면, 등분포 하중 $w\,[\text{kN/m}]$의 크기는? (단, 보의 자중은 무시한다)

2020 국가직

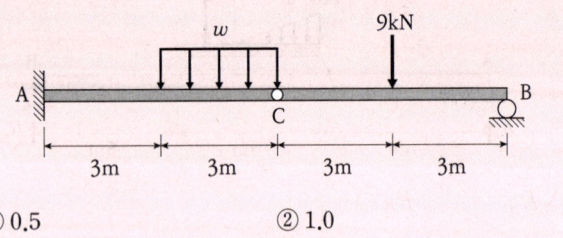

① 0.5 ② 1.0
③ 1.5 ④ 2.0

해설

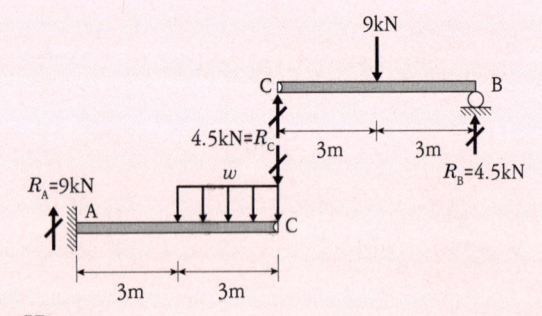

At CB
$R_B = R_C = \dfrac{9}{2}\text{kN} = 4.5\text{kN}$ (∵ 대칭)
➡ $R_A = 2R_B = 9\text{kN}$

At AC
$\uparrow + \Sigma F_y = 0$;
$9\text{kN} - (w \times 3\text{m}) - 4.5\text{kN} = 0$

∴ $w = 1.5\text{kN/m}$

정답 ③

088

그림과 같은 게르버보에서 B점의 반력이 3kN이라면, 길이 $x\,[\text{m}]$는? (단, 구조물의 자중은 무시한다)

2023 지방직

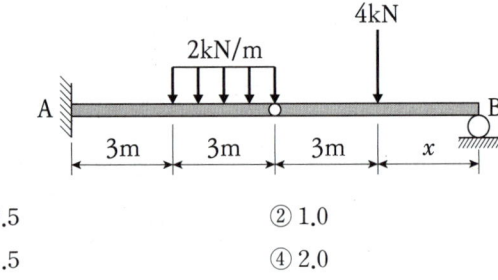

① 0.5 ② 1.0
③ 1.5 ④ 2.0

089

그림과 같이 C점에 내부힌지가 있는 보에서 지점 D에 발생하는 휨모멘트의 크기[kN·m]는? (단, 자중은 무시한다)

2025 지방직

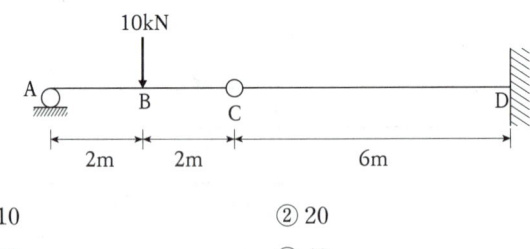

① 10 ② 20
③ 30 ④ 40

090

그림과 같은 게르버 보에서 지점 A의 휨모멘트[kN·m]는? (단, 게르버 보의 자중은 무시한다)   2011 지방직

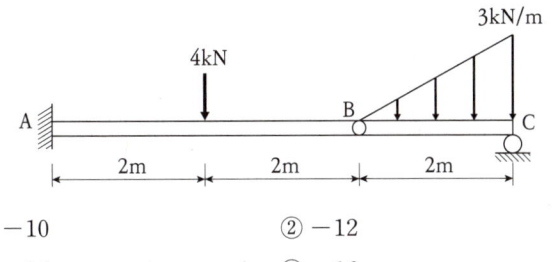

① −10   ② −12
③ −14   ④ −16

091

그림과 같이 하중을 받는 게르버 보에 발생하는 최대 휨모멘트의 크기[kN·m]는? (단, 휨강성 EI는 일정하고, 구조물의 자중은 무시한다)   2020 지방직

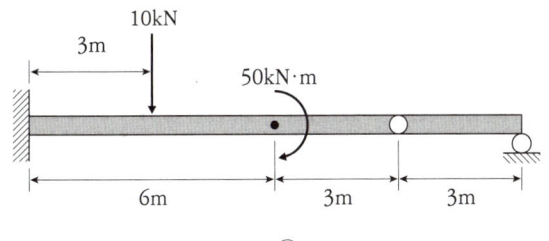

① 60   ② 70
③ 80   ④ 90

092

다음과 같이 C점에 내부힌지를 갖는 게르버 보에서 B점의 수직반력[kN]의 크기는? (단, 자중은 무시한다)   2015 지방직

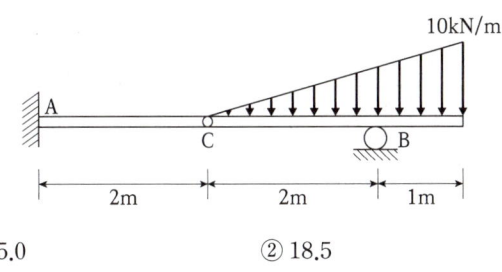

① 15.0   ② 18.5
③ 20.0   ④ 30.0

093

그림과 같은 보에서 A점의 휨모멘트 반력 M_A의 크기 [kN·m]는? (단, 휨강성 EI는 일정하고, 구조물의 자중은 무시한다)   2021 지방직

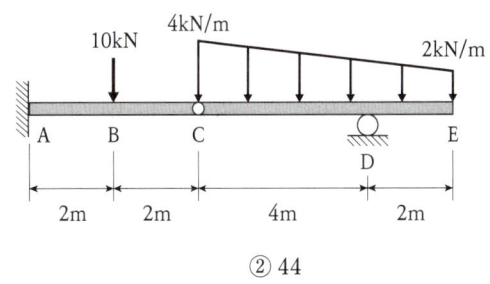

① 20   ② 44
③ 52   ④ 60

094

그림과 같은 게르버 보에서 고정지점 E점의 휨모멘트 [kN·m] 의 크기는? (단, C점은 내부힌지이며, 자중은 무시한다)

2016 국가직

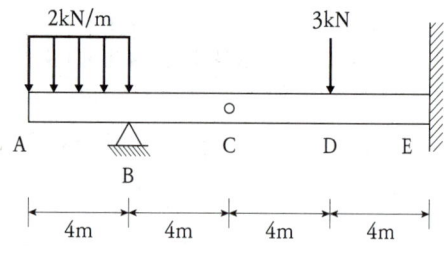

① 8 ② 12
③ 20 ④ 44

095

다음 그림과 같은 게르버 보(Gerber beam)에서 A점의 휨모멘트 값 [tf·m]은?

2008 국가직

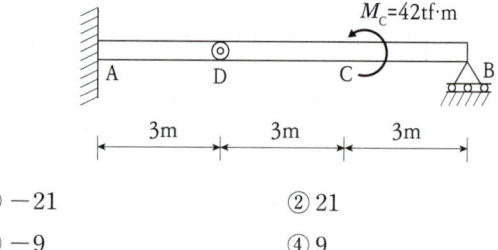

① −21 ② 21
③ −9 ④ 9

096

다음 그림과 같이 지점 A는 롤러지점, 지점 B는 고정지점이고 C점에 내부힌지를 배치한 정정보에 하중이 작용하고 있다. B지점의 반력 R_B와 M_B는?

2009 국가직

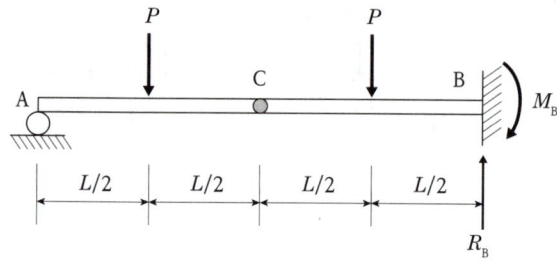

	R_B	M_B
①	P	$\dfrac{PL}{2}$
②	$\dfrac{3P}{2}$	PL
③	$\dfrac{5P}{3}$	$\dfrac{7PL}{6}$
④	$\dfrac{7P}{4}$	$\dfrac{5PL}{4}$

097

다음 그림과 같은 게르버 보에서 지점 A에서의 휨모멘트 [kN·m]는? (단, 시계방향을 +로 간주한다)

2010 국가직

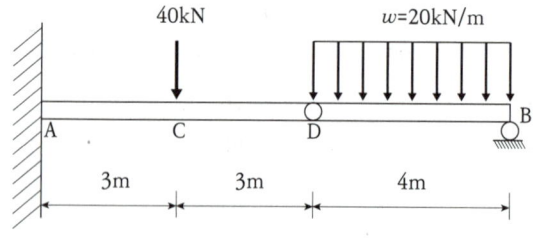

① −120 ② 120
③ −360 ④ 360

098

그림과 같은 게르버 보에 대한 설명으로 옳지 않은 것은? (단, 구조물의 자중은 무시한다)   2021 지방직

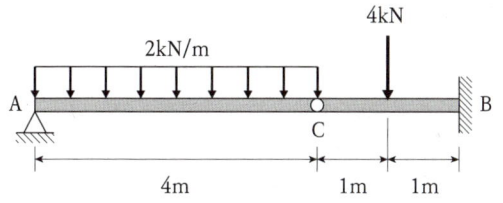

① A점에서 수직반력의 크기는 4kN이다.
② B점에서 수직반력의 크기는 8kN이다.
③ C점에서 전단력의 크기는 4kN이다.
④ B점에서 휨모멘트 반력의 크기는 16kN·m이다.

099

다음 그림과 같이 하중을 받는 게르버 보에서 C점의 반력[kN]은?   2013 지방직

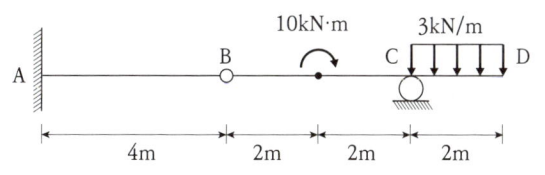

① 10　　　　② 12
③ 14　　　　④ 16

100

그림과 같은 게르버보에서 C점의 상향 수직반력이 P의 2배가 되기 위한 $\frac{a}{b}$는? (단, $0<a<L$, $0<b<L$이며, 구조물의 자중은 무시한다)   2023 국가직

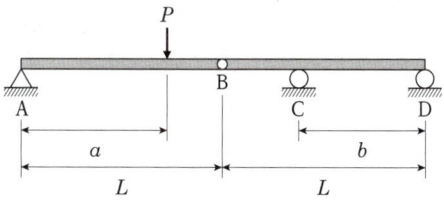

① 2　　　　② 3
③ 4　　　　④ 5

101

다음 그림과 같은 게르버 보의 A점에 발생하는 전단력[N]은? (단, 전단력의 부호는 ↑+↓ 이다)   2010 지방직

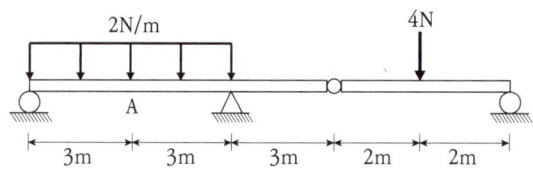

① −1　　　　② +1
③ −6　　　　④ +6

102 80점 목표

다음과 같이 하중을 받는 보에서 AB 부재에 부재력이 발생되지 않기 위한 CD 부재의 길이 a[m]는? (단, 자중은 무시한다)

2013 국가직

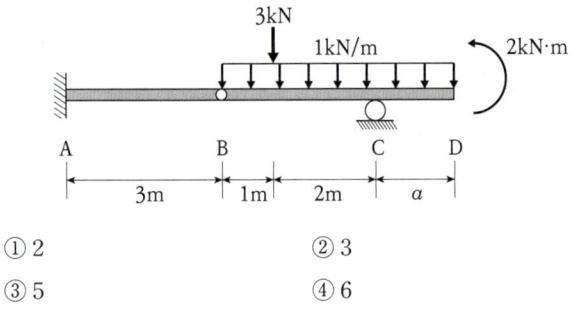

① 2　　　　　　　　② 3
③ 5　　　　　　　　④ 6

103 80점 목표

그림과 같이 집중하중, 모멘트하중 및 등분포하중을 받는 보에서 벽체에 고정된 지점 A에서의 수직반력이 0이 되기 위한 a의 최소 길이[m]는? (단, 자중은 무시한다)

2018 지방직

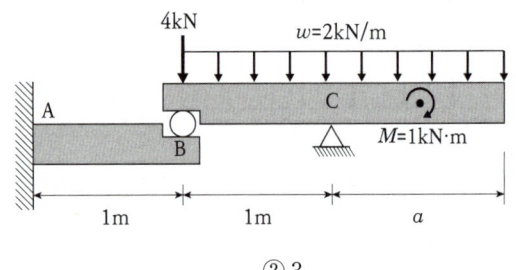

① 2　　　　　　　　② 3
③ 4　　　　　　　　④ 5

104

그림과 같이 게르버보에 집중하중이 작용하여 E점의 상향 수직 반력의 크기가 2kN일 때, 하중 P의 크기[kN]는? (단, 구조물의 자중은 무시한다)

2023 국가직

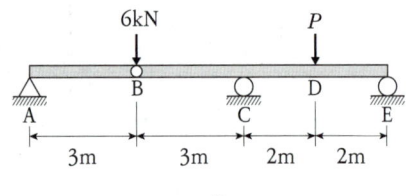

① 5　　　　　　　　② 9
③ 11　　　　　　　　④ 13

105

그림과 같은 2개의 게르버보에 하중이 각각 작용하고 있다. 그림(a)에서 지점 A의 수직 반력(R_A)과 그림(b)에서 지점 D의 수직 반력(R_D)이 같기 위한 하중 P의 값[kN]은? (단, 보의 자중은 무시한다)

2016 지방직

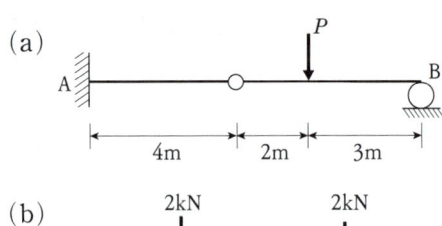

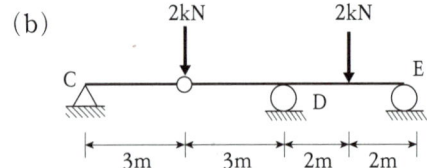

① 4.5　　　　　　　② 5.5
③ 6.5　　　　　　　④ 7.5

대표문제

106

그림과 같은 내민보에서 B점과 C점의 휨모멘트 절댓값 크기가 같아지는 길이 $x[\mathrm{m}]$는? (단, 구조물의 자중은 무시한다)

2023 지방직

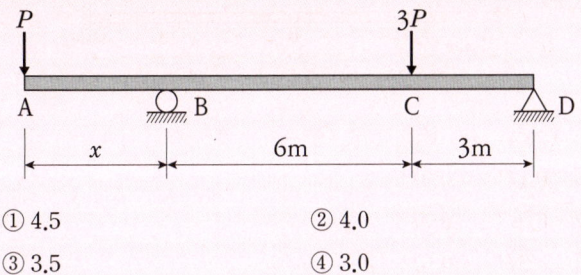

① 4.5
② 4.0
③ 3.5
④ 3.0

해설

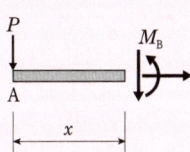

At AB
$\circlearrowleft + \sum M_B = 0$;
$M_B + (P \times x) = 0$
→ $M_B = -Px$

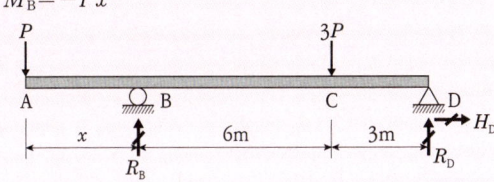

At entire
$\circlearrowleft + \sum M_B = 0$;
$(R_D \times 9\mathrm{m}) + (P \times x) - (3P \times 6\mathrm{m}) = 0$
→ $R_D = \dfrac{18P - Px}{9}$

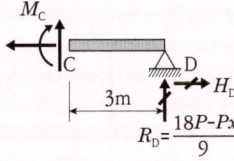

At CD
$\circlearrowleft + \sum M_C = 0$;
$M_C - \left(\dfrac{18P - Px}{9}\right)(3\mathrm{m}) = 0$
→ $M_C = \dfrac{18P - Px}{3}$

$|M_B| = M_C$;
$Px = \dfrac{18P - Px}{3}$
∴ $x = 4.5\mathrm{m}$

정답 ①

107 80점 목표

그림과 같이 내부힌지가 있는 보에서, 지점 B의 휨모멘트와 CD 구간의 최대휨모멘트가 같게 되는 길이 a는? (단, 보의 휨강성 EI는 일정하고, 자중은 무시한다)

2019 지방직

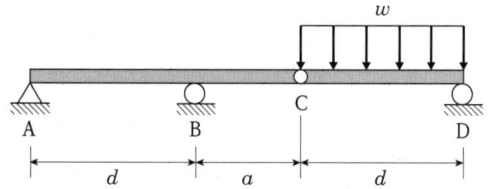

① $\frac{1}{6}d$
② $\frac{1}{5}d$
③ $\frac{1}{4}d$
④ $\frac{1}{3}d$

108

그림과 같이 게르버보에 집중하중과 선형 분포하중이 작용할 때, D점에서 부모멘트(M_D)의 크기[kN·m]는? (단, 구조물의 자중은 무시하고, C점은 내부힌지이다)

2022 국가직

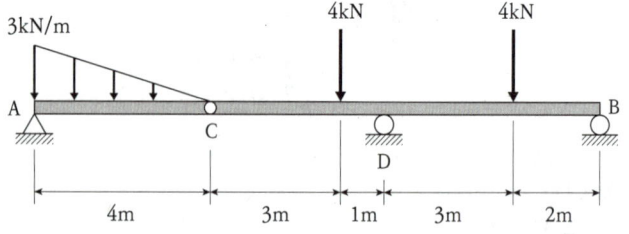

① 8
② 10
③ 12
④ 16

대표문제 109

그림과 같이 게르버보에 집중하중 P가 작용할 때, A점과 D점의 전단력의 크기 V_A, V_D는? (단, 구조물의 자중은 무시한다)

2024 국가직

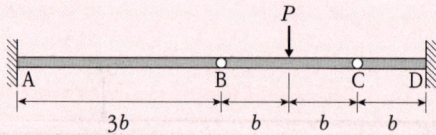

	V_A	V_D
①	$0.1P$	$0.9P$
②	$0.3P$	$0.7P$
③	$0.5P$	$0.5P$
④	$0.9P$	$0.1P$

해설

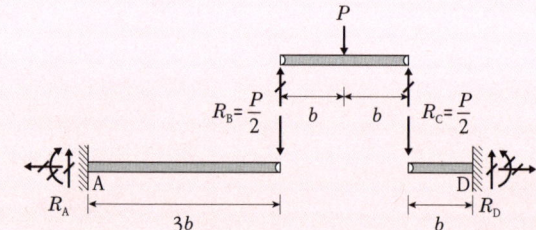

At BC
$R_B = R_C = \frac{P}{2}$ (∵ 대칭)

At AB
$\uparrow + \sum F_y = 0$;
$R_A - \frac{P}{2} = 0$
→ $R_A = V_A = \frac{P}{2}$

At CD
$\uparrow + \sum F_y = 0$;
$-\frac{P}{2} + R_D = 0$
→ $R_D = -V_D = \frac{P}{2}$

정답 ③

110

그림과 같이 A와 B, D의 연결부가 핀으로 되어 있는 구조물이 있다. 하중 100kN이 C점에 작용할 때, D점에 20kN 크기의 전단력이 발생한다면 d의 길이[m]는? (단, 자중은 무시한다)

2017.12 지방직

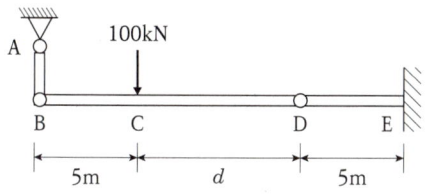

① 10
② 20
③ 30
④ 40

111

그림과 같이 양단에서 각각 x만큼 떨어져 있는 B점과 C점에 내부힌지를 갖는 보에 분포하중 w가 작용하고 있다. A점 고정단 모멘트의 크기와 중앙부 E점 모멘트의 크기가 같아지기 위한 x값은? (단, 구조물의 자중은 무시한다)

2019 국가직

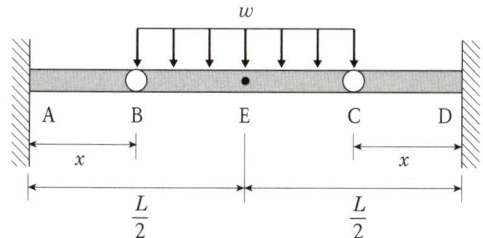

① $\dfrac{L}{6}$
② $\dfrac{L}{5}$
③ $\dfrac{L}{4}$
④ $\dfrac{L}{3}$

112

그림과 같이 내부힌지가 있는 보에서 C점의 수직반력은? (단, 구조물의 자중은 무시한다)

2021 지방직

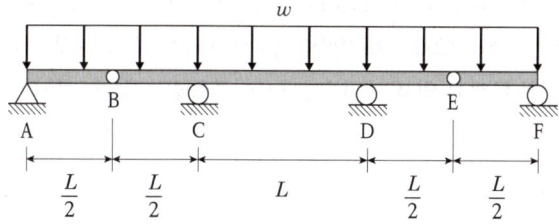

① $\dfrac{6}{5}wL$
② $\dfrac{5}{4}wL$
③ $\dfrac{4}{3}wL$
④ $\dfrac{3}{2}wL$

대표문제

113

그림과 같이 절점 D에 내부힌지를 갖는 게르버 보의 A점에는 수평하중 P가 작용하고 F점에는 무게 W가 매달려 있을 때, 지점 C에서 수직 반력이 발생하지 않도록 하기 위한 하중 P와 무게 W의 비(P/W)는? (단, 구조물의 자중은 무시한다)

2019 국가직

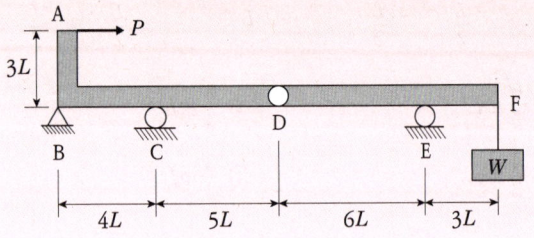

① $\dfrac{3}{2}$ ② $\dfrac{5}{2}$

③ $\dfrac{2}{3}$ ④ $\dfrac{2}{5}$

해설

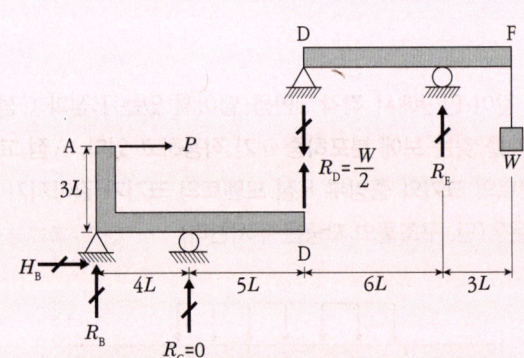

At DEF
$\circlearrowleft + \sum M_E = 0;$
$(R_D \times 6L) - (W \times 3L) = 0$
$\rightarrow R_D = \dfrac{W}{2}$

At ABCD
$\circlearrowleft + \sum M_B = 0;$
$\left(\dfrac{W}{2} \times 9L\right) - (P \times 3L) = 0$

$\therefore \dfrac{P}{W} = \dfrac{3}{2}$

정답 ①

114

그림과 같이 절점 D는 내부힌지로 연결되어 있으며, 점 A에 수평하중 P가 작용하고 비신장 케이블 FG 부재로 무게 W를 지지하는 게르버 보(Gerber Beam)가 있다. 이때 지점 C에서 수직반력이 발생하지 않도록 하기 위한 하중 P에 대한 무게 W의 비는?

2009 지방직

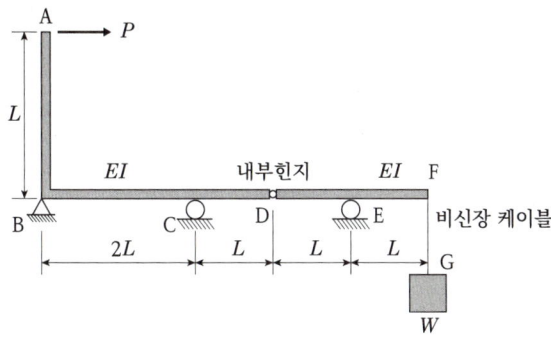

① $\dfrac{W}{P} = \dfrac{1}{2}$ ② $\dfrac{W}{P} = \dfrac{1}{3}$

③ $\dfrac{W}{P} = 3$ ④ $\dfrac{W}{P} = 1$

대표문제

115

그림과 같이 무게 30kN의 직사각형 블록에 수평방향으로 하중이 작용할 때, 블록이 미끄러짐이 발생하기 직전의 최대 수평방향 힘(F)의 크기[kN]는? (단, 블록과 수평면 사이의 정지마찰계수는 0.5이다)

2025 지방직

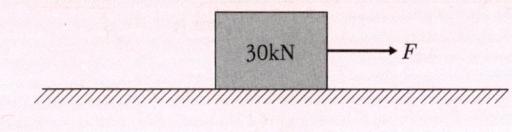

① 10 ② 15
③ 20 ④ 30

해설

$F_{마찰} = \mu N = \mu W \leq F_{외력}$ (∵ 미끄러짐 발생 직전)
→ $(0.5)(30\text{kN}) \leq F_{외력}$

∴ $15\text{kN} \leq F_{외력}$

정답 ②

116

그림과 같은 하중 Q가 작용하는 구조물에서 C점은 마찰연결로 되어 있다. 두 개의 구조물을 분리시키기 위해 필요한 최소 수평력 H는? (단, 구조물의 자중은 무시하고, 정지마찰계수 $\mu=0.2$이다)

2014 국가직

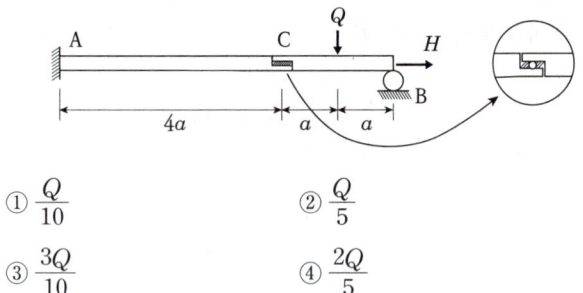

① $\dfrac{Q}{10}$ ② $\dfrac{Q}{5}$

③ $\dfrac{3Q}{10}$ ④ $\dfrac{2Q}{5}$

117

그림과 같이 수평으로 놓여 있는 보의 B점은 롤러로 지지되어 있고 이 롤러의 아래에 강체 블록이 놓여 있을 때, 블록이 움직이지 않도록 하기 위해 허용할 수 있는 힘 P[kN]의 최댓값은? (단, 블록, 보, 롤러의 자중은 무시하고 롤러와 블록 사이의 마찰은 없으며, 블록과 바닥 접촉면의 정지마찰계수는 0.3으로 가정한다)

2019 국가직

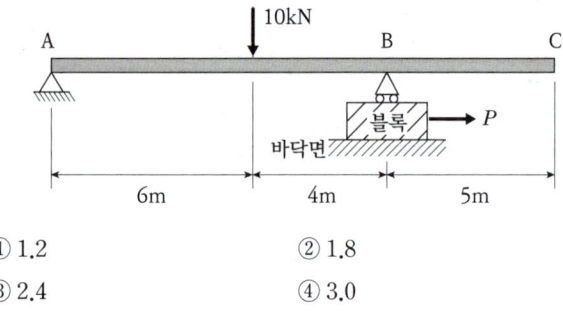

① 1.2 ② 1.8
③ 2.4 ④ 3.0

118

다음 그림과 같은 보 구조물 전체가 수평방향으로 이동하지 않고 안정을 유지할 수 있는 수평방향 하중 H [kN]의 최대값은? (단, 힌지부는 마찰계수가 0.2인 바닥면에 놓인 블록에 강결되어 있고, 보의 자중과 롤러부의 마찰은 무시하며 블록의 질량은 11,000kg, 중력가속도는 10 m/sec^{2}이다)

2009 국가직

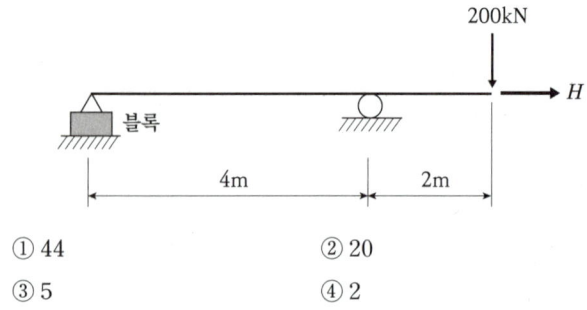

① 44 ② 20
③ 5   ④ 2

119

그림과 같이 무게와 정지마찰계수가 다른 3개의 상자를 30° 경사면에 놓았을 때, 발생되는 현상은? (단, 상자 A, B, C의 무게는 각각 W, $2W$, W이며, 정지마찰계수는 각각 0.3, 0.6, 0.3이다. 또한, 경사면의 재질은 일정하다)

2016 국가직

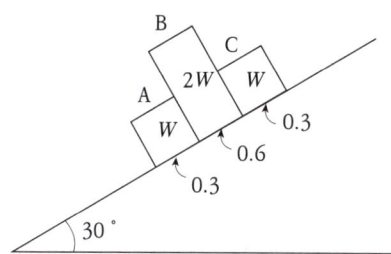

① A 상자만 미끄러져 내려간다.
② A, B 상자만 미끄러져 내려간다.
③ 모두 미끄러져 내려간다.
④ 모두 정지해 있다.

대표문제

120

다음 그림과 같이 수평 스프링 A에 무게가 10N인 두 개의 강체블록 B와 C가 연결되어 있다. 수평 스프링 A가 받는 힘의 크기[N]는? (단, 바닥과 강체블록 B와의 마찰력, 도르래의 마찰력은 무시한다)

2010 지방직

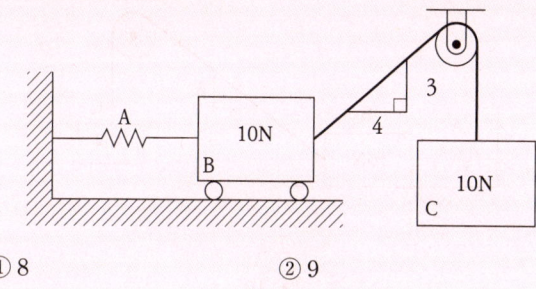

① 8 ② 9
③ 10 ④ 12

해설

도르래의 케이블에서는 동일한 장력을 보이게 된다. 따라서 도르래 구조는 힘의 방향만 바꾸는 구조로 이해하면 쉽다. 강체블록 C의 무게 10N은 강체블록 B를 당기는 힘으로 작용하게 된다. 스프링이 발생시키는 힘은 원래대로 되돌아 가려는 방향인 왼쪽으로 작용하게 된다.

$P_h = 10N \times \dfrac{4}{5} = 8N$

$\rightarrow + \sum F_x = 0;$
$-R_A + 8N = 0$

$\therefore R_A = 8N$

정답 ①

121

그림과 같이 수평 스프링 A에 무게가 16N과 10N인 두 개의 강체블록 B와 C가 연결되어 평형을 이루고 있다. 수평 스프링 A가 받는 힘의 크기[N]는? (단, 바닥과 강체블록 B 사이의 정지마찰계수는 0.3이고, 도르래와 줄의 질량과 마찰력은 무시한다)

2021 국가직

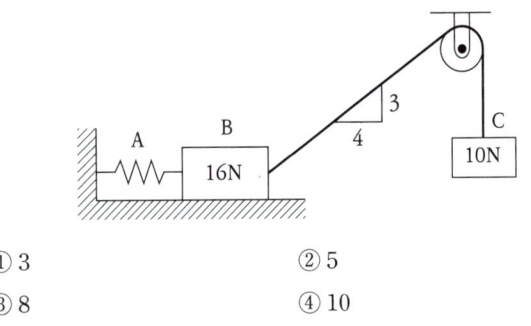

① 3　　　　　　　　② 5
③ 8　　　　　　　　④ 10

123

그림과 같이 평면 역계에서 자중 $W=550$kN인 물체에 도르래를 이용하여 힘 $P=250$kN이 작용한다. 물체가 평형상태를 유지하기 위한 물체와 바닥 사이의 최소정지마찰계수의 크기는? (단, 도르래와 케이블 사이의 마찰력은 무시한다)

2021 지방직

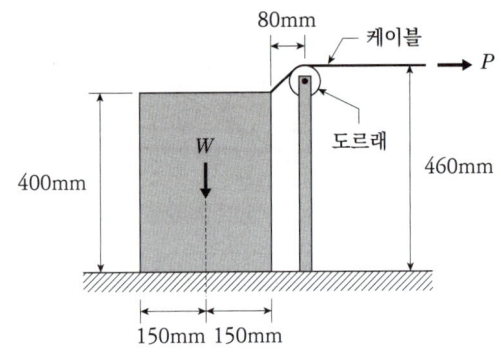

① $\dfrac{3}{10}$　　　　　② $\dfrac{4}{11}$
③ $\dfrac{1}{2}$　　　　　④ $\dfrac{7}{11}$

122

그림과 같이 정지상태의 물체(무게 $W=55$kN)에 케이블과 도르래를 이용하여 하중 P를 작용시킬 때, 물체가 미끄러짐이 발생하기 직전의 최대 하중 P[kN]는? (단, 바닥과 물체 사이의 최대정지마찰계수는 $\mu=0.5$이고, 케이블과 도르래의 질량 및 도르래의 마찰은 무시한다)

2024 국가직

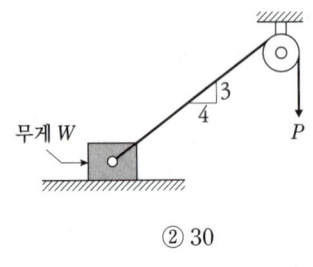

① 25　　　　　　　② 30
③ 35　　　　　　　④ 40

대표문제

124

그림과 같이 2kN과 4kN의 하중이 4m 간격을 유지하며 이동하고 있다. 지점 A와 B의 반력이 같게 될 때, 2kN이 작용하는 위치로부터 A 지점까지의 거리 x [m]는? 2011 국가직

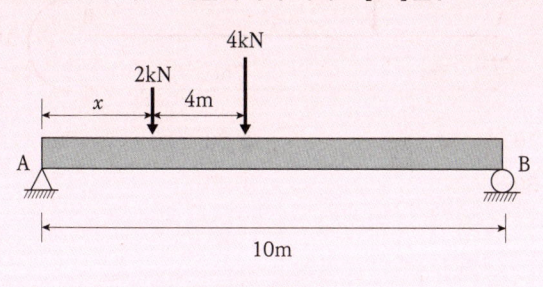

① 2.0　　　　　② 2.3
③ 3.0　　　　　④ 3.3

125

그림과 같은 단순보의 수직 반력 R_A 및 R_B가 같기 위한 거리 x의 크기[m]는? (단, 보의 휨강성 EI는 일정하고, 자중은 무시한다) 2017.6 지방직

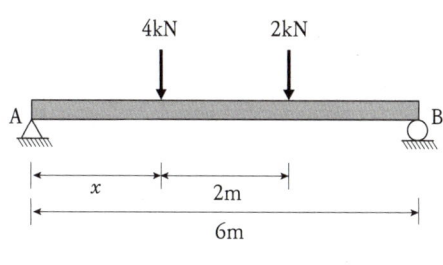

① $\dfrac{7}{3}$　　　　　② $\dfrac{8}{3}$
③ $\dfrac{10}{3}$　　　　　④ $\dfrac{11}{3}$

해설

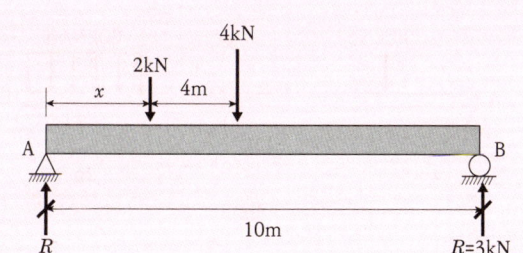

$\uparrow + \sum F_y = 0$;
$R + R - 2\text{kN} - 4\text{kN} = 0$
$\rightarrow R = 3\text{kN}$

$\circlearrowleft + \sum M_A = 0$;
$(2\text{kN})(x) + (4\text{kN})(x+4\text{m}) - (3\text{kN} \times 10\text{m}) = 0$
$\rightarrow 6x - 14 = 0$

$\therefore x = \dfrac{7}{3}\text{m} \approx 2.3\text{m}$

정답 ②

126

그림과 같이 2개의 집중하중이 작용할 때, A 지점과 B 지점의 수직 반력이 같기 위한 $x[\text{m}]$는? (단, 보의 자중은 무시하고, 지점의 수직반력의 방향은 상향이다) **2022 국가직**

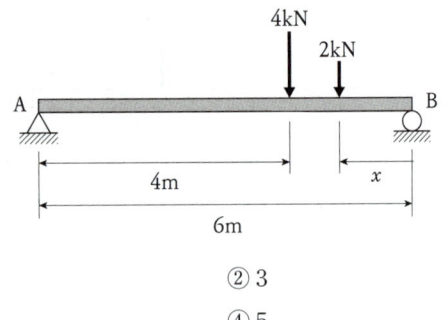

① 2 ② 3
③ 4 ④ 5

127

그림과 같이 길이가 L인 단순보에 삼각형 분포하중이 작용하고 있다. A점과 B점의 수직반력이 같다면, 삼각형 분포하중이 작용하는 거리 x는? (단, 구조물의 자중은 무시한다) **2021 지방직**

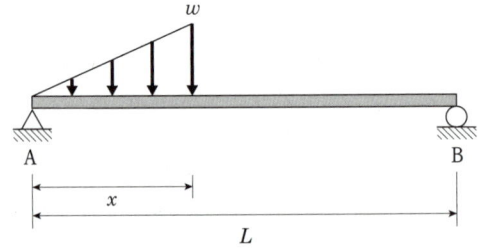

① $0.25L$ ② $0.5L$
③ $0.75L$ ④ $1.0L$

128

다음 그림과 같은 단순보에서 A점과 B점의 수직반력이 같을 때 B점에 작용하는 모멘트 $M[\text{kN}\cdot\text{m}]$은? **2013 지방직**

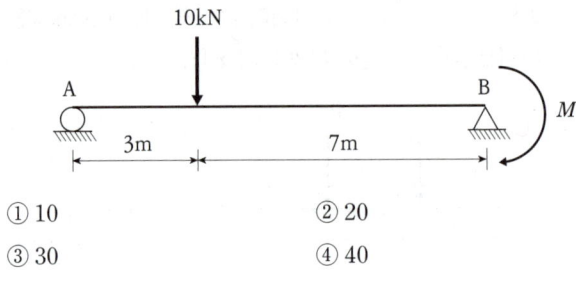

① 10 ② 20
③ 30 ④ 40

129

그림과 같은 단순보에 집중하중 80kN과 등분포하중 20kN/m가 작용하고 있다. 두 지점 A와 B의 연직반력이 같을 때, 집중하중의 위치 $x[\text{m}]$는? (단, 보의 자중은 무시한다) **2017.12 지방직**

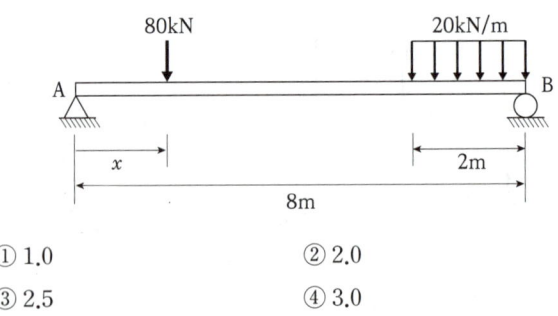

① 1.0 ② 2.0
③ 2.5 ④ 3.0

130

그림과 같이 하중이 작용하는 단순보의 지점 A, B의 반력이 같기 위한 $x[\text{m}]$는? (단, 구조물의 자중은 무시한다) 2023 국가직

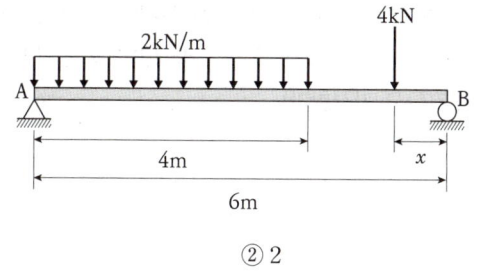

① 1　　　　　　　　② 2
③ 3　　　　　　　　④ 4

131

그림과 같이 단순보에 3각형 분포하중과 집중하중이 작용하고 있다. 두 지지점의 수직반력(R_A, R_B)이 같다면, 집중하중 P의 크기[kN]는? (단, 보의 자중은 무시한다) 2022 지방직

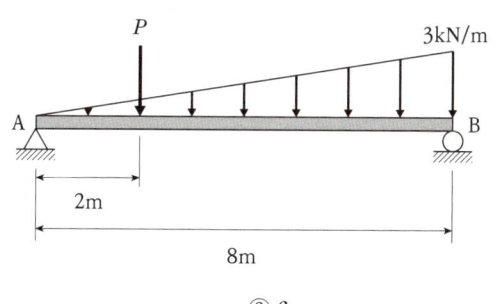

① 4　　　　　　　　② 6
③ 8　　　　　　　　④ 9

132

그림과 같이 길이 11m인 단순보 위에 길이 5m의 또 다른 단순보(CD)가 놓여 있다. 지점 A와 B에 동일한 수직 반력이 발생하도록 만들기 원한다면, $3P$의 크기를 갖는 집중하중을 보 CD 위의 어느 위치에 작용시켜야 하나? (단, 지점 D에서 떨어진 거리 $x(\text{m})$를 결정하며, 모든 자중은 무시한다) 2017 국가직

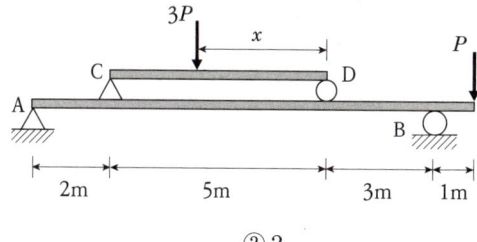

① 1　　　　　　　　② 2
③ 3　　　　　　　　④ 4

133

그림과 같은 단순보에 하중이 작용할 때 지점 A, B에서 수직반력 R_A 및 R_B가 $2R_A = R_B$로 성립되기 위한 거리 $x[\text{m}]$는? (단, 보의 휨강성 EI는 일정하고, 자중은 무시한다) 2019 지방직

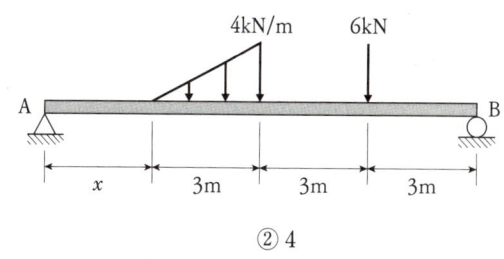

① 3　　　　　　　　② 4
③ 5　　　　　　　　④ 6

134

그림과 같은 하중을 받는 단순보에서 B점의 수직반력이 A점의 수직반력의 2배가 되도록 하는 삼각형 분포하중 $w[\mathrm{kN/m}]$는? (단, 보의 자중은 무시한다)   2018 국가직

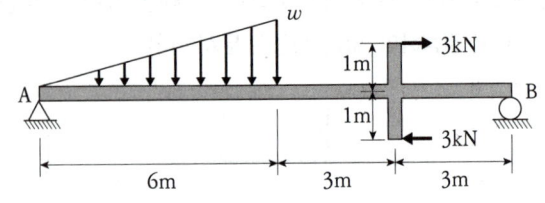

① $\dfrac{1}{2}$ ② $\dfrac{1}{3}$

③ $\dfrac{1}{4}$ ④ $\dfrac{1}{5}$

135

다음 그림과 같은 보에서 반력 $R_A = 3R_B$의 관계가 성립하는 힘 P_1의 크기 $[\mathrm{kN}]$는?   2010 국가직

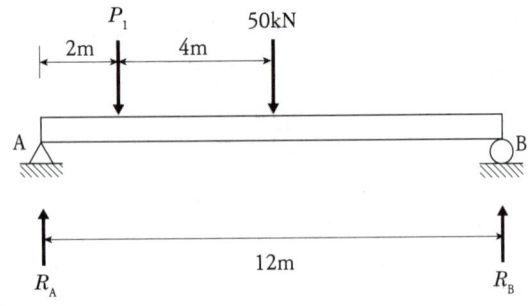

① $150(\downarrow)$ ② $150(\uparrow)$

③ $\dfrac{150}{7}(\downarrow)$ ④ $\dfrac{150}{7}(\uparrow)$

대표문제

136 80점 목표

다음과 같이 두께가 일정하고 1/4이 제거된 무게 $12\pi \mathrm{N}$의 원판이 수평방향 케이블 AB에 의해 지지되고 있다. 케이블에 작용하는 힘 $[\mathrm{N}]$의 크기는? (단, 바닥면과 원판의 마찰력은 충분히 크다고 가정한다)   2015 지방직

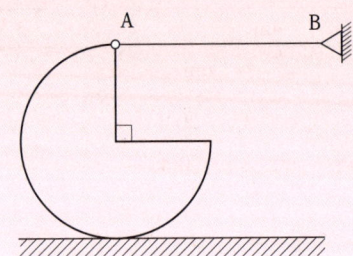

① $\dfrac{5}{3}$ ② 2

③ $\dfrac{7}{3}$ ④ $\dfrac{8}{3}$

해설

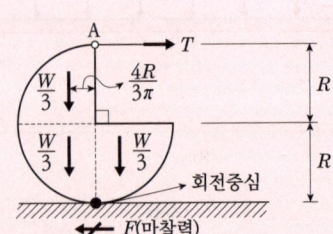

$\circlearrowleft + \sum M_{회전중심} = 0$;

$T(2R) - \left(\dfrac{W}{3}\right)\left(\dfrac{4R}{3\pi}\right) = 0$

$\rightarrow T(2R) - (4\pi \mathrm{N})\left(\dfrac{4R}{3\pi}\right) = 0$

$\therefore T = \dfrac{8}{3} \mathrm{N}$

정답 ④

137 80점 목표

그림과 같이 하중 50kN인 차륜이 20cm 높이의 고정된 장애물을 넘어가는 데 필요한 최소한의 힘 P의 크기[kN]는? (단, 힘 P는 지면과 나란하게 작용하며, 계산값은 소수점 둘째자리에서 반올림한다)

2014 국가직

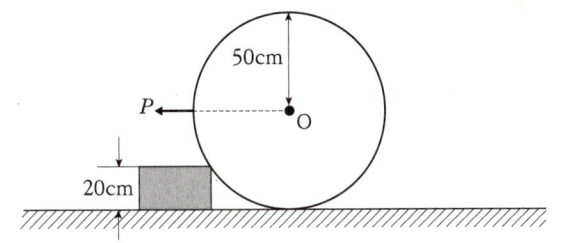

① 33.3　　② 37.5
③ 66.7　　④ 75.0

138 80점 목표

그림과 같이 자중 60N인 바퀴가 바닥에 고정된 높이 20cm의 장애물 위로 힘 P를 초과할 때 움직이기 시작한다면, 이 힘 P[N]는? (단, 바퀴와 장애물은 강체로 가정한다)

2023 지방직

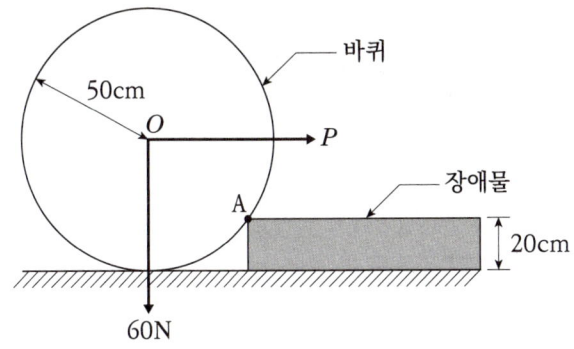

① 30　　② 45
③ 55　　④ 80

139

그림과 같은 3힌지 아치에서 지점 B의 수평반력은? (단, 아치의 자중은 무시한다)   2015 국가직

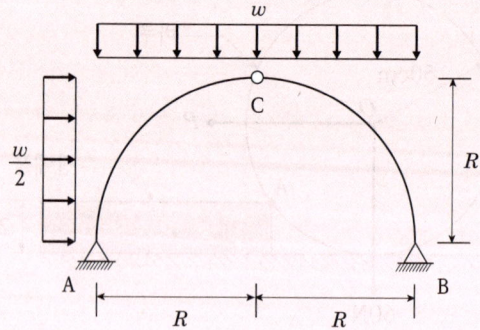

① $\frac{7}{8}wR(\leftarrow)$ ② $\frac{5}{8}wR(\leftarrow)$
③ $\frac{3}{8}wR(\rightarrow)$ ④ $\frac{1}{8}wR(\rightarrow)$

해설

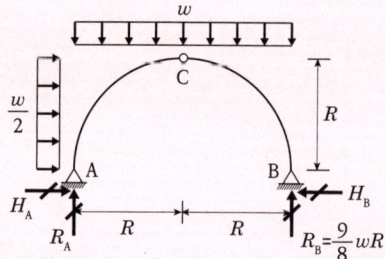

At entire
$\circlearrowleft + \Sigma M_A = 0$;
$(R_B \times 2R) - \left(\frac{w}{2} \times R\right)\left(\frac{R}{2}\right) - (w \times 2R)\left(\frac{2R}{2}\right) = 0$
→ $R_B = \frac{9}{8}wR(\uparrow)$

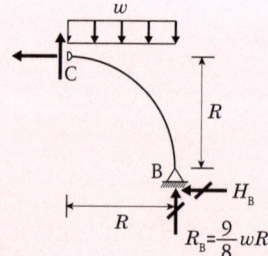

At CB
$\circlearrowleft + \Sigma M_C = 0$;
$(H_B \times R) + (w \times R)\left(\frac{R}{2}\right) - \left(\frac{9}{8}wR \times R\right) = 0$

∴ $H_B = \frac{5}{8}wR(\leftarrow)$

정답 ②

140

그림과 같은 라멘 구조물에 수평하중 $P=12\text{kN}$이 작용할 때 지점 B의 수평반력 크기[kN]와 방향은? (단, 자중은 무시하며, E점은 내부힌지이다)

2016 지방직

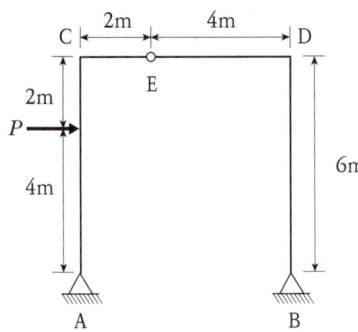

① $\dfrac{14}{3}(\leftarrow)$ ② $\dfrac{16}{3}(\leftarrow)$
③ $\dfrac{18}{3}(\rightarrow)$ ④ $\dfrac{20}{3}(\leftarrow)$

141

그림과 같이 3활절 아치에 등분포하중이 작용할 때, D점에 발생하는 휨모멘트의 크기[kN·m]는? (단, 휨강성 EI와 축강성 EA는 일정하고, D점의 위치는 계산 편의를 위한 수치이며, 자중은 무시한다)

2025 국가직

① 2   ② 4
③ 6   ④ 8

142

그림과 같은 3힌지 라멘구조에서 A지점의 수평반력[kN]의 크기는? (단, 자중은 무시한다)

2016 국가직

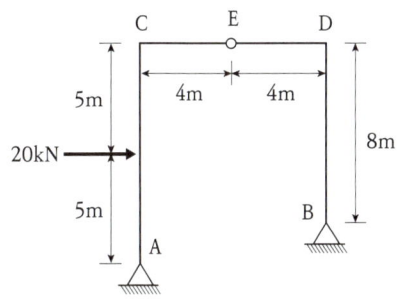

① 2.50   ② 6.67
③ 10.00   ④ 14.44

143

그림과 같이 C점에 내부힌지를 가지는 구조물의 지점 B에서 수직반력의 크기[kN]는? (단, 구조물의 자중은 무시한다)

2020 지방직

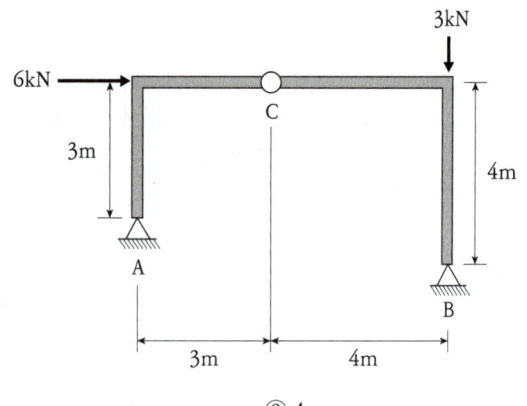

① 2　　　　　② 4
③ 6　　　　　④ 8

144

다음과 같이 C점에 내부힌지를 갖는 라멘에서 A점의 수평반력 [kN]의 크기는? (단, 자중은 무시한다)

2015 지방직

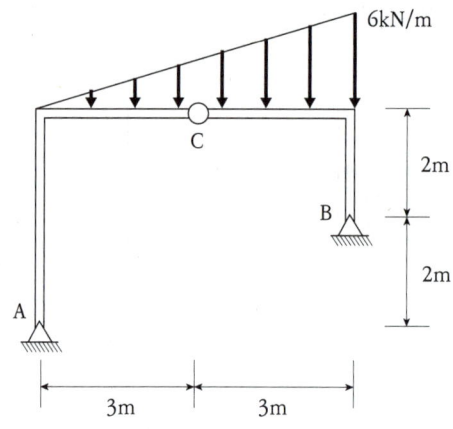

① 5.5　　　　② 4.5
③ 3.5　　　　④ 2.5

CHAPTER 02 합력

대표문제

001

다음 그림과 같이 방향이 반대인 힘 P와 $3P$가 L 간격으로 평행하게 작용하고 있다. 두 힘의 합력의 작용위치 x는?

2008 국가직

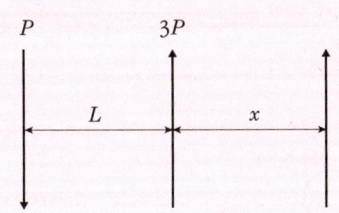

① $\frac{1}{3}L$ ② $\frac{1}{2}L$
③ $\frac{2}{3}L$ ④ L

해설

(1) 합력
$\rightarrow +\sum F_x$;
$F_x = 0$

$\uparrow +\sum F_y$;
$F_y = -P + 3P = 2P\,(\uparrow)$

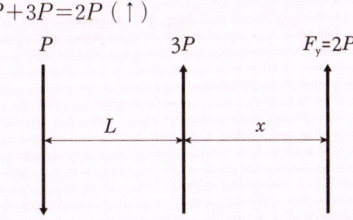

(2) 합력의 작용 위치
$\circlearrowleft +\sum M_o$;
$2P \times x = P \times L$

$\therefore x = \dfrac{L}{2}$

정답 ②

002

다음과 같이 구조물에 작용하는 평행한 세 힘에 대한 합력(R)의 O점에서 작용점까지 거리 $x[\mathrm{m}]$는?

2013 국가직

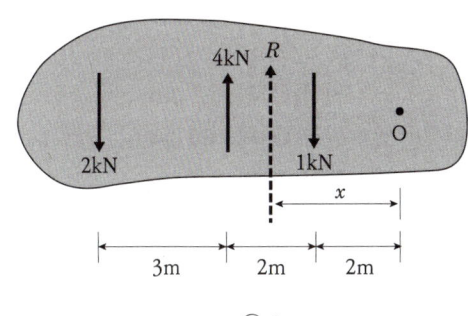

① 0 ② 1
③ 2 ④ 3

003

그림과 같이 여러 힘이 평행하게 강체에 작용하고 있을 때, 합력의 위치는?

2016 국가직

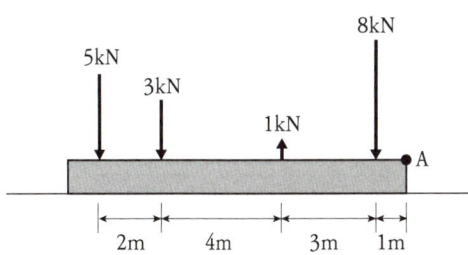

① A점에서 왼쪽으로 5.2m
② A점에서 오른쪽으로 5.2m
③ A점에서 왼쪽으로 5.8m
④ A점에서 오른쪽으로 5.8m

004

다음과 같이 힘이 작용할 때 합력(R)의 크기[kN]와 작용점 x_0의 위치는?

2014 지방직

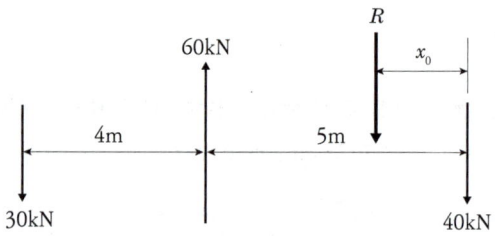

① $R=10(↓)$, $x_0=$원점(O)의 우측 3m
② $R=10(↓)$, $x_0=$원점(O)의 좌측 3m
③ $R=10(↑)$, $x_0=$원점(O)의 우측 3m
④ $R=10(↑)$, $x_0=$원점(O)의 좌측 3m

005

그림과 같이 하중 P_1, P_2, P_3의 합력 R이 20kN인 평면력계에서 $x[m]$는?

2024 지방직

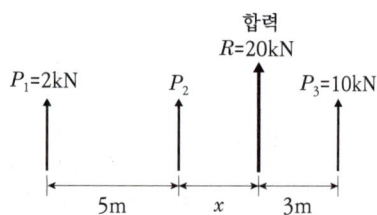

① 2 ② 3
③ 4 ④ 5

006

그림과 같이 단순보에 하중이 작용할 때, A점에 작용하는 등가의 힘-우력계로 옳게 나타낸 것은?

2022 지방직

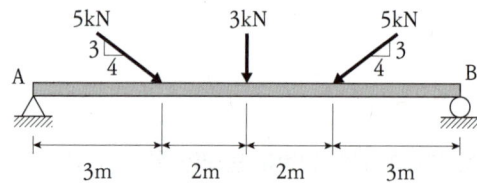

①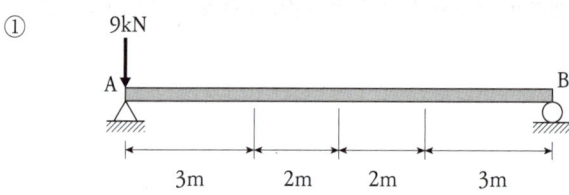

②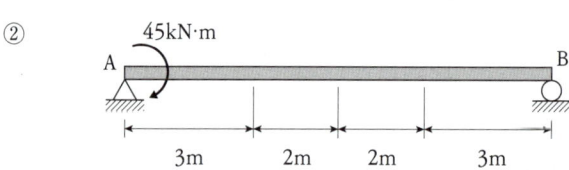

③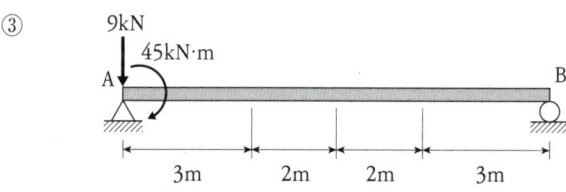

④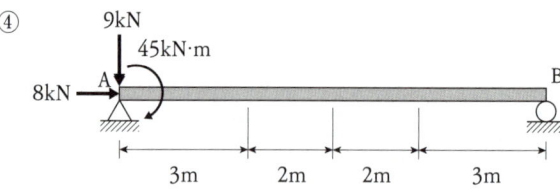

007 80점목표

그림과 같이 정사각형에 4개의 하중이 작용하는 평면력계에서 합력이 작용하는 위치 x, y[m]로 옳은 것은? 2022 국가직

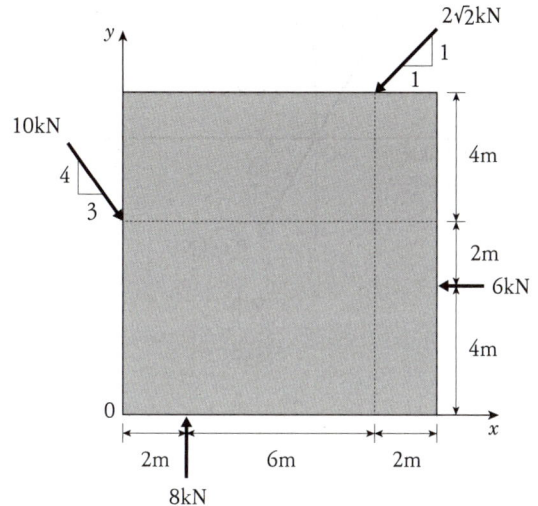

	x	y
①	0	0
②	4	0
③	0	4
④	4	4

대표문제 008

그림과 같은 xy 평면상의 두 힘 P_1, P_2의 합력의 크기[kN]는? 2017 국가직

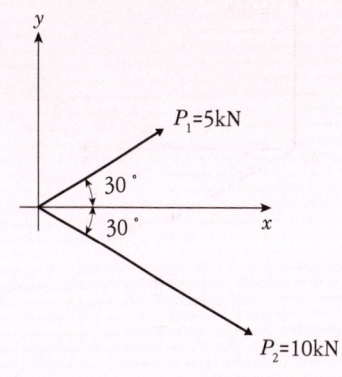

① 5
② $5\sqrt{7}$
③ 10
④ $10\sqrt{7}$

해설

(1) 합력

$\rightarrow + \Sigma F_x$;
$F_x = (P_1 \times \cos\theta_1) + (P_2 \times \cos\theta_2)$
$= (5\text{kN} \times \cos30°) + (10\text{kN} \times \cos30°)$
$= \dfrac{15\sqrt{3}}{2}\text{kN} (\rightarrow)$

$\uparrow + \Sigma F_y$;
$F_y = (P_1 \times \sin30°) - (P_2 \times \sin30°)$
$= (5\text{kN} \times \sin30°) - (10\text{kN} \times \sin30°)$
$= -\dfrac{5}{2}\text{kN} (\downarrow)$

(2) 합력의 크기

$F_t = \sqrt{(F_x)^2 + (F_y)^2}$
$= \sqrt{\left(\dfrac{15\sqrt{3}}{2}\right)^2 + \left(-\dfrac{5}{2}\right)^2} = 5\sqrt{7}\text{kN}$

정답 ②

009 80점 목표

그림과 같이 2개의 힘이 동일점 O에 작용할 때, 두 힘 U, V의 합력의 크기[kN]는?

2017.6 지방직

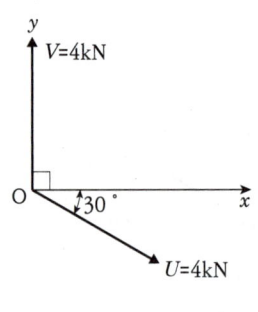

① 1 ② 2
③ 3 ④ 4

010

그림과 같이 O점에 작용하는 힘의 합력의 크기[kN]는?

2020 지방직

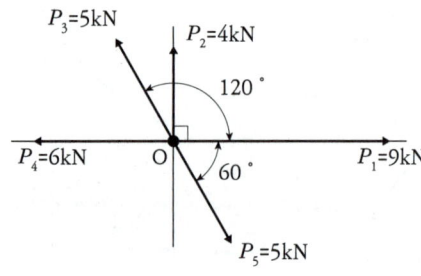

① 2 ② 3
③ 4 ④ 5

011

다음 그림과 같이 원점 O에 세 힘이 작용할 때, 합력이 작용하는 상한의 위치는?

2013 지방직

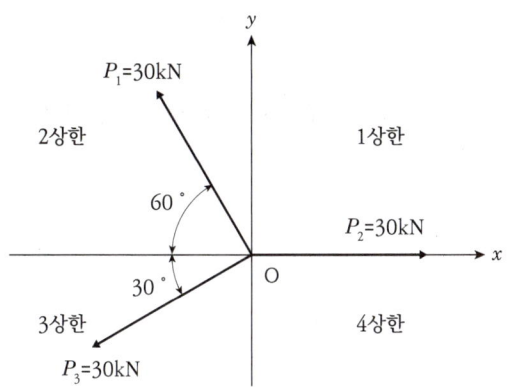

① 1상한　　　　　　② 2상한
③ 3상한　　　　　　④ 4상한

012 80점 목표

그림과 같이 2개의 힘이 동일점 O에 작용할 때 합력(R)의 크기[kN]와 방향(α)은?

2016 지방직

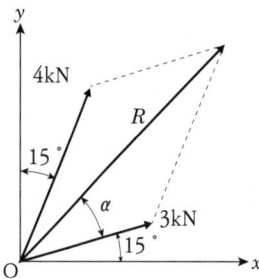

$\quad\underline{R}\qquad\qquad\underline{\alpha}$

① $\sqrt{37}\qquad \cos^{-1}\left(\dfrac{5}{R}\right)$

② $\sqrt{37}\qquad \cos^{-1}\left(\dfrac{2\sqrt{3}}{R}\right)$

③ $\sqrt{61}\qquad \cos^{-1}\left(\dfrac{5}{R}\right)$

④ $\sqrt{61}\qquad \cos^{-1}\left(\dfrac{2\sqrt{3}}{R}\right)$

CHAPTER 03 전단력과 모멘트도

대표문제

001

다음 그림은 단순보에 수직 등분포하중이 일부 구간에 작용했을 때의 전단력도이다. 이 단순보에 작용하는 등분포하중의 크기[kN/m]는? (단, 보의 휨강성 EI는 일정하며, 자중은 무시한다)

2016 지방직

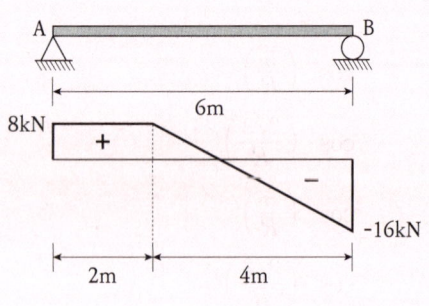

① 4 ② 6
③ 8 ④ 12

해설

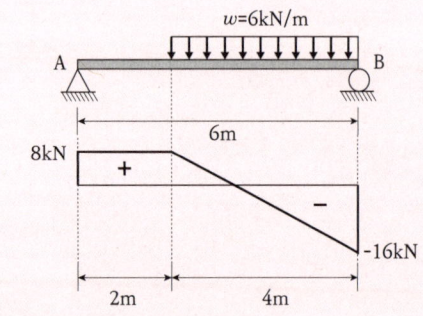

등분포하중은 전단력도의 기울기이다.

$$\therefore w = \frac{-16\text{kN} - 8\text{kN}}{4\text{m}} = -6\text{kN/m}\ (\downarrow)$$

정답 ②

002

그림과 같이 단순보 AB에 하중이 작용하여 전단력도가 아래와 같이 도식되었다면, 등분포하중의 크기[kN/m]는? (단, 자중은 무시한다)

2025 국가직

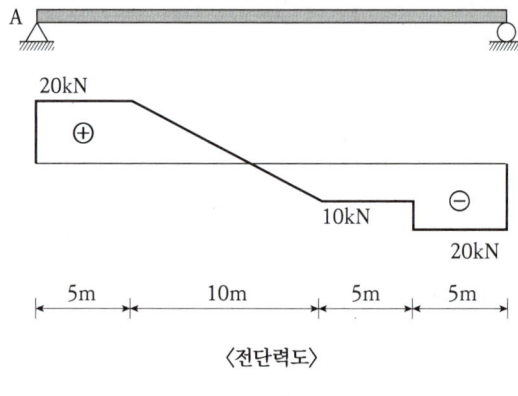

〈전단력도〉

① 1.0 ② 2.0
③ 3.0 ④ 30.0

003

단순보의 전단력선도가 그림과 같을 경우에 CE 구간에 작용하는 등분포하중의 크기[kN/m]는?

2014 국가직

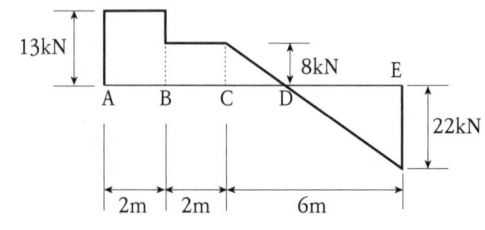

① 3 ② 5
③ 7 ④ 14

대표문제

004

하중을 받는 보의 모멘트선도가 다음 그림과 같을 때, B점 및 C점의 전단력[kN]은? (단, AB 구간 및 CD 구간은 2차 곡선이고 BC 구간은 직선이다. 또한 A점의 상향 수직반력은 5.5kN이다)

2013 지방직

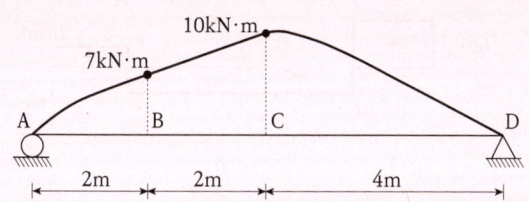

	B점	C점
①	1.5	2.5
②	1.5	1.5
③	2.5	2.5
④	2.5	1.5

해설

전단력은 모멘트도의 기울기이다. B, C점은 동일한 직선 위의 점이므로 기울기가 동일하다.

$$\therefore 전단력 = 모멘트도\ 기울기 = \frac{10kN \cdot m - 7kN \cdot m}{2m} = 1.5kN$$

정답 ②

005

어떤 단순보의 전단력선도가 다음 그림과 같을 때, 휨모멘트선 도로 가장 가까운 것은? (단, 모멘트하중은 작용하지 않는다)

2013 지방직

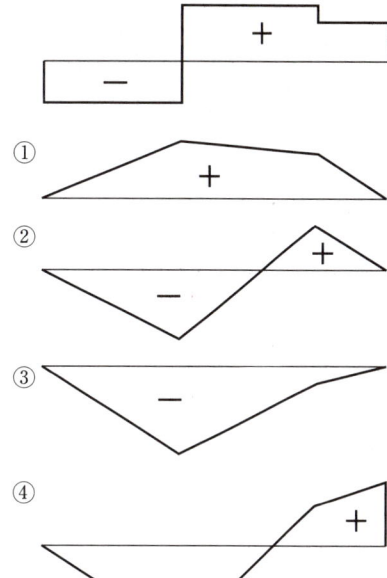

006

어떤 보의 전단력도가 다음과 같은 경우, 휨모멘트도로 가장 가까운 것은?

2012 국가직

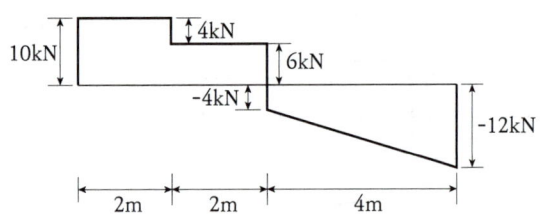

①

②

③

④

007

다음 그림과 같은 내민보에서 전단력도가 다음과 같을 때 휨모멘트가 '0'이 되는 위치 x [m]는?

2010 국가직

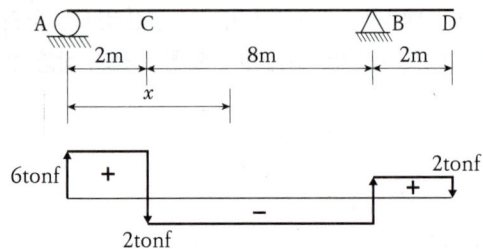

① 2 ② 5
③ 8 ④ 10

008

그림 (a)와 같이 하중을 받는 단순보의 휨모멘트선도가 그림 (b)와 같을 때, E점에 작용하는 하중 P의 크기[kN]는? (단, 구조물의 자중은 무시한다)

2020 지방직

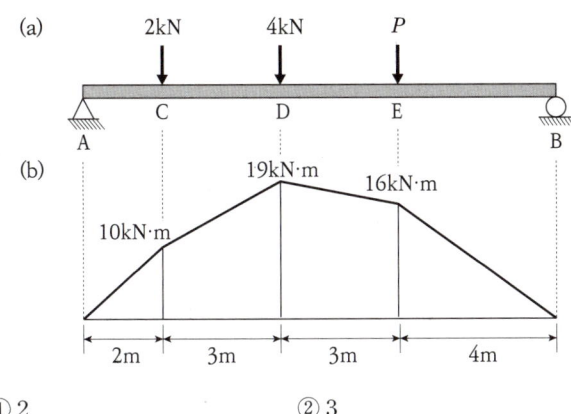

① 2 ② 3
③ 4 ④ 5

009

그림과 같이 단순보에 2개의 집중하중이 작용하고 있을 때 휨모멘트선도는 아래와 같다. C점에 작용하는 집중하중 P_C와 D점에 작용하는 집중하중 P_D의 비 $\left(\dfrac{P_C}{P_D}\right)$는?

2020 국가직

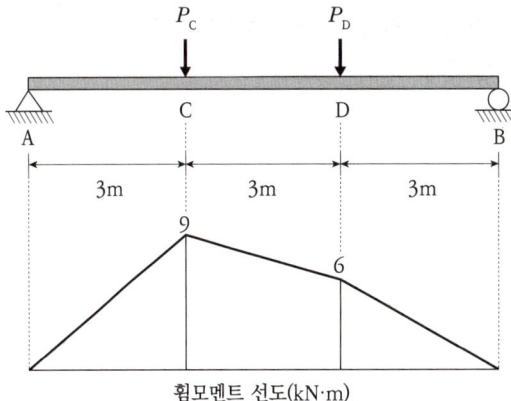

① 4 ② 5
③ 6 ④ 7

대표문제

010

A점이 회전(hinge), B점이 이동(roller) 지지이고 부재의 길이가 L인 단순보에서, A 지지점에서 중앙 C점($L/2$)까지 작용하는 하중이 등분포하중일 때, 부재길이 L내에서 전단력이 제로(0)인 점은 A 지지점에서 중앙쪽으로 얼마만큼 떨어진 곳에 위치하고 있는가?

2008 국가직

① $\dfrac{1}{8}L$ 　　　　② $\dfrac{1}{16}L$

③ $\dfrac{3}{8}L$ 　　　　④ $\dfrac{3}{16}L$

해설

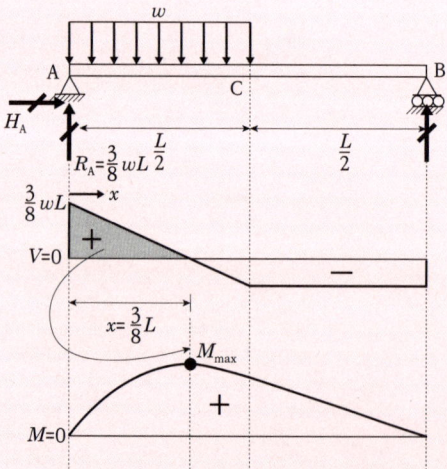

At entire
$\circlearrowleft + \sum M_B = 0$;
$(R_A \times L) - \left(w \times \dfrac{L}{2}\right)\left(\dfrac{L}{2} + \dfrac{L}{2} \times \dfrac{1}{2}\right) = 0$
$\rightarrow R_A = \dfrac{3wL}{8}$

(1) 최대 휨 모멘트 발생지점
　모멘트의 최대값은 전단력이 '+'에서 '−'로 바뀌는 점($V=0$)에서 발생한다.
$$\dfrac{3wL}{8} - wx = 0$$
$$\therefore x = \dfrac{3}{8}L$$

꼭 알아두자!

문제에서 물어보지 않았으나 최대 모멘트를 구해 보자.
(2) 최대 휨 모멘트 크기
　전단력도의 면적은 해당 구간의 모멘트 차이와 같다.
$M_{max} - M_A = M_{max} - 0$ (∵ $M_A = 0$)
　　　　　$= \dfrac{1}{2} \times \dfrac{3}{8}L \times \dfrac{3}{8}wL$
$\therefore M_{max} = \dfrac{9}{128}wL^2$

정답 ②

011

그림과 같은 단순보에서 최대 휨모멘트가 발생하는 단면까지의 A로부터의 거리 $x[\mathrm{m}]$와 최대 휨모멘트 $M_{\max}[\mathrm{kN \cdot m}]$는? (단, 보의 자중은 무시한다) 2017 국가직

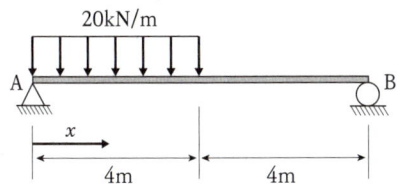

	x	$M_{\max}$
①	2	80
②	2	90
③	3	80
④	3	90

013

그림과 같은 등분포하중이 작용하는 단순보에서 최대휨모멘트가 발생되는 거리값(x)과 최대휨모멘트 값(M)의 비 $\left[\dfrac{x}{M}\right]$는? (단, 보의 휨강성 EI는 일정하고, 자중은 무시하며, 최대휨모멘트의 발생지점은 지점 A로부터의 거리이다) 2019 지방직

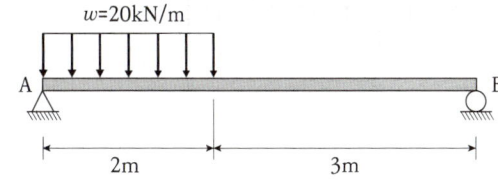

① $\dfrac{1}{8}$ ② 8

③ $\dfrac{1}{16}$ ④ 16

012

그림과 같은 단순보에서 최대 휨모멘트가 발생하는 곳의 위치 $x\,[\mathrm{m}]$는? (단, 자중은 무시한다) 2016 국가직

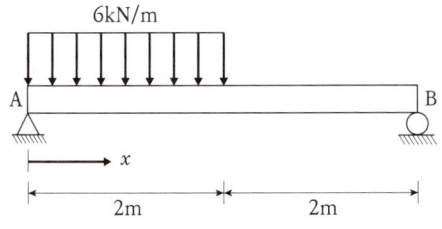

① 1.0 ② 1.25
③ 1.5 ④ 1.75

014

그림과 같은 단순보에 등분포하중과 집중하중이 작용할 때, 지점 A로부터 최대 휨모멘트가 발생되는 위치 $x[\mathrm{m}]$는? (단, 보의 자중은 무시한다) 2022 국가직

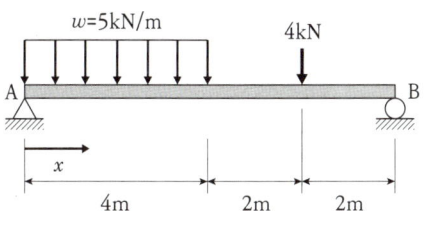

① 2 ② 2.2
③ 3 ④ 3.2

015

그림과 같은 하중을 받는 단순보에서 최대 휨모멘트가 발생하는 위치가 A점으로부터 떨어진 수평거리[m]는? (단, 보의 자중은 무시한다)

2018 국가직

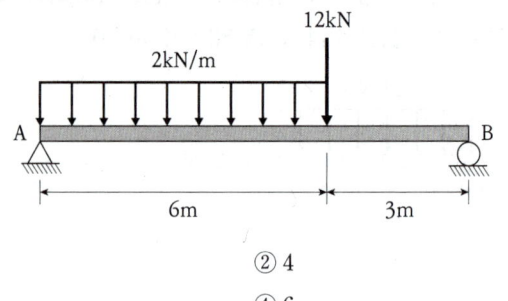

① 3 ② 4
③ 5 ④ 6

016

다음 그림은 임의의 하중이 가해지고 있는 단순보의 전단력선도이다. 최대 휨모멘트 [kN·m]는?

2007 국가직

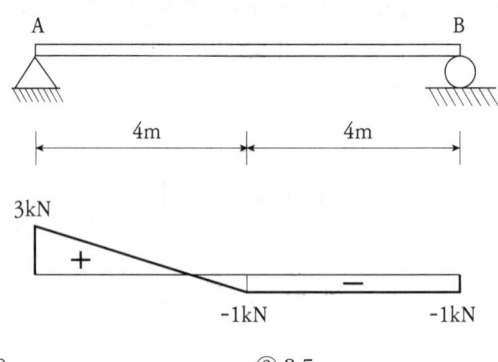

① 3.0 ② 3.5
③ 4.0 ④ 4.5

017

그림과 같은 전단력선도를 가지는 단순보 AB에서 최대 휨모멘트의 크기[kN·m]는? (단, 구조물의 자중은 무시한다)

2020 지방직

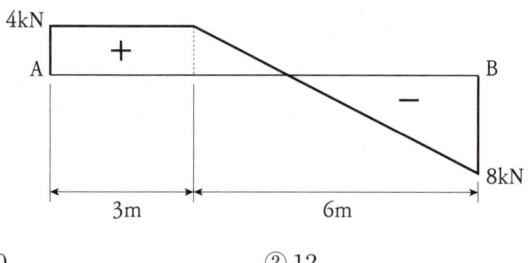

① 10 ② 12
③ 14 ④ 16

018

그림은 단순보의 전단력도(S.F.D.)를 나타낸 것이다. 단순보에 발생하는 최대 휨모멘트의 크기[kN·m]는?

2022 지방직

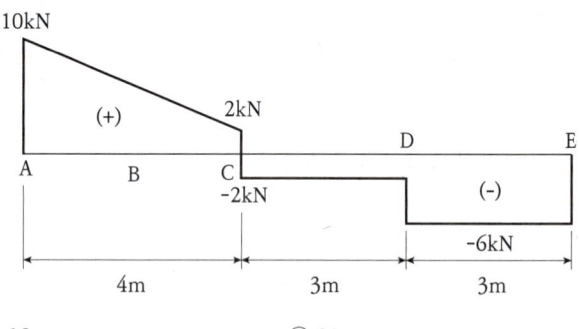

① 18 ② 20
③ 24 ④ 30

019

다음 그림은 집중하중과 등분포하중이 작용하는 단순보의 전단력도(S.F.D.)이다. 이 경우의 최대 휨모멘트의 크기[kN·m]는?

2012 지방직

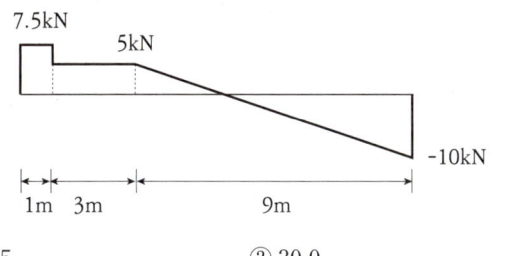

① 22.5　　　② 30.0
③ 45.0　　　④ 60.0

021

어떤 보의 전단력도가 다음과 같은 경우, B점에서의 모멘트 크기[kN·m]는?

2012 국가직

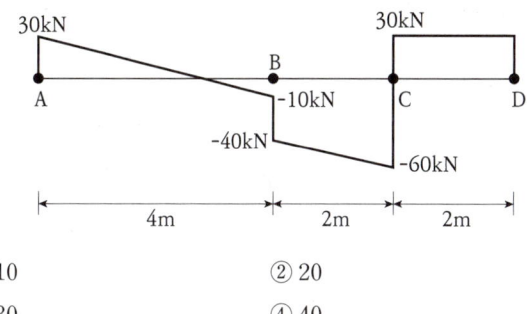

① 10　　　② 20
③ 30　　　④ 40

020

다음 그림은 내민보의 전단력도이다. A점의 휨모멘트의 크기[kN·m]는? (단, 구조물의 자중은 무시한다)

2021 국가직

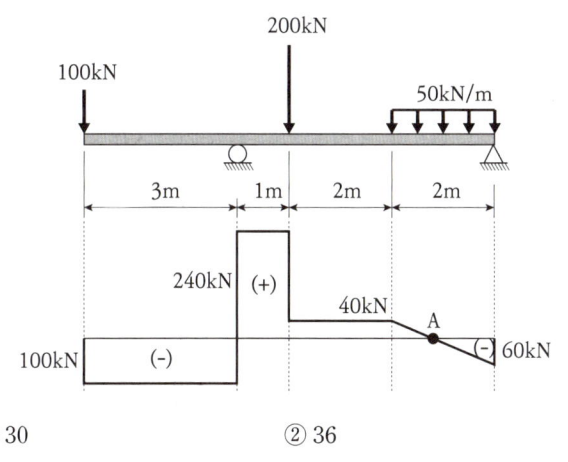

① 30　　　② 36
③ 42　　　④ 45

022 80점 목표

그림과 같은 하중이 작용하는 게르버 보에 대해 작성된 전단력도의 빗금 친 부분의 면적[kN·m]은? (단, 구조물의 자중은 무시한다)

2019 국가직

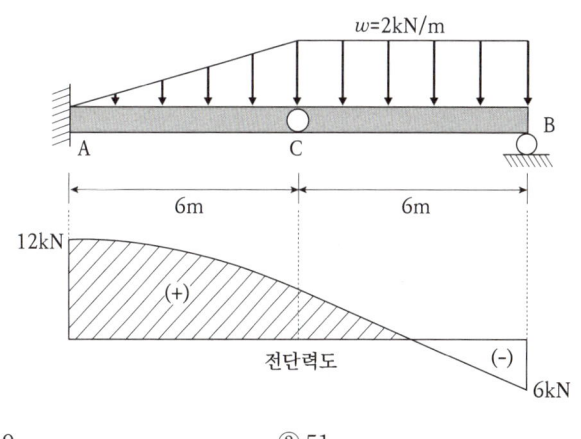

① 9　　　② 51
③ 60　　　④ 69

023

그림과 같이 집중하중과 등분포하중을 받는 보의 전단력선도가 주어졌을 때, B점에서 부모멘트(M_B)의 크기[kN·m]는? (단, 구조물의 자중은 무시한다)   2022 국가직

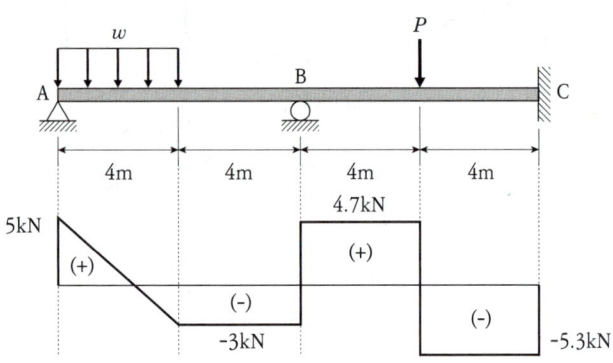

〈전단력선도〉

① 8
② 12
③ 18.8
④ 21.2

024

그림은 지간 10m인 단순보의 전단력도를 나타내고 있다. 다음의 설명 중 옳지 않은 것은?   2011 지방직

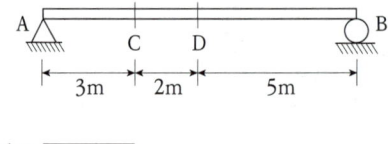

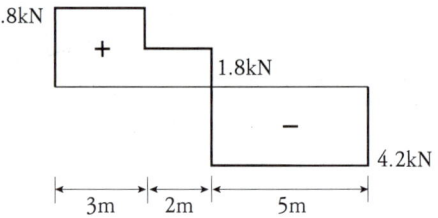

① 보에 발생하는 최대 휨모멘트의 값은 21kN·m이다.
② 지점반력의 크기는 5.8kN과 4.2kN이다.
③ 보에 발생하는 최대 전단력의 크기는 5.8kN이다.
④ C점에는 집중하중 1.8kN이 작용하고 있다.

025

다음 그림은 임의의 하중을 받는 단순보의 전단력선도이다. 옳지 않은 것은? (단, 보의 자중은 고려하지 않는다)   2007 국가직

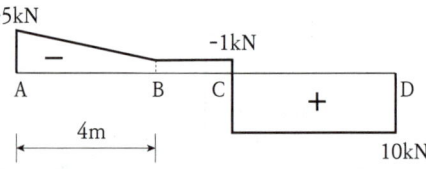

① AB 구간에는 1kN/m의 등분포하중이 작용한다.
② CD 구간에는 하중이 작용하지 않는다.
③ 전단력선도에서 (+)부 면적과 (−)부 면적은 같다.
④ B점에 집중하중이 작용한다.

대표문제

026

길이 L인 단순보에 대하여, 부재 중앙에 수직집중하중 P가 작용할 때의 최대휨모멘트($M_{\max(P)}$)와 수직등분포하중 w가 전체 보에 작용할 때의 최대휨모멘트($M_{\max(w)}$)가 같다면, 등분포하중 w의 크기는?
2022 지방직

① $\dfrac{P}{2L}$ ② $\dfrac{P}{L}$

③ $\dfrac{2P}{L}$ ④ $\dfrac{3P}{L}$

027

그림과 같은 단순보 구조물에서 전단력이 영(zero)이 되는 구간의 길이와 최대 휨모멘트는?
2009 지방직

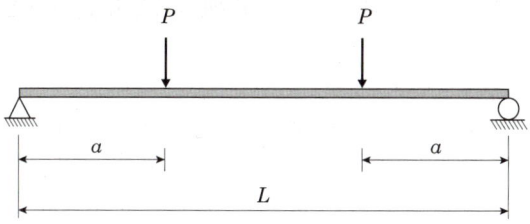

① $2a$, Pa
② $2a$, $P(L-2a)$
③ $L-2a$, Pa
④ $L-2a$, $P(L-2a)$

해설

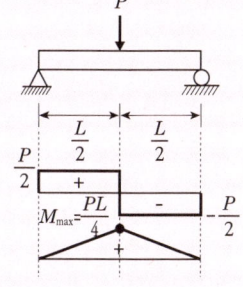 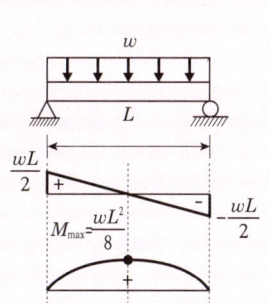

$M_{\max(P)} = M_{\max(w)}$;

$$\dfrac{PL}{4} = \dfrac{wL^2}{8}$$

∴ ③ $w = \dfrac{\left(\dfrac{PL}{4}\right)}{\left(\dfrac{L^2}{8}\right)} = \dfrac{2P}{L}$

정답 ③

028

단순보 CD에 발생하는 최대 휨모멘트 [kN·m]는?
2007 국가직

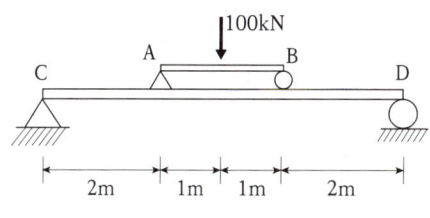

① 50   ② 75
③ 100   ④ 150

029

다음과 같이 양단 내민보 전 구간에 등분포하중이 균일하게 작용하고 있다. 이때 휨모멘트도에서 최대정모멘트와 최대부모멘트의 절댓값이 같기 위한 L과 a의 관계는? (단, 자중은 무시한다)

2013 국가직

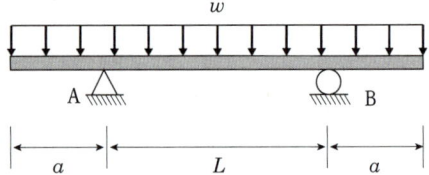

① $L=\sqrt{2a}$
② $L=2\sqrt{2a}$
③ $L=\sqrt{2}a$
④ $L=2\sqrt{2}a$

030

다음과 같은 양단 고정보의 정성적 전단력 선도는? 2024 지방직

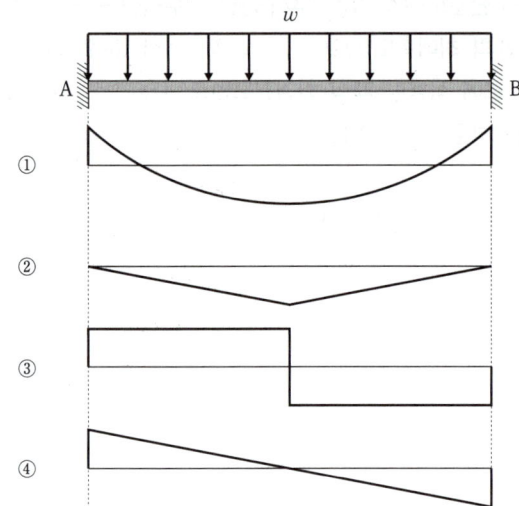

대표문제

031

그림과 같이 보는 등분포하중 q_1과 q_2에 의해 힘의 평형상태에 있다. 이 보의 최대 휨모멘트 크기 [kN·m]는? (단, $a=2\text{m}$, $b=6\text{m}$, $q_1=10\text{kN/m}$이며, 보의 자중은 무시한다)

2017 국가직

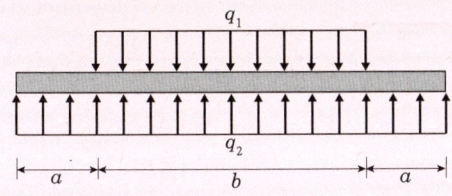

① 25　　　　　② 30
③ 35　　　　　④ 40

해설

$\uparrow +\sum F_y=0$;
$-(q_1\times b)+(q_2)(2a+b)=0$
→ $-(10\text{kN/m}\times 6\text{m})+(q_2)(4\text{m}+6\text{m})=0$
→ $q_2=6\text{kN/m}$

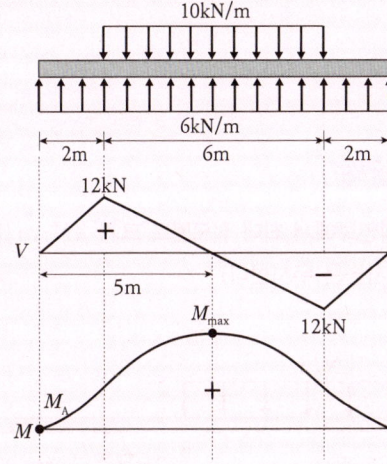

(1) 최대 휨 모멘트 발생지점

모멘트의 최대값은 전단력이 '+'에서 '−'로 바뀌는 점($V=0$)에서 발생한다. 좌우 대칭이므로 중앙 지점에서 발생한다.

(2) 최대 휨 모멘트 크기

전단력도의 면적은 해당 구간의 모멘트 차이와 같다.
$M_{\max}-M_A=M_{\max}-0 \ (\because M_A=0)$
$\quad=\left(\dfrac{1}{2}\times 5\text{m}\times 12\text{kN}\right)$

∴ $M_{\max}=30\text{kN}\cdot\text{m}$

정답 ②

032 80점 목표

다음 그림과 같은 구조물에서 최대 정모멘트가 발생되는 위치는?

2009 국가직

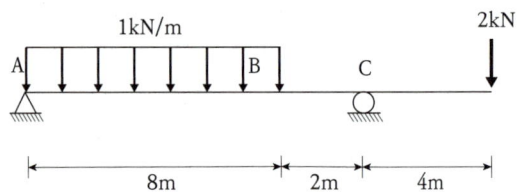

① 점 A에서 3.5m
② 점 A에서 4m
③ 점 C
④ 점 C에서 5m

033 80점 목표

그림과 같은 내민보에서 최대 정모멘트 크기 $[kN \cdot m]$는? (단, 구조물의 자중은 무시한다)

2023 지방직

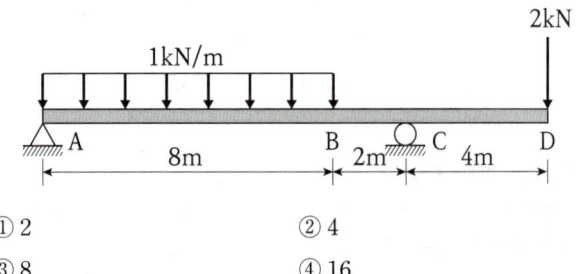

① 2
② 4
③ 8
④ 16

034 80점 목표

그림과 같은 내민보에서 휨모멘트가 0이 되는 위치까지의 수평거리 x로 옳은 것은? (단, 구조물의 자중은 무시한다) 2021 지방직

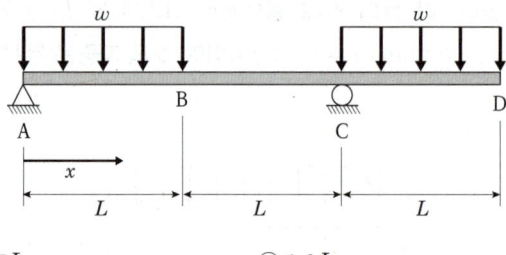

① $0.7L$
② $1.0L$
③ $1.2L$
④ $1.5L$

035 80점 목표

그림과 같이 내민보에 등분포하중이 작용할 때, 지점 A부터 최대 정모멘트가 발생하는 단면까지의 거리 $x[\mathrm{m}]$는? (단, 보의 자중은 무시한다)

2017.12 지방직

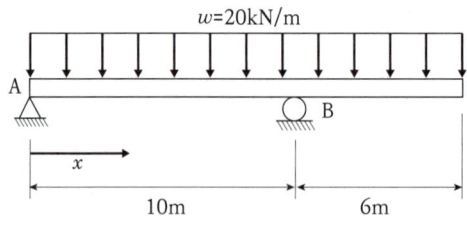

① 2
② 3.2
③ 4
④ 5.2

036

그림과 같이 단순보에 작용하는 여러 가지 하중에 대한 전단력도(SFD)로 옳지 않은 것은? (단, 보의 자중은 무시한다)

2016 지방직

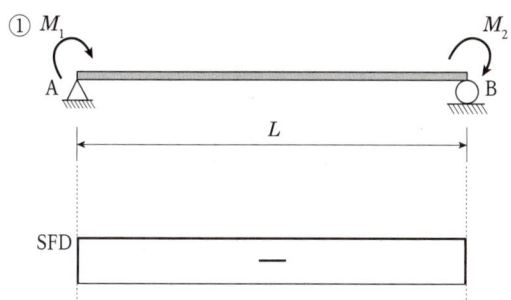

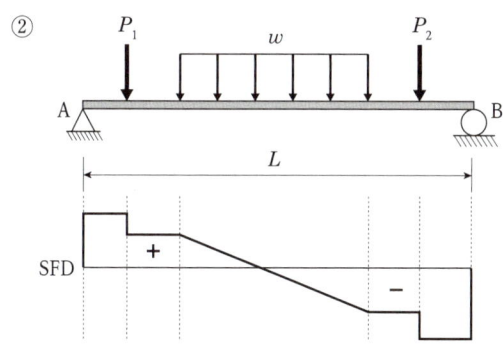

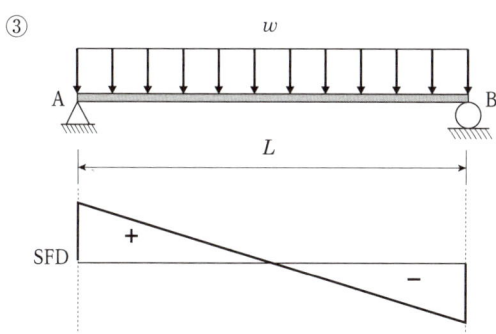

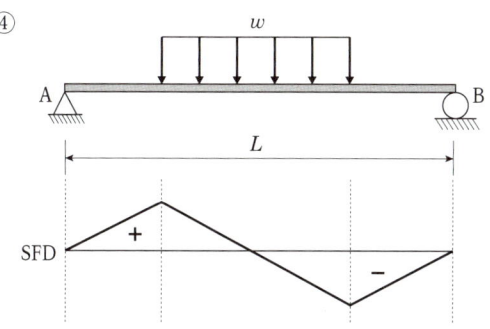

037

그림과 같은 단순보에 모멘트 하중이 작용할 때의 설명으로 옳지 않은 것은?

2009 지방직

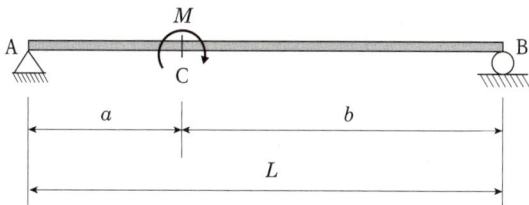

① 전단력의 크기는 AB 구간 전체에서 일정하다.
② 휨모멘트는 C단면에서 부호가 바뀌게 된다.
③ 축방향력은 모멘트 하중의 작용위치에 상관없이 영(zero)이다.
④ 지점 A와 지점 B의 반력의 크기는 모멘트 하중의 작용위치에 따라 달라진다.

038

다음과 같이 하중이 작용하는 보 구조물에 발생하는 최대휨모멘트[kN·m]는? (단, 자중은 무시한다)

2013 국가직

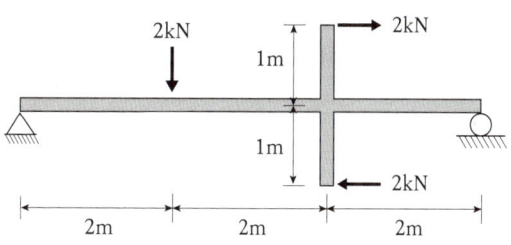

① $\dfrac{2}{3}$ ② $\dfrac{4}{3}$

③ $\dfrac{5}{3}$ ④ $\dfrac{8}{3}$

039

그림과 같이 내부힌지가 있는 보에 대한 정성적인 휨모멘트도로 옳은 것은? (단, 자중은 무시한다)

2025 지방직

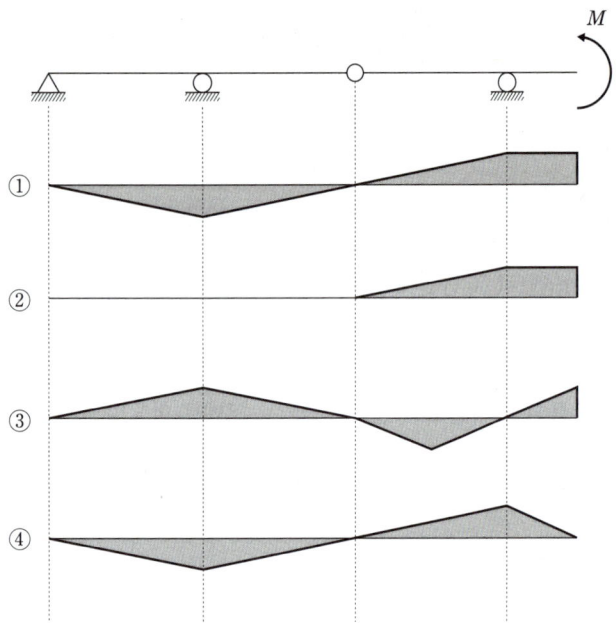

040

그림은 어떤 보 구조물의 형상과 정성적인 휨모멘트 선도를 겹쳐서 나타낸 것이다. 이에 근거한 설명으로 옳지 않은 것은? (단, 곡선부분은 모두 2차 곡선이다)

2024 국가직

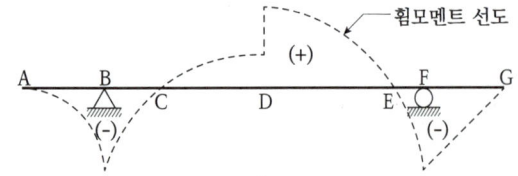

① 처짐곡선은 구간 A~C에서는 위로 볼록한 형태로, 구간 C~E에서는 아래로 볼록한 형태로 변형된다.
② 구간 A~G에는 등분포하중이 작용하고 있다.
③ D점에는 시계방향의 집중 모멘트하중이 작용하고 있다.
④ G점에는 집중하중이 작용하고 있다.

041

그림과 같이 모멘트 M, 분포하중 w, 집중하중 P가 작용하는 캔틸레버 보에 대해 작성한 전단력도 또는 휨모멘트도의 대략적인 형태로 적절한 것은? (단, 구조물의 자중은 무시한다)

2019 국가직

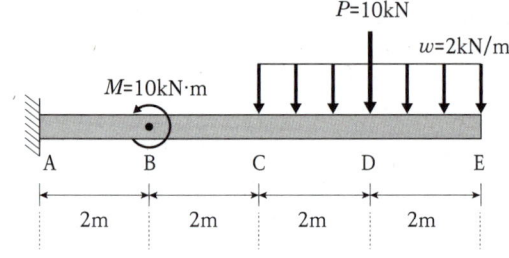

①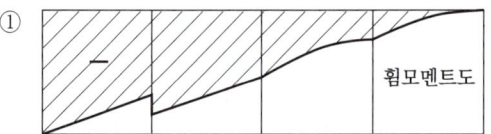

②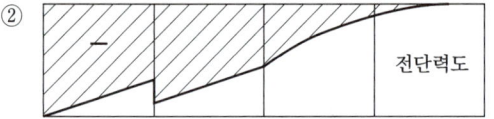

③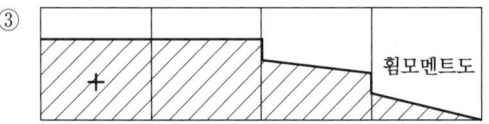

④

042　80점 목표

다음과 같은 단순보의 휨모멘트선도(BMD)에서 구한 전단력선도로 가장 유사한 것은? (단, 휨모멘트선도의 AB 구간은 직선이고, BC, CD, DE 구간은 2차 포물선이다)　2014 지방직

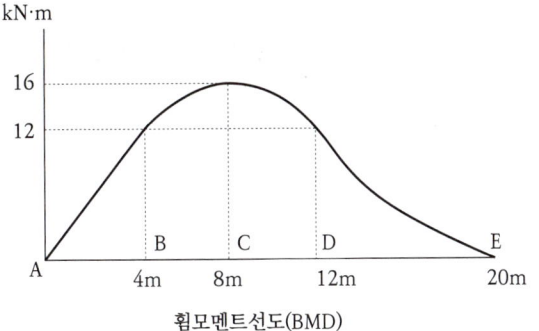

휨모멘트선도(BMD)

①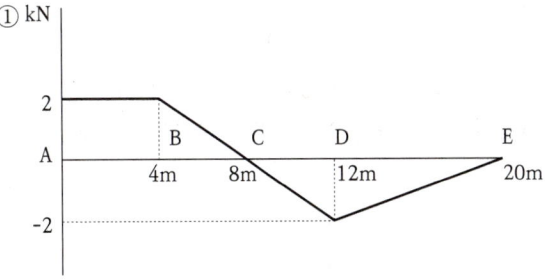

②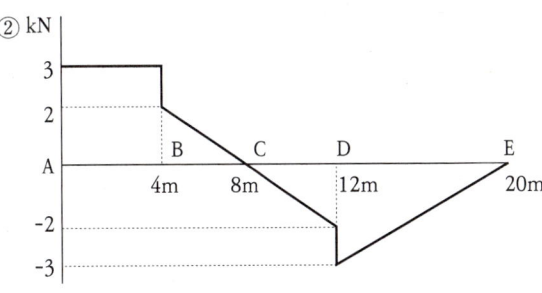

③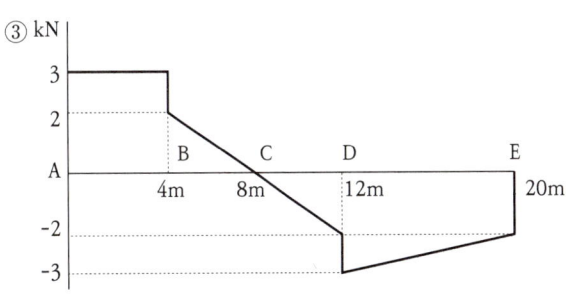

④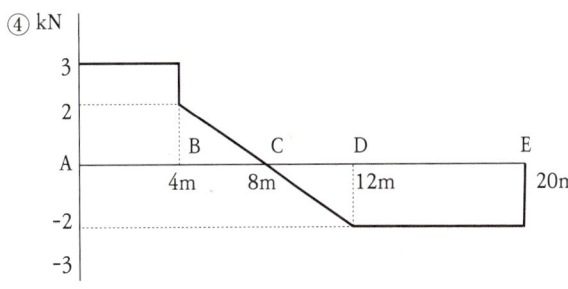

043

다음과 같이 게르버 보에 하중이 작용하여 발생하는 정모멘트와 부모멘트 중 큰 절댓값[kN·m]은? (단, 자중은 무시한다)

2013 국가직

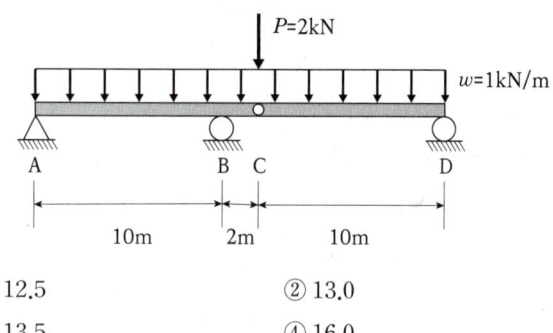

① 12.5
② 13.0
③ 13.5
④ 16.0

044

다음 구조물의 BE 구간에서 휨모멘트선도의 기울기가 0이 되는 위치에서 휨모멘트의 크기[kN·m]는? (단, E점은 내부힌지이다)

2014 지방직

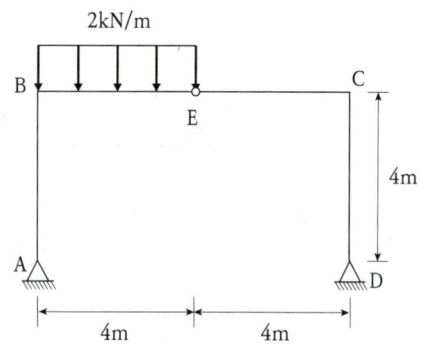

① 1
② 2
③ 9
④ 17

045

그림과 같은 정정 라멘 구조물에서 BC 부재에 발생하는 최대 휨모멘트[kN·m]는? (단, 라멘 구조물의 자중은 무시한다)

2011 지방직

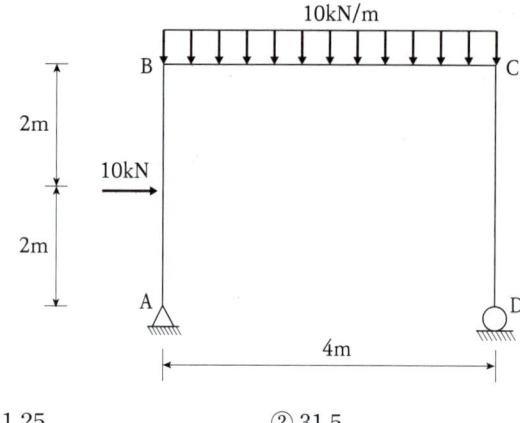

① 31.25
② 31.5
③ 31.75
④ 32.0

대표문제

046

그림과 같은 부정정 구조물에서 정성적인 축력도로 옳은 것은? (단, 휨강성 EI와 축강성 EA는 일정하고, 자중은 무시한다)

2025 국가직

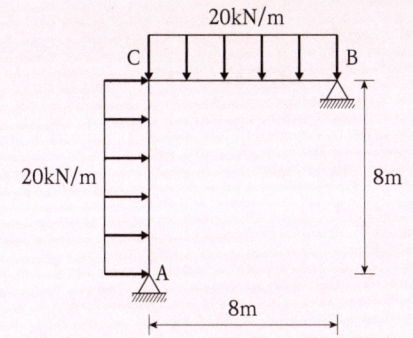

① 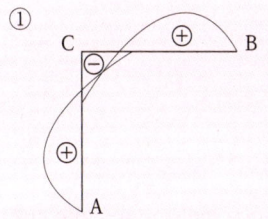   ②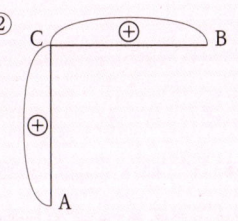

③ 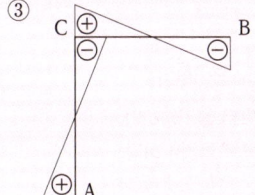   ④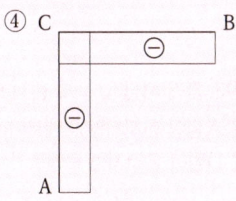

해설

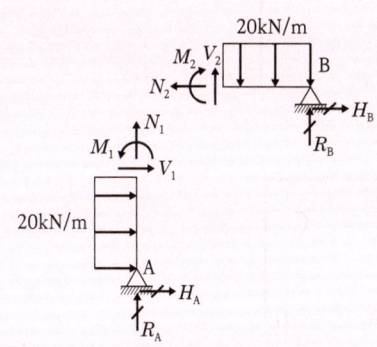

At CB
$\rightarrow +\sum F_x = 0$;
$-N_2 + H_B = 0$
$\Rightarrow N_2 = H_B$

At AC
$\uparrow +\sum F_y = 0$;
$N_1 + R_A = 0$
$\Rightarrow N_1 = -R_A$

∴ 축에 수직방향 하중(20kN/m)은 축력에 영향을 주지 않는다.

꼭 알아두자!

부정정 구조의 반력(R_A, H_A, R_B, H_B)은 부정정 구조를 해석하면 계산할 수 있지만 필요없으며, 크기와 방향이 고정되어 있다는 것만 파악하면 된다.

정답 ④

대표문제

047

다음 그림과 같은 프레임 구조물에 하중 P가 작용할 때, 프레임 구조물 ABCD에 발생하는 모멘트선도로 가장 가까운 것은?

2013 지방직

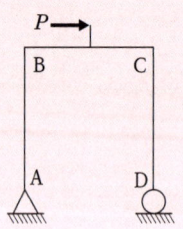

①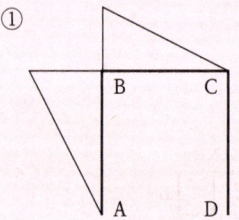

②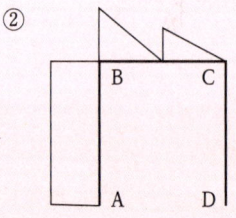

③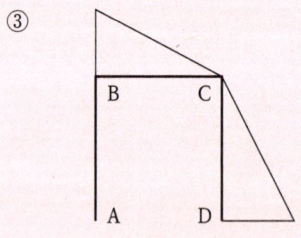

④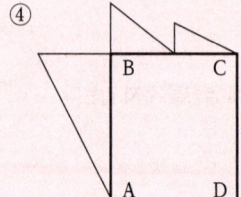

해설

모멘트 선도를 추정하는 문제에서 가장 먼저 확인해야 하는 것은 다음과 같다.

(1) 힌지, 롤러 지점 및 내부 힌지 모멘트 '0' 확인하기
②번은 A점이 힌지지만 모멘트가 존재하므로 불가능하다.
③번은 D점이 롤러지만 모멘트가 존재하므로 불가능하다.

(2) 강 절점에서 모멘트의 크기와 부호가 같은지 확인하기
③ 번은 B점에서 연결 부재의 모멘트 크기가 달라 불가능하다.

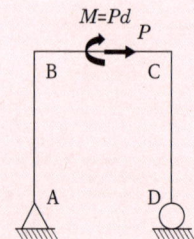

위와 같이 몇 개의 보기를 제거한 후 외력을 고려한다. 외력은 이격거리가 있으므로 BC에 모멘트를 발생시킨다. 따라서 BC 모멘트도에는 모멘트의 급격한 변화가 있어야 한다. 이를 만족시키는 모멘트 선도는 ④번 밖에 없다.

정답 ④

048 80점 목표

다음과 같은 프레임 구조물에 분포하중 4kN/m와 집중하중 5kN이 작용할 때, 프레임 구조물 ABCD에 발생하는 정성적인 휨모멘트선도(BMD)로 가장 유사한 것은? (단, E점은 내부힌지이다)

2014 지방직

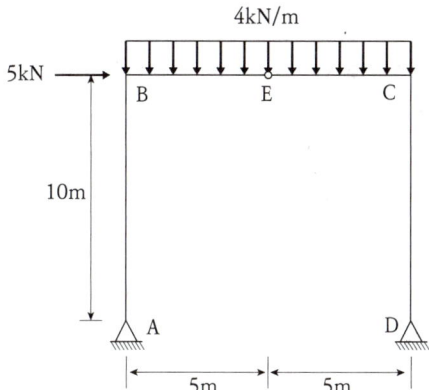

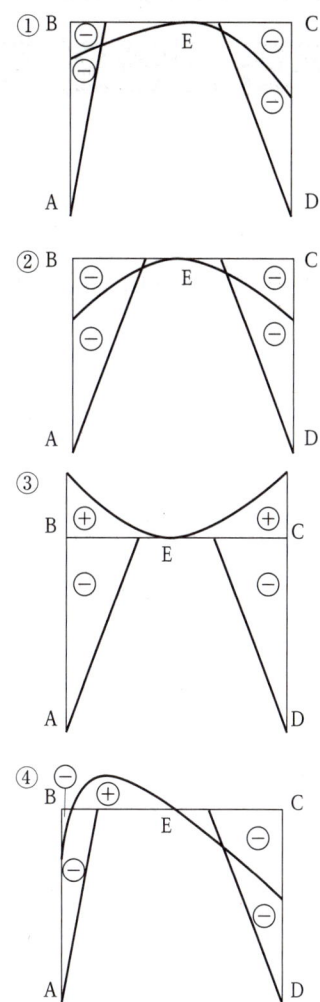

CHAPTER 04 재료와 단면의 특성

001

그림과 같이 xy 평면상에 있는 단면 중 도심의 y좌표 값이 가장 작은 것은?

2019 지방직

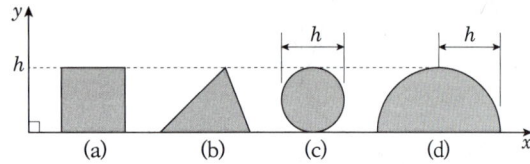

① (a)
② (b)
③ (c)
④ (d)

대표문제 002

다음과 같은 단면에서 x축에 대한 도심의 y좌표값은?

2012 국가직

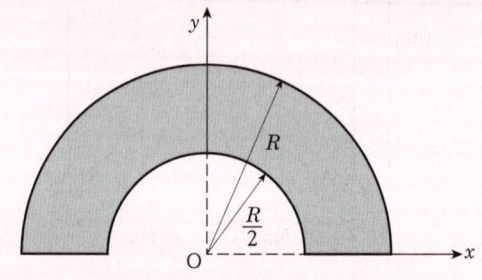

① $\dfrac{9R}{14\pi}$
② $\dfrac{14R}{9\pi}$
③ $\dfrac{15R}{8\pi}$
④ $\dfrac{8R}{15\pi}$

해설

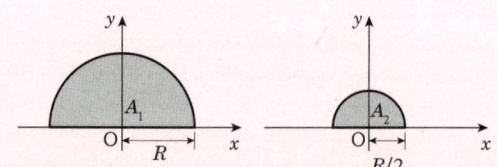

$A_1 = \dfrac{\pi(2R)^2}{4} \times \dfrac{1}{2}$

$A_2 = \dfrac{\pi(R)^2}{4} \times \dfrac{1}{2}$

$A_1 : A_2 = 4 : 1$

$y_c = \dfrac{\sum A_n y_n}{\sum A_n} = \dfrac{A_1 y_1 - A_2 y_2}{A_1 - A_2}$

$= \dfrac{(4)\left(\dfrac{4R}{3\pi}\right) - (1)\left(\dfrac{4\left(\dfrac{R}{2}\right)}{3\pi}\right)}{4-1} = \dfrac{14R}{9\pi}$

정답 ②

003

다음과 같이 원으로 조합된 빗금친 단면의 도심 C(Centroid)의 $\bar{y}$는?

2013 국가직

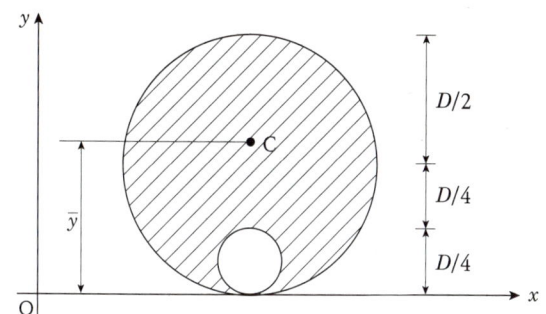

① $\dfrac{7}{12}D$ ② $\dfrac{7}{24}D$

③ $\dfrac{21}{40}D$ ④ $\dfrac{7}{40}D$

004

그림과 같은 음영 부분 A단면에서 $x-x$축으로부터 도심까지의 거리 y는?

2019 지방직

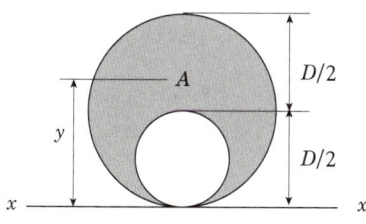

① $\dfrac{5D}{12}$ ② $\dfrac{6D}{12}$

③ $\dfrac{7D}{12}$ ④ $\dfrac{8D}{12}$

005

그림과 같이 빗금 친 단면의 도심을 G라 할 때, x축에서 도심까지 거리(y)는?

2016 지방직

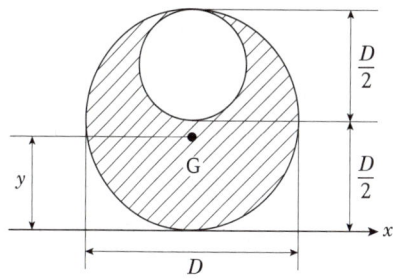

① $\dfrac{3}{12}D$ ② $\dfrac{5}{12}D$

③ $\dfrac{7}{12}D$ ④ $\dfrac{9}{12}D$

006

그림과 같이 직경 D인 원에서 직경 $\dfrac{D}{2}$인 원을 뺀 나머지 부분의 x축에서 도심까지의 거리(y_0)는?

2025 지방직

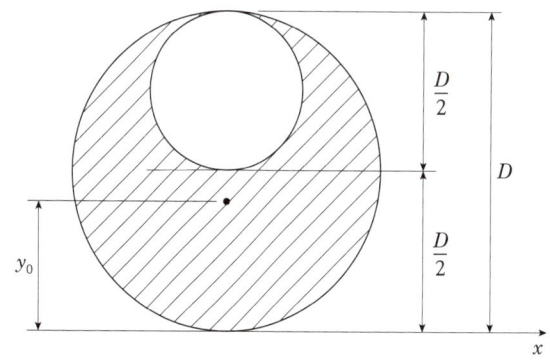

① $\dfrac{1}{3}D$ ② $\dfrac{3}{8}D$

③ $\dfrac{5}{11}D$ ④ $\dfrac{5}{12}D$

007

그림과 같이 빗금친 단면의 도심이 x축과 평행한 직선 $A-A$를 통과한다고 하면, x축으로부터의 거리 c의 값은? 2017 국가직

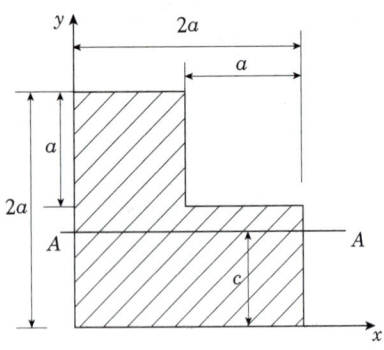

① $\dfrac{3}{4}a$
② $\dfrac{4}{5}a$
③ $\dfrac{5}{6}a$
④ $\dfrac{6}{7}a$

008

그림과 같이 음영으로 표시된 도형에서 도심까지의 거리 y_0는? 2022 지방직

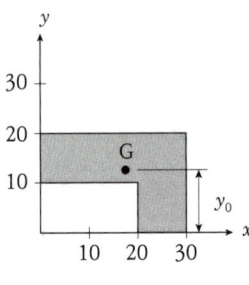

① 11.5
② 12.5
③ 13.5
④ 14.5

009

그림과 같은 단면에서 x축으로부터 도심 G까지의 거리 y_0는? 2020 지방직

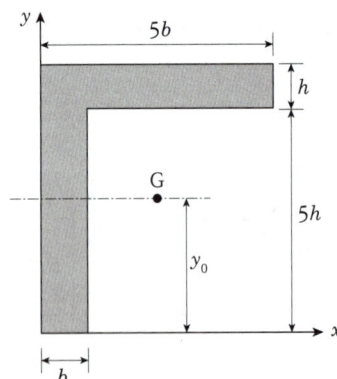

① $3.6h$
② $3.8h$
③ $4.0h$
④ $4.2h$

010

그림과 같은 삼각형 단면에서 y축에서 도심까지의 거리는?

2017.6 지방직

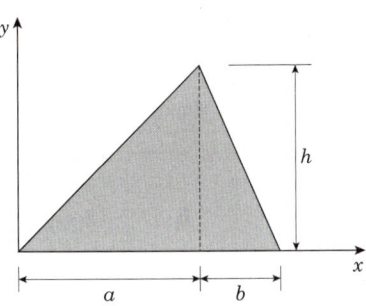

① $\dfrac{2a+b}{3}$ ② $\dfrac{a+2b}{4}$

③ $\dfrac{a+b}{3}$ ④ $\dfrac{a+2b}{3}$

011

그림과 같은 사다리꼴 단면에서 도심으로부터 y축까지의 수평거리[m]는?

2021 국가직

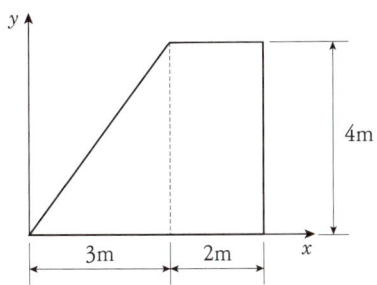

① $\dfrac{11}{7}$ ② $\dfrac{22}{7}$

③ $\dfrac{11}{9}$ ④ $\dfrac{22}{9}$

012

그림과 같이 변의 길이가 r인 정사각형에서 반지름이 r인 $\dfrac{1}{4}$ 원을 뺀 나머지 부분의 x축에서 도심까지의 거리 $\overline{y}$는?

2018 국가직

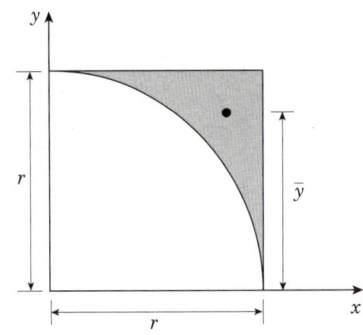

① $\dfrac{2r}{3(4-\pi)}$ ② $\dfrac{3r}{4(4-\pi)}$

③ $\dfrac{(3\pi-4)r}{3\pi}$ ④ $\dfrac{(\pi-1)r}{\pi}$

대표문제

013

그림과 같이 3가지 재료로 구성된 합성단면의 하단으로부터의 중립축의 위치[mm]는? (단, 각 재료는 완전히 접착되어 있다)

2015 국가직

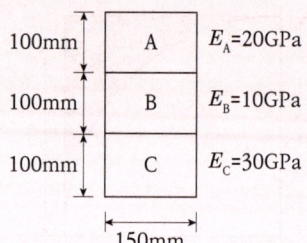

① $\dfrac{400}{3}$

② $\dfrac{380}{3}$

③ $\dfrac{365}{3}$

④ $\dfrac{350}{3}$

014

그림과 같이 두 개의 재료로 이루어진 합성 단면이 있다. 단면 하단으로부터 중립축까지의 거리 C [mm]는? (단, 각각 재료의 탄성계수는 $E_1=0.8\times10^5$MPa, $E_2=3.2\times10^5$MPa이다)

2019 지방직

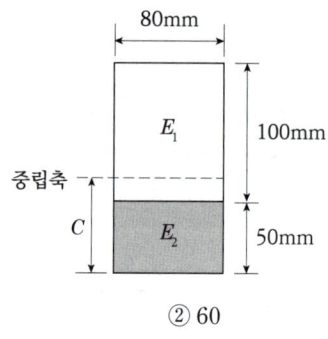

① 50 ② 60
③ 70 ④ 80

해설

$E_A : E_B : E_C = 2 : 1 : 3$
$A_A : A_B : A_C = 1 : 1 : 1$
$E_A A_A : E_B A_B : E_C A_C = 2 : 1 : 3$

$y_n = \dfrac{\sum(EA)y}{\sum(EA)}$
$= \dfrac{(2)(250\text{mm})+(1)(150\text{mm})+(3)(50\text{mm})}{2+1+3} = \dfrac{400}{3}\text{mm}$

정답 ①

015

그림과 같이 서로 다른 재료로 구성된 합성단면에서 하단으로부터 중립축까지 수직거리 x[mm]는? (단, 각 재료는 완전 부착되어 일체거동하고, 상부플랜지의 탄성계수 $E_A=10\text{GPa}$, 웨브의 탄성계수 $E_B=20\text{GPa}$, 하부플랜지의 탄성계수 $E_C=40\text{GPa}$이다)

2023 지방직

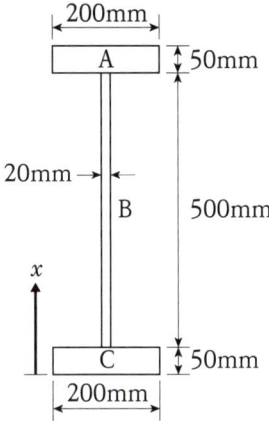

① $\dfrac{1,250}{7}$

② $\dfrac{1,275}{7}$

③ $\dfrac{2,125}{7}$

④ $\dfrac{2,925}{7}$

대표문제

016

그림과 같이 균일한 직사각형 단면에 전단력 V가 작용하고 있다. $a-a$ 위치에 발생하는 전단응력의 크기를 계산할 때 필요한 단면1차모멘트의 크기는?

2014 국가직

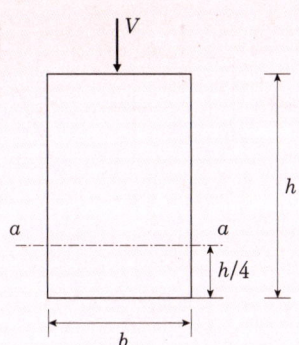

① $\dfrac{1}{32}bh^2$

② $\dfrac{2}{32}bh^2$

③ $\dfrac{3}{32}bh^2$

④ $\dfrac{8}{32}bh^2$

해설

$Q = Ay_c = \left(b \times \dfrac{h}{4}\right)\left(\dfrac{h}{2} - \dfrac{h}{4} \times \dfrac{1}{2}\right) = \dfrac{3}{32}bh^2$

정답 ③

대표문제

017

다음과 같은 원형, 정사각형, 정삼각형이 있다. 각 단면의 면적이 같을 경우 도심에서의 단면2차모멘트(I_x)가 큰 순서대로 바르게 나열한 것은?

2015 지방직

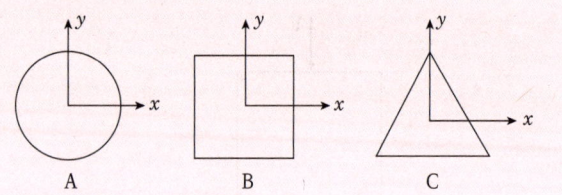

① A>B>C
② B>C>A
③ C>B>A
④ B>A>C

해설
면적이 같을 경우 단면의 각 수가 적을수록 단면2차모멘트가 크다.
∴ C>B>A

정답 ③

018

그림과 같은 단면적이 동일한 3개의 단면에 대하여 도심축(X축)에 대한 단면2차모멘트의 크기 순서로 옳게 표현된 것은?

2022 지방직

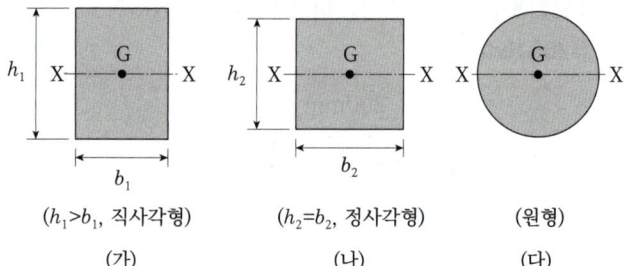

($h_1 > b_1$, 직사각형)　($h_2 = b_2$, 정사각형)　(원형)
(가)　　　　　　　(나)　　　　　　(다)

① (가) > (다) > (나)
② (가) > (나) > (다)
③ (나) > (다) > (가)
④ (나) > (가) > (다)

019

다음과 같이 직사각형 단면의 도심을 C라고 할 때, 각각의 축에 대한 단면2차모멘트 중 가장 큰 것은?

2012 국가직

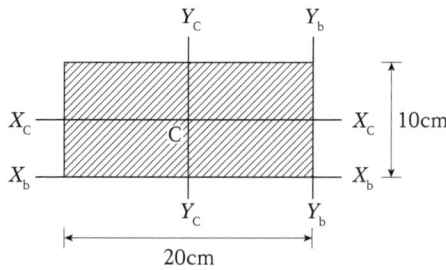

① I_{X_b} ($X_b - X_b$축)
② I_{Xc} ($X_C - X_C$축)
③ I_{Y_b} ($Y_b - Y_b$축)
④ I_{Y_C} ($Y_C - Y_C$축)

020

그림과 같이 폭이 b이고 높이가 h인 직사각형 단면의 x축에 대한 단면2차모멘트 I_{x_1}과 빗금친 직사각형 단면의 x축에 대한 단면2차모멘트 I_{x_2}의 크기의 비 $\left(\dfrac{I_{x_2}}{I_{x_1}}\right)$는?

2020 국가직

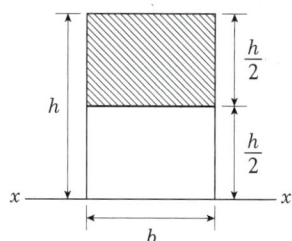

① $\dfrac{1}{2}$　　　② $\dfrac{2}{3}$

③ $\dfrac{7}{8}$　　　④ 1

021

다음과 같은 도형의 x축에 대한 단면2차모멘트는?

2013 지방직

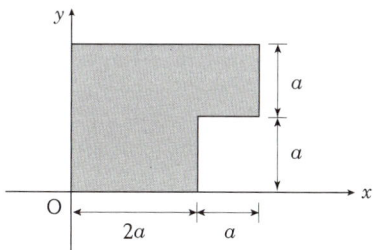

① $\dfrac{23a^4}{3}$　　　② $\dfrac{25a^4}{3}$

③ $\dfrac{23a^4}{12}$　　　④ $\dfrac{25a^4}{12}$

022

그림과 같이 빗금 친 단면의 x축에 대한 단면2차모멘트[mm^4]는? (단, x축과 y축의 단위는 mm이다)

2022 국가직

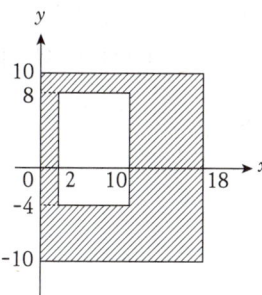

① 8,020　　　② 10,464
③ 12,000　　　④ 14,222

대표문제

023

그림과 같은 단면의 도심 C점을 지나는 X_C축에 대한 단면2차모멘트가 5,000cm⁴이고, 단면적이 $A=100\text{cm}^2$이다. 이때, 도심축에서 5cm 떨어진 x축에 대한 단면2차모멘트 [cm⁴]는?

2016 국가직

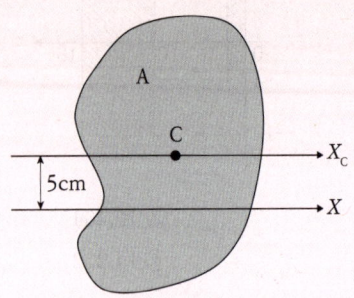

① 2,500　　② 5,000
③ 5,500　　④ 7,500

해설

$I_X = I_C + Ay^2$
$\quad = 5000\text{cm}^4 + (100\text{cm}^2 \times (5\text{cm})^2) = 7500\text{cm}^4$

정답 ④

024

그림과 같은 삼각형 단면의 $x-x$축에 대한 단면2차모멘트 $I_X[\text{mm}^4]$는?

2019 지방직

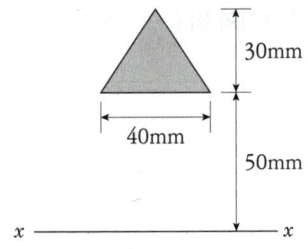

① 155×10^4
② 219×10^4
③ 345×10^4
④ 526×10^4

대표문제

025

다음 그림과 같이 단면적이 200cm²인 임의의 도형이 있다. 도형의 도심에서 10cm만큼 떨어진 X_1축에서의 단면2차모멘트가 $I_{X_1}=25,000$cm⁴일 때, 20cm만큼 떨어진 X_2축에서의 단면2차모멘트는? 2008 국가직

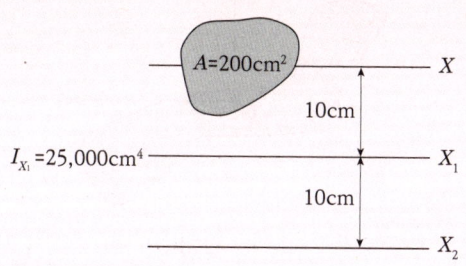

① 45,000cm⁴
② 65,000cm⁴
③ 85,000cm⁴
④ 105,000cm⁴

026

그림과 같이 도심이 C인 단면의 단면적(A)이 100mm²이고, x_1축에 대한 단면 2차 모멘트(I_{x_1})가 100,000mm⁴일 때, x_2축에 대한 단면 2차 모멘트(I_{x_2})의 크기[mm⁴]는? 2023 국가직

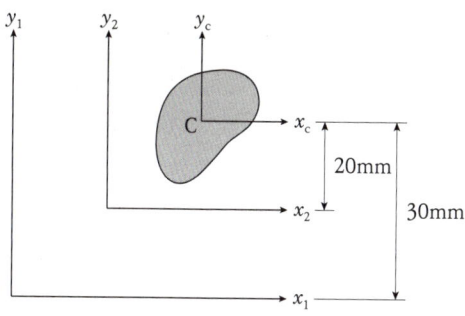

① 50,000
② 80,000
③ 100,000
④ 140,000

027

그림과 같이 임의의 형상을 갖고 단면적이 A인 단면이 있다. 도심축(x_0-x_0)으로부터 d만큼 떨어진 축(x_1-x_1)에 대한 단면 2차모멘트가 I_{x_1}일 때, $2d$만큼 떨어진 축(x_2-x_2)에 대한 단면 2차모멘트 값은? 2019 국가직

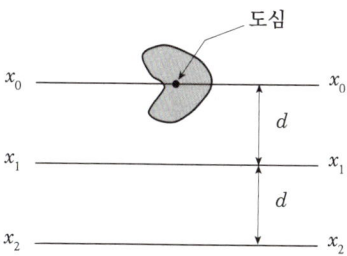

① $I_{x_1}+Ad^2$
② $I_{x_1}+2Ad^2$
③ $I_{x_1}+3Ad^2$
④ $I_{x_1}+4Ad^2$

해설

$I_{X_1}=I_C+Ay_1^2$
→ $25000\text{cm}^4=I_X+200\text{cm}^2\times(10\text{cm})^2$
→ $I_X=5000\text{cm}^4$

$I_{X_2}=I_C+Ay_2^2$
→ $I_{X_2}=I_X+Ay_2^2$
→ $I_{X_2}=5000\text{cm}^4+200\text{cm}^2\times(20\text{cm})^2$

∴ $I_{X_2}=85000\text{cm}^4$

정답 ③

028

그림과 같이 동일한 사각형이 각각 다른 위치에 있을 때, 사각형 A, B, C의 x축에 관한 단면2차모멘트의 비 ($I_A : I_B : I_C$)는?

2018 국가직

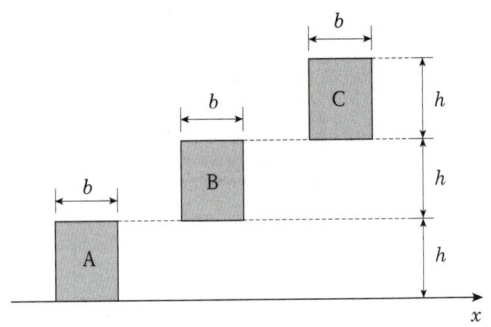

① 1 : 4 : 19
② 1 : 4 : 20
③ 1 : 7 : 19
④ 1 : 7 : 20

029

다음과 같은 원형 단면에서 임의의 축 x에 대한 단면2차모멘트가 도심축 X에 대한 단면2차모멘트의 2배가 되기 위한 거리 (y)는?

2014 지방직

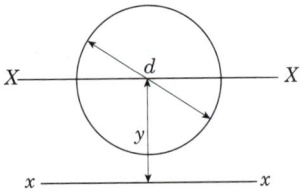

① $\dfrac{d}{2}$
② $\dfrac{d}{3}$
③ $\dfrac{d}{4}$
④ $\dfrac{d}{8}$

030

그림과 같이 $x-y$ 평면상에 있는 단면의 최대 주단면2차모멘트 I_{max} [mm^4]는? (단, x축과 y축의 원점 C는 단면의 도심이다. 단면2차모멘트는 $I_x = 3$mm^4, $I_y = 7$mm^{4}이며, 최소 주단면2차모멘트 $I_{min} = 2$mm^{4}이다)

2017.6 지방직

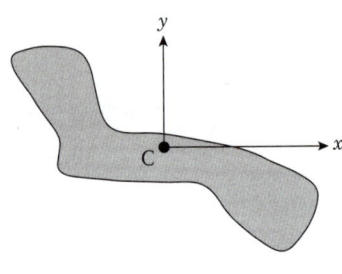

① 5
② 6
③ 7
④ 8

대표문제

031

한 변의 길이가 h인 정사각형 단면 (a)와 45° 회전한 단면 (b)에서 x축에 관한 단면성질에 대한 설명으로 옳은 것은? (단, 재료는 균질하며, 단면 (a), 단면 (b)에 대한 단면2차모멘트는 각각 $I_{(a)}$, $I_{(b)}$이고, 단면계수는 각각 $Z_{(a)}$, $Z_{(b)}$이다)

2024 국가직

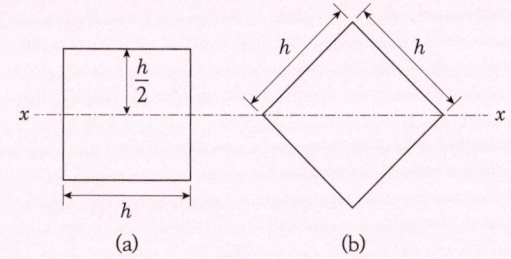

① $I_{(a)} = I_{(b)}$이고, $Z_{(a)} = Z_{(b)}$이다.
② $I_{(a)} > I_{(b)}$이고, $Z_{(a)} > Z_{(b)}$이다.
③ $I_{(a)} = I_{(b)}$이고, $Z_{(a)} > Z_{(b)}$이다.
④ $I_{(a)} > I_{(b)}$이고, $Z_{(a)} = Z_{(b)}$이다.

해설

$I_{(a)} = I_{(b)}$ (∵ 정사각형)

$S = \dfrac{I}{\text{중립축에서 가장 먼 길이}}$;

$S_{(a)} = \dfrac{I_{(a)}}{\left(\dfrac{h}{2}\right)}$, $S_{(b)} = \dfrac{I_{(b)}}{\left(\dfrac{\sqrt{2}h}{2}\right)}$

$S_{(a)} > S_{(b)} \left(\because \dfrac{h}{2} < \dfrac{\sqrt{2}h}{2}\right)$

정답 ③

032

그림과 같이 도형의 도심 C의 x축에 대한 탄성단면계수의 크기가 큰 것부터 바르게 나열한 것은?

2021 지방직

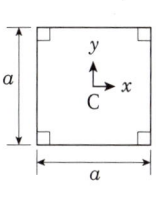 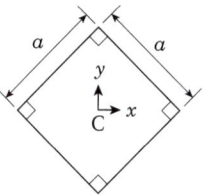

(가)　　　　　(나)

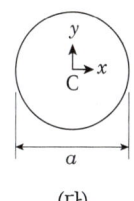 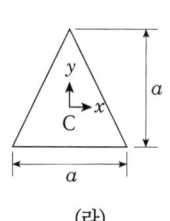

(다)　　　　　(라)

① (가) > (나) > (다) > (라)
② (나) > (가) > (다) > (라)
③ (가) > (나) > (라) > (다)
④ (나) > (가) > (라) > (다)

033

다음과 같이 정사각형단면(그림 1)과 원형단면(그림 2)의 면적이 동일한 경우, 정사각형단면의 단면계수(S_1)와 원형단면의 단면계수(S_2)의 비율(S_1/S_2)은?

2014 지방직

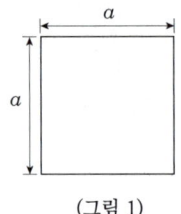
(그림 1)

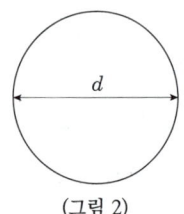
(그림 2)

① $\dfrac{2\sqrt{\pi}}{3}$

② $\dfrac{3}{4\sqrt{\pi}}$

③ $\dfrac{4\sqrt{\pi}}{3}$

④ $\dfrac{3}{2\sqrt{\pi}}$

034

휨을 받는 보의 단면계수에 대한 설명으로 옳지 않은 것은?

2024 지방직

① 원형단면에서 반지름이 2배가 되면 단면계수는 8배가 된다.
② 직사각형단면의 폭을 2배로 증가시키면 단면계수도 2배로 증가한다.
③ 직사각형단면의 항복모멘트는 단면계수에 항복응력을 곱하여 구한다.
④ 면적이 같고 높이의 비가 1 : 2인 두 직사각형 단면의 단면계수 비는 1 : 4이다.

035

전체 둘레 길이가 같은 직사각형과 정사각형이 있다. 이 단면들 중에서 도심축에 대한 단면계수가 최대가 되는 폭 b와 높이 h의 비는?

2011 국가직

① 1 : 1
② 2 : 3
③ 1 : 2
④ 1 : 3

036

그림과 같이 빗금 친 도형의 $x-x$축에 대한 회전 반지름[cm]은?

2020 지방직

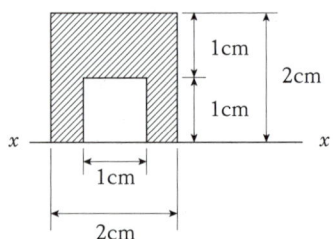

① $\dfrac{2\sqrt{3}}{3}$

② $\dfrac{\sqrt{13}}{3}$

③ $\dfrac{\sqrt{14}}{3}$

④ $\dfrac{\sqrt{15}}{3}$

037 80점 목표

그림과 같이 반지름 r인 원이 각각 다른 위치에 있을 때, 점 O에 대한 원형 단면 A, B, C의 각각 극관성모멘트의 비 $(I_{PO})_A : (I_{PO})_B : (I_{PO})_C$는?

2023 국가직

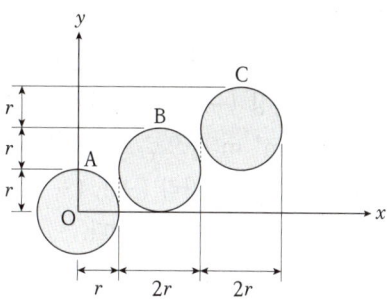

① 1 : 11 : 41
② 1 : 14 : 41
③ 1 : 11 : 65
④ 1 : 14 : 65

038 80점 목표

그림과 같은 직사각형 단면의 x, y축에 대한 단면 상승모멘트 $I_{xy}[\text{mm}^4]$는?

2025 국가직

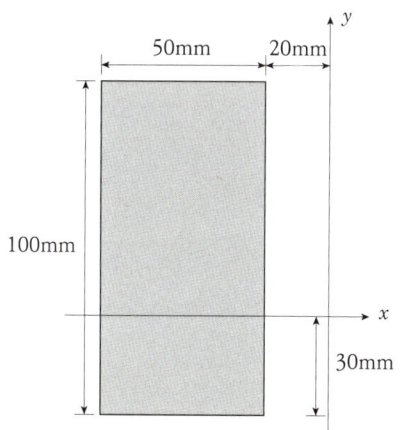

① 4.5×10^6
② -4.5×10^6
③ 6.25×10^6
④ -6.25×10^6

대표문제

039

단면의 성질에 관한 설명으로 옳지 않은 것은? 2007 국가직

① 단면2차모멘트는 항상 양(+)의 값이다.
② 동일 단면적의 도심축에 대한 단면2차모멘트는 정삼각형이 정사각형보다 크다.
③ 대칭축은 항상 주축이다. 그러나 주축이 항상 대칭축인 것은 아니다.
④ 단면1차모멘트는 그 단면의 도심축에 대한 값이 최대이다.

해설

① 원리상 단면2차모멘트 $I = \int y^2 dA$이므로 항상 양(+)의 값을 갖는다.
② 단면적이 동일할 때 각의 수가 적을수록 단면2차모멘트가 크다.
③ 주축이란 단면상승모멘트 $I_{xy}=0$인 축을 의미한다. 대칭축에서 항상 $I_{xy}=0$으로 주축이다. 그러나 주축이라고 해서 항상 대칭축인 것은 아니다. 수험생들이 이해하기에 어려운 보기이므로 해당 보기를 단순암기하는 것을 권한다.
④ 단면1차모멘트는 도심축에서 '0'이다.

정답 ④

040

부재 단면의 주축에 대한 설명으로 옳지 않은 것은? 2022 국가직

① 주축에 대한 관성모멘트는 0이다.
② 주축에 대한 단면2차모멘트는 최대 및 최소가 된다.
③ 주축의 방향 θ_P는 $\tan 2\theta_P = -\dfrac{2I_{xy}}{I_x - I_y}$로 구할 수 있다.
④ 대칭축은 항상 주축이 되며, 그 축에 직교하는 축도 주축이 된다.

041

다음 그림과 같은 삼각형 도형의 단면의 성질을 나타낸 것으로 옳지 않은 것은? (단, c는 도심, Q는 단면1차모멘트, I는 단면2차모멘트, I_P는 단면2차극모멘트, 그리고 하첨자는 기준축을 의미한다) 2010 국가직

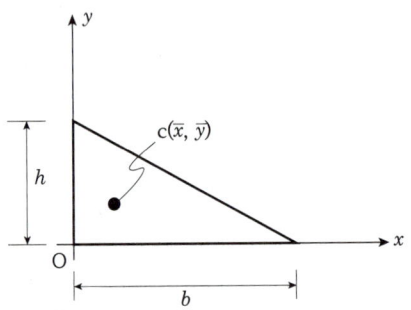

① $c = (\overline{x}, \overline{y}) = (b/3,\ h/3)$
② $Q_x = \dfrac{b^2 h}{6}$
③ $I_x = \dfrac{bh^3}{12}$
④ $I_P = \dfrac{bh^3}{12} + \dfrac{hb^3}{12}$

042

단면의 성질에 대한 설명으로 옳지 않은 것은? 2009 지방직

① x축, y축에 대한 단면1차모멘트는 $Q_x = \sum a_i y_i$, $Q_y = \sum a_i x_i$이며, (면적×거리)의 합이므로 단위는 mm^3, m^3 등으로 표시한다.
② x축, y축에 대한 단면2차모멘트는 $I_x = \sum a_i y_i^2$, $I_y = \sum a_i x_i^2$으로 항상 (+)값을 가지며, (면적×거리^2)의 합이므로 단위는 mm^4, m^4 등으로 표시한다.
③ 단면1차모멘트는 좌표축에 따라 (+), (−)의 부호를 가지며 도심을 지나는 축에 대하여 최대이다.
④ 단면계수(section modulus)는 단면2차모멘트를 도심축으로부터 최상단 또는 최하단까지의 거리로 나눈 값으로 단위는 mm^3, m^3 등으로 표시한다.

043

구조부재 단면의 도심(C)과 전단중심(S)을 표시한 것으로 옳지 않은 것은?

2011 국가직

①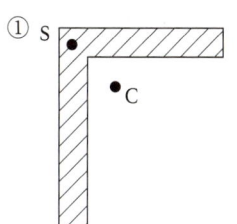

②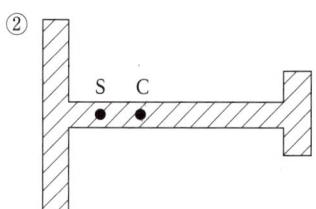

③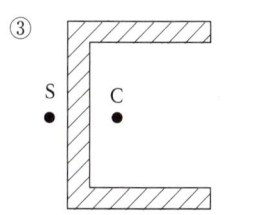

④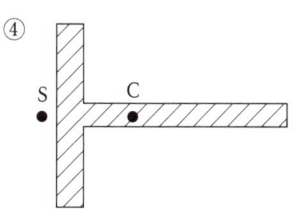

대표문제

044

그림과 같은 탄성-완전소성 재료로 만들어진 보 단면의 형상계수(shape factor)는?

2024 지방직

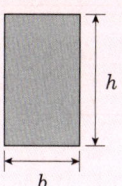

① 0.5 ② 1.0
③ 1.5 ④ 2.0

해설

$$형상계수(f) = \frac{M_p}{M_y} = \frac{Z}{S} = \frac{\left(\dfrac{bh^2}{4}\right)}{\left(\dfrac{bh^2}{6}\right)} = 1.5$$

정답 ③

045

다음 그림과 같은 탄소성 재료로 된 직사각형 단면보의 거동에 관한 설명 중 옳지 않은 것은? 2008 국가직

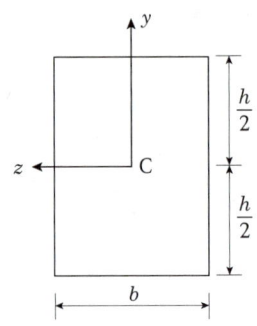

① 소성계수 $(Z_p) = \dfrac{bh^2}{4}$ 이다.

② 소성모멘트 $(M_p) = \dfrac{\sigma_y \cdot bh^2}{4}$ 이다.

③ 항복모멘트 $(M_y) = \dfrac{\sigma_y \cdot bh^2}{6}$ 이다.

④ 형상계수 $(f) = \dfrac{M_y}{M_p} = \dfrac{2}{3}$ 이다.

046

다음 그림과 같은 직사각형 단면의 도심을 지나는 x축에 대한 단면계수와 소성계수의 비(단면계수 : 소성계수)는? 2010 지방직

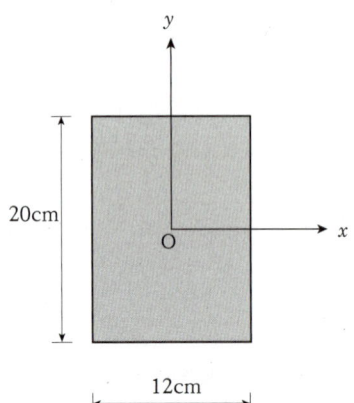

① 1 : 2　　　　② 2 : 3
③ 1 : 4　　　　④ 4 : 1

047

다음 그림과 같이 배치된 H형 거더에서 H형 단면의 높이(h)는 500mm이고, 단면2차모멘트는 $2.0 \times 10^8 \text{mm}^4$ 이며, 항복강도는 250MPa이다. 단면의 항복모멘트(M_y)의 크기 [kN·m]는? 2012 지방직

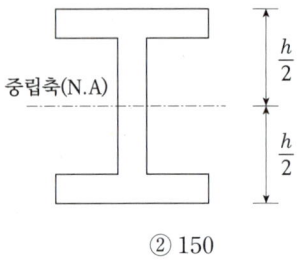

① 100　　　　② 150
③ 175　　　　④ 200

048

그림과 같은 T형 단면의 수평 소성중립축에 대한 소성모멘트 M_p는? (단, 단면은 탄성-완전소성 재료로 구성되어 있으며, 인장과 압축의 항복응력은 σ_y이다) 2025 국가직

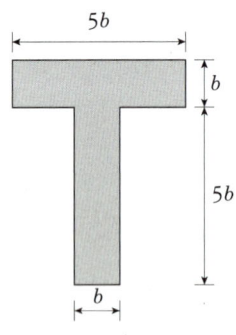

① $5b^3 \sigma_y$　　　　② $10b^3 \sigma_y$
③ $15b^3 \sigma_y$　　　　④ $20b^3 \sigma_y$

049

그림과 같이 단면계수 $Z=2\times10^6\,\mathrm{mm}^3$인 단순보가 등분포하중 w를 받고 있다. 최대 휨응력($\sigma_{\max}$)이 40MPa일 때 등분포하중 w의 크기[kN/m]는? (단, 단순보의 자중은 무시한다)

2011 지방직

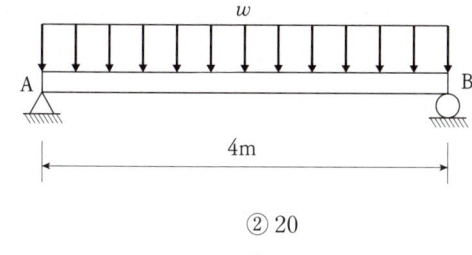

① 10
② 20
③ 30
④ 40

050

그림과 같이 등분포하중 w가 작용하는 단순보에서 소성힌지의 형성으로 소성붕괴될 때의 등분포 소성붕괴하중 w_u는? (단, M_p는 소성모멘트이고, 구조물의 자중은 무시한다) 2024 국가직

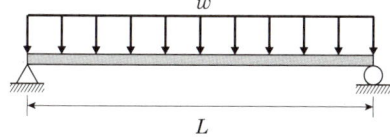

① $\dfrac{8M_p}{L^2}$
② $\dfrac{4M_p}{L^2}$
③ $\dfrac{2M_p}{L^2}$
④ $\dfrac{M_p}{L^2}$

051

그림과 같이 B점에 내부힌지를 배치한 게르버보에서 D점에 소성 힌지가 발생하는 경우 작용한 분포하중 w는? (단, 부재 단면의 수직항복응력은 σ_y이며, 보의 자중은 무시한다)

2011 지방직

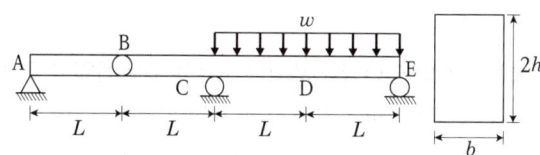

① $\dfrac{bh^2\sigma_y}{4L^2}$
② $\dfrac{bh^2\sigma_y}{2L^2}$
③ $\dfrac{2bh^2\sigma_y}{L^2}$
④ $\dfrac{4bh^2\sigma_y}{L^2}$

CHAPTER 05-1 강봉의 변형

001

다음 그림과 같이 단면적을 제외한 조건이 모두 동일한 두 개의 봉에 각각 동일한 하중 P가 작용한다. 봉의 거동을 해석하기 위한 두 개 봉의 물리량 중에서 값이 동일한 것은?

2009 국가직

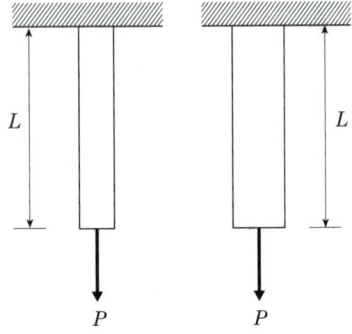

① 신장량
② 변형률
③ 응력
④ 단면력

002

균일원형 단면 강봉에 인장력이 작용할 때, 강봉의 지름을 3배로 증가시키면 응력은 몇 배가 되는가? (단, 강봉의 자중은 무시한다)

2017 국가직

① $\dfrac{1}{27}$
② $\dfrac{1}{9}$
③ 3
④ 9

대표문제

003

그림과 같이 길이 200mm, 바깥지름 100mm, 안지름 80mm, 탄성계수가 200GPa인 원형 파이프에 축하중 9kN 이 작용할 때, 축하중에 의한 원형 파이프의 수축량[mm]은? (단, 축하중은 단면 도심에 작용한다)   2016 국가직

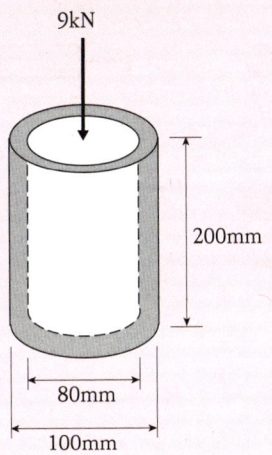

① $\dfrac{1}{50\pi}$ ② $\dfrac{1}{100\pi}$

③ $\dfrac{9}{1600\pi}$ ④ $\dfrac{9}{2500\pi}$

해설

$$\delta = \frac{PL}{EA} = \frac{(9\text{kN})(200\text{mm})}{(200\text{GPa})\left(\dfrac{\pi(100^2-80^2)}{4}\text{mm}^2\right)}$$

$$= \frac{1}{100\pi}[\text{mm}]$$

계산 TIP

● 정석적인 방법

$$\delta = \frac{(9\text{kN})(200\text{mm})}{(200\text{GPa})\left(\dfrac{\pi(100^2-80^2)}{4}\text{mm}^2\right)}$$

$$= \frac{(9\text{kN})(2\times 10^2\text{mm})}{(2\times 10^2)\left(\dfrac{\pi\times 36\times 10^2}{4}\right)\text{kN}}$$

$$= \frac{4\times 9\times 2\times 10^2\text{mm}}{2\times \pi\times 36\times 10^4} = \frac{1}{100\pi}[\text{mm}]$$

● 앞자리 뽑기

$$\delta : \frac{9\times 2}{2\times \dfrac{\pi\times 36}{4}} = \frac{4\times 9\times 2}{2\times \pi\times 36} = \frac{1}{\pi} \rightarrow \delta = \frac{1}{100\pi}[\text{mm}]$$

정답 ②

004

단면적이 5cm², 길이가 5m인 봉이 온도의 영향으로 탄성변형 1mm 늘어났다. 이 변형을 없애기 위해 작용시켜야 할 압축력의 크기 [kN]는? (단, 탄성계수는 $E=2\times10^5$MPa이다)

2010 국가직

① 10
② 20
③ 30
④ 40

005

다음 그림과 같은 단면적 1cm², 길이 1m인 철근 AB 부재가 있다. 이 철근이 최대 $\delta=1.0$cm 늘어날 때 이 철근의 허용하중 P[kN]는? (단, 철근의 탄성계수(E)는 2.1×10^4kN/cm²로 한다)

2008 국가직

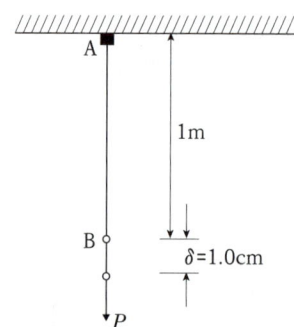

① 160　　② 180
③ 210　　④ 240

006

그림 (a), 그림 (b)와 같이 원형단면을 가지고 인장하중 P를 받는 부재의 인장변형률이 각각 ε_a와 ε_b일 때, 인장변형률 ε_a에 대한 인장변형률 ε_b의 비 $\varepsilon_b/\varepsilon_a$는? (단, 그림 (a) 부재와 그림 (b) 부재의 길이는 각각 L과 $2L$, 지름은 각각 d와 $2d$이고, 두 부재는 동일한 재료로 만들어졌으며, 구조물의 자중은 무시한다)

2020 지방직

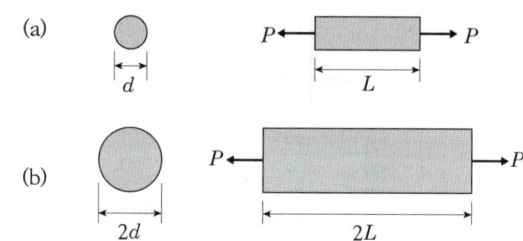

① 0.25
② 0.5
③ 0.75
④ 1.0

대표문제

007

A단이 고정 지지된 원형봉에 인장력 30kN이 작용하여 그림과 같은 신장량 Δ가 발생하였다면 이 재료의 탄성계수 [GPa]는? (단, 계산의 편의상 원주율=3으로 한다)

2007 국가직

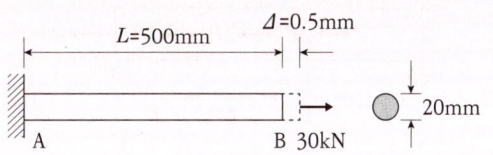

① 50
② 100
③ 150
④ 200

해설

$\delta = \dfrac{PL}{EA} \rightarrow E = \dfrac{PL}{\delta A}$

$\therefore E = \dfrac{(30\text{kN})(500\text{mm})}{(0.5\text{mm})\left(\dfrac{\pi \times 20^2}{4}\text{mm}^2\right)} = 100\text{GPa}$

계산 TIP

● 정석적인 방법

$E = \dfrac{(30\text{kN})(500\text{mm})}{(0.5\text{mm})\left(\dfrac{\pi \times 20^2}{4}\text{mm}^2\right)}$

$= \dfrac{(3 \times 10)(5 \times 10^2)}{(5 \times 10^{-1})\left(\dfrac{3 \times 2^2 \times 10^2}{4}\right)}\text{GPa}$

$= \dfrac{4 \times 3 \times 5}{5 \times 3 \times 2^2} \times 10^2 \text{GPa} = 100\text{GPa}$

● 앞자리 뽑기

$E : \dfrac{3 \times 5}{5 \times \dfrac{3 \times 2^2}{4}} = \dfrac{4 \times 3 \times 5}{5 \times 3 \times 2^2} = 1 \rightarrow E = 100\text{GPa}$

정답 ②

008

단면적 500mm², 길이 1m인 강봉 단면의 도심에 100kN의 인장력을 주었더니, 길이가 1mm 늘어났다. 이 강봉의 탄성계수 E [N/mm²]는? (단, 강봉의 축강성은 일정하고, 자중은 무시한다)

2017.6 지방직

① 1.0×10^5
② 1.5×10^5
③ 1.8×10^5
④ 2.0×10^5

009

그림과 같이 길이가 200mm이고, 단면이 20mm × 20mm인 강봉에 60kN의 축방향 인장력이 작용하여 강봉이 0.15mm 늘어났을 때 이 강봉의 탄성계수 [MPa]는?

2009 지방직

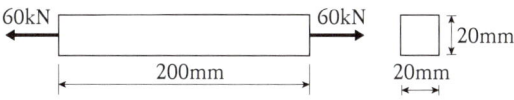

① 2.0×10^5
② 2.0×10^4
③ 8.0×10^5
④ 8.0×10^4

010

그림 (a)와 (b)에서 하중작용점의 축방향 길이 변화가 각각 δ_a와 δ_b일 때, $\dfrac{\delta_b}{\delta_a}$는? (단, 구조물의 자중은 무시하며, E는 탄성계수, A는 단면적이다)   2021 국가직

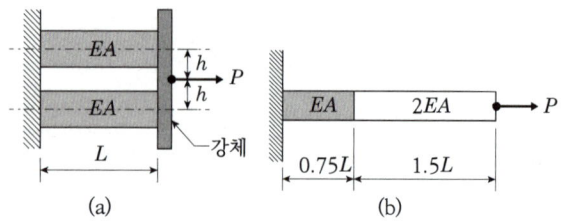

(a)   (b)

① 3
② 4
③ 5
④ 6

대표문제

011

그림과 같은 축하중이 단면의 도심에 작용할 때, 부재의 최종 길이 변화량은? (단, 부재의 축방향 강성 EA는 일정하고, 구조물의 자중은 무시한다)   2023 국가직

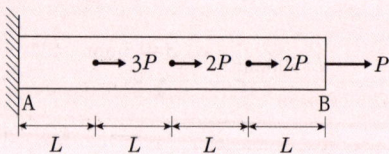

① $\dfrac{13PL}{EA}$

② $\dfrac{15PL}{EA}$

③ $\dfrac{17PL}{EA}$

④ $\dfrac{19PL}{EA}$

해설

B점부터 왼쪽으로 1~4번 구간으로 표현.
$N_1 = P$, $N_2 = P + 2P = 3P$,
$N_3 = P + 2P + 2P = 5P$, $N_4 = P + 2P + 2P + 3P = 8P$
$\delta = \delta_1 + \delta_2 + \delta_3 + \delta_4$
$= \dfrac{N_1 L_1}{EA} + \dfrac{N_2 L_2}{EA} + \dfrac{N_3 L_3}{EA} + \dfrac{N_4 L_4}{EA}$
$= \dfrac{(P)(L)}{EA} + \dfrac{(3P)(L)}{EA} + \dfrac{(5P)(L)}{EA} + \dfrac{(8P)(L)}{EA}$
$= \dfrac{17PL}{EA}$

정답 ③

012

그림과 같이 축력이 작용하는 봉에서 D점의 축방향 변형량이 $a\left(\dfrac{PL}{EA}\right)$일 때, a의 크기는? (단, 단면적은 구간별로 각각 2A 및 A이고, 탄성계수는 E로 일정하며, 자중은 무시한다)

2025 지방직

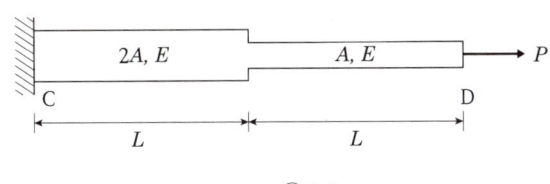

① 0.5 ② 1.0
③ 1.5 ④ 2.0

013

그림과 같이 ac 구간은 단면적이 $2A$, cd 구간은 단면적이 A인 같은 재료의 봉이 있다. 하중 조건이 그림과 같을 때 점 d의 수평변위는? (단, E는 탄성계수이다)

2011 국가직

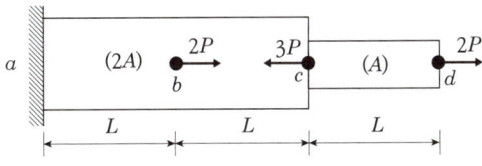

① 0 ② $\dfrac{PL}{EA}$
③ $\dfrac{2PL}{EA}$ ④ $\dfrac{3PL}{EA}$

014

다음과 같이 하중을 받는 강철봉의 전체 길이 변화량[mm]은? (단, 강철봉의 탄성계수는 300GPa이다)

2012 국가직

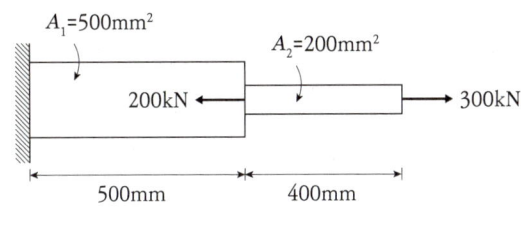

① $\dfrac{7}{3}$ ② $\dfrac{8}{3}$
③ $\dfrac{10}{3}$ ④ $\dfrac{11}{3}$

015

그림과 같이 단면적이 다른 봉이 있을 때, 점 D의 수직변위 [m]는? (단, 탄성계수 $E=20kN/m^2$이고, 자중은 무시한다)

2016 국가직

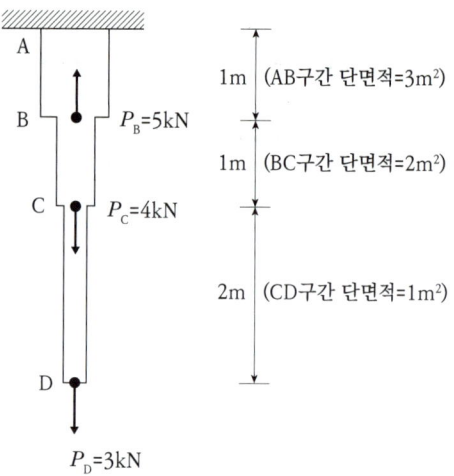

① 0.475(↓)   ② 0.508(↓)
③ 0.675(↓)   ④ 0.708(↓)

016

그림과 같은 봉의 C점에 축하중 P가 작용할 때, C점의 수평변위가 0이 되게 하는 B점에 작용하는 하중 Q의 크기는? (단, 봉의 축강성 EA는 일정하고, 좌굴 및 자중은 무시한다) 2018 국가직

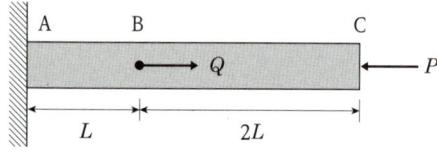

① $1.5P$ ② $2.0P$
③ $2.5P$ ④ $3.0P$

017

그림과 같이 세 가지 재료 A, B, C로 합성된 봉에 축하중이 작용할 때, 합성봉에 대한 총 신장량(Δ)의 크기[mm]는? (단, 각각의 탄성계수 $E_A=100MPa$, $E_B=200MPa$, $E_C=150MPa$, 봉의 단면적은 모두 $100mm^2$으로 일정하고, 구조물의 자중은 무시한다)

2022 국가직

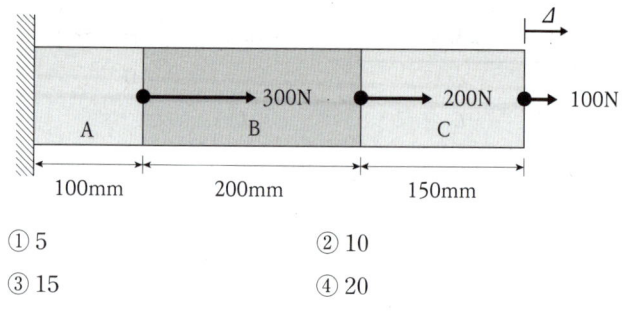

① 5   ② 10
③ 15   ④ 20

018

다음 그림과 같이 부재의 B, C, D점에 수평하중이 작용할 때 D점의 수평변위 크기[cm]는? (단, 부재의 탄성계수 $E=100$ GPa, 단면적 $A=1mm^2$이다)

2010 지방직

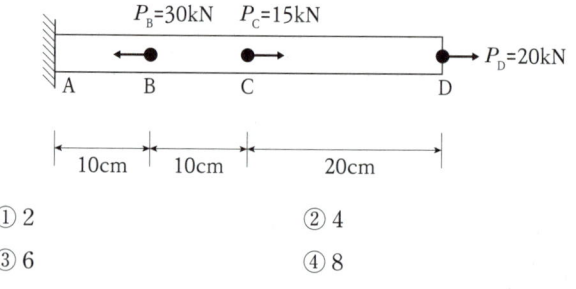

① 2   ② 4
③ 6   ④ 8

019

그림과 같이 중심축하중이 작용하는 원형 강봉 AD의 총 변형량[mm]은? (단, 단면적 A=200mm², 탄성계수 E= 200GPa 이며, 강봉의 자중은 무시한다)

2024 지방직

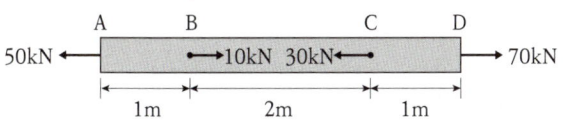

① 2
② 5
③ 7
④ 12

020

다음 그림은 동일한 재료인 두 개의 단면으로 이루어진 봉이다. P_A=10MN의 힘이 그림과 같이 작용하는 경우, B점의 위치가 움직이지 않기 위한 힘 P_B[MN]는? (단, 탄성계수는 100GPa, A점과 B점에 작용하는 힘은 단면 중심에 작용하고, 봉의 자중은 무시한다)

2011 지방직

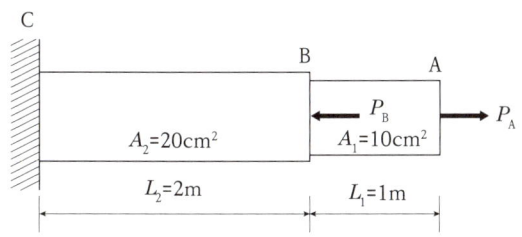

① 10
② 20
③ 5
④ 15

021

다음 그림과 같은 기둥 부재에 하중이 작용하고 있다. 부재 AB의 총 수직방향 길이 변화량(δ)은? (단, 단면적 A와 탄성계수 E는 일정하고, 부재의 자중은 무시한다)

2012 지방직

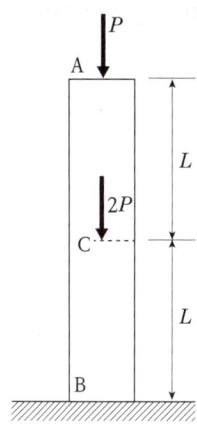

① $\dfrac{PL}{EA}$
② $\dfrac{2PL}{EA}$
③ $\dfrac{3PL}{EA}$
④ $\dfrac{4PL}{EA}$

022

그림과 같이 축부재의 B, C, D점에 수평하중이 작용할 때, D점 수평변위의 크기[mm]는? (단, 부재의 탄성계수 E=20MPa 이고, 단면적 A=1m²이며, 부재의 자중은 무시한다)

2017.12 지방직

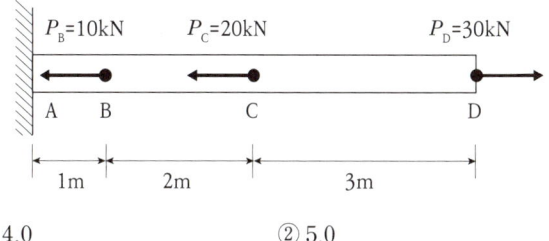

① 4.0
② 5.0
③ 5.5
④ 6.5

023

그림과 같이 재료와 길이가 동일하고 단면적이 다른 수직 부재가 축하중 P를 받고 있을 때, A점에서 발생하는 변위는 B점에서 발생하는 변위의 몇 배인가? (단, 구간 AB와 BC의 축강성은 각각 EA와 $2EA$이고, 부재의 자중은 무시한다) 2019 지방직

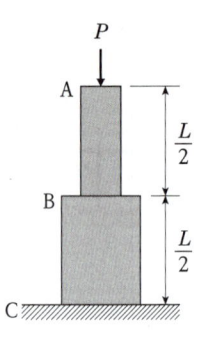

① 1.5
② 2.0
③ 2.5
④ 3.0

024

그림과 같은 부재에 2개의 축하중이 작용할 때 구간 D_1, D_2, D_3의 변위의 비($\delta_1 : \delta_2 : \delta_3$)는? (단, 모든 부재의 단면적은 A로 나타내며, 탄성계수 E는 일정하고, 자중은 무시한다) 2019 지방직

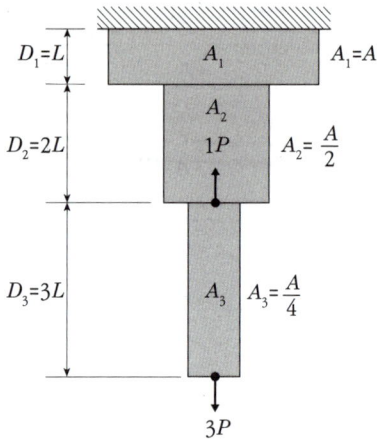

① 1 : 2 : 18
② 1 : 4 : 18
③ 1 : 2 : 24
④ 1 : 4 : 24

대표문제

025

그림과 같이 보 BD가 같은 탄성계수를 갖는 케이블 AB와 CD에 의해 수직하중 P를 지지하고 있다. 케이블 AB의 길이가 L이라 할 때, 보 BD가 수평을 유지하기 위한 케이블 CD의 길이는? (단, 보 BD는 강체이고, 케이블 AB의 단면적은 케이블 CD의 단면적의 3배이며, 모든 자중은 무시한다)

2017.6 지방직

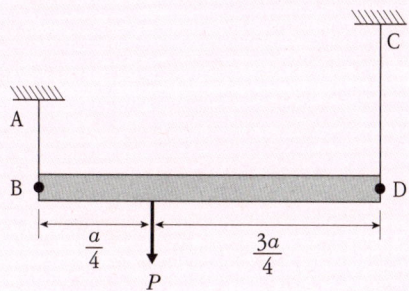

① $\dfrac{L}{4}$

② $\dfrac{3L}{4}$

③ L

④ $3L$

해설

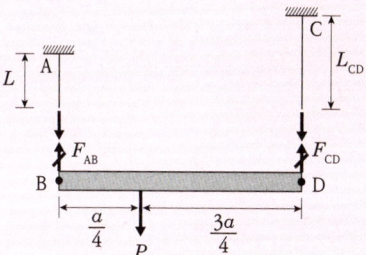

At BD
$\circlearrowleft + \Sigma M_B = 0;$
$(F_{CD} \times a) - \left(P \times \dfrac{a}{4}\right) = 0$
$\rightarrow F_{CD} = \dfrac{P}{4}$

$\uparrow + \Sigma F_y = 0;$
$F_{AB} - P + \dfrac{P}{4} = 0$
$\rightarrow F_{AB} = \dfrac{3}{4}P$

$\delta_{AB} = \dfrac{F_{AB} L_{AB}}{E_{AB} A_{AB}} = \dfrac{\left(\dfrac{3}{4}P\right)(L)}{E(3A_{CD})} = \dfrac{PL}{4EA_{CD}}$

$\delta_{CD} = \dfrac{F_{CD} L_{CD}}{E_{CD} A_{CD}} = \dfrac{\left(\dfrac{1}{4}P\right)(L_{CD})}{E(A_{CD})} = \dfrac{PL_{CD}}{4EA_{CD}}$

$\delta_{AB} = \delta_{CD};$ ($\because$ 수평유지)
$\dfrac{PL}{4EA_{CD}} = \dfrac{PL_{CD}}{4EA_{CD}}$
$\therefore L_{CD} = L$

정답 ③

026 80점 목표

그림과 같이 천장에 수직으로 고정되어 있는 길이 L, 지름 d인 원형 강철봉에 무게가 W인 물체가 달려있을 때, 강철봉에 작용하는 최대응력은? (단, 원형 강철봉의 단위중량은 γ이다)

2019 국가직

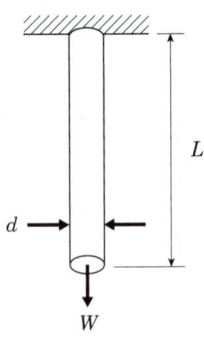

① $\dfrac{4W}{\pi d^2}+\gamma L$

② $\dfrac{4W}{\pi d^2}+\dfrac{\pi d^2 \gamma L}{4}$

③ $\dfrac{2W}{\pi d^2}+\gamma L$

④ $\dfrac{2W}{\pi d^2}+\dfrac{\pi d^2 \gamma L}{2}$

대표문제

027

길이가 3m인 강봉의 온도가 20°C 상승하였을 때, 길이 변형량[mm]은? (단, 강봉의 열팽창계수 $\alpha=1.0\times 10^{-5}/°C$이다)

2025 지방직

① 0.2 ② 0.4
③ 0.6 ④ 0.8

해설

$\delta_T = \alpha \Delta T L$
$= (1.0\times 10^{-5}/°C)(20°C)(3m) = 0.6\text{mm}$

계산 TIP

● 정석적인 방법
$\delta_T = (1.0\times 10^{-5}/°C)(20°C)(3m)$
$= (1\times 10^{-5})(2\times 10)(3\times 10^3 \text{mm})$
$= 2\times 3\times 10^{-1}\text{mm} = 0.6\text{mm}$

● 앞자리 뽑기
$\delta_T : 2\times 3 = 6 \rightarrow \delta_T = 0.6\text{mm}$

정답 ③

028

수직으로 매달린 단면적이 0.001m^2인 봉의 온도가 20°C에서 40°C까지 균일하게 상승되었다. 탄성계수(E)는 200GPa, 선팽창계수(α)는 1.0×10^{-5}/°C일 때, 봉의 길이를 처음 길이와 같게 하려면 봉의 하단에서 상향 수직으로 작용해야 하는 하중의 크기[kN]는? (단, 봉의 자중은 무시한다)   2014 지방직

① 10
② 20
③ 30
④ 40

029

길이가 100m이고 한 변의 길이가 1cm인 정사각형 단면 봉의 온도가 100°C 하강하여 축방향 변형이 발생되었다. 발생된 변형을 제거하기 위하여 봉에 작용시켜야 하는 축방향 하중은? (단, 봉의 탄성계수 $E=200\text{GPa}$, 온도선팽창계수 $\alpha = 1.0 \times 10^{-5}/\,°C$)   2009 국가직

① 20kN(압축)
② 20kN(인장)
③ 200N(압축)
④ 200N(인장)

030

그림과 같은 부재에서 초기 축방향 변형률은 스트레인 게이지에 의해 0으로 측정되었다. 이후로 B점의 하중 P와 주변 온도 변화 $\Delta T = -30$°C으로 인하여 축방향 변형률이 $+2400 \times 10^{-6}$으로 측정되었다면, 이때 부재의 축방향 응력[MPa]은? (단, 탄성계수 $E=100\text{GPa}$, 열팽창계수 $\alpha = 20 \times 10^{-6}/\,°C$이며, 부재의 자중은 무시한다)   2024 국가직

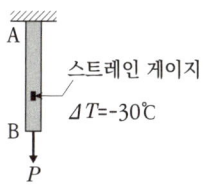

① 120   ② 180
③ 240   ④ 300

031

그림과 같이 강체보에 하중 P가 작용할 때, 케이블에 발생하는 길이 변형량[mm]은? (단, 케이블의 단면적 $A=0.1\text{m}^2$, 탄성계수 $E=200,000\text{kN/m}^2$이고, 구조물의 자중은 무시한다)

2024 국가직

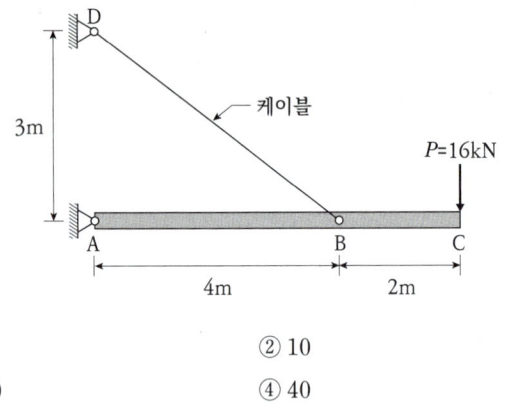

① 5
② 10
③ 20
④ 40

032

다음 그림과 같이 부재 BDE는 강체(rigid body)이고 D점에서 핀으로 지지되어 있으며, B점에서 수직부재 ABC와 핀으로 연결되어 있다. 이에 대한 설명으로 옳지 않은 것은? (단, 부재 ABC의 단면적 및 탄성계수는 일정하고, 자중은 무시한다)

2012 지방직

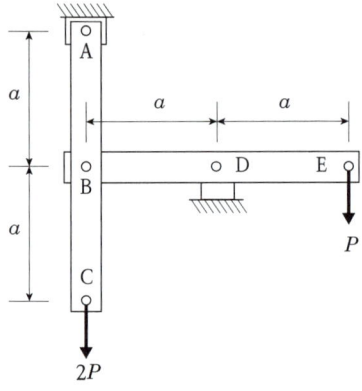

① 위 구조물은 정정구조물이다.
② A 지점의 수직 반력은 위로 P가 작용한다.
③ E점은 아래쪽으로 이동한다.
④ 수직부재에서 BC 구간의 길이 변화량은 AB 구간의 2배이다.

CHAPTER 05-2 포아송 비(Poisson's ratio)

정답·해설 097~102p

대표문제

001

지름 100mm, 길이 250mm인 부재에 인장력을 작용시켰더니 지름은 99.8mm, 길이는 252mm로 변하였다. 이 부재 재료의 포아송 비는?
2010 지방직

① 0.2
② 0.25
③ 0.3
④ 0.35

해설

$$\nu = -\frac{\varepsilon_{\text{lat}}}{\varepsilon_a} = -\frac{\left(\frac{\Delta d}{d}\right)}{\left(\frac{\Delta L}{L}\right)} = -\frac{L\Delta d}{d\Delta L}$$
$$= -\frac{(250\text{mm})(-0.2\text{mm})}{(100\text{mm})(2\text{mm})} = 0.25$$

계산 TIP

○ 정석적인 방법

$$\nu = -\frac{(250\text{mm})(-0.2\text{mm})}{(100\text{mm})(2\text{mm})} = \frac{(25 \times 10)(2 \times 10^{-1})}{(10^2)(2)}$$
$$= \frac{25 \times 2}{2} \times 10^{-2} = 0.25$$

○ 앞자리 뽑기

$$\nu : \frac{25 \times 2}{2} = 25 \rightarrow \nu = 0.25$$

정답 ②

002

그림과 같이 길이가 1m, 지름이 50mm인 강봉에 인장력 P가 단면의 도심에 작용하여 강봉의 길이는 1,005mm, 지름은 49.9mm가 되었다. 강봉의 푸아송비는?
2025 국가직

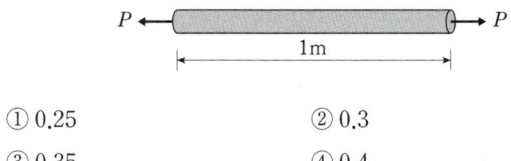

① 0.25
② 0.3
③ 0.35
④ 0.4

003

길이가 500mm, 지름이 50mm인 강봉 양단에 축하중이 작용하여 길이가 0.1mm, 지름이 0.001mm 변형되었을 때 강봉부재의 포아송비는?
2024 지방직

① 0.1
② 0.2
③ 0.3
④ 0.4

004

그림과 같은 봉에 인장력 P가 작용하여 길이 방향으로 0.02m 늘어났고 두께 방향으로 0.0003m 줄어들었을 경우, 이 재료의 포아송 비 ν는? (단, 봉의 자중은 무시한다) 2011 지방직

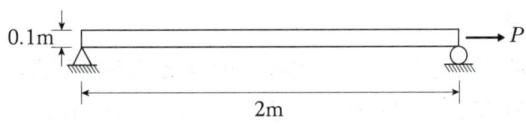

① 0.3
② 0.4
③ 0.5
④ 0.6

005

다음과 같이 지름 10mm의 강봉에 3,000kN의 인장력이 작용하여 강봉의 지름이 0.4mm 줄어들었다. 이때 포아송 비(Poisson's ratio)는? (단, 강봉의 탄성계수는 2.0×10^5 MPa이고, π는 3으로 계산한다) 2013 국가직

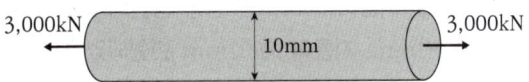

① $\frac{1}{3}$
② $\frac{1}{4}$
③ $\frac{1}{5}$
④ $\frac{1}{6}$

006

다음과 같이 길이가 1,000mm이고, 직경이 20mm인 균질하고 등방성인 재료로 만들어진 막대가 20kN의 축하중을 받을 때, 길이 방향으로 500μm 늘어난 반면, 직경은 3μm 줄었다. 이 재료의 탄성계수(E [GPa])와 포아송 비(ν)는? 2012 국가직

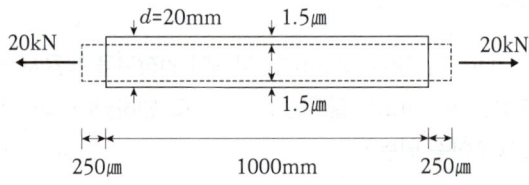

	E	ν
①	$\frac{400}{\pi}$	0.15
②	$\frac{400}{\pi}$	0.3
③	$\frac{200}{\pi}$	0.15
④	$\frac{200}{\pi}$	0.3

대표문제

007 ●●●

길이 2m, 직경 100mm인 강봉에 길이 방향으로 인장력을 작용시켰더니 길이가 2mm 늘어났다. 직경의 감소량[mm]은? (단, 포아송 비는 0.4이다) 2017.12 지방직

① 0.01
② 0.02
③ 0.03
④ 0.04

해설

$\nu = -\dfrac{\varepsilon_{\text{lat}}}{\varepsilon_{\text{a}}}$

→ $\varepsilon_{\text{lat}} = -\nu \times \varepsilon_{\text{a}} = \dfrac{\Delta d}{d}$

→ $\Delta d = -\nu \times \varepsilon_{\text{a}} \times d$
$= -\nu \times \dfrac{\Delta L}{L} \times d$

∴ $\Delta d = -(0.4)\left(\dfrac{2\text{mm}}{2\text{m}}\right)(100\text{mm}) = -0.04\text{mm}$

꼭 알아두자!

$\varepsilon_{\text{lat}} = -\nu \times \varepsilon_{\text{a}}$에서 $\varepsilon_{\text{lat}} = -\nu \times \varepsilon_{\text{a}} = \dfrac{\Delta d}{d}$로 한번에 넘어가는 것이 중요하다.

정답 ④

008 ●●●

길이 150mm, 지름 15mm의 강봉에 인장력을 가했더니 길이 방향으로 1.0mm가 늘어났다면 지름의 변화량[mm]은? (단, 이 강봉의 포아송 수는 4이다) 2007 국가직

① 0.025 (감소)
② 0.025 (증가)
③ 0.050 (감소)
④ 0.050 (증가)

009 ●●●

길이가 10m이고 지름이 50cm인 강봉이 길이 방향으로 작용하는 인장력에 의하여 길이 방향으로 변형이 10cm 발생하였다. 이때 강봉의 포아송 비(Poisson's ratio)가 0.2인 경우, 강봉의 반지름[cm] 변화로 옳은 것은? 2008 국가직

① 0.1 증가
② 0.1 감소
③ 0.05 증가
④ 0.05 감소

010

직경 d의 강봉을 P의 힘으로 인장하였을 때, 강봉 직경의 감소량이 $a\left(\dfrac{P\mu}{\pi dE}\right)$이라면, a의 크기는? (단, μ는 푸아송비, E는 탄성계수이다)

2025 지방직

① 1
② 2
③ 3
④ 4

011

지름 10mm의 원형단면을 갖는 길이 1m의 봉이 인장하중 $P=15$kN을 받을 때, 단면 지름의 변화량[mm]은? (단, 계산 시 π는 3으로 하고, 봉의 재질은 균일하며, 탄성계수 $E=50$GPa, 푸아송 비 $\nu=0.3$이다. 또한 봉의 자중은 무시한다)

2015 국가직

① 0.006
② 0.009
③ 0.012
④ 0.015

012

지름이 4.0cm인 강봉에 10,000kN의 인장력이 작용할 때, 강봉 지름이 줄어드는 값[cm]은? (단, 탄성계수 $E=2\times 10^5$ MPa이고 푸아송비 $\nu=0.25$이다)

2023 지방직

① $\dfrac{1}{4\pi}$
② $\dfrac{3}{16\pi}$
③ $\dfrac{1}{8\pi}$
④ $\dfrac{1}{16\pi}$

013

그림과 같은 길이가 1m, 지름이 30mm, 푸아송 비가 0.3인 강봉에 인장력 P가 작용하고 있다. 강봉이 축 방향으로 3mm 늘어날 때, 강봉의 최종 지름[mm]은?

2016 국가직

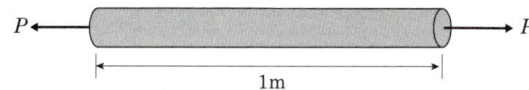

① 29.730
② 29.973
③ 30.027
④ 30.270

014 〔80점 목표〕

그림과 같이 수평, 수직 길이가 $2L$ 및 L인 판에 수평방향으로 σ의 응력을 가하였다. 이 경우 포아송 효과에 의해 판의 수직방향 길이는 감소하게 된다. 그 감소한 길이 δ_1을 구하고, 동일한 판에서 δ_1만큼의 수직방향 길이를 증가시키기 위해 가해야 하는 수직방향의 인장응력 σ_1은? (단, 재료는 등방성이며, 포아송 비는 ν이고, 수평방향의 변형률은 ε이다)

2012 지방직

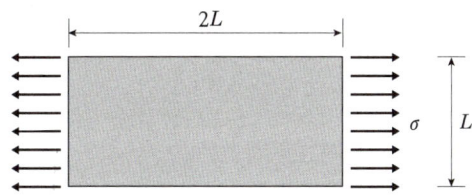

	δ_1	σ_1
①	$\nu\varepsilon L$	$\nu\sigma$
②	$2\nu\varepsilon L$	$\nu\sigma$
③	$\nu\varepsilon L$	$\frac{1}{2}\nu\sigma$
④	$2\nu\varepsilon L$	$\frac{1}{2}\nu\sigma$

대표문제

015

전단탄성계수 G에 대한 설명으로 옳은 것은? (단, 포아송 비 ν는 $0 \leq \nu \leq 0.5$이다)

2022 지방직

① 탄성계수 E보다 크고, 포아송 비 ν가 커짐에 따라 증가한다.
② 탄성계수 E보다 작고, 포아송 비 ν가 커짐에 따라 증가한다.
③ 탄성계수 E보다 크고, 포아송 비 ν가 커짐에 따라 감소한다.
④ 탄성계수 E보다 작고, 포아송 비 ν가 커짐에 따라 감소한다.

해설

$$G = \frac{E}{2(1+\nu)} < E$$
$$\nu \Uparrow \to G = \frac{E}{2(1+\nu)} \Downarrow$$

정답 ④

016

균질한 등방성 탄성체에서 탄성계수는 240GPa, 포아송 비는 0.2일 때, 전단탄성계수[GPa]는?

2020 지방직

① 100
② 200
③ 280
④ 320

017

길이가 L인 단면적 A의 인장시험체를 힘 P로 인장하였을 때 δ의 신장이 있었다고 한다. 이 강봉의 전단탄성계수(G)는? (단, 포아송 비는 ν이다)

2010 국가직

① $G = \dfrac{PL}{A\delta(1+\nu)}$
② $G = \dfrac{PL}{2A\delta(1+\nu)}$
③ $G = \dfrac{P}{AL\delta(1+\nu)}$
④ $G = \dfrac{P}{2AL\delta(1+\nu)}$

018

그림과 같이 원형단면을 가지는 부재에 중심축하중 300kN이 작용하여 길이가 5mm 늘어났을 때, 부재의 전단탄성계수[GPa]는? (단, π는 3으로 가정하고, 포아송비는 0.25이다)

2024 지방직

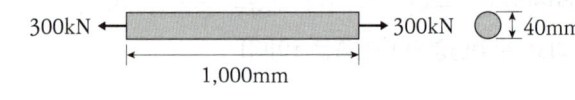

① 10   ② 20
③ 30   ④ 40

019

그림과 같이 직경 $D=20$mm, 길이 $L=1.0$m인 강봉이 축방향 인장력 P를 받을 때, 축방향 길이는 1.0mm 늘어나고 단면의 직경은 0.008mm 줄어들었다. 재료가 탄성 범위에 있을 때, 전단탄성계수 G[GPa]는? (단, 탄성계수 $E=280$GPa이다)

2021 국가직

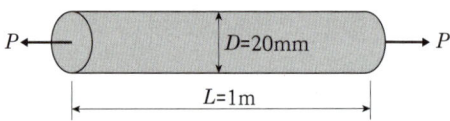

① 100
② 115
③ 200
④ 215

020

지름 $d=50$mm, 길이 $L=1$m인 강봉의 원형단면 도심에 축방향 인장력이 작용했을 때 길이는 1mm 늘어나고, 지름은 0.0055mm 줄어들었다. 탄성계수 $E=1.998\times10^5$[N/mm²]라면 전단탄성계수 G의 크기[N/mm²]는? (단, 강봉의 축강성은 일정하고, 자중은 무시한다)

2017.6 지방직

① 9.0×10^4
② 10.0×10^4
③ 12.0×10^4
④ 15.0×10^4

021

다음과 같은 원형단면봉이 인장력 P를 받고 있다. 다음 설명 중 옳지 않은 것은? (단, $P=15$kN, $d=10$mm, $L=1.0$m, 탄성계수 $E=200$GPa, 포아송 비 $\nu=0.3$이고, 원주율 π는 3으로 계산한다)

2015 지방직

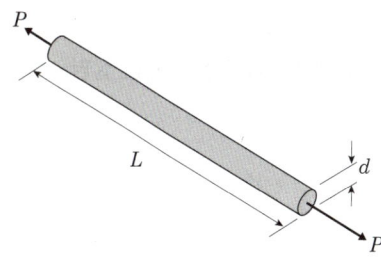

① 봉에 발생되는 인장응력은 약 200MPa이다.
② 봉의 길이는 약 1mm 증가한다.
③ 봉에 발생되는 인장변형률은 약 0.1×10^{-3}이다.
④ 봉의 지름은 약 0.003mm 감소한다.

CHAPTER 06 응력-변형률 곡선

정답·해설 103~106p

대표문제

001

다음과 같은 응력변형률 곡선에 관한 설명으로 옳지 않은 것은?

2007 국가직

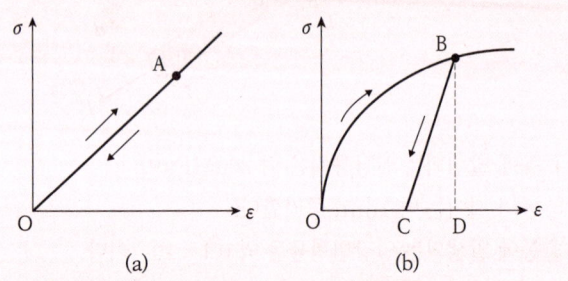

① 그림 (a)에서 하중을 받아 A점에 도달한 후 하중을 제거했을 때 OA 곡선을 따라 O점으로 되돌아가는 재료의 성질을 선형 탄성(linear elasticy)이라 한다.
② 그림 (b)에서 하중을 받아 B점에 도달한 후 하중을 제거했을 때 OB 곡선을 따라 되돌아가지 않고 BC를 따라 C점으로 돌아가는 재료의 성질을 비선형 탄성(nonlinear elasticy)이라 한다.
③ 그림 (b)에서 B점에 도달한 후 하중을 제거했을 때 발생한 변형률 OC를 잔류 변형률(residual strain)이라 하고 변형률 CD를 탄성적으로 회복된 변형률이라 한다.
④ 그림 (b)에서 B점에서 하중을 완전히 제거한 후 다시 하중을 가하면 CB 곡선을 따라 응력과 변형률이 발생된다.

해설

① 탄성이란 하중을 제거했을 때 원래대로 되돌아가는 성질을 의미한다. (a)는 재하, 제하 시에 응력 경로가 선형적이므로 이를 선형탄성이라 한다.
② (b)는 하중 제하 시 경로 OB를 따르나 하중 제하 시 경로 OB가 아닌 BC를 따르므로 이를 소성이라 한다. 만약 하중 제하 시 경로 OB를 따랐다면 비선형 탄성이라 할 수 있다.
③, ④ 옳은 보기이다.

정답 ②

002

재료의 응력-변형률 관계에 대한 설명으로 옳지 않은 것은?

2024 지방직

① 모든 탄성재료의 응력-변형률 선도는 직선이다.
② 재료의 탄성계수 단위와 응력의 단위는 동일하다.
③ 연성재료의 경우 항복과 동시에 파괴되지는 않는다.
④ 소성구간에서 하중을 제거하면 영구변형이 발생한다.

003

재료의 거동에 대한 설명으로 옳지 않은 것은?

2019 국가직

① 탄성거동은 응력-변형률 관계가 보통 직선으로 나타나지만 직선이 아닌 경우도 있다.
② 크리프(creep)는 응력이 작용하고 이후 그 크기가 일정하게 유지되더라도 변형이 시간 경과에 따라 증가하는 현상이다.
③ 재료가 항복한 후 작용하중을 모두 제거한 후에도 남는 변형을 영구변형이라 한다.
④ 포아송 비는 축하중이 작용하는 부재의 횡방향 변형률(ε_h)에 대한 축방향 변형률(ε_v)의 비($\varepsilon_v/\varepsilon_h$)이다.

004

다음 그림과 같은 구조용 강의 응력변형률 선도에 대한 설명으로 옳지 않은 것은?

2009 국가직

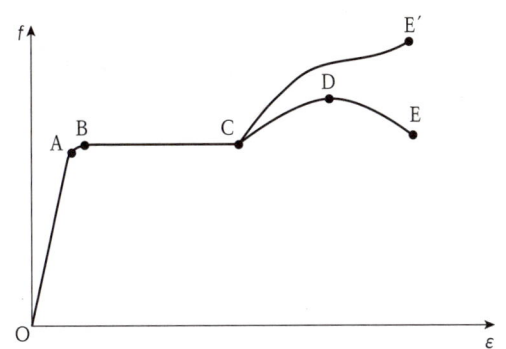

① 직선 OA의 기울기는 탄성계수이며, A점의 응력을 비례한 도(Proportional limit)라고 한다.
② 곡선 OABCE′를 진 응력–변형률 곡선(True Stress–Strain Curve)이라 하고 곡선 OABCDE를 공학적 응력–변형률 곡선(Engineering Stress–Strain Curve)이라 한다.
③ 구조용 강의 레질리언스(Resilience)는 재료가 소성 구간에서 에너지를 흡수할 수 있는 능력을 나타내는 물리량이며 곡선 OABCDE 아래의 면적으로 표현된다.
④ D점은 극한응력으로 구조용 강의 인장강도를 나타낸다.

005

공칭 응력(nominal stress)과 진 응력(true stress, 실제 응력), 공칭 변형률(nominal strain)과 진 변형률(true strain, 실제 변형률)에 대한 설명으로 옳은 것은?

2017.6 지방직

① 변형이 일어난 단면에서의 실제 단면적을 사용하여 계산한 응력을 공칭 응력이라고 한다.
② 모든 공학적 용도에서는 진 응력과 진 변형률을 사용하여야 한다.
③ 인장 실험의 경우 진 응력은 공칭 응력보다 크다.
④ 인장 실험의 경우 진 변형률은 공칭 변형률보다 크다.

006

다음 그림은 단면적이 $0.2m^2$, 길이가 2m인 인장재의 하중변위 곡선을 나타낸 것이다. 이 재료의 탄성계수 $E[\text{MPa}]$는?

2021 국가직

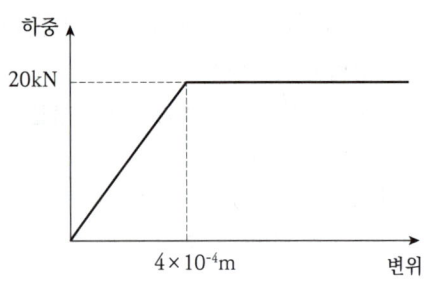

① 200
② 300
③ 400
④ 500

대표문제

007

다음 그림과 같은 비선형 비탄성 재료로 제작된 봉이 있다. 봉의 길이가 4m이고 단면적이 $2cm^2$일 때, 봉의 길이가 2cm 늘어날 때까지 하중을 가한 후 모두 제거하였다. 이 봉의 잔류 변형률(residual strain)은? (단, 재료의 특성을 완전 탄소성으로 가정한다)

2009 국가직

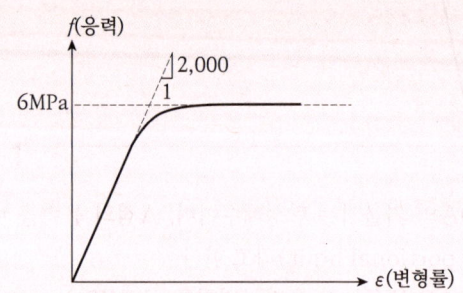

① 0.001
② 0.002
③ 0.003
④ 0.004

해설

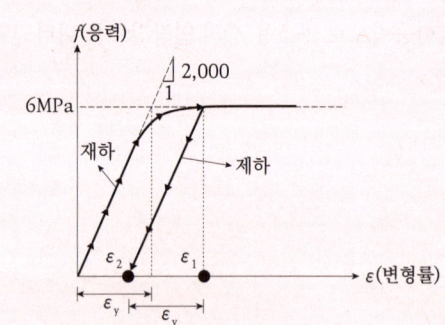

$\varepsilon_1 = \dfrac{\delta}{L} = \dfrac{2cm}{4m} = 5 \times 10^{-3}$

$\varepsilon_y = 6 \times \dfrac{1}{2000} = 3 \times 10^{-3}$

$\varepsilon_2 = \varepsilon_1 - \varepsilon_y$
$= 5 \times 10^{-3} - 3 \times 10^{-3} = 2 \times 10^{-3}$

꼭 알아두자!

하중 제하시 기울기는 초기 하중 재하시 기울기(탄성계수)와 같다.

정답 ②

008

다음 그림과 같이 응력(σ)-변형률(ε) 곡선과 항복강도 270MPa, 탄성계수 180GPa인 구조용 강재로 만들어진 길이 1m의 봉이 축 방향 인장력을 받고 있다. 봉의 신장량이 2.5mm일 때 인장력을 제거한다면 봉의 잔류 신장량 [mm]은? 2010 국가직

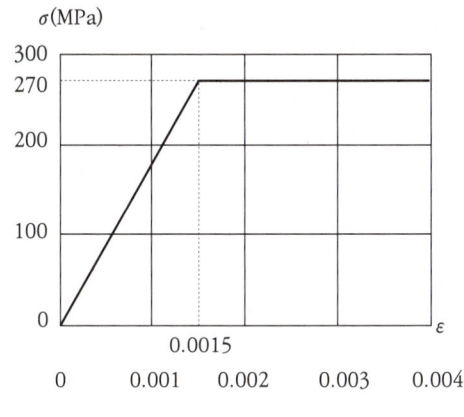

① 0.1 ② 0.2
③ 0.5 ④ 1.0

009

그림과 같은 응력-변형률 관계를 갖는 길이 1.5m의 강봉에 인장력이 작용되어 응력 상태가 점 O에서 A를 지나 B에 도달하였으며, 봉의 길이는 15mm 증가하였다. 이때, 인장력을 완전히 제거하여 응력 상태가 C점에 도달할 경우 봉의 영구 신장량 [mm]은? (단, 봉의 응력-변형률 관계는 완전 탄소성 거동이며, 항복강도는 300MPa이고 탄성계수는 $E=200$GPa이다) 2016 국가직

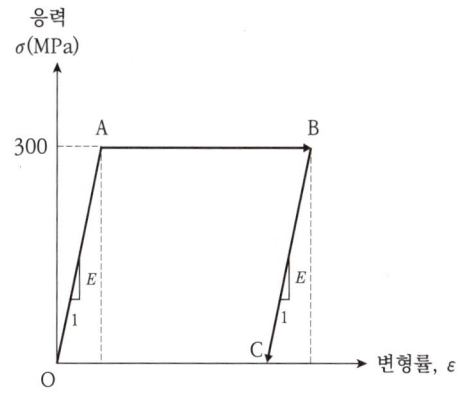

① 1.25 ② 2.25
③ 12.75 ④ 13.75

대표문제

010

그림 (a)와 같은 이중선형 응력변형률 곡선을 갖는 그림 (b)와 같은 길이 2m의 강봉이 있다. 하중 20kN이 작용할 때 강봉의 늘어난 길이[mm]는? (단, 강봉의 단면적은 $200mm^2$이고, 자중은 무시하며, 그림 (a)에서 탄성계수 $E_1=100GPa$, $E_2=40GPa$이다)   2020 국가직

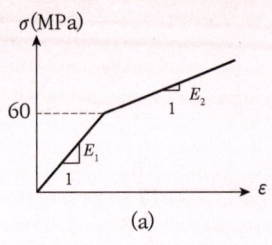
(a)

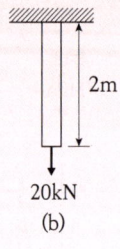
(b)

① 0.2
② 0.8
③ 1.6
④ 3.2

해설

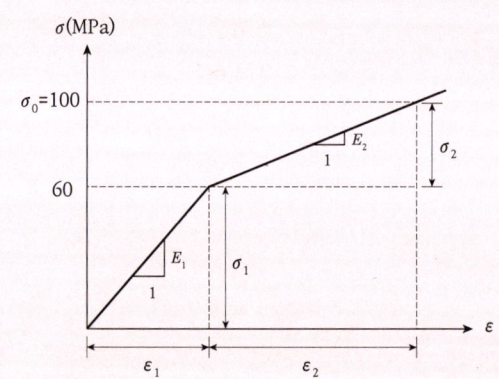

$$\sigma_O = \frac{P}{A} = \frac{20kN}{200mm^2} = 100MPa$$

$$\varepsilon_T = \varepsilon_1 + \varepsilon_2 = \frac{\sigma_1}{E_1} + \frac{\sigma_2}{E_2}$$

$$= \frac{60MPa}{100GPa} + \frac{(100MPa - 60MPa)}{40GPa}$$

$$= 0.6 \times 10^{-3} + 1 \times 10^{-3} = 1.6 \times 10^{-3}$$

$$\varepsilon = \frac{\delta}{L} \rightarrow \delta = \varepsilon \times L$$

$$\therefore \delta = (1.6 \times 10^{-3})(2m) = 3.2mm$$

꼭 알아두자!

하중 제하시 기울기는 초기 하중 재하시 기울기(탄성계수)와 같다.

정답 ④

011

그림 (a)와 같이 막대구조물에 $P=2,500\text{N}$의 축방향력이 작용하였을 때, 막대구조물 끝단 A점의 축방향 변위[mm]는? (단, 막대구조물 재료의 응력-변형률 관계는 그림 (b)와 같고, 막대구조물의 단면적은 10mm^2이다.)

2018 지방직

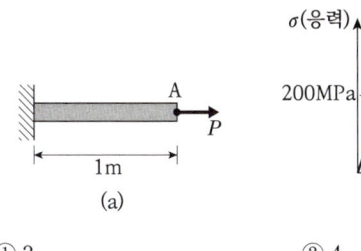
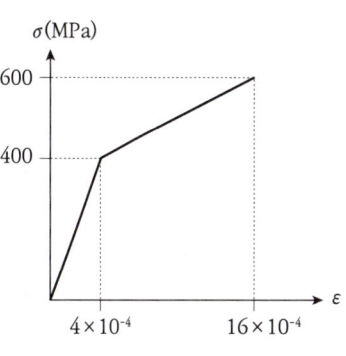

① 3　　② 4
③ 5　　④ 6

012 · 80점 목표

다음과 같이 응력-변형률 관계를 가지는 재료로 만들어진 부재가 인장력에 의해 최대 500MPa의 인장응력을 받은 후, 주어진 인장력이 완전히 제거되었다. 이때 부재에 나타나는 잔류변형률은? (단, 재료의 항복응력은 400MPa이고, 응력이 항복응력을 초과한 후 하중을 제거하게 되면 초기 접선 탄성계수를 따른다고 가정한다)

2015 지방직

① 4×10^{-4}　　② 5×10^{-4}
③ 6×10^{-4}　　④ 7×10^{-4}

CHAPTER 07-1 휨응력 / 전단응력

정답·해설 106~130p

대표문제

001

그림과 같은 직사각형 단주가 있다. 이 단주의 상단 A점에 압축력 24kN이 작용할 때, 단주의 하단에 발생하는 최대 압축응력 [MPa]은?

2009 지방직

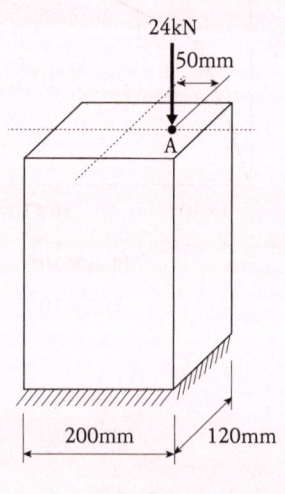

① 1.5 ② 1.75
③ 2.0 ④ 2.5

해설

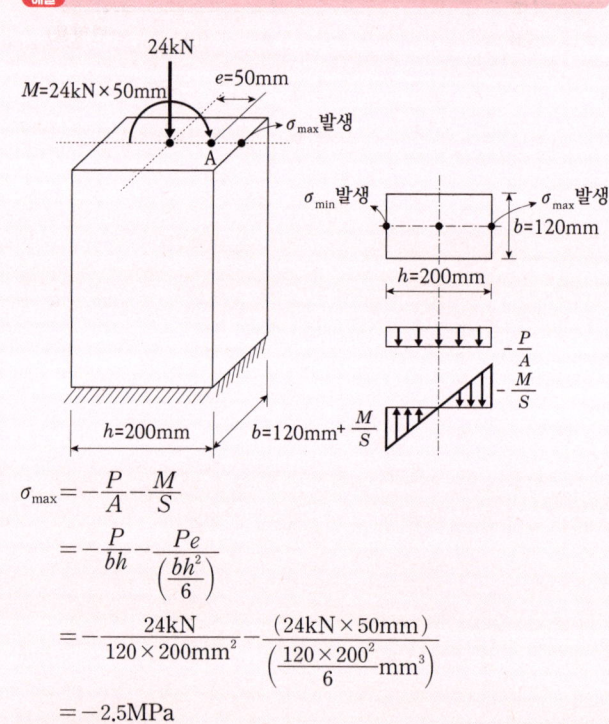

$$\sigma_{max} = -\frac{P}{A} - \frac{M}{S}$$

$$= -\frac{P}{bh} - \frac{Pe}{\left(\frac{bh^2}{6}\right)}$$

$$= -\frac{24\text{kN}}{120 \times 200\text{mm}^2} - \frac{(24\text{kN} \times 50\text{mm})}{\left(\frac{120 \times 200^2}{6}\text{mm}^3\right)}$$

$$= -2.5\text{MPa}$$

계산 TIP

● 정석적인 방법

$$\sigma_{max} = -\frac{24\text{kN}}{120 \times 200\text{mm}^2} - \frac{(24\text{kN} \times 50\text{mm})}{\left(\frac{120 \times 200^2}{6}\text{mm}^3\right)}$$

$$= -\frac{24 \times 10^3\text{N}}{12 \times 2 \times 10^3\text{mm}^2} - \frac{6 \times (24 \times 10^3\text{N} \times 5 \times 10\text{mm})}{(12 \times 2^2 \times 10^5\text{mm}^3)}$$

$$= -\frac{24}{12 \times 2}\text{MPa} - \frac{6 \times 24 \times 5}{12 \times 2^2} \times 10^{-1}\text{MPa}$$

$$= -1\text{MPa} - 1.5\text{MPa} = -2.5\text{MPa}$$

● 앞자리 뽑기

σ_{max}는 2개 항으로 구성되므로 앞자리 뽑기를 적용할 수 없다.

정답 ④

002

그림과 같은 기둥에 축방향 하중이 도심축으로부터 편심 $e=100mm$ 떨어져서 작용할 때 발생하는 최대 압축응력[MPa]은? (단, 기둥은 단주이며 자중은 무시한다)

2011 지방직

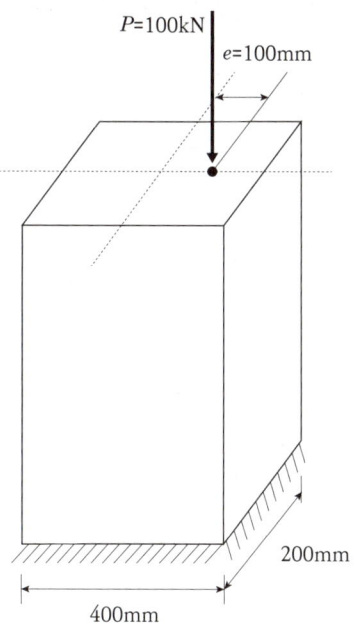

① 1.25
② 2.188
③ 3.125
④ 5

003

그림과 같은 편심하중을 받는 짧은 기둥이 있다. 허용 인장응력 및 허용 압축응력이 모두 150MPa일 때, 바닥면에서 허용응력을 넘지 않기 위해 필요한 a의 최솟값[mm]은? (단, 기둥의 좌굴 및 자중은 무시한다)

2018 국가직

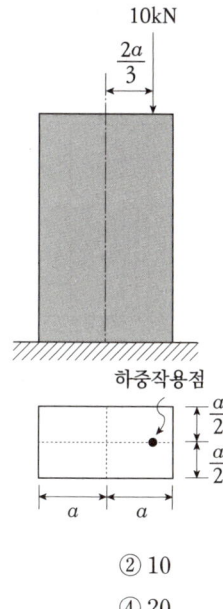

① 5
② 10
③ 15
④ 20

004

다음과 같이 편심하중이 작용하고 있는 직사각형 단면의 짧은 기둥에서, 바닥면에 발생하는 응력에 대한 설명 중 옳은 것은? (단, $P=300$kN, $e=40$mm, $b=200$mm, $h=300$mm)

2015 지방직

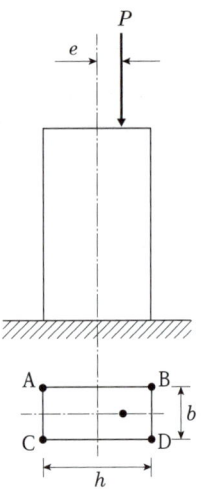

① A점과 B점의 응력은 같다.
② B점에 발생하는 압축응력의 크기는 5MPa보다 크다.
③ A점에는 인장응력이 발생한다.
④ B점과 D점의 응력이 다르다.

005

그림과 같은 직사각형 단면을 갖는 단주에 하중 $P=10,000$kN 이 상단중심으로부터 1.0m 편심된 A점에 작용하였을 때, 단주의 하단에 발생하는 최대응력(σ_{max})과 최소응력(σ_{min})의 응력차($\sigma_{max}-\sigma_{min}$)[MPa]는? (단, 단주의 자중은 무시한다)

2018 지방직

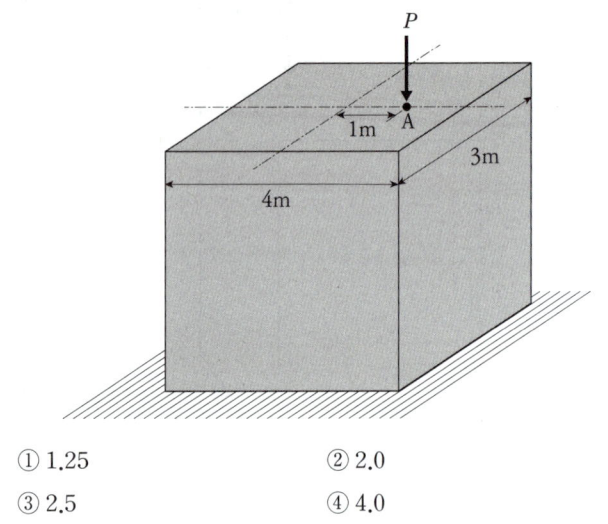

① 1.25
② 2.0
③ 2.5
④ 4.0

006

그림과 같은 세 개의 단면에 동일한 휨모멘트가 작용할 때, 최대 휨응력의 비율 $\sigma_{(a)} : \sigma_{(b)} : \sigma_{(c)}$는?

2022 국가직

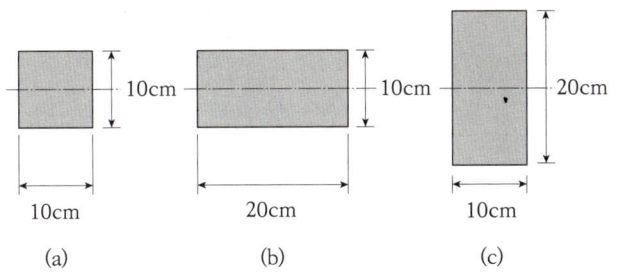

① 1 : 2 : 4
② 1 : 2 : 8
③ 4 : 2 : 1
④ 8 : 2 : 1

007 80점 목표

그림과 같이 각각 (a)와 (b)의 단면을 가진 두 부재가 서로 다른 순수 휨모멘트, M_a와 M_b를 받는다. 각각의 단면에서 최대 휨응력의 크기가 같을 때, 각 부재에 작용하는 휨모멘트의 비 ($M_a : M_b$)는?

2018 지방직

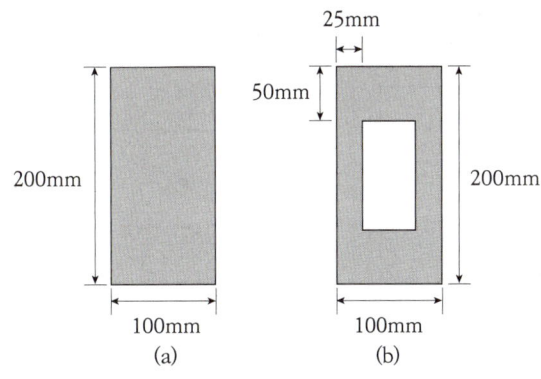

① $M_a : M_b = 4 : 3$
② $M_a : M_b = 8 : 7$
③ $M_a : M_b = 16 : 15$
④ $M_a : M_b = 24 : 23$

대표문제

008 `80점 목표`

다음 그림과 같은 정사각형 단주가 있다. 이 단주의 상단 A점에 압축력 10kN이 작용할 때, 단주의 하단 B점에 발생하는 압축응력 [kPa]은?

2009 국가직

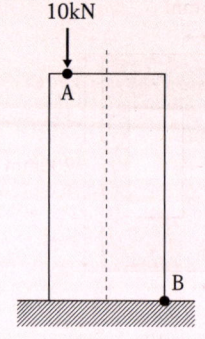

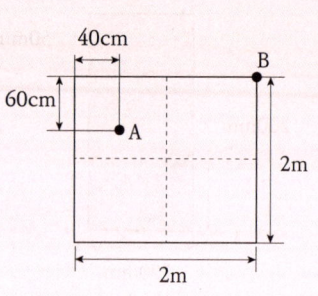

① 1 ② 2
③ 3 ④ 4

해설

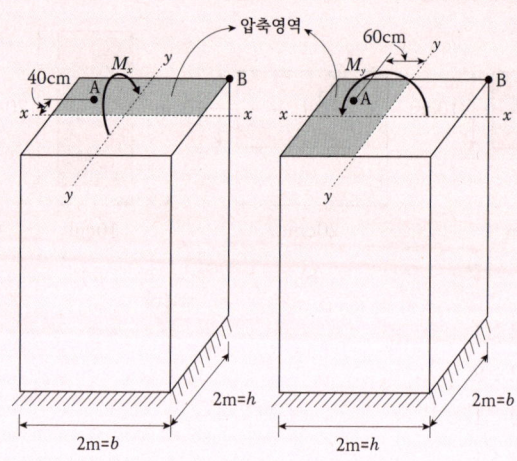

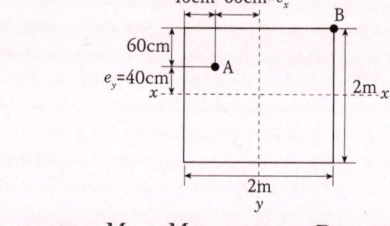

$$\sigma_B = -\frac{P}{A} - \frac{M_x}{S_x} + \frac{M_y}{S_y} = -\frac{P}{bh} - \frac{Pe_y}{\left(\frac{bh^2}{6}\right)} + \frac{Pe_x}{\left(\frac{bh^2}{6}\right)}$$

$$= -\frac{10\text{kN}}{2 \times 2\text{m}^2} - \frac{(10\text{kN} \times 40\text{cm})}{\left(\frac{2 \times 2^2}{6}\text{m}^3\right)} + \frac{(10\text{kN} \times 60\text{cm})}{\left(\frac{2 \times 2^2}{6}\text{m}^3\right)}$$

$$= -1\text{kPa (압축)}$$

계산 TIP

● 정석적인 방법

$$\sigma_B = -\frac{10\text{kN}}{2 \times 2\text{m}^2} - \frac{(10\text{kN} \times 40\text{cm})}{\left(\frac{2 \times 2^2}{6}\text{m}^3\right)} + \frac{(10\text{kN} \times 60\text{cm})}{\left(\frac{2 \times 2^2}{6}\text{m}^3\right)}$$

$$= -\frac{10\text{kN}}{2 \times 2\text{m}^2} - \frac{6(10\text{kN} \times 4 \times 10^{-2}\text{m})}{(2 \times 2^2\text{m}^3)}$$

$$+ \frac{6(10\text{kN} \times 6 \times 10^{-2}\text{m})}{(2 \times 2^2\text{m}^3)}$$

$$= -\frac{10}{2 \times 2}\text{kPa} - \frac{6 \times 4}{2 \times 2^2}\text{kPa} + \frac{6 \times 6}{2 \times 2^2}\text{kPa}$$

$$= -2.5\text{kPa} - 3\text{kPa} + 4.5\text{kPa} = -1\text{kPa}$$

● 앞자리 뽑기

σ_B는 3개 항으로 구성되므로 앞자리 뽑기를 적용할 수 없다.

정답 ①

009 80점 목표

그림과 같은 단주에서 지점 A에 발생하는 응력[kN/m²]의 크기는? (단, O점은 단면의 도심이고, 자중은 무시한다) 2016 국가직

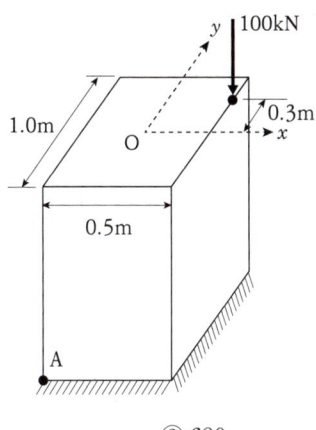

① 640 ② 680
③ 760 ④ 800

010

다음 그림과 같은 정사각형 기둥의 모서리에 20kN의 수직하중이 작용할 때, A점에 발생하는 수직응력[MPa]은? 2013 지방직

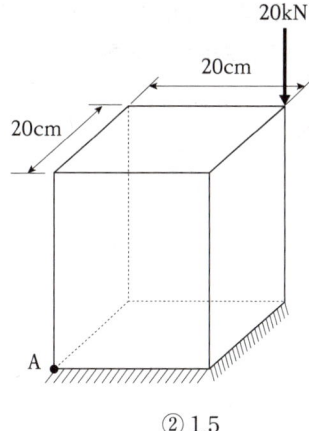

① 0.5 ② 1.5
③ 2.5 ④ 3.5

대표문제

011

그림과 같은 하중을 받는 사각형 단면의 탄성 거동하는 짧은 기둥이 있다. A점의 응력이 압축이 되기 위한 P_1/P_2의 최솟값은? (단, 기둥의 자중은 무시한다) 2017.6 지방직

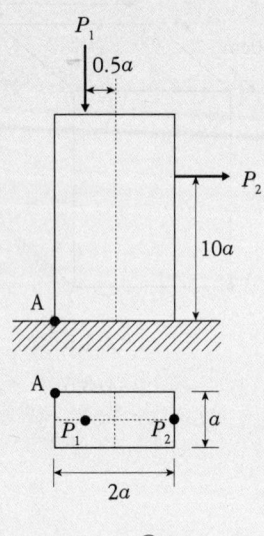

① 6 ② 8
③ 10 ④ 12

해설

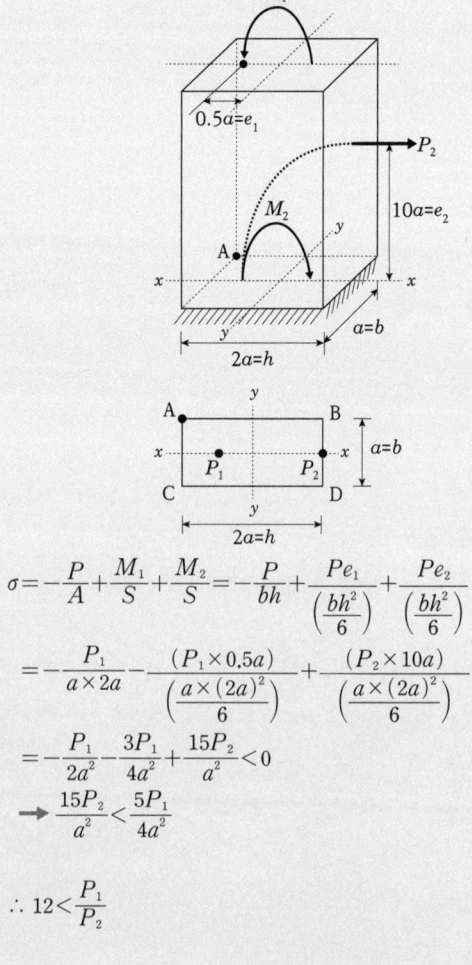

$$\sigma = -\frac{P}{A} + \frac{M_1}{S} + \frac{M_2}{S} = -\frac{P}{bh} + \frac{Pe_1}{\left(\dfrac{bh^2}{6}\right)} + \frac{Pe_2}{\left(\dfrac{bh^2}{6}\right)}$$

$$= -\frac{P_1}{a \times 2a} - \frac{(P_1 \times 0.5a)}{\left(\dfrac{a \times (2a)^2}{6}\right)} + \frac{(P_2 \times 10a)}{\left(\dfrac{a \times (2a)^2}{6}\right)}$$

$$= -\frac{P_1}{2a^2} - \frac{3P_1}{4a^2} + \frac{15P_2}{a^2} < 0$$

$$\rightarrow \frac{15P_2}{a^2} < \frac{5P_1}{4a^2}$$

$$\therefore 12 < \frac{P_1}{P_2}$$

정답 ④

012

다음과 같은 짧은 기둥 구조물에서 단면 $m-n$ 위의 A점과 B점의 수직응력[MPa]은? (단, 자중은 무시한다)   2015 지방직

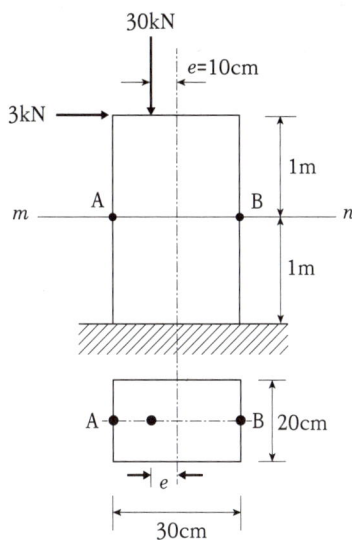

	A	B
①	0	0
②	0.5(압축)	0.5(압축)
③	3.5(압축)	2.5(인장)
④	2.5(인장)	1.5(압축)

013   80점 목표

그림과 같이 직사각형 단면을 갖는 단주에 집중하중 $P=120$ kN이 C점에 작용할 때 직사각형 단면에서 인장응력이 발생하는 구역의 넓이[m²]는?   2016 지방직

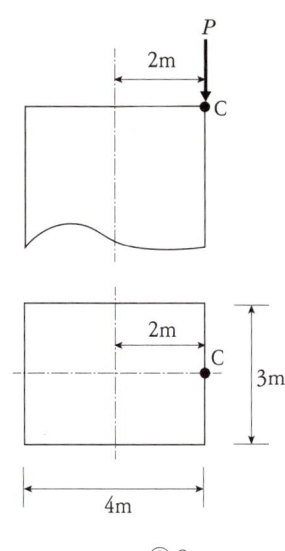

① 2   ② 3
③ 4   ④ 5

대표문제

014

단면이 폭 300mm, 높이 500mm인 단순보의 중앙 지간에 집중하중 10kN이 작용하고 있다. 이 구조물에서 생기는 최대 휨응력(σ_{max}[MPa])은?

2007 국가직

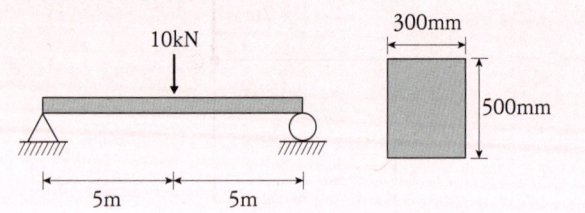

① $\sigma_{max}=1$
② $\sigma_{max}=2$
③ $\sigma_{max}=100$
④ $\sigma_{max}=200$

해설

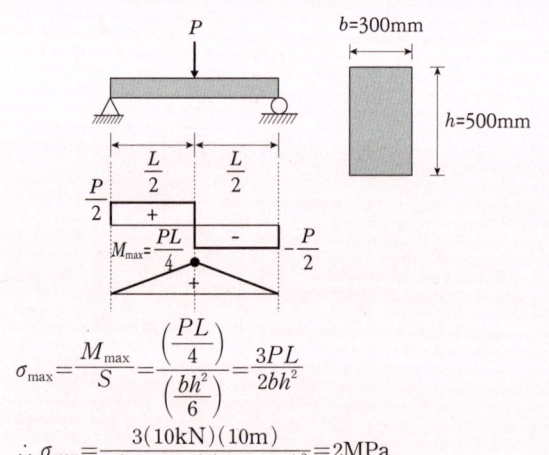

$$\sigma_{max}=\frac{M_{max}}{S}=\frac{\left(\frac{PL}{4}\right)}{\left(\frac{bh^2}{6}\right)}=\frac{3PL}{2bh^2}$$

$$\therefore \sigma_{max}=\frac{3(10\text{kN})(10\text{m})}{2(300\text{mm})(500\text{mm})^2}=2\text{MPa}$$

계산 TIP

○ 정석적인 방법

$$\sigma_{max}=\frac{3(10\text{kN})(10\text{m})}{2(300\text{mm})(500\text{m})^2}=\frac{3(10\times10^3\text{N})(10\times10^3\text{mm})}{2(3\times10^2\text{mm})(5^2\times10^4\text{mm}^2)}$$
$$=\frac{3}{2\times3\times5^2}\times10^2\text{MPa}=2\text{MPa}$$

○ 앞자리 뽑기

해당 문제는 보기에 ① $\sigma_{max}=1$과 ③ $\sigma_{max}=100$ 및 ② $\sigma_{max}=2$ ④ $\sigma_{max}=200$이 10의 배수 관계에 있으므로 앞자리 뽑기를 적용할 수 없다.

정답 ②

015

폭 0.2m, 높이 0.6m의 직사각형 단면을 갖는 지간 $L=2$m 단순보의 허용 휨응력이 40MPa일 때 이 단순보의 중앙에 작용시킬 수 있는 최대 집중하중 P의 값[kN]은? (단, 보의 휨강성 EI는 일정하며, 자중은 무시한다)

2016 지방직

① 240
② 480
③ 960
④ 1080

016

폭 200mm, 높이 600mm인 직사각형 단면을 가진 단순보의 지간이 2m이다. 허용 휨응력이 50MPa일 때, 지간 중앙에 작용시킬 수 있는 수직 집중하중 P의 최대 크기[kN]는? (단, 휨강성 EI는 일정하고, 구조물의 자중은 무시한다)

2021 국가직

① 240
② 480
③ 960
④ 1200

017

그림과 같은 하중을 받는 단순보에서 인장응력이 발생하지 않기 위한 단면 높이 h의 최솟값[mm]은? (단, $h=2b$, 50kN의 작용점은 단면의 도심이고, 보의 자중은 무시한다) 2020 국가직

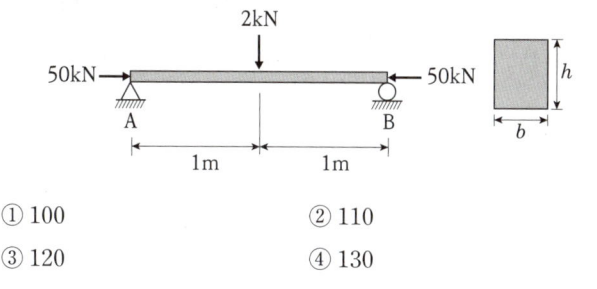

① 100
② 110
③ 120
④ 130

018

그림과 같이 단면 폭 300mm, 높이가 400mm의 직사각형 단면을 갖는 단순보가 있다. 이 단순보가 축방향으로 120kN의 인장력을 받고, 수직하중 20kN을 받을 때, 보 중앙(C점)의 단면 최상부에 발생하는 응력의 크기[MPa]는? (단, 보의 자중은 무시한다) 2022 지방직

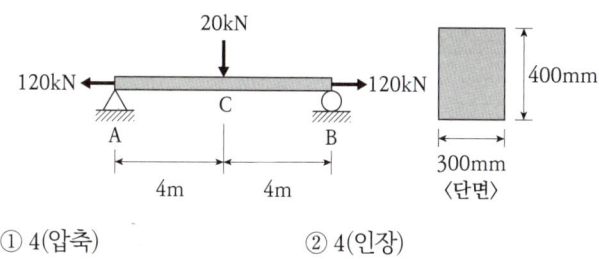

① 4(압축)
② 4(인장)
③ 2(압축)
④ 2(인장)

019

그림과 같이 폭 100mm, 높이가 200mm의 직사각형 단면을 갖는 단순보의 허용 휨응력이 6MPa이라면, 단순보에 작용시킬 수 있는 최대 집중하중 P의 크기[kN]는? (단, 휨강성 EI는 일정하고, 구조물의 자중은 무시한다)

2020 지방직

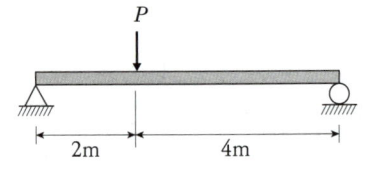
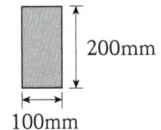

① 2.7 ② 3.0
③ 4.5 ④ 5.0

대표문제

020

그림과 같은 단순보에서 등분포하중(w)에 의한 보의 최대 휨응력의 크기가 $a\left(\dfrac{wL^2}{bh^2}\right)$일 때, a의 크기는? (단, 자중은 무시한다)

2025 지방직

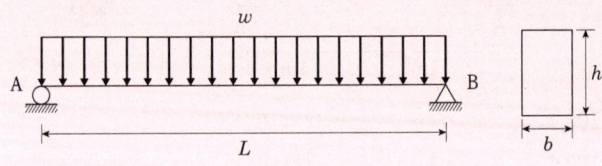

① $\dfrac{1}{3}$ ② $\dfrac{1}{2}$
③ $\dfrac{2}{3}$ ④ $\dfrac{3}{4}$

해설

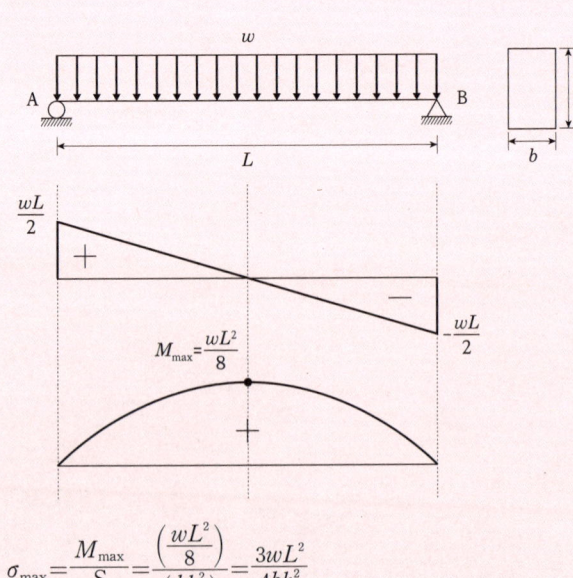

$$\sigma_{max}=\dfrac{M_{max}}{S}=\dfrac{\left(\dfrac{wL^2}{8}\right)}{\left(\dfrac{bh^2}{6}\right)}=\dfrac{3wL^2}{4bh^2}$$

정답 ④

021

그림과 같이 폭 300mm, 높이 400mm의 직사각형 단면을 갖는 단순보의 허용 휨응력이 6MPa이라면, 단순보에 작용시킬 수 있는 최대 등분포하중 w의 크기[kN/m]는? (단, 보의 휨강성 EI는 일정하고, 자중은 무시한다)

2019 지방직

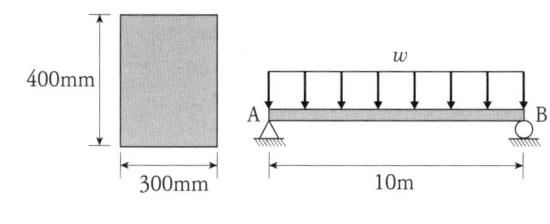

① 3.84
② 4.84
③ 5.84
④ 6.84

022

그림과 같이 직사각형 단면의 단순보에 등분포하중이 작용할 때, C점의 단면 하단부에서 30mm만큼 떨어진 높이에 작용하는 휨응력의 크기[MPa]는? (단, 보의 자중은 무시한다)

2023 국가직

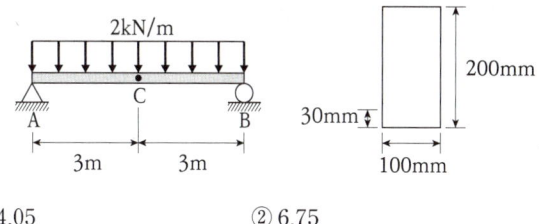

① 4.05
② 6.75
③ 9.45
④ 13.5

023

그림과 같이 직사각형 단면을 갖는 단순보 내의 C점($x=0.4$m, $y=20$mm)에 작용하는 수직응력 σ[MPa]는? (단, 단순보의 자중은 무시한다)

2011 지방직

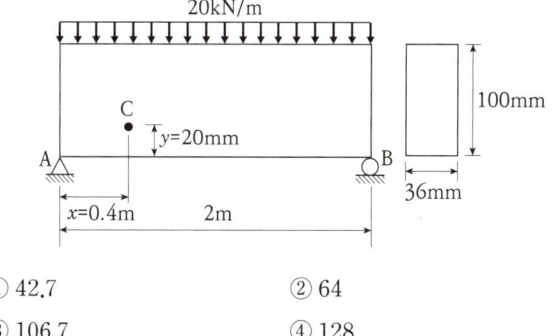

① 42.7
② 64
③ 106.7
④ 128

024

다음 그림과 같이 하중을 받는 단순보에서 C점의 최대 휨응력 [MPa]은?

2013 지방직

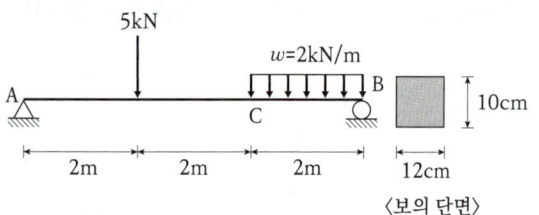

① 15 ② 30
③ 45 ④ 60

026

그림과 같은 캔틸레버 보에서 발생되는 최대 휨모멘트 M_{max} [kN·m] 및 최대 휨응력 σ_{max} [MPa]의 크기는? (단, 보의 자중은 무시한다)

2015 국가직

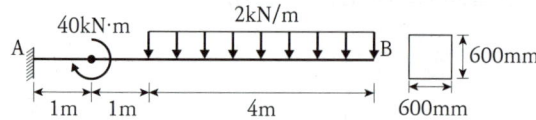

	M_{max}	σ_{max}
①	32	1
②	32	1.2
③	72	1.2
④	72	2

025

그림과 같은 내민보에 집중하중이 작용하고 있다. 한 변의 길이가 b인 정사각형 단면을 갖는다면 B점에 발생하는 최대 휨응력의 크기는 $a\dfrac{PL}{b^3}$이다. a의 값은? (단, 보의 자중은 무시한다)

2020 국가직

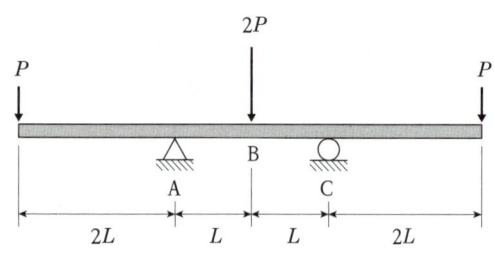

① 2 ② 4
③ 6 ④ 8

027 80점 목표

그림과 같이 단위중량 γ, 길이 L인 캔틸레버 보에 자중에 의한 분포하중 w가 작용할 때, 보의 고정단 A점에 발생하는 휨 응력에 대한 설명으로 옳지 않은 것은? (단, 보의 단면은 사각형이고 전 구간에서 동일하다)

2019 국가직

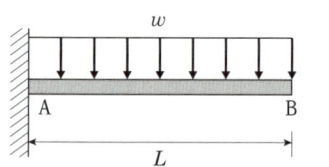 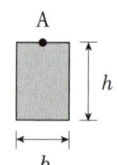

① 폭 b가 2배가 되면 휨 응력값은 2배가 된다.
② 높이 h가 2배가 되면 휨 응력값은 $\dfrac{1}{2}$배가 된다.
③ 단위중량 γ가 2배가 되면 휨 응력값은 2배가 된다.
④ 길이 L이 2배가 되면 휨 응력값은 4배가 된다.

028

그림과 같이 높이가 2m인 댐이 두께 100mm인 수직 목재보로 가설되었다. 직사각형 단면 목재보의 하단은 완전 고정되었고 물의 단위중량을 10kN/m³으로 가정할 때, 목재보에 작용하는 최대 휨응력[MPa]은?

2011 국가직

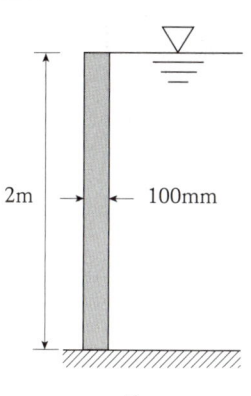

① 6　　　　　　　② 8
③ 10　　　　　　　④ 12

029

그림과 같이 직사각형 단면의 단순보에 등분포하중이 작용할 때, 직사각형 단면에 작용하는 최대 휨응력의 크기[MPa]는? (단, 보의 자중은 무시한다)

2023 국가직

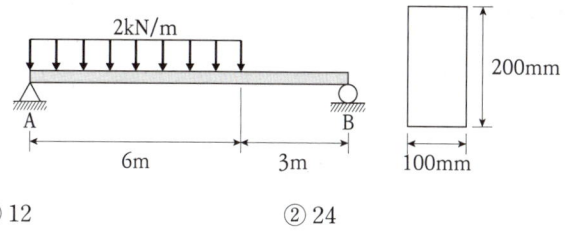

① 12　　　　　　　② 24
③ 36　　　　　　　④ 48

030

다음 그림과 같은 정정 게르버 보에서 최대 휨응력[kPa]은?

2010 국가직

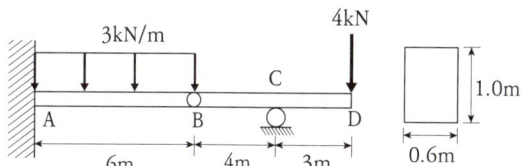

① 15
② 120
③ 360
④ 720

031 80점 목표

그림과 같이 내민보가 하중을 받고 있다. 내민보의 단면은 폭이 b이고 높이가 0.1m인 직사각형이다. 내민보의 인장 및 압축에 대한 허용 휨응력이 600MPa일 때, 폭 b의 최솟값[m]은? (단, 자중은 무시한다)

2016 국가직

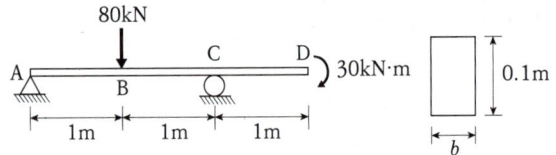

① 0.03
② 0.04
③ 0.05
④ 0.06

032

그림과 같이 정사각형의 변단면을 갖는 캔틸레버 보의 중앙 지점 단면 C에서의 최대 휨응력은? (단, 캔틸레버 보의 자중은 무시한다)

2018 지방직

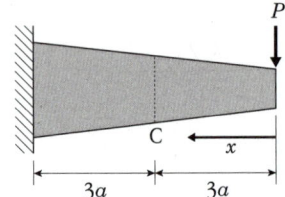

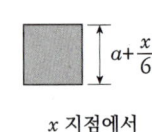

x 지점에서 보의 단면

① $\dfrac{14P}{3a^2}$

② $\dfrac{16P}{3a^2}$

③ $\dfrac{18P}{3a^2}$

④ $\dfrac{20P}{3a^2}$

대표문제

033

그림과 같이 각 변의 길이가 10mm인 입방체에 전단력 $V = 10\text{kN}$이 작용될 때, 이 전단력에 의해 입방체에 발생하는 전단 변형률 γ는? (단, 재료의 탄성계수 $E = 130\text{GPa}$, 포아송비 $\nu = 0.3$이다. 또한 응력은 단면에 균일하게 분포하며, 입방체는 순수전단 상태이다)

2015 국가직

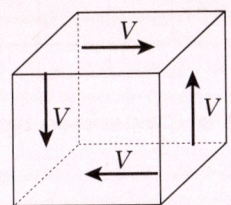

① 0.001
② 0.002
③ 0.003
④ 0.005

해설

$\tau = G\gamma$

$\rightarrow \gamma = \dfrac{\tau}{G} = \dfrac{\left(\dfrac{V}{A}\right)}{\left(\dfrac{E}{2(1+\nu)}\right)} = \dfrac{2(1+\nu)V}{AE}$

$\left(\tau = \dfrac{V}{A} \because \text{응력은 단면에 균일하게 분포}\right)$

$= \dfrac{2(1+0.3)(10\text{kN})}{(10^2\text{mm}^2)(130\text{GPa})} = 0.002$

계산 TIP

● 정석적인 방법

$\gamma = \dfrac{2(1+0.3)(10\text{kN})}{(10^2\text{mm}^2)(130\text{GPa})} = \dfrac{2(13 \times 10^{-1})(10\text{kN})}{(10^2)(13 \times 10)\text{kN}}$

$= \dfrac{2 \times 13}{13} \times 10^{-3} = 0.002$

● 앞자리 뽑기

$\gamma : \dfrac{2 \times 13}{13} = 2 \rightarrow \gamma = 0.002$

정답 ②

034

그림과 같이 받침대 위에 블록이 놓여있다. 이 블록 중심에 $F = 20\text{kN}$이 작용할 때 블록에서 생기는 평균 전단응력[N/mm²]은?

2014 국가직

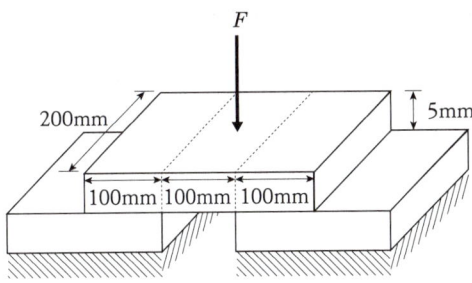

① 1
② 2
③ 10
④ 20

035

다음 그림과 같이 바닥면이 고정되고 전단 탄성계수가 G인 고무받침의 윗면에 전단력 V가 작용할 때 고무받침 윗면의 수평변위 d는? (단, 전단력은 고무받침 단면에 균일하게 전달되고 전단변형의 크기는 매우 작다고 가정한다)

2009 국가직

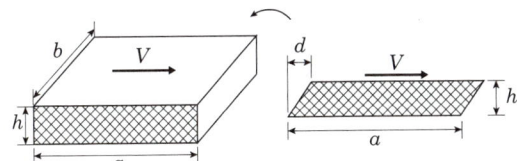

① $\dfrac{hV}{abG}$

② $\dfrac{GV}{abh}$

③ $\dfrac{abV}{Gh}$

④ $\dfrac{V}{abhG}$

대표문제

036

다음 그림과 같은 I형 단면에 도심 주축을 따라 연직방향으로 전단력 V가 작용하고 있다. 단면내에 발생하는 최대 전단응력의 크기는? (단, I는 단면2차모멘트이다)

2010 지방직

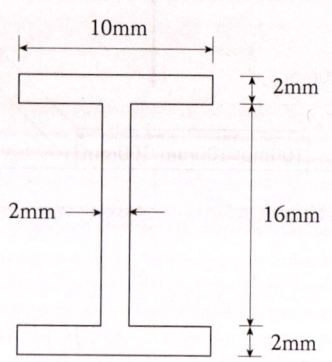

① $\dfrac{45}{I}V$ ② $\dfrac{64}{I}V$

③ $\dfrac{100}{I}V$ ④ $\dfrac{122}{I}V$

해설

단면에 발생하는 전단응력의 크기는 다음과 같은 공식으로 계산할 수 있다.

$$\tau = \frac{VQ}{Ib}$$

위 식에서 단면에 발생하는 전단력 V, 단면의 단면2차모멘트 I는 변화하지 않으나, 단면의 폭 b, 단면1차모멘트 Q는 변화한다. 최대 전단응력은 b가 작고 Q가 큰 중립축에서 발생할 것이다. 따라서 중립축에 대한 단면1차모멘트를 계산한다.

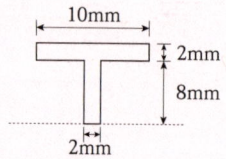

$Q = (2 \times 8\,\text{mm}^2)\left(\dfrac{8}{2}\text{mm}\right) + (10 \times 2\,\text{mm}^2)\left(8 + \dfrac{2}{2}\text{mm}\right)$
  $= 244\,\text{mm}^3$

$\therefore \tau = \dfrac{V(244)}{I(2)} = \dfrac{122V}{I}$

037

다음 그림과 같은 단면을 갖는 보에 수직하중이 작용할 때, 이에 대한 설명으로 옳지 않은 것은?

2013 지방직

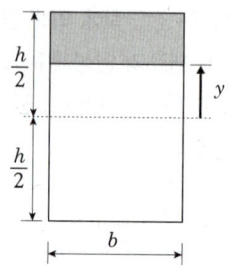

① 전단응력을 구할 때 사용하는 단면1차모멘트 Q는 $\dfrac{b}{2}\left(\dfrac{h^2}{4} - y^2\right)$이다.

② 전단력을 V, 단면2차모멘트를 I라고 할 때, 전단응력은 $\dfrac{V}{2I}\left(\dfrac{h^2}{4} - y^2\right)$이다.

③ 최대 전단응력은 중립축에서 발생한다.

④ 최대 전단응력의 크기는 평균 전단응력의 $\dfrac{4}{3}$배이다.

정답 ④

038

그림과 같이 단면적 $A=4,000\text{mm}^2$인 원형단면을 가진 캔틸레버 보의 자유단에 수직하중 P가 작용한다. 이 보의 전단에 대하여 허용할 수 있는 최대하중 $P[\text{kN}]$는? (단, 허용 전단응력은 $1\text{N}/\text{mm}^2$이다)

2017 국가직

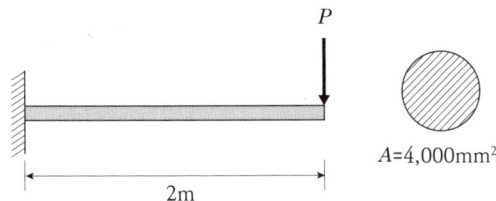

① 2.25
② 3.00
③ 3.50
④ 4.50

039

그림과 같은 정사각형 및 원형 단면에 같은 크기의 전단력 V가 작용할 때, 단면에 발생하는 최대전단응력의 비 $\left(\dfrac{\tau_{\max}(\text{정사각형})}{\tau_{\max}(\text{원형})}\right)$는?

2024 국가직

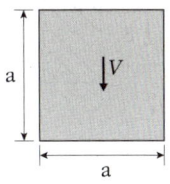 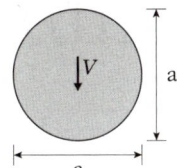

① $\dfrac{9\pi}{32}$ ② $\dfrac{\pi}{4}$

③ $\dfrac{7\pi}{32}$ ④ $\dfrac{3\pi}{16}$

040 80점 목표

다음 그림 (a)와 같은 원형 단면과 그림 (b)와 같은 원형관 단면에서 두 단면이 동일한 크기의 전단력을 받을 때, 두 단면에서 발생하는 최대 전단응력의 비 $(\tau_{\max})_\text{원형} : (\tau_{\max})_\text{원형관}$는?

2013 국가직

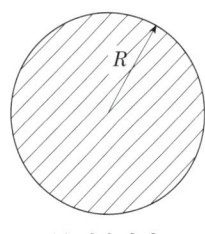 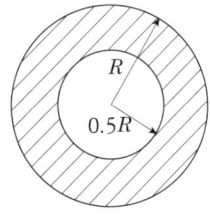

(a) 원형 단면   (b) 원형관 단면

① 8 : 15
② 8 : 13
③ 15 : 28
④ 15 : 26

041

그림과 같은 하중이 작용하는 직사각형 단면의 단순보에서 전단력을 지지할 수 있는 지간 L의 최대 길이[m]는? (단, 보의 자중은 무시하고, 허용 전단응력은 1.5MPa이다) 2017 국가직

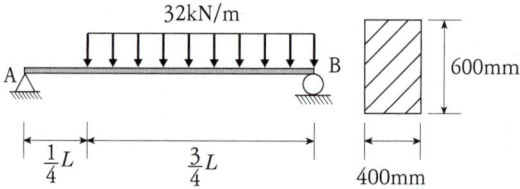

① 8
② 12
③ 16
④ 20

042

다음과 같이 한 변의 길이가 100mm인 정사각형 단면보에 발생하는 최대 전단응력의 크기[MPa]는? (단, 보의 자중은 무시한다) 2014 지방직

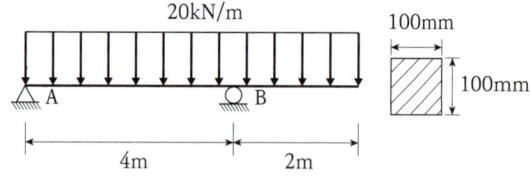

① 6.5
② 7.5
③ 8.5
④ 9.5

043

그림과 같이 게르버보에 10kN의 집중하중이 작용할 때, 허용전단응력을 고려한 b의 최솟값[m]은? (단, 보의 허용전단응력은 300kPa이며, 보의 자중은 무시한다) 2024 지방직

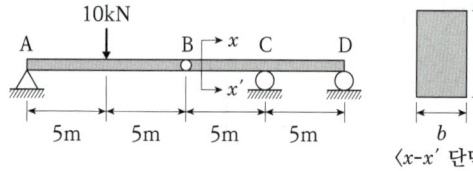

① 0.5
② 0.15
③ 0.05
④ 0.015

대표문제

044

그림과 같은 단순보에서 다음 항목 중 0의 값을 갖지 않는 것은? (단, 단면은 균일한 직사각형이다) 2020 국가직

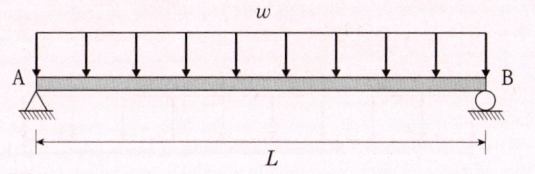

① 중립축에서의 휨응력(수직응력)
② 단면의 상단과 하단에서의 전단응력
③ 양단지점에서의 휨응력(수직응력)
④ 양단지점의 중립축에서의 전단응력

해설

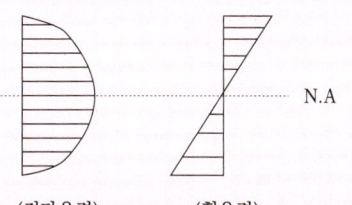

〈전단응력〉 〈휨응력〉

①, ② 수직응력은 중립축에서 '0', 전단응력은 단면 상단, 하단에서 '0'이다.
③ 양단지점에서는 $M=0$이므로 $\sigma=-\dfrac{My}{I}=0$ 이다.
④ $\tau=\dfrac{3V}{2A}\neq 0$이다.

정답 ④

045

직사각형 단면의 보에서 전단력에 의한 전단응력에 대한 설명으로 옳지 않은 것은? 2022 국가직

① 전단응력은 부재의 임의 단면에 평행하게 작용한다.
② 전단응력은 순수굽힘이 작용하는 단면에서 곡선으로 변화한다.
③ 전단응력은 단면의 상·하연에서 0이고, 중립축에서 일반적으로 최대이다.
④ 전단응력은 중립축으로부터의 거리에 따라서 포물선으로 변화한다.

046

오일러-베르누이 가정이 적용되는 균일단면 보의 응력에 관한 설명으로 옳은 것은? 2007 국가직

① 휨을 받는 단면에 발생하는 법선(단면에 수직) 응력은 단면계수에 비례한다.
② 직사각형 단면 내 전단응력은 단면의 상·하 끝단에서 최대이다.
③ 휨을 받는 단면에 발생하는 법선(단면에 수직) 변형률은 중립축으로부터의 거리에 비례한다.
④ 단면이 I형인 경우 복부판(web)과 평행한 수직방향 하중이 작용할 때 단면에 작용하는 전단응력의 방향은 모두 수직방향(수직 전단응력)이다.

047

그림과 같이 직사각형 단면의 단순보에 집중하중과 등분포하중이 작용하고 있다. C점에 발생하는 휨응력(σ)과 전단응력(τ)의 크기 [MPa]는? (단, 휨강성 EI는 일정하고, 자중은 무시한다)

2025 국가직

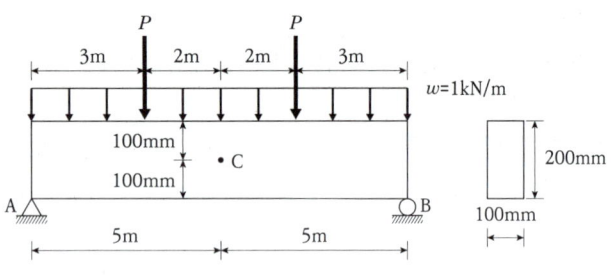

	σ	τ
①	0	0
②	0	1.125
③	63.7	0
④	63.7	1.125

048

그림과 같이 직사각형 단면을 가진 단순보의 지간 중앙에 집중하중이 가해질 때, 최대전단응력(τ_{max})과 최대휨응력(σ_{max})의 $\left(\dfrac{\tau_{max}}{\sigma_{max}}\right)$는? (단, 자중은 무시한다)

2025 지방직

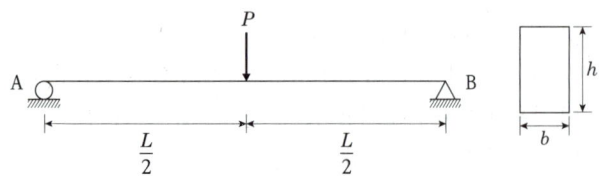

① $\dfrac{h}{3L}$ ② $\dfrac{L}{4h}$

③ $\dfrac{h}{2L}$ ④ $\dfrac{h}{L}$

049

그림과 같은 직사각형 단면(폭 b, 높이 h)을 갖는 단순보가 있다. 이 보의 최대 휨응력이 최대 전단응력의 2배라면 보의 길이(L)와 단면 높이(h)의 비$\left(\dfrac{L}{h}\right)$는? (단, 보의 자중은 무시한다)

2020 국가직

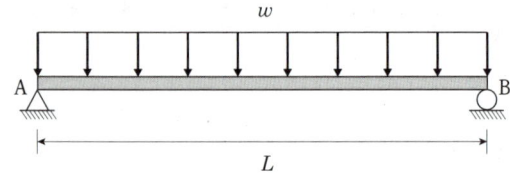

① $\dfrac{1}{4}$ ② $\dfrac{1}{2}$

③ 2 ④ 4

050 80점 목표

전 지간에 걸쳐 등분포하중(20kN/m)이 작용하고 있는 지간 12m인 단순보(사각형 단면의 폭은 100mm, 높이는 100mm)가 있다. 지점에서 4m 떨어진 점의 최대 휨응력 f [MPa]와 지간내 발생하는 최대전단응력 τ [MPa]는?

2009 국가직

	f	τ
①	1,900	6
②	1,900	18
③	1,920	18
④	1,920	6

051

다음과 같은 하중을 받는 게르버 보가 있다. A점의 전단응력(τ)과 휨응력(σ)은? (단, A점은 지점부 최상단부를 가리킨다)

2012 국가직

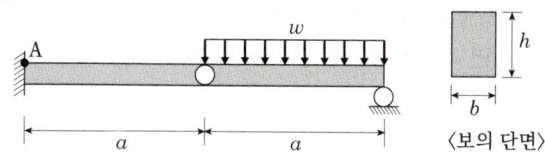

〈보의 단면〉

	τ	σ
①	$\dfrac{3wa}{4bh}$	$\dfrac{6wa^2}{bh^2}$
②	$\dfrac{3wa}{4bh}$	$\dfrac{3wa^2}{bh^2}$
③	0	$\dfrac{6wa^2}{bh^2}$
④	0	$\dfrac{3wa^2}{bh^2}$

052

그림과 같이 직사각형 단면을 가진 캔틸레버 보의 끝단에 집중하중 P가 작용할 때, 상연으로부터 $\dfrac{h}{4}$ 위치인 고정단의 미소면적 A에서 휨응력 σ와 전단응력 τ의 값은?

2011 국가직

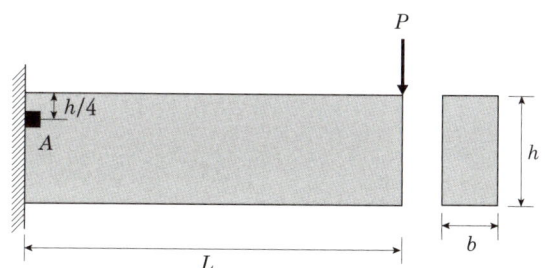

① $\sigma = \dfrac{3PL}{bh^2}, \tau = \dfrac{9P}{8bh}$

② $\sigma = \dfrac{6PL}{bh^2}, \tau = \dfrac{9P}{8bh}$

③ $\sigma = \dfrac{3PL}{bh^2}, \tau = \dfrac{P}{bh}$

④ $\sigma = \dfrac{6PL}{bh^2}, \tau = \dfrac{P}{bh}$

053 80점 목표

그림과 같은 보의 C점에 발생하는 수직응력(σ) 및 전단응력(τ)의 크기[MPa]는? (단, 작용 하중 $P=120$kN, 보의 전체 길이 $L=27$m, 단면의 폭 $b=30$mm, 높이 $h=120$mm, 탄성계수 $E=210$GPa이며, 보의 자중은 무시한다)

2015 국가직

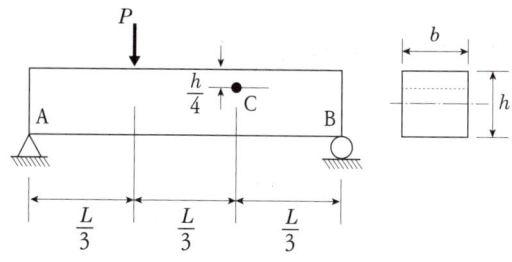

	σ	τ
①	2,500	12.5
②	2,500	25.0
③	5,000	12.5
④	5,000	25.0

054 80점 목표

그림과 같이 단면 폭 100mm, 높이가 200mm의 직사각형 단면을 갖는 단순보가 있다. 허용휨응력(σ_a)이 60MPa이고, 허용전단응력(τ_a)이 1MPa이라면, 허용휨응력을 적용시킨 최대집중하중($P_{\max(\sigma_a)}$)과 허용전단응력을 적용시킨 최대집중하중($P_{\max(\tau_a)}$)과의 비($P_{\max(\sigma_a)} : P_{\max(\tau_a)}$)는? (단, 선형탄성이론을 적용하고, 휨강성 EI는 일정하며, 구조물의 자중은 무시한다)

2022 지방직

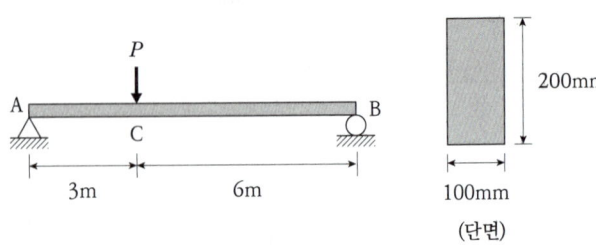

① 1 : 1
② 2 : 1
③ 3 : 1
④ 4 : 1

055 80점 목표

그림은 두께 t인 판 3개를 접착시켜 제작한 단순보에 하중 P를 '0'에서부터 서서히 증가시키는 실험을 나타낸다. 만일 $P=9\mathrm{kN}$일 때 접착면 전단파괴가 발생하였다면, 판의 두께 $t[\mathrm{mm}]$는? (단, 접착면의 전단강도는 5MPa이고, 전단파괴 이전에 접착면 미끄러짐은 발생하지 않으며, 구조물의 자중은 무시한다)

2024 국가직

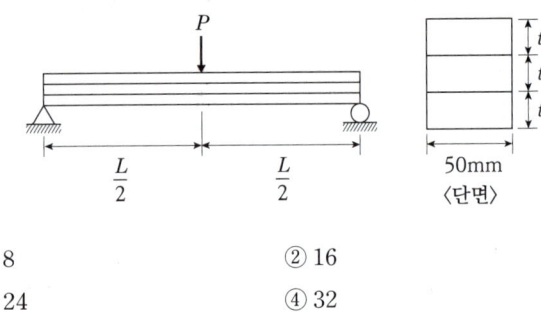

① 8
② 16
③ 24
④ 32

001

그림과 같이 지름 $d=10$mm인 원형단면 강봉의 허용 전단응력이 $\tau_{allow}=16$MPa이다. 이때 자유단에 작용 가능한 최대 허용 비틀림 모멘트 $T[\text{N}\cdot\text{m}]$는? (단, 강봉의 자중은 무시한다)

2017.12 지방직

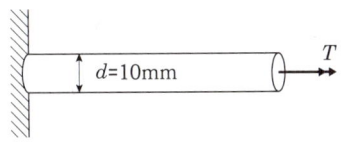

① π
② 2π
③ 4π
④ 8π

002

그림과 같이 외경이 20mm, 내경이 10mm인 원형 강봉이 비틀림 모멘트 T를 받을 때, 강봉에 발생하는 최대전단응력(τ_{max})과 최소전단응력(τ_{min})의 비 $\left(\dfrac{\tau_{max}}{\tau_{min}}\right)$는?

2025 지방직

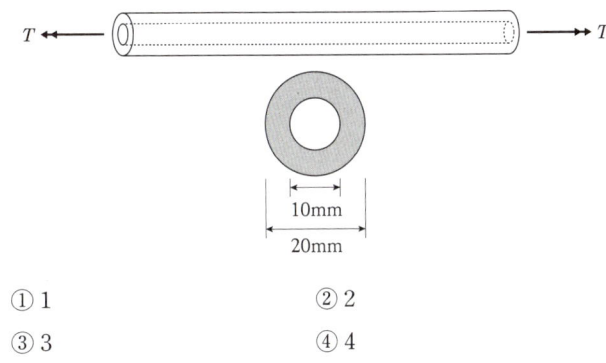

① 1
② 2
③ 3
④ 4

003

순수 비틀림을 받는 원형단면의 봉에서 한 단의 다른 단에 대한 비틀림각에 대한 설명으로 옳지 않은 것은?

2023 지방직

① 비틀림모멘트에 비례한다.
② 봉의 길이에 비례한다.
③ 극관성모멘트에 반비례한다.
④ 비틀림강성에 비례한다.

대표문제

004

다음 그림과 같이 직경 100mm, 길이 10m인 균일단면 원형 봉의 B단에 비틀림 모멘트 20kN·m가 작용하고 있다. 지점 A에서의 최대 전단응력 τ_{max}[MPa]와 B단의 비틀림각 ϕ[rad]는? (단, 전단 탄성계수 $G=80$GPa) 2009 국가직

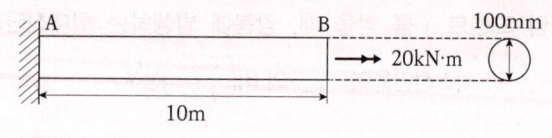

	τ_{max}	ϕ
①	$\dfrac{200}{\pi}$	$\dfrac{0.4}{\pi}$
②	$\dfrac{200}{\pi}$	$\dfrac{0.8}{\pi}$
③	$\dfrac{320}{\pi}$	$\dfrac{0.4}{\pi}$
④	$\dfrac{320}{\pi}$	$\dfrac{0.8}{\pi}$

005 80점 목표

그림과 같이 길이 L인 원형 막대의 끝단에 길이 $\dfrac{L}{2}$의 직사각형 막대가 직각으로 연결되어 있다. 직사각형 막대의 끝에 $\dfrac{P}{4}$의 하중이 작용할 때, 고정지점의 최상단 A점에서의 전단응력은? (단, 원형 막대의 직경은 d이고, 자중은 무시한다) 2016 국가직

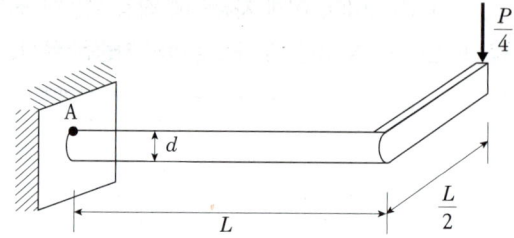

① $\dfrac{4P}{3\pi d^2}$

② $\dfrac{2PL}{\pi d^3}$

③ $\dfrac{4PL}{\pi d^3}$

④ $\dfrac{8PL}{\pi d^3}$

해설

$$\tau_{max} = \dfrac{Tr}{I_P} = \dfrac{T\left(\dfrac{d}{2}\right)}{\left(\dfrac{\pi d^4}{32}\right)} = \dfrac{16T}{\pi d^3}$$

$$= \dfrac{16(20\text{kN}\cdot\text{m})}{\pi(100\text{mm})^3} = \dfrac{320}{\pi}$$

$$\phi = \dfrac{TL}{GI_P} = \dfrac{TL}{G\left(\dfrac{\pi d^4}{32}\right)} = \dfrac{32TL}{G\pi d^4}$$

$$= \dfrac{32(20\text{kN}\cdot\text{m})(10\text{m})}{(80\text{GPa})(\pi)(100\text{mm})^4} = \dfrac{0.8}{\pi}\text{rad}$$

정답 ④

대표문제

006 80점 목표

그림과 같이 일정한 두께 $t=10\text{mm}$의 직사각형 단면을 갖는 튜브가 비틀림 모멘트 $T=300\text{kN}\cdot\text{m}$를 받을 때 발생하는 전단흐름의 크기 $[\text{kN/m}]$는?

2016 지방직

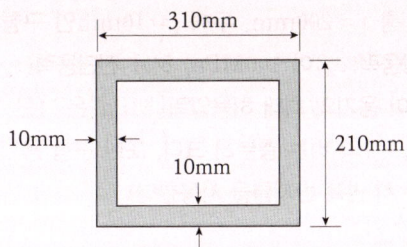

① 0.25
② 2500
③ 5000
④ 0.5

해설

$$f=\frac{T}{2A_m};$$

(단, f: 전단 흐름, T: 비틀림 모멘트, A_m: 중심선으로 둘러싸인 폐단면의 넓이)

$$f=\frac{300\text{kN}\cdot\text{m}}{2(310-10\text{mm})(210-10\text{mm})}=2500\text{kN/m}$$

계산 TIP

● 정석적인 방법

$$f=\frac{300\text{kN}\cdot\text{m}}{2(310-10\text{mm})(210-10\text{mm})}$$
$$=\frac{3\times 10^2\text{kN}\cdot\text{m}}{2(3\times 10^2\times 10^{-3}\text{m})(2\times 10^2\times 10^{-3}\text{m})}$$
$$=\frac{3}{2\times 3\times 2}\times 10^4\text{kN/m}=2500\text{kN/m}$$

● 앞자리 뽑기

해당 문제는 보기에 ① 0.25와 ② 2500 및 ③ 5000, ④ 0.5가 10의 배수 관계에 있으므로 앞자리 뽑기를 적용할 수 없다.

정답 ②

08 막응력

대표문제

001

벽두께 t가 6mm이고, 내반경 r이 200mm인 구형압력용기를 제작하였다. 압력 $P=6$MPa이 구형압력용기에 작용할 경우 막응력의 크기[MPa]는? (단, 구형용기의 벽내부에 발생하는 인장응력 계산시 내반경 r을 사용하여 계산한다)

2013 국가직

① 50
② 100
③ 150
④ 200

해설

$\sigma = \dfrac{Pr}{2t}$

$= \dfrac{(6\text{MPa})(200\text{mm})}{2(6\text{mm})} = 100\text{MPa}$

정답 ②

002

안쪽 반지름 $r=200$mm, 두께 $t=10$mm인 구형 압력용기의 허용 인장응력(σ_a)이 100MPa, 허용 전단응력(τ_a)이 30MPa인 경우, 이 용기의 최대 허용압력[MPa]은? (단, 구형 용기의 벽은 얇고 r/t의 비는 충분히 크다. 또한 구형 용기에 발생하는 응력 계산 시 안쪽 반지름을 사용한다)

2015 국가직

① 6
② 8
③ 10
④ 12

대표문제

003

안쪽 반지름(r)이 300mm이고, 두께(t)가 10mm인 얇은 원통형 용기에 내압(q) 1.2MPa이 작용할 때 안쪽 표면에 발생하는 원주방향응력(σ_y) 또는 축방향응력(σ_x)으로 옳은 것(단위는 MPa)은? (단, 원통형 용기의 안쪽 표면에 발생하는 인장응력을 구할 때는 안쪽 반지름(r)을 사용한다)

2014 국가직

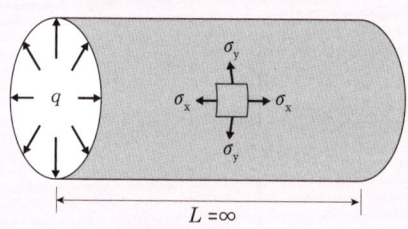

① $\sigma_y = 24$
② $\sigma_y = 48$
③ $\sigma_x = 18$
④ $\sigma_x = 36$

004

안지름이 420mm인 얇은 벽으로 된 원통형 압력용기가 3MPa의 내부압력을 받고 있다. 원주방향의 허용응력이 90MPa일 경우 필요한 최소 두께[mm]는?

2025 국가직

① 5
② 7
③ 9
④ 11

005

두께가 얇은 원통형 압력용기가 10MPa의 내부압력을 받고 있다. 이 압력용기의 바깥지름은 30cm이며, 허용응력이 90MPa일 경우 필요로 하는 최소 두께[mm]는?

2011 지방직

① 12
② 15
③ 18
④ 20

해설

$\sigma_x = \dfrac{Pr_i}{2t}$
$= \dfrac{(1.2\text{MPa})(300\text{mm})}{2(10\text{mm})} = 18\text{MPa}$

$\sigma_y = \dfrac{Pr_i}{t}$
$= \dfrac{(1.2\text{MPa})(300\text{mm})}{(10\text{mm})} = 36\text{MPa}$

정답 ③

CHAPTER 09 미소요소해석

정답·해설 133~139p

001

그림과 같은 평면응력 상태에서 $\sigma_x = 40\text{MPa}$, $\sigma_y = -20\text{MPa}$, $\tau_{xy} = 30\text{MPa}$일 때, 최대 주응력의 방향(θ)은?

2021 국가직

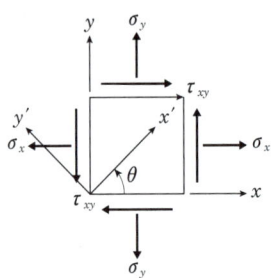

① 22.5° ② 30°
③ 42.5° ④ 60°

002

그림과 같이 평면응력을 받고 있는 평면요소에 대하여 주응력이 발생되는 주각[°]은? (단, 주각은 x축에 대하여 반시계방향으로 회전한 각도이다)

2018 지방직

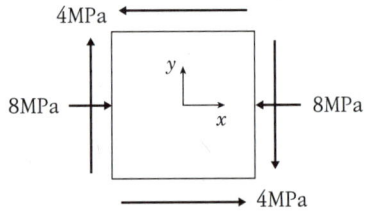

① 15.0 ② 22.5
③ 30.0 ④ 45.0

대표문제 003

다음과 같이 주어진 응력 상태에서 주응력의 크기(σ_1)와 방향(θ_1)은?

2012 국가직

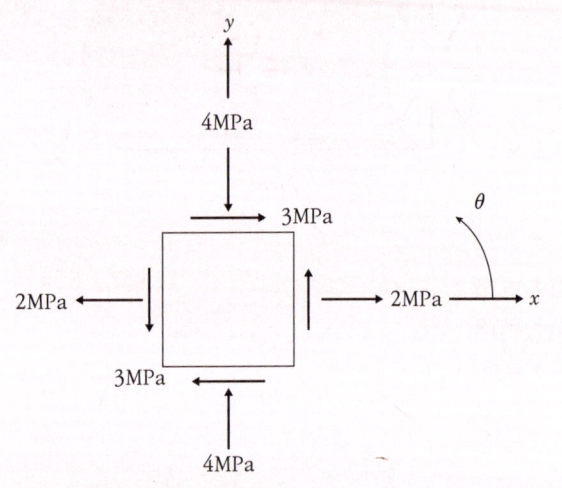

	σ_1	θ_1
①	$3+3\sqrt{2}$	22.5°
②	$-1+3\sqrt{2}$	22.5°
③	$1+3\sqrt{2}$	45°
④	$-3+3\sqrt{2}$	45°

해설

$\sigma_x = 2\text{MPa}$, $\sigma_y = -4\text{MPa}$, $\tau_{xy} = 3\text{MPa}$

$$\sigma_1 = \frac{\sigma_x + \sigma_y}{2} + \sqrt{\left(\frac{\sigma_x - \sigma_y}{2}\right)^2 + (\tau_{xy})^2}$$

$$= \frac{2-4}{2} + \sqrt{\left(\frac{2-(-4)}{2}\right)^2 + (3)^2}$$

$$= -1 + 3\sqrt{2}\,\text{MPa}$$

$$\tan 2\theta_p = \frac{2\tau_{xy}}{\sigma_x - \sigma_y} = \frac{2(3)}{2-(-4)} = 1$$

➡ $2\theta_p = 45°$

∴ $\theta_p = 22.5°$

정답 ②

004

그림과 같이 x'과 y'축에 대하여 게이지로 응력을 측정하여 $\sigma_{x'}=55\text{MPa}$, $\sigma_{y'}=45\text{MPa}$, $\tau_{x'y'}=-12\text{MPa}$의 응력을 얻었을 때, 주응력[MPa]은?

2016 국가직

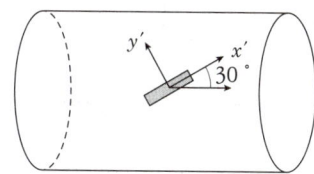

	$\sigma_{\max}$	$\sigma_{\min}$
①	24	12
②	37	32
③	50	13
④	63	37

005

그림과 같은 평면응력 상태의 미소 요소에서 최대 주응력의 크기[MPa]는?

2020 지방직

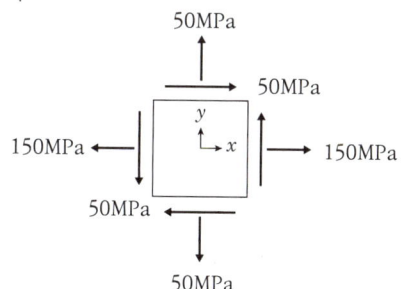

① 150
② $100+50\sqrt{2}$
③ 200
④ $200+50\sqrt{2}$

006

그림과 같이 평면응력상태에 있는 한 점에서 임의로 설정한 x, y축 방향 응력이 각각 $\sigma_x=450\text{MPa}$, $\sigma_y=-150\text{MPa}$이다. 이때 주평면(principal plane)에서의 최대 주응력은 $\sigma_1=550\text{MPa}$이고, x축에서 각도 θ만큼 회전한 축 x_θ 방향 응력이 $\sigma_{x_\theta}=120\text{MPa}$이었다면, 최소 주응력 $\sigma_2[\text{MPa}]$ 및 y축에서 각도 θ만큼 회전한 축 y_θ 방향 응력 $\sigma_{y_\theta}[\text{MPa}]$는?

2018 지방직

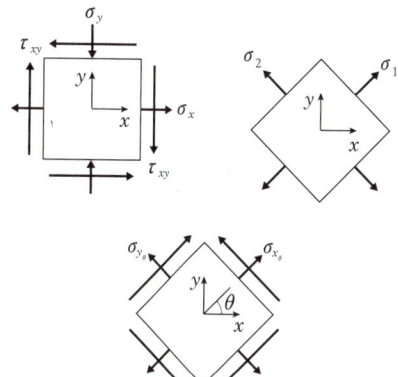

	σ_2	σ_{y_θ}
①	-150	180
②	250	90
③	-250	180
④	150	-90

007　80점 목표

다음 그림과 같이 연직하중을 받는 단순보의 B점에서 최대 주응력의 크기[kPa]는?

2010 지방직

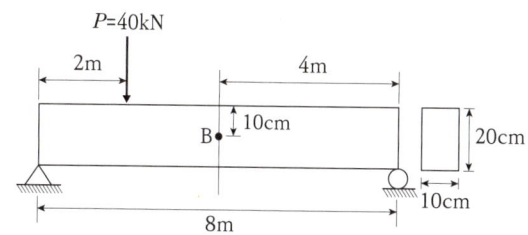

① 0　　　　　　　② 500
③ 750　　　　　　④ 1,100

대표문제

008

그림과 같은 평면 응력상태에 있는 미소 요소에서 발생할 수 있는 최대 전단응력의 크기[MPa]는? (단, $\sigma_x = 36\text{MPa}$, $\tau_{xy} = 24\text{MPa}$)

2019 국가직

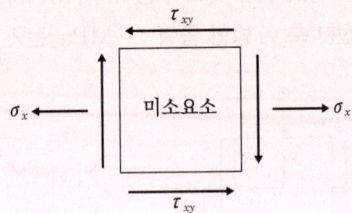

① 30
② 40
③ 50
④ 60

해설

$\sigma_x = 36\text{MPa}, \sigma_y = 0, \tau_{xy} = -24\text{MPa}$

$$\tau_{max} = \pm\sqrt{\left(\frac{\sigma_x - \sigma_y}{2}\right)^2 + (\tau_{xy})^2}$$

$$= \pm\sqrt{\left(\frac{36-0}{2}\right)^2 + (-24)^2}$$

$$= \pm 30\text{MPa}$$

정답 ①

009

그림과 같은 평면응력 상태($\sigma_x = -60\text{MPa}$, $\sigma_y = -20\text{MPa}$)일 때, 최대전단응력의 크기(τ_{max})는?

2022 지방직

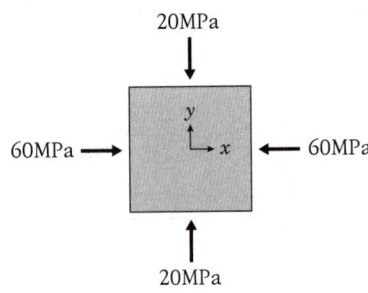

① 10MPa
② 20MPa
③ 30MPa
④ 40MPa

010

다음과 같이 평면응력 상태에 있는 미소응력 요소에서 최대 전단응력[MPa]의 크기는?

2015 지방직

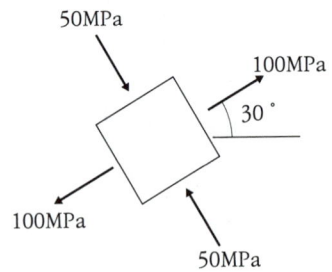

① 25.0
② 50.0
③ 62.5
④ 75.0

011

그림과 같은 평면응력상태에 있는 미소응력요소에서 최대전단응력의 크기[MPa]는? 2023 국가직

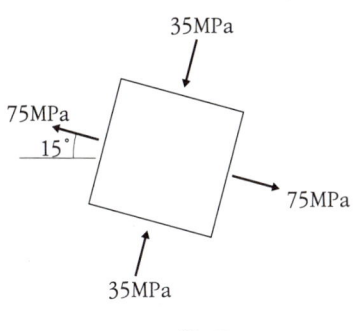

① 50 ② 55
③ 60 ④ 65

012

그림과 같은 평면응력 상태에서 최대 전단응력의 크기[MPa]는? 2017.12 지방직

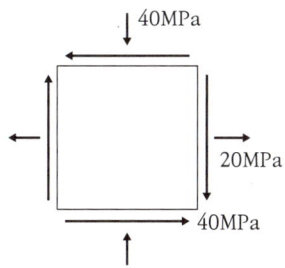

① 40 ② 50
③ 60 ④ 70

013

다음은 평면응력 상태의 응력 요소를 표시한 것이다. 최대 전단응력의 크기가 가장 큰 응력 요소는? 2018 국가직

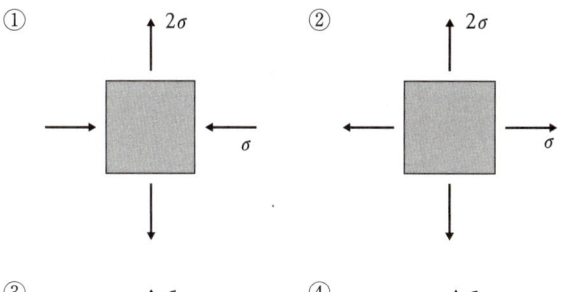

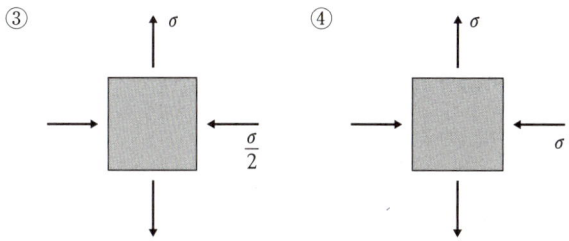

014

그림과 같은 평면응력 요소에서 최대 전단응력 τ_{max}과 최대 주응력 σ_{max}의 크기[MPa]는? 2021 지방직

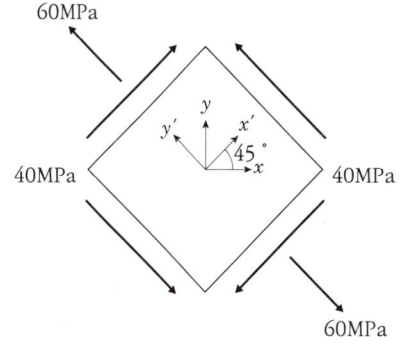

	τ_{max}	σ_{max}
①	10	40
②	10	60
③	50	80
④	50	110

015

다음과 같은 응력상태에 있는 요소에서 최대 주응력 및 최대 전단응력의 크기[MPa]는?

2014 지방직

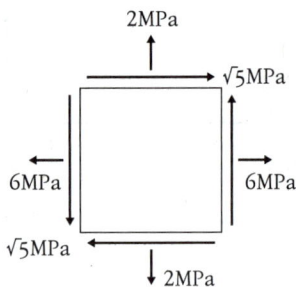

① $\sigma_{\max}=5,\ \tau_{\max}=\dfrac{3}{2}$
② $\sigma_{\max}=5,\ \tau_{\max}=3$
③ $\sigma_{\max}=7,\ \tau_{\max}=\dfrac{3}{2}$
④ $\sigma_{\max}=7,\ \tau_{\max}=3$

016

그림과 같은 평면응력상태에 있는 응력요소의 주응력[MPa]과 최대전단응력[MPa]은?

2024 국가직

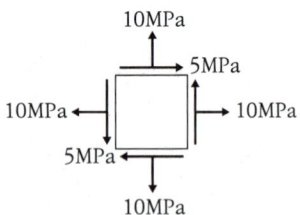

	σ_1	σ_2	$\tau_{\max}$
①	15	5	$5\sqrt{5}$
②	15	5	5
③	10	5	$5\sqrt{5}$
④	10	5	5

017

다음 그림과 같이 평면응력을 받는 요소가 있다. 최대 전단응력이 발생하는 요소에서 수직응력[MPa]과 전단응력[MPa]은?

2013 지방직

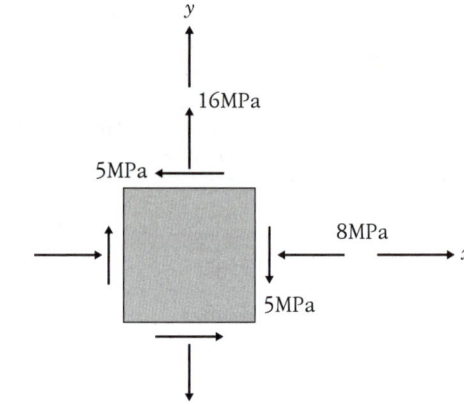

	수직응력	전단응력
①	0	13
②	0	6.4
③	4	13
④	4	6.4

대표문제

018

다음 그림과 같이 단면적이 100mm^2인 직사각형 단면의 봉에 인장력 10kN이 작용할 때, $\theta=30°$ 경사면 $m-n$에 발생하는 수직응력(σ)과 전단응력(τ)의 크기[MPa]는?

2012 지방직

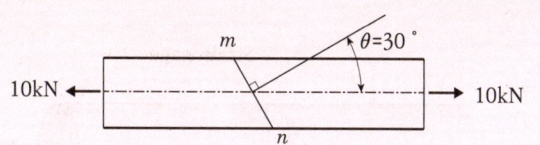

	σ	$|\tau|$
①	$25\sqrt{3}$	25
②	$25\sqrt{3}$	$25\sqrt{3}$
③	75	25
④	75	$25\sqrt{3}$

019 80점 목표

다음 그림과 같이 단면적 10m^2인 부재에 축방향 인장하중 P가 작용하고 있다. 이 부재의 경사면 ab에 25Pa의 법선응력을 발생시키는 인장하중 $P[N]$의 크기를 구하고, 인장하중 P에 의해 부재에 발생하는 최대 전단응력 $\tau_{\max}[\text{Pa}]$는?

2009 국가직

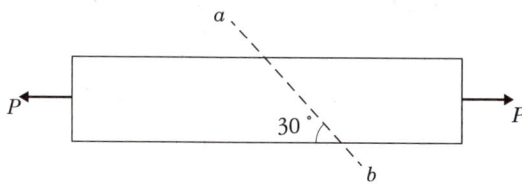

	P	$\tau_{\max}$
①	1,000	$25\sqrt{3}$
②	$\dfrac{1,000}{3}$	45
③	$\dfrac{1,000}{3}$	60
④	1,000	50

해설

$\sigma_x = \dfrac{P}{A} = \dfrac{10\text{kN}}{100\text{mm}^2} = 100\text{MPa}, \ \sigma_y = 0, \ \tau_{xy} = 0$

$\sigma_\theta = \dfrac{\sigma_x + \sigma_y}{2} + \dfrac{\sigma_x - \sigma_y}{2}\cos 2\theta + \tau_{xy}\sin 2\theta$

$= \dfrac{100+0}{2} + \dfrac{100-0}{2}\cos 60° + 0$

$= \dfrac{100+0}{2} + \dfrac{100-0}{2}\left(\dfrac{1}{2}\right)$

$= 75\text{MPa}$

$\tau_\theta = -\dfrac{\sigma_x - \sigma_y}{2}\sin 2\theta + \tau_{xy}\cos 2\theta$

$= -\dfrac{100-0}{2}\sin 60° + 0$

$= -\dfrac{100-0}{2}\left(\dfrac{\sqrt{3}}{2}\right)$

$= -25\sqrt{3}\text{MPa}$

정답 ④

대표문제

020

한 점에서의 미소요소가 $\varepsilon_x = 300 \times 10^{-6}$, $\varepsilon_y = 100 \times 10^{-6}$, $\gamma_{xy} = -200 \times 10^{-6}$인 평면 변형률을 받을 때, 이 점에서 주변형률의 방향(θ_P)은? (단, 방향의 기준은 x축이며, 반시계 방향을 양의 회전으로 한다)

2016 지방직

① 22.5°, 112.5°
② 45°, 135°
③ −22.5°, 67.5°
④ −45°, 45°

해설

$$\tan 2\theta_P = \frac{\gamma_{xy}}{\varepsilon_x - \varepsilon_y}$$

$$= \frac{-200 \times 10^{-6}}{(300 \times 10^{-6}) - (100 \times 10^{-6})}$$

$$= -1$$

→ $2\theta_P = -45°$

∴ $\theta_P = -22.5°, 67.5°$ (∵ −22.5° + 90°)

꼭 알아두자!

$\tan \theta$ 값을 암기하고 있어야 주각(θ_P)을 계산할 수 있다.

	45°	60°	90°
$\tan \theta$	1	$\sqrt{3}$	∞

	−45°	−60°	−90°
$\tan \theta$	−1	$-\sqrt{3}$	$-\infty$

정답 ③

021 80점 목표

다음과 같이 직경이 40mm인 원형봉이 $T = 300 \text{N} \cdot \text{m}$의 비틀림을 받고 있다. 이때, 봉의 축에 대하여 45° 경사로 부착된 변형률 게이지(strain gage)의 값이 $\varepsilon = 0.0001$이다. 이 재료의 전단탄성계수 G의 값[GPa]은? (단, π값은 3으로 계산한다)

2012 국가직

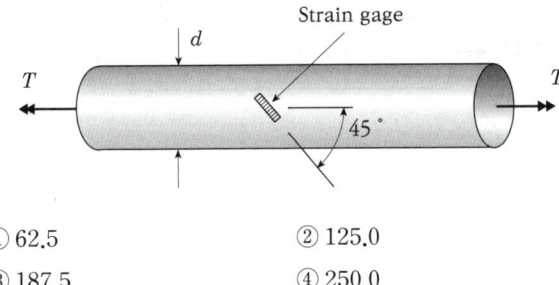

① 62.5
② 125.0
③ 187.5
④ 250.0

022

그림과 같이 동일 평면상의 45° 스트레인 로제트(strain rosette)를 이용하여 축방향 변형률 ε_a, ε_b, ε_c를 측정했다면, 전단변형률은?

2023 지방직

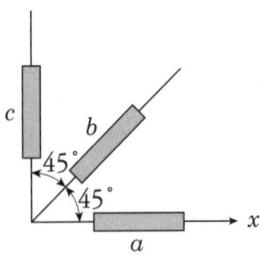

① $\varepsilon_b + \varepsilon_a + \varepsilon_c$
② $\varepsilon_b - 2\varepsilon_a - 2\varepsilon_c$
③ $2\varepsilon_b - \varepsilon_a + \varepsilon_c$
④ $2\varepsilon_b - \varepsilon_a - \varepsilon_c$

023

그림과 같이 강재 표면에 변형률 로제트 게이지를 붙여 평면변형률을 측정한 결과 $\varepsilon_a = 2 \times 10^{-7}$, $\varepsilon_b = 4 \times 10^{-7}$, $\varepsilon_c = 6 \times 10^{-7}$이었다. 최대 주변형률 ε_1은?　　　2025 국가직

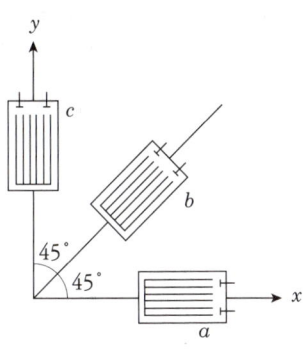

① 2×10^{-7}
② 4×10^{-7}
③ 6×10^{-7}
④ 8×10^{-7}

024

그림과 같이 평면에 변형률로제트 게이지를 부착하여 3방향의 변형률 ε_A, ε_B, ε_C를 측정하였을 때, 최대 전단변형률 γ_{max}의 크기[10^{-6}]는? (단, $\varepsilon_A = 250 \times 10^{-6}$, $\varepsilon_B = 130 \times 10^{-6}$, $\varepsilon_C = 235 \times 10^{-6}$이다)　　　2021 지방직

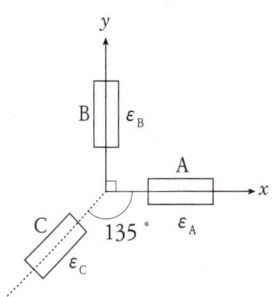

① 100
② 150
③ 200
④ 250

025

그림과 같이 구조물의 표면에 스트레인로제트를 부착하여 각 게이지 방향의 수직 변형률을 측정한 결과, 게이지 A는 50, B는 60, C는 45로 측정되었을 때, 이 표면의 전단변형률 γ_{xy}는?　　　2015 국가직

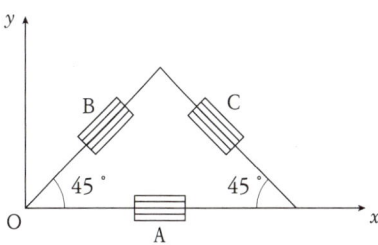

① 5
② 10
③ 15
④ 20

대표문제

026 80점 목표

그림과 같이 두께가 얇은 강판이 마찰이 없는 강체벽에 의해 x방향으로 구속되어 있다. 50MPa의 압력이 y방향으로 작용할 때, 강판의 y방향 수축변형률[10^{-3}]은? (단, 강판의 탄성계수 $E=200$GPa, 포아송 비 $\nu=0.2$이며, 강판의 자중은 무시한다)

2024 국가직

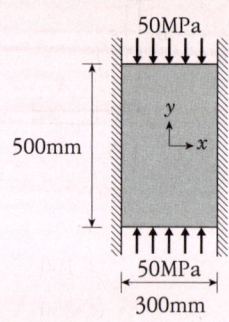

① 0.20 ② 0.22
③ 0.24 ④ 0.26

해설

$\varepsilon_x = 0$ ($\because$ 변형 제한), $\sigma_z = 0$ ($\because$ 변형 제한 ×)

$\varepsilon_x = \dfrac{\sigma_x}{E} - \dfrac{\nu}{E}(\sigma_y + \sigma_z) = 0$

→ $\sigma_x = \nu(\sigma_y + \sigma_z)$
  $= (0.2)(-50\text{MPa} + 0) = -10\text{MPa}$

$\therefore \varepsilon_y = \dfrac{\sigma_y}{E} - \dfrac{\nu}{E}(\sigma_x + \sigma_z)$
$= \dfrac{-50\text{MPa} - (0.2)(-10\text{MPa} + 0)}{200\text{GPa}} = -0.24 \times 10^{-3}$

정답 ③

027 80점 목표

그림과 같이 한 변의 길이가 100mm인 탄성체가 강체블록(rigid block)에 의해 x방향 및 바닥면 방향으로의 변형이 구속되어 있다. 탄성체 상부에 그림과 같은 등분포하중 $w = 0.1$ N/mm^{2}이 작용할 때 포아송 효과를 고려한 y 방향으로의 변형률은? (단, 탄성체와 강체 사이는 밀착되어 있고 마찰은 작용하지 않는 것으로 가정한다. 탄성체의 포아송 비 및 탄성계수는 각각 $\mu = 0.4$, $E = 10^3$ N/mm^{2}이다)

2018 지방직

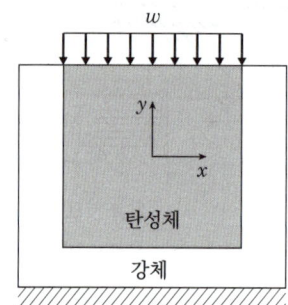

① -8.4×10^{-4}
② -8.4×10^{-5}
③ -7.6×10^{-4}
④ -7.6×10^{-5}

028 80점 목표

정육면체에 1축 응력이 작용할 때, 체적 변형률 $\left(\varepsilon_v = \dfrac{\Delta V}{V}\right)$과 포아송 비($\nu$)의 관계로 가장 적합한 것은? (단, 변형은 미소변형이고, 재료는 등방성이며, ε은 변형률, E는 탄성계수이다)

2012 지방직

① $\varepsilon_v = \dfrac{E}{2(1+\nu)}$
② $\varepsilon_v = (1-2\nu)E$
③ $\varepsilon_v = (1-2\nu)\varepsilon$
④ $\varepsilon_v = \dfrac{\varepsilon}{2(1+\nu)}$

CHAPTER 10 여러 지점의 응력해석

정답·해설 140~142p

대표문제

그림과 같이 선형탄성 거동을 하는 직사각형 단면을 가지는 단순보의 중앙에 집중하중이 작용한다면, 보 단면 A, B, C의 위치에서 발생하는 휨응력과 전단응력에 대한 설명으로 옳지 않은 것은? (단, 구조물의 자중은 무시한다) 2023 지방직

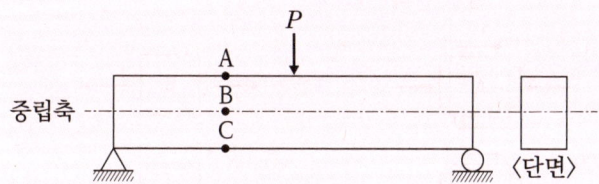

① A점의 전단응력은 0이다.
② A점과 C점의 휨응력의 절댓값은 같다.
③ 집중하중의 크기가 2배가 되는 경우, C점의 휨응력의 크기는 2배가 된다.
④ B점에서 전단응력과 휨응력이 모두 최대가 된다.

해설

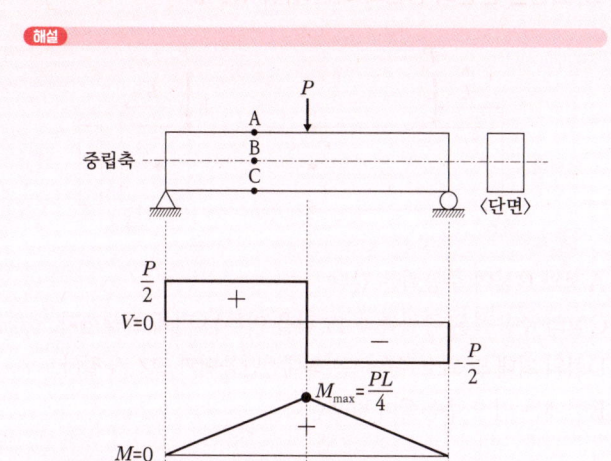

	모멘트에 의한 σ_x	전단력에 의한 τ
A	$\dfrac{M_A}{S}$	0 (∵ 상연점)
B	0 (∵ 중립축)	$\dfrac{3V_B}{2A}$
C	$\dfrac{M_C}{S}$	0 (∵ 하연점)

① $\tau_A = 0$ (∵ 상연점)
② $|\sigma_A| = |\sigma_C|$ (∵ $M_A = M_C$)
③ $P \to 2P$, $M_C \to 2M_C$
$$\sigma_C\left(=\dfrac{M_C}{S}\right) \to 2\sigma_C$$
④ $\tau_B = \dfrac{3V_B}{2A}$, $\sigma_B = 0$ (∵ 중립축)
B점에서 전단응력은 최대이나, 휨응력은 '0'이다.

꼭 알아두자!

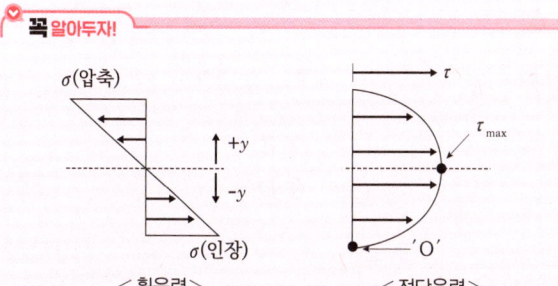

정답 ④

002

다음 그림과 같이 두 개의 집중하중을 받는 단순보의 내부에서 발생하는 응력을 관찰하기 위하여 A, B, C, D, E점을 선정하였다. 각 점의 응력상태를 기술한 것 중 옳지 않은 것은? (단, A, B, E점은 단면의 상연과 하연에 위치한다) 2009 국가직

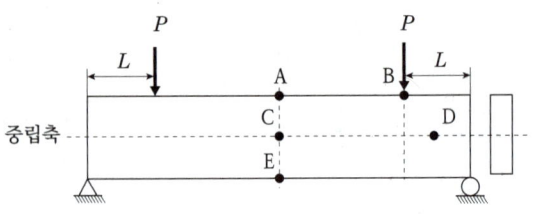

① A점과 B점의 주응력은 같다.
② C점의 주응력은 중립축과 45°각을 이루는 면에 발생한다.
③ D점의 최대 및 최소 주응력은 최대전단응력과 크기가 같다.
④ E점에는 인장 주응력이 발생한다.

004

그림과 같이 직사각형 단면의 단순보에 집중하중 P가 작용할 때, 점 A, B, C, D에서의 응력상태를 응력요소(Stress Element)로 나타낸 것 중 옳지 않은 것은? (단, 깊은보 효과는 고려하지 않으며, 구조물의 자중은 무시한다) 2023 국가직

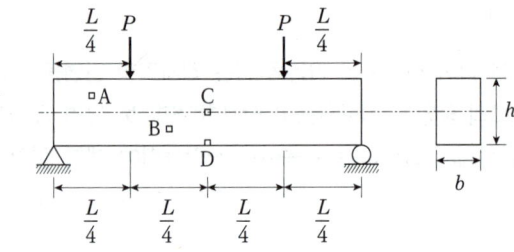

① 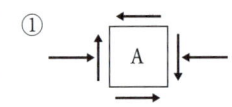   ②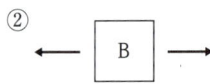

③ 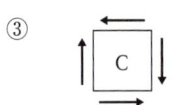   ④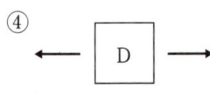

003

다음 그림과 같이 수직력이 작용되는 단순보에 부득이하게 작은 구멍을 뚫어야 하는 상황이 발생하였다. 보 구조물에 가장 피해를 적게 입히는 구멍의 위치는? 2010 국가직

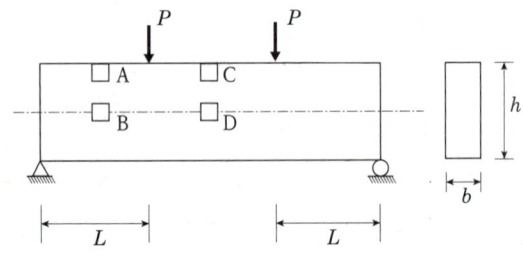

① A   ② B
③ C   ④ D

005

그림과 같이 집중하중과 등분포하중이 동시에 작용할 때, 단순보 내부에서 발생하는 응력에 대한 설명으로 옳지 않은 것은?

2009 지방직

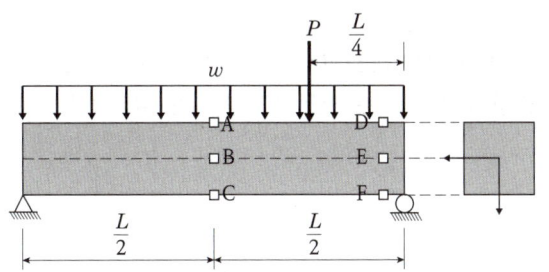

① 단순보 전 구간에서 최대 휨 인장응력은 C점에서 발생한다.
② E점에서 휨 응력은 영(zero)이다.
③ B점에서는 전단응력만 발생한다.
④ A점에서는 휨 압축응력이 발생한다.

 006

다음 그림과 같이 자유단의 도심축에 연직하중 P와 토크 T가 작용하는 켄틸레버 보가 있다. 켄틸레버 보의 임의 두 개 단면의 표면(최외측)에 위치하는 4개의 점에 발생하는 응력에 관한 설명 중 옳지 않은 것은?

2010 지방직

〈그림 1〉

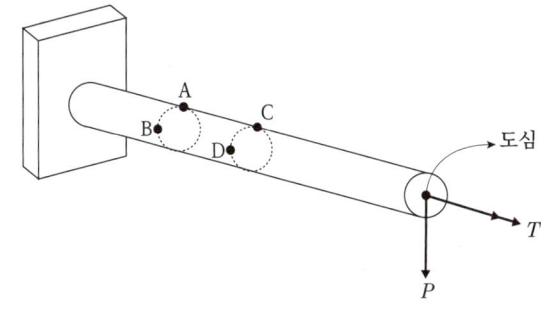

〈그림 2〉

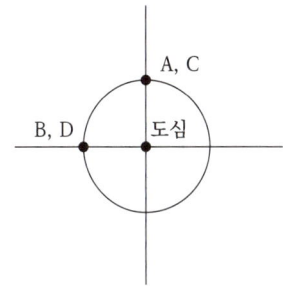

① A점의 수직응력은 B와 C점의 수직응력보다 크다.
② A와 C점의 전단응력은 서로 같으며, B점의 전단응력보다 작다.
③ B점의 전단응력은 D점의 전단응력보다 크다.
④ A점은 전단응력과 수직응력이 모두 존재한다.

CHAPTER 11-1 처짐

001

그림과 같이 휨강성 EI가 일정한 단순보에 등분포 하중 w가 작용할 때 최대처짐각 θ와 최대처짐량 δ는? 2007 국가직

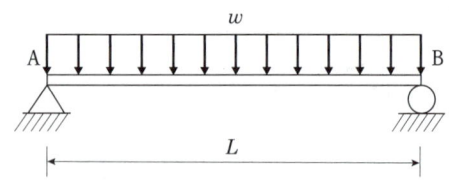

	θ	δ
①	$\dfrac{wL^3}{12EI}$	$\dfrac{wL^4}{30EI}$
②	$\dfrac{wL^3}{24EI}$	$\dfrac{5wL^4}{384EI}$
③	$\dfrac{wL^3}{12EI}$	$\dfrac{5wL^4}{384EI}$
④	$\dfrac{wL^3}{24EI}$	$\dfrac{wL^4}{30EI}$

002

그림과 같이 우력모멘트를 받는 단순보의 A 지점 처짐각의 크기는 $a\dfrac{PL^2}{EI}$이다. a의 크기는? (단, 보의 휨강성 EI는 일정하고 보의 자중은 무시한다) 2020 국가직

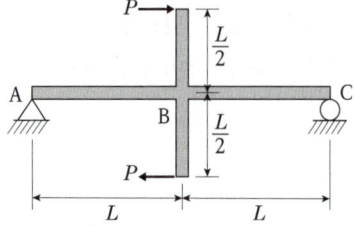

① $\dfrac{1}{2}$ ② $\dfrac{1}{6}$
③ $\dfrac{1}{8}$ ④ $\dfrac{1}{12}$

003

다음 그림과 같은 켄틸레버 보에서 $M_0=2PL$인 경우 B점의 처짐방향과 처짐량 δ는? (단, 휨강성 EI는 일정하다) 2008 국가직

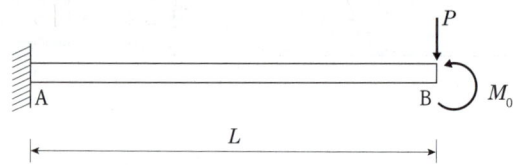

① ↑, $\dfrac{2}{3}\dfrac{PL^3}{EI}$ ② ↑, $\dfrac{4}{3}\dfrac{PL^3}{EI}$
③ ↓, $\dfrac{2}{3}\dfrac{PL^3}{EI}$ ④ ↓, $\dfrac{4}{3}\dfrac{PL^3}{EI}$

004

다음과 같이 등분포하중(w)을 받는 단순보가 있다. 보의 지간이 2배, 단면의 높이가 2배로 증가하는 경우, B점에서의 처짐값은 원래 처짐값의 몇 배가 되는가? 2012 국가직

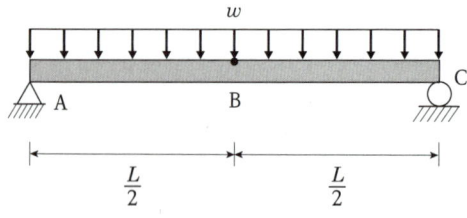

① 0.5배 ② 1.0배
③ 1.5배 ④ 2.0배

005

다음과 같이 길이 L인 단순보와 외팔보에 집중하중 P가 작용하고 있다. 단순보의 B점에 발생되는 수직처짐(δ_B)과 외팔보 E점에서 발생되는 수직처짐(δ_E)의 비교값$\left(\dfrac{\delta_E}{\delta_B}\right)$은? (단, 자중은 무시한다)

2013 국가직

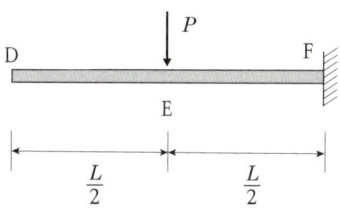

(a) 단순보

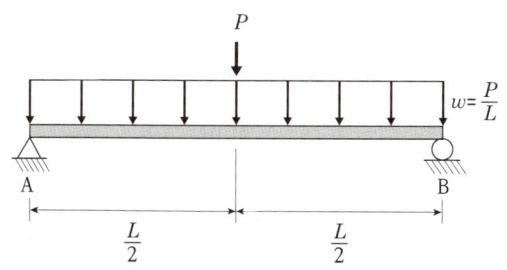

(b) 외팔보

① 0.25　　② 0.50　　③ 2.00　　④ 4.00

006

그림과 같은 단순보에 집중하중 P와 분포하중 $w=\dfrac{P}{L}$가 작용할 경우, A점의 처짐각은 $C_1\dfrac{PL^2}{EI}$이다. 상수 C_1의 크기는? (단, 보의 휨강성 EI는 일정하고, 구조물의 자중은 무시한다)

2021 지방직

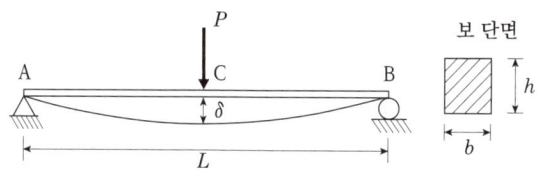

① $\dfrac{5}{48}$　　② $\dfrac{7}{48}$　　③ $\dfrac{7}{24}$　　④ $\dfrac{11}{24}$

007

그림에서 캔틸레버 보의 B점 처짐이 단순보의 B점 처짐과 같게 되기 위한 단면2차모멘트의 비$\left(\dfrac{I_C}{I_S}\right)$는? (단, 보의 자중은 무시한다)

2014 국가직

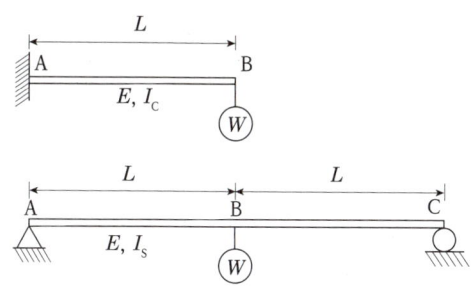

① 1.0　　② 1.5
③ 2.0　　④ 2.5

008

그림과 같이 단순보 중앙 C점에 집중하중 P가 작용할 때 C점의 처짐에 대한 설명으로 옳은 것은? (단, 보의 자중은 무시한다)

2016 지방직

① 집중하중 P를 $\dfrac{P}{2}$로 하면 처짐량 δ는 $\dfrac{\delta}{4}$가 된다.

② 부재의 높이 h를 그대로 두고 폭 b를 2배로 하면 처짐량 δ는 $\dfrac{\delta}{4}$가 된다.

③ AB 간의 거리 L을 $\dfrac{L}{2}$로 하면 처짐량 δ는 $\dfrac{\delta}{6}$가 된다.

④ 부재의 폭 b를 그대로 두고 높이 h를 2배로 하면 처짐량 δ는 $\dfrac{\delta}{8}$가 된다.

009

그림과 같은 휨모멘트도를 나타내는 단순보의 휨 변형에 의한 최대처짐각(θ_{max})의 크기는? (단, 휨강성 EI는 일정하다)

2022 국가직

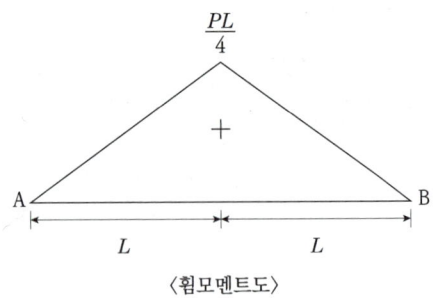

〈휨모멘트도〉

① $\dfrac{PL^2}{8EI}$ ② $\dfrac{PL^2}{16EI}$

③ $\dfrac{PL^2}{24EI}$ ④ $\dfrac{PL^2}{48EI}$

010

그림과 같은 캔틸레버 보에서 자유단 A의 처짐각이 0이 되기 위한 모멘트 M의 값은? (단, 보의 휨강성 EI는 일정하고, 자중은 무시한다)

2018 국가직

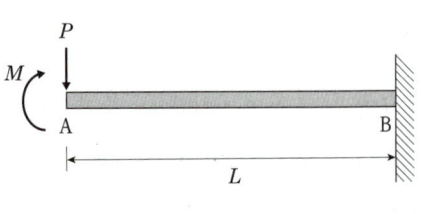

① $\dfrac{PL}{3}$ ② $\dfrac{2PL}{3}$

③ $\dfrac{PL}{2}$ ④ PL

011

휨강성(EI)이 동일한 두 캔틸레버보 (a)와 (b)에서 자유단 B점의 처짐이 같아지도록 하는 하중 P는? (단, 구조물의 자중은 무시한다)

2024 국가직

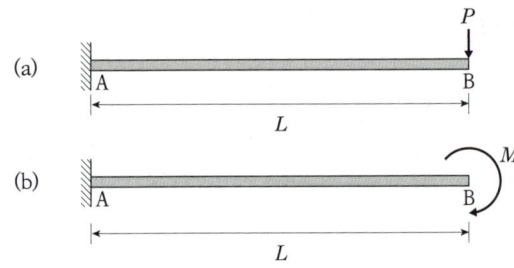

① $\dfrac{1}{2}\dfrac{M}{L}$ ② $\dfrac{M}{L}$

③ $\dfrac{3}{2}\dfrac{M}{L}$ ④ $2\dfrac{M}{L}$

012

그림과 같은 두 캔틸레버 보에서 자유단의 처짐이 같을 때, $\dfrac{P_1}{P_2}$는? (단, 두 보의 휨강성 EI는 일정하고 동일하며, 구조물의 자중은 무시한다)

2021 국가직

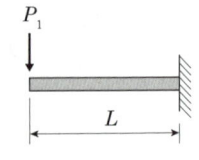 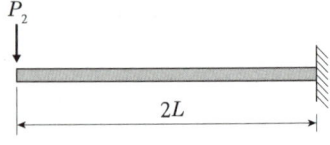

① 2   ② 4
③ 8   ④ 16

013

그림과 같이 집중하중 P를 받는 캔틸레버 보에서 보의 높이 h가 폭 b와 같을 경우($h=b$) B점의 수직방향 처짐량이 8mm라면, 동일한 하중조건에서 B점의 수직방향 처짐량이 27mm가 되기 위한 보의 높이 h는? (단, 구조물의 자중은 무시하고, 단면 폭 b는 일정하게 유지한다)

2019 국가직

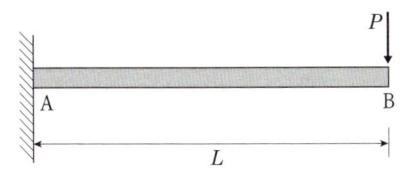
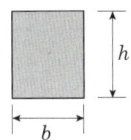

① $\dfrac{1}{3}b$ ② $\dfrac{2}{3}b$

③ $\dfrac{3}{4}b$ ④ $\dfrac{4}{5}b$

014

그림과 같은 단순보에서 다음 설명 중 옳은 것은? (단, 단면은 균일한 직사각형이고, 재료는 균질하다)

2020 국가직

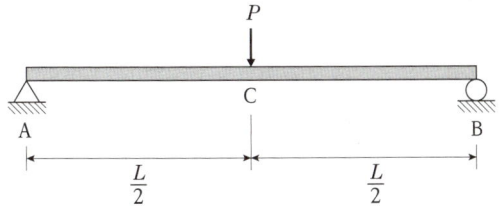

① 탄성계수 값이 증가하면 지점 처짐각의 크기는 증가한다.
② 지점 간 거리가 증가하면 지점 처짐각의 크기는 증가한다.
③ 휨강성이 증가하면 C점의 처짐량은 증가한다.
④ 지점 간 거리가 증가하면 C점의 처짐량은 감소한다.

015

그림과 같은 단순보에서 A점의 회전각 θ_A[radian]와 C점의 처짐 δ_C[m]는? (단, 보의 휨강성 $EI=1,200\text{kN}\cdot\text{m}^2$이고, 구조물의 자중은 무시한다)

2024 국가직

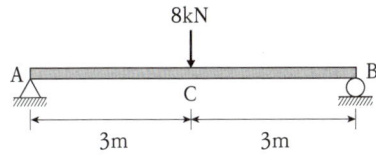

	θ_A	δ_B
①	0.015	0.02
②	0.015	0.03
③	0.01	0.03
④	0.01	0.02

016

그림과 같이 캔틸레버 보에 집중하중(P), 등분포하중(w), 모멘트하중(M)이 작용하고 있다. 자유단 A에 최대 수직처짐을 발생시키는 하중은 이 세 가지 중 어느 것이며, 보에 세 하중이 동시에 작용할 때 발생하는 수직처짐 δ의 크기[mm]는? (단, $P=10\text{kN}$, $w=10\text{kN/m}$, $M=10\text{kN}\cdot\text{m}$, 휨강성 $EI=2\times10^{10}$ $\text{kN}\cdot\text{mm}^2$이고, 자중은 무시한다)

2019 지방직

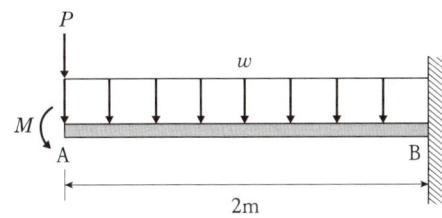

① $w=10\text{kN/m}$, $\delta=1\text{mm}$
② $M=10\text{kN}\cdot\text{m}$, $\delta=1\text{mm}$
③ $P=10\text{kN}$, $\delta=\dfrac{10}{3}\text{mm}$
④ $M=10\text{kN}\cdot\text{m}$, $\delta=\dfrac{10}{3}\text{mm}$

017

그림과 같이 캔틸레버 보에 하중 P와 Q가 작용하였을 때, 캔틸레버 보 끝단 A점의 처짐이 0이 되기 위한 P와 Q의 관계는? (단, 보의 휨강성 EI는 일정하고, 자중은 무시한다) 2018 지방직

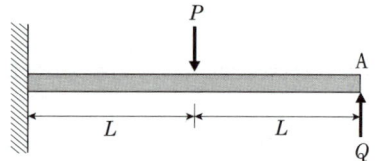

① $Q = \dfrac{3}{16}P$

② $Q = \dfrac{1}{4}P$

③ $Q = \dfrac{5}{16}P$

④ $Q = \dfrac{3}{8}P$

018

그림과 같이 단순보의 양단에 모멘트 M이 작용할 때, A점의 처짐각의 크기는? (단, 휨강성 EI는 일정하며, 구조물의 자중은 무시한다) 2021 국가직

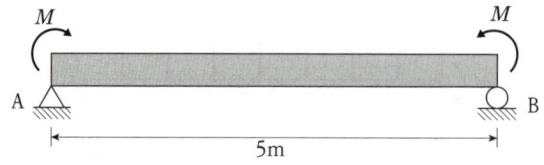

① $\dfrac{5M}{EI}$ ② $\dfrac{10M}{EI}$

③ $\dfrac{10M}{7EI}$ ④ $\dfrac{5M}{2EI}$

019

휨 강성 EI를 갖는 단순보에 다음 그림과 같이 하중이 작용할 때, 지점 A에 발생하는 휨변형에 대한 처짐각 θ_A는? (단, $EI = 1{,}000 \text{kN} \cdot \text{m}^2$이고, 자중은 무시한다) 2013 국가직

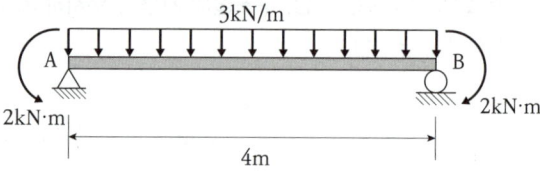

① 0.004(↻)

② 0.004(↺)

③ 0.012(↻)

④ 0.012(↺)

020

그림과 같이 길이 L인 단순보에 집중하중 P, 등분포하중 w, 모멘트하중 M이 작용하고 있다. 지점 C에 작용하는 모멘트하중 $M = \dfrac{PL}{2}$이고, 등분포하중 $w = \dfrac{2P}{L}$일 때, 지점 A에서의 처짐각 크기는? (단, 휨강성 EI는 일정하고, 자중은 무시한다) 2025 국가직

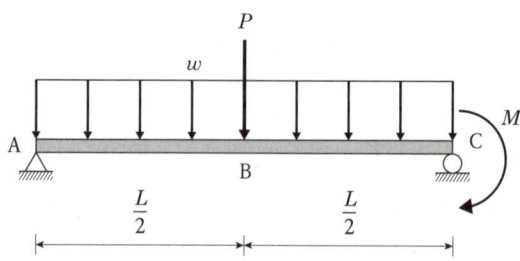

① $\dfrac{PL^2}{16EI}$ ② $\dfrac{5PL^2}{48EI}$

③ $\dfrac{11PL^2}{48EI}$ ④ $\dfrac{7PL^2}{16EI}$

021

다음 그림과 같이 3개의 단순보가 각각 하중을 받고 있을 때, 최대처짐의 비는? (단, 모든 보의 EI는 동일하다)   2013 지방직

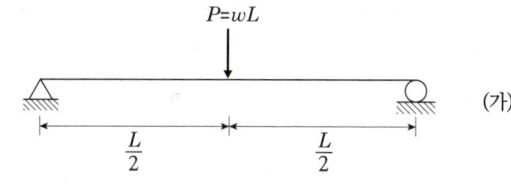
(가)

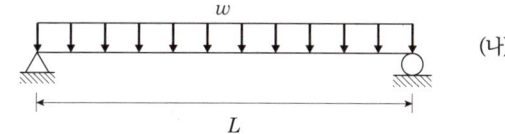
(나)

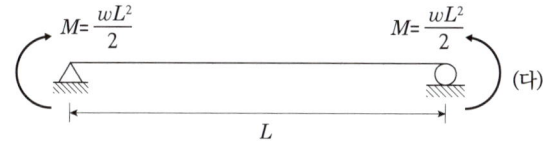
(다)

	(가)	(나)	(다)
①	1	1	1
②	5	8	12
③	8	5	12
④	8	5	24

대표문제

022

그림과 같은 구조물에서 D점에 작용하는 하중 P에 의하여 B점에 발생하는 처짐이 0일 때, a의 길이[m]는? (단, 구조물의 자중은 무시하며, 길이 $L=10$m, 휨강성 $EI=100$kN·m²이다)   2017.12 지방직

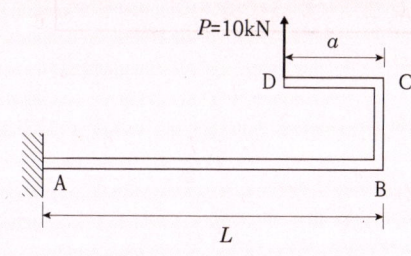

① $\dfrac{5}{2}$ ② 5

③ $\dfrac{5}{3}$ ④ $\dfrac{20}{3}$

해설

$\delta_P = \dfrac{PL^3}{3EI}(\uparrow),\ \delta_M = \dfrac{ML^2}{2EI}(\downarrow)$

$\delta_P - \delta_M = 0\ ;\ (\because \delta_B = 0)$

$\dfrac{PL^3}{3EI} - \dfrac{ML^2}{2EI} = 0$

$\rightarrow \dfrac{(10\text{kN})(10\text{m})^3}{3EI} - \dfrac{(10\text{kN} \cdot a)(10\text{m})^2}{2EI} = 0$

$\therefore a = \dfrac{20}{3}\text{m}$

정답 ④

023

휨강성이 EI인 다음과 같은 구조에서 B점의 처짐값이 0이 되기 위한 x값은?

2012 국가직

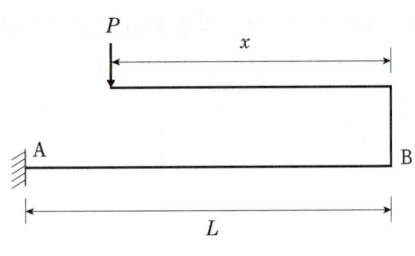

① $\dfrac{L}{3}$ ② $\dfrac{L}{2}$

③ $\dfrac{2L}{3}$ ④ L

024

다음과 같이 간접하중을 받고 있는 정정보 AB에 발생되는 최대 연직처짐[m]은? (단, AB 부재의 휨강성 $EI = \dfrac{1}{48} \times 10^5$ kN·m²이고, 자중은 무시한다)

2013 국가직

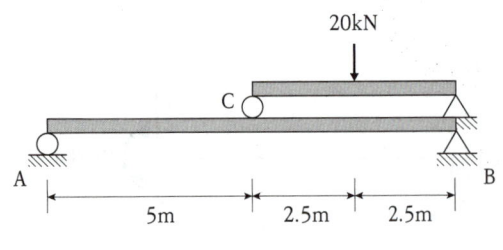

① 0.10 ② 0.12
③ 0.15 ④ 0.20

025 80점 목표

그림과 같이 B점과 D점에 힌지가 있는 보에서 B점의 처짐이 δ라 할 때, 하중 작용점 C의 처짐은? (단, 보 AB의 휨강성은 EI, 보 BD는 강체, 보 DE의 휨강성은 $2EI$이며, 보의 자중은 무시한다)

2015 국가직

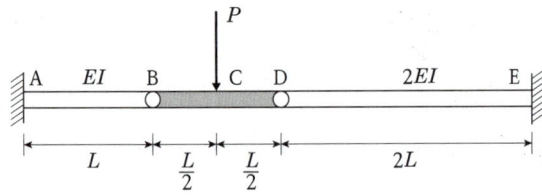

① 1.75δ ② 2.25δ
③ 2.5δ ④ 2.75δ

대표문제

026

그림과 같은 게르버보의 C점에서 수직처짐은? (단, 휨강성 EI는 일정하고, 자중은 무시한다)   2025 국가직

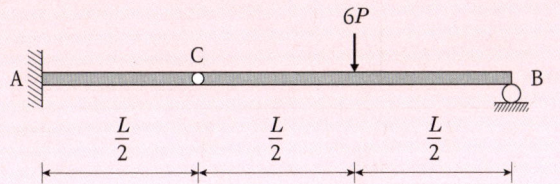

① $\dfrac{PL^3}{8EI}$ ② $\dfrac{3PL^3}{8EI}$

③ $\dfrac{5PL^3}{8EI}$ ④ $\dfrac{7PL^3}{8EI}$

027

다음 그림과 같은 게르버 보에서 C점의 처짐은? (단, 보의 휨강성은 EI이다)   2013 지방직

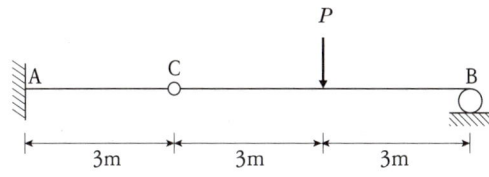

① $\dfrac{9P}{EI}$ ② $\dfrac{9P}{2EI}$

③ $\dfrac{9P}{4EI}$ ④ $\dfrac{9P}{8EI}$

해설

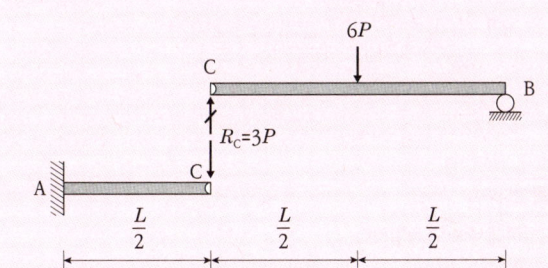

At CB

$R_C = \dfrac{6P}{2} = 3P$ (∵ 대칭)

At AC

∴ $\delta_C = \dfrac{R_C L^3}{3EI} = \dfrac{(3P)\left(\dfrac{L}{2}\right)^3}{3EI} = \dfrac{PL^3}{8EI}$ (↓)

정답 ①

028

다음 보의 내부힌지 B점에서의 처짐[mm]은? (단, 탄성계수 $E=200$GPa, 단면2차모멘트 $I=5\times10^8$mm^{4}이고, 보의 자중은 무시한다)

2012 지방직

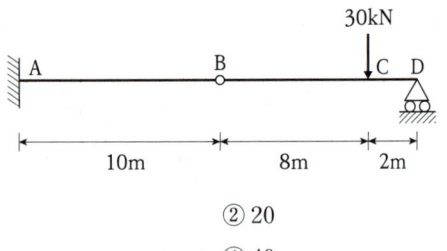

① 10
② 20
③ 30
④ 40

029

그림과 같은 정정보의 휨변형에 의한 B점의 수직 변위의 크기[mm]는? (단, B점은 힌지이고, 휨강성 $EI=100,000$kN·m^{2}이고, 자중은 무시한다)

2017.6 지방직

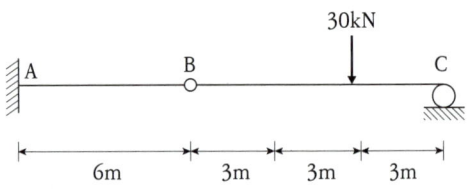

① 3.6
② 7.2
③ 12.2
④ 14.4

대표문제

030 80점 목표

그림과 같은 단순보에서 C점의 처짐은? (단, 단순보의 자중은 무시한다)

2011 지방직

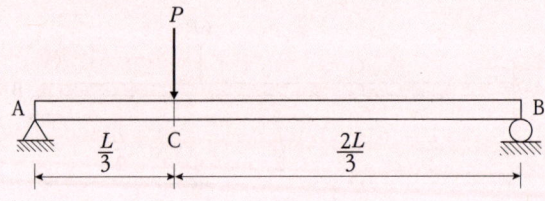

① $\dfrac{PL^3}{243EI}$
② $\dfrac{2PL^3}{243EI}$
③ $\dfrac{4PL^3}{243EI}$
④ $\dfrac{11PL^3}{243EI}$

해설

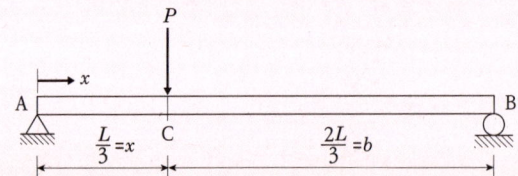

$b=\dfrac{2L}{3},\ x=\dfrac{L}{3},\ L=L$

$\therefore \delta_C=\dfrac{Pbx}{6EIL}(L^2-b^2-x^2)$

$=\dfrac{P\left(\dfrac{2L}{3}\right)\left(\dfrac{L}{3}\right)}{6EIL}\left(L^2-\left(\dfrac{2L}{3}\right)^2-\left(\dfrac{L}{3}\right)^2\right)$

$=\dfrac{4PL^3}{243EI}$

꼭 알아두자!

오른쪽에서 봐도 동일하다.

$b=\dfrac{L}{3},\ x=\dfrac{2L}{3},\ L=L$

$\therefore \delta_C=\dfrac{Pbx}{6EIL}(L^2-b^2-x^2)$

$=\dfrac{P\left(\dfrac{L}{3}\right)\left(\dfrac{2L}{3}\right)}{6EIL}\left(L^2-\left(\dfrac{L}{3}\right)^2-\left(\dfrac{2L}{3}\right)^2\right)$

$=\dfrac{4PL^3}{243EI}$

정답 ③

031

그림과 같은 단순보에서 집중하중이 작용할 때, O점에서의 수직 처짐 δ_0의 크기[mm]는? (단, 휨강성 $EI=2\times10^{12}\text{N}\cdot\text{mm}^2$이며, 자중은 무시한다)

2019 지방직

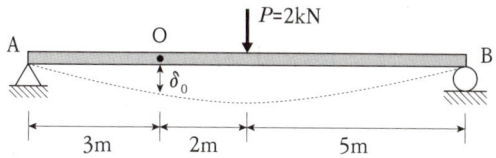

① 14.5
② 15.5
③ 16.5
④ 17.5

032

그림과 같은 하중을 받는 길이가 $2L$인 단순보에서 D점의 처짐각 크기는? (단, 보의 휨강성 EI는 일정하고, 자중은 무시한다)

2018 국가직

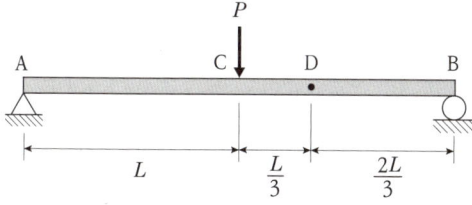

① $\dfrac{5PL^2}{6EI}$

② $\dfrac{5PL^2}{12EI}$

③ $\dfrac{5PL^2}{24EI}$

④ $\dfrac{5PL^2}{36EI}$

033

그림과 같이 하중 P가 단순보에 작용할 때, C점에서의 처짐은? (단, 보의 자중은 무시하고, 휨강성 EI는 일정하다)

2022 국가직

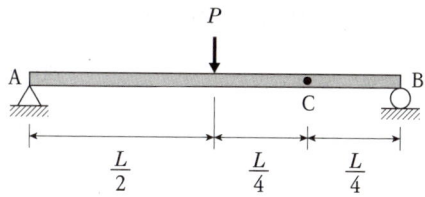

① $\dfrac{11PL^3}{768EI}$

② $\dfrac{19PL^3}{768EI}$

③ $\dfrac{29PL^3}{768EI}$

④ $\dfrac{37PL^3}{768EI}$

034

그림과 같은 캔틸레버보에서 B점의 처짐각 크기[radian]는? (단, 보의 AB구간 휨강성은 $2EI$, BC구간 휨강성은 EI이고, 구조물의 자중은 무시한다) 2023 지방직

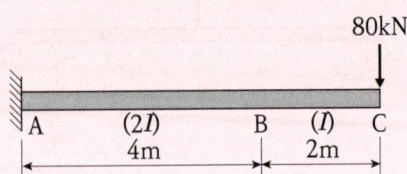

① $\dfrac{800}{EI}$

② $\dfrac{640}{EI}$

③ $\dfrac{600}{EI}$

④ $\dfrac{480}{EI}$

해설

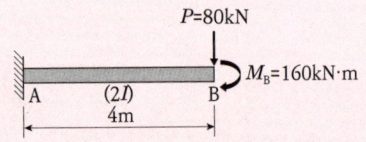

$P = 80\text{kN}$, $M_B = 80\text{kN} \times 2\text{m} = 160\text{kN} \cdot \text{m}$

$\theta_B = \theta_P + \theta_M = \dfrac{PL^2}{2EI} + \dfrac{ML}{EI}$

$= \dfrac{(80\text{kN})(4\text{m})^2}{2E(2I)} + \dfrac{(160\text{kN} \cdot \text{m})(4\text{m})}{E(2I)} = \dfrac{640}{EI}$

정답 ②

035

그림과 같은 외팔보에서 B점의 회전각은? (단, 보의 휨강성 EI는 일정하며, 자중은 무시한다) 2016 지방직

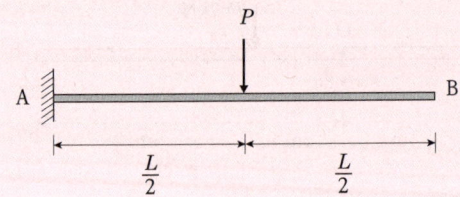

① $\dfrac{PL^2}{4EI}$

② $\dfrac{PL^2}{6EI}$

③ $\dfrac{PL^2}{8EI}$

④ $\dfrac{PL^2}{12EI}$

해설

BC 구역에 하중이 없으므로 휨 변형이 발생하지 않는다.(CB 구간 직선) 따라서 $\theta_B = \theta_C$이므로 θ_C를 계산하면 된다.

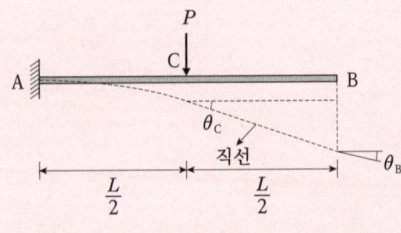

$\therefore \theta_B = \theta_C = \dfrac{P\left(\dfrac{L}{2}\right)^2}{2EI} = \dfrac{PL^2}{8EI}$

정답 ③

036

그림과 같은 외팔보에서 자유단의 처짐은? (단, 보의 휨강성은 EI이며, 보의 자중은 무시한다) 2024 지방직

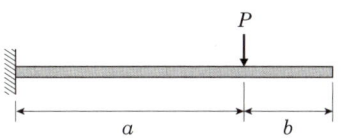

① $\dfrac{Pa^2}{6EI}(2a+3b)$ ② $\dfrac{Pa^2}{6EI}(3a+2b)$

③ $\dfrac{Pa^2}{3EI}(a+2b)$ ④ $\dfrac{Pa^2}{3EI}(2a+b)$

037

그림과 같이 하중을 받는 캔틸레버 보에서 B점의 수직변위의 크기는 $C_1 \dfrac{PL^3}{EI}$이다. 상수 C_1은? (단, 휨강성 EI는 일정하며, 구조물의 자중은 무시한다) 2020 지방직

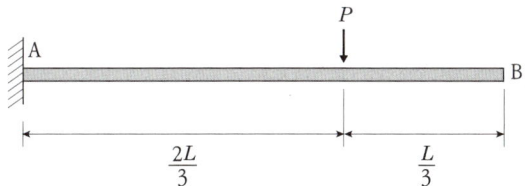

① $\dfrac{14}{81}$ ② $\dfrac{16}{81}$

③ $\dfrac{14}{27}$ ④ $\dfrac{16}{27}$

038

그림과 같이 균일 캔틸레버 보에 하중이 작용할 때 B점의 처짐각은? (단, 보의 자중은 무시한다) 2014 국가직

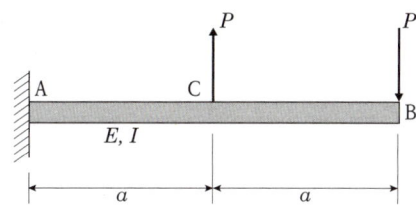

① $\dfrac{3Pa^2}{2EI}$ ② $\dfrac{11Pa^3}{6EI}$

③ $\dfrac{5Pa^2}{2EI}$ ④ $\dfrac{10Pa^3}{6EI}$

039

그림과 같은 캔틸레버 보(Cantilever Beam)에서 B점의 처짐각(θ_B)은?

2009 지방직

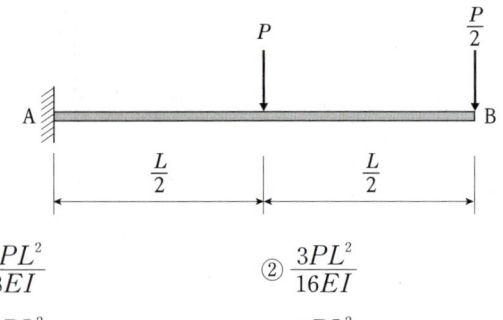

① $\dfrac{3PL^2}{8EI}$ ② $\dfrac{3PL^2}{16EI}$

③ $\dfrac{5PL^2}{24EI}$ ④ $\dfrac{5PL^2}{27EI}$

040

그림과 같이 B점에 모멘트 M을 받는 캔틸레버 보에서 C점의 수직처짐은 B점의 수직처짐의 몇 배인가? (단, 보의 휨강성 EI는 일정하고, 자중은 무시한다)

2018 국가직

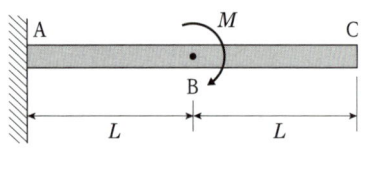

① 3.0   ② 3.5
③ 4.0   ④ 4.5

041

그림과 같은 캔틸레버보에 집중하중 P와 집중모멘트 M이 작용할 때, A점에 발생하는 처짐의 크기는? (단, 보의 휨강성 EI는 일정하고, 보의 자중은 무시한다)

2022 지방직

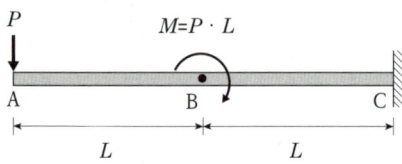

① $\dfrac{7PL^3}{6EI}$ ② $\dfrac{5PL^3}{3EI}$

③ $\dfrac{13PL^3}{6EI}$ ④ $\dfrac{10PL^3}{3EI}$

042 80점 목표

그림과 같이 등분포하중이 작용하는 선형탄성재료의 캔틸레버 보에서 처짐공식을 사용하여 구한 C점의 처짐은 $C_1 \dfrac{wL^4}{EI}$이다. 상수 C_1의 크기는? (단, 등분포하중 w가 캔틸레버보 길이 L의 전 구간에 작용할 때, 자유단에서 처짐각 $\theta = \dfrac{wL^3}{6EI}$, 처짐 $\delta = \dfrac{wL^4}{8EI}$이고, 휨강성 EI는 일정하며, 구조물의 자중은 무시한다)

2021 지방직

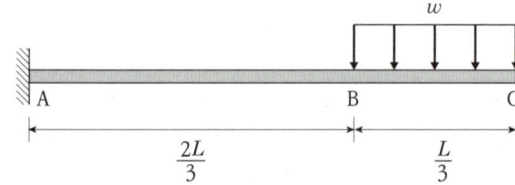

① $\dfrac{4}{81}$ ② $\dfrac{41}{384}$

③ $\dfrac{49}{648}$ ④ $\dfrac{163}{1944}$

대표문제

043

다음 그림과 같은 내민보의 D점에 연직하중 P가 작용하고 있다. C점의 연직방향 처짐량은? (단, E는 탄성계수, I는 단면2차모멘트이고, 하향처짐의 부호를 (+)로 한다)

2010 지방직

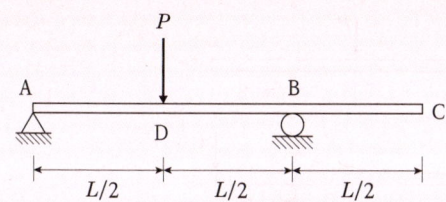

① $-\dfrac{PL^3}{8EI}$ ② $\dfrac{PL^3}{24EI}$

③ $-\dfrac{PL^3}{32EI}$ ④ $\dfrac{PL^3}{48EI}$

044

그림과 같이 하중을 받는 내민보에서 C점의 수직변위의 크기는 $C_1\dfrac{wL^4}{EI}$이다. 상수 C_1은? (단, 휨강성 EI는 일정하고, 구조물의 자중은 무시한다)

2020 지방직

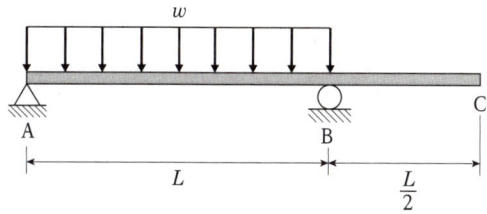

① $\dfrac{1}{24}$ ② $\dfrac{1}{36}$

③ $\dfrac{1}{48}$ ④ $\dfrac{1}{60}$

045

그림과 같이 휨강성 EI가 일정한 내민보의 자유단에 수직하중 P가 작용하고 있을 때, 하중작용점에서 수직 처짐의 크기는? (단, 보의 자중은 무시한다)

2017 국가직

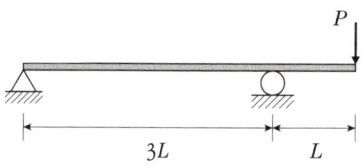

① $\dfrac{PL^3}{3EI}$ ② $\dfrac{4PL^3}{3EI}$

③ $\dfrac{7PL^3}{3EI}$ ④ $\dfrac{10PL^3}{3EI}$

해설

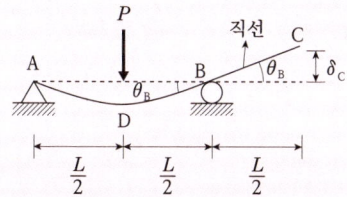

$\theta_B = \dfrac{PL^2}{16EI}$

$\delta_C = \theta_B \times L_{BC}$
$= \left(\dfrac{PL^2}{16EI}\right)\left(\dfrac{L}{2}\right) = \dfrac{PL^3}{32EI}$ (↑)

정답 ③

046

그림과 같이 휨강성 EI가 일정한 내민보에서 자유단 C점의 처짐이 0이 되기 위한 하중의 크기 비 $\left(\dfrac{P}{Q}\right)$는? (단, 자중은 무시한다)

2017.12 지방직

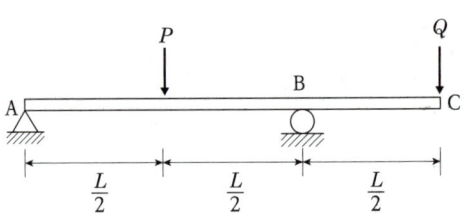

① 1 ② 2
③ 4 ④ 8

047

다음과 같은 보 구조물에 집중하중 20kN이 D점에 작용할 때 D점에서의 수직처짐[mm]은? (단, $E=200\text{GPa}$, $I=25\times10^6 \text{mm}^4$, 보의 자중은 무시하며, D점은 내부힌지이다) 2014 지방직

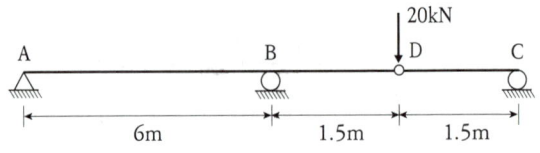

① 10.8 ② 22.5
③ 27.0 ④ 108.0

048

그림과 같은 부정정보에서 지점 A의 휨모멘트가 0이 발생할 가능성이 있는 경우는? (단, P와 M은 (+)값을 갖고 보의 자중은 무시한다)

2011 지방직

①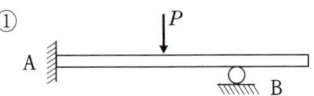

②

③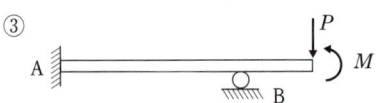

④

CHAPTER 11-2 2개 구조 나눠 해석하기

대표문제

001 80점 목표

아래 그림과 같이 스프링 상수가 각각 k_1, k_2인 부재 AD와 BF가 길이 L인 단순보 AB를 지지하는 구조물에서 A점으로부터 $\frac{L}{2}$만큼 떨어진 C점에 수직 하중 P가 작용하고 있다. 하중 재하점의 수직처짐 δ는? (단, 보 AB의 휨강성은 EI이며, 보의 축변형 및 전단변형은 무시한다) 2007 국가직

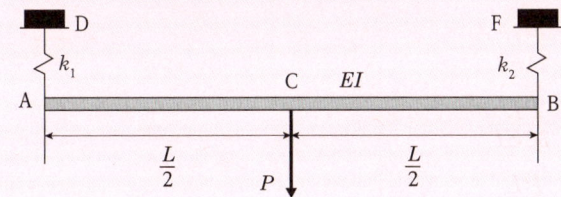

① $\delta = \dfrac{P}{k_1} + \dfrac{P}{k_2} + \dfrac{PL^3}{36EI}$

② $\delta = \dfrac{P}{2k_1} + \dfrac{P}{2k_2} + \dfrac{PL^3}{48EI}$

③ $\delta = \dfrac{P}{3k_1} + \dfrac{P}{3k_2} + \dfrac{PL^3}{36EI}$

④ $\delta = \dfrac{P}{4k_1} + \dfrac{P}{4k_2} + \dfrac{PL^3}{48EI}$

해설

(1) 스프링 변형에 의한 처짐(δ_1)

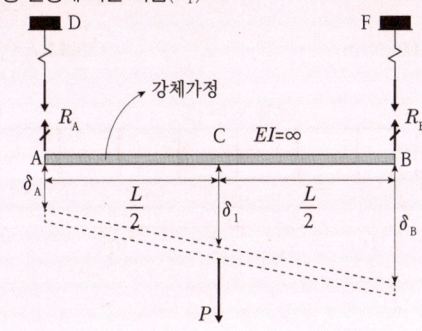

$R_A = R_B = \dfrac{P}{2}$ (∵ 대칭)

$\delta_A = \dfrac{R_A}{K_A} = \dfrac{\left(\frac{P}{2}\right)}{k_1} = \dfrac{P}{2k_1}$

$\delta_B = \dfrac{R_B}{K_B} = \dfrac{\left(\frac{P}{2}\right)}{k_2} = \dfrac{P}{2k_2}$

$\delta_1 = \dfrac{\delta_A + \delta_B}{2} = \dfrac{\left(\frac{P}{2k_1}\right) + \left(\frac{P}{2k_2}\right)}{2} = \dfrac{P}{4k_1} + \dfrac{P}{4k_2}$

(2) 휨 변형에 의한 처짐(δ_2)

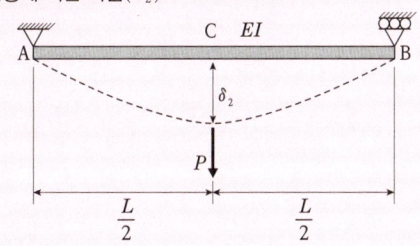

$\delta_2 = \dfrac{PL^3}{48EI}$

$\therefore \delta_T = \delta_1 + \delta_2 = \dfrac{P}{4k_1} + \dfrac{P}{4k_2} + \dfrac{PL^3}{48EI}$

> **꼭 알아두자!**
> 해당 문제는 카스티글리아노 제2정리로 풀이할 수 있다. 고득점을 원하는 학생들은 이를 염두해야 한다.

정답 ④

002 80점 목표

그림과 같이 A점, C점이 스프링으로 연결된 보구조물이 등분포하중을 받고 있을 때, 보중앙의 B점에 발생하는 연직 처짐 [m]은? (단, 휨강성 $EI = \frac{5}{384} \times 10^3 \text{kN} \cdot \text{m}^2$이며, 스프링상수 $k = 100 \text{kN/m}$이다)

2011 국가직

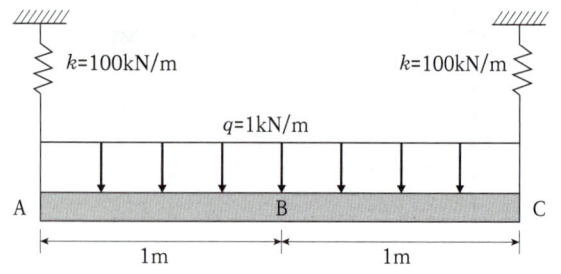

① 0.010
② 0.018
③ 0.022
④ 0.026

003 80점 목표

그림과 같은 보-스프링 구조에서 스프링 상수 $k = \frac{24EI}{L^3}$일 때, B점에서의 처짐은? (단, 휨강성 EI는 일정하고, 자중은 무시한다)

2016 국가직

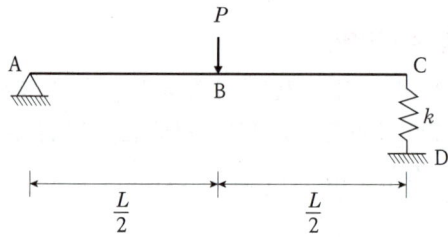

① $\frac{PL^3}{16EI}$

② $\frac{PL^3}{24EI}$

③ $\frac{PL^3}{32EI}$

④ $\frac{PL^3}{48EI}$

CHAPTER 12-1 변형에너지

대표문제

001

다음 그림과 같이 수직으로 매달려 있는 균일단면봉이 하중 P_1을 받으면 δ_1의 변위가 발생하고, P_2의 하중을 받으면 δ_2의 변위가 발생한다. 하중 P_1이 가해진 상태에서 P_2의 하중이 작용할 경우 이 봉에 저장된 변형에너지 U는? (단, 봉의 자중은 무시하고, 하중 작용시 봉은 선형탄성 거동을 한다)

2010 국가직

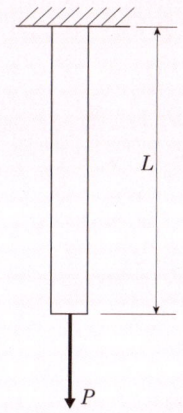

① $\dfrac{1}{2}P_1\delta_1 + \dfrac{1}{2}P_2\delta_2$

② $\dfrac{1}{2}P_1\delta_1 + P_1\delta_1 + \dfrac{1}{2}P_2\delta_2$

③ $\dfrac{1}{2}P_1\delta_1 + P_2\delta_2 + \dfrac{1}{2}P_2\delta_2$

④ $\dfrac{1}{2}P_1\delta_1 + P_1\delta_2 + \dfrac{1}{2}P_2\delta_2$

해설

$P-\delta$ 곡선의 면적은 에너지를 의미한다. 두 개 이상의 하중이 작용할 경우 간섭에 의해 A_3 만큼의 변형에너지가 추가로 발생한다는 것을 알 수 있다.

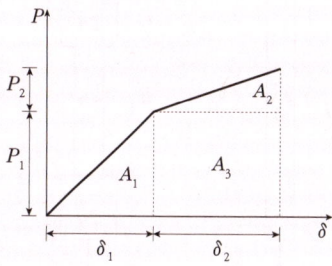

$$\therefore U = A_1 + A_2 + A_3 = \dfrac{P_1\delta_1}{2} + \dfrac{P_2\delta_2}{2} + P_1\delta_2$$

꼭 알아두자!

이 문제에서는 보기가 그대로 주어졌으나 맥스웰 상반정리에 의해 $P_1\delta_2 = P_2\delta_1$과 동일하다는 것도 알아둔다.

따라서 $\dfrac{P_1\delta_1}{2} + \dfrac{P_2\delta_2}{2} + P_1\delta_2 = \dfrac{P_1\delta_1}{2} + \dfrac{P_2\delta_2}{2} + P_2\delta_1$ 또한 답이 될 수 있다.

정답 ④

002

한 변이 40mm인 정사각형 단면의 강봉에 100kN의 인장력을 가하였더니 강봉의 길이가 1mm 증가하였다. 이때, 강봉에 저장된 변형에너지[N·m]의 크기는? (단, 강봉은 선형탄성 거동하는 것으로 가정하며, 자중은 무시한다)   2017 국가직

① 4 ② 10
③ 30 ④ 50

003

그림과 같이 지름이 d 또는 $2d$인 원형 단면을 갖는 2개의 봉에 동일한 축력 P가 단면의 도심에 작용할 때, 각각의 봉에 저장되는 변형에너지의 비 $\dfrac{U_{(a)}}{U_{(b)}}$는? (단, 봉의 탄성계수는 동일하고, 응력집중효과는 고려하지 않으며, 자중은 무시한다)   2023 국가직

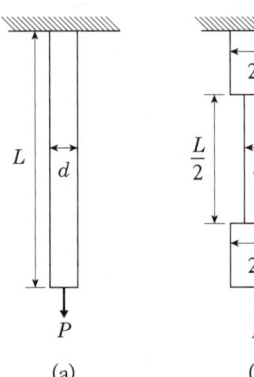

① $\dfrac{3}{4}$ ② $\dfrac{4}{3}$
③ $\dfrac{5}{8}$ ④ $\dfrac{8}{5}$

004

다음 그림과 같은 변단면 강봉 ABC가 하중 $P=20$kN을 받고 있을 때, 강봉 ABC의 변형에너지[N·mm]는? (단, 탄성계수 $E=200$GPa, 원주율 π는 3으로 계산한다)   2013 지방직

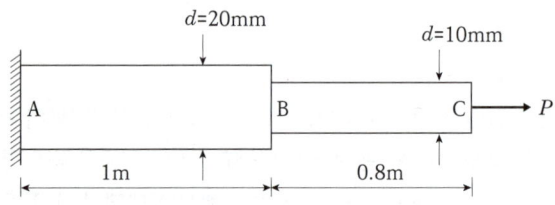

① 12,000
② 13,000
③ 14,000
④ 15,000

005

그림과 같이 길이 L인 캔틸레버 보의 끝에 집중하중 P가 작용할 때 휨에 의한 변형에너지의 크기는 $C_1 \dfrac{P^2 L^3}{EI}$이다. 상수 C_1의 크기는? (단, 전단변형에 의한 에너지는 무시하고, 휨강성 EI는 일정하며, 구조물의 자중은 무시한다)

2021 지방직

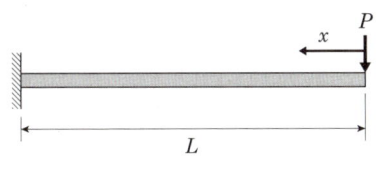

① $\dfrac{1}{3}$ ② $\dfrac{1}{4}$

③ $\dfrac{1}{6}$ ④ $\dfrac{1}{12}$

006

그림과 같은 외팔보의 자유단에 모멘트 하중($=P \cdot L$)이 작용할 때 보에 저장되는 탄성 변형에너지와 동일한 크기의 탄성 변형에너지를 집중하중을 이용하여 발생시키고자 할 때, 보의 자유단에 작용시켜야 하는 수직하중 Q의 크기는? (단, 모든 보의 휨강성 EI는 일정하고, 자중은 무시한다)

2017.6 지방직

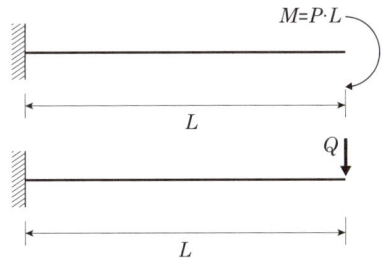

① $\sqrt{2}P$ ② $2\sqrt{2}P$
③ $\sqrt{3}P$ ④ $2\sqrt{3}P$

007

그림의 봉 부재는 단면적이 $10{,}000\text{mm}^2$이며, 단면도심에 압축하중 P를 받고 있다. 이 부재의 변형에너지밀도(strain energy density, u)가 $u=0.01\text{N/mm}^2$일 때, 수평하중 P의 크기[kN]는? (단, 부재의 축강성 $EA=500\text{kN}$이고, 자중은 무시한다)

2017.6 지방직

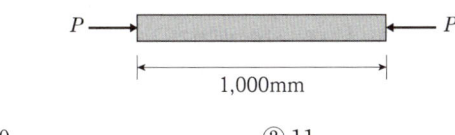

① 10   ② 11
③ 100   ④ 110

CHAPTER 12-2 카스티길라노 제2정리

정답·해설 159~163p

대표문제

001 80점 목표

아래 그림과 같이 스프링 상수가 각각 k_1, k_2인 부재 AD와 BF가 길이 L인 단순보 AB를 지지하는 구조물에서 A점으로부터 $\frac{L}{2}$만큼 떨어진 C점에 수직 하중 P가 작용하고 있다. 하중 재하점의 수직처짐 δ는? (단, 보 AB의 휨강성은 EI이며, 보의 축변형 및 전단변형은 무시한다) 2007 국가직

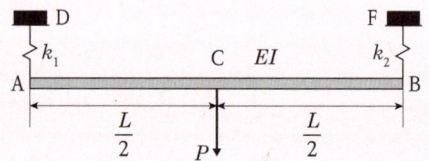

① $\delta = \dfrac{P}{k_1} + \dfrac{P}{k_2} + \dfrac{PL^3}{36EI}$

② $\delta = \dfrac{P}{2k_1} + \dfrac{P}{2k_2} + \dfrac{PL^3}{48EI}$

③ $\delta = \dfrac{P}{3k_1} + \dfrac{P}{3k_2} + \dfrac{PL^3}{36EI}$

④ $\delta = \dfrac{P}{4k_1} + \dfrac{P}{4k_2} + \dfrac{PL^3}{48EI}$

해설

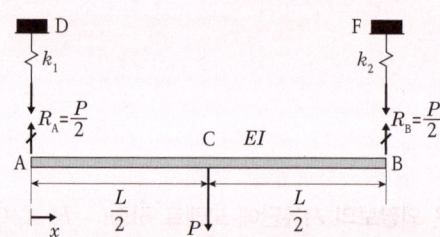

$R_A = R_B = \dfrac{P}{2}$ (∵ 대칭)

$0 \leq x \leq \dfrac{L}{2}$; $M = \dfrac{P}{2}x$

$\delta_C = \dfrac{\partial U}{\partial P} = \dfrac{N\left(\dfrac{\partial N}{\partial P}\right)}{k} + \int \dfrac{M\left(\dfrac{\partial M}{\partial P}\right)}{EI} dx$

$= \dfrac{\left(\dfrac{P}{2}\right)\left(\dfrac{1}{2}\right)}{k_1} + \dfrac{\left(\dfrac{P}{2}\right)\left(\dfrac{1}{2}\right)}{k_2} + 2\int_0^{\frac{L}{2}} \dfrac{\left(\dfrac{P}{2}x\right)\left(\dfrac{1}{2}x\right)}{EI} dx$

$= \dfrac{\left(\dfrac{P}{2}\right)\left(\dfrac{1}{2}\right)}{k_1} + \dfrac{\left(\dfrac{P}{2}\right)\left(\dfrac{1}{2}\right)}{k_2} + \dfrac{P}{2EI}\left[\dfrac{1}{3}x^3\right]_0^{\frac{L}{2}}$

$= \dfrac{P}{4k_1} + \dfrac{P}{4k_2} + \dfrac{PL^3}{48EI}$

꼭 알아두자!

해당 문제는 'Chapter 11-2'에서 풀이한 방법이 가장 좋다. 카스티길라노 제2정리의 적용 과정을 보여주기 위해서 위와 같이 풀이한 것이다.

정답 ④

002

탄성체가 가지고 있는 탄성 변형에너지를 작용하고 있는 하중으로 편미분하면 그 하중점에서 작용하는 변위가 된다는 정리는?

① Maxwell 상반정리
② Mohr의 모멘트 - 면적정리
③ Betti의 정리
④ Castigliano의 제2정리

004

다음 그림과 같이 단순보의 지간 중앙에 연직하중 P가 작용할 때 휨모멘트에 의한 탄성 변형에너지는? (단, E는 탄성계수, I는 단면2차모멘트이다)

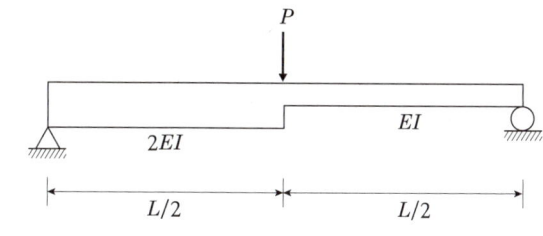

① $\dfrac{P^2L^3}{24EI}$
② $\dfrac{P^2L^3}{128EI}$
③ $\dfrac{P^2L^3}{192EI}$
④ $\dfrac{P^2L^3}{250EI}$

003

그림과 같이 휨강성 EI가 일정한 내민보의 자유단에 수직하중 P가 작용하고 있을 때, 하중작용점에서 수직처짐의 크기는? (단, 보의 자중은 무시한다)

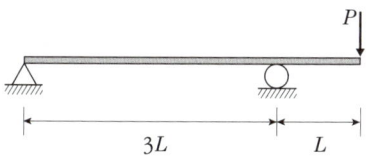

① $\dfrac{PL^3}{3EI}$
② $\dfrac{4PL^3}{3EI}$
③ $\dfrac{7PL^3}{3EI}$
④ $\dfrac{10PL^3}{3EI}$

005 80점 목표

다음 그림에서 봉 ABC는 강체(rigid body)이고, 현 BD의 축강성 $k=20,000\text{kN/m}$이다. 이때 C점의 처짐량[mm]은? (단, 부재의 자중은 무시한다)

2012 지방직

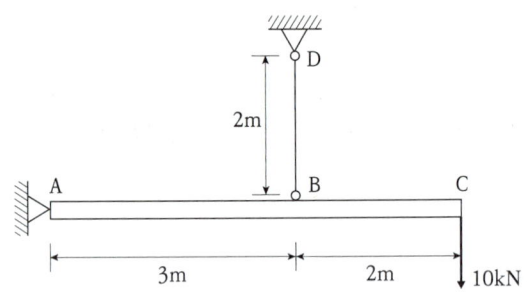

① $\dfrac{20}{20}$ ② $\dfrac{25}{20}$

③ $\dfrac{20}{18}$ ④ $\dfrac{25}{18}$

006 80점 목표

그림과 같이 단순보에 집중하중 P가 보의 중앙점 C에 작용할 때, C점의 수직처짐의 크기는? (단, AB 및 DE 구간의 휨강성은 EI이고, BD 구간은 강체이며, 보의 자중은 무시한다)

2017.12 지방직

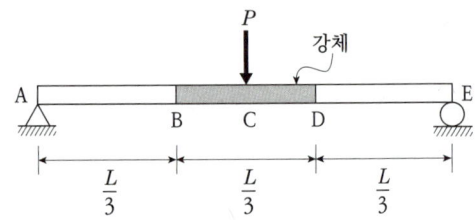

① $\dfrac{PL^3}{162EI}$ ② $\dfrac{PL^3}{81EI}$

③ $\dfrac{2PL^3}{81EI}$ ④ $\dfrac{PL^3}{54EI}$

007 80점 목표

그림과 같은 변단면 캔틸레버 보에서 A점의 수직처짐의 크기는? (단, 모든 부재의 탄성계수 E는 일정하고, 자중은 무시한다)

2019 지방직

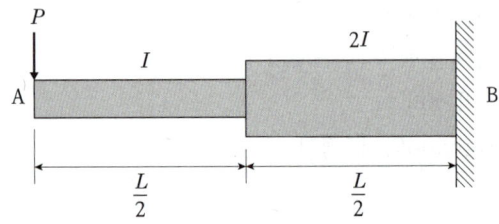

① $\dfrac{PL^3}{32EI}$ ② $\dfrac{3PL^3}{32EI}$

③ $\dfrac{PL^3}{16EI}$ ④ $\dfrac{3PL^3}{16EI}$

008 80점 목표

그림과 같이 강체로 된 보가 케이블로 지지되고 있다. F점에 수직하중 P가 작용할 때, F점의 수직변위의 크기는? (단, 케이블의 단면적은 A, 탄성계수는 E라 하고, 모든 부재의 자중은 무시하며, 변위는 미소하다고 가정한다)

2018 국가직

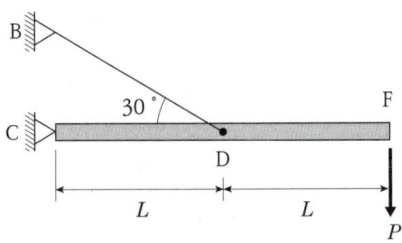

① $\dfrac{4\sqrt{3}PL}{3EA}$ ② $\dfrac{8\sqrt{3}PL}{3EA}$

③ $\dfrac{16\sqrt{3}PL}{3EA}$ ④ $\dfrac{32\sqrt{3}PL}{3EA}$

CHAPTER 13 공액보법

001

그림과 같은 단순보에서 최대 휨모멘트 발생 위치 x는? (단, 구조물의 자중은 무시한다) 2023 지방직

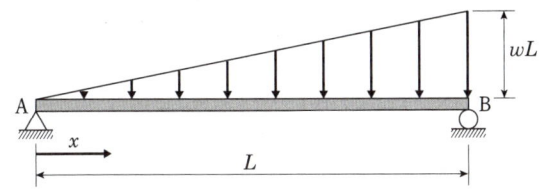

① $\dfrac{L}{\sqrt{3}}$

② $\dfrac{L}{\sqrt{2}}$

③ $\dfrac{2}{3}L$

④ $\dfrac{\sqrt{6}}{2}L$

대표문제

002

다음 그림과 같이 길이 10m이고 높이가 40cm인 단순보의 상면 온도가 40℃, 하면의 온도가 120℃일 때 지점 A의 처짐각[rad]은? (단, 보의 온도는 높이 방향으로 직선변화하며, 선팽창계수 $\alpha = 1.2 \times 10^{-5}$/℃이다) 2010 국가직

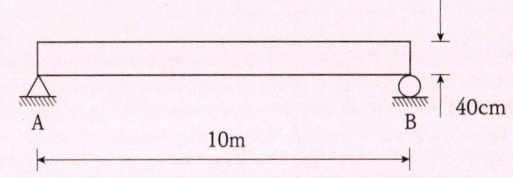

① 0.12

② 0.012

③ 0.14

④ 0.014

003 80점 목표

그림과 같이 두 개의 우력모멘트를 받는 단순보 AE에서 A 지점 처짐각의 크기 $\left(a\dfrac{PL^2}{EI}\right)$와 C점 처짐의 크기 $\left(b\dfrac{PL^3}{EI}\right)$를 구하였다. 상수 a와 b의 값은? (단, 보 AE의 휨강성 EI는 일정하고, 보의 자중은 무시한다)   2020 국가직

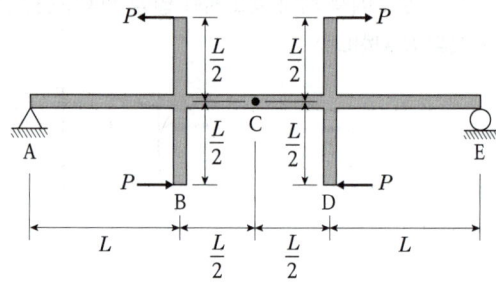

	a	b
①	$\dfrac{1}{2}$	$\dfrac{5}{8}$
②	$\dfrac{1}{2}$	$\dfrac{3}{2}$
③	$\dfrac{1}{6}$	$\dfrac{5}{8}$
④	$\dfrac{1}{6}$	$\dfrac{3}{2}$

해설

(1) 공액보법

$$\dfrac{M}{EI}=\dfrac{\alpha\Delta T}{h}$$

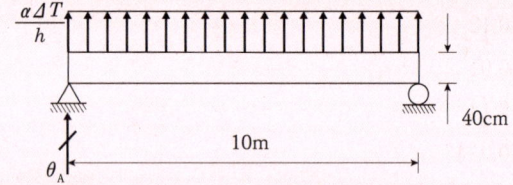

At entire

$$R_A=-\dfrac{\left(\dfrac{\alpha\Delta T}{h}\times L\right)}{2}=-\dfrac{\alpha\Delta T}{2h}\ (\because 대칭)$$

$$=-\dfrac{(1.2\times 10^{-5}/℃)(80℃)(10m)}{2(40cm)}=-0.012\text{rad}$$

$$\therefore\ \theta_A=R_A=-0.012\text{rad}$$

(2) 이중적분법

$$\dfrac{d^2v}{dx^2}=\dfrac{d\theta}{dx}=\dfrac{\alpha\Delta T}{h},\quad \Delta T=120℃-40℃=80℃$$

$$\theta=\dfrac{\alpha\Delta Tx}{h}+C_1\ ;$$

$$x=\dfrac{L}{2}\ \to\ \theta=0\ (\because 대칭)$$

$$\to\ \theta=\dfrac{\alpha\Delta T}{h}\left(\dfrac{L}{2}\right)+C_1=0$$

$$\to\ C_1=-\dfrac{\alpha\Delta TL}{2h}\ \to\ \theta=\dfrac{\alpha\Delta Tx}{h}-\dfrac{\alpha\Delta TL}{2h}$$

$$\therefore\ \theta_A=-\dfrac{\alpha\Delta TL}{2h}$$

$$=-\dfrac{(1.2\times 10^{-5}/℃)(80℃)(10m)}{2(40cm)}=-0.012\text{rad}$$

정답 ②

CHAPTER 14-1 영부재

001

그림과 같은 트러스 구조물에서 부재 BC의 부재력 크기[kN]는? (단, 자중은 무시한다) 2025 지방직

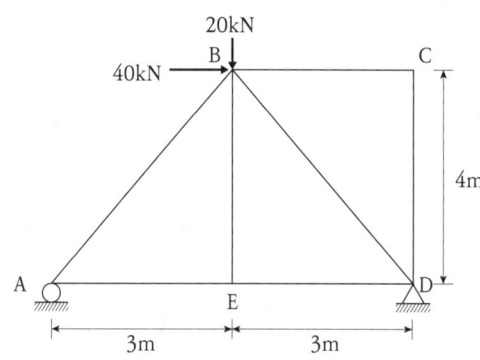

① 0 ② 20
③ 40 ④ 60

002

그림과 같이 50kN의 수직하중이 작용하는 트러스 구조물에서 BC 부재력의 크기[kN]는? (단, 모든 자중은 무시한다)

2017.6 지방직

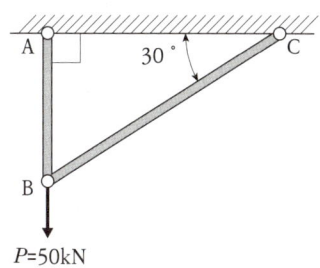

① 0
② 25
③ 50
④ 100

003

다음 그림과 같은 트러스 구조물에 중앙하중(P)이 재하될 때, 영부재(부재력이 발생하지 않는 부재)의 개수는? 2013 지방직

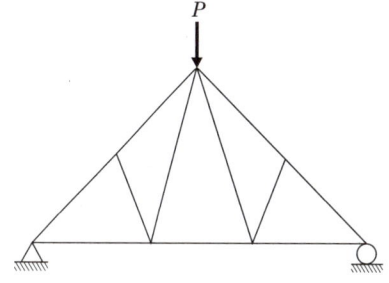

① 1
② 2
③ 3
④ 4

대표문제

004

다음 그림과 같이 하중 P가 작용하는 트러스에서 AB 부재의 부재력이 0이 아닌 것은?

2009 국가직

①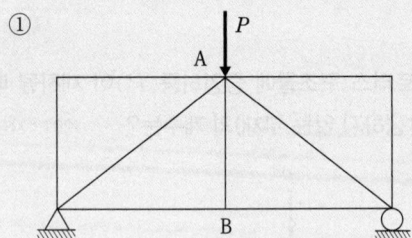

②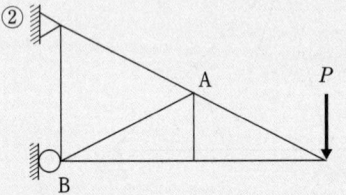

③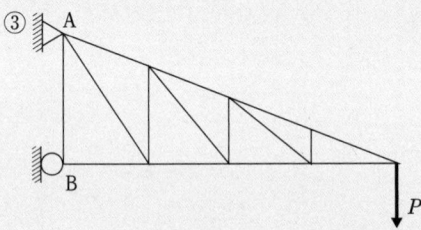

④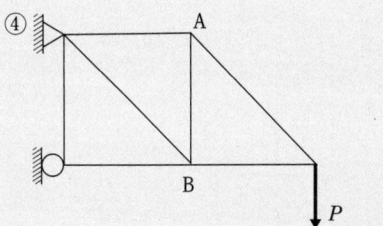

해설

①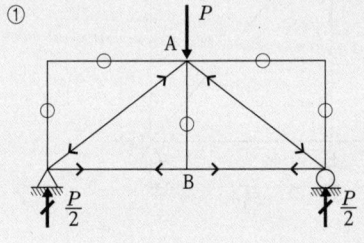

②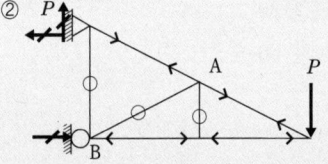

③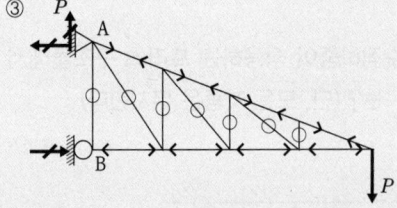

④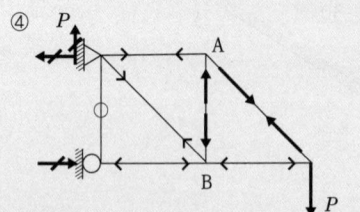

꼭 알아두자!

④번과 같이 '0' 부재 판정이 바로 안되는 경우 트러스의 부재력 방향을 표현해 보는 것으로 판정한다.

정답 ④

005

그림과 같이 트러스 구조물에 하중 $P=20$kN이 작용할 때, 부재력이 0인 부재의 개수는? (단, 구조물의 자중은 무시한다)

2017.12 지방직

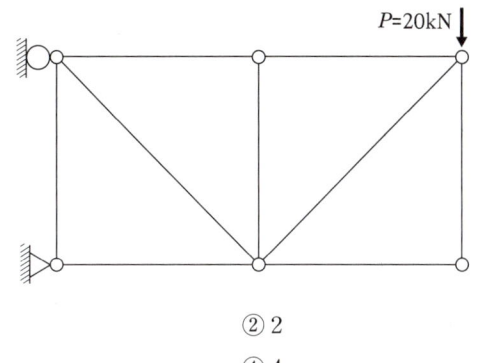

① 1　　　　　② 2
③ 3　　　　　④ 4

006

그림과 같이 집중하중 P가 작용하는 트러스 구조물에서 부재력이 발생하지 않는 부재의 총 개수는? (단, 트러스의 자중은 무시한다)

2017 국가직

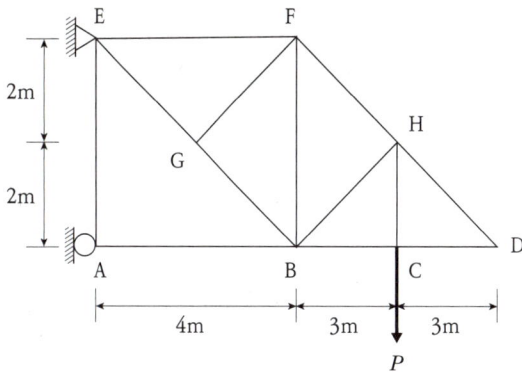

① 0　　　　　② 1
③ 3　　　　　④ 5

007

그림과 같은 트러스에서 무응력 부재의 총 개수는? (단, 구조물의 자중은 무시하며, 모든 부재의 축강성 EA는 일정하다)

2021 국가직

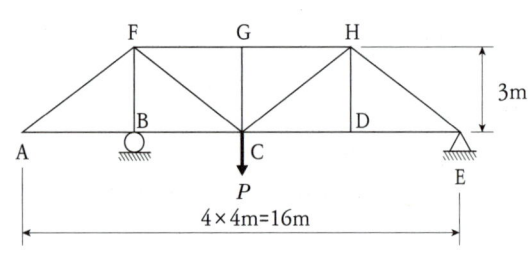

① 3개 ② 4개
③ 5개 ④ 6개

009

그림과 같은 트러스에서 부재력이 0인 부재의 개수는? (단, 구조물의 자중은 무시한다)

2023 지방직

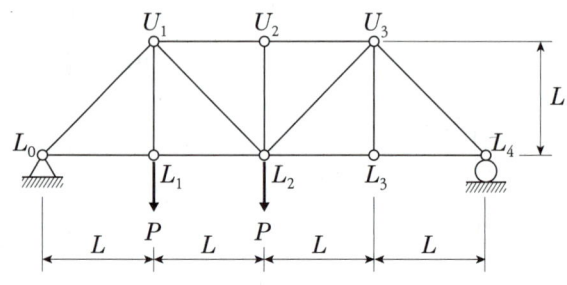

① 0 ② 1
③ 2 ④ 3

008 80점 목표

다음과 같이 수직, 수평의 집중하중을 받고 있는 트러스에서 부재력이 0인 부재의 개수는? (단, 자중은 무시한다)

2013 국가직

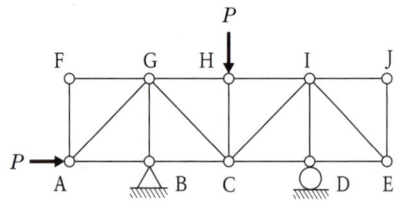

① 6 ② 7
③ 8 ④ 9

010

그림과 같은 트러스에서 부재력이 0인 부재의 개수는? (단, 구조물의 자중은 무시한다)

2022 국가직

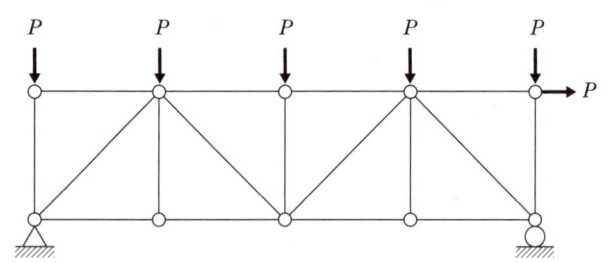

① 2개 ② 3개
③ 4개 ④ 5개

CHAPTER 14-2 트러스 부재력

정답·해설 168~180p

001
다음의 구조형식 중 구조 계산시 부재들이 축방향력만을 받는 것으로 가정되는 구조형식은?

2007 국가직

① 보   ② 트러스
③ 라멘   ④ 아치

002
평면 트러스 해석을 위한 기본 가정으로 옳지 않은 것은?

2021 국가직

① 각 부재는 직선이다.
② 각 부재의 중심축은 절점에서 만난다.
③ 모든 하중은 절점에만 작용한다.
④ 각 부재의 절점은 회전에 구속되어 있다.

003
다음 트러스 구조물 중에서 사재가 압축만 받는 구조물은?

2011 국가직

①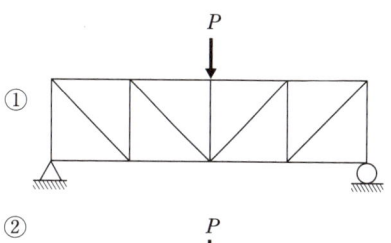

②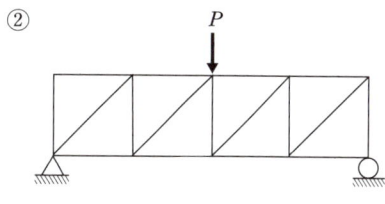

③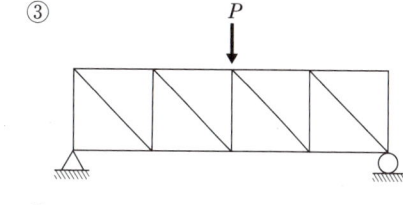

④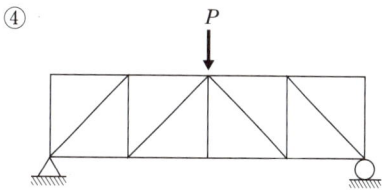

대표문제

004

그림과 같이 트러스의 C점에 하중 $P=8\text{kN}$이 작용한다면 AB 부재가 받는 힘[kN]은?

2009 지방직

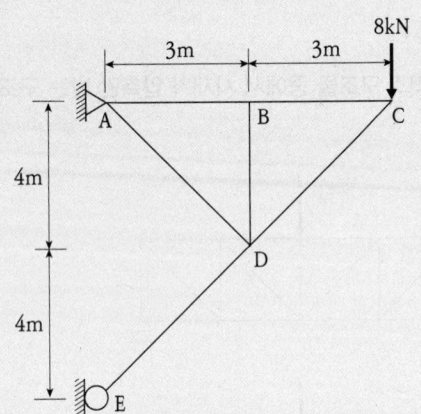

① 4(압축) ② 4(인장)
③ 6(압축) ④ 6(인장)

해설

(1) 절점법

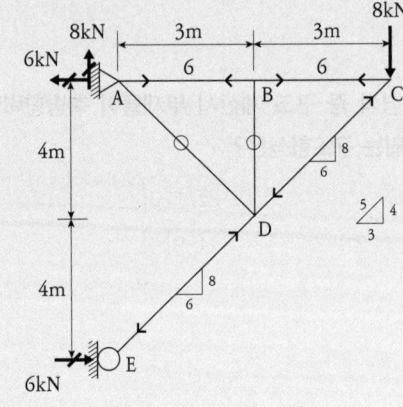

$\therefore F_{AB} = 6\text{kN}$ (인장)

(2) 단면법

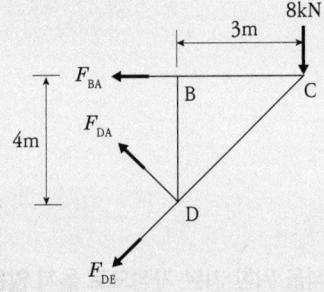

At 자유물체도
$\circlearrowleft + \sum M_D = 0$;
$(F_{BA} \times 4\text{m}) - (8\text{kN} \times 3\text{m}) = 0$

$\therefore F_{BA} = 6\text{kN}$ (인장)

꼭 알아두자!

해당구조는 불안정 구조로 사실상 문제 오류이며 따라서 모든 부재력을 계산할 수 없다. 그러나 이러한 오류는 이의제기를 해도 받아들여지지 않는다. 'Chapter 18 정정·부정정'을 학습한 후 아래와 같이 부정정 차수를 계산해 보자.
$b=6, r=3, n=0, j=5$
$b+r+n-2j=6+3+0-2(5)=-1$

또한 E점에서 y축 힘평형이 만족하지 않는다는 것으로 확인할 수 있다.

정답 ④

005

다음과 같은 트러스 구조물에서 BD, CD의 부재력 값[N]은?
(단, $\sqrt{2}$는 1.4, $\sqrt{3}$은 1.7로 계산한다)   2012 국가직

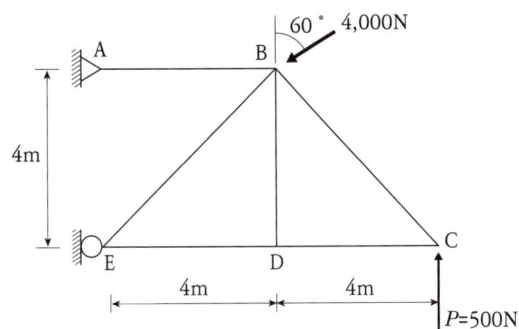

	BD 부재력	CD 부재력
①	0	500(인장)
②	0	500(압축)
③	2,000(압축)	700(인장)
④	3,400(인장)	700(압축)

006

단순 지지된 트러스에서 부재 A, B의 부재력[kN]은?   2007 국가직

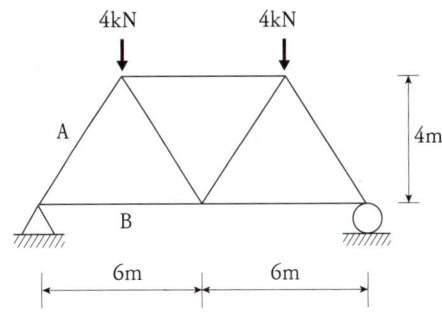

	A	B
①	5(압축)	3(인장)
②	5(인장)	3(압축)
③	3(압축)	5(인장)
④	3(인장)	5(압축)

007

그림과 같은 트러스에서 사재 AH의 부재력[kN]은? (단, P_1=10kN, P_2=30kN이며, 자중은 무시한다) 2016 국가직

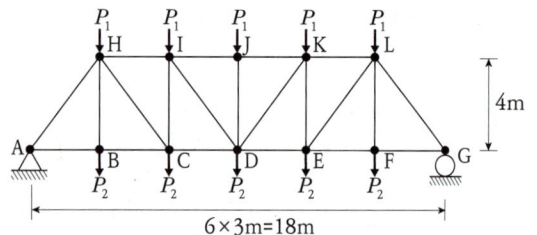

① 75(인장)
② 75(압축)
③ 125(인장)
④ 125(압축)

008

다음과 같은 트러스 구조물에서 부재 AD의 부재력[kN]은?
2014 지방직

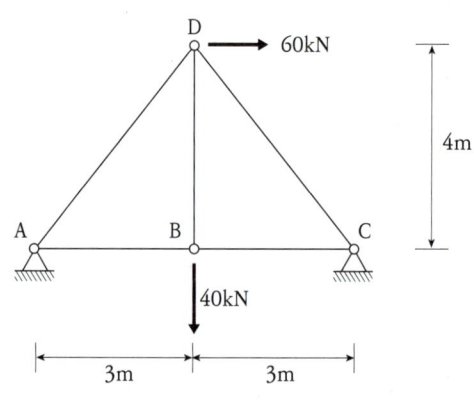

① 15 ② 25
③ 40 ④ 75

009

그림과 같이 트러스에 하중이 작용할 때, 부재 EH의 부재력 [kN]은? (단, 구조물의 자중은 무시한다) 2023 국가직

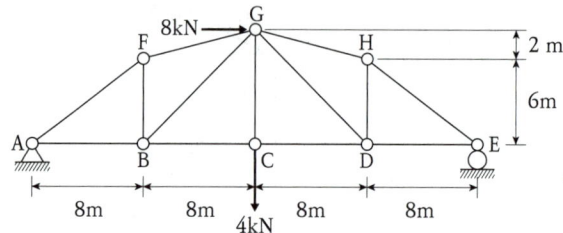

① $\frac{10}{3}$(압축) ② $\frac{10}{3}$(인장)
③ $\frac{20}{3}$(압축) ④ $\frac{20}{3}$(인장)

010

그림과 같은 트러스 구조물에서 부재 AD의 부재력[kN]은? (단, 모든 자중은 무시한다) 2017.6 지방직

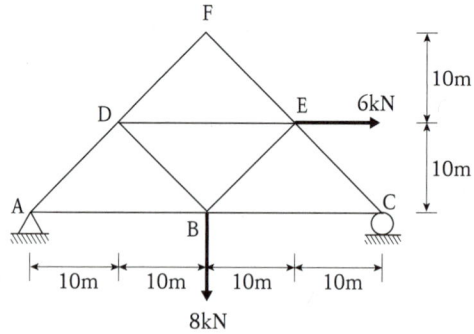

① $\frac{5\sqrt{2}}{2}$(압축) ② $\frac{5\sqrt{2}}{2}$(인장)
③ $\frac{\sqrt{2}}{2}$(압축) ④ $\frac{\sqrt{2}}{2}$(인장)

011

그림과 같은 하중을 받는 트러스 구조물에서 부재 AB의 부재력 [kN]은? (단, 부재의 축강성 EA는 일정하고, 구조물의 자중은 무시한다)

2022 지방직

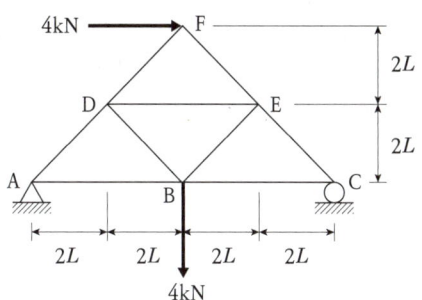

① 0
② $2\sqrt{2}$(압축)
③ 4(압축)
④ 4(인장)

012

그림과 같은 트러스에서 지점 A의 반력 R_A 및 BC 부재의 부재력 F_{BC}는? (단, 트러스의 자중은 무시한다)

2015 국가직

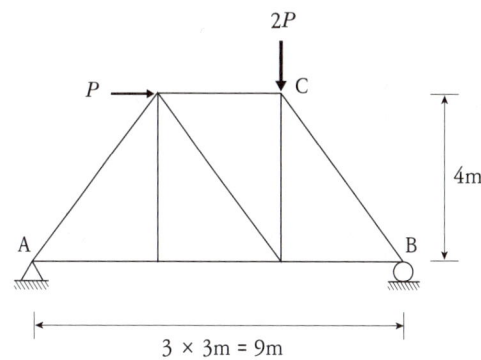

	R_A	F_{BC}
①	$\dfrac{2}{9}P$	$\dfrac{20}{9}P$(압축)
②	$\dfrac{2}{9}P$	$\dfrac{25}{12}P$(압축)
③	$\dfrac{16}{9}P$	$\dfrac{20}{9}P$(압축)
④	$\dfrac{16}{9}P$	$\dfrac{25}{12}P$(압축)

013

다음 그림과 같은 트러스에서 BD 부재의 부재력[kN]은?

2013 지방직

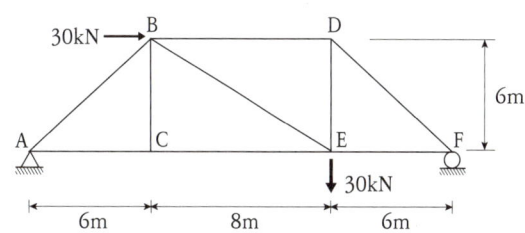

① 20(인장)
② 20(압축)
③ 30(인장)
④ 30(압축)

014

다음 트러스 구조물의 상현재 U와 하현재 L의 부재력[kN]은? (단, 모든 부재의 탄성계수와 단면적은 같고, 자중은 무시한다)

2014 국가직

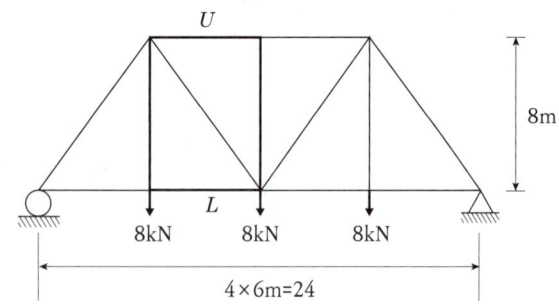

U 부재력	L 부재력
① 12(압축)	9(인장)
② 12(인장)	6(압축)
③ 9(압축)	18(인장)
④ 9(인장)	9(압축)

015

그림과 같이 트러스에 집중하중이 작용할 때, EF 부재의 부재력 [kN]은? (단, 자중은 무시한다)

2025 국가직

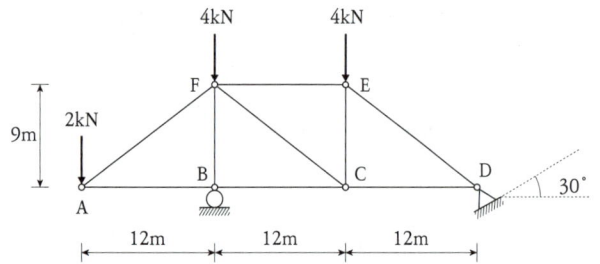

① $\frac{4}{5}$ (압축) ② $\frac{4}{5}$ (인장)

③ $\frac{4}{3}$ (압축) ④ $\frac{4}{3}$ (인장)

016 80점 목표

그림과 같이 트러스 A의 내부에 설치되어 있는 경사부재를 트러스 B와 같이 설치할 경우, 옳은 것은?

2011 지방직

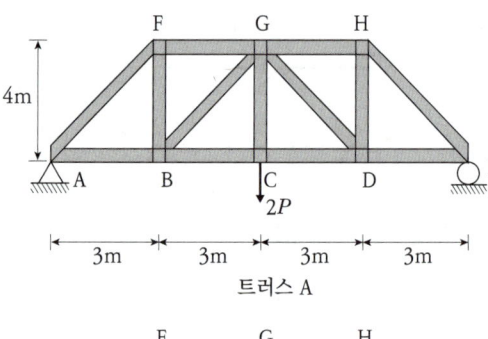

트러스 A

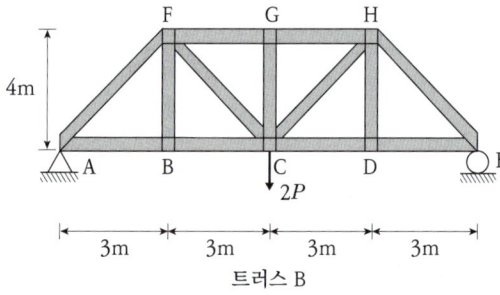

트러스 B

① 트러스 A에서 부재 FG의 부재력은 트러스 B에서 부재 FG의 부재력의 $\frac{1}{2}$이다.

② 트러스 A에서 부재 AF의 부재력과 트러스 B에서 부재 AF의 부재력은 상이하다.

③ 트러스 A에서 부재 FB의 부재력과 트러스 B에서 부재 FB의 부재력은 동일하다.

④ 트러스 A에서 부재 BG와 트러스 B에서 부재 FC는 모두 압축부재이다.

017

그림과 같은 트러스 구조물에서 부재 AB의 부재력 크기[kN]는? (단, 구조물의 자중은 무시한다) 2021 지방직

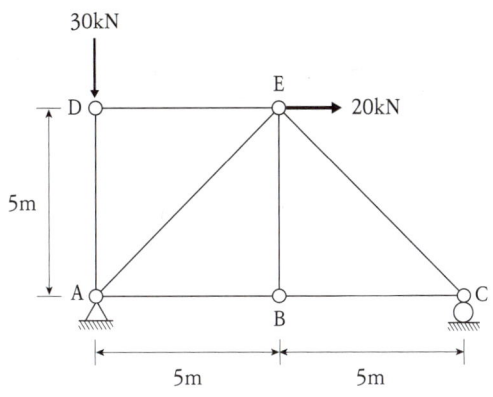

① 10 ② $10\sqrt{2}$
③ 50 ④ $50\sqrt{2}$

018

그림과 같은 하중을 받는 트러스에 대한 설명으로 옳지 않은 것은? (단, 모든 부재의 자중은 무시한다) 2019 지방직

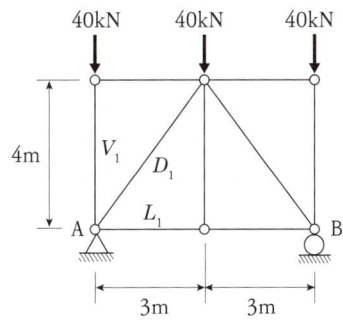

① V_1은 40kN의 압축을 받는다.
② L_1은 15kN의 인장을 받는다.
③ 내적안정이고 외적안정이면서 정정이다.
④ D_1은 16kN의 압축을 받는다.

019

다음 그림과 같은 트러스 구조물에서 부재 CG와 DE의 부재력 F_{CG}와 F_{DE}는? 2010 지방직

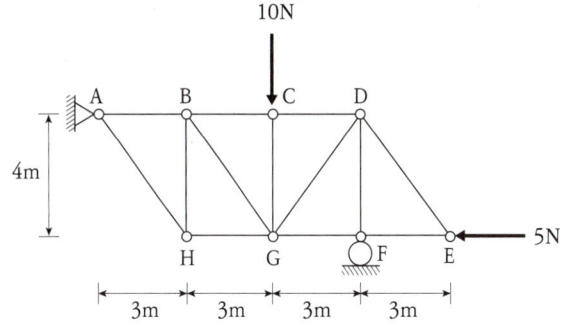

① F_{CG}=압축력 10N, F_{DE}=압축력 5N
② F_{CG}=인장력 10N, F_{DE}=인장력 5N
③ F_{CG}=압축력 10N, F_{DE}=0N
④ F_{CG}=인장력 10N, F_{DE}=0N

020

그림과 같은 트러스에서 부재 BC의 부재력[kN]은? (단, 구조물의 자중은 무시한다) 2024 국가직

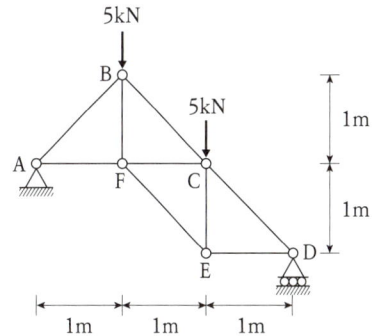

① 5(인장) ② 5(압축)
③ $5\sqrt{2}$(인장) ④ $5\sqrt{2}$(압축)

021 80점 목표

그림과 같은 트러스 구조물에서 C점에 수직하중이 작용할 때, 부재 CG와 BG의 부재력(F_{CG}, F_{BG})[kN]은? (단, 트러스의 자중은 무시한다)   2017 국가직

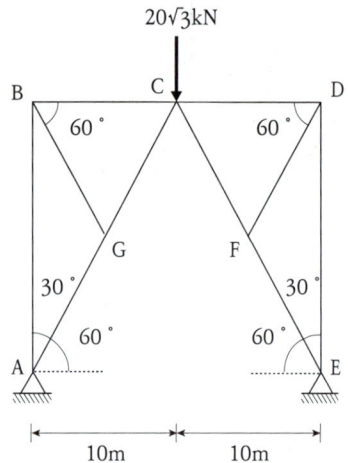

	F_{CG}	F_{BG}
①	20(압축)	0
②	0	20(압축)
③	30(압축)	0
④	20(압축)	30(압축)

022 80점 목표

그림과 같은 트러스에서 CB 부재에 발생하는 부재력의 크기[kN]는? (단, 모든 부재의 자중은 무시한다)   2018 국가직

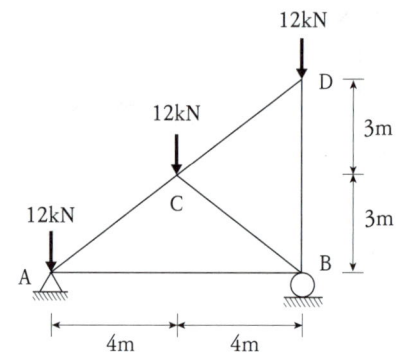

① 5.0
② 7.5
③ 10.0
④ 12.5

023 80점 목표

그림과 같은 트러스의 수직부재 CD의 부재력은? (단, 부재의 자중은 무시한다)   2024 지방직

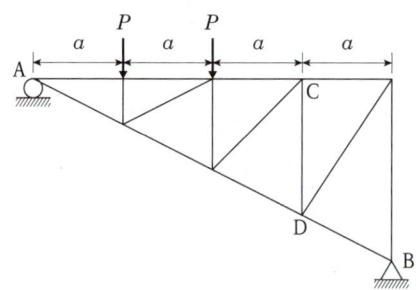

① P(인장력)
② P(압축력)
③ $2P$(인장력)
④ $2P$(압축력)

대표문제

024

그림과 같은 구조물에서 BC 부재가 100kN의 인장력을 받을 때 하중 P의 값[kN]은?

2007 국가직

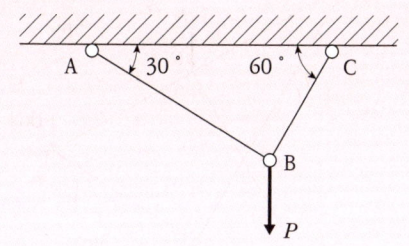

① 100.0
② 115.5
③ 141.4
④ 173.2

025

그림과 같이 2개의 부재로 연결된 트러스에서 B점에 30kN의 하중이 연직방향으로 작용하고 있을 때, AB 부재와 BC 부재에 발생하는 부재력의 크기 F_{AB}[kN]와 F_{BC}[kN]는?

2020 국가직

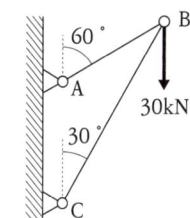

	F_{AB}	F_{BC}
①	30	$30\sqrt{3}$
②	30	30
③	60	$60\sqrt{3}$
④	60	60

해설

F_{AB}, F_{BC}는 B점에서 $\rightarrow +\sum F_x=0$을 만족해야 하므로 수평 분력을 동일하게 'x'로 가정하고 절점법을 이용하여 트러스의 분력을 모두 표시한다.

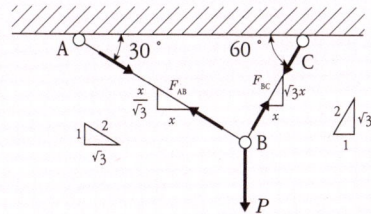

$F_{BC}=2x=100\text{kN} \Rightarrow x=50\text{kN}$

At B ;
$\uparrow +\sum F_y=0$;
$\dfrac{x}{\sqrt{3}}+\sqrt{3}x-P=0 \ (\sqrt{3}\approx 1.7)$
$P=\dfrac{50}{1.7}+1.7\times 50\approx 114.1\text{kN}\approx 115.5\text{kN}$

정답 ②

026

다음 그림과 같이 힘이 작용하는 구조물에서 부재 AB와 BC에 걸리는 부재력[kN] F_{AB}, F_{BC}는? (단, 부재의 자중과 도르래의 마찰은 무시한다)

2012 지방직

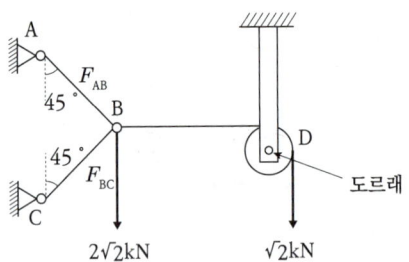

	F_{AB}	F_{BC}
①	1(인장)	1(압축)
②	1(압축)	1(인장)
③	3(인장)	1(압축)
④	3(압축)	1(인장)

027 · 80점 목표

다음 그림과 같은 트러스 구조물에서 CD 부재의 부재력[kN]은?

2010 국가직

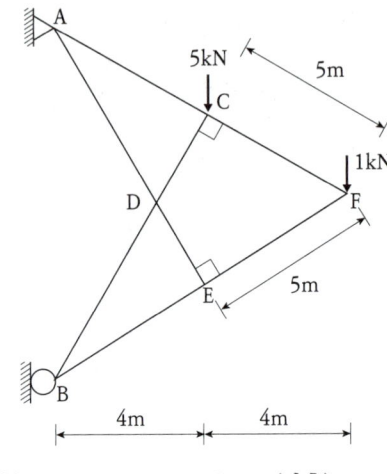

① 4.0 (압축)
② 4.5 (압축)
③ 5.0 (압축)
④ 5.5 (압축)

대표문제

028

다음과 같은 트러스에서 CD 부재의 부재력 F_{CD}[kN] 및 CF부재의 부재력 F_{CF}[kN]의 크기는? (단, 자중은 무시한다)

2015 지방직

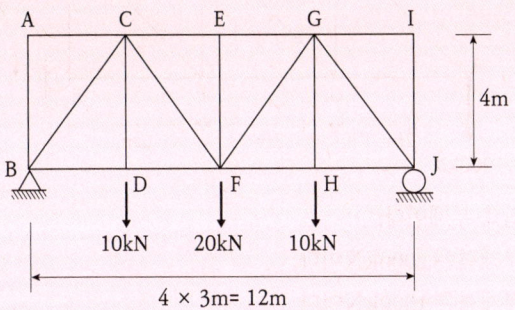

	F_{CD}	F_{CF}
①	6.0	25.0
②	6.0	12.5
③	10.0	25.0
④	10.0	12.5

해설

(1) F_{CD}

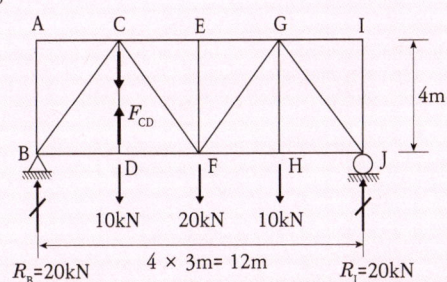

At entire
$R_B = R_J = \dfrac{10\text{kN} + 20\text{kN} + 10\text{kN}}{2} = 20\text{kN}$ (∵ 대칭)

At D
$\uparrow + \sum F_y = 0$;
$F_{CD} - 10\text{kN} = 0$
➡ $F_{CD} = 10\text{kN}$ (인장)

(2) F_{CF}

트러스의 경사부재력 계산은 단면법을 이용하는 것이 좋다.

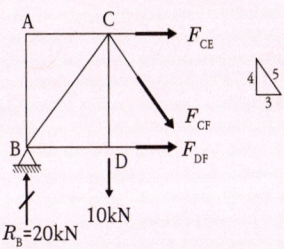

At 자유물체도
$\uparrow + \sum F_y = 0$;
$20\text{kN} - 10\text{kN} - \left(F_{CF} \times \dfrac{4}{5}\right) = 0$
➡ $F_{CF} = 12.5\text{kN}$ (인장)

꼭 알아두자!

문제에서 물어보지 않았으나 절점법으로 모든 트러스 부재력을 계산해 보자. 좌우 대칭이므로 반만 계산한다.

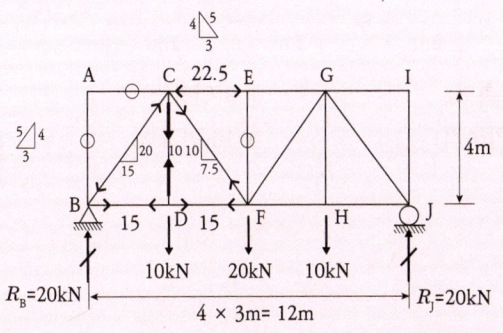

정답 ④

029

그림과 같이 하중을 받는 트러스 구조물에서 부재 CG의 부재력의 크기[kN]는? (단, 구조물의 자중은 무시한다) 2020 지방직

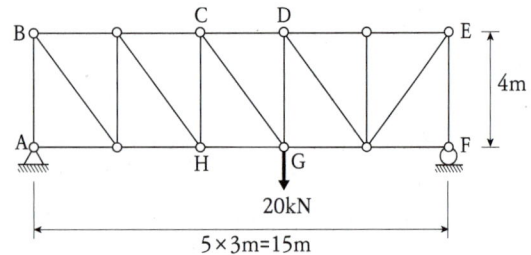

① 8
② 10
③ 12
④ 14

030

다음 그림과 같은 트러스에서 부재 BC의 부재력[kN]은?

2012 지방직

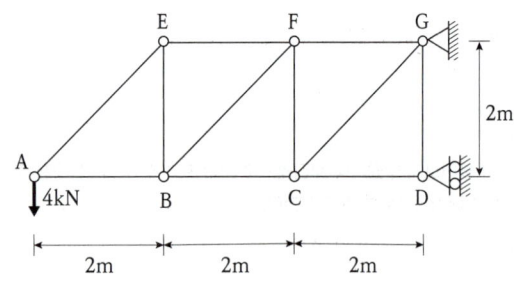

① 8(압축력)
② 8(인장력)
③ 16(압축력)
④ 16(인장력)

031

그림과 같은 트러스에서 부재 CG에 대한 설명으로 옳은 것은? (단, 모든 부재의 자중은 무시한다) 2016 지방직

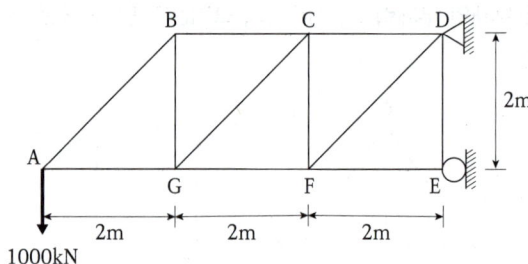

① 압축 부재이다.
② 부재력은 2000kN이다.
③ 부재력은 1000kN이다.
④ 부재력은 $1000\sqrt{2}$kN이다.

032 80점 목표

그림과 같이 단순 지지된 트러스 구조물에서 CD부재의 부재력 [kN]은? (단, 구조물의 자중은 무시한다) 2023 국가직

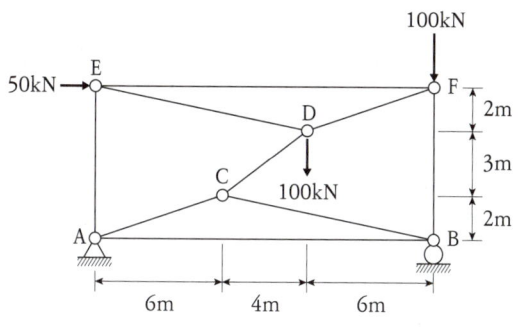

① 31.25 (압축) ② 31.25 (인장)
③ 62.5 (압축) ④ 62.5 (인장)

033 80점 목표

그림과 같은 트러스에서 부재 BC의 부재력의 크기는? (단, 모든 부재의 자중은 무시하고, 모든 내부 절점은 힌지로 이루어져 있다) 2019 국가직

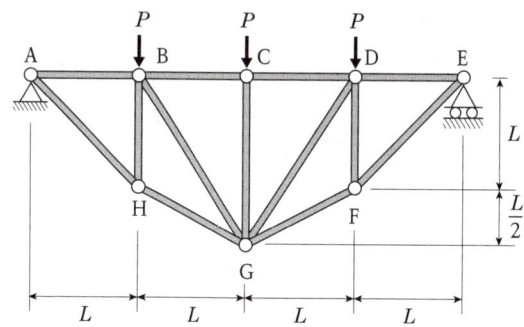

① $\dfrac{P}{3}$ ② P
③ $2P$ ④ $\dfrac{4}{3}P$

034 80점 목표

그림과 같은 트러스 구조물에서 부재 BC의 부재력 크기[kN]는? (단, 모든 자중은 무시한다.)   2019 지방직

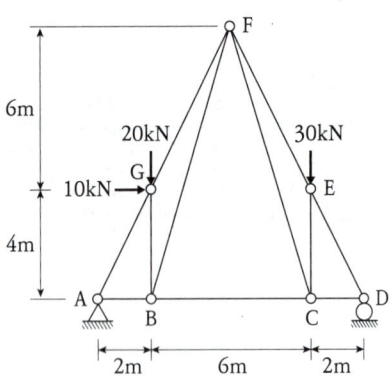

① 5 (압축) ② 5 (인장)
③ 7 (압축) ④ 7 (인장)

035 80점 목표

다음 그림과 같은 트러스에서 CF에 발생하는 부재력[kN]은?   2008 국가직

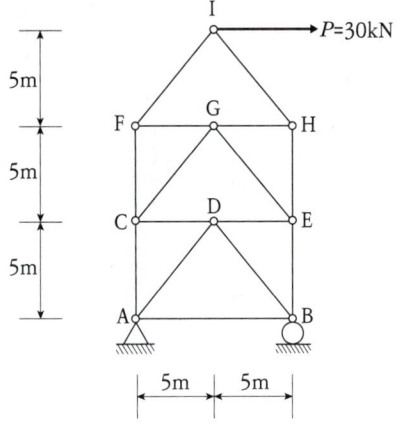

① 30 (압축) ② 30 (인장)
③ 15 (압축) ④ 15 (인장)

CHAPTER 15 강성

정답·해설 181~188p

대표문제

001

그림과 같이 하중 P를 세 개의 스프링이 지지하고 있다. 하중 P에 의한 변위 δ는? (단, 자중은 무시한다) 2017.12 지방직

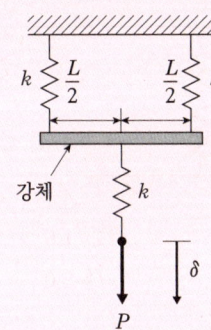

① $\dfrac{P}{2k}$ ② $\dfrac{3P}{2k}$ ③ $\dfrac{5P}{2k}$ ④ $\dfrac{7P}{2k}$

해설

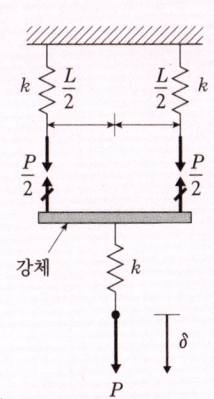

상부 스프링 변형 : $\delta_1 = \dfrac{\left(\dfrac{P}{2}\right)}{k} = \dfrac{P}{2k}$

하부 스프링 변형 : $\delta_2 = \dfrac{P}{k}$

$\delta = \delta_1 + \delta_2 = \dfrac{P}{2k} + \dfrac{P}{k} = \dfrac{3P}{2k}$

정답 ②

002

그림과 같이 두 스프링에 매달린 강성이 매우 큰 봉(bar) AB의 중간 지점에 하중 100N을 작용시켰더니 봉이 수평이 되었다. 이때 스프링의 강성 k_2[N/m]는? (단, k_1, k_2는 스프링의 강성이며, 봉과 스프링의 자중은 무시한다) 2018 지방직

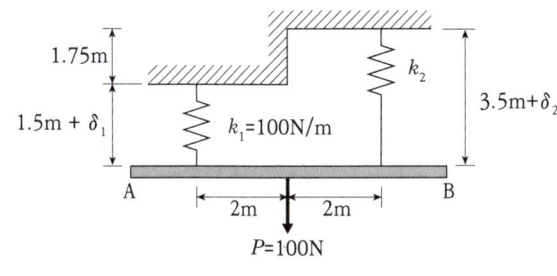

① 350   ② 300
③ 250   ④ 200

003

다음과 같은 강체보에서 지점간의 상대적 처짐이 없는 경우 A, B 지점에 있는 스프링 상수의 비율(k_1/k_2)은? (단, 강체보의 자중은 무시한다) 2014 지방직

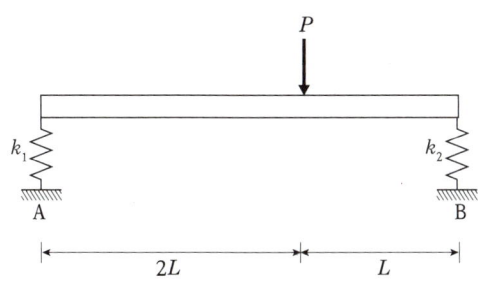

① 0.5   ② 1.0
③ 1.5   ④ 2.0

004

그림과 같이 스프링으로 지지된 균일 단면의 강체보에 하중 900N이 작용하여 수평을 유지할 때, 스프링 강성 k_B[kN/m]는? (단, 스프링 강성 k_A=5kN/m이고, 구조물의 자중은 무시한다)

2024 국가직

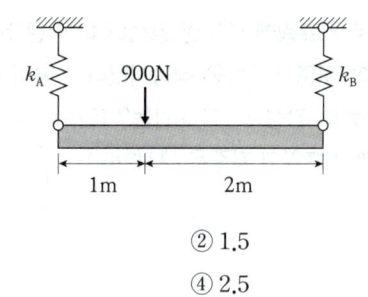

① 1.0
② 1.5
③ 2.0
④ 2.5

005

다음 그림과 같이 보의 좌측에는 강성 k_1=100kN/m인 스프링에 의해 지지되며, 우측은 강성이 k_2인 2개의 직렬 연결된 스프링으로 지지되어 있다. 집중하중 12kN이 그림과 같이 작용될 때, 양 지점의 처짐량이 같아지기 위한 스프링 강성 k_2의 값[kN/m]은? (단, 보와 스프링의 자중은 무시한다)

2012 지방직

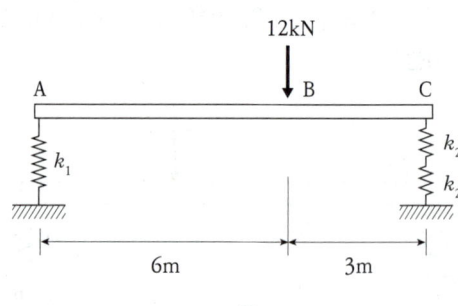

① 100
② 200
③ 300
④ 400

006 80점 목표

다음과 같이 강체가 스프링에 의하여 지지되어 있다. 작용하중 (P)은 1kN이고, 스프링상수 k_1 및 k_2는 각각 1kN/m일 때, 양 끝단 A, B의 높이 차이[m]는? (단, 강체의 자중은 무시하며, 하중(P)에 의하여 수직변위만 발생한다)

2014 지방직

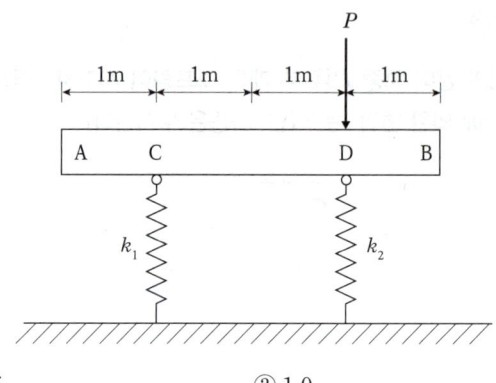

① 0.5
② 1.0
③ 1.5
④ 2.0

대표문제

007 · 80점 목표

다음과 같이 동일한 스프링 3개로 지지된 강체 막대기에 하중 W를 작용시켰더니 A, B, C점의 수직변위가 아래 방향으로 각각 δ, 2δ, 3δ였다. 하중 W의 작용 위치 $d[\text{m}]$는? (단, 자중은 무시한다)

2015 지방직

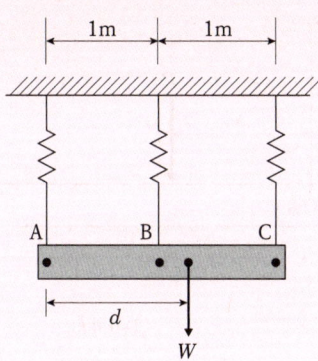

① $\dfrac{3}{2}$ ② $\dfrac{7}{6}$

③ $\dfrac{5}{3}$ ④ $\dfrac{4}{3}$

해설

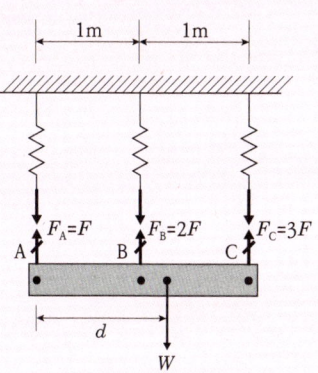

$F = K\delta$;
$F_A = K\delta = F$, $F_B = K(2\delta) = 2F$, $F_C = K(3\delta) = 3F$

$\uparrow + \sum F_y = 0$;
$F + 2F + 3F - W = 0$
$\rightarrow F = \dfrac{W}{6}$

$\circlearrowleft + \sum M_A = 0$;
$(W \times d) - (2F \times 1\text{m}) - (3F \times 2\text{m}) = 0$
$\rightarrow (W \times d) - \left(2 \times \dfrac{W}{6} \times 1\text{m}\right) - \left(3 \times \dfrac{W}{6} \times 2\text{m}\right) = 0$

$\therefore d = \dfrac{4}{3}\text{m}$

정답 ④

008

다음과 같이 강체가 두 개의 케이블에 지지되어 있다. 강체가 수평을 유지하기 위한 하중 P의 재하위치 x는? (단, 두 케이블의 EA는 같다)

2013 국가직

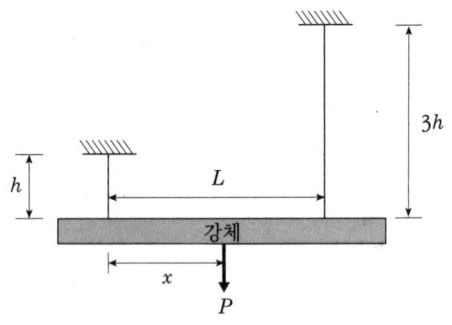

① $\dfrac{L}{3}$　　　② $\dfrac{L}{4}$

③ $\dfrac{2L}{3}$　　　④ $\dfrac{3L}{4}$

009

다음 그림과 같은 수평한 강성보(rigid beam) AB가 길이가 다른 2개의 강봉으로 A와 B에서 핀으로 연결되어 있다. 연직하중 P가 강성보 AB 사이에 작용할 때 강성보 AB가 수평을 유지하기 위한 연직하중 P의 작용위치 X는? (단, 두 개 강봉의 단면적과 탄성계수는 동일하다)

2010 지방직

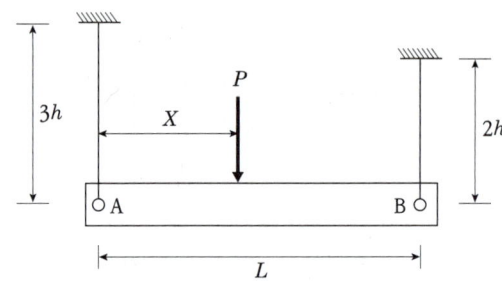

① $0.3L$　　　② $0.4L$
③ $0.5L$　　　④ $0.6L$

010

그림과 같이 케이블로 지지된 강체 보 BC에 $5P$의 집중하중이 작용할 때, 강체 보 BC가 수평을 유지하기 위한 x는? (단, 모든 부재의 자중은 무시하고, 케이블 AB와 케이블 CD의 재료와 단면적은 동일하다)

2024 지방직

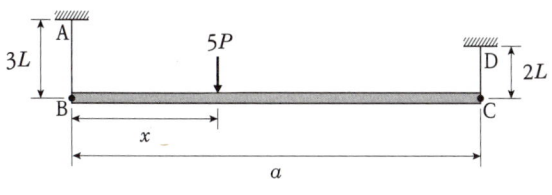

① $0.4a$ ② $0.5a$
③ $0.6a$ ④ $0.7a$

012

그림과 같은 부정정 구조물의 A점에 처짐각 $\theta_A = 0.025 \text{rad}$이 발생하였다. 이때 A점에 작용하는 휨모멘트 M_A의 크기[N·mm]는? (단, 휨강성 $EI = 40,000 \text{N·mm}^2$이며, 구조물의 자중은 무시한다)

2021 지방직

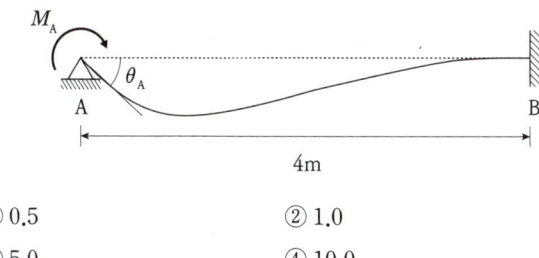

① 0.5 ② 1.0
③ 5.0 ④ 10.0

011

그림과 같은 보-스프링 구조에서 A점에 휨모멘트 $2M$이 작용할 때, 수직변위가 상향으로 $\dfrac{L}{100}$, 지점 B의 모멘트 반력 M이 발생하였다. 이때, 스프링 상수 k는? (단, 휨강성 EI는 일정하고, 자중은 무시한다)

2016 국가직

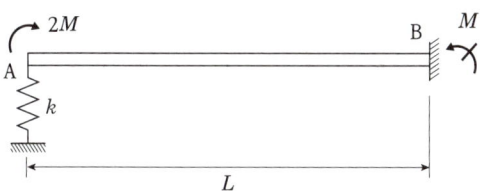

① $\dfrac{50M}{L^2}$ ② $\dfrac{100M}{L^2}$
③ $\dfrac{150M}{L^2}$ ④ $\dfrac{200M}{L^2}$

대표문제

013

그림은 단면적 A_S인 강재(탄성계수 E_S)와 단면적 A_C인 콘크리트(탄성계수 E_C)를 결합한 길이 L인 기둥 단면이다. 연직하중 P가 기둥 중심축과 일치하게 작용할 때 강재의 응력은?

2014 국가직

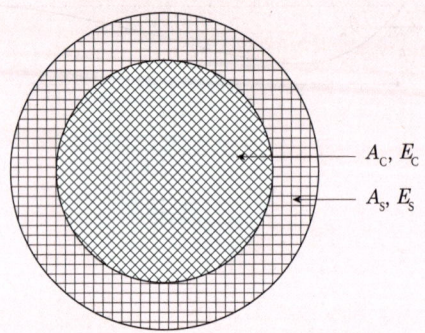

① $\dfrac{E_S}{E_C + E_S}P$

② $\dfrac{E_S}{E_C A_C + E_S A_S}P$

③ $\dfrac{E_C A_C}{E_C A_C + E_S A_S}P$

④ $\dfrac{E_S A_S}{E_C A_C + E_S A_S}P$

해설

$$P_S = \frac{K_S}{K_S + K_C}P = \frac{\left(\dfrac{E_S A_S}{L}\right)}{\left(\dfrac{E_S A_S}{L}\right)+\left(\dfrac{E_C A_C}{L}\right)}P$$

$$= \frac{E_S A_S}{E_S A_S + E_C A_C}P$$

$$\therefore \sigma_S = \frac{P_S}{A_S} = \frac{E_S}{E_S A_S + E_C A_C}P$$

꼭 알아두자!

문제에서 물어보지 않았으나, P_C, σ_C, $\delta = \delta_S = \delta_C$를 구해보자.

$$P_C = \frac{K_C}{K_S + K_C}P = \frac{\left(\dfrac{E_C A_C}{L}\right)}{\left(\dfrac{E_C A_C}{L}\right)+\left(\dfrac{E_S A_S}{L}\right)}P$$

$$= \frac{E_C A_C}{E_C A_C + E_S A_S}P$$

$$\sigma_C = \frac{P_C}{A_C} = \frac{E_C}{E_C A_C + E_S A_S}P$$

$$\delta = \frac{P}{K_t} = \frac{P}{K_S + K_C} = \frac{P}{\left(\dfrac{E_S A_S}{L}\right)+\left(\dfrac{E_C A_C}{L}\right)} = \frac{PL}{E_S A_S + E_C A_C}$$

$$\delta_S = \frac{P_S L}{E_S A_S} = \left(\frac{E_S A_S}{E_S A_S + E_C A_C}P\right)\left(\frac{L}{E_S A_S}\right) = \frac{PL}{E_S A_S + E_C A_C}$$

$$\delta_C = \frac{P_C L}{E_C A_C} = \left(\frac{E_C A_C}{E_S A_S + E_C A_C}P\right)\left(\frac{L}{E_C A_C}\right) = \frac{PL}{E_S A_S + E_C A_C}$$

정답 ②

014 80점 목표

다음 그림과 같이 철근 콘크리트로 만든 사각형 기둥의 단면 중심축에 $P=120\text{tf}$의 압축 하중이 작용하고 있다. 콘크리트와 철근의 단면적이 각각 900cm^2와 27cm^2일 때, 콘크리트의 응력(σ_c)과 철근의 응력(σ_s)은? (단, 철근과 콘크리트의 탄성계수비(E_S/E_C)는 9이고, 소수점 이하는 반올림한다) 2008 국가직

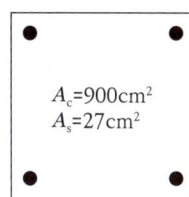

	$\sigma_C[\text{kgf/cm}^2]$	$\sigma_S[\text{kgf/cm}^2]$
①	105	925
②	105	945
③	125	925
④	125	945

015

그림과 같이 동일한 높이 L을 갖는 3개의 기둥 위에 강판(rigid plate)을 대고 압축력 P를 가하고 있다. 좌·우측 기둥 (가), (다)의 축강성은 $E_1 \cdot A_1$으로 동일하고, 가운데 기둥 (나)의 축강성은 $E_2 \cdot A_2$일 때, 기둥 (가)와 기둥 (나)에 가해지는 압축력 P_1과 P_2는? (단, $r = \dfrac{E_1 A_1}{E_2 A_2}$이고, 강판 및 기둥의 자중은 무시한다) 2018 지방직

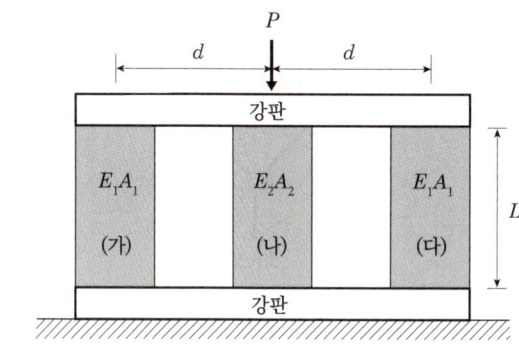

	P_1	P_2
①	$\left(\dfrac{r}{2r+1}\right)P$	$\left(\dfrac{1}{2r+1}\right)P$
②	$\left(\dfrac{1}{2r+1}\right)P$	$\left(\dfrac{r}{2r+1}\right)P$
③	rP	$(2r-1)P$
④	$r(r+1)P$	$(r+1)P$

대표문제

016

그림과 같은 케이블 구조물의 B점에 50kN의 하중이 작용할 때, B점의 수직 처짐[mm]은? (단, 케이블 BC와 BD의 길이는 각각 600mm, 단면적 $A=120\text{mm}^2$, 탄성계수 $E=250$ GPa이다. 또한 미소변위로 가정하며, 케이블의 자중은 무시한다)

2015 국가직

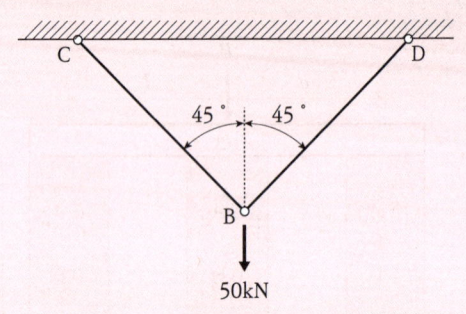

① 0.5
② $\frac{1}{\sqrt{2}}$
③ 1.0
④ $\sqrt{2}$

해설

$F=K\delta \rightarrow \delta=\frac{F}{K}$;

$\delta = \frac{P}{\sum k} = \frac{P}{2K_v}$

$= \frac{P}{2\left(\frac{EA}{L}\sin^2\theta\right)} = \frac{PL}{2EA\sin^2\theta}$

$= \frac{(50\text{kN})(600\text{mm})}{2(250\text{GPa})(120\text{mm}^2)(\sin^2 45°)} = 1\text{mm}$

계산 TIP

○ 정석적인 방법

$\delta = \frac{(50\text{kN})(600\text{mm})}{2(250\text{GPa})(120\text{mm}^2)(\sin^2 45°)}$

$= \frac{(5\times 10\text{kN})(6\times 10^2\text{mm})}{2(25\times 10)(12\times 10)\text{kN}\times\left(\frac{\sqrt{2}}{2}\right)^2}$

$= \frac{5\times 6}{2\times 25\times 12\times \frac{1}{2}}\times 10\text{mm} = 1\text{mm}$

○ 앞자리 뽑기

$\delta : \frac{5\times 6}{2\times 25\times 12\times \left(\frac{\sqrt{2}}{2}\right)^2} = \frac{1}{10} \rightarrow \delta = 1\text{mm}$

정답 ③

017

그림과 같은 구조물에서 C점에 단위크기(=1)의 수직방향 처짐을 발생시키고자 할 때, C점에 가해 주어야 하는 수직하중 P 의 크기는? (단, 모든 자중은 무시하고, AC, BC 부재의 단면적은 A, 탄성계수는 E인 트러스 부재이다.)

2017.6 지방직

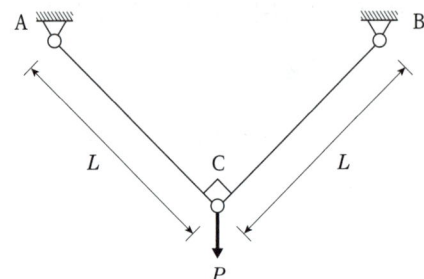

① $\frac{EA}{4L}$

② $\frac{EA}{3L}$

③ $\frac{EA}{2L}$

④ $\frac{EA}{L}$

018

그림과 같이 길이 L, 축강성 EA이며, 수평면과 기울기 θ를 이루고 있는 2개의 축부재 ac와 bc가 스프링 상수 k인 연직스프링 cd와 절점 c에서 연결된 트러스가 있다. 절점 c에 연직 하중 P가 작용할 때, 절점 c의 연직 처짐은? (단, 스프링 상수는 $k = \dfrac{EA}{L}$이다)

2011 국가직

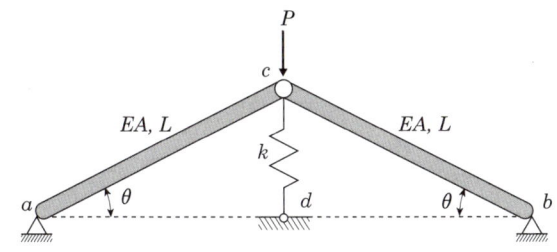

① $\dfrac{P}{2k(\sin^3\theta+1)}$

② $\dfrac{P}{k(2\sin^3\theta+1)}$

③ $\dfrac{P}{k(2\sin^2\theta+1)}$

④ $\dfrac{P}{2k(\sin^2\theta+1)}$

019

그림과 같이 트러스 부재들의 연결점 B에 수직하중 P가 작용하고 있다. 모든 부재들의 길이 L, 단면적 A, 탄성계수 E가 같은 경우, 부재 BC의 부재력은? (단, 모든 자중은 무시한다)

2017.6 지방직

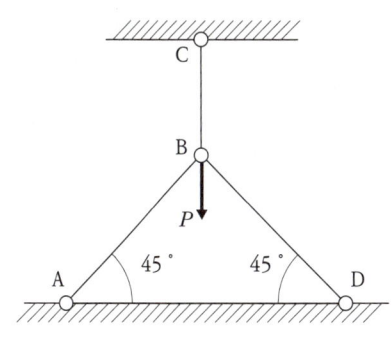

① $\dfrac{P}{3}$(압축) ② $\dfrac{P}{2}$(인장)

③ $\dfrac{2P}{3}$(압축) ④ $\dfrac{3P}{4}$(인장)

020 80점 목표

그림과 같이 축강성(EA)이 일정한 트러스 구조물에 수직하중 P가 작용하고 있다. 부재 BD와 부재 CD의 부재력의 비 $\left(\dfrac{F_{BD}}{F_{CD}}\right)$는? (단, 미소변형이론을 적용하고, 구조물의 자중은 무시한다)

2022 지방직

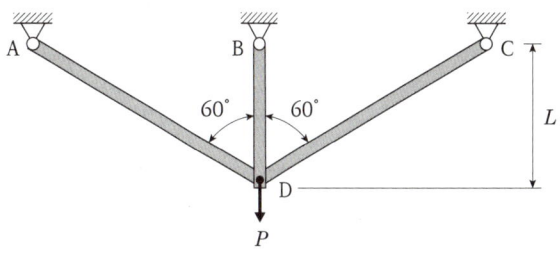

① 4 ② 2

③ $2\sqrt{3}$ ④ $\dfrac{1}{\sqrt{3}}$

CHAPTER 16 강체를 포함한 구조

대표문제

001

다음 그림과 같은 강성보(rigid beam)가 A점은 핀(pin)으로, B점과 C점은 스프링상수 k인 스프링으로 지지되어 있다. 이 보의 A점의 수직반력은? 2010 국가직

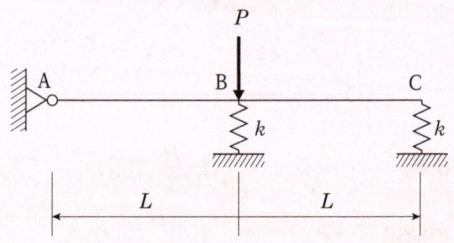

① 0
② $\dfrac{1}{5}P(\uparrow)$
③ $\dfrac{2}{5}P(\uparrow)$
④ $\dfrac{3}{5}P(\uparrow)$

해설

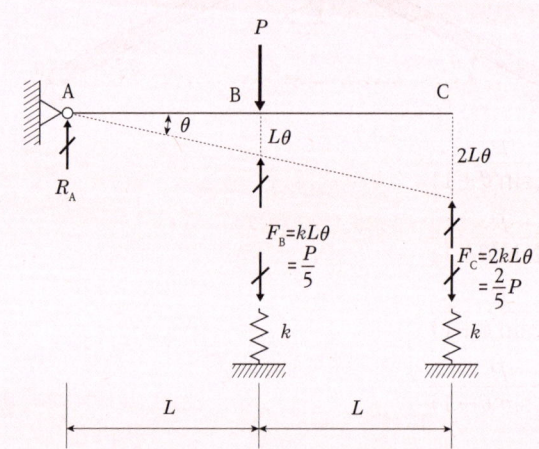

$F = K\delta$;
$F_B = k(L\theta) = kL\theta$, $F_C = k(2L\theta) = 2kL\theta$

$\circlearrowleft + \sum M_A = 0$;
$(kL\theta \times L) + (2kL\theta \times 2L) - (P \times L) = 0$
$\rightarrow kL\theta = \dfrac{P}{5}$

$\uparrow + \sum F_y = 0$;
$R_A - P + \dfrac{P}{5} + \dfrac{2}{5}P = 0$

$\therefore R_A = \dfrac{2}{5}P\ (\uparrow)$

꼭 알아두자!
강체는 변형되지 않으므로 변형 후에도 직선을 유지한다.

정답 ③

002 `80점 목표`

그림과 같이 하중을 받는 스프링과 힌지로 지지된 강체 구조물에서 A점의 변위[mm]는? (단, $M_B=30\text{N}\cdot\text{m}$, $k_1=k_2=k_3=5\text{kN/m}$, $L_1=2\text{m}$, $L_2=L_3=1\text{m}$, 구조물의 자중은 무시하며 미소변위이론을 사용한다)

2020 국가직

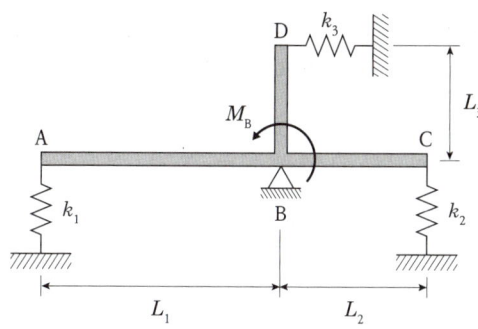

① 1.0
② 1.5
③ 2.0
④ 2.5

004

그림과 같이 B점과 C점에서 케이블로 지지된 강체보의 C점에 하중 10kN이 작용할 때, 지점 A에서의 수직 반력의 크기[kN]와 방향은? (단, 케이블의 탄성계수는 200GPa, 단면적은 100mm^2이고, 모든 부재의 자중은 무시한다)

2024 국가직

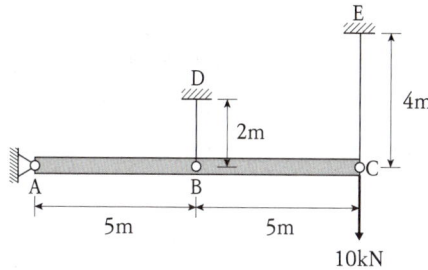

① $\dfrac{20}{3}$ (↓)
② $\dfrac{20}{3}$ (↑)
③ $\dfrac{10}{3}$ (↓)
④ $\dfrac{10}{3}$ (↑)

003

그림과 같은 강체에서 하중 P에 의해 C점에 0.03m의 처짐이 발생할 때, C점에 작용된 하중 P[N]는? (단, 자중은 무시한다)

2017.12 지방직

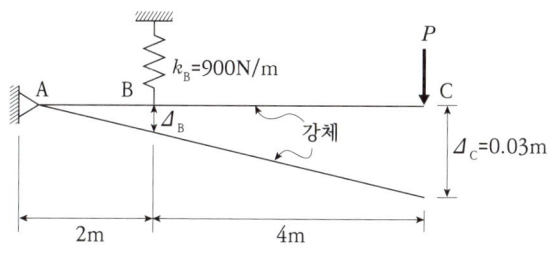

① 0.3
② 0.9
③ 3.0
④ 9.0

CHAPTER 17 기둥

정답·해설 190~197p

대표문제

001

길이가 4.0m이고 직사각형 단면을 가진 기둥이 있다. 세장비 λ는? (단, 기둥의 단면성질에서 $I_{max}=2{,}500\,cm^4$, $I_{min}=1{,}600\,cm^4$, $A=100\,cm^2$이다)

2008 국가직

① 50　　② 80
③ 100　　④ 160

해설

$$r=\sqrt{\dfrac{I_{min}}{A}}=\sqrt{\dfrac{1600\,cm^4}{100\,cm^2}}=4\,cm$$

$$\therefore \lambda=\dfrac{L_e}{r}=\dfrac{4m}{4cm}=100$$

꼭 알아두자!

문제에서 기둥의 지점 조건에 대한 별도의 언급이 없어 4m를 유효길이로 이용한다.

계산 TIP

◦ 정석적인 방법

$$r=\sqrt{\dfrac{1600\,cm^4}{100\,cm^2}}=\sqrt{\dfrac{16\times 10^2\,cm^2}{10^2}}=\sqrt{4^2\,cm^2}=4\,cm$$

$$\lambda=\dfrac{4m}{4cm}=\dfrac{4\times 10^2\,cm}{4\,cm}=100$$

◦ 앞자리 뽑기

r는 중간과정이므로 앞자리 뽑기를 적용할 수 없다.

정답 ③

002

그림과 같이 길이가 L인 기둥의 중실원형 단면이 있다. 단면의 도심을 지나는 $A-A$ 축에 대한 세장비는?

2017 국가직

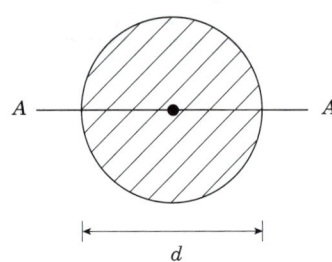

① $\dfrac{L}{d}$　　② $\dfrac{2L}{d}$

③ $\dfrac{2\sqrt{2}L}{d}$　　④ $\dfrac{4L}{d}$

003

그림과 같이 높이가 폭(b)의 2배인 직사각형 단면을 갖는 압축부재의 세장비(λ)를 48 이하로 제한하기 위한 부재의 최대 길이는 직사각형 단면 폭(b)의 몇 배인가?

2018 국가직

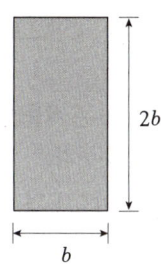

① $6\sqrt{3}$ ② $8\sqrt{3}$
③ $10\sqrt{3}$ ④ $12\sqrt{3}$

004

정사각형 단면 한 변의 길이가 b인 기둥의 유효길이가 5m일 때, 이 기둥의 유효세장비가 100이 되기 위한 b의 크기[cm]는?

2025 지방직

① $5\sqrt{5}$ ② $10\sqrt{3}$
③ $15\sqrt{5}$ ④ $20\sqrt{3}$

대표문제

005

기둥의 임계하중에 대한 설명으로 옳지 않은 것은? 2014 지방직

① 단면2차모멘트가 클수록 임계하중은 크다.
② 좌굴 길이가 길수록 임계하중은 작다.
③ 임계하중에서의 기둥은 좌굴에 대해서 안정하지도 불안정하지도 않다.
④ 동일조건에서 원형단면은 동일한 면적의 정삼각형 단면보다 임계하중이 크다.

해설

$P_{cr} = \dfrac{\pi^2 E I_{min}}{L_e^2}$;

① $I_{min} \uparrow \rightarrow P_{cr} \uparrow$
② $L_e \uparrow \rightarrow P_{cr} \Downarrow$
③ 옳은 보기이다.
④ 단면의 각의 수가 적을수록 단면 2차 모멘트가 크다. 정삼각형 단면이 원형 단면보다 각의 수가 적어 단면 2차모멘트가 크다. 따라서 동일조건에서 정삼각형 단면은 동일한 면적의 원형단면보다 임계하중이 크다.
$I_{min} \uparrow \rightarrow P_{cr} \uparrow$

정답 ④

006

Euler 탄성좌굴이론의 기본가정 중 옳지 않은 것은? 2009 국가직

① 기둥의 재료는 후크의 법칙을 따르며 균질하다.
② 좌굴발생에 따른 처짐(v)은 매우 작으므로 곡률(k)은 d^2v/dx^2와 같다.
③ 좌굴발생 전 양단이 핀으로 지지된 기둥은 초기결함 없이 완전한 직선을 유지하고 어떠한 잔류응력도 없다.
④ 좌굴발생 전 중립축에 직각인 평면은 좌굴발생 후 중립축에 직각을 유지하지 않는다.

007

기둥에 관한 설명으로 옳지 않은 것은? 2007 국가직

① 기둥은 세장비에 따라 단주, 중간주, 장주로 구분할 수 있다.
② 단주에 편심 압축하중이 단면의 핵(core) 안에 작용하면 단면 내 어느 점에서도 인장응력이 발생하지 않는다.
③ 기둥의 세장비는 기둥단면의 단면적, 단면2차모멘트, 그리고 기둥의 길이로 계산된다.
④ 장주의 양단이 핀 지지되지 않은 경우의 탄성 좌굴 하중은 양단이 핀 지지된 장주의 오일러 공식에 유효길이(effective length)를 사용하여 구할 수 있으며 양단이 고정된 장주의 유효길이 계수(effective length factor)는 0.7이다.

008

기둥에 대한 설명으로 옳지 않은 것은? 2023 국가직

① 기둥이란 축방향 압축력을 주로 받는 부재이며, 장주의 경우에는 좌굴파괴가 일어날 수 있다.
② 장주는 기둥의 단면 도심축 방향으로 인장력을 받아 좌굴파괴되는 기둥이다.
③ 기둥에서 단면의 핵(Core)은 기둥 단면에 인장응력이 발생하지 않는 축하중 작용 범위이다.
④ 양단이 고정되어 있고, 길이가 L인 장주의 임계하중을 계산하기 위한 유효길이는 $\frac{L}{2}$이다.

대표문제

009

그림과 같이 양단이 고정지지된 직사각형 단면을 갖는 기둥의 최소 임계하중의 크기[kN]는? (단, 기둥의 탄성계수 $E=210$ GPa, π^2은 10으로 계산하며, 자중은 무시한다)

2019 지방직

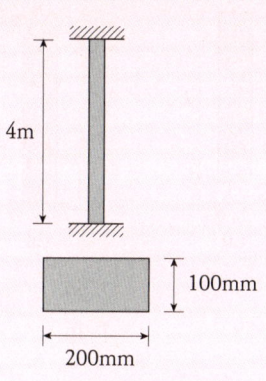

① 8,750
② 9,000
③ 9,250
④ 9,750

해설

$P_{cr} = \dfrac{\pi^2 EI_{min}}{L_e^2}$

$= \dfrac{(\pi^2)(210\text{GPa})\left(\dfrac{200 \times 100^3}{12}\text{mm}^4\right)}{(0.5 \times 4\text{m})^2}$

$= 8750\text{kN}$

정답 ①

010

그림과 같이 지름이 D인 원형단면을 가지는 일단 고정 타단 자유인 탄성좌굴 기둥부재에 압축력 P가 작용하고 있다. 이에 대한 설명으로 옳지 않은 것은? (단, E는 탄성계수, I는 단면 2차 모멘트이고, 자중은 무시한다)

2025 국가직

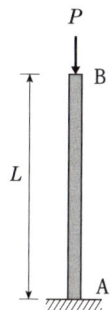

① 회전반경 $r = \dfrac{D}{4}$

② 유효세장비 $\lambda_e = \dfrac{4L}{D}$

③ 탄성좌굴하중 $P_{cr} = \dfrac{\pi^2 EI}{4L^2}$

④ 탄성좌굴응력 $\sigma_{cr} = \dfrac{\pi^2 ED^2}{64L^2}$

011

그림과 같은 두 기둥의 탄성좌굴하중의 크기가 같다면, 단면2차 모멘트 I의 비 $\left(\dfrac{I_2}{I_1}\right)$는? (단, 두 기둥의 탄성계수 E, 기둥의 길이 L은 같다)

2014 국가직

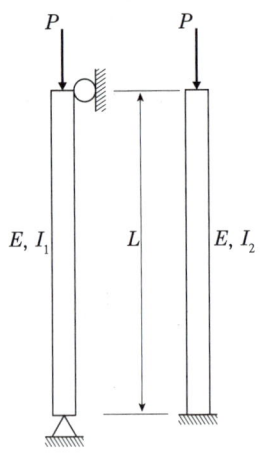

① $\dfrac{1}{4}$ ② $\dfrac{1}{3}$

③ 2   ④ 4

012

그림 (a)와 같은 양단이 힌지로 지지된 기둥의 좌굴하중이 10kN이라면, 그림 (b)와 같은 양단이 고정된 기둥의 좌굴하중 [kN]은? (단, 두 기둥의 길이, 단면의 크기 및 사용 재료는 동일하다)

2018 지방직

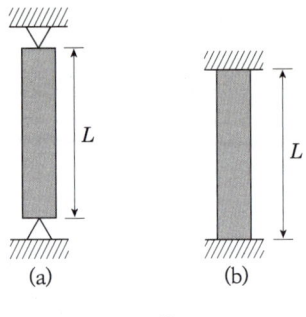

① 10   ② 20
③ 30   ④ 40

013

그림과 같이 구속조건이 다른 두 장주가 있다. 기둥 (a)의 좌굴하중이 100kN일 때, 기둥 (b)의 좌굴하중[kN]은? (단, 기둥의 휨강성 EI는 같고, 구조물의 자중은 무시한다)

2024 국가직

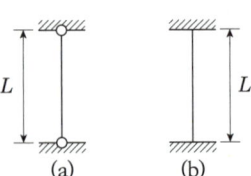

① 25   ② 200
③ $200\sqrt{2}$ ④ 400

014

그림 (가)와 같은 양단이 핀 지지된 길이 5m 기둥의 오일러 좌굴하중(P_{cr})의 크기가 160kN일 때, 그림 (나)와 같은 양단 고정된 길이 4m 기둥의 오일러 좌굴하중의 크기[kN]는?(단, 두 기둥의 단면은 동일하고, 탄성계수는 같으며, 구조물의 자중은 무시한다)

2022 지방직

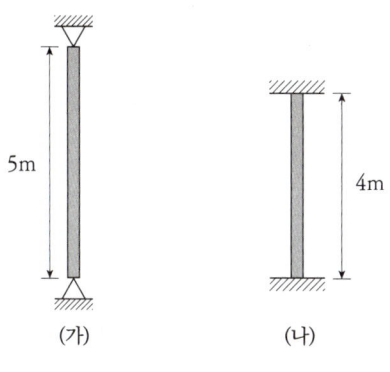

① 200　　　　　　② 250
③ 800　　　　　　④ 1,000

015

그림 (a) 장주의 좌굴하중이 20kN일 때, 그림 (b) 장주의 좌굴하중 [kN]은? (단, 두 기둥의 길이, 재료 및 단면 특성은 모두 같다)

2022 국가직

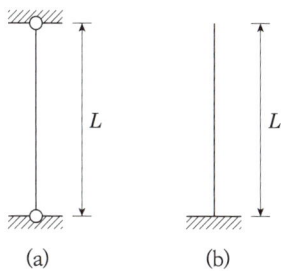

① 5　　　　　　② 20
③ 40　　　　　　④ 80

016

그림 (a)와 같이 양단 힌지로 지지된 길이 5m 기둥의 오일러 좌굴하중이 360kN일 때, 그림 (b)와 같이 일단 고정 타단 자유인 길이 3m 기둥의 오일러 좌굴하중[kN]은? (단, 두 기둥의 단면은 동일하고, 탄성계수는 같으며, 구조물의 자중은 무시한다)

2020 지방직

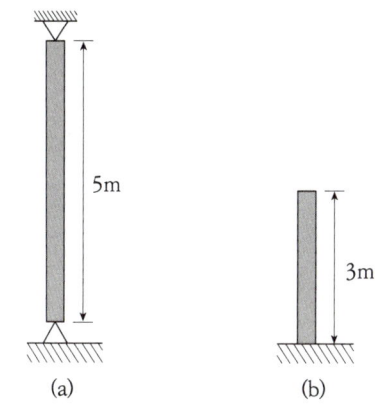

① 125　　　　　　② 250
③ 500　　　　　　④ 720

017

양단힌지 경계조건을 가지는 기둥의 좌굴하중보다 두 배의 좌굴하중을 가지는 기둥의 경계조건으로 적절한 경우는? (단, 두 경우의 기둥 길이와 단면특성 EI는 같다)

2010 국가직

① 1단 힌지, 타단 자유
② 1단 자유, 타단 고정
③ 1단 힌지, 타단 고정
④ 양단 고정

018

그림과 같이 단부 경계 조건이 각각 다른 장주에 대한 탄성 좌굴하중(P_{cr})이 가장 큰 것은? (단, 기둥의 휨강성 $EI = 4000$ kN·m²이며, 자중은 무시한다)

2016 지방직

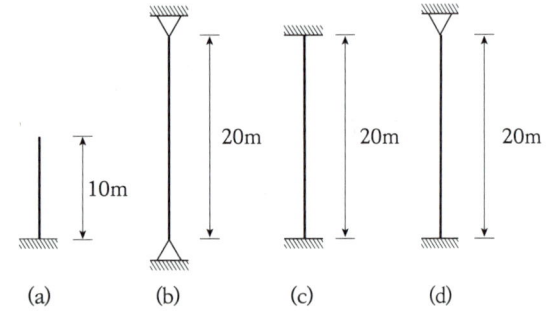

① (a)   ② (b)
③ (c)   ④ (d)

019

다음 좌굴에 대해 가장 취약한 기둥은? (단, 재료 및 단면특성치는 모두 동일한 것으로 가정한다)

2012 국가직

①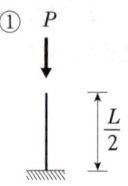

②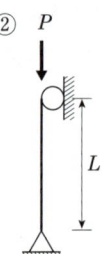

③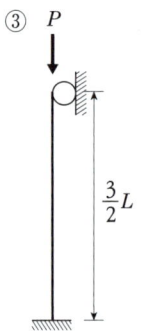

④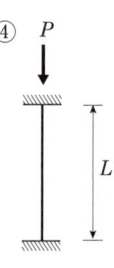

020

다음 그림과 같이 동일한 재료와 단면으로 제작된 길이가 다른 세 개의 기둥이 있다. 각 기둥에 대한 오일러 좌굴하중을 비교하였을 때 옳은 것은?

2010 지방직

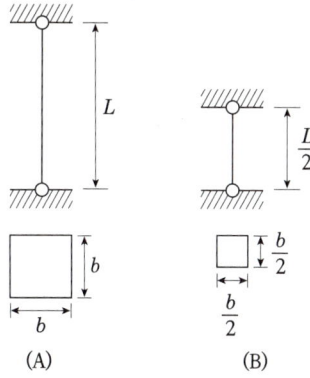

① A=B>C
② A=B<C
③ A<B<C
④ A>B>C

021

그림과 같이 정사각형 단면인 양단힌지 기둥 A와 B의 최소임계하중의 비($P_{cr,A} : P_{cr,B}$)는? (단, 두 기둥의 재료는 동일하다)

2017.12 지방직

① 2 : 1
② 4 : 1
③ 8 : 1
④ 16 : 1

022

그림과 같이 수평변위 구속조건이 서로 다른 3개의 장주에 대한 오일러 좌굴하중의 비 $P_{(a)} : P_{(b)} : P_{(c)}$는? (단, 평면 내의 좌굴만을 고려하며, 부재의 휨강성 EI는 동일하고 장주의 자중은 무시한다)

2024 지방직

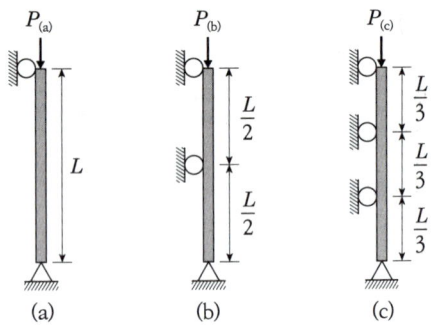

① 1 : 2 : 3
② 1 : 4 : 9
③ 3 : 2 : 1
④ 9 : 4 : 1

023 ◆ 80점 목표

그림과 같이 축하중 P를 받고 있는 기둥 ABC의 중앙 B점에서는 x방향의 변위가 구속되어 있고 양끝단 A점과 C점에서는 x방향과 z방향의 변위가 구속되어 있을 때, 기둥 ABC의 탄성좌굴을 발생시키는 P의 최솟값은? (단, 탄성계수 $E = \dfrac{L^2}{\pi^2}$, 단면2차모멘트 $I_x = 20\pi$, $I_z = \pi$로 가정한다)

2019 국가직

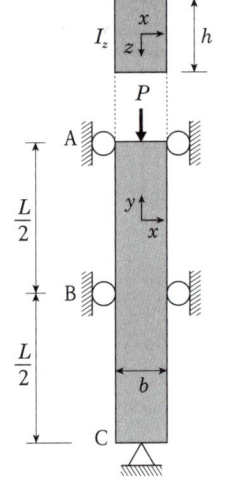 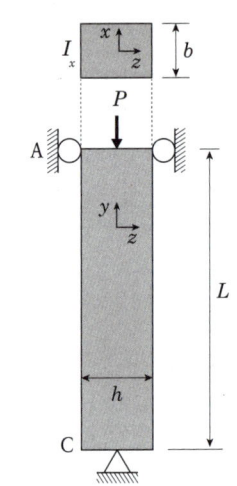

① 2π
② 4π
③ 5π
④ 20π

024

그림과 같은 기둥 AC의 좌굴에 대한 안전율이 2.0인 경우, 보 AB에 작용하는 하중 P의 최대 허용값은? (단, 기둥 AC의 좌굴축에 대한 휨강성은 EI이고, 보와 기둥의 연결부는 힌지로 연결되어 있으며, 보의 자중은 무시한다)

2015 국가직

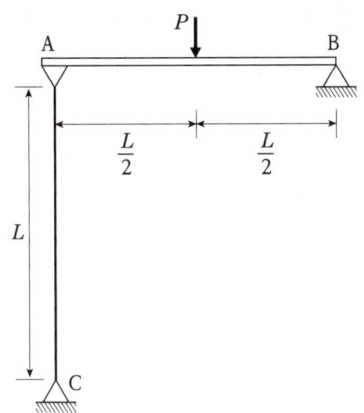

① $\dfrac{\pi^2 EI}{2L^2}$ ② $\dfrac{\pi^2 EI}{L^2}$

③ $\dfrac{2\pi^2 EI}{L^2}$ ④ $\dfrac{4\pi^2 EI}{L^2}$

025

다음 그림과 같은 트러스에서 AB 부재에 발생하는 부재력 F_{AB} [kN]와 탄성좌굴을 방지하기 위한 AB 부재 단면의 최소 단면 2차모멘트 I[cm^4]는? (단, AB 부재 양단의 경계조건은 힌지로 가정하고, 탄성계수 $E=250$GPa이다)

2009 국가직

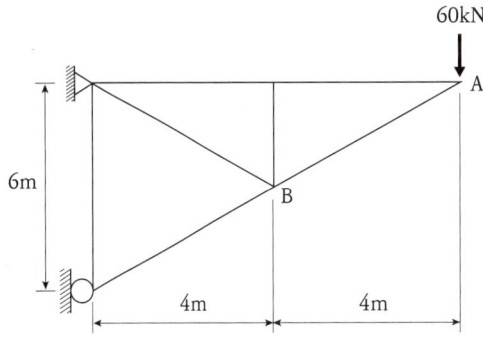

	F_{AB}	I
①	100	$\dfrac{250}{\pi^2}$
②	80	$\dfrac{500}{\pi^2}$
③	100	$\dfrac{1,000}{\pi^2}$
④	80	$\dfrac{1,200}{\pi^2}$

026

그림과 같이 각 부재의 길이가 4m, 단면적이 $0.1m^2$인 트러스 구조물에 작용할 수 있는 하중 $P[kN]$의 최댓값은? (단, 부재의 좌굴강도는 6kN, 항복강도는 $100kN/m^2$이다)   2018 지방직

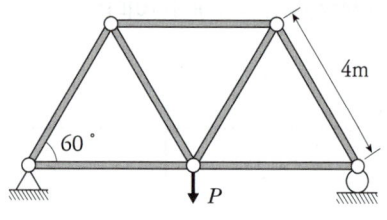

① $6\sqrt{3}$ ② $8\sqrt{3}$
③ $10\sqrt{3}$ ④ $12\sqrt{3}$

027

그림과 같은 가새골조(Braced Frame)가 있다. 기둥 AB와 기둥 CD의 유효좌굴 길이계수에 대한 설명으로 옳은 것은?

2020 국가직

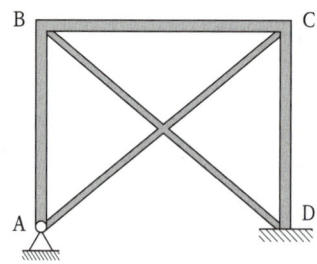

① 기둥 AB의 유효좌굴 길이계수는 0.7보다 크고 1.0보다 작다.
② 기둥 AB의 유효좌굴 길이계수는 2.0보다 크다.
③ 기둥 CD의 유효좌굴 길이계수는 0.5보다 작다.
④ 기둥 CD의 유효좌굴 길이계수는 1.0보다 크고 2.0보다 작다.

대표문제

028 80점 목표

그림과 같이 압축력 P를 받는 길이가 L인 강체봉이 A점은 회전스프링(스프링 계수 k_θ)으로, B점은 병진스프링(스프링 계수 k)으로 각각 지지되어 있다. 좌굴하중 P_{cr}의 크기는? (단, 봉의 자중은 무시하고, 미소변형이론을 적용한다)

2021 지방직

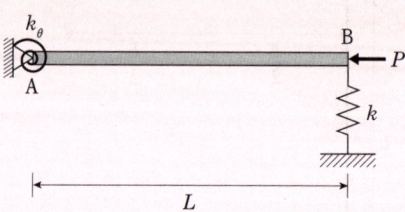

① $kL + \dfrac{k_\theta}{2L}$ ② $kL + \dfrac{k_\theta}{L}$

③ $2kL + \dfrac{k_\theta}{L}$ ④ $2kL + \dfrac{k_\theta}{2L}$

해설

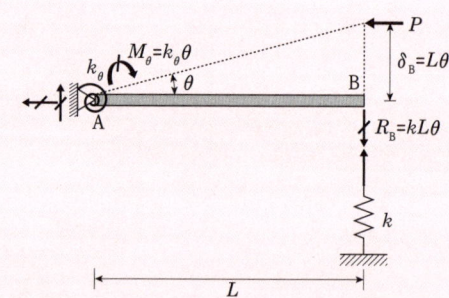

$\delta_B = L \times \theta = L\theta$
$F = K\delta$;
$R_B = (k)(L\theta) = kL\theta$
$M = K_\theta \theta$;
$M_\theta = (k_\theta)(\theta) = k_\theta \theta$

At entire
$\circlearrowleft + \sum M_A = 0$;
$(P \times L\theta) - (k_\theta \theta) - (kL\theta \times L) = 0$
→ $PL\theta - k_\theta \theta - kL^2\theta = 0$
∴ $P_{cr} = \dfrac{k_\theta}{L} + kL$

정답 ②

029 80점 목표

그림과 같은 이상형 강체 기둥 모델의 좌굴임계하중은? (단, A점은 힌지절점이고, B점은 선형탄성 거동을 하는 스프링에 연결되어 있으며, C점의 변위는 작다고 가정한다. BD 구간의 스프링 상수는 k이다)   2011 국가직

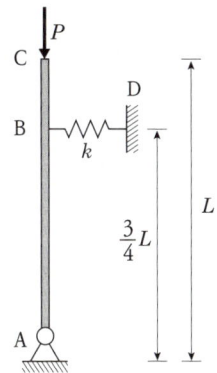

① $\frac{1}{4}kL$ ② $\frac{3}{4}kL$

③ $\frac{9}{16}kL$ ④ $1kL$

030 80점 목표

다음과 같은 강체(Rigid) AD 부재에 축방향으로 하중 P가 작용하고 있다. 지점 A는 힌지이며, 두 개의 스프링은 B점과 C점에 연결되어 있고, 스프링 계수는 동일한 k이다. 강체의 임계좌굴하중(P_{cr})은? (단, 부재는 미소변형 거동을 한다)   2013 국가직

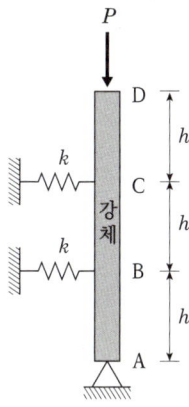

① $\frac{4hk}{3}$ ② $\frac{5hk}{3}$

③ $2hk$ ④ $3hk$

031

다음 그림과 같이 중앙 내부힌지 B점에 강성(stiffness) k인 회전스프링에 의하여 지지되는 기둥이 있다. 이 기둥의 임계좌굴하중(P_{cr})은?

2012 지방직

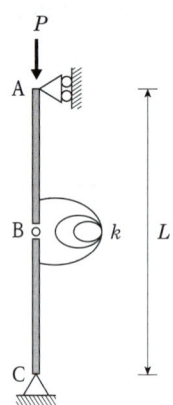

① $\dfrac{k}{2L}$ ② $\dfrac{k}{L}$

③ $\dfrac{2k}{L}$ ④ $\dfrac{4k}{L}$

032

그림과 같이 강체인 봉과 스프링으로 이루어진 구조물의 좌굴하중 P_{cr}은? (단, 스프링은 선형탄성 거동을 하며, 상수는 k이다. 또한 B점은 힌지이며, 봉 및 스프링의 자중은 무시한다)

2015 국가직

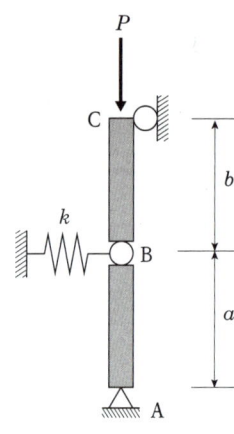

① $\dfrac{ka}{2}$ ② $\dfrac{kb}{2}$

③ $\dfrac{ka^2}{a+b}$ ④ $\dfrac{kab}{a+b}$

CHAPTER 18 정정/부정정

정답·해설 198~221p

대표문제

001

외적으로 정정인 구조물에 대한 설명으로 옳지 않은 것은?

2009 지방직

① 구하고자 하는 반력의 개수와 평형 방정식의 개수가 같다.
② 외부 온도의 변화에 의해 추가적인 반력이 발생하지 않는다.
③ 동일한 외부하중에서 구조물 부재들의 강성이 달라지면 반력이 달라진다.
④ 구조물 제작오차에 의해 추가적인 반력이 발생하지 않는다.

해설

① 2차원 평면(물체)에서 힘 평형 방정식은 총 3개이다. 외적 정정이란 힘 평형 방정식의 수와 지점 반력의 수가 같은 것을 의미한다.
②, ④ 정정구조에 지점침하, 온도 변화, 초기 균열이 발생할 경우 반력, 부재력이 발생하지 않는다. 그러나 부정정 구조에서는 반력, 부재력이 발생한다. 매우 중요한 특징으로 반드시 기억하자.
③ 외적 정정 구조의 지점 반력은 부재의 강성과 무관하다.

정답 ③

002

부정정 구조물이 정정 구조물에 비해 갖는 장점으로 옳지 않은 것은?

2021 국가직

① 부정정 구조물은 설계모멘트가 작기 때문에 부재 단면이 작아져서 경제적이다.
② 부정정 구조물에서 부정정 반력이나 부정정 부재들은 구조물의 안전도를 향상시킨다.
③ 부정정 구조물은 처짐의 크기가 작다.
④ 부정정 구조물은 지반의 부등침하 또는 부재의 온도변화로 인한 추가 응력이 발생하지 않는다.

003

다음 설명 중에서 옳지 않은 것은?

2007 국가직

① 평형방정식의 수보다 많은 미지의 힘을 갖는 구조물을 부정정 구조물이라 부른다.
② 기하학적 불안정은 구조물의 반력 성분이 외적 안정을 확보할 수 있도록 적절하게 배열되어 있지 않거나 구속되지 않는 경우를 말한다.
③ 트러스 구조물에서 부재의 수와 반력의 수의 합이 절점 수의 2배보다 작으면 부정정 트러스 구조물이다.
④ 구조물을 적절하게 구속하기 위해서는 반력의 작용선들이 동일한 점에서 교차되지 않도록 해야 한다.

대표문제

004

다음의 보가 정정 구조물이 되기 위해 필요한 내부힌지의 개수는?

2007 국가직

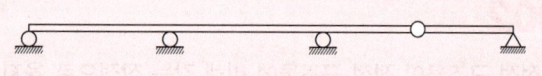

① 필요 없다 ② 1개
③ 2개   ④ 3개

005

다음 그림과 같은 연속보가 정정보가 되기 위해서 필요한 내부힌지(internal hinge)의 개수는?

2013 지방직

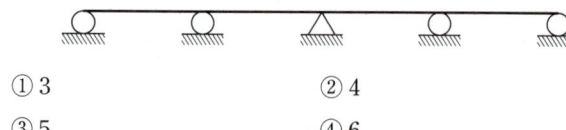

① 3   ② 4
③ 5   ④ 6

006

그림과 같은 보 (가), (나), (다)의 부정정 차수를 모두 합한 차수는?

2021 지방직

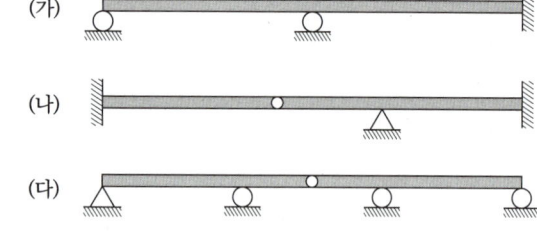

① 5차   ② 6차
③ 7차   ④ 8차

해설

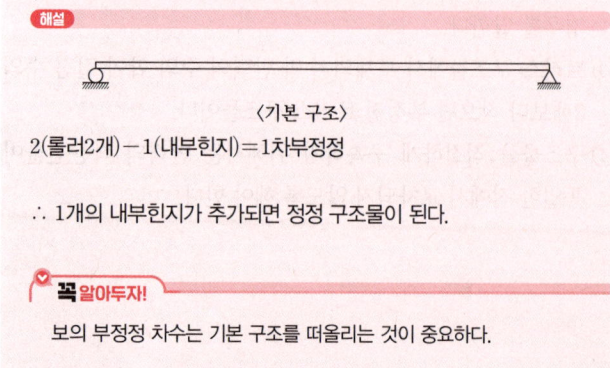

〈기본 구조〉

2(롤러2개) − 1(내부힌지) = 1차부정정

∴ 1개의 내부힌지가 추가되면 정정 구조물이 된다.

꼭 알아두자!
보의 부정정 차수는 기본 구조를 떠올리는 것이 중요하다.

정답 ②

007

그림과 같은 구조물의 부정정 차수는? (단, C점은 로울러 연결 지점이다)   2017 국가직

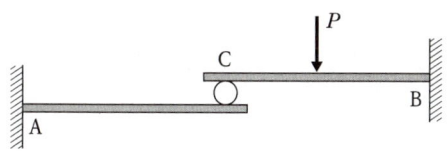

① 1 　　　　　② 2
③ 3 　　　　　④ 4

대표문제

009

그림과 같은 트러스의 부정정차수는?   2023 국가직

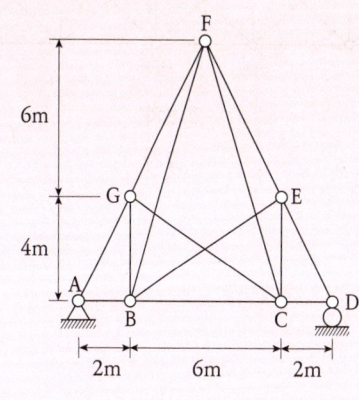

① 0 　　　　　② 1
③ 2 　　　　　④ 3

008

변위일치의 방법을 이용하여 양단고정보를 해석하고자 할 때, 잉여미지반력의 개수는? (단, 보의 수평반력은 없다고 가정한다)   2008 국가직

① 1개 　　　　② 2개
③ 3개 　　　　④ 4개

해설

$b=13, r=3, n=0, j=7$
$\therefore b+r+n-2j=13+3+0-2(7)=2$차부정정

정답 ③

010

그림과 같은 트러스의 내적 부정정 차수는?　　2011 지방직

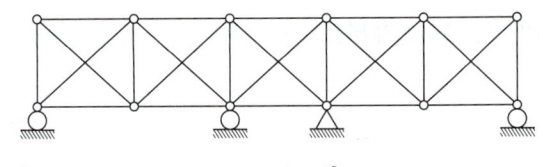

① 4차　　② 5차
③ 6차　　④ 7차

012

그림과 같은 라멘 구조물의 부정정 차수는?　　2021 국가직

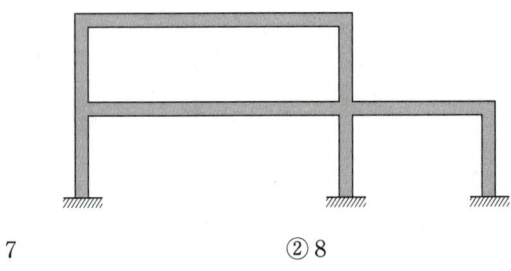

① 7　　② 8
③ 9　　④ 10

011

그림과 같은 트러스는 불안정 구조물로 판별되었다. 안정 구조물로 변환하기 위한 방법으로 옳지 않은 것은?　　2009 지방직

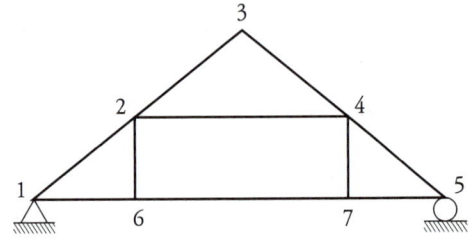

① 2번 절점과 7번 절점을 연결하는 부재 추가
② 5번 지점을 힌지로 교체
③ 4번 절점과 6번 절점을 연결하는 부재 추가
④ 1번 지점을 이동단으로 교체

013

그림과 같은 구조물의 전체 부정정 차수는?   2014 국가직

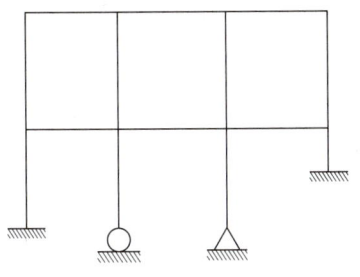

① 15　　② 17
③ 19　　④ 21

015

다음 그림과 같은 구조물을 판별한 것 중 옳은 것은?   2009 국가직

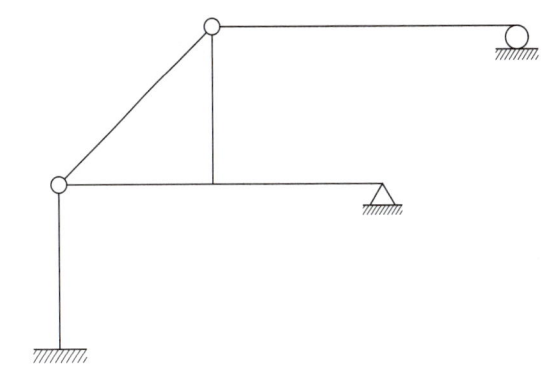

① 정정
② 1차 부정정
③ 2차 부정정
④ 3차 부정정

014

그림과 같은 라멘 구조물의 부정정 차수는?   2009 지방직

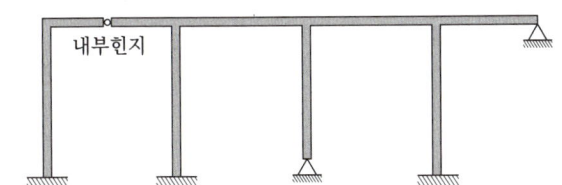

① 7차　　② 8차
③ 9차　　④ 10차

016

다음과 같은 구조물의 부정정 차수는?

2012 국가직

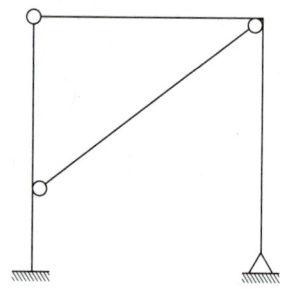

① 정정 구조물
② 1차 부정정
③ 2차 부정정
④ 3차 부정정

018

그림과 같은 구조물을 바르게 판별한 것은?

2011 국가직

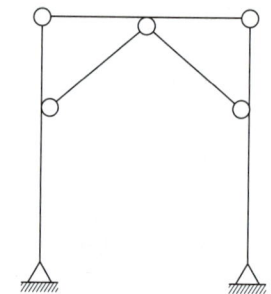

① 안정, 정정 구조물
② 안정, 1차부정정 구조물
③ 불안정, 1차부정정 구조물
④ 불안정, 2차부정정 구조물

017

그림과 같은 프레임 구조물의 부정정 차수는?

2025 지방직

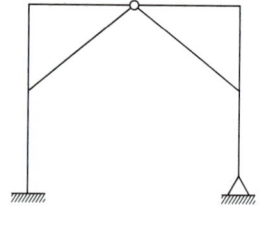

① 3
② 4
③ 5
④ 6

019

그림과 같은 프레임 구조물의 부정정 차수는?

2015 국가직

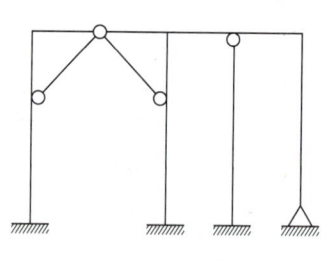

① 7차
② 8차
③ 9차
④ 10차

020

다음은 부정정 라멘 구조물이다. 부정정 차수가 다른 하나는?

2022 지방직

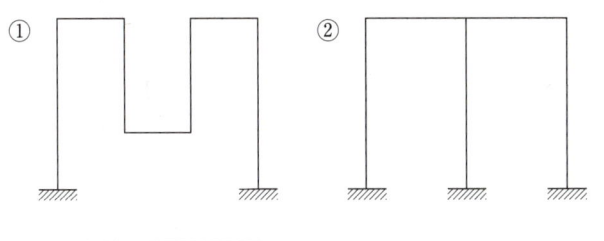
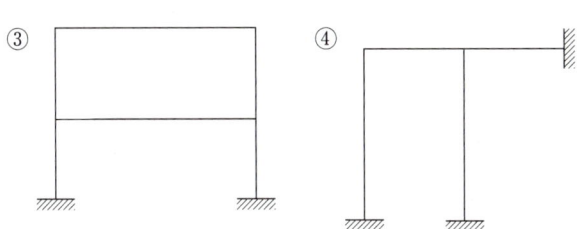

021

다음 구조물 중 부정정 차수가 가장 높은 것은?

2014 지방직

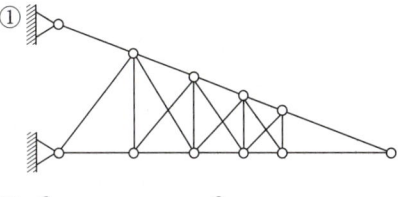
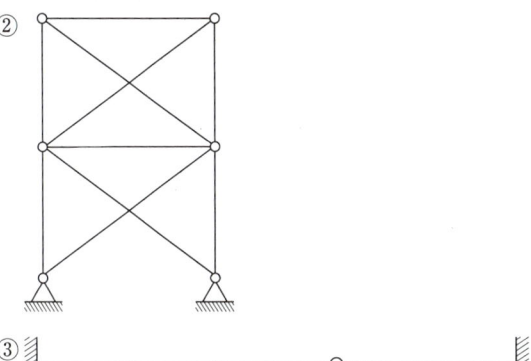
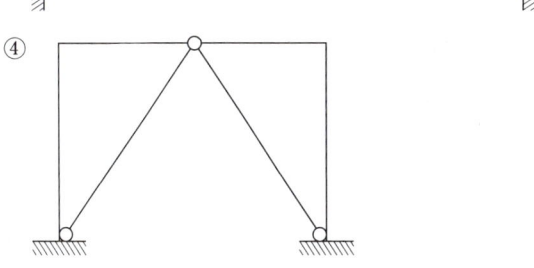

022

다음과 같은 구조물의 부정정 차수는?   2013 국가직

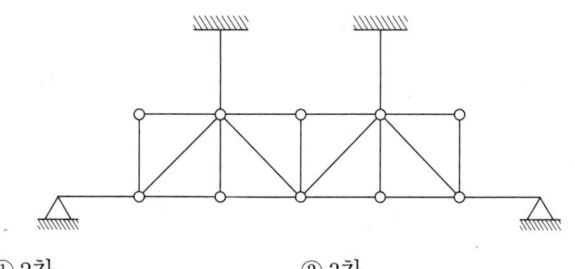

① 2차 ② 3차
③ 4차 ④ 5차

024 80점 목표

그림 (a)~(d)와 같은 구조물 중 불안정 구조물의 개수는?

2022 국가직

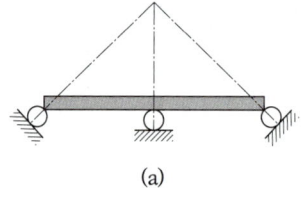 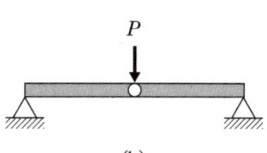
(a) (b)

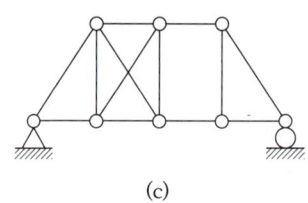 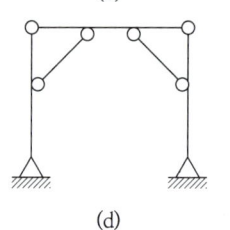
(c) (d)

① 0 ② 1
③ 2 ④ 3

023 80점 목표

다음 그림과 같은 구조물 가, 나, 다, 라 중 정정 구조물로만 묶인 것은?   2012 지방직

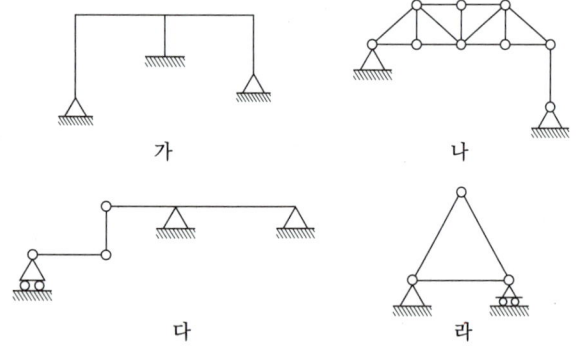

① 나, 다 ② 나, 라
③ 가, 다, 라 ④ 나, 다, 라

대표문제

025

축강성이 EA인 다음 강철봉의 C점에서의 수평변위는? (단, EA는 일정하다)

2008 국가직

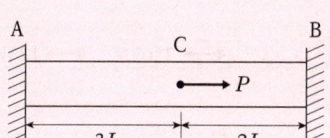

① $\dfrac{4PL}{5EA}$ ② $\dfrac{PL}{EA}$

③ $\dfrac{6PL}{5EA}$ ④ $\dfrac{7PL}{5EA}$

해설

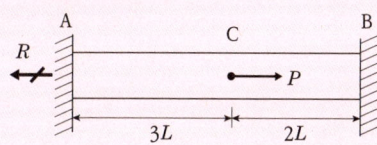

$N_{AC}=R,\ N_{CB}=R-P$

$\delta_{AC}+\delta_{CB}=0\ ;\ (\because\ \text{양단 고정})$

$\dfrac{N_{AC}L_{AC}}{EA}+\dfrac{N_{CB}L_{CB}}{EA}$

$=\dfrac{(R)(3L)}{EA}+\dfrac{(R-P)(2L)}{EA}=0$

→ $R(3)+(R-P)(2)=0$

→ $R=\dfrac{2}{5}P$

$\delta_{AC}=\dfrac{N_{AC}L_{AC}}{EA}=\dfrac{(R)(3L)}{EA}$

$=\dfrac{\left(\dfrac{2}{5}P\right)(3L)}{EA}=\dfrac{6PL}{5EA}$ (인장)

$\therefore\ \delta_C=\delta_{AC}=\dfrac{6PL}{5EA}(\rightarrow)$

꼭 알아두자!

δ_{AC}가 늘어나면 C점은 오른쪽으로, δ_{AC}가 줄어들면 C점은 왼쪽으로 이동한다.
δ_{CB}가 늘어나면 C점은 왼쪽으로, δ_{CB}가 줄어들면 C점은 오른쪽으로 이동한다.

정답 ③

026

그림과 같이 C점에 축력 F가 단면의 도심에 작용할 때, C점의 축방향 변위의 크기는? (단, 구조물의 축방향 강성은 EA이고, 구조물의 자중은 무시한다)

2023 국가직

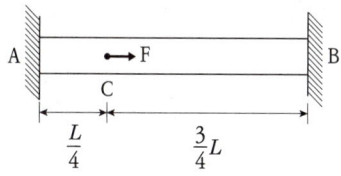

① $\dfrac{FL}{8EA}$ ② $\dfrac{3FL}{16EA}$

③ $\dfrac{FL}{4EA}$ ④ $\dfrac{5FL}{16EA}$

027

그림과 같이 a, b 두 부재가 용접되어 양단이 구속되어 있다. 하중 P가 용접면에 작용할 때, 하중 P에 의해 부재 a에 발생되는 축응력은? (단, 두 부재의 단면적 A는 동일하고, 부재 a와 b의 탄성계수는 각각 E_a와 E_b이며, $E_a=2E_b$이다)

2017.12 지방직

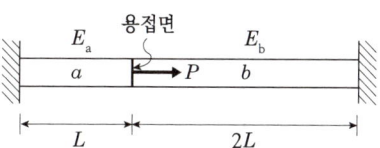

① $\dfrac{P}{A}$ ② $\dfrac{P}{4A}$

③ $\dfrac{3P}{4A}$ ④ $\dfrac{4P}{5A}$

028

그림과 같이 축방향 하중을 받는 합성 부재에서 C점의 수평변위의 크기[mm]는? (단, 부재에서 AC 구간과 BC 구간의 탄성계수는 각각 50GPa과 200GPa이고, 단면적은 500mm²으로 동일하며, 구조물의 좌굴 및 자중은 무시한다)   2020 지방직

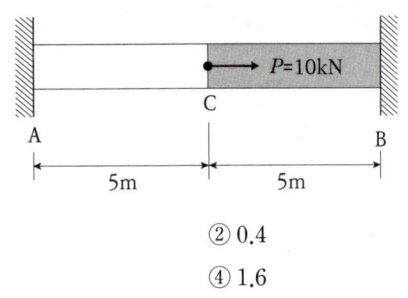

① 0.2
② 0.4
③ 0.5
④ 1.6

029

그림과 같이 양단 고정된 보에 축력이 작용할 때 지점 B에서 발생하는 수평 반력의 크기[kN]는? (단, 보의 축강성 EA는 일정하며, 자중은 무시한다)   2016 지방직

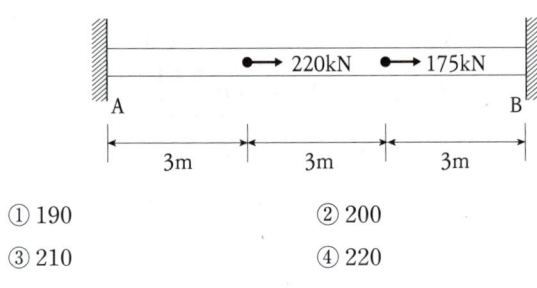

① 190
② 200
③ 210
④ 220

030

그림과 같이 양단 고정봉에 100kN의 하중이 작용하고 있다. AB 구간의 단면적은 100mm², BC 구간의 단면적은 200mm²으로 각각 일정할 때, A지점에 작용하는 수평반력[kN]의 크기는? (단, 탄성계수는 200GPa로 일정하고, 자중은 무시한다)

2016 국가직

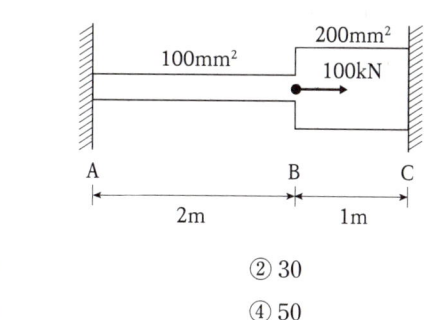

① 20
② 30
③ 40
④ 50

031

그림과 같이 C점에 축하중 P가 작용하는 봉의 부재 CD에 발생하는 수직응력은? (단, 부재 BC의 단면적은 $2A$, 부재 CD의 단면적은 A이다. 모든 부재의 탄성계수 E는 일정하고, 자중은 무시한다)

2018 국가직

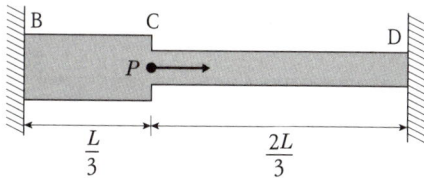

① $\dfrac{P}{3A}$
② $\dfrac{P}{6A}$
③ $\dfrac{2P}{5A}$
④ $\dfrac{P}{5A}$

032

그림과 같이 양단이 고정된 봉에 하중 P가 작용하고 있을 경우 옳지 않은 것은? (단, 각 부재는 동일한 재료로 이루어져 있고, 단면적은 각각 $3A$, $2A$, A이며, 봉의 자중은 무시한다. 또한 응력은 단면에 균일하게 분포한다고 가정한다)

2015 국가직

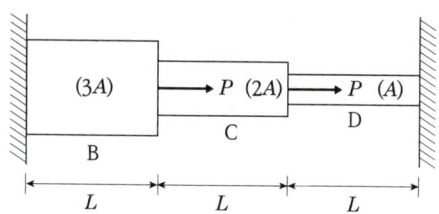

① B, C 부재의 축력 비는 15 : 4이다.
② D 부재에 발생하는 응력은 B 부재 응력의 $\dfrac{7}{5}$배이다.
③ D 부재의 길이 변화량이 가장 크다.
④ 양 지점의 반력은 크기가 같고 방향이 반대이다.

033

다음 그림과 같이 봉의 양단이 고정지지되어 있다. 봉의 온도가 40℃ 상승하였을 때 양 끝단에 발생하는 수평반력의 크기[kN]는? (단, 봉의 단면적 $A=100cm^2$, 탄성계수 $E=2.0\times10^6$ N/cm², 열팽창계수 $\alpha=1.1\times10^{-5}/℃$이다)   2010 지방직

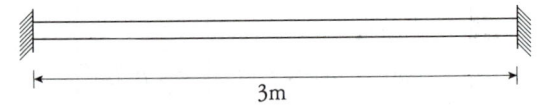

① 22
② 44
③ 66
④ 88

035

그림과 같이 양단이 고정된 균일한 단면의 강봉이 온도하중($\Delta T=30℃$)을 받고 있다. 강봉의 탄성계수 $E=200GPa$, 열팽창계수 $\alpha=1.2\times10^{-6}/℃$일 때, 강봉에 발생하는 응력[MPa]은? (단, 강봉의 자중은 무시한다)   2011 지방직

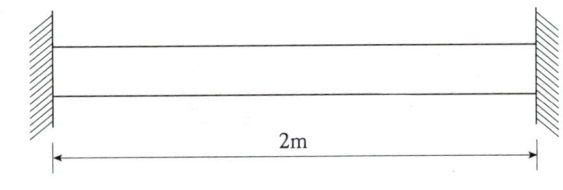

① 3.6
② 7.2
③ 9.6
④ 14.4

034

그림과 같은 초기응력이 없는 양단 고정보에 20℃의 온도상승이 있을 때, 보에 발생하는 축력[kN]은? (단, 보의 단면적 $A=5,000mm^2$, 탄성계수 $E=2.0\times10^5MPa$, 열팽창계수 $\alpha=2.0\times10^{-5}/℃$이다)   2024 지방직

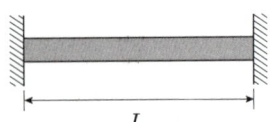

① 200(인장력)
② 200(압축력)
③ 400(인장력)
④ 400(압축력)

036

그림과 같이 양단이 고정된 수평부재에서 부재의 온도가 ΔT만큼 상승하여 40MPa의 축방향 압축응력이 발생하였다. 상승한 온도 $\Delta T[℃]$는? (단, 부재의 열팽창계수 $\alpha=1.0\times10^{-5}/℃$, 탄성계수 $E=200GPa$이며, 구조물의 좌굴 및 자중은 무시한다)   2020 지방직

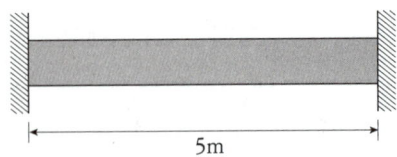

① 5
② 10
③ 20
④ 30

037

그림과 같이 동일한 재료를 사용하여 양단이 고정된 기둥 (a), (b), (c)를 제작하였다. 온도를 균일하게 ΔT 만큼 상승시킬 때 각 기둥의 반력의 크기는? (단, A는 단면적이고, L은 길이이다)

2011 국가직

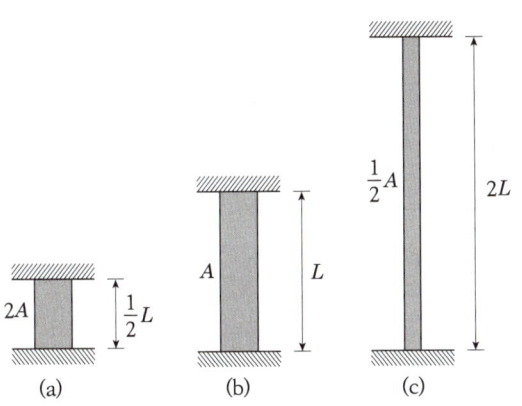

① $(a)<(b)<(c)$
② $(a)=(b)=(c)$
③ $(a)>(b)=(c)$
④ $(a)>(b)>(c)$

038

그림과 같이 재료와 길이가 동일하고 단면적이 각각 $A_1=1,000$ mm², $A_2=500$mm²인 부재가 있다. 부재의 양쪽 끝은 고정되어 있고 온도가 최초 대비 10℃ 올라갔을 때, 이로 인해 유발되는 A점에서의 반력 변화량[kN]은? (단, 부재의 자중은 무시하고 탄성계수 $E=210$GPa, 열팽창계수 $\alpha=1.0\times10^{-5}/℃$이다)

2019 국가직

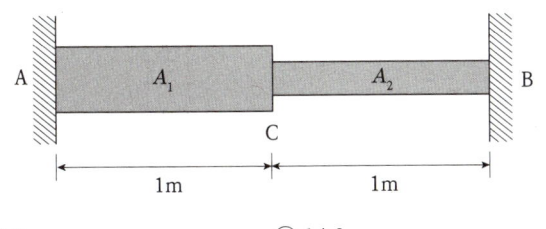

① 8.0
② 14.0
③ 24.0
④ 42.0

039

그림과 같이 한쪽 끝은 벽에 고정되어 있고 다른 한쪽 끝은 벽과 1mm 떨어져 있는 수평부재가 있다. 부재의 온도가 20℃ 상승할 때, 부재 내에 발생하는 압축응력의 크기[kPa]는? (단, 보 부재의 탄성계수 $E=2$GPa, 열팽창계수 $\alpha=1.0\times10^{-5}/℃$이며, 자중은 무시한다)

2019 국가직

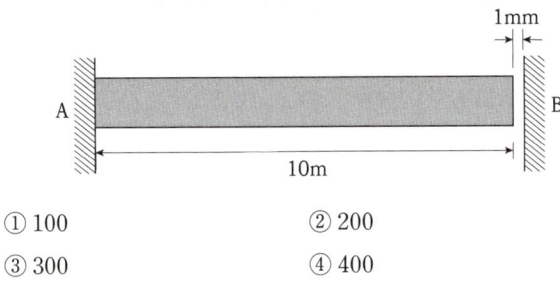

① 100
② 200
③ 300
④ 400

040

다음 그림과 같은 부재와 강체 벽체와의 간격이 0.1mm이고, 단면적이 50cm², 길이가 1.0m인 부재가 있다. 온도가 40℃ 상승할 때 이 부재에 발생하는 응력[GPa]은? (단, 부재의 열팽창계수(α)는 $15\times10^{-6}/℃$, 탄성계수(E)는 200GPa이다)

2008 국가직

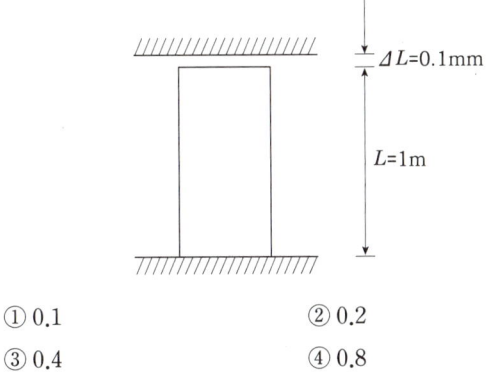

① 0.1
② 0.2
③ 0.4
④ 0.8

041

그림과 같이 하단부가 고정된 길이 10m의 기둥이 천장과 1mm의 간격을 두고 놓여 있다. 만약 온도가 기둥 전체에 대해 균일하게 20℃ 상승하였을 경우, 이 기둥의 내부에 발생하는 압축응력 [MPa]은? (단, 재료는 균일하며, 열팽창계수 $\alpha = 1 \times 10^{-5}/℃$, 탄성계수 $E = 200$GPa이다. 또한 기둥의 자중은 무시하며, 기둥의 길이는 간격에 비해 충분히 긴 것으로 가정한다)   2015 국가직

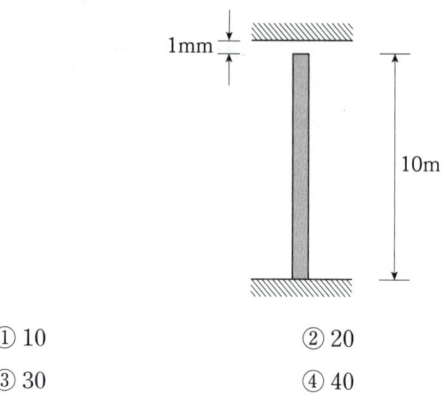

① 10
② 20
③ 30
④ 40

042 80점 목표

다음과 같이 길이가 L인 균일 단면봉의 양단이 고정되어 있을 때, ΔT만큼 온도가 변화하고 봉이 탄성거동을 하는 경우에 대한 설명 중 옳지 않은 것은? (단, α는 열팽창계수, E는 탄성계수, A는 단면적이고, 봉의 자중은 무시한다)   2014 지방직

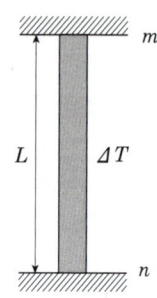

① ΔT로 인한 봉의 축 방향 변형량은 0이다.
② 봉의 압축 응력은 $E\alpha(\Delta T)$이다.
③ m지점은 고정단, n지점은 자유단인 경우, 고정단의 반력은 $EA\alpha(\Delta T)$이다.
④ m지점은 고정단, n지점은 자유단인 경우, 봉의 축방향 변형량은 $\alpha(\Delta T)L$이다.

043 80점 목표

그림과 같은 양단 고정 기둥에서 온도를 ΔT 만큼 상승시켜 오일러 좌굴을 발생시킬 때, 온도 상승량 ΔT의 값은? (단, 열팽창계수는 α이고, 휨강성은 EI이며, 단면적은 A이다) 2011 국가직

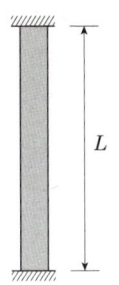

① $\dfrac{\pi^2 I}{A\alpha L^2}$ ② $\dfrac{2\pi^2 I}{A\alpha L^2}$

③ $\dfrac{4\pi^2 I}{A\alpha L^2}$ ④ $\dfrac{8\pi^2 I}{A\alpha L^2}$

044 80점 목표

그림과 같이 양단 고정인 탄성기둥(유효좌굴길이계수 = 0.5)에서 온도가 균일하게 상승하여 임계좌굴하중에 도달하였을 때, 온도상승량 ΔT는? (단, α = 열팽창계수, A = 단면적, E = 탄성계수, I = 단면2차모멘트, L = 기둥길이이며, 기둥의 자중과 온도 상승에 의한 기둥 단면적의 변화는 무시한다) 2023 지방직

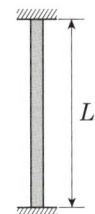

① $\dfrac{4\pi^2 I}{\alpha AL^2}$ ② $\dfrac{2\pi^2 I}{\alpha AL^2}$

③ $\dfrac{\pi^2 I}{\alpha AL^2}$ ④ $\dfrac{\pi^2 I}{4\alpha AL^2}$

045

그림과 같이 양단이 고정된 부재에 하중 P가 C점에 작용할 때, 부재의 변형에너지는? (단, 부재의 축강성은 EA이고, 부재의 자중은 무시한다) 2018 지방직

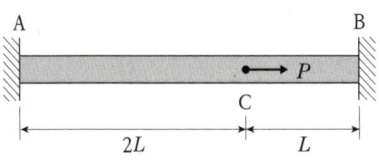

① $\dfrac{P^2 L}{EA}$ ② $\dfrac{2P^2 L}{3EA}$

③ $\dfrac{P^2 L}{3EA}$ ④ $\dfrac{P^2 L}{6EA}$

046 80점 목표

그림과 같이 길이가 각각 1.505m, 1.500m이고 동일한 단면적을 갖는 부재 ⓐ와 ⓑ를 폭이 3.000m인 강체 벽체 A와 C 사이에 강제로 끼워 넣었다. 이때 부재 ⓐ는 δ_1, 부재 ⓑ는 δ_2만큼 길이가 줄어들었다면, 줄어든 길이의 비($\delta_1 : \delta_2$)는? (단, 부재의 자중은 무시하고, ⓑ의 탄성계수 E_2가 부재 ⓐ의 탄성계수 E_1의 3배이다) 2019 국가직

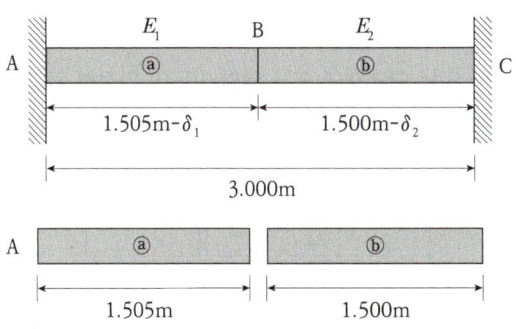

① 0.723 : 1.000
② 1.505 : 1.000
③ 3.010 : 1.000
④ 4.515 : 1.000

047

다음 그림에서 두 재료 A, B의 열팽창계수는 α_A, α_B이며, $\alpha_A = 2\alpha_B$이다. 온도변화에 의해 발생한 온도응력을 각각 σ_A, σ_B라 하면 두 재료의 온도응력의 관계는? (단, 두 재료의 단면적과 탄성계수는 서로 같다)

2012 지방직

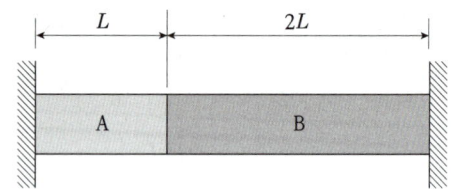

① $\sigma_A = \sigma_B$
② $\sigma_A = -\sigma_B$
③ $\sigma_A = 2\sigma_B$
④ $2\sigma_A = -\sigma_B$

048

그림과 같이 무응력 상태로 봉 AB 부재와 봉 BC 부재가 연결되어 있다. 만일, 봉 AB 부재의 온도가 T만큼 상승했을 때 봉 BC 부재에 응력이 생기지 않기 위해 봉 BC 부재에 필요한 온도 변화량은? (단, 봉 AB 부재와 봉 BC 부재 사이는 길이를 무시할 수 있는 단열재에 의해 열의 이동이 완전히 차단되어 있다고 가정한다)

2009 지방직

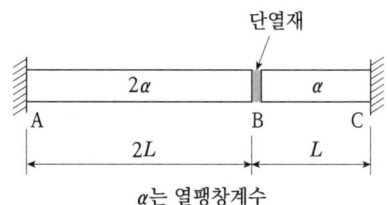

① $2T$(하강)
② $2T$(상승)
③ $4T$(하강)
④ $4T$(상승)

049

그림과 같은 구조물에서 스프링을 제외한 봉의 온도가 30℃ 만큼 전 단면에서 균일하게 상승할 때, 늘어난 봉의 길이[mm]는? (단, 봉의 열팽창계수 $\alpha = 10^{-5}/℃$, 탄성계수 $E = 200\text{GPa}$, 단면적 $A = 100\text{mm}^2$이고, 스프링 계수 $k = 2,000\text{N/mm}$이며, 구조물의 좌굴 및 자중은 무시한다)

2021 지방직

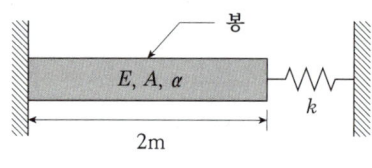

① 0.2
② 0.3
③ 0.4
④ 0.5

050

그림과 같은 트러스 구조물에서 모든 부재의 온도가 20℃ 상승할 경우 각 부재의 부재력은? (단, 모든 부재의 열팽창계수는 $\alpha[1/℃]$이고, 탄성계수는 E로 동일하다. AB, AC 부재의 단면적은 A_1, BC 부재의 단면적은 A_2이다. 모든 부재의 초기 부재력은 0으로 가정하고, 자중은 무시한다)

2017 국가직

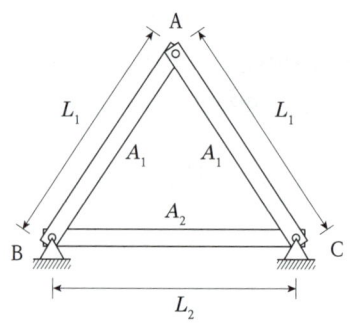

	AB	BC	AC
①	0	0	0
②	0	$20\alpha EA_2$(압축)	0
③	$20\alpha EA_1$(인장)	0	$20\alpha EA_1$(인장)
④	0	$20\alpha EA_2$(인장)	0

051 80점 목표

그림과 같이 양단이 고정된 부재에서 두 재료의 열팽창계수의 관계가 $\alpha_A = 2\alpha_B$, 탄성계수의 관계가 $2E_A = E_B$일 때, 온도 변화에 의한 두 재료의 축방향 변형률의 관계는? (단, ε_A와 ε_B는 각각 A 부재와 B 부재의 축방향 변형률이며, 부재의 자중은 무시한다)

2018 지방직

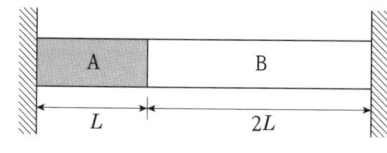

① $2\varepsilon_A = -\varepsilon_B$
② $\varepsilon_A = -2\varepsilon_B$
③ $2\varepsilon_A = \varepsilon_B$
④ $\varepsilon_A = 2\varepsilon_B$

052 80점 목표

그림과 같이 길이가 $3L$인 양단 고정보의 B점에 비틀림모멘트 T가 작용할 때, B점의 비틀림각의 크기는? (단, 보의 비틀림강성은 GJ이며, 보의 자중은 무시한다)

2024 지방직

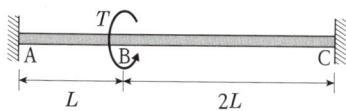

① $\dfrac{TL}{GJ}$
② $\dfrac{1}{2}\dfrac{TL}{GJ}$
③ $\dfrac{2}{3}\dfrac{TL}{GJ}$
④ $\dfrac{3}{4}\dfrac{TL}{GJ}$

대표문제

053

다음과 같은 구조물에서 C점의 수직변위[mm]의 크기는? (단, 휨강성 $EI = \dfrac{1000}{16}\text{MN}\cdot\text{m}^2$, 스프링상수 $k = 1\text{MN/m}$이고, 자중은 무시한다)

2015 지방직

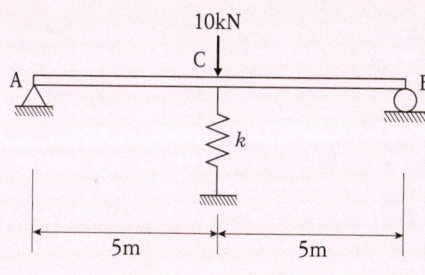

① 0.25
② 0.3
③ 2.5
④ 3.0

해설

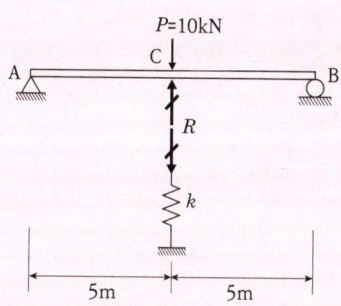

δ_P : 외력(10kN)에 의한 C점 처짐
δ_R : 스프링 반력(R)에 의한 C점 처짐
δ_k : 스프링 변형

$\delta_P - \delta_R = \delta_k$;

$\dfrac{PL^3}{48EI} - \dfrac{RL^3}{48EI} = \dfrac{R}{k}$ $\left(\because F = k\delta \Rightarrow \delta = \dfrac{F}{k}\right)$

$\rightarrow \dfrac{PL^3}{48EI} = R\left(\dfrac{L^3}{48EI} + \dfrac{1}{k}\right) = R\left(\dfrac{kL^3 + 48EI}{48EIk}\right)$

$\rightarrow R = \dfrac{kL^3}{kL^3 + 48EI}P$

$\therefore \delta_C = \delta_k = \dfrac{R}{k} = \dfrac{L^3}{kL^3 + 48EI}P$

$= \dfrac{(10\text{m})^3(10\text{kN})}{(1\text{MN/m})(10\text{m})^3 + 48\left(\dfrac{1000}{16}\text{MN}\cdot\text{m}^2\right)}$

$= 2.5\text{mm}$

054

그림과 같은 단순보의 C점에 스프링을 설치하였더니 스프링에서의 수직 반력이 $\dfrac{P}{2}$가 되었다. 스프링 강성 k는? (단, 보의 휨강성 EI는 일정하고 보의 자중은 무시한다)   2020 국가직

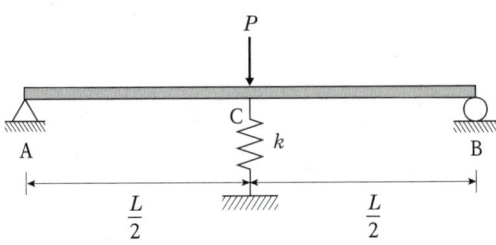

① $\dfrac{24EI}{L^3}$ ② $\dfrac{48EI}{L^3}$

③ $\dfrac{96EI}{L^3}$ ④ $\dfrac{120EI}{L^3}$

꼭 알아두자!

해당 문제는 강성 개념으로 쉽게 풀이할 수 있다. 그러나 위와 같이 풀이한 이유는 변위일치에 대한 개념을 잡아야 다양한 문제에 쉽게 대응할 수 있기 때문이다.

$$\delta_C = \dfrac{P}{\sum K} = \dfrac{P}{k + \dfrac{48EI}{L^3}}$$

$$= \dfrac{10\text{kN}}{1\text{MN/m} + \dfrac{48}{(10\text{m})^3}\left(\dfrac{1000}{16}\text{MN}\cdot\text{m}^2\right)}$$

$$= 2.5\text{mm}$$

계산 TIP

● 정석적인 방법

$$\delta_C = \dfrac{(10\text{m})^3(10\text{kN})}{(1\text{MN/m})(10\text{m})^3 + 48\left(\dfrac{1000}{16}\text{MN}\cdot\text{m}^2\right)}$$

$$= \dfrac{(10^3\text{m}^3)(10\times 10^3\text{N})}{(10^6\text{N/m})(10^3\text{m}^3) + 48\left(\dfrac{10^3}{16}\times 10^6\text{N}\cdot\text{m}^2\right)}$$

$$= \dfrac{10^7}{10^9 + 3\times 10^9}\text{m} = \dfrac{1}{4}\times 10^{-2}\text{m} = 2.5\text{mm}$$

● 앞자리 뽑기

δ_C는 2개 항으로 구성되므로 앞자리 뽑기를 적용할 수 없다.

정답 ③

055

그림과 같이 스프링으로 지지되어 있는 외팔보의 B점에 수직하중 1kN이 작용할 때, B점의 수직처짐[mm]은? (단, 보의 휨강성 $EI=100\text{kN}\cdot\text{m}^2$, 스프링 강성 $k=100\text{kN/m}$이며, 모든 부재의 자중은 무시한다)   2024 지방직

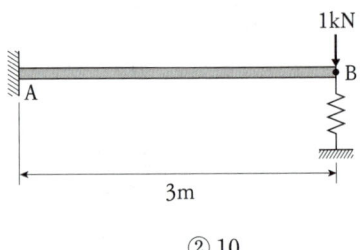

① 9 ② 10

③ 90 ④ 100

056 80점 목표

다음 그림과 같은 구조물에서 B점의 수직처짐 Δ는? (단, B점은 스프링 상수 k인 스프링으로 지지되어 있고, 보의 휨강성 EI는 일정하다)

2013 지방직

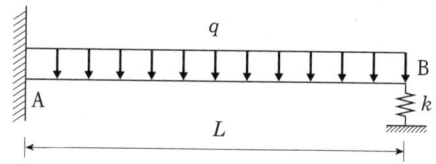

① $\dfrac{1}{8}qL^2\left(\dfrac{1}{kL+\dfrac{3EI}{L^2}}\right)$ ② $\dfrac{2}{8}qL^2\left(\dfrac{1}{kL+\dfrac{3EI}{L^2}}\right)$

③ $\dfrac{3}{8}qL^2\left(\dfrac{1}{kL+\dfrac{3EI}{L^2}}\right)$ ④ $\dfrac{5}{8}qL^2\left(\dfrac{1}{kL+\dfrac{3EI}{L^2}}\right)$

057 80점 목표

그림과 같이 길이 1m인 단순보의 중앙점 아래 4mm 떨어진 곳에 지점 C가 있고, 전 구간에 384kN/m의 등분포하중이 작용할 때, 지점 C에서 상향으로 발생하는 수직반력 R_C[kN]는? (단, $EI=1,000$kN·m²이고, 자중은 무시한다) 2017.12 지방직

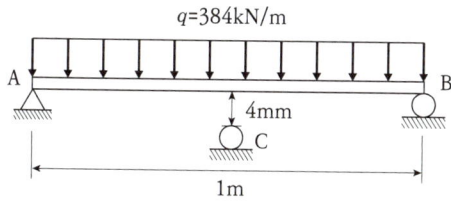

① 24 ② 48
③ 72 ④ 96

058

다음 부정정보의 B단에 모멘트를 작용시킬 때, A단에 전달되는 모멘트(M_A)는 B단의 작용 모멘트(M_B)의 몇 배가 되는가? (단, E : 탄성계수, I : 단면 2차 모멘트)

2007 국가직

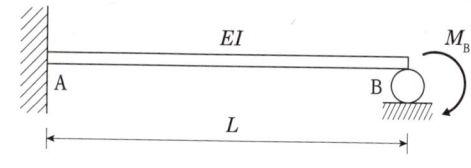

① 0.5배 ② 1.0배
③ 1.5배 ④ 2.0배

059 80점 목표

다음 그림과 같은 부정정보에서 지점 A의 처짐각(θ_A) 및 수직 반력(R_A)은? (단, 휨강성 EI는 일정하다)   2008 국가직

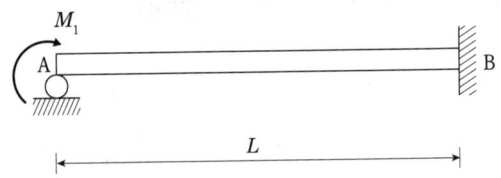

① $\theta_A = \dfrac{M_1 L}{4EI}$ (시계방향), $R_A = \dfrac{M_1}{2L}$ (↓)

② $\theta_A = \dfrac{M_1 L}{4EI}$ (시계방향), $R_A = \dfrac{3M_1}{2L}$ (↓)

③ $\theta_A = \dfrac{5M_1 L}{12EI}$ (시계방향), $R_A = \dfrac{M_1}{2L}$ (↓)

④ $\theta_A = \dfrac{5M_1 L}{12EI}$ (시계방향), $R_A = \dfrac{3M_1}{2L}$ (↓)

060

다음 그림과 같은 보의 경우에 지점 B의 수직반력(R_B)은?   2010 국가직

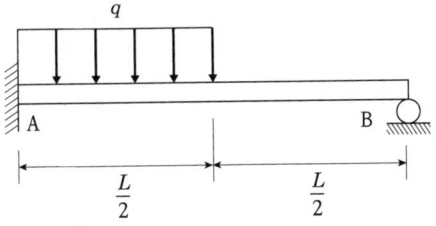

(단, 길이가 L인 외팔보의 단위하중에 의한 자유단의 처짐은 다음과 같다)

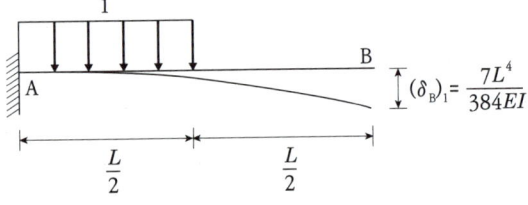

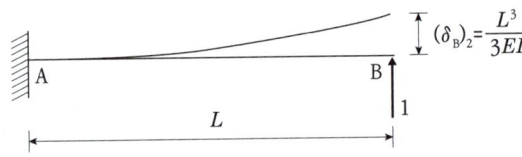

① $\dfrac{3}{128}qL$ ② $\dfrac{7}{128}qL$

③ $\dfrac{21}{128}qL$ ④ $\dfrac{48}{128}qL$

대표문제

061

그림과 같은 등분포 하중 q를 받는 1차 부정정보의 고정단 모멘트 M_A와 반력 R_B는? (단, 보의 자중은 무시한다)

2014 국가직

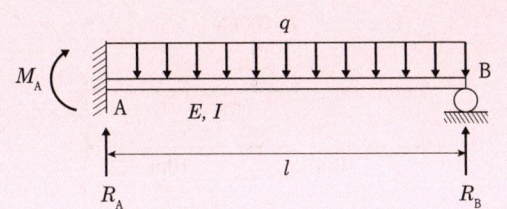

	M_A	R_B
①	$-\dfrac{ql^2}{8}$	$\dfrac{3ql}{8}$
②	$-\dfrac{ql^2}{4}$	$\dfrac{ql}{4}$
③	$-\dfrac{ql^2}{3}$	$\dfrac{ql}{3}$
④	$-\dfrac{ql^2}{3}$	$\dfrac{ql}{4}$

해설

공식 암기 문제이다.

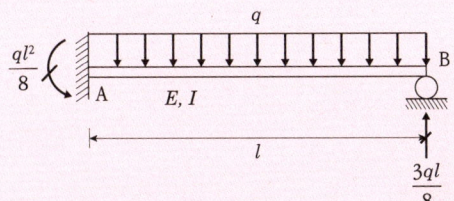

$\therefore M_A = -\dfrac{ql^2}{8},\ R_B = \dfrac{3ql}{8}$

정답 ①

062

그림과 같은 부정정보에 등분포하중 $w=10\text{kN/m}$가 작용할 때, 지점 A에 발생하는 휨모멘트 값[kN·m]은? (단, 보의 휨강성 EI는 일정하며, 자중은 무시한다)

2016 지방직

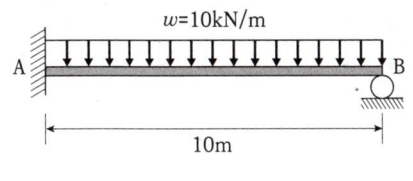

① -125
② -135
③ -145
④ -155

063

그림과 같이 부정정보에 집중하중과 등분포하중이 작용할 때, B 지점에서 반력의 크기[kN]는?(단, 보의 자중은 무시한다)

2022 국가직

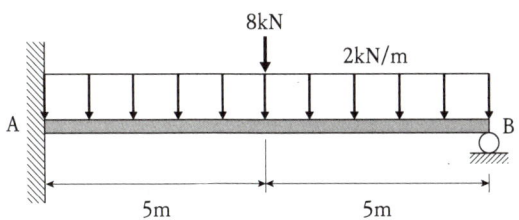

① 5
② 6.5
③ 7.5
④ 10

064

그림과 같은 부정정보에서 B점의 고정단 모멘트[kN·m]의 크기는? (단, 구조물의 자중은 무시한다)   2019 국가직

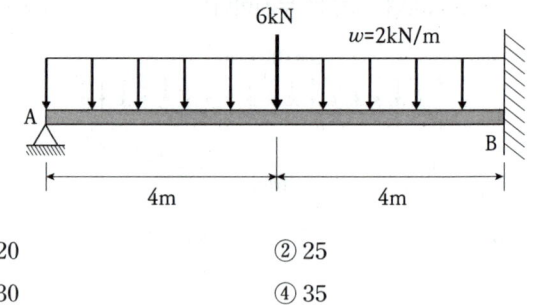

① 20　　　　　　　　② 25
③ 30　　　　　　　　④ 35

065

그림과 같이 길이가 L인 부정정보에서, B지점이 δ만큼 침하하였다. 이때 B지점에 발생하는 반력의 크기는? (단, 보의 휨강성 EI는 일정하고, 자중은 무시하며, 휨에 의한 변형만을 고려한다)   2017.6 지방직

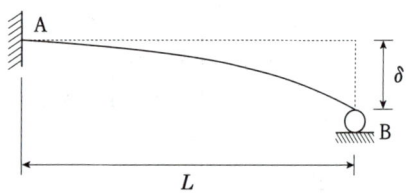

① $\dfrac{EI\delta}{2L^3}$　　　　　② $\dfrac{EI\delta}{L^3}$

③ $\dfrac{3EI\delta}{L^3}$　　　　　④ $\dfrac{6EI\delta}{L^3}$

대표문제 066

그림과 같은 양단 고정보에 수직하중이 작용할 때, 하중 작용점 위치의 휨모멘트 크기[kN·m]는? (단, 보의 휨강성 EI는 일정하고, 자중은 무시한다)   2017.6 지방직

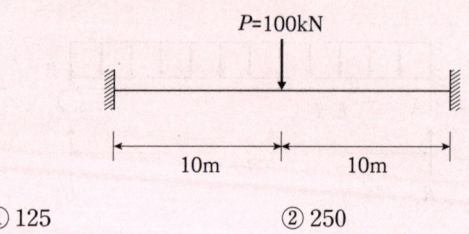

① 125　　　　　　　② 250
③ 275　　　　　　　④ 400

067

그림과 같은 등분포하중을 받고 있는 양단고정보에서 발생되는 최대 휨응력[MPa]은? (단, 보의 자중은 무시한다) 2011 지방직

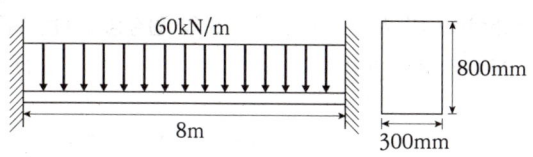

① 1 ② 8
③ 10 ④ 80

해설

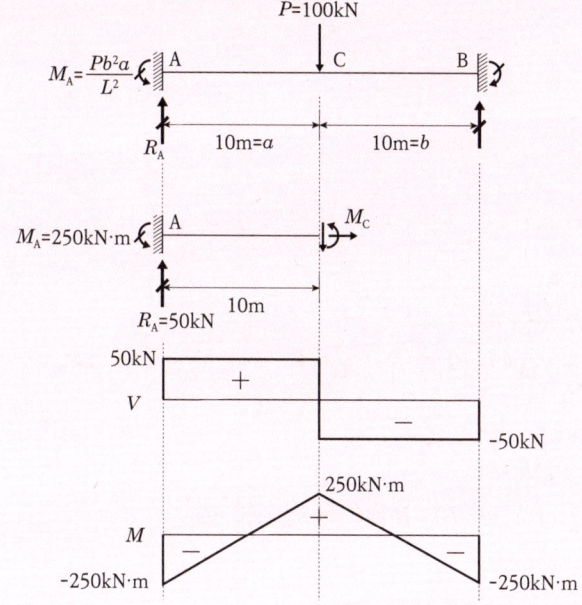

At entire
$$M_A = \frac{Pb^2 a}{L^2} = \frac{(100\text{kN})(10\text{m})^2(10\text{m})}{(20\text{m})^2} = 250\text{kN}\cdot\text{m}$$
$$R_A = \frac{100\text{kN}}{2} = 50\text{kN} \; (\because \text{대칭})$$

At AC
$\circlearrowleft + \sum M_C = 0$;
$M_C + 250\text{kN}\cdot\text{m} - (50\text{kN} \times 10\text{m}) = 0$
$\therefore M_C = 250\text{kN}\cdot\text{m}$

꼭 알아두자!

별도의 공식을 암기하면 한번에 계산할수도 있다.

If $a = b = \frac{L}{2}$;
$M_C = \frac{PL}{8} = \frac{(100\text{kN})(20\text{m})}{8} = 250\text{kN}\cdot\text{m}$

정답 ②

068

그림과 같이 양단고정보로 설계된 구조물에 대해 고정단 B에서 볼트체결이 충분하지 않다고 판단되어, B지점을 힌지로 바꾸어 안전성을 검토하려 한다. 이때 양단고정보와 비교하여 A지점의 모멘트와 보의 최대 모멘트의 절대치 크기에 대한 기술로 옳은 것은? 2011 국가직

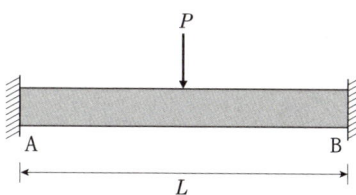

① A지점 모멘트 증가, 최대 모멘트 감소
② A지점 모멘트 증가, 최대 모멘트 증가
③ A지점 모멘트 감소, 최대 모멘트 증가
④ A지점 모멘트 감소, 최대 모멘트 감소

대표문제

069 80점 목표

그림과 같이 C점에 내부힌지가 있는 보의 지점 A와 B에서 수직반력의 비 R_A/R_B는? (단, 보의 휨강성 EI는 일정하고, 자중은 무시한다)   2019 지방직

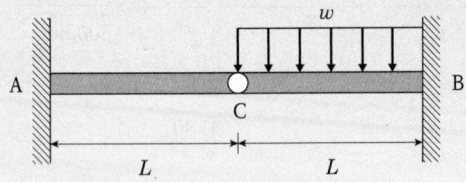

① $\dfrac{3}{16}$ ② $\dfrac{3}{15}$

③ $\dfrac{3}{14}$ ④ $\dfrac{3}{13}$

해설

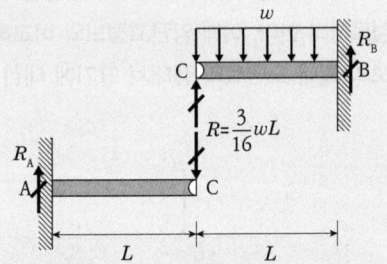

At AC
$$\delta_{c1} = \dfrac{RL^3}{3EI}$$

At CB
$$\delta_{c2} = \dfrac{wL^4}{8EI} - \dfrac{RL^3}{3EI}$$

$\delta_{c1} = \delta_{c2}$; (∵ 일체화)

$$\dfrac{RL^3}{3EI} = \dfrac{wL^4}{8EI} - \dfrac{RL^3}{3EI}$$

→ $\dfrac{2RL^3}{3EI} = \dfrac{wL^4}{8EI}$

→ $R = \dfrac{3}{16}wL$

At AC
$\uparrow + \sum F_y = 0$;
$R_A - \dfrac{3}{16}wL = 0$ → $R_A = \dfrac{3}{16}wL$

At CB
$\uparrow + \sum F_y = 0$;
$\dfrac{3}{16}wL - (w \times L) + R_B = 0$ → $R_B = \dfrac{13}{16}wL$

∴ $\dfrac{R_A}{R_B} = \dfrac{\left(\dfrac{3}{16}wL\right)}{\left(\dfrac{13}{16}wL\right)} = \dfrac{3}{13}$

꼭 알아두자!

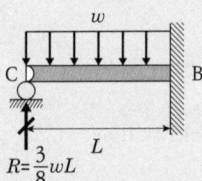

$R = \dfrac{3}{8}wL$

Q BC 구조만 봤을 때 '$R = \dfrac{3}{8}wL$'이 아닌가요?

A 공식으로 암기하고 있는 '$R = \dfrac{3}{8}wL$'은 캔틸레버 끝단에 롤러 지점이 추가되었을 때 롤러의 수직반력입니다. 롤러 지점은 수직변위가 발생하지 않지만 해당 문제는 C점에 수직변위가 발생하기 때문에 값이 다릅니다.

정답 ②

070　80점 목표

그림과 같이 길이가 $2L$인 단순보 AB의 중앙점에 길이가 L인 캔틸레버보 CD가 걸쳐져 있다. 점 C에 연직 하중 P가 작용할 때 하중 작용점 C의 연직 처짐은? (단, 단순보 AB와 캔틸레버보 CD의 휨강성은 모두 EI로 일정하며, 축변형과 전단변형을 무시한다)

2011 국가직

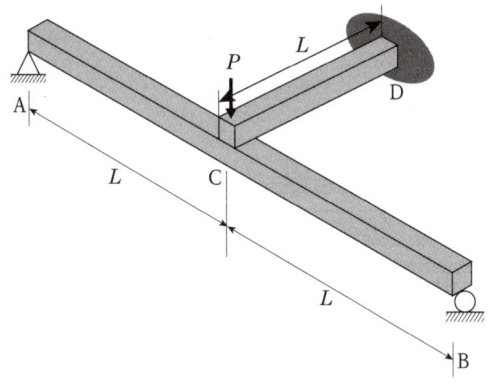

① $\dfrac{PL^3}{9EI}$ 　　② $\dfrac{PL^3}{18EI}$

③ $\dfrac{PL^3}{27EI}$ 　　④ $\dfrac{PL^3}{36EI}$

071

그림과 같이 구조물의 C점에 하중 P가 작용하여 지지점 B의 지점침하가 $\Delta = \dfrac{5PL^3}{24EI}$ 만큼 발생하였다. 이때 B점에서 발생하는 반력 R_B와 C점에서 작용하는 하중 P의 비 $\left(\dfrac{R_B}{P}\right)$는? (단, 보의 휨강성 EI는 일정하고, 보의 자중은 무시한다)

2022 지방직

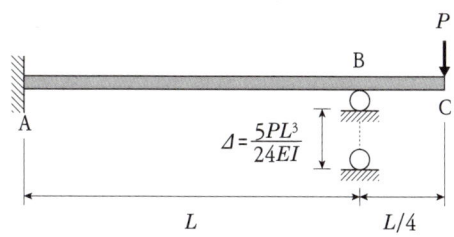

① $\dfrac{1}{2}$ 　　② $\dfrac{2}{3}$

③ $\dfrac{3}{4}$ 　　④ $\dfrac{5}{6}$

072

다음과 같은 캔틸레버 보에서 B점이 스프링상수 $k=\dfrac{EI}{2L^3}$인 스프링 2개로 지지되어 있을 때, B점의 수직 변위의 크기는? (단, 보의 휨강성 EI는 일정하고, 자중은 무시한다)

2015 지방직

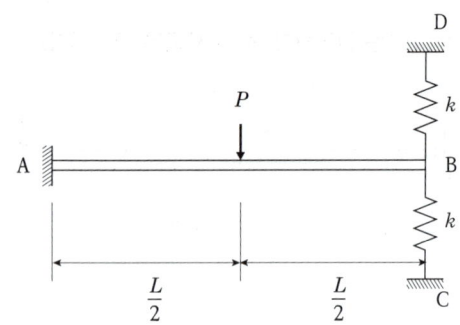

① $\dfrac{5PL^3}{64EI}$ ② $\dfrac{5PL^3}{32EI}$

③ $\dfrac{PL^3}{64EI}$ ④ $\dfrac{PL^3}{32EI}$

073

다음 그림과 같이 길이 L, 축강성도 $2k$인 원형튜브 속에 축강성도 k인 원형 실린더가 포함된 구조물이 있다. 좌측단은 일체로 고정되고 우측단은 원형강체판과 연결되어 축변형을 제어하고 있다. 외부 튜브에 온도변화($\varDelta T$)가 발생하였을 때, 원형강체판의 수평변위 δ는? (단, 강성도 k는 $\dfrac{EA}{L}$이다. 또한 a는 튜브의 열팽창계수이며, 모든 부재의 자중효과는 무시한다)

2013 지방직

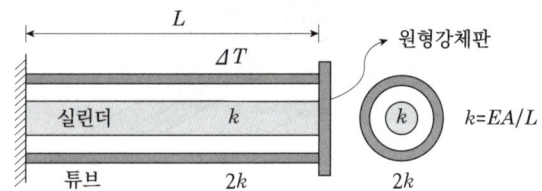

① $\dfrac{2\alpha L(\varDelta T)}{3}$ ② $\dfrac{3\alpha L(\varDelta T)}{4}$

③ $\dfrac{4\alpha L(\varDelta T)}{5}$ ④ $\dfrac{5\alpha L(\varDelta T)}{6}$

대표문제

074 80점 목표

그림과 같이 무게 30kN인 강체를 단면적이 200mm²인 동선 1개와 단면적이 100mm²인 철선 2개로 매달았다면, 동선과 철선의 인장응력 비$\left(\frac{\sigma_s}{\sigma_c}\right)$는? (단, 동선과 철선의 인장응력은 각각 σ_c, σ_s, 동선과 철선의 탄성계수는 각각 $E_c = 1.0 \times 10^5 \text{MPa}$, $E_s = 2.0 \times 10^5 \text{MPa}$이고, 동선과 철선의 자중은 무시한다)

2023 지방직

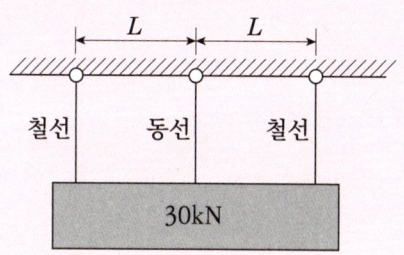

① 0.5
② 2.0
③ 4.0
④ 8.0

해설

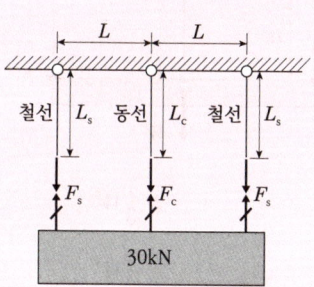

(1) 힘 평형 방정식

$\uparrow + \sum F_y = 0$;

$2F_s + F_c - 30\text{kN} = 0$ ······ ①

(2) 모멘트 평형 방정식

$\circlearrowleft + \sum M_A = 0$;

$(F_C \times L) + (F_s \times 2L) - (30\text{kN} \times L) = 0$

→ $F_C + 2F_s - 30\text{kN} = 0$ ······ ② (①=②)

(3) 적합방정식

$\delta_s = \frac{F_s L_s}{E_s A_s}$, $\delta_C = \frac{F_C L_C}{E_C A_C}$

$\delta_s = \delta_C$; (∵ 대칭)

$\frac{F_s L_s}{E_s A_s} = \frac{F_C L_C}{E_C A_C}$

→ $\frac{(F_s)(L)}{(2 \times 10^5 \text{MPa})(100\text{mm}^2)} = \frac{(F_C)(L)}{(1 \times 10^5 \text{MPa})(200\text{mm}^2)}$

→ $F_s = F_C$

∴ $\frac{\sigma_s}{\sigma_c} = \frac{\left(\frac{F_s}{A_s}\right)}{\left(\frac{F_C}{A_C}\right)} = \frac{A_C}{A_s} = \frac{200\text{mm}^2}{100\text{mm}^2} = 2$ (∵ $F_s = F_C$)

정답 ②

075

그림과 같이 강체보가 길이가 다른 케이블에 지지되어 있다. 보의 중앙에서 수직하중 W가 작용할 때, 케이블 AD에 걸리는 인장력의 크기는? (단, 모든 케이블의 단면적과 탄성계수는 동일하고, 모든 부재의 자중은 무시한다)

2018 국가직

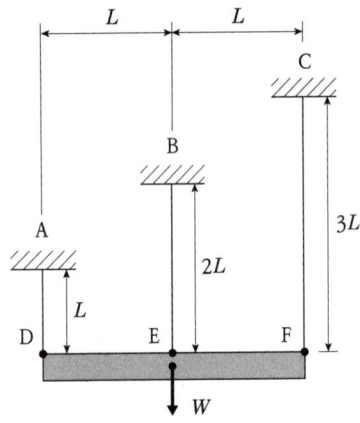

① $\frac{1}{2}W$
② $\frac{1}{3}W$
③ $\frac{1}{4}W$
④ $\frac{2}{3}W$

CHAPTER 19 모멘트 분배법

001

다음 그림과 같이 끝단이 고정지지된 3개의 부재가 절점 A에서 강결되어 있다. 절점 A에 외력 모멘트 M이 작용할 때 부재 AB의 모멘트 분배율(분배계수)은? (단, I는 단면2차모멘트이다)

2010 지방직

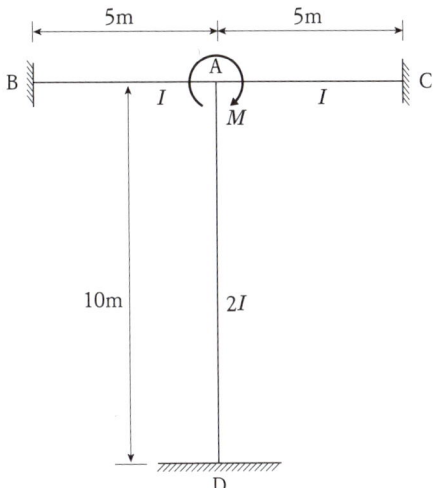

① $\frac{1}{2}$ ② $\frac{1}{3}$

③ $\frac{1}{4}$ ④ $\frac{1}{5}$

002

그림과 같이 각 부재의 길이는 L이고 절점 A, B, C는 고정지점일 때, OC부재의 모멘트 분배율은? (단, 각 부재의 휨강성은 EI, $4EI$, $2EI$이고, 자중은 무시한다)

2025 지방직

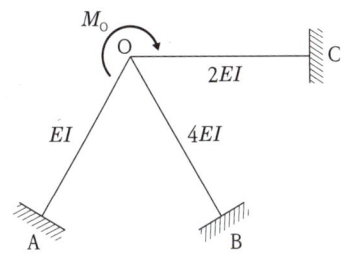

① $\frac{1}{7}$ ② $\frac{2}{7}$

③ $\frac{1}{3}$ ④ $\frac{2}{3}$

대표문제

003

그림과 같이 하중을 받는 부정정 구조물의 지점 A에서 모멘트 반력의 크기[kN·m]는? (단, 휨강성 EI는 일정하고, 구조물의 자중 및 축방향 변형은 무시한다) 2020 지방직

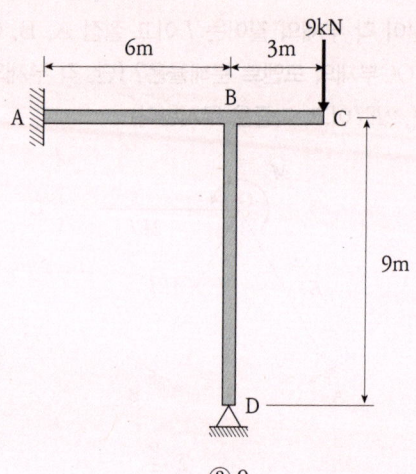

① 6
② 9
③ 12
④ 18

해설

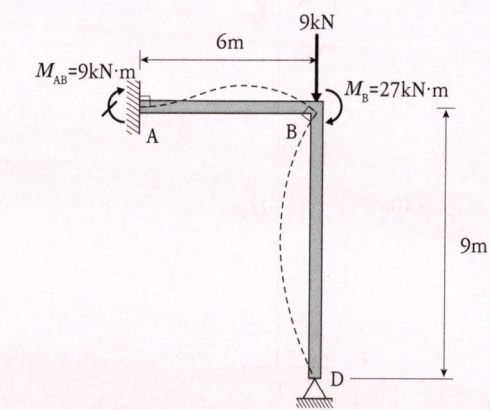

$$K_{BA} = \frac{4EI}{L} = \frac{4EI}{6m} = \frac{2EI}{3m}$$

$$K_{BD} = \frac{3EI}{L} = \frac{3EI}{9m} = \frac{EI}{3m}$$

$$DF_{BA} = \frac{K_{BA}}{\sum K_B} = \frac{K_{BA}}{K_{BA} + K_{BD}}$$

$$= \frac{\left(\frac{2}{3}\right)}{\left(\frac{2}{3}\right)+\left(\frac{1}{3}\right)} = \frac{2}{3}$$

$M_B = 9\text{kN} \times 3\text{m} = 27\text{kN} \cdot \text{m}\ (\circlearrowleft)$

$\therefore M_{AB} = (M_B \times DF_{BA}) \times 전달률 + FEM_{AB}$

$= \left(27\text{kN} \cdot \text{m} \times \frac{2}{3}\right) \times 0.5 + 0 = 9\text{kN} \cdot \text{m}\ (\circlearrowleft)$

꼭 알아두자!

고정단 모멘트는 분배될 때 부호가 바뀌나, 외력 모멘트는 분배될 때 부호가 바뀌지 않는다.

정답 ②

004

그림과 같은 구조물의 절점 O점에서 모멘트 16kN·m가 작용할 때, D점의 모멘트 M_{DO}의 크기[kN·m]는? (단, 탄성계수 E는 일정하며, 구조물의 자중은 무시한다)   2021 국가직

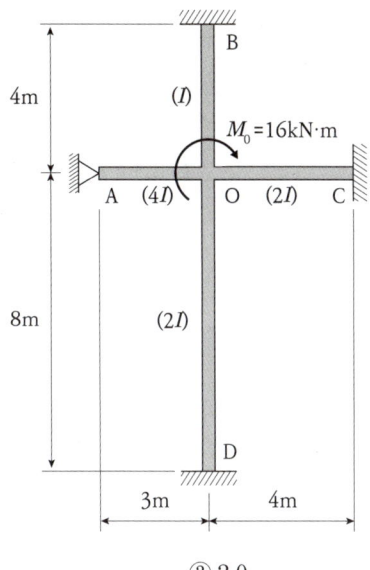

① 1.0 ② 2.0
③ 4.0 ④ 8.0

005

그림과 같이 하중을 받는 구조물에서 고정단 C점의 모멘트 반력의 크기[kN·m]는? (단, 구조물의 자중은 무시하고, 휨강성 EI는 일정, $M_B=84$kN·m이다)   2020 국가직

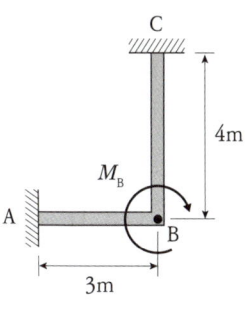

① 9   ② 18
③ 27 ④ 36

006

그림과 같은 구조물에서 지점 A의 반력모멘트 크기[kN·m]는? (단, AB부재 휨강성은 9EI, BC부재 휨강성은 8EI이고, 구조물의 자중은 무시한다)

2023 지방직

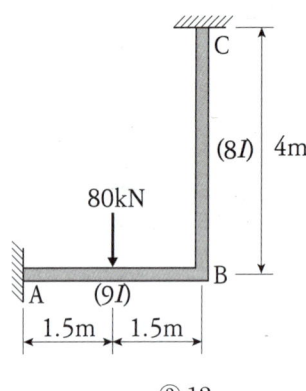

① 6 ② 12
③ 39 ④ 72

007

그림과 같은 부정정보의 C점에서 발생하는 부모멘트의 크기[kN·m]는? (단, 휨강성 EI는 일정하고, 자중은 무시한다)

2025 국가직

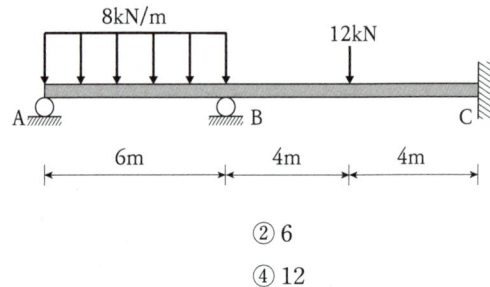

① 3 ② 6
③ 9 ④ 12

008

그림과 같은 부정정보에서 지점 B에 발생하는 수직반력 R_B의 크기[kN]는? (단, 보의 휨강성 EI는 일정하며, 자중은 무시한다)

2019 지방직

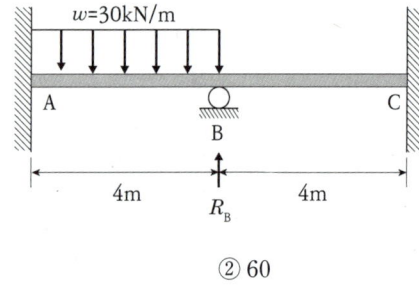

① 55 ② 60
③ 65 ④ 70

CHAPTER 20 영향선

정답·해설 226~233p

대표문제

001 ●●●

그림과 같이 E, F점이 힌지인 게르버보에서 지점 C의 연직 반력에 대한 영향선을 바르게 그린 것은?

2011 국가직

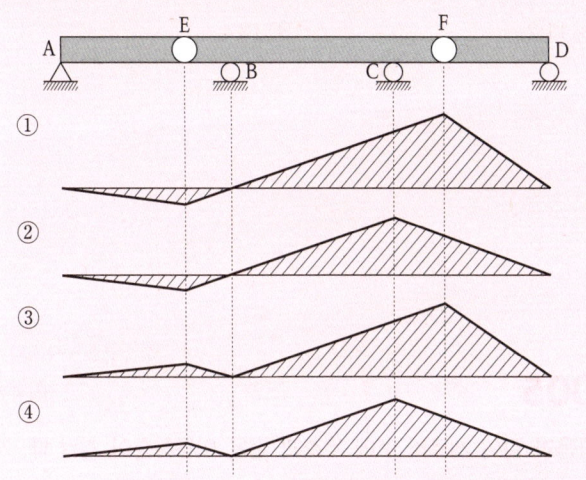

해설

C점 연직 반력에 대한 영향선을 그리기 위해 C점 연직 반력 구속을 해제하면 C점의 롤러가 제거된다. 다시 해제한 구속력을 외력으로 가할 때 변형 형상이 영향선의 개형과 동일하다.

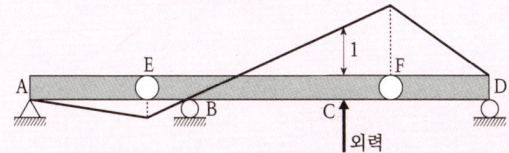

꼭 알아두자!

연직 반력을 외력으로 준 지점의 영향선 높이 차는 '1'이다.

정답 ①

002 ●●●

다음과 같은 보 구조물에서 지점 B의 연직반력에 대한 정성적인 영향선으로 가장 유사한 것은? (단, D점은 내부힌지이다)

2014 지방직

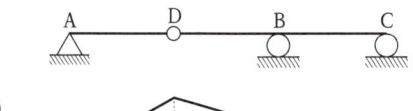

①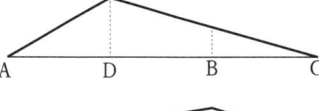

②

③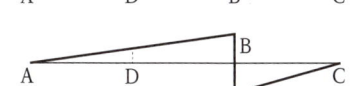

④

003

그림과 같은 게르버 보에서 A~D점에 대한 수직반력의 영향선 중 옳은 것은?

2021 국가직

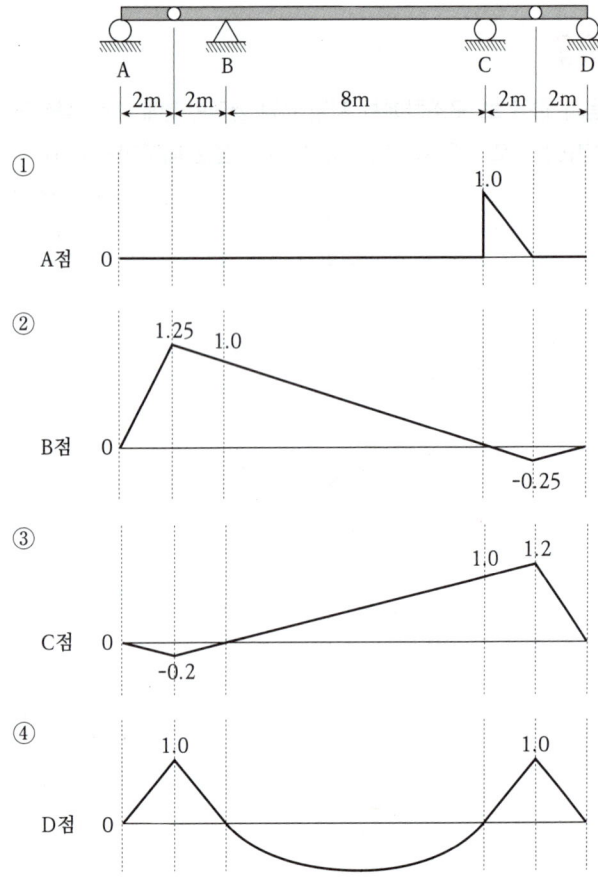

004

그림과 같이 단순보에 연행하중이 이동할 때, 지점 A에서의 최대 반력[kN]은? (단, 보의 자중은 무시한다)

2024 지방직

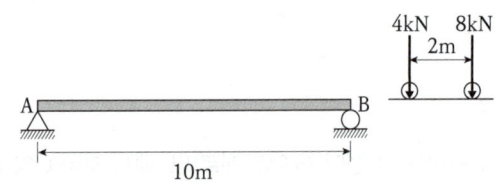

① 10.0
② 10.4
③ 11.2
④ 12.4

005

다음과 같이 게르버 보에 우측과 같은 이동하중이 지날 때, 지점 B의 반력(R_B)의 최대크기[kN]는?

2013 국가직

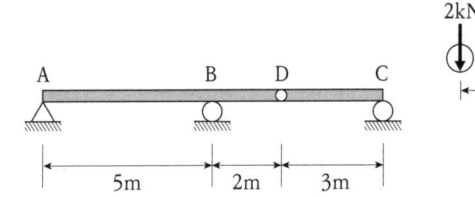

① $\frac{24}{5}$
② $\frac{26}{5}$
③ $\frac{36}{5}$
④ $\frac{38}{5}$

대표문제

006

다음 그림과 같은 내민보에서 C점에 대한 전단력의 영향선에서 D점에 대한 종거는?

2008 국가직

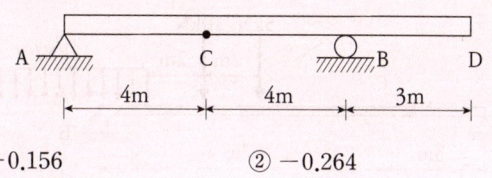

① -0.156
② -0.264
③ -0.375
④ -0.557

007

그림과 같은 게르버보에서 점 C의 전단력에 대한 영향선은?

2023 국가직

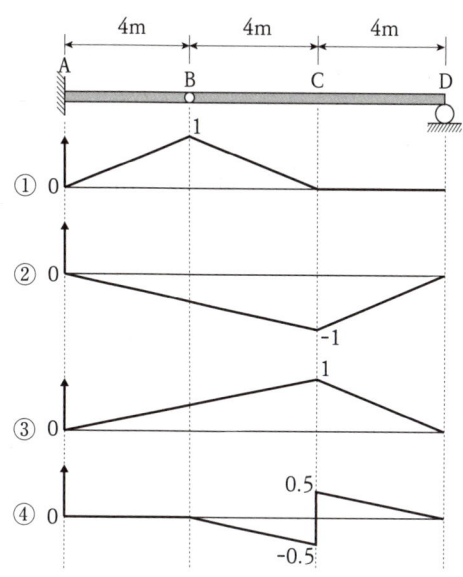

해설

C점 전단력에 대한 영향선을 그리기 위해 C점 전단력 구속을 해제하면 C점에 비회전 롤러가 생성된다. 다시 해제한 구속력을 외력으로 가할 때 변형 형상이 영향선의 개형과 동일하다.

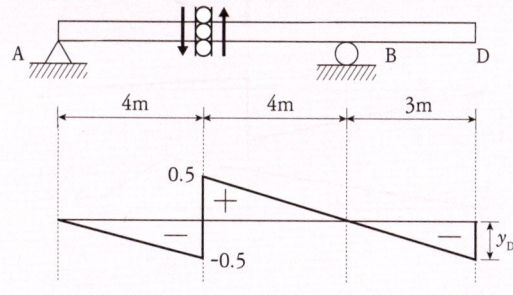

$$\therefore y_D = 0.5 \times \frac{3m}{4m} = 0.375$$

꼭 알아두자!

전단력을 외력으로 준 지점의 영향선 높이 차는 '1'이다. 이 높이 차는 양구간 길이의 비로 나눠진다.

정답 ③

008

그림과 같이 B점에 내부힌지가 있는 게르버 보에서 C점의 전단력의 영향선 형태로 가장 적합한 것은?　2018 지방직

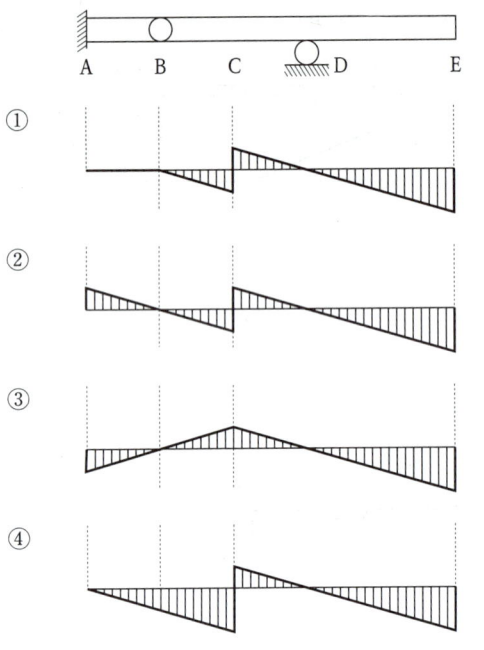

009

다음 그림과 같은 내민 보에 등분포 활하중 10kN/m이 이동하중으로 작용할 때, B점에서의 절대 최대전단력의 크기[kN]는? (단, 보의 자중은 무시한다)　2012 지방직

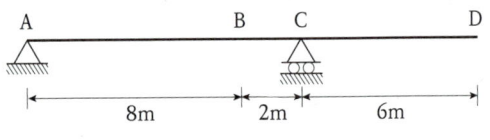

① 48　　② 50
③ 52　　④ 68

010 〔80점 목표〕

다음 그림과 같이 집중하중과 등분포하중(작용 길이는 무한대)으로 구성된 하중군이 단순보의 B점에서 A점 방향으로 이동할 때 단순보의 C점에서 발생하는 최대 전단력[kN]은?　2009 국가직

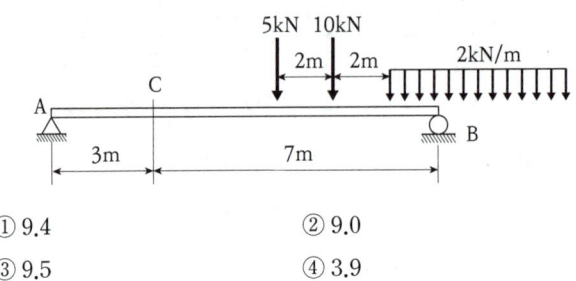

① 9.4　　② 9.0
③ 9.5　　④ 3.9

011 〔80점 목표〕

그림과 같이 바닥틀을 지지하는 거더에서 D~E구간 전단력 $V_{D \sim E}$의 정성적인 영향선으로 옳은 것은? (단, 거더의 휨강성은 일정하다)　2024 국가직

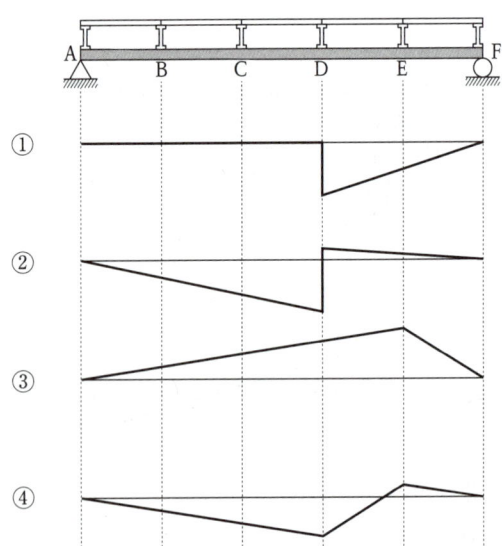

대표문제

012

다음 그림과 같은 게르버보에서 지점 A의 반력 모멘트에 대한 정성적인 영향선은?

2010 국가직

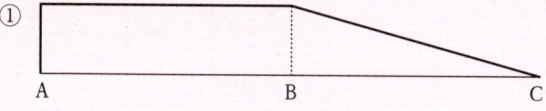

①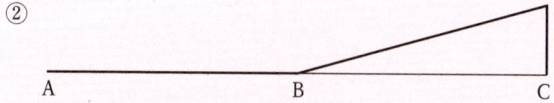

②

③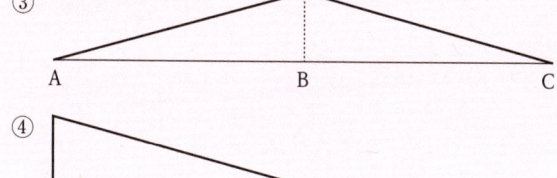

④

013

그림과 같이 B점에 내부힌지가 있는 게르버보에서 C점에서의 휨모멘트의 영향선으로 옳은 것은?

2022 지방직

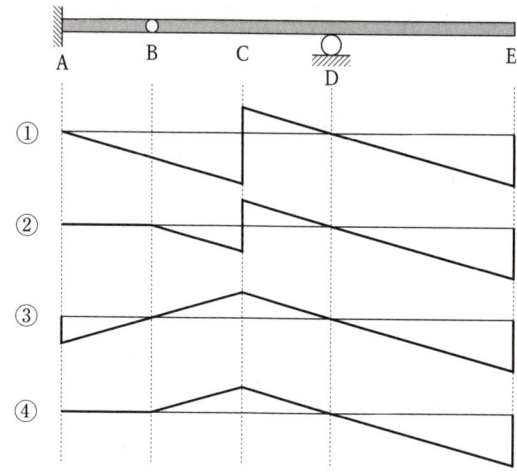

해설

A점 모멘트에 대한 영향선을 그리기 위해 A점 모멘트 구속을 해제하면 A점에 힌지가 생성된다. 다시 해제한 구속력을 외력으로 가할 때 변형 형상이 영향선의 개형과 동일하다.

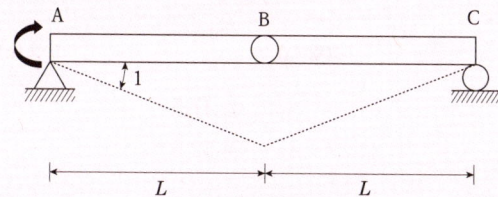

꼭 알아두자!

모멘트를 외력으로 준 지점의 영향선 회전변위는 '1'이다. 이 회전변위는 양구간 길이의 역비로 나눠진다.

정답 ③

014

그림과 같이 내부 힌지를 가지고 있는 게르버 보에서 B점의 정성적인 휨모멘트의 영향선은?

2021 지방직

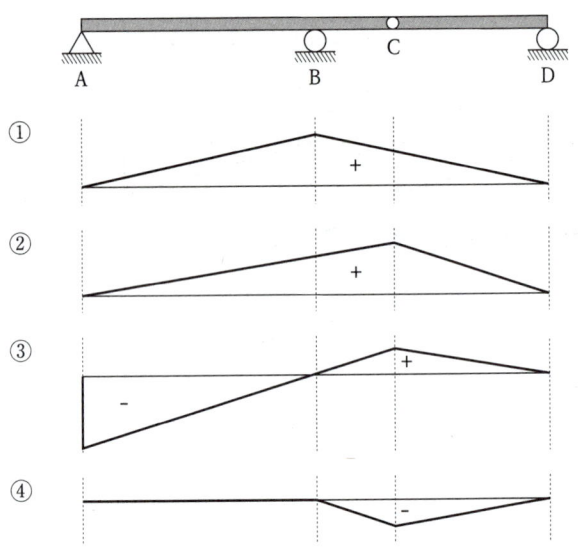

015 80점 목표

다음과 같이 게르버보에 연행하중이 이동할 때, B점에 발생되는 부모멘트의 최대 절댓값[kN·m]은? (단, 보의 자중은 무시하며, D점은 내부힌지이다)

2014 지방직

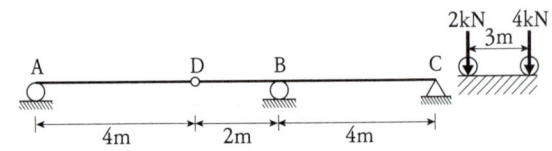

① 7 ② 8
③ 9 ④ 10

016 80점 목표

그림과 같은 보에서 주어진 이동하중으로 인해 B점에서 발생하는 최대 휨모멘트의 크기[kN·m]는? (단, 보의 자중은 무시한다)

2018 국가직

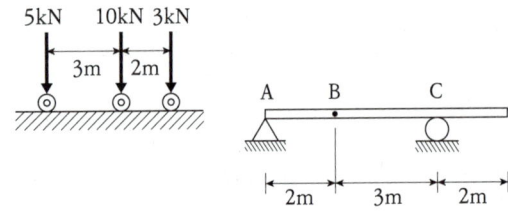

① 9.5 ② 10.0
③ 13.2 ④ 14.5

017 80점 목표

그림 (a)와 같은 단순보 위를 그림 (b)의 연행하중이 통과할 때, C점의 최대 휨 모멘트[kN·m]는? (단, 보의 자중은 무시한다)

2015 국가직

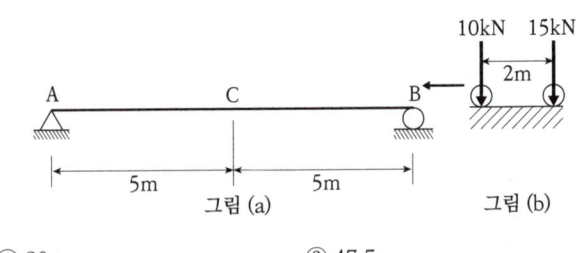

① 20 ② 47.5
③ 50 ④ 52.5

018

다음과 같은 단순보에서 집중 이동하중 10kN과 등분포 이동하중 4kN/m로 인해 C점에서 발생하는 최대휨모멘트[kN·m]의 크기는? (단, 자중은 무시한다)   2015 지방직

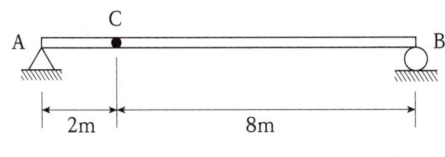

① 42 ② 48
③ 54 ④ 62

019

그림 (a)와 같은 단순보 위를 그림 (b)와 같은 이동분포하중이 통과할 때 C점의 최대 휨모멘트[kN·m]는? (단, 보의 자중은 무시한다)   2014 국가직

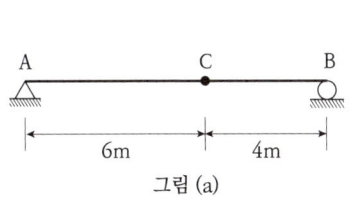

① 8   ② 9
③ 10 ④ 11

020

그림과 같은 연속보에 하향의 등분포 활하중이 작용할 때, E점의 정모멘트가 가장 큰 것은? (단, 휨강성 EI는 일정하고, 등분포하중의 크기는 모두 동일하다)   2025 국가직

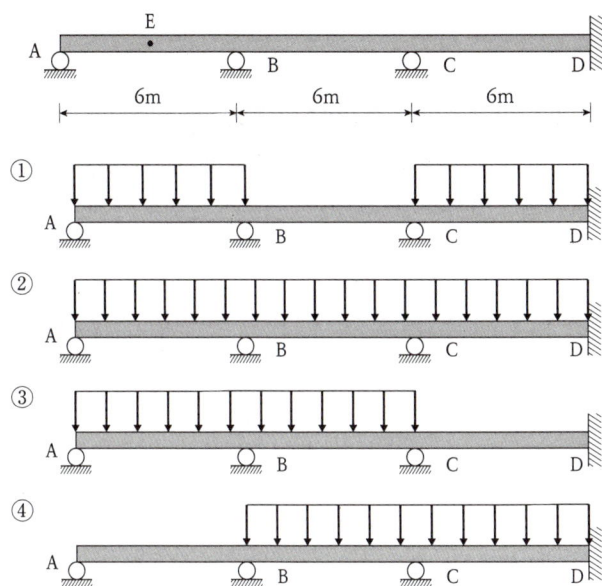

CHAPTER 21 절대최대전단력 / 절대최대모멘트

대표문제

001

그림과 같이 등분포 고정하중이 작용하는 단순보에서 이동하중이 작용할 때 절대 최대 전단력의 크기[kN]는? (단, 보의 자중은 무시한다) 2020 국가직

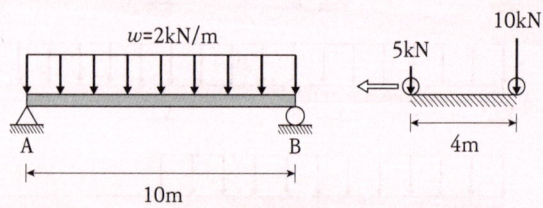

① 20
② 21
③ 22
④ 23

해설

(1) 등분포하중

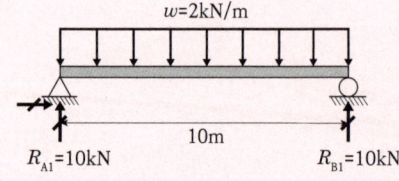

$R_{A1} = R_{B1} = \dfrac{wL}{2}$ (∵ 대칭)
$= \dfrac{(2kN/m)(10m)}{2} = 10kN$

(2) 집중하중
집중하중에 의한 최대 전단력은 지점에 하중이 몰릴 때 발생한다.

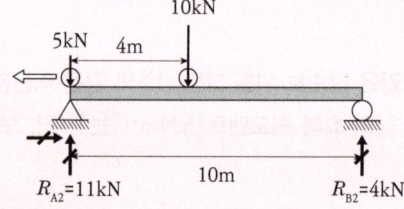

$\circlearrowleft + \sum M_A = 0;$
$(R_{B2} \times 10m) - (10k \times 4m) = 0$
→ $R_{B2} = 4kN$
→ $R_{A2} = 11kN$

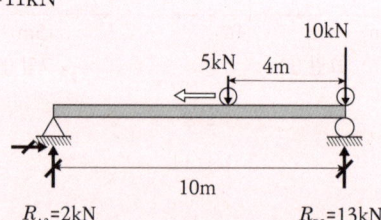

$\circlearrowleft + \sum M_B = 0;$
$(R_{A3} \times 10m) - (5kN \times 4m) = 0$
→ $R_{A3} = 2kN$
→ $R_{B3} = 13kN$

∴ $V_{max} = R_{B1} + R_{B3} = 23kN$

정답 ④

002

다음과 같이 단순보에 이동하중이 재하될 때, 단순보에 발생하는 절대최대전단력[kN]의 크기는? (단, 자중은 무시한다)

2015 지방직

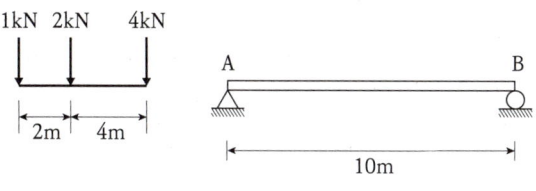

① 5.6 ② 5.4
③ 5.2 ④ 4.8

대표문제

003 80점 목표

그림과 같이 단순보에 집중하중군이 이동할 때, 절대최대휨모멘트가 발생하는 위치 $x[\mathrm{m}]$는? (단, 자중은 무시한다)

2016 국가직

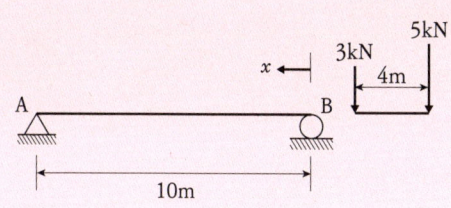

① 4.25 ② 4.50
③ 5.25 ④ 5.75

해설

꼭 알아두자!

단순보의 절대 최대 휨모멘트 계산은 응용역학을 처음 공부하는 학생들이 어려워하는 개념으로 다른 문제로 응용될 여지가 없어 풀이 과정을 암기하는 것이 좋다.
(1) 합력 계산하기
(2) 하중 재하하기
(3) 절대최대모멘트 계산하기

(1) 합력 계산하기

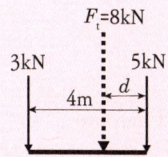

$F_t = 3\mathrm{kN} + 5\mathrm{kN} = 8\mathrm{kN}$
$F_t \times d = 3\mathrm{kN} \times 4\mathrm{m}$
→ $d = 1.5\mathrm{m}$

004 80점 목표

그림과 같이 단순보에 2개의 이동하중이 통과할 때, 절대 최대 휨모멘트 발생 위치 $x[\mathrm{m}]$는? (단, 하중은 오른쪽에서 왼쪽으로만 이동하고, 구조물의 자중은 무시한다) 2023 지방직

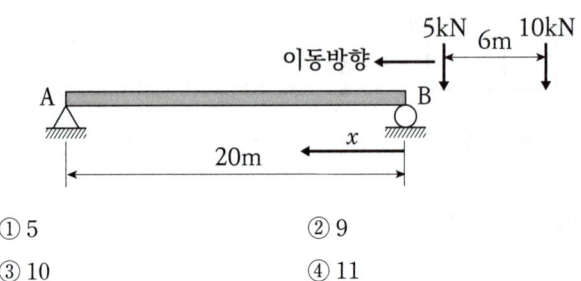

① 5 ② 9
③ 10 ④ 11

(2) 하중 재하하기

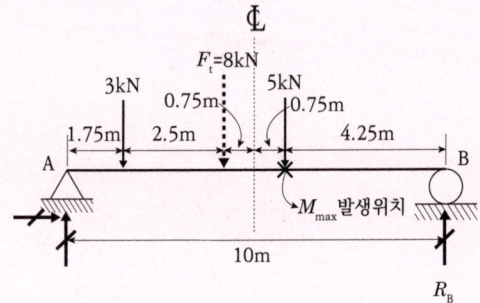

∴ $x = 4.25\mathrm{m}$

꼭 알아두자!

문제에서 물어보지 않았으나 절대최대모멘트도 계산해 보자.

(3) 절대최대모멘트 계산하기

At entire
↻ + $\sum M_A = 0$;
$(R_B \times 10\mathrm{m}) - (F_t \times 4.25\mathrm{m}) = 0$
→ $R_B = 3.4\mathrm{kN}$

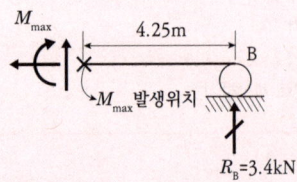

At 자유물체도
↻ + $\sum M_{max} = 0$;
$M_{max} - (3.4\mathrm{kN} \times 4.25\mathrm{m}) = 0$

∴ $M_{max} = 14.45\mathrm{kN} \cdot \mathrm{m}$

정답 ①

005

다음 그림과 같이 지간장이 9m인 단순보 AB에 이동집중하중군이 작용하고 있다. 이동집중하중군에 대한 절대최대모멘트 [kN·m]는?

2010 지방직

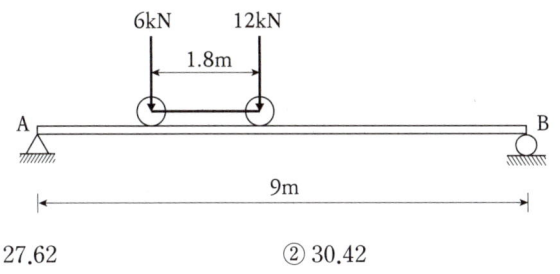

① 27.62
② 30.42
③ 35.28
④ 41.26

006

다음과 같은 길이 10m인 단순보에 집중하중군이 이동할 때 발생하는 절대최대휨모멘트의 크기[kN·m]는? (단, 보의 자중은 무시한다)

2014 지방직

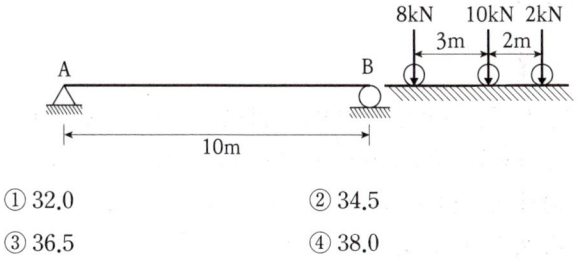

① 32.0
② 34.5
③ 36.5
④ 38.0

007

그림과 같은 단순보에서 절대 최대 휨모멘트의 크기[kN·m]는? (단, 보의 휨강성 EI는 일정하며, 자중은 무시한다)

2016 지방직

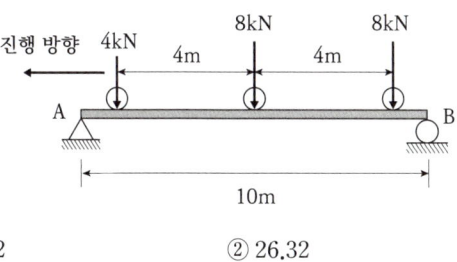

① 23.32
② 26.32
③ 29.32
④ 32.32

CHAPTER 22 케이블 일반 정리

대표문제

001

그림과 같은 포물선 케이블에 수평방향을 따라 전 구간에 걸쳐 연직방향으로 8 N/m의 등분포 하중이 작용하고 있다. 케이블의 최소 인장력의 크기[N]는? (단, 케이블의 자중은 무시하며, 최대 새그량은 2m이다) 2014 국가직

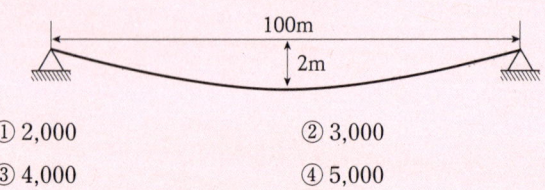

① 2,000　　② 3,000
③ 4,000　　④ 5,000

해설

케이블 일반 정리를 이용하기 위해 케이블과 동일한 길이를 갖는 등가 단순보에 하중을 재하하여 모멘트를 계산한다.

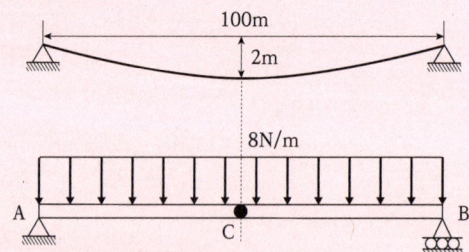

At 등가단순보

$[M_C] = H \times y_C$;

$\dfrac{wL^2}{8} = H \times y_C$

→ $\dfrac{(8\text{N/m})(100\text{m})^2}{8} = H \times 2\text{m}$

→ $10000 N \cdot m = H \times 2m$

→ $H = 5000 N$

∴ $T_{min} = H = 5000 N$

정답 ④

002 80점 목표

그림과 같이 집중하중을 받는 케이블로 구성된 구조물에서 힌지 지점 A에서 수평반력의 크기[kN]는? (단, 구조물의 자중은 무시한다)

2021 지방직

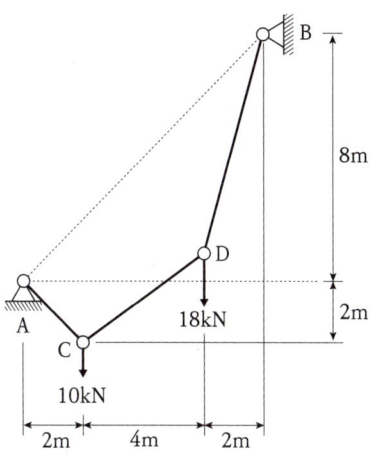

① 6   ② 8
③ 10   ④ 12

CHAPTER 23 도르래

정답·해설 239p

대표문제

001

다음 그림과 같은 결합도르래를 이용하여 500kN의 물체를 들어 올릴 때 필요한 힘 $T[\mathrm{kN}]$는? (단, 도르래의 무게는 무시한다)

2008 국가직

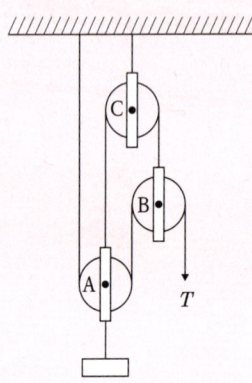

① 25
② 125
③ 250
④ 500

해설

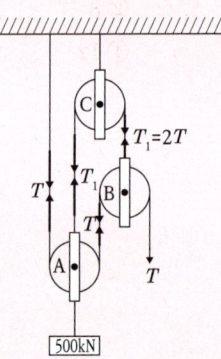

At B
$\uparrow + \Sigma F_y = 0$;
$T_1 - T - T = 0$
→ $T_1 = 2T$

At A
$\uparrow + \Sigma F_y = 0$;
$T + T_1 + T - 500\mathrm{kN} = 0$
→ $4T = 500\mathrm{kN}$

∴ $T = 125\mathrm{kN}$

꼭 알아두자!
연결된 하나의 케이블은 동일한 장력(인장력)을 받는다.

정답 ②

002

그림과 같이 배열된 무게 1,200kN을 지지하는 도르래 연결 구조에서 수평방향에 대해 60°로 작용하는 케이블의 장력 T [kN]는? (단, 도르래와 베어링 사이의 마찰은 무시하고, 도르래와 케이블의 자중은 무시한다)

2017 국가직

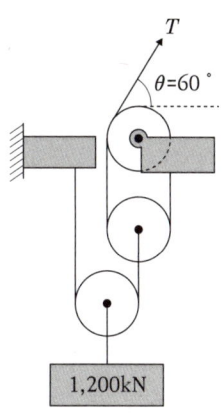

① $150\sqrt{3}$ ② 300
③ $300\sqrt{3}$ ④ 600

CHAPTER 24 안전율

대표문제

001

다음 그림과 같이 무게가 W인 물체가 수평면상에 놓여 있다. 그림과 같이 물체에 수평력 $\frac{2}{3}W$가 작용할 때 물체의 상태로 옳은 것은? (단, 물체와 수평면 사이의 마찰계수(f)는 0.75이다)   2010 국가직

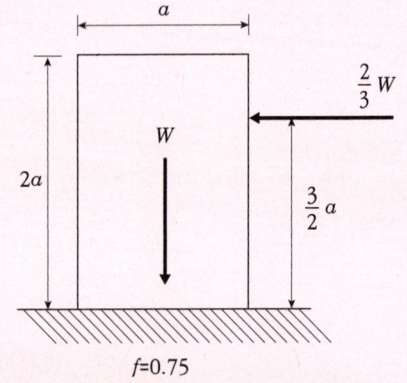

① 수평으로 이동하나 넘어지지는 않는다.
② 수평이동없이 넘어진다.
③ 수평이동하며 넘어진다.
④ 수평이동도 없고 넘어지지도 않는다.

해설

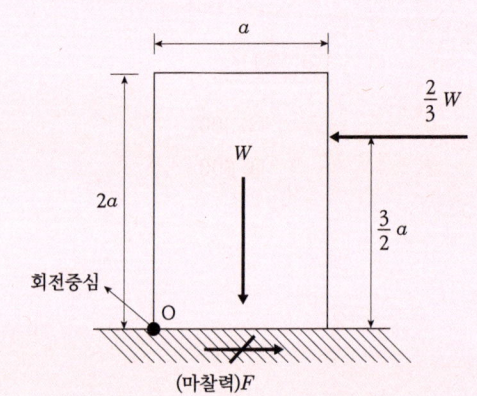

안전율 = $\dfrac{\text{저항력}}{\text{외력}}$;

(1) 전도

전도안전율 = $\dfrac{\text{저항}\,M}{\text{외력}\,M} = \dfrac{(W)\left(\dfrac{a}{2}\right)}{\left(\dfrac{2}{3}W\right)\left(\dfrac{3}{2}a\right)} < 1$

(2) 활동

활동안전율 = $\dfrac{\text{마찰력}}{\text{수평력}} = \dfrac{(\mu)(W)}{\left(\dfrac{2}{3}W\right)} = \dfrac{(0.75)(W)}{\left(\dfrac{2}{3}W\right)} > 1$

∴ 수평이동없이 넘어진다.

꼭 알아두자!

토목설계에서는 활동안전율 '1.5', 전도안전율 '2'를 설계기준으로 하나 응용역학에서는 별도의 언급이 없다면 '1'을 기준으로 한다.

정답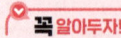

002

다음 그림과 같이 자중이 300kN인 중력식 옹벽에 100kN의 수평 토압이 작용하고 있다. 전도와 활동에 대해 안전성을 검토하였을 때 옳은 것은? (단, 전도와 활동에 대한 안전율은 1.5이고, 옹벽과 지반과의 마찰계수는 0.4이다)   2010 지방직

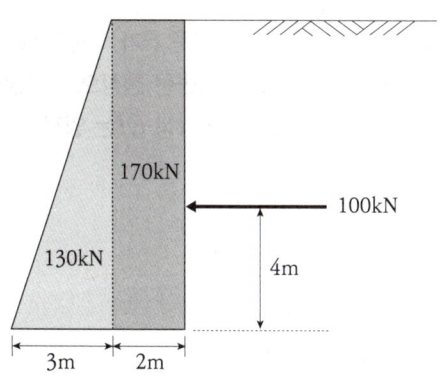

① 전도 : 안전, 활동 : 안전
② 전도 : 불안전, 활동 : 불안전
③ 전도 : 불안전, 활동 : 안전
④ 전도 : 안전, 활동 : 불안전

003

다음 그림과 같은 물막이용 콘크리트 구조물이 있다. 구조물이 전도가 발생하지 않을 최대 수면의 높이 $h[\text{m}]$는? (단, 물과 접해 있는 구조물 수직면에만 수평방향의 정수압이 작용하는 것으로 가정한다. 물의 단위중량 10kN/m^3, 콘크리트의 단위중량 25kN/m^3이다)   2013 지방직

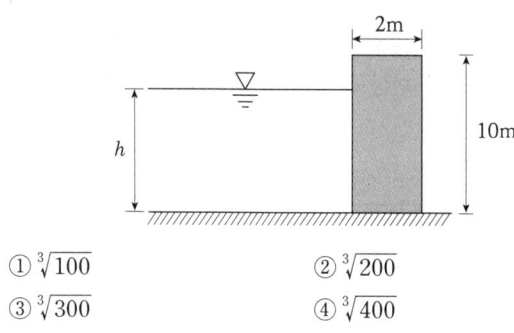

① $\sqrt[3]{100}$ ② $\sqrt[3]{200}$
③ $\sqrt[3]{300}$ ④ $\sqrt[3]{400}$

004

그림과 같이 단단한 암반 위에 삼각형 콘크리트 중력식 옹벽을 설치하고 토사 뒤채움을 하였을 때, 옹벽이 전도되지 않을 최소 길이 $B[\text{m}]$는? (단, 뒤채움 토사로 인한 토압의 합력은 24kN/m이며, 콘크리트의 단위중량은 24kN/m^3이다)   2018 지방직

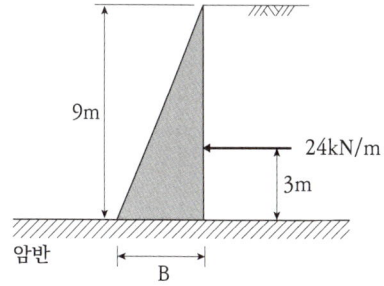

① 0.8   ② 1.0
③ 1.2   ④ 1.4

CHAPTER 25 곡률

정답·해설 242~244p

대표문제

001

하중을 받는 보의 정성적인 휨모멘트도가 그림과 같을 때, 이 보의 정성적인 처짐 곡선으로 가장 유사한 것은?

2015 국가직

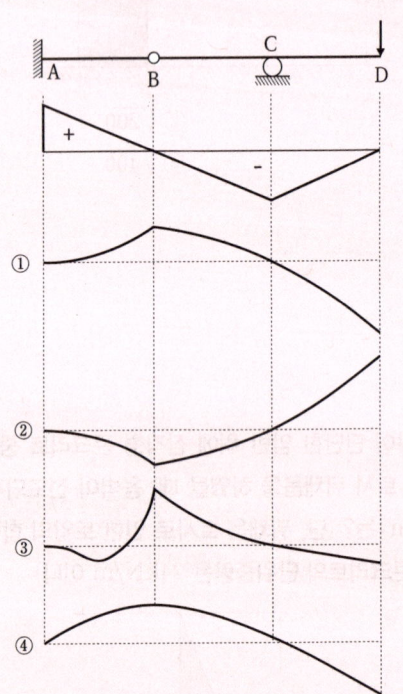

002

그림과 같이 라멘 구조물에 집중하중 P가 작용할 때, 미소변형인 경우에 대한 라멘 구조물의 휨변형 형상으로 적절한 것은? (단, 부재의 축변형은 무시하며, 휨강성 EI는 일정하다)

2017.12 지방직

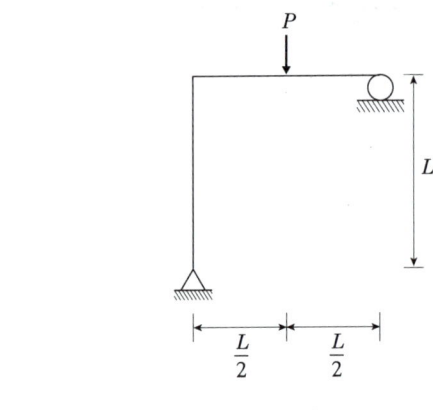

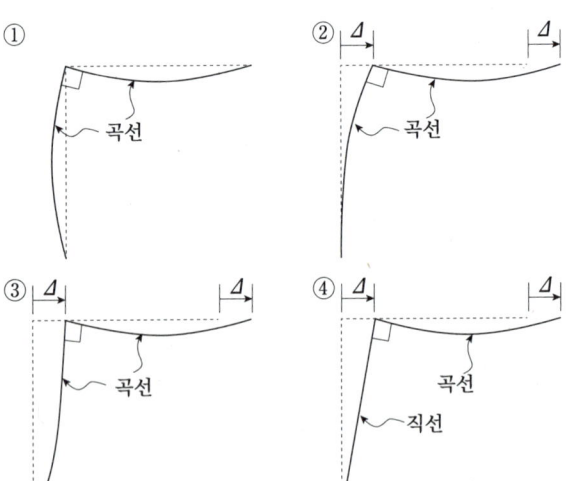

해설

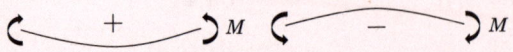

'$+M$'에 대해 아래로 볼록한 형상을, '$-M$'에 대해 위로 볼록한 형상을 보인다.

정답 ①

대표문제

003

보의 곡률에 대한 설명으로 옳지 않은 것은? 2023 지방직

① 휨모멘트에 반비례한다.
② 곡률반경에 반비례한다.
③ 탄성계수에 반비례한다.
④ 보의 단면2차모멘트에 반비례한다.

해설

$k = \dfrac{1}{\rho} = \dfrac{M}{EI}$;

① 휨모멘트(M) ⇑ → 곡률(k) ⇑
  휨모멘트(M)에 비례한다.
② 곡률반경(ρ) ⇑ → 곡률(k) ⇓
  곡률반경(ρ)에 반비례한다.
③ 탄성계수(E) ⇑ → 곡률(k) ⇓
  탄성계수(E)에 반비례한다.
④ 단면2차모멘트(I) ⇑ → 곡률(k) ⇓
  보의 단면2차모멘트(I)에 반비례한다.

정답 ①

004

원형 단면의 단순보에서 단면의 직경은 0.2m이고 탄성 처짐곡선의 곡률반지름이 $1{,}000\pi$m일 때, 휨모멘트의 크기[kN·m]는? (단, 탄성계수 $E=200{,}000$MPa이다) 2021 국가직

① 5   ② 6
③ 7   ④ 8

005

다음과 같이 길이가 π인 봉의 양 끝단에 모멘트 M을 가하였더니, 봉의 굽은 형태가 $\dfrac{1}{6}$ 원의 형태가 되었다. 이 봉의 휨강성이 EI라면 작용한 모멘트 M의 크기는? 2012 국가직

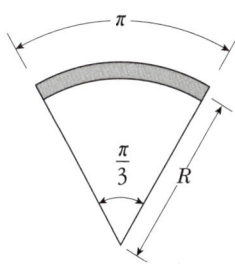

① $\dfrac{EI}{3}$ ② $\dfrac{EI}{4}$
③ $\dfrac{EI}{5}$ ④ $\dfrac{EI}{6}$

006

그림과 같이 일정 길이의 봉 부재 양단에 휨모멘트 $M=50\text{N}\cdot\text{m}$가 작용하여 곡률반경 $\rho=4\text{m}$인 원호의 일부 형상으로 변형되었을 때, 봉 재료의 탄성계수 $E[\text{GPa}]$는? (단, 봉의 단면은 한 변의 길이가 10mm인 정사각형 단면이고, 미소변형이론을 적용한다)

2024 국가직

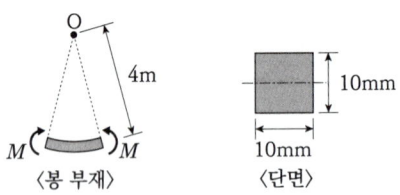

① 200
② 220
③ 240
④ 260

007

그림과 같이 등분포하중을 받는 외팔보의 고정단 A, 자유단 B 및 중앙점 C에서의 곡률반경을 각각 ρ_A, ρ_B, ρ_C 라고 할 때, 곡률반경 비 $\dfrac{\rho_C}{\rho_A}$와 $\dfrac{\rho_C}{\rho_B}$는? (단, 휨강성 EI는 일정하고, 자중은 무시한다)

2025 국가직

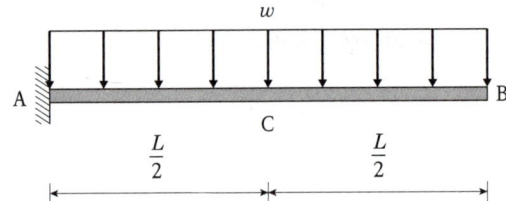

	$\dfrac{\rho_C}{\rho_A}$	$\dfrac{\rho_C}{\rho_B}$
①	4	0
②	4	$\dfrac{1}{2}$
③	8	0
④	8	$\dfrac{1}{2}$

대표문제

008

가로와 세로의 길이가 4.8mm인 정사각형 단면을 가진 길이가 10cm인 단순보에 순수 휨모멘트가 작용하고 있다. 단면 최상단에서의 수직변형률(normal strain) ε_x이 0.0012에 도달했을 경우의 곡률 $k[\mathrm{m}^{-1}]$의 절댓값은? (단, 부재는 미소변형 거동을 한다)

2013 국가직

① 0.1 ② 0.2
③ 0.5 ④ 2.0

해설

$\varepsilon = -Ky$
→ $K = -\dfrac{\varepsilon}{y} = -\dfrac{0.0012}{2.4\text{mm}} = -0.5\text{m}$

정답 ③

009 · 80점 목표

그림과 같이 지름 d인 원형 강봉을 강체 드럼을 사용하여 구부릴 때, 원형 강봉에 발생하는 최대 인장변형률의 크기는? (단, 미소변위이론을 적용하고, R은 강체 드럼의 반지름이다)

2025 지방직

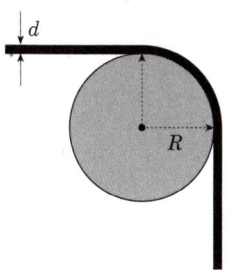

① $\dfrac{2d}{R}$ ② $\dfrac{d}{2R}$

③ $\dfrac{2d}{R+2d}$ ④ $\dfrac{d}{2R+d}$

010

지름이 990mm인 원통드럼 위로 지름이 10mm인 강봉이 탄성적으로 휘어져 있을 때 강봉 내에 발생되는 최대 휨응력 [MPa]은? (단, 탄성계수는 2.0×10^5 MPa이다)   2014 국가직

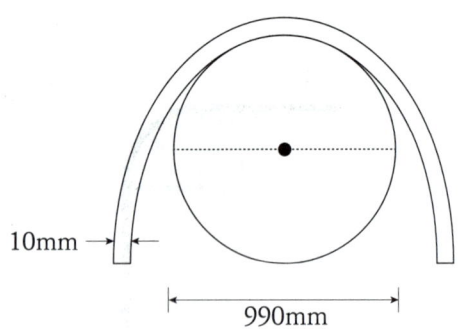

① 495
② 990
③ 1,000
④ 2,000

011

그림과 같이 휨강성 EI, 길이 L인 단순보의 지점 B에 모멘트 하중 M_0가 작용할 경우, 임의의 점 x에서 단순보의 연직 처짐은 $v(x)$, 곡률은 $v''(x)$로 표시한다면, 단순보 구간 $0<x<L$에서 곡률에 대한 처짐의 비 $v(x)/v''(x)$는? (단, 단순보의 자중, 축변형 및 전단변형은 무시하며, EI값은 일정하다)

2011 지방직

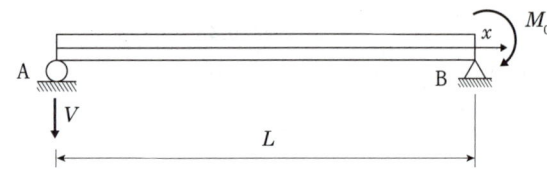

① $\dfrac{x-L}{2}$
② $\dfrac{x^2-L^2}{4}$
③ $\dfrac{x^2-L^2}{6}$
④ $\dfrac{x^3-L^3}{24}$

CHAPTER 26 파푸스정리

대표문제

001
그림과 같은 선분 AB를 Y축을 중심으로 하여 360° 회전 시켰을 때 생기는 표면적[cm^2]은?   2011 지방직

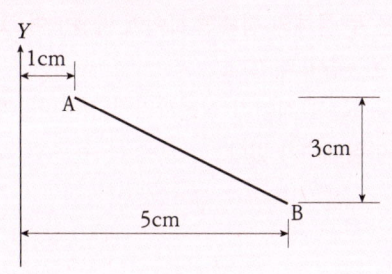

① 30π ② 40π
③ 50π ④ 60π

해설

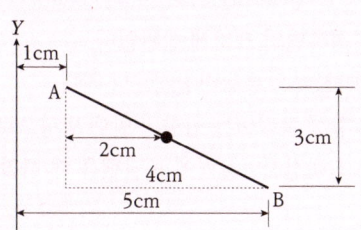

표면적 = 선분길이 × 도심거리 × 회전각도
$= (5cm)(3cm)\left(360° \times \dfrac{\pi}{180°}\right)$
$= 30\pi\, cm^2$

꼭 알아두자!
간혹 '표면적=선분길이×도심거리×2π'로 암기하는 학생들이 있는데 '표면적=선분길이×도심거리×회전각도'로 암기하는 것을 추천한다.

정답 ①

002
다음 그림과 같이 $a=3cm$, $b=5cm$인 직사각형 단면이 있다. x축을 중심으로 1회전 시킬 때 만들어지는 회전체의 체적(cm^3)은?   2009 국가직

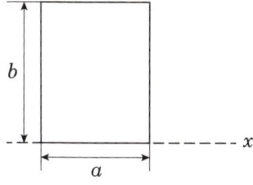

① 60π ② 75π
③ 90π ④ 150π

003
다음과 같이 밑변 R과 높이 H인 직각삼각형 단면이 있다. 이 단면을 y축 중심으로 360도 회전시켰을 때 만들어지는 회전체의 부피는?   2015 지방직

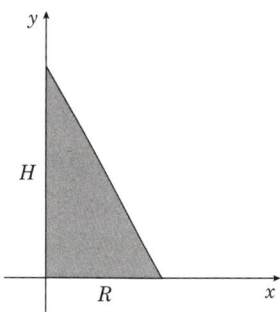

① $\dfrac{\pi R^2 H}{6}$ ② $\dfrac{\pi R^2 H}{4}$
③ $\dfrac{\pi R^2 H}{3}$ ④ $\dfrac{\pi R^2 H}{2}$

역학 일반

001
다음 중 뉴턴의 운동법칙에 해당하지 않는 것은? 2007 국가직

① 물체에 작용하는 힘이 평형을 이룬다면 정지해 있는 물체는 계속 정지해 있고 움직이던 물체는 등속도 직선 운동을 한다.
② 마찰력은 두 물체의 접촉면에서 발생하며 그 힘의 방향은 물체의 운동방향과 반대이다.
③ 움직이는 물체의 가속도 크기는 작용하는 힘에 비례하고 물체의 질량에 반비례하며 방향은 힘의 방향과 같다.
④ 임의의 물체에 작용하는 작용힘과 반작용힘은 그 크기가 같고 방향이 서로 반대이며 동일선상에 있다.

002
다음 설명 중에서 옳지 않은 것은? 2007 국가직

① 힘을 표시하는 3요소는 힘의 크기, 방향, 작용점이다.
② 선형 탄성영역에서는 응력과 변형률이 비례한다.
③ 동마찰계수는 정마찰계수보다 작다.
④ 힘, 변위, 속력, 가속도는 모두 벡터(vector)양이다.

003
다음 설명 중 옳지 않은 것은? 2021 국가직

① 벡터양은 크기와 방향을 갖는 물리량이다.
② 길이, 면적, 부피, 온도는 스칼라양이다.
③ 마찰력은 두 물체의 접촉면 사이에 발생하며 그 힘의 방향은 물체의 운동방향과 같다.
④ 마찰계수에는 움직이기 직전까지의 정지마찰계수와 움직일 때의 동마찰계수가 있다.

004
마찰력에 대한 일반적인 설명으로 옳지 않은 것은? 2025 국가직

① 마찰력은 접촉면의 크기에 상관없다.
② 최대정지마찰력은 운동마찰력보다 작다.
③ 마찰력은 항상 움직이는 방향의 반대 방향으로 작용한다.
④ 마찰력이 최대정지마찰력에 도달했을 때 마찰각도 최댓값을 갖는다.

005

다음 설명에서 틀린 것만을 모두 고르면?   2020 국가직

> ㄱ. 1축 대칭 단면의 도심과 전단 중심은 항상 일치한다.
> ㄴ. 미소변위 이론을 사용할 때 $\sin\theta$는 θ로 가정된다.
> ㄷ. 구조물의 평형방정식은 항상 변형 전의 형상을 사용하여 구한다.
> ㄹ. 반력이 한 점에 모이는 구조물은 안정한 정정구조물이다.

① ㄱ, ㄷ
② ㄴ, ㄹ
③ ㄱ, ㄴ, ㄹ
④ ㄱ, ㄷ, ㄹ

006

다음 설명 중 옳지 않은 것은?   2009 지방직

① 일정한 속력으로 직선 운동하는 물체의 가속도는 영(zero)이다.
② 일정한 속력으로 곡선 운동하는 물체의 가속도는 영(zero)이 아니다.
③ 구조물의 단면에 휨모멘트가 작용하면 연직응력이 발생하지만 전단응력은 발생하지 않는다.
④ 물 속에 잠긴 물체의 표면에 작용하는 압력은 물체 표면에 항상 수직으로 작용한다.

007

물리량의 차원으로 옳지 않은 것은? (단, M은 질량, T는 시간, L은 길이이다)   2014 지방직

① 응력의 차원은 $[MT^{-2}L^{-1}]$이다.
② 에너지의 차원은 $[MT^{-1}L^{-2}]$이다.
③ 전단력의 차원은 $[MT^{-2}L]$이다.
④ 휨모멘트의 차원은 $[MT^{-2}L^2]$이다.

008

단위가 나머지 셋과 다른 것은?   2017 국가직

① 인장 응력
② 비틀림 응력
③ 전단 변형률
④ 철근의 탄성계수

009

다음 중 옳지 않은 것은? 2011 국가직

① 물체가 균질(Homogeneous)한 경우, 물체의 도심과 질량중심은 서로 일치한다.
② 단면의 형태에 따라 단면의 극관성 모멘트는 음의 값을 가질 수도 있다.
③ 평형방정식은 구조물의 재료의 성질에 관계없이 적용할 수 있다.
④ 임의의 물체에 작용하는 우력 모멘트는 일을 행한다.

010

다음 용어들의 짝 중에서 상호 연관성이 없는 것은? 2014 국가직

① 전단응력 - 단면1차모멘트
② 곡률 - 단면상승모멘트
③ 휨응력 - 단면계수
④ 처짐 - 단면2차모멘트

011

보의 탄성처짐을 해석하는 방법에 대한 다음 설명으로 옳지 않은 것은? 2020 국가직

① 휨강성 EI가 일정할 때, 모멘트 방정식 $EI\dfrac{d^2v}{dx^2}=M(x)$를 두 번 적분하여 처짐 v를 구할 수 있는데, 이러한 해석법을 이중적분법(Double Integration Method)이라고 한다.
② 모멘트면적정리(Moment Area Theorem)에 의하면, 탄성 곡선상의 점 A에서의 접선과 점 B로부터 그은 접선 사이의 점 A에서의 수직편차 $t_{B/A}$는 $\dfrac{M}{EI}$ 선도에서 이 두 점 사이의 면적과 같다.
③ 공액보를 그린 후 $\dfrac{M}{EI}$ 선도를 하중으로 재하하였을 때, 처짐을 결정하고자 하는 곳에서 공액보의 단면을 자르고 그 단면에서 작용하는 휨모멘트를 구하여 처짐을 구할 수 있으며, 이러한 해석법을 공액보법(Conjugated Beam Method)이라고 한다.
④ 카스틸리아노의 정리(Castigliano's Theorem)에 의하면, 한 점에 처짐의 방향으로 작용하는 어느 힘에 관한 변형 에너지의 1차 편미분 함수는 그 점에서의 처짐과 같다.

012

구조물의 변위를 구하는 방법에 대한 설명으로 옳지 않은 것은? 2023 지방직

① 모멘트면적법은 처짐 곡선의 기하학적인 성질을 이용하여 보의 변위를 구하는 방법이다.
② 공액보법은 단부의 조건을 변화시킨 공액보에 탄성하중을 재하하여 변위를 구하는 방법이다.
③ 가상일법은 보 처짐에 관한 미분방정식의 적분과 경계조건을 이용하여 변위를 구하는 방법이다.
④ 카스틸리아노(Castigliano) 제2정리는 변형에너지를 작용하중에 대하여 1차 편미분한 값은 그 하중의 위치에 생기는 변위가 된다는 방법이다.

CHAPTER 28 소성해석

001

다음 <그림 1>과 같은 트러스 구조물에 수직하중 P가 작용하고 있다. 그리고 모든 트러스 부재에 대한 하중(P)−변위(δ) 곡선은 <그림 2>와 같다. 이 구조물이 지지할 수 있는 극한 수직하중 P는?

2010 국가직

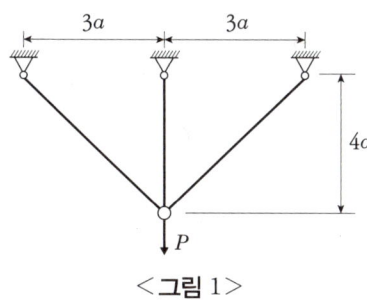

<그림 1>

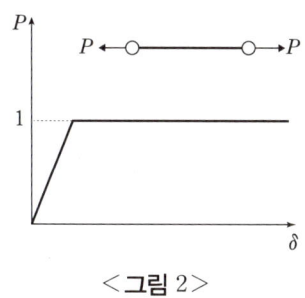

<그림 2>

① $\dfrac{13}{5}$ ② 3

③ $\dfrac{11}{5}$ ④ $\dfrac{3}{5}$

002

그림과 같이 양단이 고정되고, 일정한 단면적(200mm^2)을 가지는 초기 무응력상태인 봉의 온도변화(ΔT)가 $-10°C$일 때, A점의 수평 반력의 크기[kN]는? (단, 구조물의 재료는 탄성−완전소성거동을 하고, 항복응력은 200MPa, 초기탄성계수는 200GPa, 열팽창계수는 $5 \times 10^{-5}/°C$이며 좌굴 및 자중은 무시한다)

2018 국가직

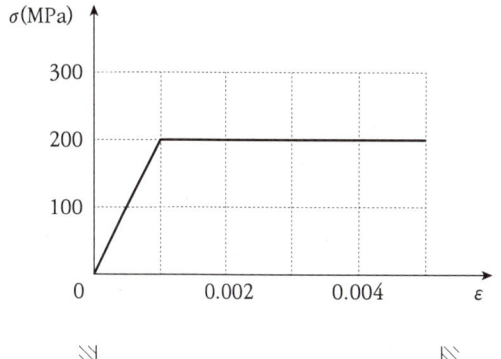

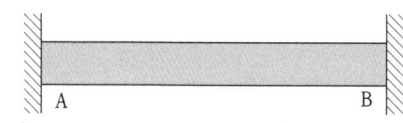

① 20 ② 30
③ 40 ④ 50

003

다음 그림과 같은 직사각형 탄소성 단면에 대해 기술한 것 중 옳지 않은 것은? (단, $h > b$이다) 2009 국가직

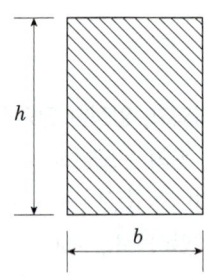

① 도심에 대한 최대 회전반경과 최소 회전반경의 곱은 $bh/12$이다.
② 단면의 도심과 전단중심은 동일하고, 가로축에 대한 탄성중립축과 소성중립축은 단면 하단에서 $h/2$에 위치한다.
③ 동일 단면으로 장주를 제작하였을 때, 탄성 좌굴축은 단면의 도심을 통과하는 세로축이다.
④ 동일 단면으로 지간 중앙에서 집중하중을 받는 길이가 L인 단순보를 제작하였을 때, 소성영역 길이는 $2L/3$이다.

004

직사각형 단면을 가지는 보에 휨모멘트가 작용하여 그림 (가)와 같이 단면에 응력분포가 발생하였다. 보의 재료는 그림 (나)와 같이 완전탄소성거동을 한다고 가정하였을 때, 보의 단면에 발생하는 최대변형률의 크기는? (단, 그림 (나)는 압축과 인장에서 동일하게 적용되며, 항복응력(σ_y)은 200MPa, 탄성계수(E)는 200GPa이다) 2022 지방직

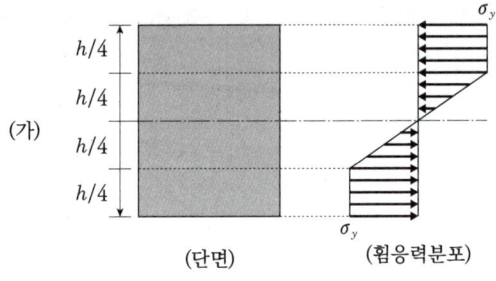

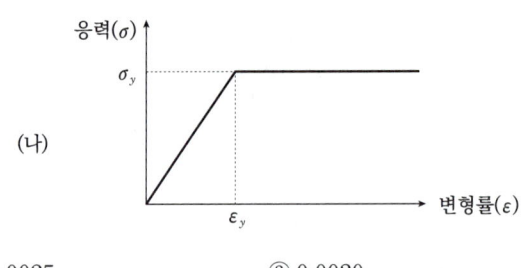

① 0.0025   ② 0.0020
③ 0.0015   ④ 0.0010

CHAPTER 29 기타 문제

001

벽면에 수평으로 연결된 와이어가 있다. 중심각이 2θ인 원호형태로 처짐이 발생된다면 이때 생기는 와이어의 변형률은? (단, θ의 단위는 radian이다)

2014 국가직

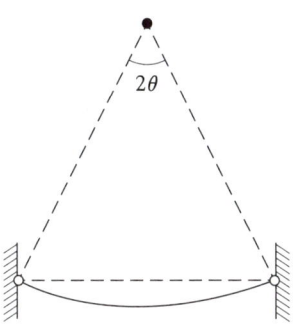

① $\dfrac{\theta - \sin\theta}{\sin\theta}$
② $1 - \dfrac{\sin\theta}{\theta}$
③ $\dfrac{\sin\theta}{\theta - \sin\theta}$
④ $\dfrac{\theta}{\cos\theta} - 1$

002

다음과 같은 구조물에서 하중 벡터 $\vec{F}$에 의해 O점에 발생되는 모멘트 벡터$[kN \cdot m]$는? (단, $\vec{i}, \vec{j}, \vec{k}$는 각각 x, y, z축의 단위 벡터이다)

2013 국가직

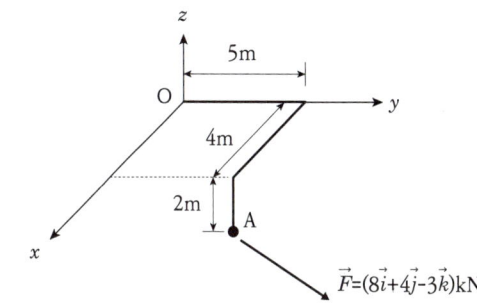

① $-7\vec{i} + 4\vec{j} + 24\vec{k}$
② $-7\vec{i} - 4\vec{j} - 24\vec{k}$
③ $23\vec{i} - 4\vec{j} + 24\vec{k}$
④ $23\vec{i} + 4\vec{j} - 24\vec{k}$

003

그림과 같이 B점에서 C점 방향으로 작용하는 크기가 10kN인 힘 F에 의한 A점에서의 모멘트 벡터 $M_A[kN \cdot m]$는? (단, i, j, k는 각각 x, y, z축에 대한 단위벡터이다)   2023 국가직

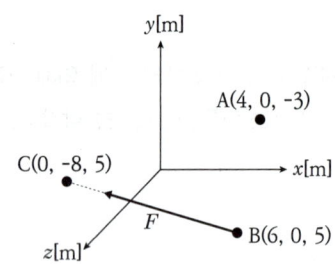

① $16i - 48j - 48k$ ② $64i - 16j + 48k$
③ $48i + 64j - 16k$ ④ $64i - 48j - 16k$

004

그림과 같은 트러스에서 부재 AB의 온도가 10℃ 상승하였을 때 B점의 수평변위의 크기[mm]는? (단, 트러스 부재의 열팽창계수 $\alpha = 4 \times 10^{-5}/℃$이고, 자중은 무시한다)   2018 국가직

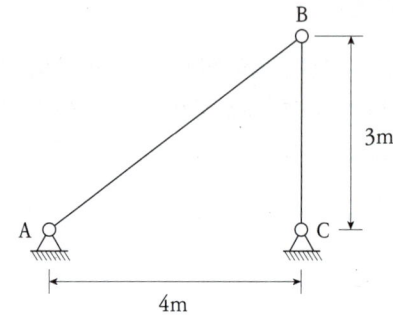

① 1.0 ② 1.5
③ 2.0 ④ 2.5

MEMO

가벼운 응용역학
기출문제집

정답 | 해설

비전공자도 합격시키는 쉽고 가벼운 — 진송환 토목직

2026

넥스트스터디

비전공자도 합격시키는 쉽고 가벼운 ——— 진승현 토목직

2026

가벼운 **응용역학**
기출문제집

정답 | 해설

CHAPTER 01 힘 평형 방정식

001 ③	002 ①	003 ②	004 ④	005 ①
006 ①	007 ④	008 ③	009 ①	010 ④
011 ④	012 ①	013 ②	014 ③	015 ④
016 ④	017 ①	018 ①	019 ④	020 ④
021 ①	022 ①	023 ②	024 ③	025 ①
026 ①	027 ③	028 ①	029 ①	030 ①
031 ①	032 ②	033 ①	034 ②	035 ②
036 ③	037 ①	038 ②	039 ②	040 ①
041 ①	042 ②	043 ①	044 ②	045 ②
046 ④	047 ①	048 ④	049 ①	050 ①
051 ①	052 ①	053 ②	054 ③	055 ①
056 ①	057 ①	058 ③	059 ①	060 ①
061 ①	062 ②	063 ②	064 ①	065 ①
066 ②	067 ②	068 ④	069 ①	070 ①
071 ②	072 ②	073 ①	074 ②	075 ①
076 ③	077 ①	078 ②	079 ②	080 ①
081 ①	082 ②	083 ②	084 ①	085 ①
086 ①	087 ③	088 ②	089 ③	090 ②
091 ①	092 ①	093 ②	094 ①	095 ①
096 ②	097 ③	098 ④	099 ①	100 ①
101 ①	102 ①	103 ①	104 ①	105 ④
106 ①	107 ①	108 ③	109 ①	110 ②
111 ①	112 ①	113 ①	114 ②	115 ①
116 ①	117 ②	118 ④	119 ②	120 ①
121 ①	122 ①	123 ③	124 ②	125 ①
126 ④	127 ①	128 ②	129 ②	130 ①
131 ③	132 ④	133 ④	134 ①	135 ①
136 ④	137 ③	138 ②	139 ②	140 ②
141 ③	142 ④	143 ③	144 ②	

001

정답 ③

A 점 반력 수 : 롤러 → 1개
C 점 반력 수 : 힌지 → 2개
D 점 반력 수 : 고정단 → 3개
∴ 총 반력 수 = 1 + 2 + 3 = 6개

꼭 알아두자!

문제에서 물어보지 않았으나, 부정정 차수를 구해보자.
$b=3, r=6, n=2, j=4$
$b+r+n-2j=3+6+2-2(4)=3$차부정정

002

정답 ①

종류	2차원	3차원
물체 (구조물)	$\sum F_x=0, \sum F_y=0, \sum M_z=0$	$\sum F_x=0, \sum F_y=0, \sum F_z=0$ $\sum M_x=0, \sum M_y=0, \sum M_z=0$
점	$\sum F_x=0, \sum F_y=0$	$\sum F_x=0, \sum F_y=0, \sum F_z=0$

① 힘과 독립변위는 1 : 1 대응된다.
$F_x \Leftrightarrow \Delta_x, F_y \Leftrightarrow \Delta_y, F_z \Leftrightarrow \Delta_z, M_x \Leftrightarrow \theta_x, M_y \Leftrightarrow \theta_y, M_z \Leftrightarrow \theta_z$

'**3차원**' 공간에 존재하는 3차원 '**구조물(물체)**'의 힘평형 방정식은 6개이다. 따라서 독립 변위성분의 수도 6개이다.

003

정답 ②

종류	2차원	3차원
물체 (구조물)	$\sum F_x=0, \sum F_y=0, \sum M_z=0$	$\sum F_x=0, \sum F_y=0, \sum F_z=0$ $\sum M_x=0, \sum M_y=0, \sum M_z=0$
점	$\sum F_x=0, \sum F_y=0$	$\sum F_x=0, \sum F_y=0, \sum F_z=0$

② '**3차원**' 공간상에서 '**한 물체**'에 작용하는 힘들의 평형조건은 6개이다.

004

정답 ④

주어진 조건에서는 A점에 대한 하중 P의 모멘트 팔을 계산하기가 쉽지 않다. 따라서 하중 P를 수평, 수직 하중으로 나누어 모멘트를 계산하여야 한다.

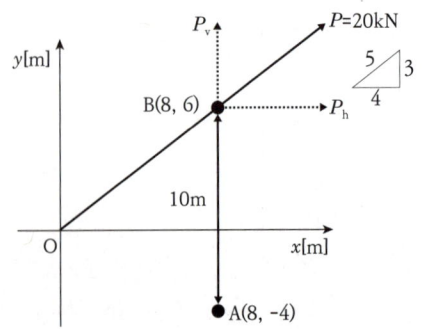

$P_h = P \times \dfrac{4}{5}$

　　$= 20\text{kN} \times \dfrac{4}{5} = 16\text{kN}$

$P_v = P \times \dfrac{3}{5}$

　　$= 20\text{kN} \times \dfrac{3}{5} = 12\text{kN}$

↺ $+ \Sigma M_A$;
$P_h \times (6\text{m} + 4\text{m})$
$= (16\text{kN})(10\text{m}) = 160\text{kN} \cdot \text{m}\,(↺)$

005

정답 ①

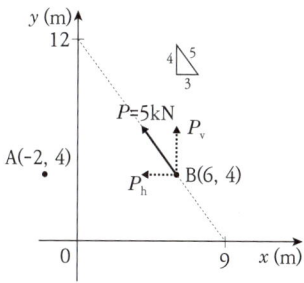

$P_h = P \times \dfrac{3}{5}$

　　$= 5\text{kN} \times \dfrac{3}{5} = 3\text{kN}$

$P_v = P \times \dfrac{4}{5}$

　　$= 5\text{kN} \times \dfrac{4}{5} = 4\text{kN}$

↺ $+ \Sigma M_A$;
$P_v \times (2\text{m} + 6\text{m})$
$= (4\text{kN})(8\text{m}) = 32\text{kN} \cdot \text{m}$

006

정답 ①

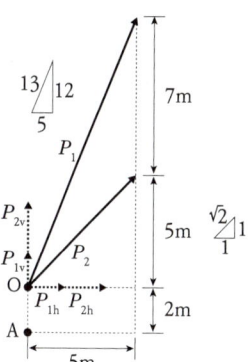

$P_{1h} = P_1 \times \dfrac{5}{13}$

　　$= 13\text{kN} \times \dfrac{5}{13} = 5\text{kN}$

$P_{2h} = P_2 \times \dfrac{1}{\sqrt{2}}$

　　$= 7\sqrt{2}\,\text{kN} \times \dfrac{1}{\sqrt{2}} = 7\text{kN}$

↺ $+ \Sigma M_A$;
$P_{1h} \times 2\text{m} + P_{2h} \times 2\text{m}$
$= (5\text{kN} \times 2\text{m}) + (7\text{kN} \times 2\text{m})$
$= 24\text{kN} \cdot \text{m}\,(↺)$

007

정답 ④

$P_y = P\sin 2\theta$

　　$= (5\text{kN})(\sin 2\theta) = (5\text{kN})(2\sin\theta\cos\theta)$

　　　　　　　　　　　　　　($\because \sin 2\theta = 2\sin\theta\cos\theta$)

　　$= 10\sin\theta\cos\theta$

008

정답 ③

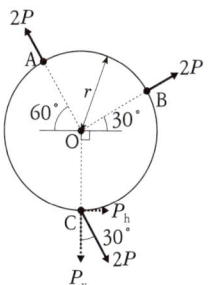

CHAPTER 01 | 힘 평형 방정식　**003**

$P_v = 2P\cos 30°$, $P_h = 2P\sin 30°$
$\circlearrowleft + \sum M_O$;
$M_o = P_h \times r$
$\quad = (2P\sin 30°)(r) = Pr\ (\circlearrowleft)$

009 정답 ①

우력이란 크기가 같고 방향이 반대인 두 개의 힘이 모멘트(회전운동)을 발생시키는 것을 의미한다.

010 정답 ④

우력이란 힘의 크기는 같고 방향이 반대인 두 힘을 의미한다. 이러한 우력은 하나의 모멘트로 표현 가능하다.

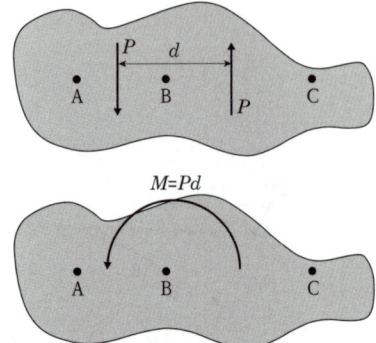

하나의 우력 모멘트가 작용하므로 모든 지점의 모멘트 크기와 방향은 동일하다.
∴ $\sum M_A = \sum M_B = \sum M_C$

011 정답 ④

우력이란 힘의 크기는 같고 방향이 반대인 두 힘을 의미한다. 이러한 우력은 하나의 모멘트로 표현 가능하다.

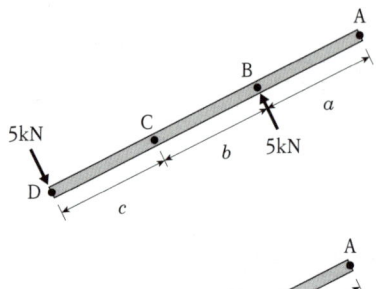

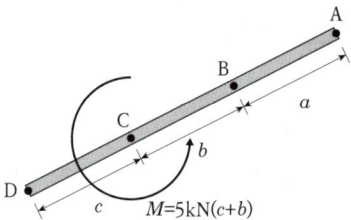

하나의 우력 모멘트가 작용하므로 모든 지점의 모멘트 크기와 방향은 동일하다.
$\sum M_A = \sum M_B = \sum M_C$
∴ ④ B점 C점의 모멘트의 크기도 같고 방향도 같다.

012 정답 ④

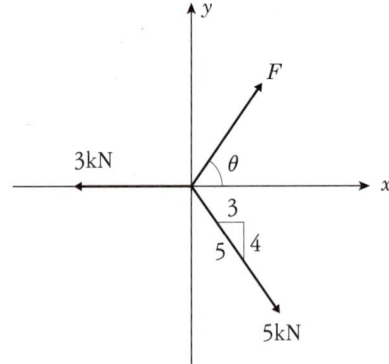

$\rightarrow + \sum F_x = 0$;
$(F \times \cos\theta) + \left(5\text{kN} \times \dfrac{3}{5}\right) - 3\text{kN} = 0$
$\rightarrow \theta = 90°\ (F \neq 0\ \because 보기없음)$

$\uparrow + \sum F_y = 0$;
$(F \times \sin\theta) - \left(5\text{kN} \times \dfrac{4}{5}\right) = 0$
$\rightarrow F = 4\text{kN}$

013

정답 ②

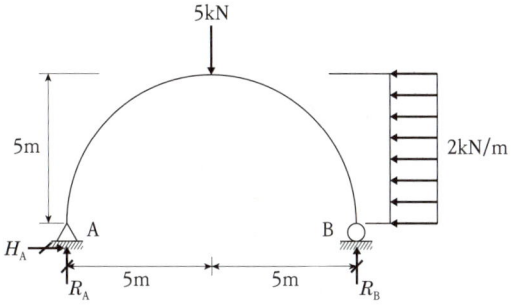

$\rightarrow + \sum F_x = 0$;
$H_A - (2\text{kN/m} \times 5\text{m}) = 0$

$\therefore H_A = 10\text{kN}$

014

정답 ③

$\circlearrowleft + \sum M_A = 0$;
$(50\text{kN} \times L) - (30\text{kN} \times 4\text{m}) - (50\text{kN} \times 2\text{m}) = 0$

$\therefore$ ③ $L = 4.4\text{m}$

015

정답 ④

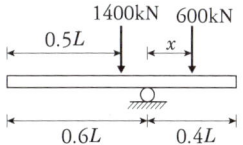

$\circlearrowleft + \sum M_{바퀴} = 0$;
$(600\text{kN} \times x) - (1400\text{kN} \times 0.1L) = 0$

$\rightarrow x = \dfrac{7}{30}L$

$\therefore$ 왼쪽에서 $0.6L + \dfrac{7}{30}L = \dfrac{5}{6}L$

자주하는 질문

Q 왜 통나무의 무게 1,400kN은 0.5L에 작용하나요?

A 물체의 밀도가 일정하다면 무게중심은 도심과 같습니다. 수험생들은 어렵게 생각할 것 없이 무게는 중앙에 작용한다고 생각하면 됩니다.

016

정답 ④

꼭 알아두자!

문제에서 힘의 단위(kN)가 모멘트의 단위(kN·m)로 잘못 기재되어 출제되었다.

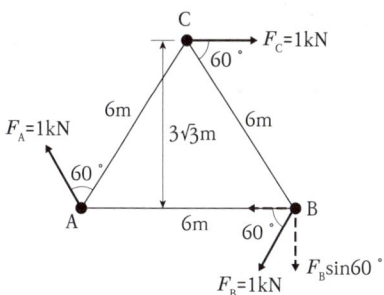

정삼각형의 높이 $= \dfrac{\sqrt{3}}{2}a = \dfrac{\sqrt{3}}{2}(6\text{m}) = 3\sqrt{3}\text{m}$

$\circlearrowleft + \sum M_A \neq 0$;
$(F_C)(3\sqrt{3}\text{m}) + (F_B \sin 60°)(6\text{m})$
$= (1\text{kN})(3\sqrt{3}\text{m}) + \left(1\text{kN} \times \dfrac{\sqrt{3}}{2}\right)(6\text{m})$
$= 6\sqrt{3}\text{kN} \cdot \text{m}(\circlearrowleft) \neq 0 \;(\therefore 회전 발생)$

A점에서 모멘트 평형방정식을 만족하기 위해서는 같은 크기로 반대방향의 모멘트가 작용해야 한다.

017

정답 ②

A점에서 물체의 회전이 발생하지 않으려면 모멘트 평형 방정식을 만족해야 한다. 이때, F_B가 최소가 되려면 모멘트 팔길이 d_B가 최대가 되어야 한다. ($\because F_C \times d_C + F_B \times d_B = 0$)

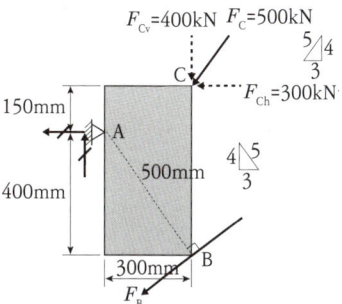

$F_{ch} = F_C \times \dfrac{3}{5}$

$= 500\text{kN} \times \dfrac{3}{5} = 300\text{kN}$

$$F_{cv} = F_c \times \frac{4}{5}$$
$$= 500\text{kN} \times \frac{4}{5} = 400\text{kN}$$

↺ $+\sum M_A = 0$;
$(F_B \times 500\text{mm}) + (400\text{kN} \times 300\text{mm})$
$-(300\text{kN} \times 150\text{mm}) = 0$

∴ $F_B = -150\text{kN}(↗)$

자주하는 질문

Q 왜 그림에서 F_B 방향은 왼쪽 아래 방향인가요?

A 처음부터 F_B의 방향은 알 수 없기에 가정한 것입니다. 응용역학에서 부호는 방향입니다. 결과값 $F_B = -150\text{kN}$이므로 실제 방향은 가정된 방향과 반대인 오른쪽 위로 작용합니다.

꼭 알두자!

문제에서 물어보지 않았으나, B점에서의 최대 힘의 크기[kN]도 구해보자.

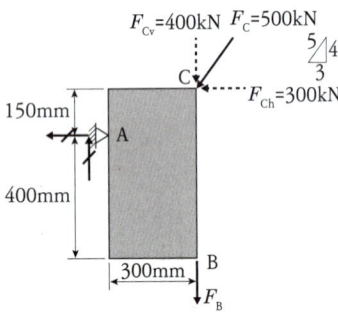

↺ $+\sum M_A = 0$;
$(F_B \times 300\text{mm}) + (400\text{kN} \times 300\text{mm})$
$-(300\text{kN} \times 150\text{mm}) = 0$

∴ $F_B = -250\text{kN}$ (↑)

018 정답 ①

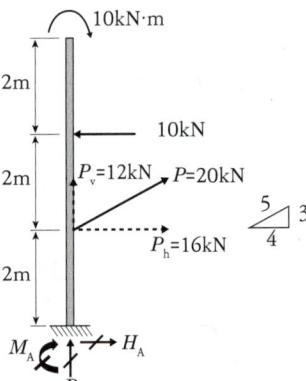

$$P_h = P \times \frac{4}{5}$$
$$= 20\text{kN} \times \frac{4}{5} = 16\text{kN}$$

$$P_v = P \times \frac{3}{5}$$
$$= 20\text{kN} \times \frac{3}{5} = 12\text{kN}$$

↺ $+\sum M_A = 0$;
$M_A + (16\text{kN} \times 2\text{m}) - (10\text{kN} \times 4\text{m}) + 10\text{kN} \cdot \text{m} = 0$
∴ $M_A = -2\text{kN} \cdot \text{m}(↻)$

꼭 알두자!

문제에서 물어보지 않았으나 수평, 수직 반력도 구해 보자.
→ $+\sum F_x = 0$;
$H_A + 16\text{kN} - 10\text{kN} = 0$ ➡ $H_A = -6\text{kN}(←)$

↑ $+\sum F_y = 0$;
$R_A + 12\text{kN} = 0$ ➡ $R_A = -12\text{kN}(↓)$

019

정답 ④

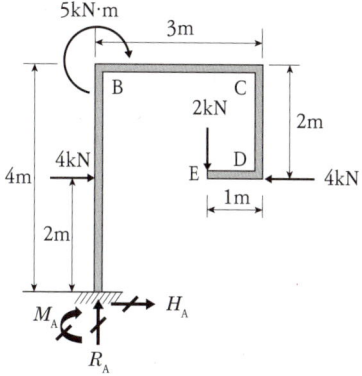

→$+\sum F_x=0$;
$H_A+4kN-4kN=0$
→ $H_A=0$

↑$+\sum F_y=0$;
$R_A-2kN=0$
→ $R_A=2kN(↑)$

↻$+\sum M_A=0$;
$M_A+(4kN\times2m)+5kN\cdot m+(2kN\times2m)-(4kN\times2m)=0$
→ $M_A=-9kN\cdot m(↻)$

020

정답 ④

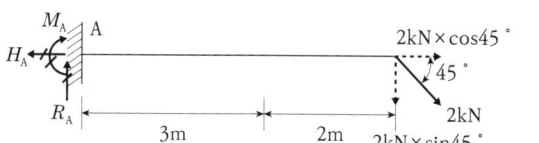

↻$+\sum M_A=0$;
$M_A+(2kN\times\sin45°)(5m)=0$

∴ $M_A=-5\sqrt{2}kN\cdot m(↻)$

꼭 알아두자!

하중을 이동하지 않고 바로 모멘트를 계산할 수 있으나 수평분력, 수직 분력에 대한 모멘트를 모두 고려해야 한다.

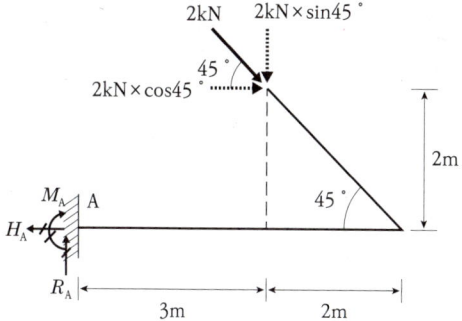

↻$+\sum M_A=0$;
$M_A+(2kN\times\sin45°)(3m)+(2kN\times\cos45°)(2m)=0$

∴ $M_A=-5\sqrt{2}kN\cdot m(↻)$

021

정답 ①

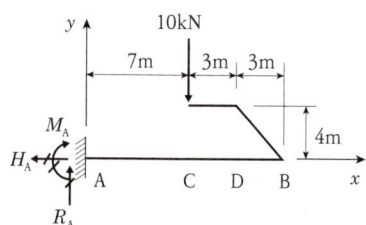

↻$+\sum M_A=0$;
$M_A+(10kN\times7m)=0$

∴ $M_A=-70kN\cdot m(↻)$

꼭 알아두자!

하중을 이동하고 모멘트를 계산할 수 있으나, 하중 이동에 따른 모멘트 를 별도로 고려해야 한다.

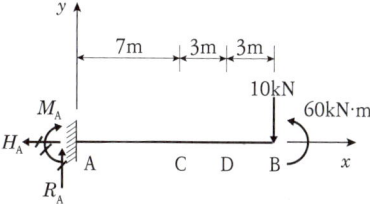

↻$+\sum M_A=0$;
$M_A+(10kN\times13m)-(60kN\cdot m)=0$

∴ $M_A=-70kN\cdot m(↻)$

022

정답 ①

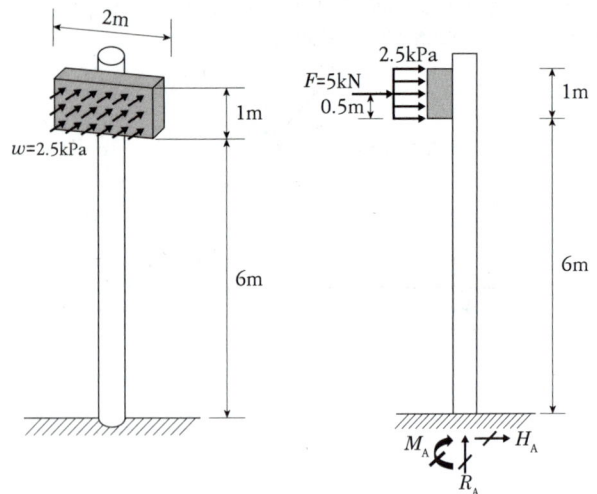

$F = w \times A = (2.5\text{kP}a)(2\text{m} \times 1\text{m}) = 5\text{kN}$

$\circlearrowleft + \sum M_A = 0$;

$M_A + (F)\left(6\text{m} + \dfrac{1\text{m}}{2}\right) = 0$

→ $M_A + (5\text{kN})(6.5\text{m}) = 0$

∴ $M_A = -32.5\text{kN}\cdot\text{m}(\circlearrowleft)$

023

정답 ②

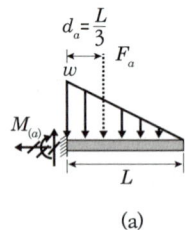 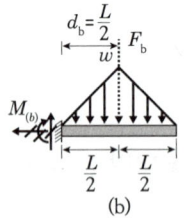 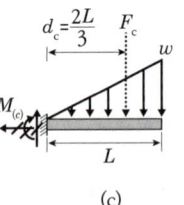
(a)　　　　(b)　　　　(c)

$F_a = F_b = F_c = \dfrac{1}{2} \times L \times w = \dfrac{wL}{2}$

$\circlearrowleft + \sum M_{\text{고정단}} = 0$;

$M_{\text{고정단}} + (F \times d) = 0$

→ $M_{\text{고정단}} = -F \times d$

∴ $M_{(a)} : M_{(b)} : M_{(c)} = (F_a \times d_a) : (F_b \times d_b) : (F_c \times d_c)$
$= d_a : d_b : d_c$
$= \dfrac{L}{3} : \dfrac{L}{2} : \dfrac{2L}{3} = 2 : 3 : 4$

📝 계산 TIP

정리가 어려운 수험생들은 제일 앞에 있는 숫자만 보기와 같이 변경해 보는 방식으로 답을 선택하자.

$\dfrac{L}{3} : \dfrac{L}{2} : \dfrac{2L}{3} = \dfrac{1}{3} : \dfrac{1}{2} : \dfrac{2}{3}$

→ $1 : \dfrac{3}{2} : 2$ (곱하기3 ∴ ① ✗)

→ $2 : 3 : 4$ (곱하기6 ∴ ② ○)

→ $3 : \dfrac{9}{2} : 6$ (곱하기9 ∴ ④ ✗)

→ $4 : 6 : 8$ (곱하기12 ∴ ③ ✗)

024

정답 ③

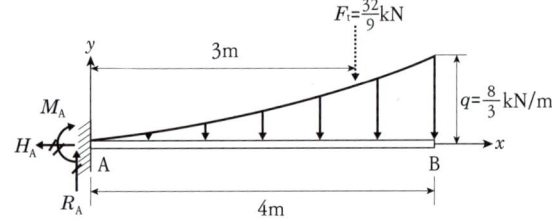

$q = \dfrac{1}{6}x^2 = \dfrac{1}{6}(4^2) = \dfrac{8}{3}\text{kN/m}$

$F_t = \dfrac{1}{3} \times q \times L = \left(\dfrac{1}{3}\right)\left(\dfrac{8}{3}\text{kN/m}\right)(4\text{m}) = \dfrac{32}{9}\text{kN}$

$\circlearrowleft + \sum M_A = 0$;

$M_A + \left(\dfrac{32}{9}\text{kN/m} \times 3\text{m}\right) = 0$

∴ $M_A = -\dfrac{32}{3}\text{kN}\cdot\text{m}(\circlearrowleft)$

💡 꼭 알아두자!

	면적	작용점
1차 (삼각형)	$\dfrac{1}{2}$	$\dfrac{1}{3}$
2차	$\dfrac{1}{3}$	$\dfrac{1}{4}$
3차	$\dfrac{1}{4}$	$\dfrac{1}{5}$
n차	$\dfrac{1}{n+1}$	$\dfrac{1}{n+2}$

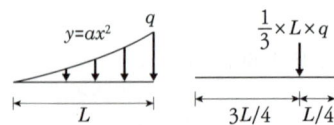

025 정답 ①

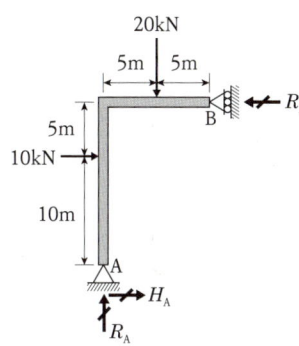

$\circlearrowleft + \sum M_A = 0$;
$(R_B \times 15m) - (10kN \times 10m) - (20kN \times 5m) = 0$
$\therefore R_B = \dfrac{40}{3} kN (\leftarrow)$

026 정답 ②

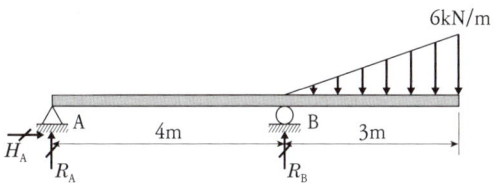

At entire
$\circlearrowleft + \sum M_B = 0$;
$(R_A \times 4m) + \left(\dfrac{1}{2} \times 3m \times 6kN/m\right)\left(3m \times \dfrac{2}{3}\right) = 0$

$\therefore R_A = -4.5 kN (\downarrow)$

027 정답 ③

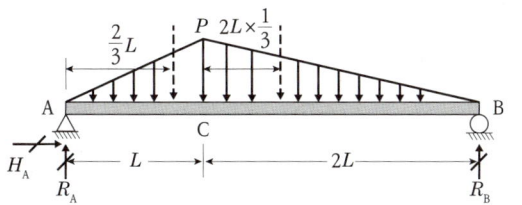

$\circlearrowleft + \sum M_A = 0$;
$(R_B \times 3L) - \left(\dfrac{1}{2} \times L \times P\right)\left(\dfrac{2}{3}L\right)$
$\quad - \left(\dfrac{1}{2} \times 2L \times P\right)\left(L + 2L \times \dfrac{1}{3}\right) = 0$
$\rightarrow 3R_B L - 2PL^2 = 0$

$\therefore R_B = \dfrac{2}{3} PL (\uparrow)$

028 정답 ①

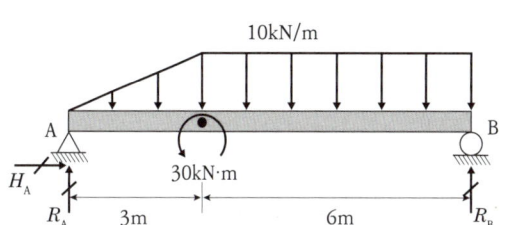

$\circlearrowleft + \sum M_A = 0$;
$(R_B \times 9m) - \left(\dfrac{1}{2} \times 3m \times 10kN/m\right)\left(3m \times \dfrac{2}{3}\right)$
$\quad + 30kN \cdot m - (10kN/m \times 6m)\left(3m + \dfrac{6}{2}m\right) = 0$

$\therefore R_B = 40 kN (\uparrow)$

029 정답 ①

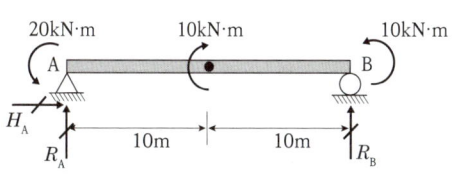

$\circlearrowleft + \sum M_A = 0$;
$(R_B \times 20m) + 20kN \cdot m - 10kN \cdot m + 10kN \cdot m = 0$
$\rightarrow R_B = -1 kN (\downarrow)$

$\uparrow + \sum F_y = 0$;
$R_A - 1kN = 0$
$\rightarrow R_A = 1 kN (\uparrow)$

030 정답 ①

$\circlearrowleft + \sum M_A = 0;$
$(3P \times x) - (P \times L) - (4P \times 2L) + (2P \times 3L) = 0$

$\therefore x = L$

031 정답 ③

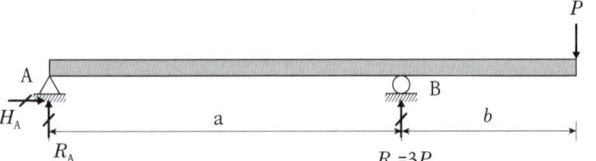

At entire
$\circlearrowleft + \sum M_A = 0 ;$
$(3P \times a) - (P)(a+b) = 0$
→ $3Pa - Pa - Pb = 0$
→ $2Pa = Pb$

$\therefore \dfrac{b}{a} = 2.0$

032 정답 ②

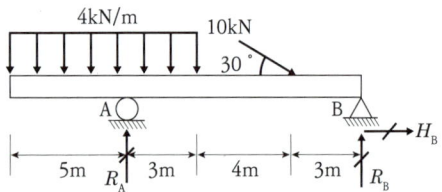

$\circlearrowleft + \sum M_B = 0;$
$(R_A \times 10\text{m}) - (4\text{kN/m} \times 8\text{m})\left(7\text{m} + \dfrac{8\text{m}}{2}\right)$
$\quad - (10\text{kN} \times \sin 30°)(3\text{m}) = 0$
→ $R_A = 36.7\text{kN}(\uparrow)$

$\uparrow + \sum F_y = 0;$
$36.7\text{kN} + R_B - (4\text{kN/m} \times 8\text{m}) - (10\text{kN} \times \sin 30°) = 0$
→ $36.7\text{kN} + R_B - 32\text{kN} - 5\text{kN} = 0$

$\therefore R_B = 0.3\text{kN}(\uparrow)$

033 정답 ①

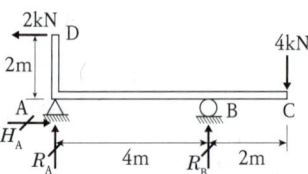

$\circlearrowleft + \sum M_B = 0;$
$(R_A \times 4\text{m}) - (2\text{kN} \times 2\text{m}) + (4\text{kN} \times 2\text{m}) = 0$

$\therefore R_A = -1\text{kN}(\downarrow)$

034 정답 ②

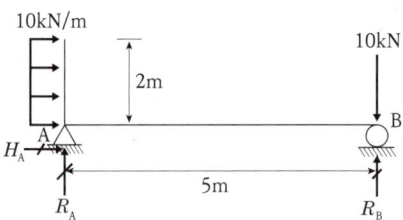

$\circlearrowleft + \sum M_B = 0;$
$(R_A \times 5\text{m}) + (10\text{kN/m} \times 2\text{m})(1\text{m}) = 0$

$\therefore R_A = -4\text{kN}(\downarrow)$

035 정답 ②

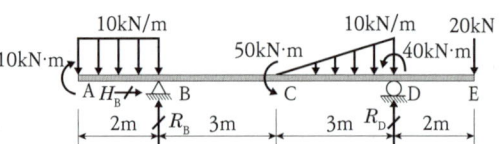

$\circlearrowleft + \sum M_D = 0;$
→ $(R_B \times 6\text{m}) + (10\text{kN} \cdot \text{m}) - (10\text{kN/m} \times 2\text{m})\left(6\text{m} + \dfrac{2\text{m}}{2}\right)$
$\quad - (50\text{kN} \cdot \text{m}) - \left(\dfrac{1}{2} \times 10\text{kN/m} \times 3\text{m}\right)\left(3\text{m} \times \dfrac{1}{3}\right)$
$\quad - (40\text{kN} \cdot \text{m}) + (20\text{kN} \times 2\text{m}) = 0$

$\therefore R_B = 32.5\text{kN}(\uparrow)$

036

정답 ③

$\uparrow + \sum F_y = 0;$
$-100\text{kN} - F_1 + F_2 + 300\text{kN} - 200\text{kN} = 0$
$\rightarrow -F_1 + F_2 = 0$
$\rightarrow F_1 = F_2 \quad \cdots \text{①}$

일관된 풀이를 위해 롤러지점에서 모멘트 평형 방정식을 잡는다.

$\circlearrowleft + \sum M_{\text{롤러}} = 0;$
$(F_1 \times 4\text{m}) - (F_2 \times 2\text{m})$
$\quad + (100\text{kN} \times 5\text{m}) - (200\text{kN} \times 1\text{m}) = 0$
$\rightarrow 4F_1 - 2F_2 + 300 = 0 \quad \cdots \text{②}$

①을 ②에 대입 ;
$4F_1 - 2F_1 + 300 = 0$
$\rightarrow F_1 = -150\text{kN}$
$\rightarrow F_2 = -150\text{kN}(\because \text{①})$

$\therefore F_1 = -150\text{kN}(\text{상향}), F_2 = -150\text{kN}(\text{하향})$

꼭 알아두자!

모멘트 평형 방정식을 세우는 것이 익숙해지면 롤러지점을 기준점으로 잡는 것보다 F_2 작용점을 기준점으로 잡는 것이 좋다. 그렇게 되면 F_2가 기준점을 지나가기 때문에 무시할 수 있어 모멘트 평형 방정식에 미지수가 F_1만 남게 된다.

$\uparrow + \sum F_y = 0;$
$-100\text{kN} - F_1 + F_2 + R - 200\text{kN} = 0$
$\rightarrow -F_1 + F_2 = 0$
$\rightarrow F_1 = F_2$

$\circlearrowleft + \sum M_2 = 0;$
$(F_1 \times 2\text{m}) + (100\text{kN} \times 3\text{m})$
$\quad + (300\text{kN} \times 2\text{m}) - (200\text{kN} \times 3\text{m}) = 0$

$\therefore F_1 = -150\text{kN} (\text{상향}), F_2 = -150\text{kN} (\text{하향})$

037

정답 ①

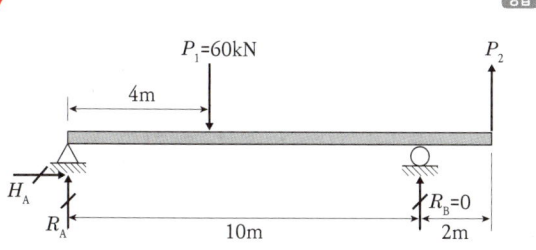

$\circlearrowleft + \sum M_A = 0;$
$(P_2 \times 12\text{m}) - (60\text{kN} \times 4\text{m}) = 0$

$\therefore P_2 = 20\text{kN}(\uparrow)$

038

정답 ②

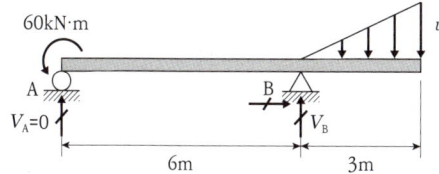

$\circlearrowleft + \sum M_B = 0;$
$\left(\dfrac{1}{2} \times 3\text{m} \times w\right)\left(3\text{m} \times \dfrac{2}{3}\right) - 60\text{kN} \cdot \text{m} = 0$
$\rightarrow w = 20\text{kN/m}$

$\uparrow + \sum F_y = 0;$
$V_B - \left(\dfrac{1}{2} \times 3\text{m} \times w\right) = 0$

$\therefore V_B = \dfrac{1}{2} \times 3\text{m} \times 20\text{kN/m} = 30\text{kN}(\uparrow)$

039

정답 ②

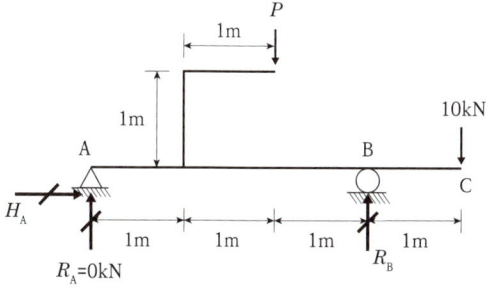

$\circlearrowleft + \sum M_B = 0;$
$(P \times 1\text{m}) - (10\text{kN} \times 1\text{m}) = 0$

$\therefore P = 10\text{kN}(\downarrow)$

040 정답 ①

$\circlearrowleft + \Sigma M_A = 0;$

$(2\text{kN/m} \times x)\left(\dfrac{x}{2}\right) + (1\text{kN} \cdot \text{m}) - (1\text{kN} \times 10\text{m}) = 0$

→ $x^2 - 9 = 0$

→ $x = \pm 3\text{m}$

∴ $x = 3\text{m}(\because x > 0)$

041 정답 ①

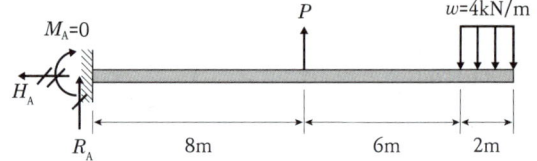

$\circlearrowleft + \Sigma M_A = 0\,;$

$(P \times 8\text{m}) - (4\text{kN/m} \times 2\text{m})\left(14\text{m} + \dfrac{2\text{m}}{2}\right) = 0$

∴ $P = 15\text{kN}(\uparrow)$

042 정답 ②

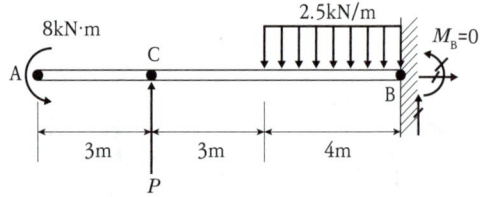

$\circlearrowleft + \Sigma M_B = 0$

$(P \times 7\text{m}) - 8\text{kN} \cdot \text{m} - (2.5\text{kN/m} \times 4\text{m})\left(\dfrac{4\text{m}}{2}\right) = 0$

∴ $P = 4\text{kN}(\uparrow)$

043 정답 ①

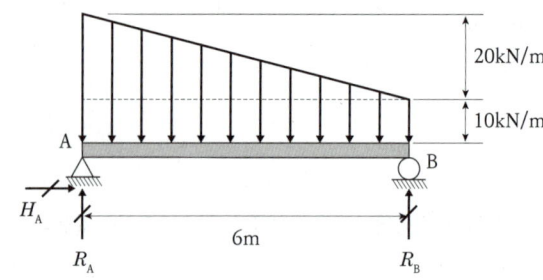

$R_A = \dfrac{1}{2}(10\text{kN/m} \times 6\text{m}) + \dfrac{2}{3}\left(\dfrac{1}{2} \times 6\text{m} \times 20\text{kN/m}\right) = 70\text{kN}$

$R_B = \dfrac{1}{2}(10\text{kN/m} \times 6\text{m}) + \dfrac{1}{3}\left(\dfrac{1}{2} \times 6\text{m} \times 20\text{kN/m}\right) = 50\text{kN}$

∴ $R_A : R_B = 70\text{kN} : 50\text{kN} = 7 : 5$

044 정답 ②

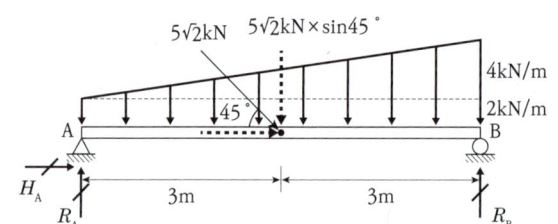

∴ $R_A = \dfrac{1}{2}(5\sqrt{2}\text{kN} \times \sin 45°) + \dfrac{1}{2}(2\text{kN/m} \times 6\text{m})$

$+ \dfrac{1}{3}\left(\dfrac{1}{2} \times 4\text{kN/m} \times 6\text{m}\right) = 12.5\text{kN}(\uparrow)$

045 정답 ②

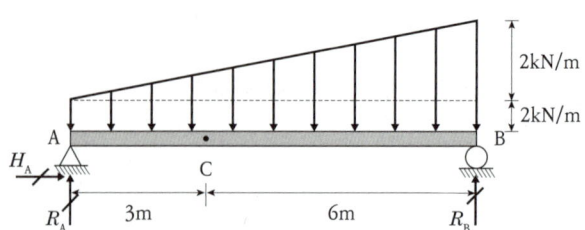

$R_A = \dfrac{1}{2}(2\text{kN/m} \times 9\text{m}) + \dfrac{1}{3}\left(\dfrac{1}{2} \times 2\text{kN/m} \times 9\text{m}\right) = 12\text{kN}$

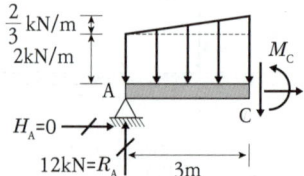

C점 삼각형 높이 ;

$2kN/m \times \dfrac{3m}{9m} = \dfrac{2}{3} kN/m$

$\circlearrowleft + \sum M_C = 0;$
$M_C - (12kN \times 3m) + \left(\dfrac{1}{2} \times 3m \times \dfrac{2}{3} kN/m\right)\left(3m \times \dfrac{1}{3}\right)$
$\quad + (3m \times 2kN/m)\left(3m \times \dfrac{1}{2}\right) = 0$
→ $M_C - 36 + 1 + 9 = 0$

$\therefore M_C = 26 kN \cdot m$

046 정답 ④

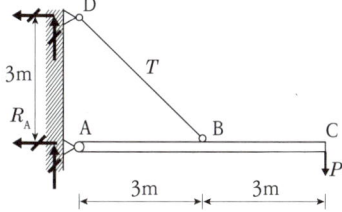

$\circlearrowleft + \sum M_D = 0;$
$(R_A \times 3m) + (P \times 6m) = 0$

$\therefore R_A = -2P(\rightarrow)$

꼭 알아두자!

축력 계산과정을 자세하게 보면 다음과 같다.

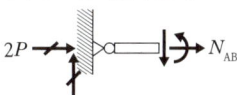

At 자유물체도
→ $+\sum F_x = 0$;
$N_{AB} + 2P = 0$

$\therefore N_{AB} = -2P(압축)$

047 정답 ③

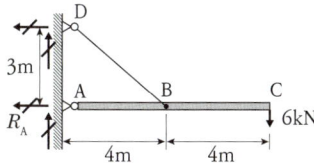

$\circlearrowleft + \sum M_D = 0;$
$(R_A \times 3m) + (6kN \times 8m) = 0$

$\therefore R_A = -16kN(\rightarrow)$

꼭 알아두자!

축력 계산과정을 자세하게 보면 다음과 같다.

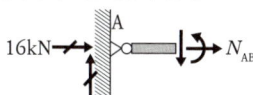

At 자유물체도
→ $+\sum F_x = 0$;;
$N_{AB} + 16kN = 0$

$\therefore N_{AB} = -16kN(압축)$

048 정답 ④

꼭 알아두자!

단면적이 결정된 상황이 아니기 때문에 케이블 BC의 허용축력이 아니라 허용응력(σ_a)이라고 언급해 줬어야 한다. 허용응력은 재료에 따라 고정되어 있는 응력 허용치를 의미한다.

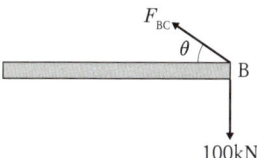

$\sigma_{BC} = \dfrac{F_{BC}}{A_{BC}} \leq \sigma_a$

A_{BC}가 최소가 되려면 F_{BC}도 최소가 되어야 한다.
At B
↑ $+\sum F_y = 0;$
$(F_{BC} \times \sin\theta) - 100kN = 0$
→ $F_{BC} = \dfrac{100}{\sin\theta} kN$

$\sin\theta$는 $0° \leq \theta \leq 60°$일 때 $\theta = 60°$에서 최대이므로, $\theta = 60°$일 때 $F_{BC} = \dfrac{100}{\sin\theta}$이 최소가 된다.

$\therefore \theta = 60°$일 때 케이블은 최소 단면을 사용할 수 있다.

049

정답 ④

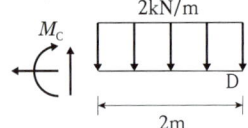

At BC
$\circlearrowleft + \sum M_B = 0$;
$M_B + (20\text{kN/m} \times 4\text{m})\left(\dfrac{4\text{m}}{2}\right) - 500\text{kN}\cdot\text{m} = 0$

$\therefore M_B = 340\text{kN}\cdot\text{m}\,(\circlearrowleft)$

050

정답 ②

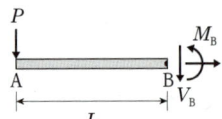

At CD
$\circlearrowleft + \sum M_C = 0$;
$M_C + (2\text{kN/m} \times 2\text{m})\left(\dfrac{2\text{m}}{2}\right) = 0$

$\therefore M_C = -4\text{kN}\cdot\text{m}\,(\circlearrowleft)$

051

정답 ③

① 캔틸레버보에 축력이 작용하지 않으므로 A점에 발생하는 축력의 크기는 '0'이다.
② B점에 발생하는 전단력(V_B)의 크기는 'P'이다.

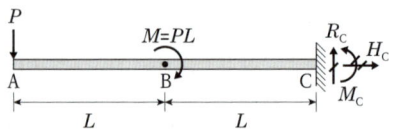

At AB
$\uparrow + \sum F_y = 0$;
$-P - V_B = 0$
$\rightarrow V_B = -P\,(\uparrow)$

③, ④ C점에 발생하는 모멘트 반력(M_C)의 크기는 'PL'이다.
C점에 발생하는 수직반력(R_C)의 크기는 'P'이다.

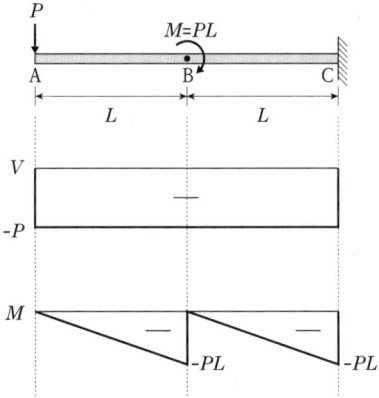

At entire
$\circlearrowleft + \sum M_C = 0$;
$M_C + (P \times 2L) - (PL) = 0$
$\rightarrow M_C = -PL\,(\circlearrowleft)$

$\uparrow + \sum F_y = 0$;
$-P + R_C = 0$
$\rightarrow R_C = P\,(\uparrow)$

꼭 알아두자!
전단력도, 모멘트도를 그려서 해석할수도 있다.

052

정답 ①

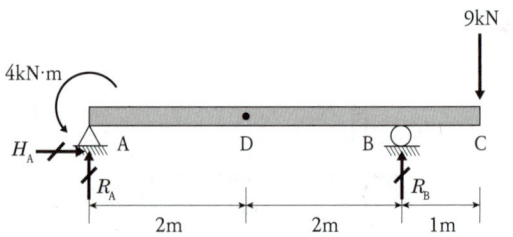

At entire
$\circlearrowleft + \sum M_A = 0$;
$(R_B \times 4m) + (4kN \cdot m) - (9kN \times 5m) = 0$
→ $R_B = \dfrac{41}{4}$ kN (↑)

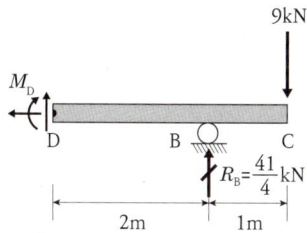

At DC
$\circlearrowleft + \sum M_D = 0$;
$M_D - \left(\dfrac{41}{4} kN \times 2m\right) + (9kN \times 3m) = 0$

∴ $M_D = -\dfrac{13}{2}$ kN·m

꼭 알아두자!
자유물체도는 왼쪽을 끊어서 봐도 동일하게 계산된다.

At entire
$\circlearrowleft + \sum M_B = 0$;
$(R_A \times 4m) - 4kN \cdot m + (9kN \times 1m) = 0$
→ $R_A = -\dfrac{5}{4}$ kN (↓)

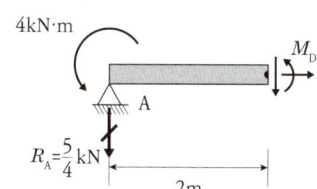

At AD
$\circlearrowleft + \sum M_D = 0$;
$M_D + 4kN \cdot m + \left(\dfrac{5}{4} kN \times 2m\right) = 0$

∴ $M_D = -\dfrac{13}{2}$ kN·m

053

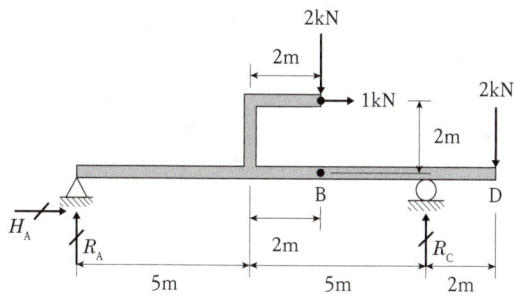

At entire
$\circlearrowleft + \sum M_A = 0$;
$(R_C \times 10m) - (2kN \times 7m) - (1kN \times 2m) - (2kN \times 12m) = 0$
→ $R_C = 4kN(↑)$

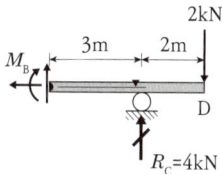

At BD
$\circlearrowleft + \sum M_B = 0$;
$M_B - (4kN \times 3m) + (2kN \times 5m) = 0$

∴ $M_B = 2kN \cdot m$

꼭 알아두자!
자유물체도는 왼쪽을 끊어서 봐도 동일하게 계산된다.

$\circlearrowleft + \sum M_C = 0$;
$(R_A \times 10m) + (1kN \times 2m) - (2kN \times 3m) + (2kN \times 2m) = 0$
→ $R_A = 0$

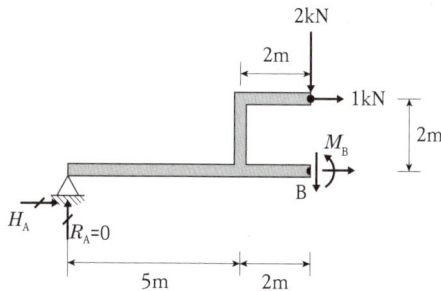

At AB
$\circlearrowleft + \sum M_B = 0$;
$M_B - (1kN \times 2m) = 0$

∴ $M_B = 2kN \cdot m$

054 정답 ③

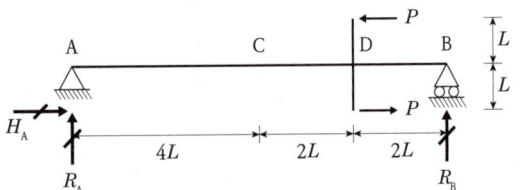

At entire
$\circlearrowleft + \Sigma M_B = 0$;
$(R_A \times 8L) - (P \times L) - (P \times L) = 0$
→ $R_A = \dfrac{P}{4} (\uparrow)$

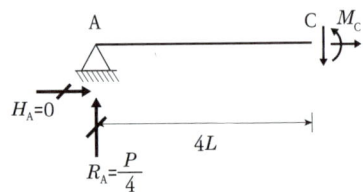

At AC
$\circlearrowleft + \Sigma M_C = 0$;
$M_C - \left(\dfrac{P}{4} \times 4L\right) = 0$

∴ $M_C = PL$

꼭 알아두자!
자유물체도는 오른쪽을 끊어서 봐도 동일하게 계산된다.

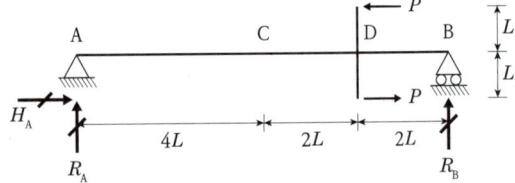

At entire
$\circlearrowleft + \Sigma M_A = 0$;
$(R_B \times 8L) + (P \times L) + (P \times L) = 0$
→ $R_B = -\dfrac{P}{4} (\downarrow)$

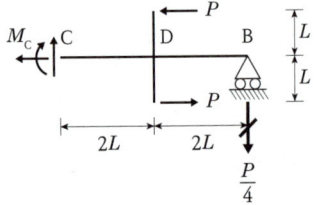

At CB
$\circlearrowleft + \Sigma M_C = 0$;
$M_C - (P \times L) - (P \times L) + \left(\dfrac{P}{4} \times 4L\right) = 0$

∴ $M_C = PL$

055 정답 ①

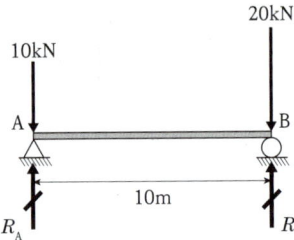

At entire
$\circlearrowleft + \Sigma M_B = 0$;
$(R_A \times 10m) - (10kN \times 10m) = 0$
→ $R_A = 10kN (\uparrow)$

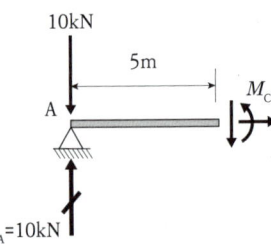

At AC
$\circlearrowleft + \Sigma M_C = 0$;
$M_C + (10kN \times 5m) - (10kN \times 5m) = 0$

∴ $M_C = 0$

꼭 알아두자!
지점(힌지 or 롤러)에 작용하는 집중하중(P)은 모두 해당 지점 반력(R)으로 들어간다. 단, 스프링 지점은 해당되지 않는다.
(응용역학 이론서 Day01. Level up! Skill 2 참조)

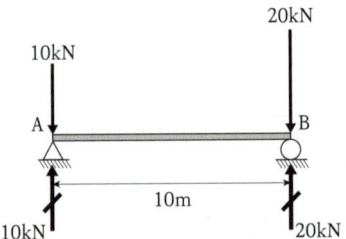

056   정답 ①

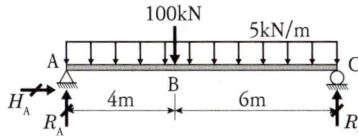

At entire
$\circlearrowleft + \Sigma M_C = 0;$
$(R_A \times 10\text{m}) - (100\text{kN} \times 6\text{m}) - (5\text{kN/m} \times 10\text{m})\left(\dfrac{10\text{m}}{2}\right) = 0$
→ $R_A = 85\text{kN}$

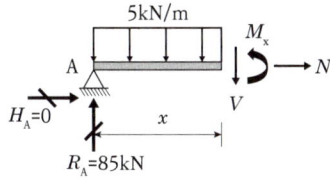

At 자유물체도
$\circlearrowleft + \Sigma M_x = 0;$
$M_x - (85\text{kN} \times x) + (5\text{kN/m} \times x)\left(\dfrac{x}{2}\right) = 0$

∴ $M_x = 85x - \dfrac{5}{2}x^2$

057   정답 ①

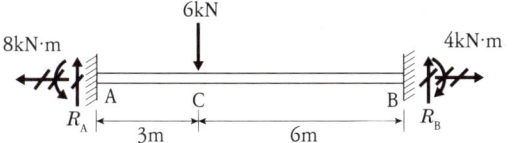

At entire
$\circlearrowleft + \Sigma M_B = 0;$
$(R_A \times 9\text{m}) - 8\text{kN}\cdot\text{m} - (6\text{kN} \times 6\text{m}) + 4\text{kN}\cdot\text{m} = 0$
→ $R_A = \dfrac{40}{9}\text{kN}(\uparrow)$

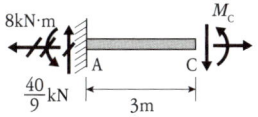

At AC
$\circlearrowleft + \Sigma M_C = 0;$
$M_C + 8\text{kN}\cdot\text{m} - \left(\dfrac{40}{9}\text{kN} \times 3\text{m}\right) = 0$

∴ $M_C = \dfrac{16}{3}\text{kN}\cdot\text{m}$

꼭 알아두자!

난이도가 높아지면 고정단 모멘트가 주어지지 않는다. 해당 구조는 부정정 구조로 고정단 모멘트는 'DAY 07 정정/부정정'에서 학습한 후 계산할 수 있다.

$M_A = \dfrac{Pb^2a}{L^2} = \dfrac{(6\text{kN})(6\text{m})^2(3\text{m})}{(9\text{m})^2} = 8\text{kN}\cdot\text{m}$

$M_B = \dfrac{Pb^2a}{L^2} = \dfrac{(6\text{kN})(3\text{m})^2(6\text{m})}{(9\text{m})^2} = 4\text{kN}\cdot\text{m}$

058   정답 ③

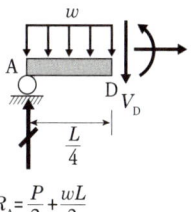

At entire
$R_A = R_B = \dfrac{P}{2} + \dfrac{wL}{2}$ (∵ 대칭)

At AD
$\uparrow + \Sigma F_y = 0;$
$R_A - \left(w \times \dfrac{L}{4}\right) - V_D = 0$

∴ $V_D = \dfrac{P}{2} + \dfrac{wL}{4}$

> **꼭 알아두자!**
> 자유물체도는 왼쪽을 끊어서 봐도 동일하게 계산된다.

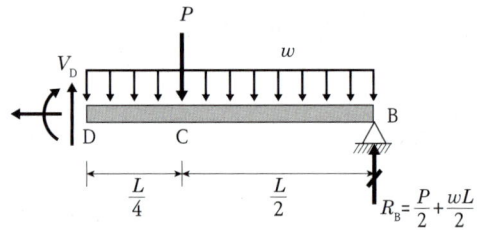

At DB
$\uparrow + \Sigma F_y = 0$;
$V_D - (w \times \frac{3}{4}L) - P + \frac{P}{2} + \frac{wL}{2} = 0$

$\therefore V_D = \frac{P}{2} + \frac{wL}{4}$

---

059 정답 ③

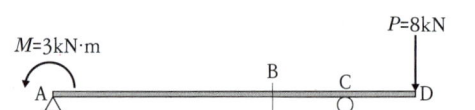

$\circlearrowleft + \Sigma M_A = 0$;
$(R_C \times 4m) + (3kN \cdot m) - (8kN \times 5m) = 0$
$\rightarrow R_C = \frac{37}{4} kN(\uparrow)$

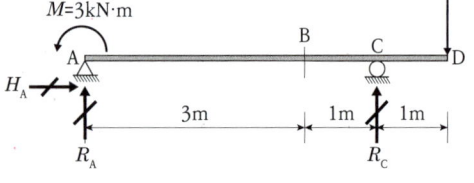

At BD
$\uparrow + \Sigma F_y = 0$;
$V_B + \frac{37}{4} kN - 8kN = 0$

$\therefore V_B = -\frac{5}{4} kN = -1.25 kN$

> **꼭 알아두자!**
> 자유물체도는 왼쪽을 끊어서 봐도 동일하게 계산된다.

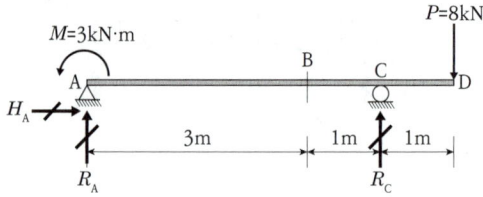

At entire
$\circlearrowleft + \Sigma M_C = 0$;
$(R_A \times 4m) - 3kN \cdot m + (8kN \times 1m) = 0$
$\rightarrow R_A = -\frac{5}{4} kN(\downarrow)$

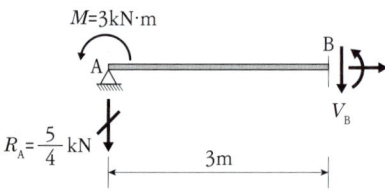

At AB
$\uparrow + \Sigma F_y = 0$;
$-\frac{5}{4} kN - V_B = 0$

$\therefore V_B = -\frac{5}{4} kN = -1.25 kN$

---

060 정답 ②

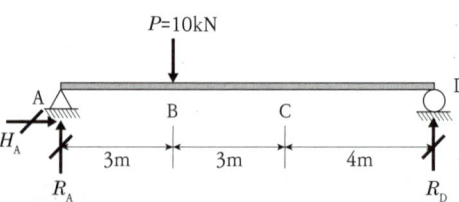

At entire
$\circlearrowleft + \Sigma M_A = 0$;
$(R_D \times 10m) - (10kN \times 3m) = 0$
$\rightarrow R_D = 3kN(\uparrow)$

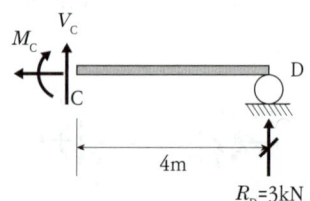

At CD
$\uparrow +\Sigma F_y=0$;
$V_C+3\text{kN}=0$
→ $V_C=-3\text{kN}$

$\circlearrowleft +\Sigma M_C=0$;
$M_C-(3\text{kN}\times 4\text{m})=0$
→ $M_C=12\text{kN}\cdot\text{m}$

꼭 알아두자!
자유물체도는 왼쪽을 끊어서 봐도 동일하게 계산된다.

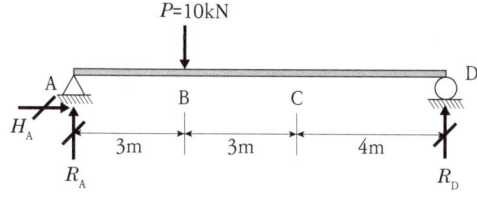

At entire
$\circlearrowleft +\Sigma M_D=0$;
$(R_A\times 10\text{m})-(10\text{kN}\times 7\text{m})=0$
→ $R_A=7\text{kN}(\uparrow)$

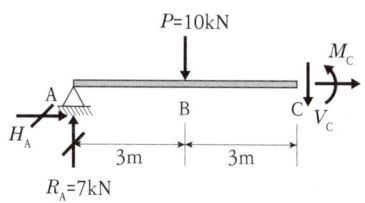

At AC
$\uparrow +\Sigma F_y=0$;
$7\text{kN}-10\text{kN}-V_c=0$
→ $V_c=-3\text{kN}$

$\circlearrowleft +\Sigma M_C=0$;
$M_C-(7\text{kN}\times 6\text{m})+(10\text{kN}\times 3\text{m})=0$
→ $M_C=12\text{kN}\cdot\text{m}$

061 정답 ③

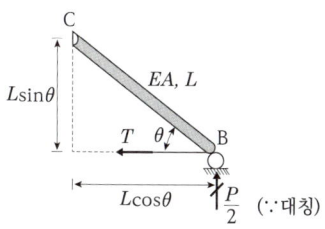

At CB ;
$\circlearrowleft +\Sigma M_C=0$;
$(T\times L\sin\theta)-\left(\dfrac{P}{2}\times L\cos\theta\right)=0$
→ $T=\dfrac{PL\cos\theta}{2L\sin\theta}$

∴ $T=\dfrac{P}{2\tan\theta}$ $\left(\because \tan\theta=\dfrac{\sin\theta}{\cos\theta}\right)$

062 정답 ②

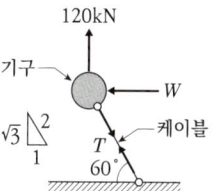

At 자유물체도
$\uparrow +\Sigma F_y=0$;
$120\text{kN}-\left(T\times\dfrac{\sqrt{3}}{2}\right)=0$

∴ $T=\dfrac{240}{\sqrt{3}}\text{kN}=80\sqrt{3}\text{kN}$

063 정답 ③

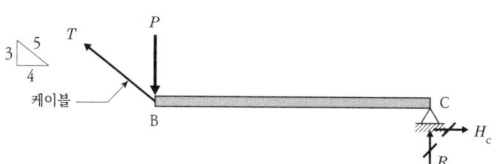

At 자유물체도
$\rightarrow +\Sigma F_x=0$;
$H_C-\left(T\times\dfrac{4}{5}\right)=0$
→ $H_C=\dfrac{4}{5}T$

∴ $H_{C-\max}=\dfrac{4}{5}T_a=\dfrac{4}{5}(30\text{kN})=24\text{kN}$

064

정답 ③

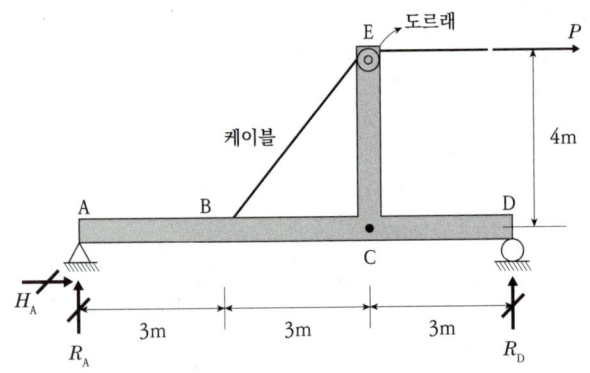

At entire
$\circlearrowleft + \Sigma M_D = 0$;
$(R_A \times 9\text{m}) + (P \times 4\text{m}) = 0$
$\rightarrow R_A = -\frac{4}{9}P(\downarrow)$

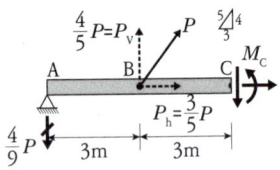

At AC
$\circlearrowleft + \Sigma M_C = 0$;
$M_C + \left(\frac{4}{9}P \times 6\text{m}\right) - \left(\frac{4}{5}P \times 3\text{m}\right) = 0$
$\rightarrow M_C = -\frac{4}{15}P$
$\rightarrow -800\text{N} \cdot \text{m} = -\frac{4}{15}P \; (\because P > 0)$

$\therefore P = 3000\text{N}$

꼭 알아두자!
자유물체도는 오른쪽을 끊어서 봐도 동일하게 계산된다. 그러나 고려해야 하는 힘이 많아지므로 복잡해진다.

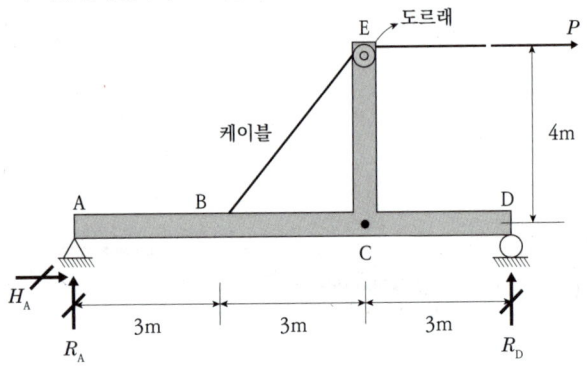

At entire
$\circlearrowleft + \Sigma M_A = 0$;
$(R_D \times 9\text{m}) - (P \times 4\text{m}) = 0$
$\rightarrow R_D = \frac{4}{9}P(\uparrow)$

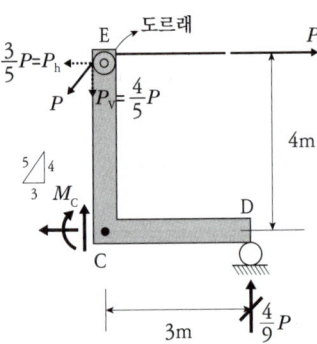

At DCE
$\circlearrowleft + \Sigma M_C = 0$;
$M_C - \left(\frac{4}{9}P \times 3\text{m}\right) - \left(\frac{3}{5}P \times 4\text{m}\right) + (P \times 4\text{m}) = 0$
$\rightarrow M_C = -\frac{4}{15}P$
$\rightarrow -800N \cdot \text{m} = -\frac{4}{15}P \; (\because P > 0)$

$\therefore P = 3000N$

065

정답 ②

먼저 자중, 집중하중에 의해 발생하는 수직 토압(q)을 계산한다.

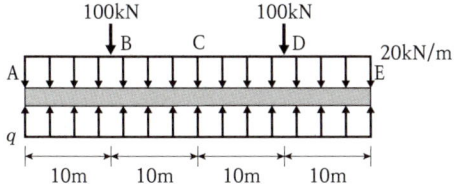

At entire

$\uparrow + \sum F_y = 0$;

$(q \times 40\text{m}) - (20\text{kN/m} \times 40\text{m}) - 100\text{kN} - 100\text{kN} = 0$

$\rightarrow q = 25\text{kN/m}$

자중 20kN/m과 수직 토압 25kN/m가 상쇄되므로 5kN/m만 고려한다.

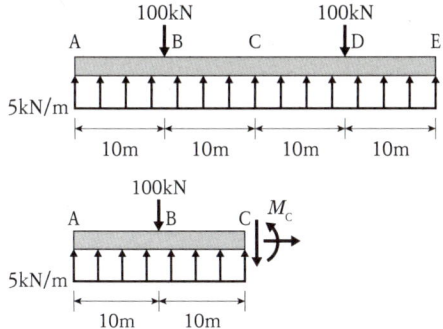

At AC

$\circlearrowleft + \sum M_C = 0$;

$M_C - (5\text{kN/m} \times 20\text{m})(10\text{m}) + (100\text{kN} \times 10\text{m}) = 0$

$\therefore M_C = 0$

066

정답 ②

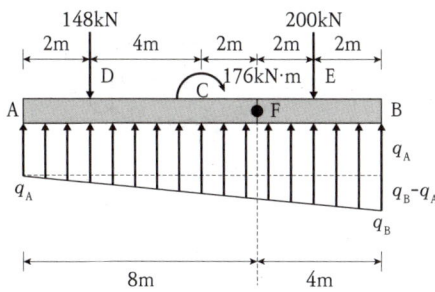

$\uparrow + \sum F_y = 0$;

$\left(\dfrac{q_A + q_B}{2}\right)(12\text{m}) - 148\text{kN} - 200\text{kN} = 0$

$\rightarrow 6q_A + 6q_B - 348 = 0$ … ①

$\circlearrowleft + \sum M_F = 0$;

$(q_A \times 12\text{m})(2\text{m}) - (148\text{kN} \times 6\text{m}) + 176\text{kN} \cdot \text{m}$
$\quad + (200\text{kN} \times 2\text{m}) = 0$

$\rightarrow q_A = 13\text{kN/m}$ … ②

②를 ①에 대입 ;

$q_B = 45\text{kN/m}$

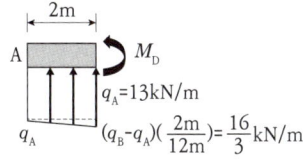

At AD

$\circlearrowleft + \sum M_D = 0$;

$M_D - (13\text{kN/m} \times 2\text{m})\left(\dfrac{2\text{m}}{2}\right)$

$\quad - \left(\dfrac{1}{2} \times \dfrac{16}{3}\text{kN/m} \times 2\text{m}\right)\left(\dfrac{2\text{m}}{3}\right) = 0$

$\therefore M_D = \dfrac{266}{9}\text{kN} \cdot \text{m} \approx 29.6\text{kN} \cdot \text{m}$

> 꼭 알아두자!
> 계산량이 많아 수험생들이 2분 안에 풀기 어려운 문제이다.

067

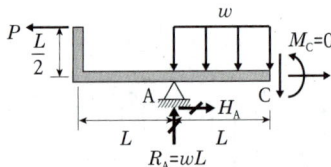

정답 ④

$R_A = \dfrac{w \times 2L}{2} = wL$ (∵ 대칭)

↻ $+\sum M_C = 0$;

$\left(P \times \dfrac{L}{2}\right) - (wL \times L) + (w \times L)\left(\dfrac{L}{2}\right) = 0$

∴ $P = wL$

068

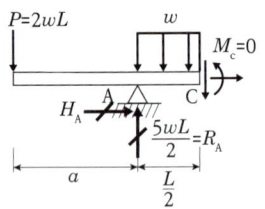

정답 ④

At entire

$R_A = \dfrac{2P + wL}{2} = \dfrac{2(2wL) + wL}{2} = \dfrac{5wL}{2}$ (∵ 대칭)

At 자유물체도

↻ $+\sum M_C = 0$;

$(2wL)\left(a + \dfrac{L}{2}\right) - \left(\dfrac{5wL}{2}\right)\left(\dfrac{L}{2}\right) + \left(w \times \dfrac{L}{2}\right)\left(\dfrac{L}{2} \times \dfrac{1}{2}\right) = 0$

→ $2wLa - \dfrac{wL^2}{8} = 0$

∴ $a = \dfrac{1}{16}L$

069

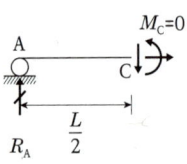

정답 ①

At AC

↻ $+\sum M_C = 0$;

$R_A \times \dfrac{L}{2} = 0$

→ $R_A = 0$

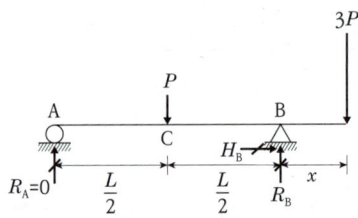

At entire

↻ $+\sum M_B = 0$;

$(3P \times x) - \left(P \times \dfrac{L}{2}\right) = 0$

∴ $x = \dfrac{L}{6}$

070

정답 ④

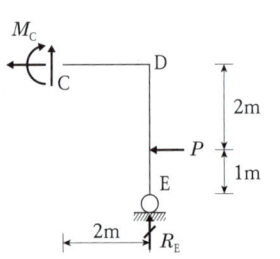

At CDE

↻ $+\sum M_C = 0$;

$(R_E \times 2\text{m}) - (P \times 2\text{m}) = 0$

→ $R_E = P\ (\uparrow)$

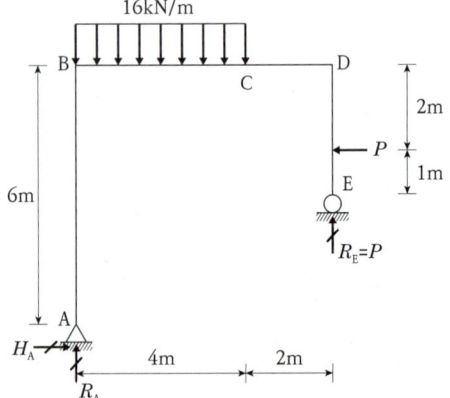

At entire

$\circlearrowleft + \Sigma M_A = 0$;

$(P)(6m-2m) - (16kN/m \times 4m)\left(\dfrac{4m}{2}\right) + (P \times 6m) = 0$

$\therefore P = 12.8 kN\ (\leftarrow)$

071 정답 ②

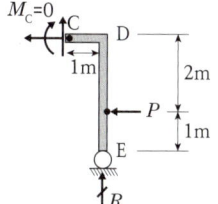

At CDE

$\circlearrowleft + \Sigma M_C = 0$
$(R_E \times 1m) - (P \times 2m) = 0$
→ $R_E = 2P\ (\uparrow)$

At entire

$\circlearrowleft + \Sigma M_A = 0$;

$(P)(6m-2m) - \left(\dfrac{1}{2} \times 3m \times 32kN/m\right)\left(3m \times \dfrac{1}{3}\right)$
$+ (2P \times 4m) = 0$

$\therefore P = 4kN\ (\leftarrow)$

072 정답 ②

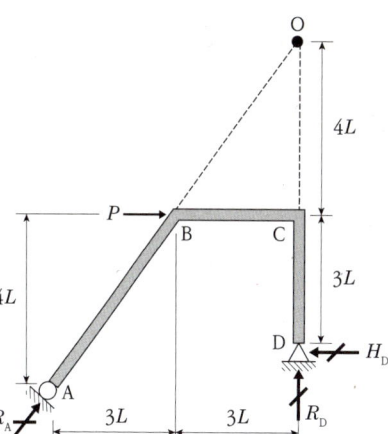

At entire

$\circlearrowleft + \Sigma M_O = 0$;

$(H_D \times 7L) - (P \times 4L) = 0$

→ $H_D = \dfrac{4}{7}P\ (\leftarrow)$

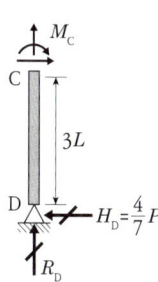

At CD

$\circlearrowleft + \Sigma M_C = 0$;

$M_C + \left(\dfrac{4}{7}P \times 3L\right) = 0$

$\therefore M_C = -\dfrac{12}{7}PL$

073 정답 ①

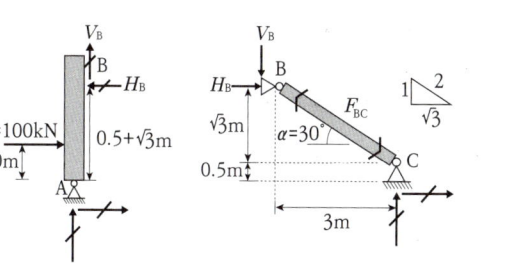

At AB
$\circlearrowleft + \sum M_A = 0;$
$(H_B)(0.5+\sqrt{3}\text{m}) - (100\text{kN} \times 1\text{m}) = 0$
→ $H_B = \dfrac{100}{0.5+\sqrt{3}}\text{kN}$

At B
$\rightarrow + \sum F_x = 0;$
$H_B - \left(F_{BC} \times \dfrac{\sqrt{3}}{2}\right) = 0$

$\therefore F_{BC} = H_B \times \dfrac{2}{\sqrt{3}}$
$= \dfrac{100}{0.5+\sqrt{3}} \times \dfrac{2}{\sqrt{3}} = \dfrac{200}{0.5\sqrt{3}+3} \times \dfrac{2}{2}$
$= \dfrac{400}{6+\sqrt{3}}\text{kN (압축)}$

075

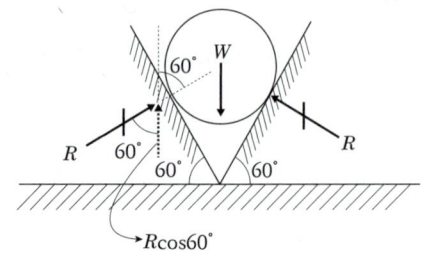

구조는 좌우 대칭 구조로 오른쪽 면에도 동일한 반력 R이 작용한다.
$\uparrow + \sum F_y = 0;$
$2(R\cos 60°) - W = 0$

$\therefore R = W$

074

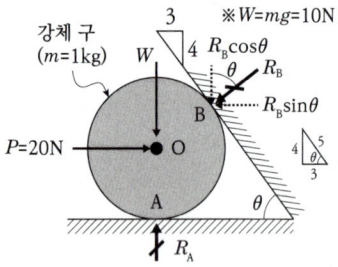

$\rightarrow + \sum F_x = 0;$
$20\text{N} - (R_B \times \sin\theta) = 0$
→ $20\text{N} - \left(R_B \times \dfrac{4}{5}\right) = 0$
→ $R_B = 25\text{N}$

$\uparrow + \sum F_y = 0;$
$R_A - W - (R_B \times \cos\theta) = 0$
→ $R_A - 10\text{N} - \left(25\text{N} \times \dfrac{3}{5}\right) = 0$

$\therefore R_A = 25\text{N}$

076

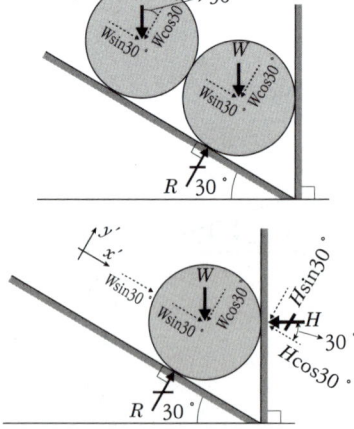

$\searrow + \sum F_{x'} = 0;$
$W\sin 30° + W\sin 30° - H\cos 30° = 0$
→ $\left(W \times \dfrac{1}{2}\right) + \left(W \times \dfrac{1}{2}\right) - \left(H \times \dfrac{\sqrt{3}}{2}\right) = 0$
→ $H = \dfrac{2}{\sqrt{3}}W$

$\nearrow + \sum F_{y'} = 0;$
$R - W\cos 30° - H\sin 30° = 0$
→ $R - \left(W \times \dfrac{\sqrt{3}}{2}\right) - \left(\dfrac{2}{\sqrt{3}}W \times \dfrac{1}{2}\right) = 0$

$\therefore R = \dfrac{5\sqrt{3}}{6}W$

077

정답 ①

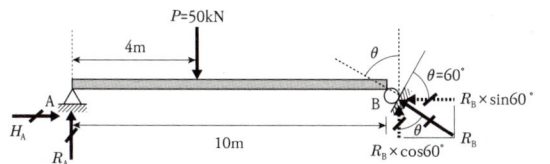

$\circlearrowleft + \sum M_A = 0$;
$(R_B \times \cos 60°)(10\text{m}) - (50\text{kN} \times 4\text{m}) = 0$
→ $5R_B = 200$

∴ $R_B = 40\text{kN}(\searrow)$

078

정답 ②

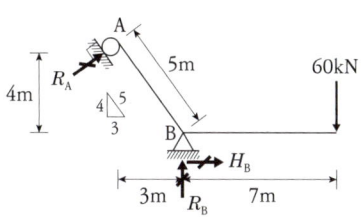

At entire
$\circlearrowleft + \sum M_B = 0$;
$(R_A \times 5\text{m}) + (60\text{kN} \times 7\text{m}) = 0$

∴ $R_A = -84\text{kN}\ (\nearrow)$

079

정답 ②

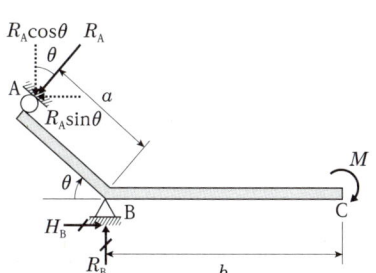

At entire
$\circlearrowleft + \sum M_B = 0$;
$(R_A \times a) - M = 0$
→ $R_A = \dfrac{M}{a}$

$\uparrow + \sum F_y = 0$
$R_B - R_A \cos\theta = 0$

∴ $R_B = R_A \cos\theta = \dfrac{M\cos\theta}{a}$

080

정답 ③

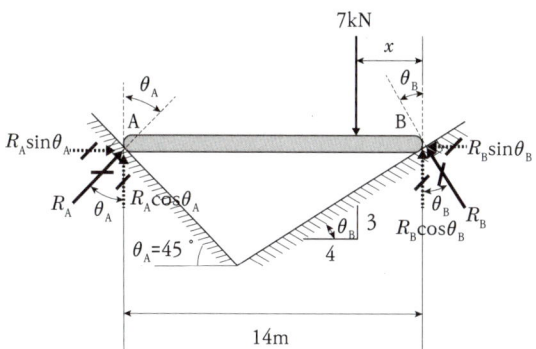

$\uparrow + \sum F_y = 0$;
$(R_A \cos\theta_A) + (R_B \cos\theta_B) - 7\text{kN} = 0$
→ $\dfrac{\sqrt{2}}{2}R_A + \dfrac{4}{5}R_B - 7 = 0$ ⋯ ⓐ

→ $+ \sum F_x = 0$;
$(R_A \sin\theta_A) - (R_B \sin\theta_B) = 0$
→ $\dfrac{\sqrt{2}}{2}R_A - \dfrac{3}{5}R_B = 0$ ⋯ ⓑ

ⓐ − ⓑ ;
$\dfrac{\sqrt{2}}{2}R_A + \dfrac{4}{5}R_B - 7 = 0$
$\dfrac{\sqrt{2}}{2}R_A - \dfrac{3}{5}R_B = 0$

→ $\dfrac{7}{5}R_B - 7 = 0$ → $R_B = 5\text{kN}$ ⋯ ⓒ

ⓒ를 ⓑ에 대입 ;
$R_A = 3\sqrt{2}\text{kN}$

$\circlearrowleft + \sum M_B = 0$;
$(7\text{kN} \times x) - (R_A \cos\theta_A)(14\text{m}) = 0$

$\therefore x = 6\text{m}$

081 정답 ③

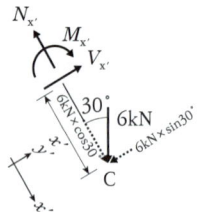

At 자유물체도
$\searrow + \sum F_{x'} = 0$;
$-N_{x'} + (6\text{kN} \times \cos 30°) = 0$

$\therefore N_{x'} = 3\sqrt{3}\text{kN}$

꼭 알아두자!

문제에서 물어보지 않았으나 전단력과 모멘트를 구해보자.
At 자유물체도
$\nearrow + \sum F_{y'} = 0$;
$V_{x'} - (6\text{kN} \times \sin 30°) = 0$
$\rightarrow V_{x'} = 3\text{kN}$

$\circlearrowleft + \sum M_{x'} = 0$;
$M_{x'} + (6\text{kN} \times \sin 30°) \times x' = 0$
$\rightarrow M_{x'} = (-3x')\text{kN·m}$

082 정답 ②

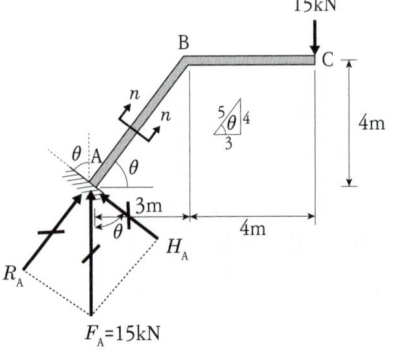

At entire
$\uparrow + \sum F_y = 0$;
$F_A - 15\text{kN} = 0$
$\rightarrow F_A = 15\text{kN}$
$\rightarrow H_A = F_A \times \cos\theta = 15\text{kN} \times \dfrac{3}{5} = 9\text{kN}$

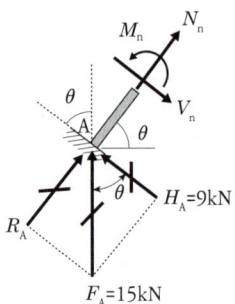

At 자유물체도
$\searrow + \sum F = 0$;
$9\text{kN} - V_n = 0$

$\therefore V_n = 9\text{kN}$

자주하는 질문

Q 고정단 반력은 수평반력(H_A), 수직반력(R_A), 모멘트반력(M_A)으로 아래 그림과 같이 표현되지 않나요?

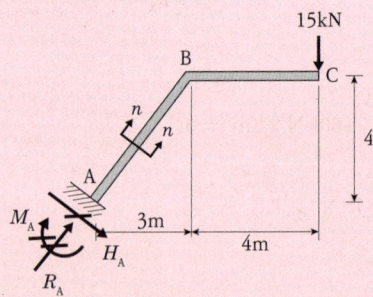

A 언제나 힘평형 방정식은 만족해야 합니다. 따라서 y축 힘평형 방정식을 이용하여 A점의 연직반력(F_A)을 계산했는데, 이 반력이 수평반력(H_A)과 수직반력(R_A)의 합력입니다. 따라서 연직반력의 분력을 계산하면 수평반력(H_A), 수직반력(R_A)을 계산할 수 있습니다.

083

정답 ④

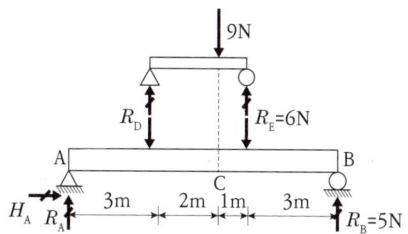

At entire
$\circlearrowleft + \sum M_A = 0$;
$(R_B \times 9m) - (9N \times 5m) = 0$
→ $R_B = 5N$

At DE
$\circlearrowleft + \sum M_D = 0$;
$(R_E \times 3m) - (9N \times 2m) = 0$
→ $R_E = 6N$

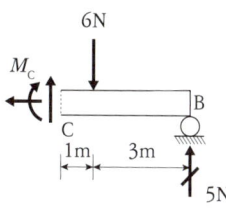

At CB
$\circlearrowleft + \sum M_C = 0$;
$M_C + (6N \times 1m) - (5N \times 4m) = 0$

∴ $M_C = 14N \cdot m$

084

정답 ①

최대모멘트는 고정단, 집중하중(모멘트 포함) 작용점, 전단력의 부호가 바뀌는 점에서 발생할 수 있다. (＋강절점)

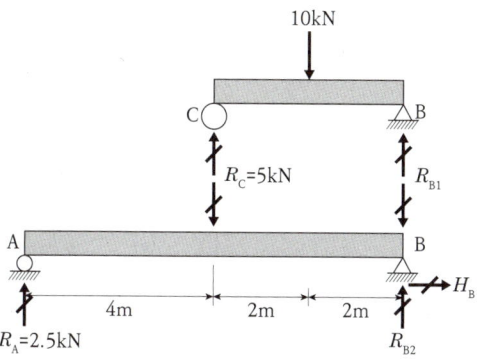

At entire
$\circlearrowleft + \sum M_B = 0$;
$(R_A \times 8m) - (10kN \times 2m) = 0$
→ $R_A = 2.5kN$

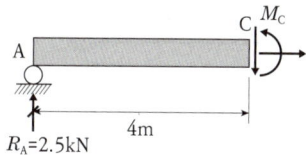

At AC
$\circlearrowleft + \sum M_C = 0$;
$M_C - (2.5kN \times 4m) = 0$

∴ $M_C = 10kN \cdot m$

> **꼭 알아두자!**
>
> 지점에 작용하는 R_{B1}은 바로 B점의 지점반력 $\left(R_{B2} = R_{B1} + \dfrac{R_C}{2}\right)$이 되므로 AB의 모멘트에 영향을 주지 않는다. 따라서 AB의 모멘트는 지간 중앙에 작용하는 $R_C = 5kN$만 고려하여 계산할 수 있다.

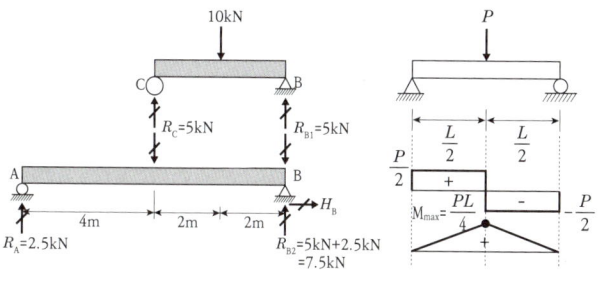

At CB
$R_C = R_{B1} = \dfrac{10kN}{2} = 5kN$ (∵ 대칭)

∴ $M_{max} = M_C = \dfrac{R_C L}{4} = \dfrac{(5kN)(8m)}{4} = 10kN \cdot m$

085

정답 ④

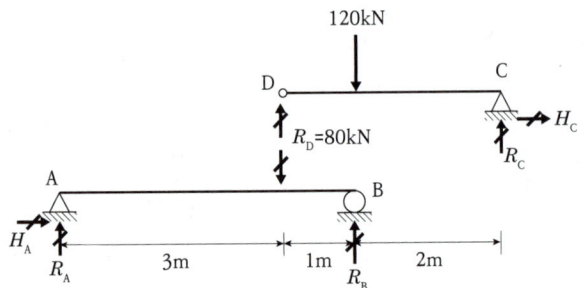

At DC
$\circlearrowleft + \Sigma M_C = 0$;
$(R_D \times 3m) - (120kN \times 2m) = 0$
→ $R_D = 80kN$

At AB
$\circlearrowleft + \Sigma M_A = 0$;
$(R_B \times 4m) - (80kN \times 3m) = 0$

∴ $R_B = 60kN\ (\uparrow)$

086

정답 ③

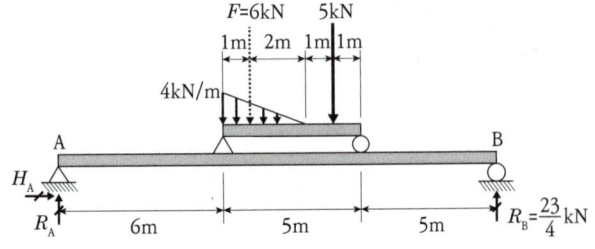

$F = \dfrac{1}{2} \times 4kN/m \times 3m = 6kN$

At entire
$\circlearrowleft + \Sigma M_A = 0$;
$(R_B \times 16m) - (6kN)(6m+1m) - (5kN)(6m+4m) = 0$
→ $R_B = \dfrac{23}{4}kN$

$\uparrow + \Sigma F_y = 0$;
$R_A - 6kN - 5kN + \dfrac{23}{4}kN = 0$

∴ $R_A = \dfrac{21}{4}kN\ (\uparrow)$

087

정답 ③

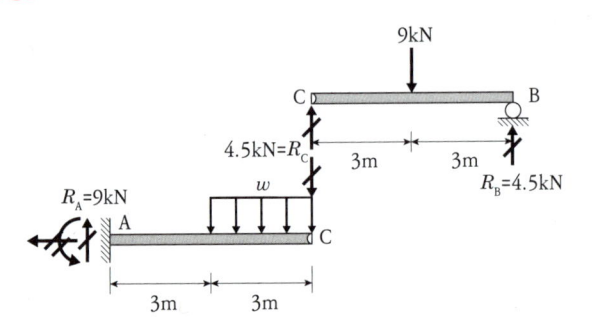

At CB
$R_B = R_C = \dfrac{9}{2}kN = 4.5kN\ (\because 대칭)$
→ $R_A = 2R_B = 9kN$

At AC
$\uparrow + \Sigma F_y = 0$;
$9kN - (w \times 3m) - 4.5kN = 0$

∴ $w = 1.5kN/m$

088

정답 ②

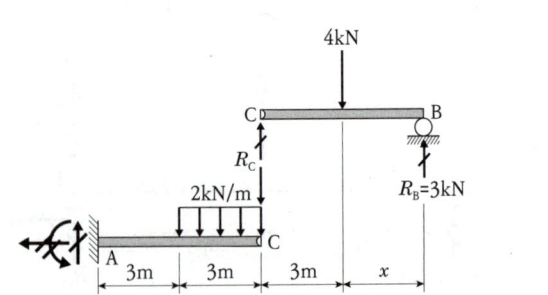

At CB
$\circlearrowleft + \sum M_C = 0$;
$(3kN)(3m+x) - (4kN \times 3m) = 0$

$\therefore x = 1m$

089   정답 ③

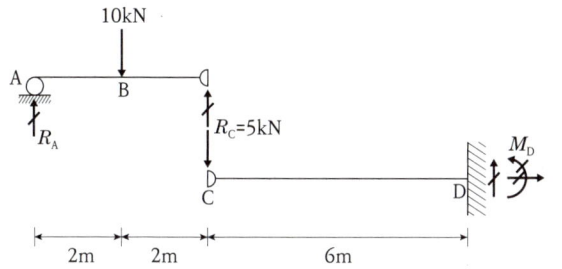

At AC
$R_C = \dfrac{P}{2} = \dfrac{10kN}{2} = 5kN$ (∵ 대칭)

At CD
$\circlearrowleft + \sum M_D = 0$;
$M_D + (5kN \times 6m) = 0$

$\therefore M_D = -30kN \cdot m (\circlearrowleft)$

090   정답 ②

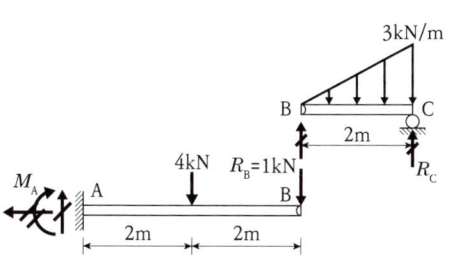

At BC
$\circlearrowleft + \sum M_C = 0$;
$(R_B \times 2m) - \left(\dfrac{1}{2} \times 2m \times 3kN/m\right)\left(2m \times \dfrac{1}{3}\right) = 0$

$\rightarrow R_B = 1kN$

At AB
$\circlearrowleft + \sum M_A = 0$;
$M_A + (4kN \times 2m) + (1kN \times 4m) = 0$

$\therefore M_A = -12kN \cdot m (\circlearrowleft)$

> **꼭 알아두자!**
>
> R_B는 삼각 등분포 하중의 지점반력을 고려하여 계산하는 것이 더 편리하다.
>
> At BC
>
> $R_B = \dfrac{\left(\dfrac{1}{2} \times 2m \times 3kN/m\right)}{3} = 1kN$

091   정답 ③

최대모멘트는 고정단, 집중하중(모멘트 포함) 작용점, 전단력의 부호가 바뀌는 점($V=0$)에서 발생할 수 있다.(+강절점)
그러나 캔틸레버보에서 하중이 발생시키는 모멘트의 방향이 같다면 최대 모멘트는 고정단에서 발생한다.

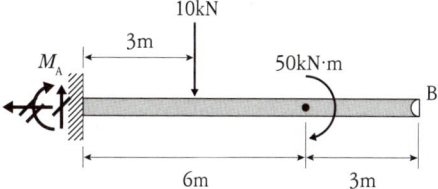

At AB
$\circlearrowleft + \sum M_A = 0$;
$M_A + (10kN \times 3m) + 50kN \cdot m = 0$

$\therefore M_A = -80kN \cdot m (\circlearrowleft)$

게르버보의 보강된 부분에 하중이 작용하지 않는 경우 무시할 수 있다.
(Day 01, Level up! Skill 2 참조.)
최대모멘트를 정확히 계산하고 싶다면 전단력도, 모멘트도를 그려봐야
한다. 수험생들은 ch3 전단력과 모멘트도를 학습한 후 다시 그려보자.

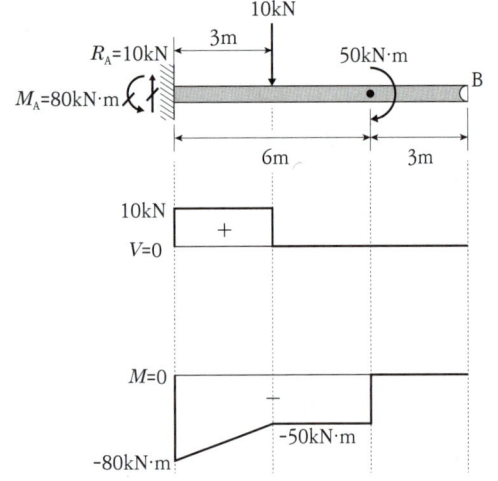

092

정답 ①

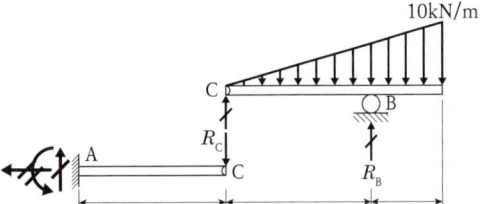

At CB
$\circlearrowleft + \Sigma M_C = 0$;
$(R_B \times 2m) - \left(\frac{1}{2} \times 3m \times 10kN/m\right)\left(3m \times \frac{2}{3}\right) = 0$

$\therefore R_B = 15kN\ (\uparrow)$

꼭 알아두자!

롤러 반력(R_B)이 삼각 등분포 하중의 도심에 작용하기 때문에 R_B가 모든 하향력을 부담한다. 이해가 되지 않는 학생들은 C점을 기준점으로 모멘트 평형을 고려할 때 삼각 등분포 하중이 발생시키는 모멘트 팔 길이와 R_B가 발생시키는 모멘트 팔 길이가 같기 때문에 힘의 크기가 같다고 생각해 보면 이해하기 쉽다. 그러나 이러한 개념을 몰라도 문제를 푸는 데 지장은 없으며 원론적으로 풀이하면 된다.

093

정답 ②

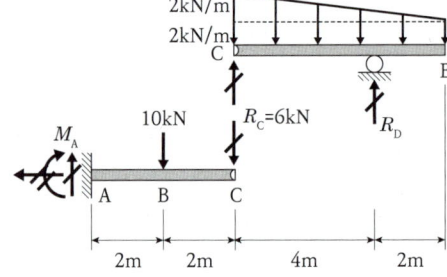

At CE
$\circlearrowleft + \Sigma M_C = 0$;
$(R_D \times 4m) - (6m \times 2kN/m)(3m)$
$\quad - \left(\frac{1}{2} \times 6m \times 2kN/m\right)\left(6m \times \frac{1}{3}\right) = 0$
$\rightarrow R_D = 12kN\ (\uparrow)$

$\uparrow + \Sigma F_y = 0$
$R_C + 12kN - (6m \times 2kN/m) - \left(\frac{1}{2} \times 6m \times 2kN/m\right) = 0$
$\rightarrow R_C = 6kN\ (\uparrow)$

At AC
$\circlearrowleft + \Sigma M_A = 0$;
$M_A + (10kN \times 2m) + (6kN \times 4m) = 0$
$\rightarrow M_A = -44kN \cdot m\ (\circlearrowleft)$

094

정답 ③

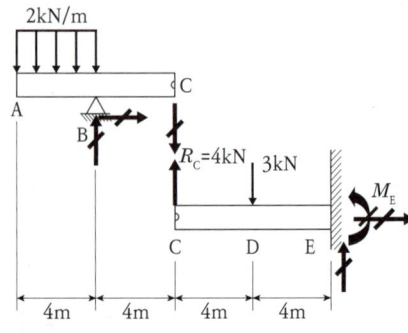

At AC
$\circlearrowleft + \Sigma M_B = 0$;
$(R_C \times 4m) - (4m \times 2kN/m)(2m) = 0$
$\rightarrow R_C = 4kN$

At CE
$\circlearrowleft + \Sigma M_E = 0$;
$M_E - (4\text{kN} \times 8\text{m}) + (3\text{kN} \times 4\text{m}) = 0$

$\therefore M_E = 20\text{kN} \cdot \text{m}\ (\circlearrowleft)$

자주하는 질문

Q 왜 AC 자유물체도에서 R_C는 아래 방향으로 표시하나요?

A AC 자유물체도를 해석할 때 R_C의 방향은 위쪽으로 가정해도 되고 아래쪽으로 가정해도 됩니다. '위쪽'으로 가정해서 결과 값이 '+'이면 위쪽이 맞는 것이고, '−'이면 아래쪽입니다. 또한 '아래쪽'으로 가정해서 결과 값이 '+'이면 아래쪽이 맞는 것이고, '−'이면 위쪽입니다. 그러나 이와 별개로 해석하기 전에 반력의 방향을 알 수 있는 경우가 있습니다. AC 자유물체도에서 B점을 기준점으로 모멘트 평형 방정식을 세울 때 외력 2kN/m가 '반시계방향'으로 모멘트를 발생시키므로 R_C는 '시계방향'으로 모멘트를 발생시켜야 평형을 만족할 것입니다. 이러한 생각을 통해 R_C가 아랫방향임을 추정한 것입니다. 수험생들은 위와 같은 생각이 어렵다면 방향을 가정한 후 결과값의 부호를 통해 방향을 결정하면 됩니다.

095 정답 ①

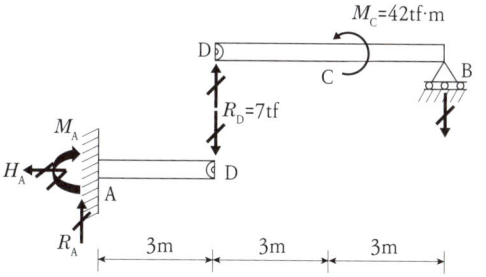

At DB
$\circlearrowleft + \Sigma M_B = 0$;
$(R_D \times 6\text{m}) - 42\text{tf} \cdot \text{m} = 0$
$\rightarrow R_D = 7\text{tf}$

At AD
$\circlearrowleft + \Sigma M_A = 0$;
$M_A + (7\text{tf} \times 3\text{m}) = 0$

$\therefore M_A = -21\text{tf} \cdot \text{m}\ (\circlearrowleft)$

096 정답 ②

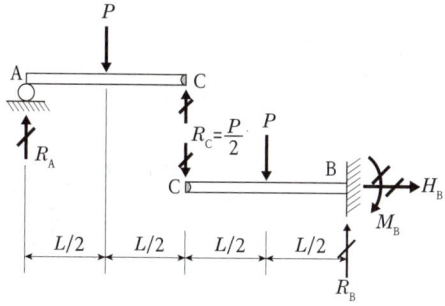

At AC
$R_A = R_C = \dfrac{P}{2}$ (∵ 대칭)

At CB
$\uparrow + \Sigma F_y = 0$;
$-\dfrac{P}{2} - P + R_B = 0$
$\rightarrow R_B = \dfrac{3}{2}P$

$\circlearrowleft + \Sigma M_B = 0$;
$M_B - \left(\dfrac{P}{2} \times L\right) - \left(P \times \dfrac{L}{2}\right) = 0$

$\therefore M_B = PL\ (\circlearrowleft)$

097 정답 ③

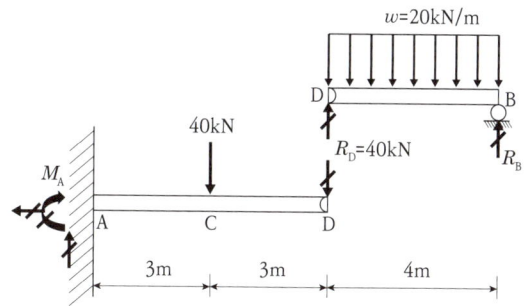

At DB
$R_B = R_D = \dfrac{(20\text{kN/m})(4\text{m})}{2} = 40\text{kN}$ (∵ 대칭)

At AD
$\circlearrowleft + \Sigma M_A = 0$;
$M_A + (40\text{kN} \times 3\text{m}) + (40\text{kN} \times 6\text{m}) = 0$

$\therefore M_A = -360\text{kN} \cdot \text{m}\ (\circlearrowleft)$

098 정답 ④

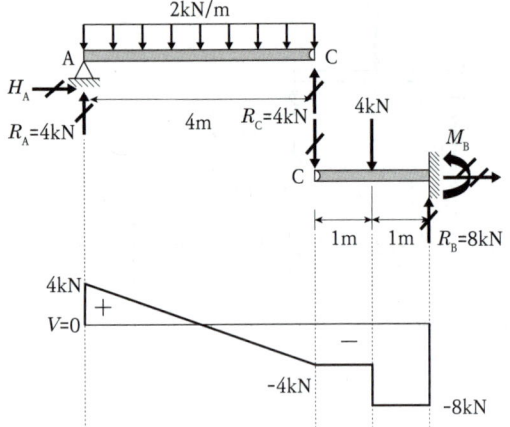

At AC

$R_A = R_C = \dfrac{2\text{kN/m} \times 4\text{m}}{2} = 4\text{kN}$ (∵ 대칭)

At CB

$\uparrow + \Sigma F_y = 0$;
$-4\text{kN} - 4\text{kN} + R_B = 0$
→ $R_B = 8\text{kN}$

$\circlearrowleft + \Sigma M_B = 0$;
$M_B + (4\text{kN} \times 2\text{m}) + (4\text{kN} \times 1\text{m}) = 0$

∴ $M_B = -12\text{kN}\cdot\text{m}\ (\circlearrowright)$

099 정답 ①

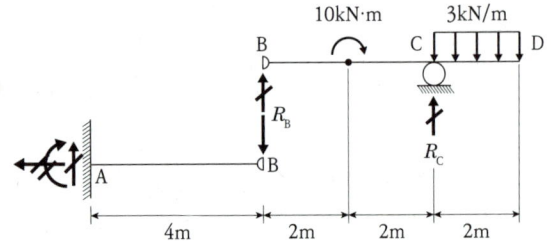

At BD

$\circlearrowleft + \Sigma M_B = 0$;
$(R_C \times 4\text{m}) - (10\text{kN}\cdot\text{m}) - (3\text{kN/m} \times 2\text{m})(5\text{m}) = 0$

∴ $R_C = 10\text{kN}\ (\uparrow)$

100 정답 ①

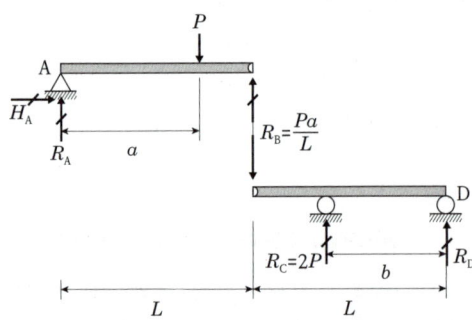

At AB

$\circlearrowleft + \Sigma M_A = 0$;
$(R_B \times L) - (P \times a) = 0$
→ $R_B = \dfrac{Pa}{L}$

At BD

$\circlearrowleft + \Sigma M_D = 0$;
$(2P \times b) - \left(\dfrac{Pa}{L} \times L\right) = 0$
→ $2Pb = Pa$

∴ $\dfrac{a}{b} = 2$

101 정답 ①

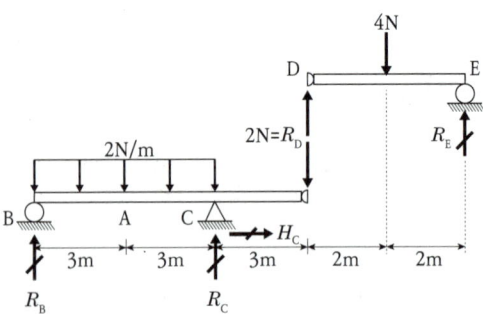

At DE

$R_D = R_E = \dfrac{4\text{N}}{2} = 2\text{N}$ (∵ 대칭)

At BD

$\circlearrowleft + \Sigma M_C = 0$;
$(R_B \times 6\text{m}) - (2\text{N/m} \times 6\text{m})(3\text{m}) + (2\text{N} \times 3\text{m}) = 0$
→ $R_B = 5\text{N}\ (\uparrow)$

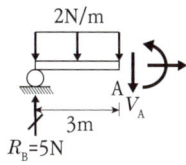

At BA

$\uparrow + \Sigma F_y = 0$;
$5N - (2N/m \times 3m) - V_A = 0$

$\therefore V_A = -1N$

자유물체도는 오른쪽을 끊어서 봐도 동일하게 계산된다. 그러나 고려해야 하는 힘이 많으므로 복잡해진다.

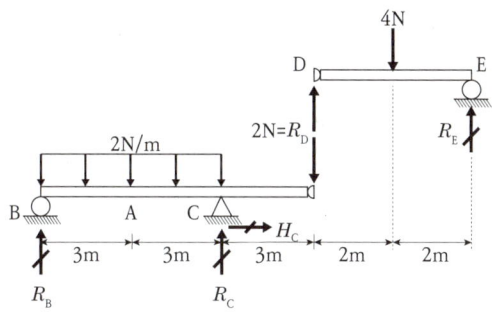

At BD

$\circlearrowleft + \Sigma M_B = 0$;
$(R_C \times 6m) - (2N/m \times 6m)(3m) - (2N \times 9m) = 0$
→ $R_C = 9N$

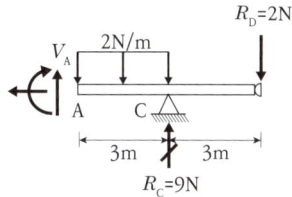

At AD

$\uparrow + \Sigma F_y = 0$;
$V_A - (2N/m \times 3m) + 9N - 2N = 0$

$\therefore V_A = -1N$

102

정답 ③

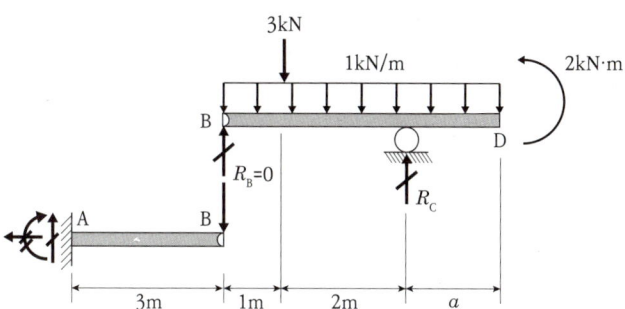

At AB

$R_B = 0$ ($\because$ AB 부재력 '0')

At BD

$\circlearrowleft + \Sigma M_C = 0$;
$(1kN/m \times a)\left(\dfrac{a}{2}\right) - (1kN/m \times 3m)\left(\dfrac{3m}{2}\right)$
$- (3kN)(2m) - 2kN \cdot m = 0$

$\therefore a = 5m$

103

정답 ①

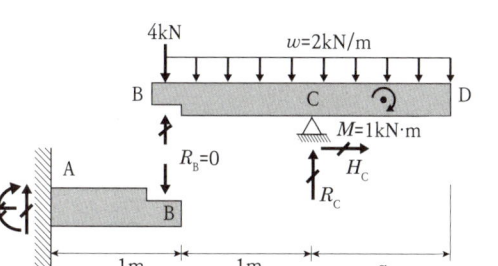

At AB

$R_B = 0$ ($\because$ AB 부재력 '0')

At BD

$\circlearrowleft + \Sigma M_C = 0$;
$(2kN/m \times a)\left(\dfrac{a}{2}\right) - (4kN \times 1m)$
$\quad - (2kN/m \times 1m)\left(\dfrac{1m}{2}\right) + (1kN \cdot m) = 0$
→ $a^2 - 4 - 1 + 1 = 0$
→ $a^2 = 4$

$\therefore a = 2m$

104

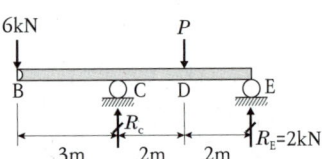

At BE
$\circlearrowleft + \sum M_C = 0$;
$(P \times 2m) - (6kN \times 3m) - (2kN \times 4m) = 0$

$\therefore P = 13kN$

> **꼭 알아두자!**
> 게르버보 내부힌지에 작용하는 집중하중은 모두 보강된 부분이 아닌 원래 구조에 작용하는 것으로 해석할 수 있다. (Day 01, Level up! Skill 2 참조.)

105

(a)

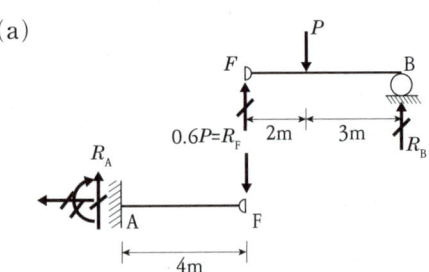

At FB
$\circlearrowleft + \sum M_B = 0$;
$(R_F \times 5m) - (P \times 3m) = 0$
→ $R_F = 0.6P$

At AF
$\uparrow + \sum F_y = 0$;
$R_A - 0.6P = 0$
→ $R_A = 0.6P$ ⋯①

(b)

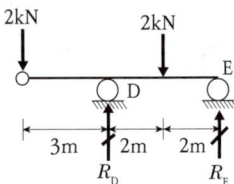

At GE
$\circlearrowleft + \sum M_E = 0$;
$(R_D \times 4m) - (2kN \times 7m) - (2kN \times 2m) = 0$
→ $R_D = 4.5kN$ ⋯②

①=② ;
$0.6P = 4.5kN$

$\therefore P = 7.5kN$

> **꼭 알아두자!**
> 게르버보 내부힌지에 작용하는 집중하중은 모두 보강된 부분이 아닌 원래 구조에 작용하는 것으로 해석할 수 있다. (Day 01, Level up! Skill 2 참조.)

106

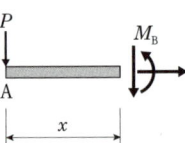

At AB
$\circlearrowleft + \sum M_B = 0$;
$M_B + (P \times x) = 0$
→ $M_B = -Px$

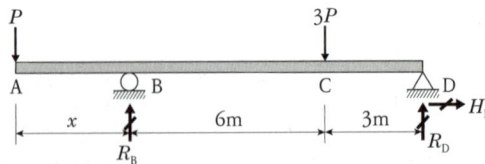

At entire
$\circlearrowleft + \sum M_B = 0$;
$(R_D \times 9m) + (P \times x) - (3P \times 6m) = 0$
→ $R_D = \dfrac{18P - Px}{9}$

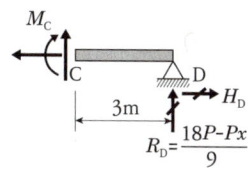

At CD

$\circlearrowleft + \sum M_C = 0$;

$M_C - \left(\dfrac{18P - Px}{9}\right)(3\text{m}) = 0$

→ $M_C = \dfrac{18P - Px}{3}$

$|M_B| = M_C$;

$Px = \dfrac{18P - Px}{3}$

∴ $x = 4.5\text{m}$

At BC

$\circlearrowleft + \sum M_B = 0$;

$M_B + \left(\dfrac{wd}{2} \times a\right) = 0$

→ $M_B = -\dfrac{wda}{2}$

$M_{CD-\max} = |M_B|$;

$\dfrac{wd^2}{8} = \dfrac{wda}{2}$

∴ $a = \dfrac{d}{4}$

107　　정답 ③

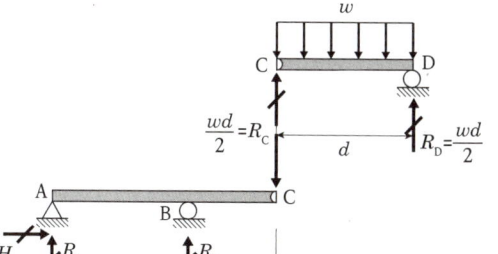

At CD

$M_{CD-\max} = \dfrac{wd^2}{8}$

$R_C = R_D = \dfrac{wd}{2}$ (∵ 대칭)

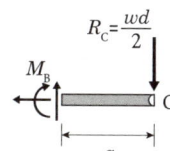

108　　정답 ③

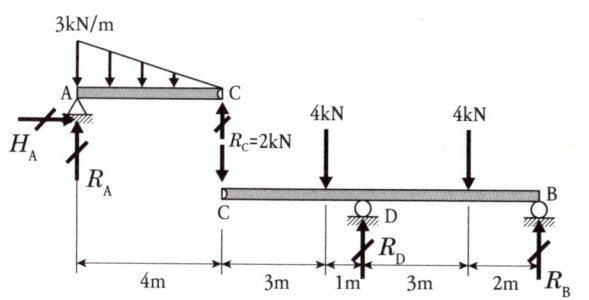

At AC

$R_C = \dfrac{\left(\dfrac{1}{2} \times 4\text{m} \times 3\text{kN/m}\right)}{3} = 2\text{kN}$

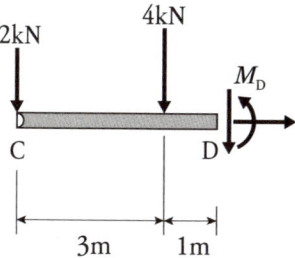

At CD

$\circlearrowleft + \sum M_D = 0$;

$M_D + (2\text{kN} \times 4\text{m}) + (4\text{kN} \times 1\text{m}) = 0$

∴ $M_D = -12\text{kN} \cdot \text{m}$

109

정답 ③

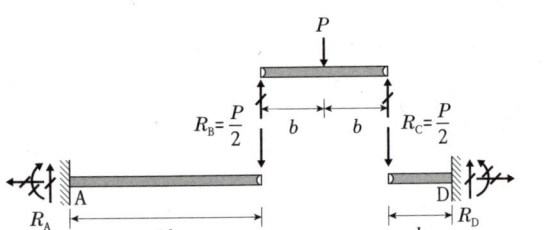

At BC
$R_B = R_C = \dfrac{P}{2}$ (∵ 대칭)

At AB
$\uparrow + \sum F_y = 0$;
$R_A - \dfrac{P}{2} = 0$
→ $R_A = V_A = \dfrac{P}{2}$

At CD
$\uparrow + \sum F_y = 0$;
$-\dfrac{P}{2} + R_D = 0$
→ $R_D = -V_D = \dfrac{P}{2}$

110

정답 ②

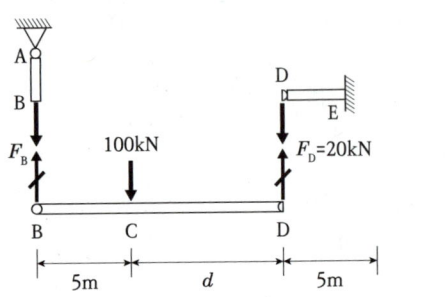

$F_D = 20\text{kN}(\because V_D = 20\text{kN})$

At BD
$\circlearrowleft + \sum M_B = 0$;
$(F_D)(5\text{m}+d) - (100\text{kN} \times 5\text{m}) = 0$
→ $20\text{kN} \times (5\text{m}+d) = 500\text{kN} \cdot \text{m}$

∴ $d = 20\text{m}$

> **자주하는 질문**
>
> **Q** 오른쪽 단면의 전단력 '+' 방향은 아래쪽 방향인데 왜 $F_D = 20\text{kN}$은 위쪽 방향으로 작용하나요?
>
> **A** 문제에서 주어진 것은 D점 전단력의 '크기'입니다. $F_D = 20\text{kN}$가 '+'인지 '−'인지 알 수 없기 때문에 아직 방향이 주어진 것은 아닙니다. BD 구간의 자유물체도를 보면 B점을 기준점으로 할 때 외력 100kN이 '시계방향'으로 모멘트를 발생시키므로 $F_D = 20\text{kN}$은 '반시계방향'으로 모멘트를 발생시켜야 모멘트 평형을 만족할 수 있습니다. 따라서 $F_D = 20\text{kN}$의 방향이 '위쪽 방향'인 것을 추정할 수 있습니다.

111

정답 ①

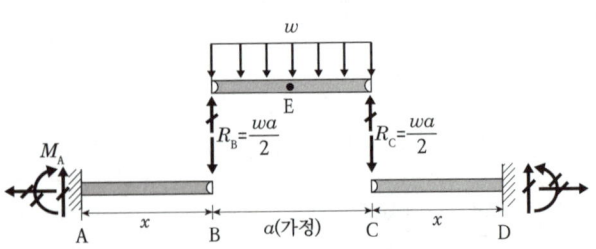

At BC
$M_E = \dfrac{wa^2}{8}$ (∵ 단순보 해석)

$R_B = R_C = \dfrac{wa}{2}$ (∵ 대칭)

At AB

$\circlearrowleft + \sum M_A = 0$;

$M_A + \left(\dfrac{wa}{2} \times x\right) = 0$

$\rightarrow M_A = -\dfrac{wa}{2}x$

$|M_A| = M_E$; ($\because$ 크기동일)

$\dfrac{wa}{2}x = \dfrac{wa^2}{8} \rightarrow a = 4x$

$x + a + x = x + 4x + x = L$(전체 길이)

$\therefore x = \dfrac{L}{6}$

112 정답 ②

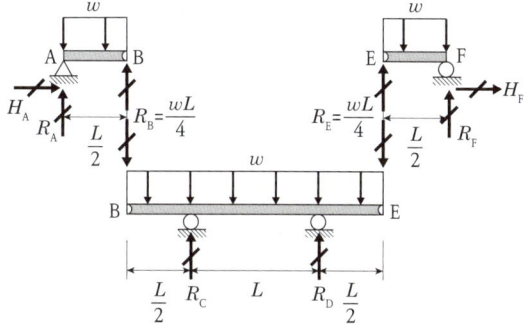

At AB, EF

$R_B = R_E = \dfrac{\left(w \times \dfrac{L}{2}\right)}{2} = \dfrac{wL}{4}$ ($\because$ 대칭)

At BE

$R_C = R_D = \dfrac{1}{2}\left(\dfrac{wL}{4} \times 2 + w \times 2L\right) = \dfrac{5}{4}wL$ ($\because$ 대칭)

113 정답 ①

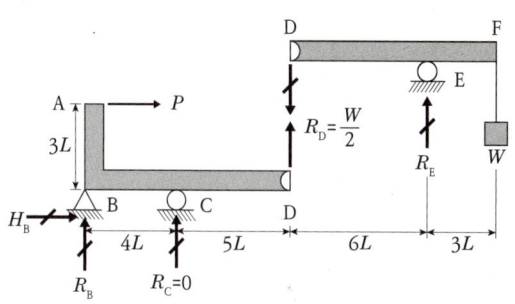

At DEF

$\circlearrowleft + \sum M_E = 0$;

$(R_D \times 6L) - (W \times 3L) = 0$

$\rightarrow R_D = \dfrac{W}{2}$

At ABCD

$\circlearrowleft + \sum M_B = 0$;

$\left(\dfrac{W}{2} \times 9L\right) - (P \times 3L) = 0$

$\therefore \dfrac{P}{W} = \dfrac{3}{2}$

114 정답 ②

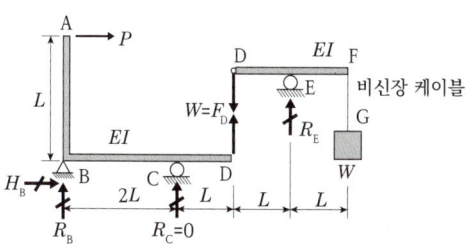

At DEF

$\circlearrowleft + \sum M_E = 0$;

$(F_D \times L) - (W \times L) = 0$

$\rightarrow F_D = W$

At ABCD
$\circlearrowleft + \sum M_B = 0;$
$(P \times L) - (W \times 3L) = 0$
→ $P = 3W$

$\therefore \dfrac{W}{P} = \dfrac{1}{3}$

115 정답 ②

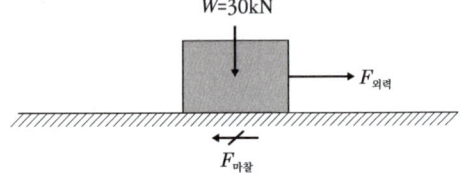

$F_{마찰} = \mu N = \mu W \leq F_{외력}$ (∵ 미끄러짐 발생 직전)
→ $(0.5)(30\text{kN}) \leq F_{외력}$

$\therefore 15\text{kN} \leq F_{외력}$

116 정답 ①

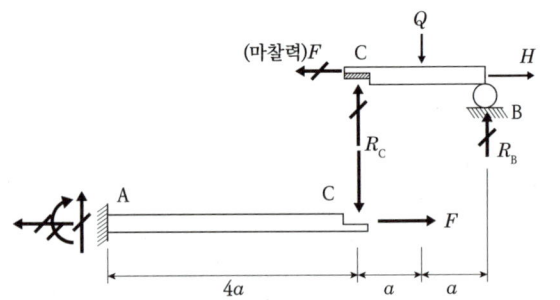

At CB
$R_C = R_B = \dfrac{Q}{2}$ (∵ 대칭)

$F = \mu N = \mu R_C < H$ (∵ 구조물 분리)
→ $(0.2)\left(\dfrac{Q}{2}\right) < H$

$\therefore \dfrac{Q}{10} < H$

117 정답 ②

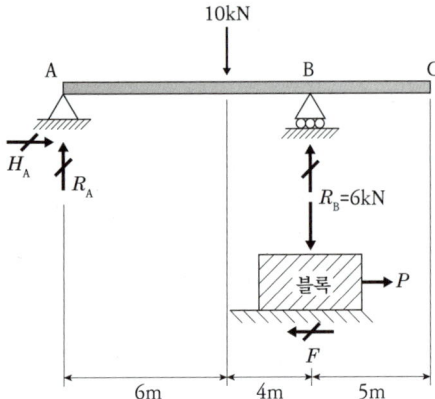

At AC
$\circlearrowleft + \sum M_A = 0;$
$(R_B \times 10\text{m}) - (10\text{kN} \times 6\text{m}) = 0$
→ $R_B = 6\text{kN}$

At 블록
$F = \mu N = \mu R_B \geq P$ (∵ 이동 ×)
→ $(0.3)(6\text{kN}) \geq P$

$\therefore 1.8\text{kN} \geq P$

118 정답 ④

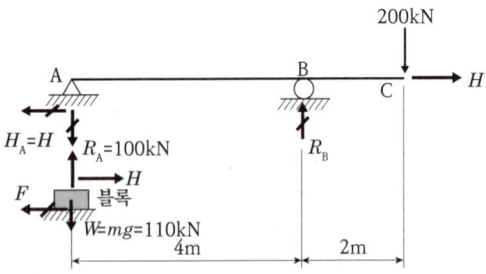

At AC
→ $+ \sum F_x = 0;$
$H - H_A = 0$
→ $H_A = H \; (\leftarrow)$

$\circlearrowleft + \sum M_B = 0;$
$(R_A \times 4\text{m}) - (200\text{kN} \times 2\text{m}) = 0$
→ $R_A = 100\text{kN}$

At 블록

$F = \mu N = \mu(W - R_A) \geq H$ (∵ 안정유지)

→ $(0.2)(110\text{kN} - 100\text{kN}) \geq H$

∴ $2\text{kN} \geq H$

자주하는 질문

Q 왜 AC 자유물체도에서 R_A는 아래 방향으로 표시하나요?

A AC 자유물체도를 해석할 때 R_A의 방향은 위쪽으로 가정해도 되고 아래쪽으로 가정해도 됩니다. '위쪽'으로 가정해서 결과 값이 '+'이면 위쪽이 맞는 것이고, '-'이면 아래쪽입니다. 또한 '아래쪽'으로 가정해서 결과 값이 '+'이면 아래쪽이 맞는 것이고, '-'이면 위쪽입니다. 그러나 이와 별개로 해석하기 전에 반력의 방향을 알 수 있는 경우가 있습니다. AC 자유물체도에서 B점을 기준으로 모멘트 평형방정식을 세울 때 외력 200kN이 '시계방향'으로 모멘트를 발생시키므로 R_A는 '반시계방향'으로 모멘트를 발생시켜야 평형을 만족할 것입니다. 이러한 생각을 통해 R_A가 아랫방향임을 추정한 것입니다. 수험생들은 위와 같은 생각이 어렵다면 방향을 가정한 후 결과값의 부호를 통해 방향을 결정하면 됩니다.

119

정답 ③

물체 C가 미끄러지지 않는다면 C는 B, A에 영향을 미치지 않지만, C가 미끄러진다면 C의 자중에 의해 빗면을 따라 발생하는 힘과 마찰력의 차이만큼 B점에 힘을 가하게 되므로 상부에 위치한 물체부터 차례대로 해석하여야 한다.

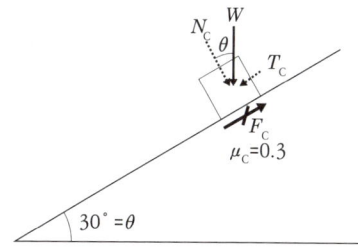

N : 자중에 의해 빗면에 작용하는 수직력
T : 자중에 의해 빗면을 따라 발생하는 힘
F : 마찰력

At C

$N_C = W \cos 30° = \dfrac{\sqrt{3}}{2}W$

$T_C = W \sin 30° = \dfrac{1}{2}W$

$F_C = N_C \times \mu_C = \left(\dfrac{\sqrt{3}}{2}W\right)(0.3) = \dfrac{3\sqrt{3}}{20}W$

$T_C\left(=\dfrac{1}{2}W\right) > F_C\left(=\dfrac{3\sqrt{3}}{20}W\right)$

∴ C는 미끄러진다.

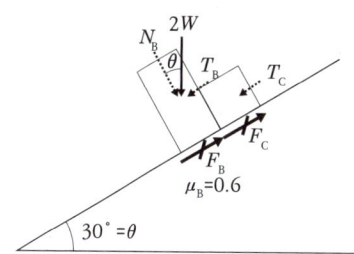

At B

$N_B = 2W \cos 30° = \sqrt{3}W$

$T_B = 2W \sin 30° = W$

$F_B = N_B \times \mu_B = (\sqrt{3}W)(0.6) = 0.6\sqrt{3}W$

$T_B + T_C\left(=\dfrac{3}{2}W\right) > F_B + F_C\left(=\dfrac{3\sqrt{3}}{4}W\right)$

∴ B도 미끄러진다.

A는 C와 동일한 조건으로 B, C가 위에서 밀지 않아도 혼자서 미끄러진다.

∴ A도 미끄러진다.

③ 모두 미끄러져 내려간다.

꼭 알아두자!

해당 풀이 방법이 가장 간단한 방법이며, 이보다 더 간결하게 풀이될 경우 풀이 과정에서 오류를 범했을 가능성이 크다.
ex) 처음부터 A, B, C를 한 덩어리로 해석하는 방법

120

정답 ①

도르래의 케이블에서는 동일한 장력을 보이게 된다. 따라서 도르래 구조는 힘의 방향만 바꾸는 구조로 이해하면 쉽다. 강체블록 C의 무게 10N은 강체블록 B를 당기는 힘으로 작용하게 된다. 스프링이 발생시키는 힘은 원래대로 되돌아 가려는 방향인 왼쪽으로 작용하게 된다.

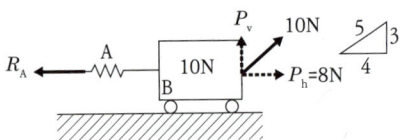

$P_h = P \times \dfrac{4}{5}$

$\quad = 10\text{N} \times \dfrac{4}{5} = 8\text{N}$

$\rightarrow + \sum F_x = 0 \,;$

$-R_A + 8\text{N} = 0$

$\therefore R_A = 8\text{N}$

121

정답 ②

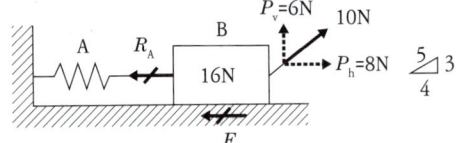

$P_h = P \times \dfrac{4}{5}$

$\quad = 10\text{N} \times \dfrac{4}{5} = 8\text{N}$

$P_v = P \times \dfrac{3}{5}$

$\quad = 10\text{N} \times \dfrac{3}{5} = 6\text{N}$

$\rightarrow + \sum F_x = 0 \,;$

$-R_A - F + P_h = 0$

$\Rightarrow -R_A - \mu(W - P_v) + P_h = 0$

$\Rightarrow -R_A - (0.3)(16\text{N} - 6\text{N}) + 8\text{N} = 0$

$\therefore R_A = 5\text{N}$

122

정답 ①

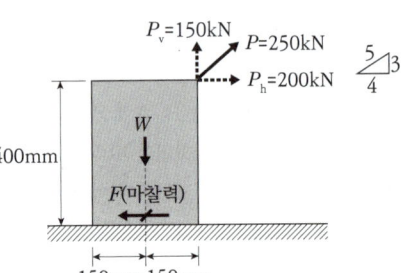

$F_h = \dfrac{4}{5} P,\; F_v = \dfrac{3}{5} P$

$F_h < F = \mu N = \mu(W - F_v)$ (∵ 미끄러짐 발생직전)

$\dfrac{4}{5} P < \mu\left(W - \dfrac{3}{5} P\right)$

$\Rightarrow \dfrac{4}{5} P < 0.5\left(55\text{kN} - \dfrac{3}{5} P\right)$

$\Rightarrow \dfrac{8}{5} P < 55\text{kN} - \dfrac{3}{5} P$

$\therefore P < 25\text{kN}$

123

정답 ③

$P_h = P \times \dfrac{4}{5}$

$\quad = 250\text{kN} \times \dfrac{4}{5} = 200\text{kN}$

$P_v = P \times \dfrac{3}{5}$

$\quad = 250\text{kN} \times \dfrac{3}{5} = 150\text{kN}$

$\rightarrow + \sum F_x = 0 \,;$

$P_h - F = 0$

$\Rightarrow P_h - \mu(W - P_v) = 0$

$\Rightarrow 200\text{kN} - \mu(550\text{kN} - 150\text{kN}) = 0$

$\therefore \mu = 0.5$

124

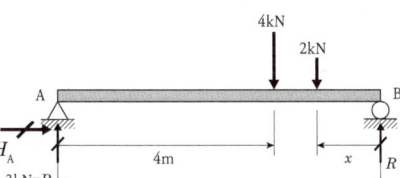

$\uparrow + \Sigma F_y = 0$;
$R + R - 2\text{kN} - 4\text{kN} = 0$
$\rightarrow R = 3\text{kN}$

$\circlearrowleft + \Sigma M_A = 0$;
$(2\text{kN})(x) + (4\text{kN})(x+4\text{m}) - (3\text{kN} \times 10\text{m}) = 0$
$\rightarrow 6x - 14 = 0$

$\therefore x = \dfrac{7}{3}\text{m} \approx 2.3\text{m}$

125

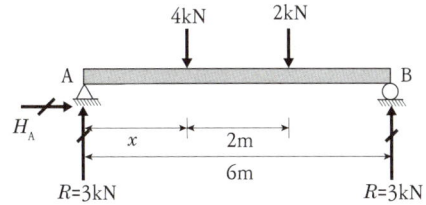

$\uparrow + \Sigma F_y = 0$;
$R + R - 4\text{kN} - 2\text{kN} = 0$
$\rightarrow R = 3\text{kN}$

$\circlearrowleft + \Sigma M_A = 0$;
$(4\text{kN} \times x) + (2\text{kN})(x+2\text{m}) - (3\text{kN} \times 6\text{m}) = 0$

$\therefore x = \dfrac{7}{3}\text{m}$

126

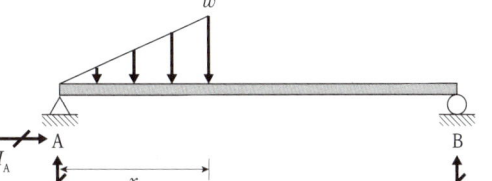

$\uparrow + \Sigma F_y = 0$;
$R + R - 4\text{kN} - 2\text{kN} = 0$
$\rightarrow R = 3\text{kN}$

$\circlearrowleft + \Sigma M_B = 0$;
$(2\text{kN} \times x) - (3\text{kN} \times 6\text{m}) + (4\text{kN} \times 2\text{m}) = 0$

$\therefore x = 5\text{m}$

127

$\uparrow + \Sigma F_y = 0$;
$R + R - \left(\dfrac{1}{2} \times x \times w\right) = 0$
$\rightarrow R = \dfrac{wx}{4}$

$\circlearrowleft + \Sigma M_A = 0$;
$\left(\dfrac{1}{2} \times x \times w\right)\left(x \times \dfrac{2}{3}\right) - \left(\dfrac{wx}{4} \times L\right) = 0$
$\rightarrow \dfrac{wx^2}{3} - \dfrac{wxL}{4} = 0$

$\therefore x = \dfrac{3}{4}L$

128 정답 ②

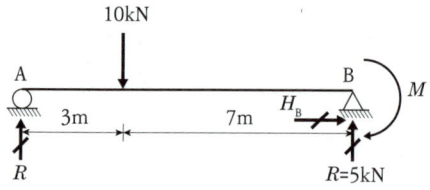

$\uparrow + \Sigma F_y = 0$;
$R + R - 10\text{kN} = 0$
→ $R = 5\text{kN}$ (↑)

$\circlearrowleft + \Sigma M_A = 0$;
$M + (10\text{kN} \times 3\text{m}) - (5\text{kN} \times 10\text{m}) = 0$

∴ $M = 20\text{kN} \cdot \text{m}$ ($\circlearrowleft$)

129 정답 ③

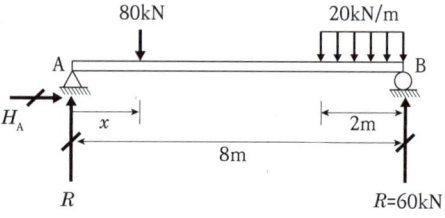

$\uparrow + \Sigma F_y = 0$;
$R + R - 80\text{kN} - (20\text{kN/m} \times 2\text{m}) = 0$
→ $R = 60\text{kN}$

$\circlearrowleft + \Sigma M_A = 0$;
$(80\text{kN} \times x) + (20\text{kN/m} \times 2\text{m})(7\text{m}) - (60\text{kN} \times 8\text{m}) = 0$

∴ $x = 2.5\text{m}$

130 정답 ①

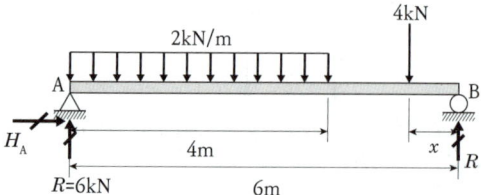

$\uparrow + \Sigma F_y = 0$;
$R + R - (2\text{kN/m} \times 4\text{m}) - 4\text{kN} = 0$
→ $R = 6\text{kN}$

$\circlearrowleft + \Sigma M_B = 0$;
$(4\text{kN} \times x) - (6\text{kN} \times 6\text{m}) + (2\text{kN/m} \times 4\text{m})\left(6\text{m} - \dfrac{4\text{m}}{2}\right) = 0$

∴ $x = 1\text{m}$

131 정답 ③

〈방법 1〉

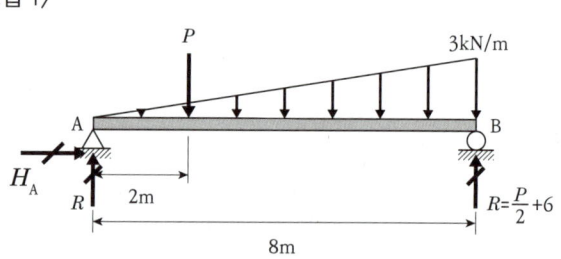

$\uparrow + \Sigma F_y = 0$;
$R + R - P - \left(\dfrac{1}{2} \times 8\text{m} \times 3\text{kN/m}\right) = 0$
→ $2R = P + 12$
→ $R = \dfrac{P}{2} + 6$

$\circlearrowleft + \Sigma M_A = 0$;
$(P \times 2\text{m}) - \left(\dfrac{P}{2} + 6\right)(8\text{m})$
$\quad + \left(\dfrac{1}{2} \times 8\text{m} \times 3\text{kN/m}\right)\left(8\text{m} \times \dfrac{2}{3}\right) = 0$
→ $2P - 4P - 48 + 64 = 0$

∴ $P=8$kN (↓)

〈방법 2〉

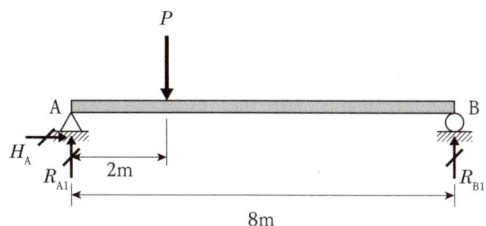

↺ $+\sum M_A=0$;

$(R_{B1}\times 8\text{m})-(P\times 2\text{m})=0 \rightarrow R_{B1}=\dfrac{P}{4}$

↑ $+\sum F_y=0$;

$R_{A1}+\dfrac{P}{4}-P=0 \rightarrow R_{A1}=\dfrac{3}{4}P$

$R_A=R_{A1}+\dfrac{1}{3}\left(\dfrac{1}{2}\times 8\text{m}\times 3\text{kN/m}\right)=\dfrac{3}{4}P+4$

$R_B=R_{B1}+\dfrac{2}{3}\left(\dfrac{1}{2}\times 8\text{m}\times 3\text{kN/m}\right)=\dfrac{1}{4}P+8$

$R_A=R_B$;

$\dfrac{3}{4}P+4=\dfrac{P}{4}+8$

∴ $P=8$kN (↓)

132 정답 ④

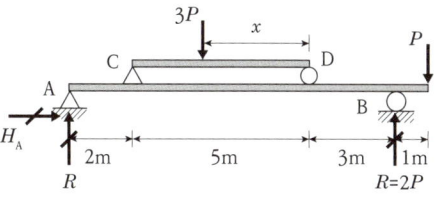

↑ $+\sum F_y=0$;

$R+R-3P-P=0$

→ $R=2P$

↺ $+\sum M_A=0$;

$(3P)(7\text{m}-x)-(2P\times 10\text{m})+(P\times 11\text{m})=0$

∴ $x=4$m

> **꼭 알아두자!**
> D점을 기준점으로 모멘트 평형방정식을 풀이할 수도 있다.
> ↺ $+\sum M_D=0$;
> $(3P\times x)-(2P\times 7\text{m})+(2P\times 3\text{m})-(P\times 4\text{m})=0$
>
> ∴ $x=4$m

133 정답 ④

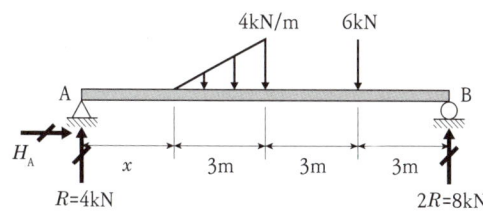

↑ $+\sum F_y=0$;

$R+2R-\left(\dfrac{1}{2}\times 3\text{m}\times 4\text{kN/m}\right)-6\text{kN}=0$

→ $R=4$kN

↺ $+\sum M_B=0$;

$(4\text{kN})(9\text{m}+x)-\left(\dfrac{1}{2}\times 3\text{m}\times 4\text{kN/m}\right)\left(6\text{m}+3\text{m}\times\dfrac{1}{3}\right)$

$-(6\text{kN}\times 3\text{m})=0$

∴ $x=6$m

> **꼭 알아두자!**
> A점을 기준점으로 모멘트 평형방정식을 풀이할 수 있으나, 모든 하중의 모멘트 팔에 미지수 x가 들어가므로 좋지 않다.
> ↺ $+\sum M_A=0$;
> $\left(\dfrac{1}{2}\times 3\text{m}\times 4\text{kN/m}\right)\left(x+3\text{m}\times\dfrac{2}{3}\right)+(6\text{kN})(x+6\text{m})$
> $-(8\text{kN})(x+9\text{m})=0$
>
> ∴ $x=6$m

134 정답 ①

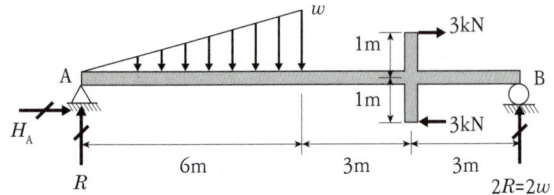

$\uparrow + \sum F_y = 0$;

$2R + R - \left(\dfrac{1}{2} \times 6\text{m} \times w\right) = 0$

➡ $R = w$

$\cup + \sum M_A = 0$;

$\left(\dfrac{1}{2} \times 6\text{m} \times w\right)\left(6\text{m} \times \dfrac{2}{3}\right) - (2w \times 12\text{m}) + (3\text{kN} \times 2\text{m}) = 0$

$\therefore w = \dfrac{1}{2} \text{kN/m}$

135 정답 ①

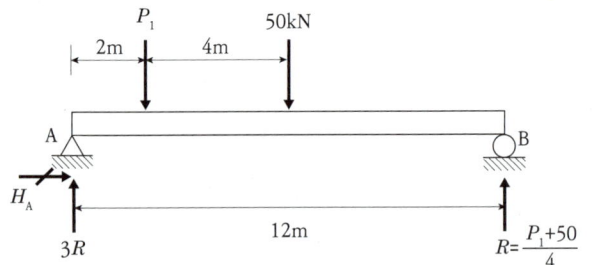

$\uparrow + \sum F_y = 0$;

$3R + R - P_1 - 50\text{kN} = 0$

➡ $R = \dfrac{P_1 + 50\text{kN}}{4}$

$\cup + \sum M_A = 0$;

$(P_1 \times 2\text{m}) + (50\text{kN} \times 6\text{m}) - \left(\dfrac{P_1 + 50\text{kN}}{4} \times 12\text{m}\right) = 0$

$\therefore P_1 = 150\text{kN}(\downarrow)$

136 정답 ④

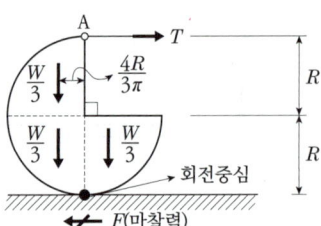

$\cup + \sum M_{\text{회전중심}} = 0$;

$T(2R) - \left(\dfrac{W}{3}\right)\left(\dfrac{4R}{3\pi}\right) = 0$

➡ $T(2R) - (4\pi\text{N})\left(\dfrac{4R}{3\pi}\right) = 0$

$\therefore T = \dfrac{8}{3}\text{N}$

137 정답 ③

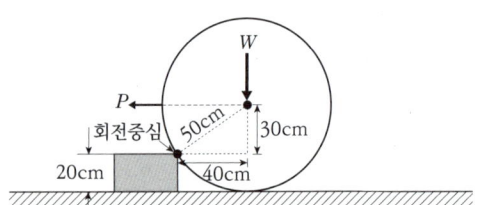

$M_{\text{외력}} > M_{\text{저항}}$; (∵ 넘어감)

$(P \times 30\text{cm}) > (W \times 40\text{cm})$

➡ $P > W \times \dfrac{40\text{cm}}{30\text{cm}}$

$\therefore P > 50\text{kN} \times \dfrac{4}{3} \approx 66.7\text{kN}$

138 정답 ④

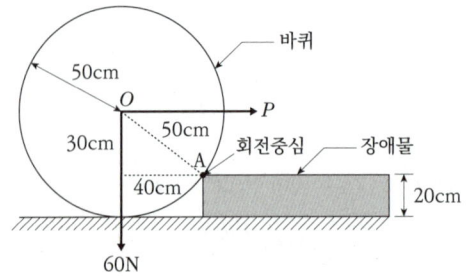

$M_{외력} > M_{저항}$; (∵ 움직임)

$P \times 30\text{cm} > W \times 40\text{cm}$

→ $P > W \times \dfrac{40\text{cm}}{30\text{cm}}$

∴ $P > 60N \times \dfrac{40\text{cm}}{30\text{cm}} = 80N$

139   정답 ②

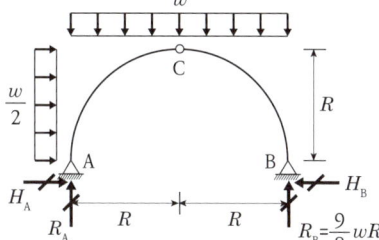

At entire

$\circlearrowleft + \sum M_A = 0$;

$(R_B \times 2R) - \left(\dfrac{w}{2} \times R\right)\left(\dfrac{R}{2}\right) - (w \times 2R)\left(\dfrac{2R}{2}\right) = 0$

→ $R_B = \dfrac{9}{8}wR(\uparrow)$

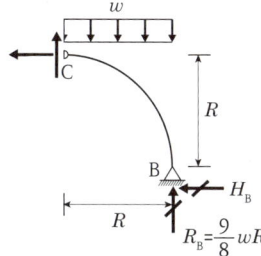

At CB

$\circlearrowleft + \sum M_C = 0$;

$(H_B \times R) + (w \times R)\left(\dfrac{R}{2}\right) - \left(\dfrac{9}{8}wR \times R\right) = 0$

∴ $H_B = \dfrac{5}{8}wR(\leftarrow)$

140   정답 ②

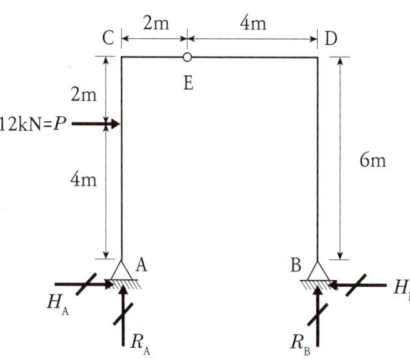

At entire

$\circlearrowleft + \sum M_A = 0$;

$(R_B \times 6\text{m}) - (12\text{kN} \times 4\text{m}) = 0$

→ $R_B = 8\text{kN}(\uparrow)$

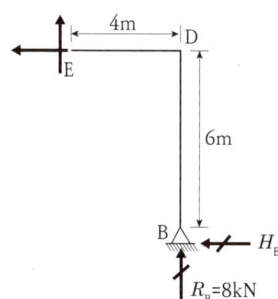

At EDB

$\circlearrowleft + \sum M_E = 0$;

$(H_B \times 6\text{m}) - (8\text{kN} \times 4\text{m}) = 0$

∴ $H_B = \dfrac{16}{3}\text{kN}(\leftarrow)$

141   정답 ③

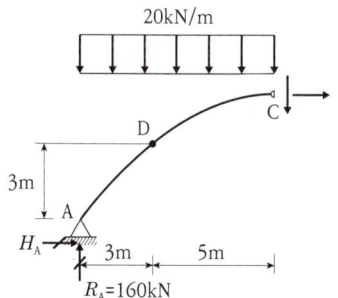

At entire
$R_A = 160\text{kN}(\uparrow)$ ($\because$ 대칭)

At AC
$\circlearrowleft + \Sigma M_C = 0$;
$(H_A \times 5\text{m}) - (160\text{kN} \times 8\text{m}) + (20\text{kN/m} \times 8\text{m})\left(\dfrac{8\text{m}}{2}\right) = 0$
→ $H_A = 128\text{kN}(\rightarrow)$

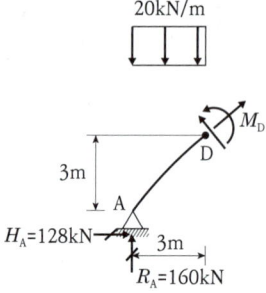

At AD
$\circlearrowleft + \Sigma M_D = 0$;
$M_D + (128\text{kN} \times 3\text{m}) - (160\text{kN} \times 3\text{m})$
$\quad\quad\quad + (20\text{kN/m} \times 3\text{m})\left(\dfrac{3\text{m}}{2}\right) = 0$

$\therefore M_D = 6\text{kN}\cdot\text{m}(\circlearrowleft)$

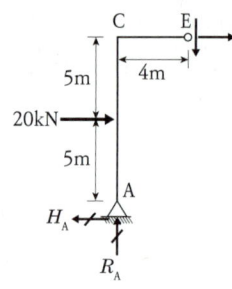

At ACE
$\circlearrowleft + \Sigma M_E = 0$;
$(R_A \times 4\text{m}) + (H_A \times 10\text{m}) - (20\text{kN} \times 5\text{m}) = 0$
→ $4R_A + 10H_A - 100 = 0$ ··· ②

①$-2\times$②;
$8R_A + 2H_A + 60 = 0$
$8R_A + 20H_A - 200 = 0$
→ $-18H_A + 260 = 0$

$\therefore H_A = \dfrac{130}{9}\text{kN}(\leftarrow)$

142 정답 ④

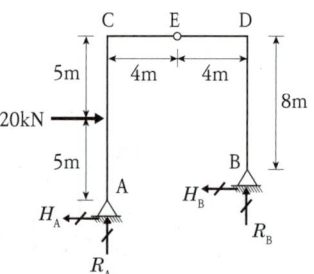

At entire
$\circlearrowleft + \Sigma M_B = 0$;
$(R_A \times 8\text{m}) + (H_A \times 2\text{m}) + (20\text{kN} \times 3\text{m}) = 0$
→ $8R_A + 2H_A + 60 = 0$ ··· ①

143 정답 ③

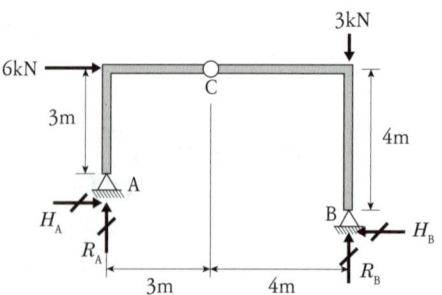

At entire
$\circlearrowleft + \Sigma M_A = 0$;
$(R_B \times 7\text{m}) - (H_B \times 1\text{m}) - (6\text{kN} \times 3\text{m}) - (3\text{kN} \times 7\text{m}) = 0$
→ $7R_B - H_B - 39 = 0$ ··· ⓐ

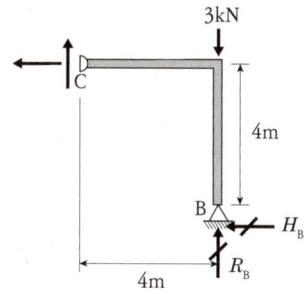

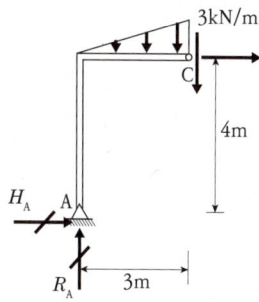

At CB
$\circlearrowleft + \Sigma M_C = 0$;
$(R_B \times 4\text{m}) - (H_B \times 4\text{m}) - (3\text{kN} \times 4\text{m}) = 0$
→ $4R_B - 4H_B - 12 = 0$ ⋯ ⓑ

$4 \times$ ⓐ $-$ ⓑ ;
$28R_B - 4H_B - 156 = 0$
$4R_B - 4H_B - 12 = 0$
→ $24R_B - 144 = 0$

∴ $R_B = 6\text{kN}(\uparrow)$

At AC
$\circlearrowleft + \Sigma M_C = 0$;
$(R_A \times 3\text{m}) - (H_A \times 4\text{m})$
  $-\left(\dfrac{1}{2} \times 3\text{m} \times 3\text{kN/m}\right)\left(3\text{m} \times \dfrac{1}{3}\right) = 0$
→ $3R_A - 4H_A - \dfrac{9}{2} = 0$ ⋯ ⓑ

ⓐ $- 2 \times$ ⓑ ;
$6R_A - 2H_A - 36 = 0$
$6R_A - 8H_A - 9 = 0$
→ $6H_A - 27 = 0$

∴ $H_A = 4.5\text{kN}(\rightarrow)$

144   정답 ②

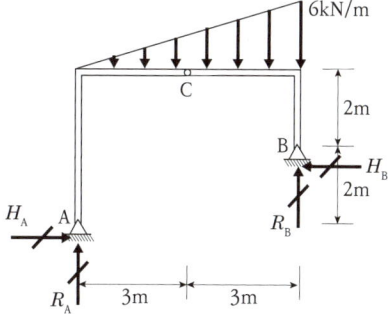

At entire
$\circlearrowleft + \Sigma M_B = 0$;
$(R_A \times 6\text{m}) - (H_A \times 2\text{m})$
  $-\left(\dfrac{1}{2} \times 6\text{m} \times 6\text{kN/m}\right)\left(6\text{m} \times \dfrac{1}{3}\right) = 0$
→ $6R_A - 2H_A - 36 = 0$ ⋯ ⓐ

CHAPTER 02 합력

001 ②	002 ①	003 ①	004 ①	005 ①
006 ③	007 ③	008 ②	009 ④	010 ④
011 ②	012 ①			

001 정답 ②

(1) 합력

$\rightarrow + \sum F_x$;
$F_x = 0$

$\uparrow + \sum F_y$;
$F_y = -P + 3P = 2P\ (\uparrow)$

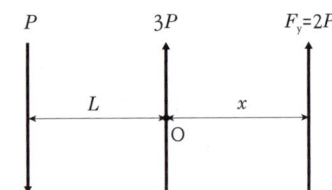

(2) 합력의 작용 위치

$\circlearrowleft + \sum M_O$;
$2P \times x = P \times L$

$\therefore x = \dfrac{L}{2}$

002 정답 ①

(1) 합력

$\rightarrow + \sum F_x$;
$F_x = 0$

$\uparrow + \sum F_y$;
$F_y = -2\text{kN} + 4\text{kN} - 1\text{kN} = 1\text{kN}\ (\uparrow)$

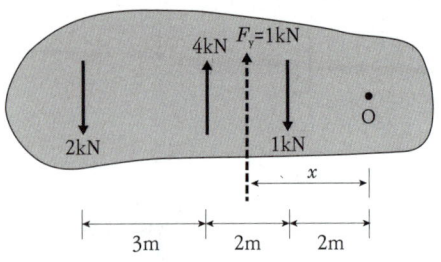

(2) 합력의 작용 위치

$\circlearrowleft + \sum M_O$;
$1\text{kN} \times x = -(2\text{kN} \times 7\text{m}) + (4\text{kN} \times 4\text{m}) - (1\text{kN} \times 2\text{m})$
$\rightarrow 1\text{kN} \times x = 0$

$\therefore x = 0\text{m}$

003 정답 ①

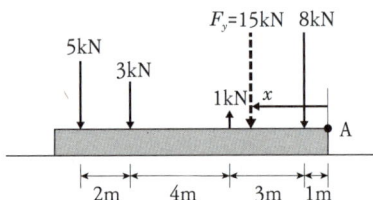

(1) 합력

$\rightarrow + \sum F_x$;
$F_x = 0$

$\uparrow + \sum F_y$;
$F_y = -5\text{kN} - 3\text{kN} + 1\text{kN} - 8\text{kN} = -15\text{kN}\ (\downarrow)$

(2) 합력의 작용 위치

$\circlearrowleft + \sum M_A$;
$15\text{kN} \times x = (5\text{kN} \times 10\text{m}) + (3\text{kN} \times 8\text{m})$
$\qquad\qquad - (1\text{kN} \times 4\text{m}) + (8\text{kN} \times 1\text{m})$
$\rightarrow 15\text{kN} \times x = 78\text{kN} \cdot \text{m}$

$\therefore x = 5.2\text{m}$ (A점에서 왼쪽으로)

004

정답 ①

(1) 합력

$\rightarrow +\sum F_x;$
$F_x = 0$

$\uparrow +\sum F_y;$
$F_y = -30\text{kN} + 60\text{kN} - 40\text{kN} = -10\text{kN}\ (\downarrow)$

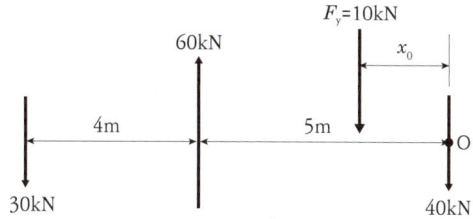

(2) 합력의 작용 위치

$\circlearrowleft +\sum M_O;$
$10\text{kN} \times x_0 = (30\text{kN} \times 9\text{m}) - (60\text{kN} \times 5\text{m})$
$\rightarrow 10\text{kN} \times x_0 = -30\text{kN}\cdot\text{m}$

$\therefore x_0 = -3\text{m}$ 좌측을 '+'로 잡았으므로 답은 '우측 3m'이다.

005

정답 ①

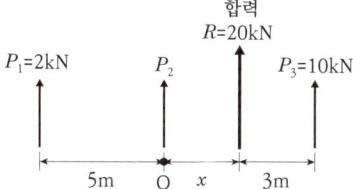

(2) 합력의 작용 위치

$\circlearrowleft +\sum M_o;$
$20\text{kN} \times x = -(2\text{kN} \times 5\text{m}) + (10\text{kN})(x+3\text{m})$
$\therefore x = 2\text{m}$

꼭 알아두자!

문제에서 물어보지 않았으나 P_2의 크기를 계산해보자.

(1) 합력

$\rightarrow +\sum F_x;$
$F_x = 0$

$\uparrow +\sum F_y;$
$20\text{kN} = 2\text{kN} + P_2 + 10\text{kN}$
$\rightarrow P_2 = 8\text{kN}\ (\uparrow)$

006

정답 ③

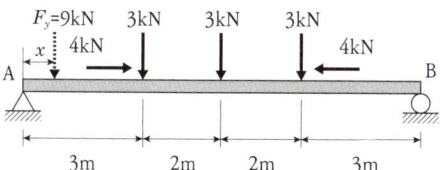

(1) 합력

$\rightarrow +\sum F_x;$
$F_x = 4\text{kN} - 4\text{kN} = 0$

$\uparrow +\sum F_y;$
$F_y = -3\text{kN} - 3\text{kN} - 3\text{kN} = -9\text{kN}\ (\downarrow)$

(2) 합력의 작용 위치

$\circlearrowleft +\sum M_A;$
$9\text{kN} \times x = (3\text{kN} \times 3\text{m}) + (3\text{kN} \times 5\text{m}) + (3\text{kN} \times 7\text{m})$
$\rightarrow x = 5\text{m}$

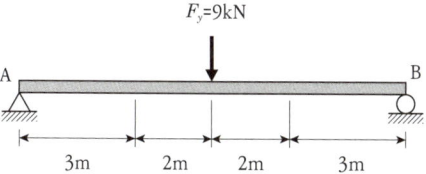

$\therefore F_y = 9\text{kN}$
$M = F_y \times x = 9\text{kN} \times 5\text{m} = 45\text{kN}\cdot\text{m}$

007 정답 ③

합력과 모멘트를 쉽게 계산하기 위해 모든 대각선 방향 하중을 수평, 수직분력으로 표현하면 그림과 같다.

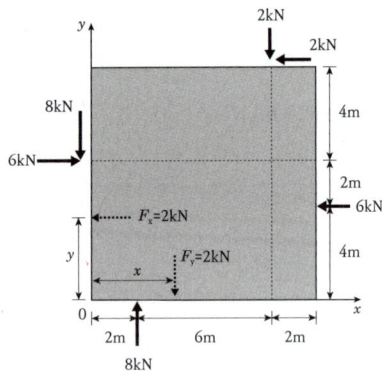

(1) 합력

$\rightarrow +\sum F_x;$

$F_x = \left(10\text{kN} \times \dfrac{3}{5}\right) - \left(2\sqrt{2}\text{kN} \times \dfrac{1}{\sqrt{2}}\right) - 6\text{kN}$

$\quad = -2\text{kN}(\leftarrow)$

$\uparrow +\sum F_y;$

$F_y = 8\text{kN} - \left(10\text{kN} \times \dfrac{4}{5}\right) - \left(2\sqrt{2}\text{kN} \times \dfrac{1}{\sqrt{2}}\right)$

$\quad = -2\text{kN}(\downarrow)$

(2) 합력의 작용 위치

$\circlearrowleft +\sum M_O;$

$(F_x \times y) - (F_y \times x)$

$= (8\text{kN} \times 2\text{m}) + (6\text{kN} \times 4\text{m}) - (6\text{kN} \times 6\text{m})$

$\quad - (2\text{kN} \times 8\text{m}) + (2\text{kN} \times 10\text{m})$

$\rightarrow 2y - 2x = 8$

$\rightarrow y - x = 4$

∴ ③ $x = 0 \rightarrow y = 4\text{m}$

꼭 알아두자!

문제에서는 'x, y[m]로 옳은 것은?'이라고 물어봤으나 정확한 표현은 'x, y[m]로 가능한 것은?'이 맞다. 'y-x=4'를 만족한다면 어느 점에나 합력이 작용할 수 있다.

008 정답 ②

(1) 합력

$\rightarrow +\sum F_x;$

$F_x = (P_1 \times \cos\theta_1) + (P_2 \times \cos\theta_2)$

$\quad = (5\text{kN} \times \cos 30°) + (10\text{kN} \times \cos 30°)$

$\quad = \dfrac{15\sqrt{3}}{2}\text{kN}(\rightarrow)$

$\uparrow +\sum F_y;$

$F_y = (P_1 \times \sin 30°) - (P_2 \times \sin 30°)$

$\quad = (5\text{kN} \times \sin 30°) - (10\text{kN} \times \sin 30°)$

$\quad = -\dfrac{5}{2}\text{kN}(\downarrow)$

(2) 합력의 크기

$F_t = \sqrt{(F_x)^2 + (F_y)^2}$

$\quad = \sqrt{\left(\dfrac{15\sqrt{3}}{2}\right)^2 + \left(-\dfrac{5}{2}\right)^2} = \sqrt{175} = 5\sqrt{7}\text{kN}$

계산 TIP

$\sqrt{175} = 5\sqrt{7}$을 정리하는 것이 어려운 수험생들은 보기를 루트 형태로 만드는 방식도 가능하다.

① $5 = \sqrt{5^2} = \sqrt{25}$
② $5\sqrt{7} = \sqrt{5^2 \times 7} = \sqrt{175}$
③ $10 = \sqrt{10^2} = \sqrt{100}$
④ $10\sqrt{7} = \sqrt{10^2 \times 7} = \sqrt{700}$

009 정답 ④

(1) 합력

$\rightarrow +\sum F_x;$

$F_x = U\cos 30°$

$\quad = 4\text{kN} \times \dfrac{\sqrt{3}}{2} = 2\sqrt{3}\text{kN}(\rightarrow)$

$\uparrow +\sum F_y;$

$F_y = -U\sin 30° + V$

$\quad = -\left(4\text{kN} \times \dfrac{1}{2}\right) + 4\text{kN} = 2\text{kN}(\uparrow)$

(2) 합력의 크기

$F_t = \sqrt{(F_x)^2 + (F_y)^2}$

$\quad = \sqrt{(2\sqrt{3})^2 + (2)^2} = 4\text{kN}$

010

정답 ④

P_3, P_5는 힘의 크기가 같고 방향이 반대(180°)이므로 상쇄된다.

(1) 합력

$\rightarrow + \sum F_x$;
$F_x = P_1 - P_4$
$\quad = 9\text{kN} - 6\text{kN} = 3\text{kN}\ (\rightarrow)$

$\uparrow + \sum F_y$;
$F_y = P_2$
$\quad = 4\text{kN}\ (\uparrow)$

(2) 합력의 크기

$F_t = \sqrt{(F_x)^2 + (F_y)^2}$
$\quad = \sqrt{3^2 + 4^2} = 5\text{kN}$

011

정답 ②

(1) 합력

$\rightarrow + \sum F_x$;
$F_x = -P_1 \cos 60° + P_2 - P_3 \cos 30°$
$\quad = -\left(30\text{kN} \times \dfrac{1}{2}\right) + (30\text{kN}) - \left(30\text{kN} \times \dfrac{\sqrt{3}}{2}\right)$
$\quad$ ($\sqrt{3}$은 간략하게 1.7을 대입하면 편리하다.)
$\quad \approx -10.5\text{kN}\ (\leftarrow)$

$\uparrow + \sum F_y$;
$F_y = P_1 \sin 60° - P_3 \sin 30°$
$\quad = \left(30\text{kN} \times \dfrac{\sqrt{3}}{2}\right) - \left(30\text{kN} \times \dfrac{1}{2}\right)$
$\quad \approx 10.5\text{kN}\ (\uparrow)$

∴ 합력의 방향은 ←, ↑으로 2상한에 위치한다.

012

정답 ①

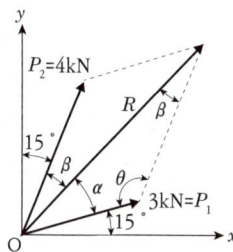

$\alpha + \beta = 90° - 15° - 15° = 60°$
$\theta = 180° - \alpha - \beta = 180° - 60° = 120°$
$R^2 = P_1^2 + P_2^2 - 2P_1 P_2 \cos \theta$
$\quad = 3^2 + 4^2 - 2 \times 3 \times 4 \times \cos 120°$
$\quad = 3^2 + 4^2 + 12 \left(\because \cos 120° = -\dfrac{1}{2}\right)$
$\rightarrow R = \sqrt{37}$

$P_2^2 = P_1^2 + R^2 - 2P_1 R \cos \alpha$
$\rightarrow \cos \alpha = \dfrac{P_1^2 + R^2 - P_2^2}{2P_1 R}$
$\rightarrow \alpha = \cos^{-1}\left(\dfrac{P_1^2 + R^2 - P_2^2}{2P_1 R}\right)$
$\quad = \cos^{-1}\left(\dfrac{3^2 + 37 - 4^2}{2 \times 3 \times R}\right) = \cos^{-1}\left(\dfrac{5}{R}\right)$

꼭 알아두자!

<제2 코싸인 법칙>

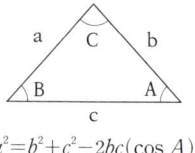

$a^2 = b^2 + c^2 - 2bc(\cos A)$

CHAPTER 03 전단력과 모멘트도

001 ②	002 ③	003 ②	004 ②	005 ③
006 ④	007 ③	008 ②	009 ①	010 ③
011 ④	012 ③	013 ③	014 ④	015 ④
016 ④	017 ④	018 ③	019 ②	020 ②
021 ④	022 ④	023 ①	024 ④	025 ②
026 ③	027 ②	028 ③	029 ④	030 ④
031 ②	032 ②	033 ③	034 ②	035 ②
036 ④	037 ④	038 ④	039 ①	040 ②
041 ①	042 ②	043 ②	044 ①	045 ①
046 ④	047 ④	048 ④		

001
정답 ②

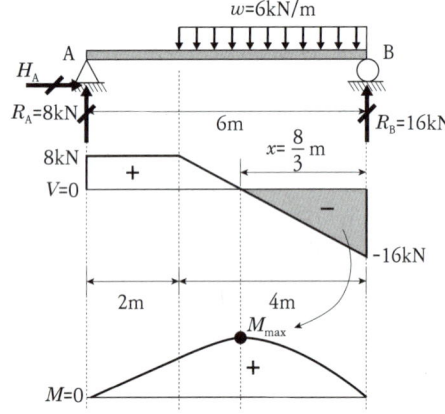

등분포하중은 전단력도의 기울기이다.

$$\therefore w = \frac{-16\text{kN} - 8\text{kN}}{4\text{m}} = -6\text{kN/m} \; (\downarrow)$$

꼭 알아두자!
문제에서 물어보지 않았으나 최대 모멘트를 구해보자.

(1) 최대 휨 모멘트 발생지점

모멘트의 최대값은 전단력이 '+'에서 '-'로 바뀌는 점($V=0$)에서 발생한다.

$$x = 4\text{m} \times \frac{16\text{kN}}{8\text{kN} + 16\text{kN}} = \frac{8}{3}\text{m}$$

(2) 최대 휨 모멘트 크기

전단력도의 면적은 해당 구간의 모멘트 차이와 같다.

$$M_B - M_{\max} = -M_{\max} \; (\because M_B = 0)$$
$$= \frac{1}{2} \times \frac{8}{3}\text{m} \times -16\text{kN}$$

$$\therefore M_{\max} = \frac{64}{3}\text{kN} \cdot \text{m}$$

002
정답 ③

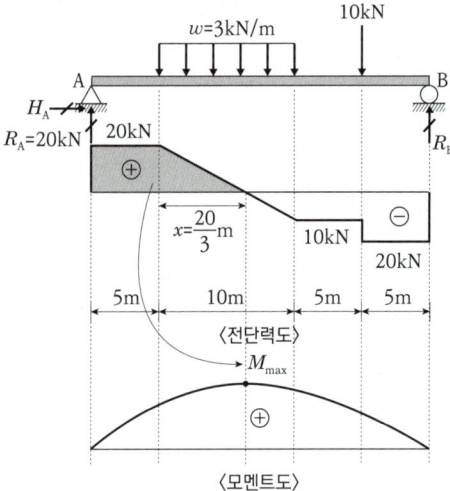

등분포하중은 전단력도의 기울기이다.

$$\therefore w = \frac{-10\text{kN} - 20\text{kN}}{10\text{m}} = -3\text{kN/m} \; (\downarrow)$$

꼭 알아두자!
문제에서 물어보지 않았으나 최대 모멘트를 구해보자.

(1) 최대 휨 모멘트 발생지점

모멘트의 최대값은 전단력이 '+'에서 '-'로 바뀌는 점($V=0$)에서 발생한다.

$$x = 10\text{m} \times \frac{20\text{kN}}{20\text{kN} + 10\text{kN}} = \frac{20}{3}\text{m}$$

(2) 최대 휨 모멘트 크기

전단력도의 면적은 해당 구간의 모멘트 차이와 같다.

$$M_{\max} - M_A = M_{\max} \; (\because M_A = 0)$$
$$= (5\text{m} \times 20\text{kN}) + \left(\frac{1}{2} \times \frac{20}{3}\text{m} \times 20\text{kN}\right)$$

$$\therefore M_{\max} = \frac{500}{3}\text{kN} \cdot \text{m}$$

003

정답 ②

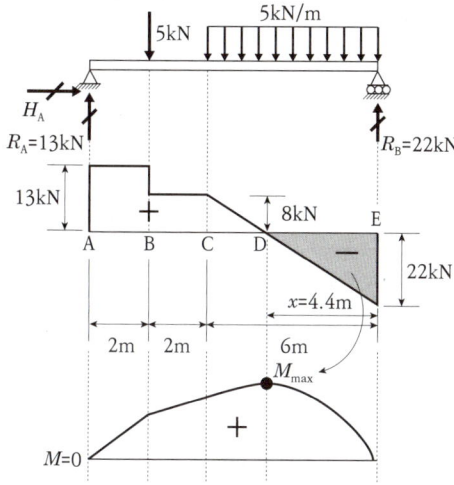

등분포하중은 전단력도의 기울기이다.

At CE ;

$$\therefore w = \frac{-22\text{kN} - 8\text{kN}}{6\text{m}} = -5\text{kN/m} \,(\downarrow)$$

꼭 알아두자!

문제에서 물어보지 않았으나 최대 모멘트를 구해보자.

(1) 최대 휨 모멘트 발생지점

모멘트의 최대값은 전단력이 '+'에서 '−'로 바뀌는 점($V=0$)에서 발생한다.

$$x = 6\text{m} \times \frac{22\text{kN}}{8\text{kN} + 22\text{kN}} = 4.4\text{m}$$

(2) 최대 휨 모멘트 크기

전단력도의 면적은 해당 구간의 모멘트 차이와 같다.

$$M_E - M_{max} = -M_{max} \,(\because M_E = 0)$$
$$= \frac{1}{2} \times 4.4\text{m} \times -22\text{kN}$$
$$\therefore M_{max} = 48.4\text{kN} \cdot \text{m}$$

꼭 알아두자!

문제에서 물어보지 않았으나 최대 모멘트를 구해보자. 다소 난이도가 있으므로 무시해도 좋다.

(0) 하중, 전단력도 추정하기
- $R_A = 5.5\text{kN}$ (∵ 문제 조건)
- $V_{B\sim C} = 1.5\text{kN}$ (∵ 전단력은 모멘트도의 기울기이다)
- A~B, C~D구간 등분포하중 작용 (∵ 문제 조건 : AB, CD 구간은 2차 곡선)

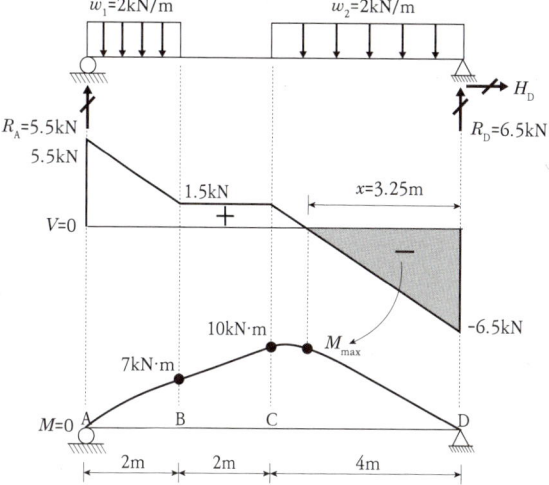

At AB
$5.5\text{kN} - (w_1 \times 2\text{m}) = 1.5\text{kN}$
➡ $w_1 = 2\text{kN/m}$

At entire
$\circlearrowleft + \sum M_D = 0$;
$(w_2 \times 4\text{m})\left(\frac{4\text{m}}{2}\right) - (5.5\text{kN} \times 8\text{m})$
$\qquad + (2\text{kN/m} \times 2\text{m})\left(6\text{m} + \frac{2\text{m}}{2}\right) = 0$
➡ $w_2 = 2\text{kN/m}$

$\uparrow + \sum F_y = 0$;
$5.5\text{kN} - (2\text{kN/m} \times 2\text{m}) - (2\text{kN} \times 4\text{m}) + R_D = 0$
➡ $R_D = 6.5\text{kN}$

004

정답 ②

전단력은 모멘트도의 기울기이다. B, C점은 동일한 직선 위의 점이므로 기울기가 동일하다.

$$\therefore \text{전단력} = \text{모멘트도 기울기}$$
$$= \frac{10\text{kN} \cdot \text{m} - 7\text{kN} \cdot \text{m}}{2\text{m}} = 1.5\text{kN}$$

(1) 최대 휨 모멘트 발생지점
모멘트의 최대값은 전단력이 '+'에서 '-'로 바뀌는 점($V=0$)에서 발생한다.
$$x = 4\text{m} \times \frac{6.5\text{kN}}{1.5\text{kN}+6.5\text{kN}} = 3.25\text{m}$$

(2) 최대 휨 모멘트 크기
전단력도의 면적은 해당 구간의 모멘트 차이와 같다.
$$M_D - M_{max} = -M_{max} \;(\because M_D=0)$$
$$= \frac{1}{2} \times 3.25\text{m} \times -6.5\text{kN}$$
$$\therefore M_{max} = -10.5625\text{kN}\cdot\text{m}$$

005

정답 ③

전단력은 모멘트도의 기울기이다. 전단력도의 부호가 '-'에서 '+'로 변한 뒤 '+' 값이 작아지므로, 모멘트가 감소하다가 증가한 뒤 조금 작은 기울기로 증가하는 그림을 찾으면 된다. 단 주의할 점은 단순보이므로 양단에서 모멘트는 '0'이다.

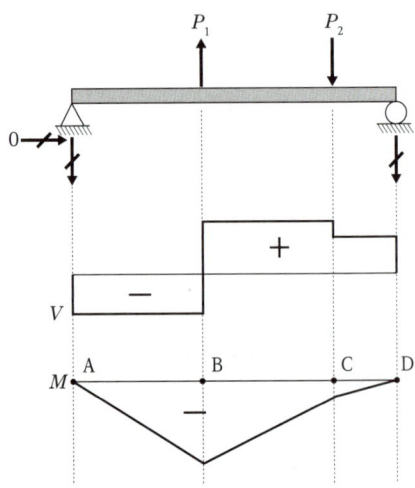

전단력은 모멘트도의 기울기이다.
AB 구간 : 전단력 '-' 일정 ➡ 모멘트 '-' 기울기 직선
BC 구간 : 전단력 '+' 일정 ➡ 모멘트 '+' 기울기 직선
CD 구간 : 전단력 '+' 일정 ➡ 모멘트 '+' 기울기 직선

BC 구간이 CD 구간보다 전단력이 크다. 따라서, BC 구간이 CD 구간보다 모멘트 기울기가 크다.

006

정답 ④

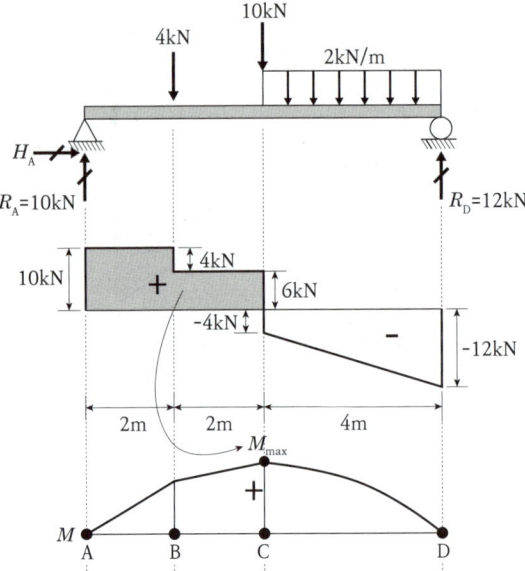

전단력은 모멘트도의 기울기이다.
AB 구간 : 전단력 10kN 일정 ➡ 모멘트 '+' 기울기(10) 직선
BC 구간 : 전단력 6kN 일정 ➡ 모멘트 '+' 기울기(6) 직선
CD 구간 : 전단력 -4kN에서 -12kN 으로 변화 ➡ 모멘트 '-' 기울기가 점점 급해지는 곡선

💡 **꼭 알아두자!**
문제에서 '어떤 보'라고 주어졌으나 보 양단의 모멘트가 '0'인 것을 판단하기 위해서는 '어떤 단순보'라고 언급해 줬어야 한다.
문제에서 물어보지 않았으나 최대 모멘트를 구해보자.

(2) 최대 휨 모멘트 크기
전단력도의 면적은 해당 구간의 모멘트 차이와 같다.
$$M_{max} - M_A = M_{max} \;(\because M_A = 0)$$
$$= (2\text{m} \times 10\text{kN}) + (2\text{m} \times 6\text{kN})$$
$$\therefore M_{max} = 32\text{kN}\cdot\text{m}$$

007 정답 ③

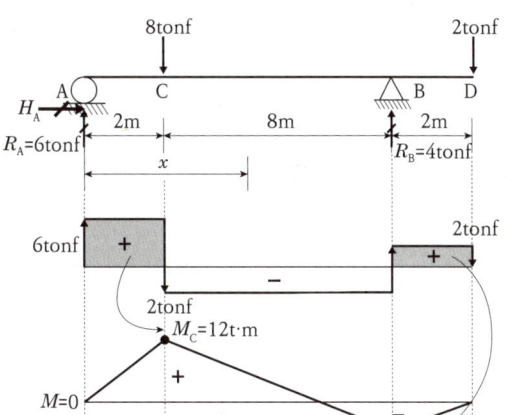

전단력도의 면적은 해당 구간의 모멘트 차이와 같다.
$M_C - M_A = M_C \ (\because M_A = 0)$
$\quad\quad\quad\quad = 2m \times 6tonf = 12t \cdot m$
전단력은 모멘트도의 기울기이다.

At CB
$12t \cdot m - (2t \cdot m)(x') = 0$
→ $x' = 6m$

∴ $x = x' + 2m = 8m$

꼭 알아두자!

'전단력도의 면적은 해당구간의 모멘트 차이와 같다'를 이용하여 계산할 수 있다.

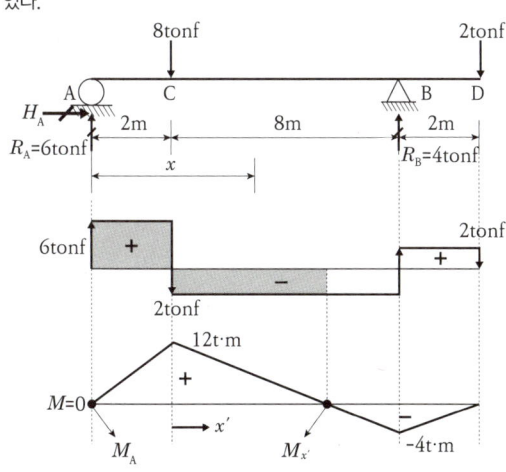

$M_{x'} - M_A = (6t \times 2m) + (-2t \times x') = 12 - 2x' = 0$
→ $x' = 6m$

∴ $x = x' + 2m = 8m$

008 정답 ②

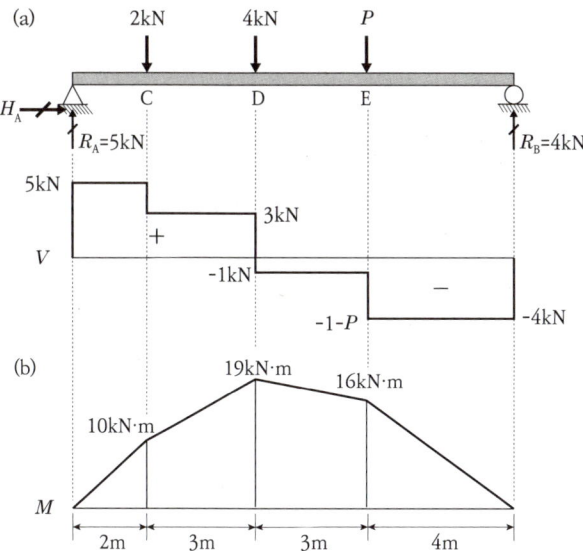

전단력은 모멘트도의 기울기이다.

〈방법 1〉

$V_{EB} = \dfrac{0 - 16kN \cdot m}{4m} = -4kN$

→ $R_B = -V_{EB} = 4kN$

At entire
$\circlearrowleft + \sum M_A = 0 \ ;$
$(P \times 8m) + (2kN \times 2m) + (4kN \times 5m) - (4kN \times 12m) = 0$
→ $P = 3kN$

〈방법 2〉

$V_{AC} = \dfrac{10kN \cdot m - 0}{2m} = 5kN$

→ $R_A = V_{AC} = 5kN$

$V_{EB} = \dfrac{0 - 16kN \cdot m}{4m} = -4kN$

→ $R_B = -V_{EB} = 4kN$

At entire
$\uparrow + \sum F_y = 0 \ ;$
$5kN - 2kN - 4kN - P + 4kN = 0$
→ $P = 3kN$

꼭 알아두자!

원론적으로 계산된 전단력은 내력의 '+' 방향을 고려하여 지점 반력의 방향을 결정할 수 있다.

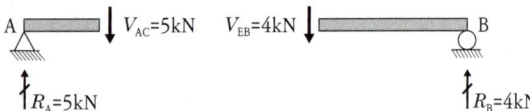

그러나 수험생들이 위와 같은 과정으로 빠르게 방향을 판단할 수 없으므로, 모멘트 평형의 관점으로 지점반력의 방향을 결정하는 것을 추천한다.

009   정답 ①

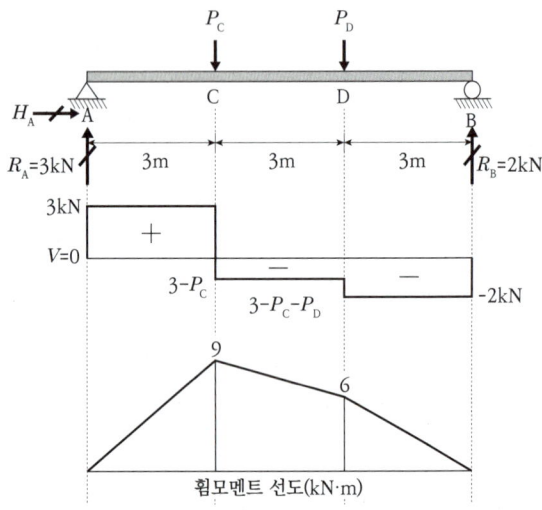

전단력은 모멘트도의 기울기이다.

$V_{AC} = \dfrac{9kN \cdot m - 0}{3m} = 3kN$

→ $R_A = V_{AC} = 3kN$

$V_{DB} = \dfrac{0 - 6kN \cdot m}{3m} = -2kN$

→ $R_B = -V_{DB} = 2kN$

At entire

$\uparrow + \Sigma F_y = 0$;
$3kN + 2kN - P_C - P_D = 0$
→ $P_C + P_D - 5 = 0$ … ⓐ

$\circlearrowleft + \Sigma M_A = 0$;
$(P_C \times 3m) + (P_D \times 6m) - (2kN \times 9m) = 0$
→ $3P_C + 6P_D - 18 = 0$ … ⓑ

$6 \times$ ⓐ $-$ ⓑ ;
$6P_C + 6P_D - 30 = 0$
$3P_C + 6P_D - 18 = 0$
→ $3P_C - 12 = 0$ → $P_C = 4kN$ … ⓒ

ⓒ를 ⓐ에 대입 ;
$P_D = 1kN$

∴ $\dfrac{P_C}{P_D} = \dfrac{4kN}{1kN} = 4$

꼭 알아두자!

C점 또는 D점을 기준점으로 모멘트 평형 방정식을 세우면 연립없이 쉽게 풀 수 있다.

$\circlearrowleft + \Sigma M_C = 0$;
$(P_D \times 3m) + (3kN \times 3m) - (2kN \times 6m) = 0$
→ $P_D = 1kN$

$\uparrow + \Sigma F_y = 0$;
$3kN - P_C - 1kN + 2kN = 0$
→ $P_C = 4kN$

010   정답 ③

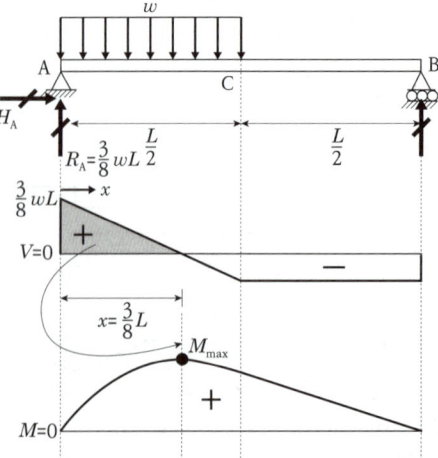

At entire
$\circlearrowleft + \Sigma M_B = 0$;

$$(R_A \times L) - \left(w \times \frac{L}{2}\right)\left(\frac{L}{2} + \frac{L}{2} \times \frac{1}{2}\right) = 0$$
➡ $R_A = \dfrac{3wL}{8}$

(1) 최대 휨 모멘트 발생지점

모멘트의 최대값은 전단력이 '+'에서 '−'로 바뀌는 점($V=0$)에서 발생한다.

$$\frac{3wL}{8} - wx = 0$$

$$\therefore x = \frac{3}{8}L$$

꼭 알아두자!

문제에서 물어보지 않았으나 최대 모멘트를 구해 보자.

(2) 최대 휨 모멘트 크기

전단력도의 면적은 해당 구간의 모멘트 차이와 같다.

$$M_{max} - M_A = M_{max} - 0 \; (\because M_A = 0)$$
$$= \frac{1}{2} \times \frac{3}{8}L \times \frac{3}{8}wL$$

$$\therefore M_{max} = \frac{9}{128}wL^2$$

$$(R_A \times 8m) - (20kN/m \times 4m)\left(4m + \frac{4m}{2}\right) = 0$$
➡ $R_A = 60kN$

(1) 최대 휨 모멘트 발생지점

모멘트의 최대값은 전단력이 '+'에서 '−'로 바뀌는 점($V=0$)에서 발생한다.

$$R_A - (w \times x) = 0$$
➡ $60kN - (20kN/m \times x) = 0$
➡ $x = 3m$

(2) 최대 휨 모멘트 크기

전단력도의 면적은 해당 구간의 모멘트 차이와 같다.

$$M_{max} - M_A = M_{max} - 0 \; (\because M_A = 0)$$
$$= \frac{1}{2} \times 3m \times 60kN$$

$$\therefore M_{max} = 90kN \cdot m$$

---

011 정답 ④

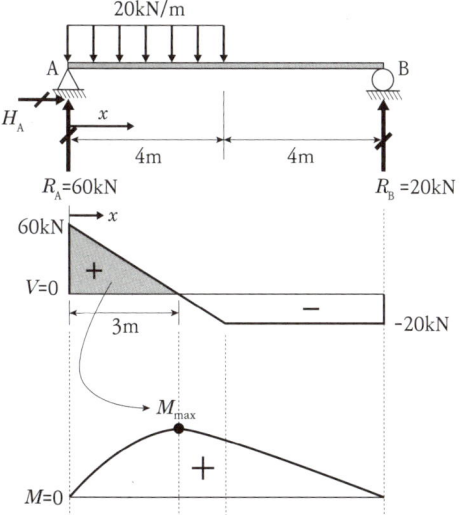

At entire
↺ + $\sum M_B = 0$;

012 정답 ③

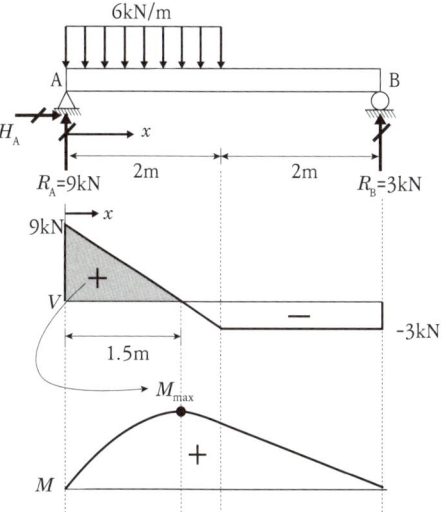

At entire
↺ + $\sum M_B = 0$;

$$(R_A \times 4m) - (6kN/m \times 2m)\left(2m + \frac{2m}{2}\right) = 0$$
➡ $R_A = 9kN$

(1) 최대 휨 모멘트 발생지점

모멘트의 최대값은 전단력이 '+'에서 '-'로 바뀌는 점($V=0$)에서 발생한다.

$R_A - (w \times x) = 0$

→ $9kN - (6kN \times x) = 0$

∴ $x = \dfrac{9kN}{6kN/m} = 1.5m$

꼭 알아두자!

문제에서 물어보지 않았으나 최대 모멘트를 구해 보자.
(2) 최대 휨 모멘트 크기
전단력도의 면적은 해당 구간의 모멘트 차이와 같다.

$M_{max} - M_A = M_{max} - 0$ (∵ $M_A = 0$)
$= \dfrac{1}{2} \times 1.5m \times 9kN$

∴ $M_{max} = 6.75 kN \cdot m$

013 정답 ③

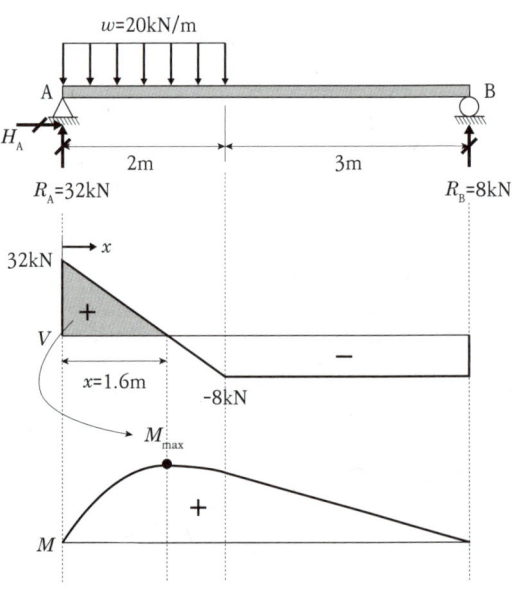

At entire
↺ + $\sum M_B = 0$;
$(R_A \times 5m) - (20kN/m \times 2m)\left(3m + \dfrac{2m}{2}\right) = 0$

→ $R_A = 32kN$

(1) 최대 휨 모멘트 발생지점

모멘트의 최대값은 전단력이 '+'에서 '-'로 바뀌는 점($V=0$)에서 발생한다.

$R_A - (w \times x) = 0$

→ $32kN - (20kN \times x) = 0$

→ $x = 1.6m$

(2) 최대 휨 모멘트 크기

전단력도의 면적은 해당 구간의 모멘트 차이와 같다.

$M_{max} - M_A = M_{max} - 0$ (∵ $M_A = 0$)
$= \dfrac{1}{2} \times 1.6m \times 32kN = 25.6 kN \cdot m$

∴ $\dfrac{x}{M} = \dfrac{1.6}{25.6} = \dfrac{1}{16}$

꼭 알아두자!

전단력도, 모멘트도를 이용하지 않고 힘평형 방정식을 이용하여 계산할 수 있다.

At entire
↺ + $\sum M_B = 0$;
$(R_A \times 5m) - (20kN/m \times 2m)\left(3m + \dfrac{2m}{2}\right) = 0$

→ $R_A = 32kN$

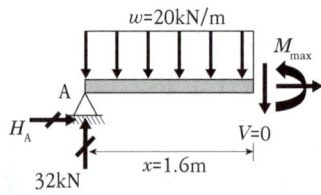

At 자유물체도
↑ + $\sum F_y = 0$;
$32kN - (20kN/m \times x) = 0$

→ $x = 1.6m$

↺ + $\sum M_x = 0$;
$M_{max} - (32kN \times 1.6m) + (20kN/m \times 1.6m)\left(\dfrac{1.6m}{2}\right) = 0$

→ $M_{max} = 25.6 kN \cdot m$

∴ $\dfrac{x}{M} = \dfrac{1.6}{25.6} = \dfrac{1}{16}$

014 정답 ④

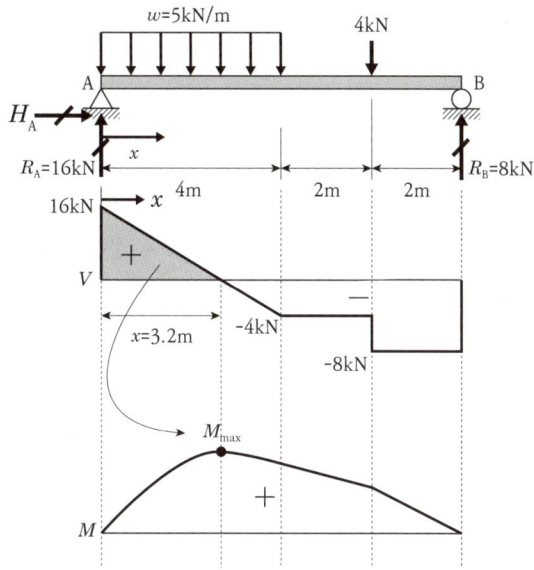

At entire

$\circlearrowleft + \sum M_B = 0$;

$(R_A \times 8m) - (5kN/m \times 4m)\left(4m + \dfrac{4m}{2}\right) - (4kN \times 2m) = 0$

→ $R_A = 16kN$

(1) 최대 휨 모멘트 발생지점

모멘트의 최대값은 전단력이 '+'에서 '−'로 바뀌는 점($V=0$)에서 발생한다.

$R_A - (w \times x) = 0$

→ $16kN - (5kN/m \times x) = 0$

∴ $x = \dfrac{16kN}{5kN/m} = 3.2m$

꼭 알아두자!

문제에서 물어보지 않았으나 최대 모멘트를 구해 보자.
(2) 최대 휨 모멘트 크기

전단력도의 면적은 해당 구간의 모멘트 차이와 같다.

$M_{max} - M_A = M_{max} - 0$ (∵ $M_A = 0$)

$\qquad = \dfrac{1}{2} \times 3.2m \times 16kN$

∴ $M_{max} = 25.6kN \cdot m$

015 정답 ④

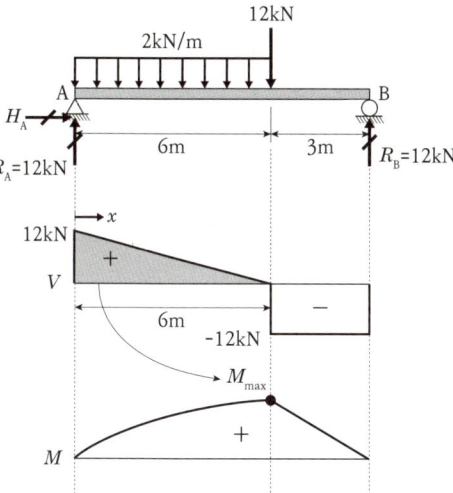

At entire

$\circlearrowleft + \sum M_B = 0$;

$(R_A \times 9m) - (2kN/m \times 6m)\left(3m + \dfrac{6m}{2}\right) - (12kN \times 3m) = 0$

→ $R_A = 12kN$

(1) 최대 휨 모멘트 발생지점

모멘트의 최대값은 전단력이 '+'에서 '−'로 바뀌는 점($V=0$)에서 발생한다.

$R_A - (w \times x) = 0$

→ $12kN - (2kN/m \times x) = 0$

∴ $x = 6m$

꼭 알아두자!

문제에서 물어보지 않았으나 최대 모멘트를 구해 보자.
(2) 최대 휨 모멘트 크기

전단력도의 면적은 해당 구간의 모멘트 차이와 같다.

$M_{max} - M_A = M_{max} - 0$ (∵ $M_A = 0$)

$\qquad = \dfrac{1}{2} \times 6m \times 12kN$

∴ $M_{max} = 36kN \cdot m$

016

정답 ④

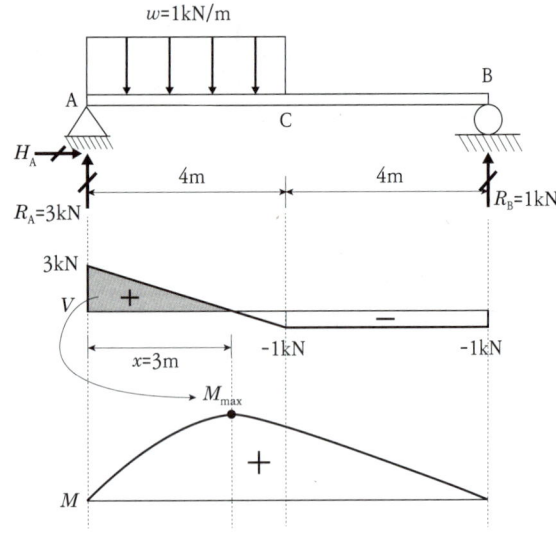

(1) 최대 휨 모멘트 발생지점

모멘트의 최대값은 전단력이 '+'에서 '−'로 바뀌는 점($V=0$)에서 발생한다.

$$x = 4\text{m} \times \frac{3\text{kN}}{3\text{kN} + 1\text{kN}} = 3\text{m}$$

(2) 최대 휨 모멘트 크기

전단력도의 면적은 해당 구간의 모멘트 차이와 같다.

$$M_{max} - M_A = M_{max} - 0 \;(\because M_A = 0)$$
$$= \frac{1}{2} \times 3\text{m} \times 3\text{kN}$$
$$\therefore M_{max} = 4.5\text{kN} \cdot \text{m}$$

꼭 알아두자!

문제에서 물어보지 않았으나 AC 구간에 작용하는 등분포하중(w)의 크기를 계산해 보자.
등분포하중은 전단력도의 기울기이다.

$$w = \frac{-1\text{kN} - 3\text{kN}}{4\text{m}} = -1\text{kN/m} \;(\downarrow)$$

017

정답 ④

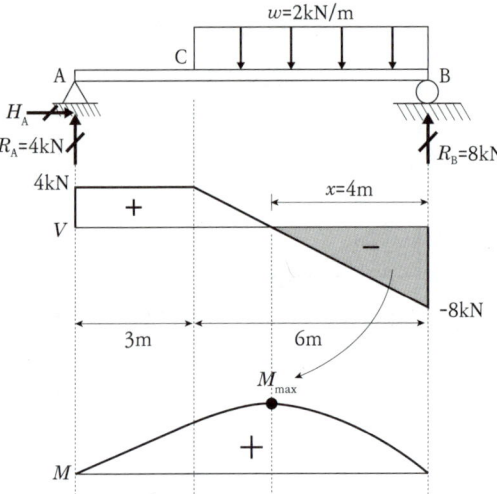

(1) 최대 휨 모멘트 발생지점

모멘트의 최대값은 전단력이 '+'에서 '−'로 바뀌는 점($V=0$)에서 발생한다.

$$x = 6\text{m} \times \frac{8\text{kN}}{4\text{kN} + 8\text{kN}} = 4\text{m}$$

(2) 최대 휨 모멘트 크기

전단력도의 면적은 해당 구간의 모멘트 차이와 같다.

$$M_B - M_{max} = 0 - M_{max} \;(\because M_B = 0)$$
$$= \frac{1}{2} \times 4\text{m} \times -8\text{kN}$$
$$\therefore M_{max} = 16\text{kN} \cdot \text{m}$$

꼭 알아두자!

문제에서 물어보지 않았으나 CB 구간에 작용하는 등분포하중(w)의 크기를 계산해 보자.
등분포하중은 전단력도의 기울기이다.

$$w = \frac{-8\text{kN} - 4\text{kN}}{6\text{m}} = -2\text{kN/m} \;(\downarrow)$$

018

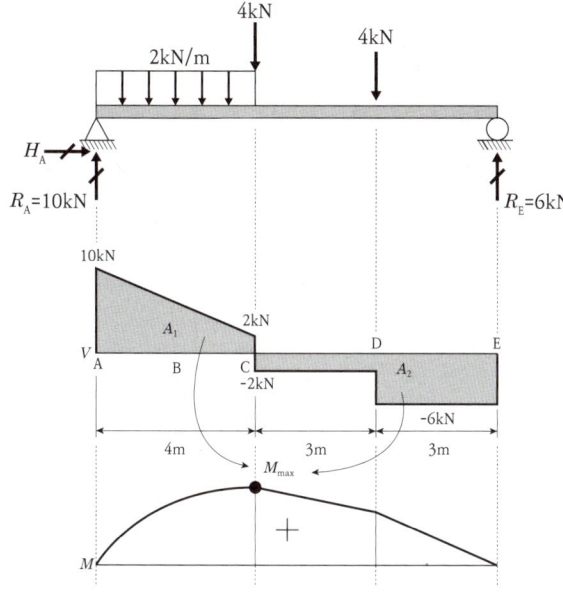

(2) 최대 휨 모멘트 크기

전단력도의 면적은 해당 구간의 모멘트 차이와 같다.

$$M_E - M_{max} = 0 - M_{max} \; (\because M_E = 0)$$
$$= (-2kN \times 3m) + (-6kN \times 3m)$$
$$\therefore M_{max} = 24kN \cdot m$$

꼭 알아두자!

단순보는 힌지와 롤러를 지점으로 가지므로 양 지점의 모멘트는 '0'이다. 두 점의 모멘트 차($M_E - M_A = 0 - 0 = 0$)는 해당 구간의 전단력도 면적이므로 AE 구간의 전단력도의 면적은 '0'이다. 따라서 $A_1 = A_2$이므로 M_{max}를 계산하기 위해 A_1을 계산해도 되고 A_2를 계산해도 된다.

(2) 최대 휨 모멘트 크기

전단력도의 면적은 해당 구간의 모멘트 차이와 같다.

$$M_{max} - M_A = M_{max} - 0 \; (\because M_A = 0)$$
$$= \frac{(10kN + 2kN)(4m)}{2}$$
$$\therefore M_{max} = 24kN \cdot m$$

019

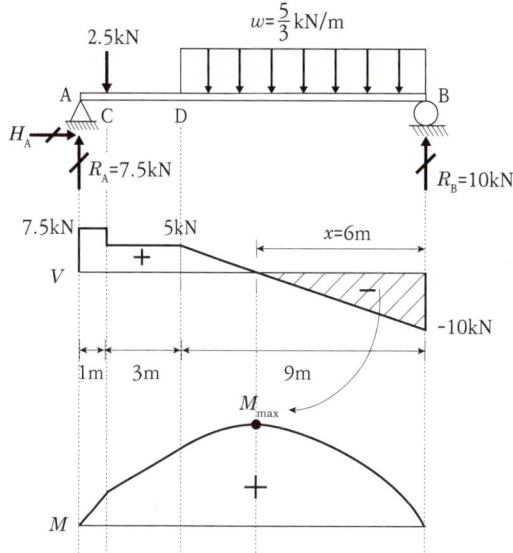

(1) 최대 휨 모멘트 발생지점

모멘트의 최대값은 전단력이 '+'에서 '−'로 바뀌는 점($V=0$)에서 발생한다.

$$x = 9m \times \frac{10kN}{5kN + 10kN} = 6m$$

(2) 최대 휨 모멘트 크기

전단력도의 면적은 해당 구간의 모멘트 차이와 같다.

$$M_B - M_{max} = 0 - M_{max} \; (\because M_B = 0)$$
$$= \frac{(6m)(-10kN)}{2}$$
$$\therefore M_{max} = 30kN \cdot m$$

꼭 알아두자!

문제에서 물어보지 않았으나 전단력도를 이용하여 구조에 가해지는 하중을 고려해 보자.
C점 ;
C점에서 전단력이 7.5kN에서 5kN으로 불연속이 발생하므로 C점에 2.5kN의 집중하중이 작용한다.

DB 구간 ;
등분포 하중은 전단력도의 기울기이다.
$$w = \frac{-10kN - 5kN}{9m} = -\frac{5}{3}kN/m \; (\downarrow)$$

020

정답 ②

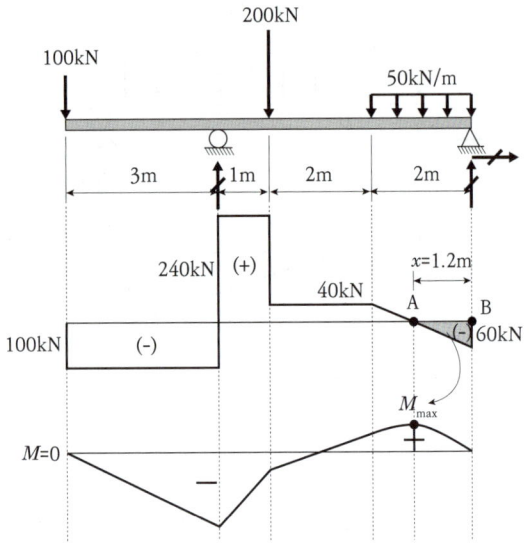

(1) 최대 휨 모멘트 발생지점

모멘트의 최대값은 전단력이 '+'에서 '−'로 바뀌는 점($V=0$)에서 발생한다.

$$x = 2\text{m} \times \frac{60\text{kN}}{40\text{kN} + 60\text{kN}} = 1.2\text{m}$$

(2) M_A 계산하기

전단력도의 면적은 해당 구간의 모멘트 차이와 같다.

$$M_B - M_A = 0 - M_A \ (\because M_B = 0)$$
$$= \frac{(1.2\text{m})(-60\text{kN})}{2}$$

$$\therefore M_A = 36\text{kN} \cdot \text{m}$$

021

정답 ④

(1) 최대 휨 모멘트 발생지점

모멘트의 최대값은 전단력이 '+'에서 '−'로 바뀌는 점($V=0$)에서 발생한다.

$$x = 4\text{m} \times \frac{30\text{kN}}{30\text{kN} + 10\text{kN}} = 3\text{m}$$

(2) M_B 계산하기

전단력도의 면적은 해당 구간의 모멘트 차이와 같다.

$$M_B - M_A = M_B - 0 \ (\because M_A = 0)$$
$$= \left(\frac{1}{2} \times 3\text{m} \times 30\text{kN}\right) + \left(\frac{1}{2} \times 1\text{m} \times -10\text{kN}\right)$$

$$\therefore M_B = 40\text{kN} \cdot \text{m}$$

꼭 알아두자!

문제에서는 '어떤보'라고 하였으나 출제자의 의도는 '단순보'이다. 단순보라고 가정해야 $M_A = 0$을 이용하여 문제를 풀 수 있다. 문제에서 물어보지 않았으나 전단력도를 이용하여 구조에 가해지는 하중을 고려해 보자.

AB 구간 ;
등분포 하중은 전단력도의 기울기이다.
$$w = \frac{-10\text{kN} - 30\text{kN}}{4\text{m}} = -10\text{kN/m} \ (\downarrow)$$

B점 ;
B점에서 전단력이 −10kN에서 −40kN으로 불연속이 발생하므로 C점에 30kN의 집중하중이 작용한다.

BC 구간 ;
등분포 하중은 전단력도의 기울기이다.
$w = \dfrac{-60\text{kN}-(-40\text{kN})}{2\text{m}} = -10\text{kN/m}\ (\downarrow)$

C점 ;
C점에서 전단력이 −60kN에서 30kN으로 불연속이 발생하므로 C점에 90kN의 집중하중이 작용한다.

전단력도의 면적은 해당 구간의 모멘트 차이와 같다.

∴ 전단력도 면적 $= M_D - M_A = 9 - (-60)$
$\qquad\qquad\qquad = 69\text{kN}\cdot\text{m}$

🔖 **꼭 알아두자!**
C점은 내부 힌지이므로 $M_C = 0$이다.

022 정답 ④

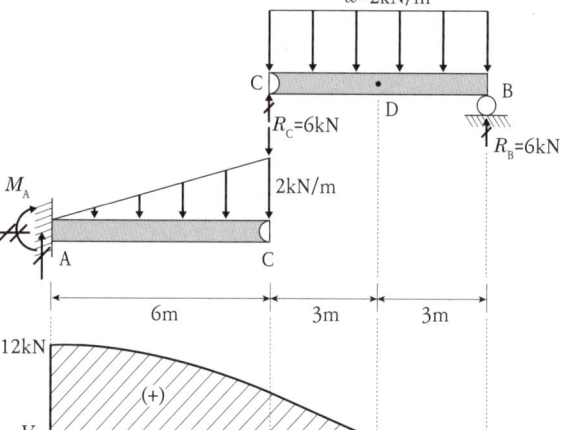

At CB
$R_B = R_C = \dfrac{(2\text{kN/m})(6\text{m})}{2} = 6\text{kN}\ (\because 대칭)$
$M_D = \dfrac{wL^2}{8} = \dfrac{(2\text{kN/m})(6\text{m})^2}{8} = 9\text{kN}\cdot\text{m}\ (\because 단순보해석)$

At AC
$\circlearrowleft + \sum M_A = 0\ ;$

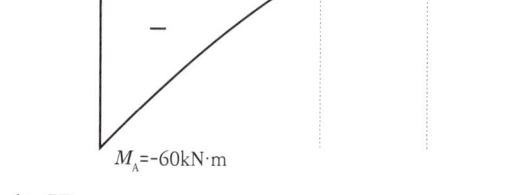

$\Rightarrow M_A = -60\text{kN}\cdot\text{m}$

023 정답 ①

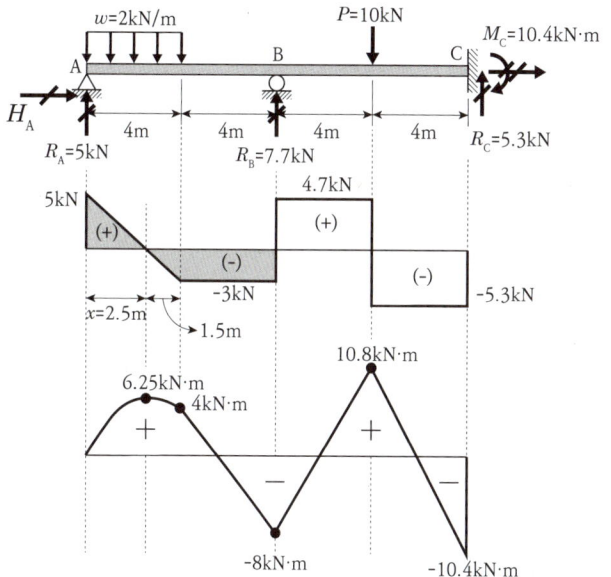

$x = \dfrac{5}{8} \times 4\text{m} = 2.5\text{m}$

전단력도의 면적은 해당구간의 모멘트 차이와 같다.
$M_B - M_A = M_B - 0\ (M_A = 0\ \because 힌지\ 지점)$
$\qquad\qquad = \left(\dfrac{1}{2} \times 2.5\text{m} \times 5\text{kN}\right) + \left(\dfrac{1}{2} \times 1.5\text{m} \times -3\text{kN}\right)$
$\qquad\qquad + (4\text{m} \times -3\text{kN})$

∴ $M_B = -8\text{kN}\cdot\text{m}$

🔖 **꼭 알아두자!**
BC 구간의 전단력도 면적을 구하는 것으로는 M_B를 계산할 수 없다.

두 지점의 모멘트 차=해당 구간 전단력도의 면적 ;
$M_C - M_B\ (M_C \neq 0\ \because 고정단)$
$= (4\text{m} \times 4.7\text{kN}) + (4\text{m} \times -5.3\text{kN})$
$= -2.4\text{kN}\cdot\text{m} \neq M_B$

024 정답 ④

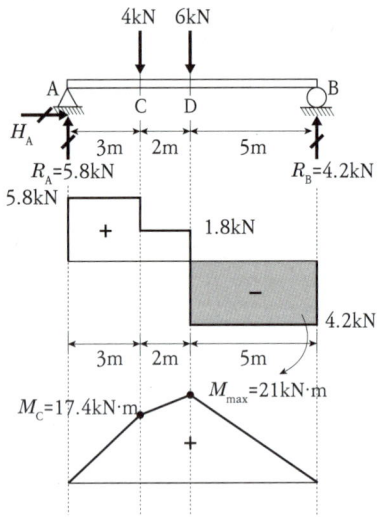

C점 ;
C점 전단력이 5.8kN에서 1.8kN으로 불연속이 발생하므로 C점에 4kN의 집중하중이 작용한다.

D점 ;
D점 전단력이 1.8kN에서 −4.2kN으로 불연속이 발생하므로 D점에 6kN의 집중하중이 작용한다.

전단력도의 면적은 해당 구간의 모멘트 차이와 같다.
$M_B - M_{max} = -M_{max}$ ($\because M_B = 0$)
$\qquad = (5m \times -4.2kN)$
$\therefore M_{max} = 21kN \cdot m$

④ 틀린 보기이다. C점에는 집중하중 4kN이 작용하고 있다.

025 정답 ④

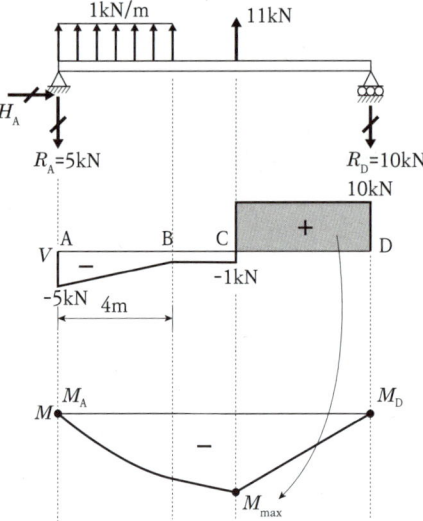

AB 구간 ;
등분포 하중은 전단력도의 기울기이다.
$w = \dfrac{-1kN - (-5kN)}{4m} = 1kN/m \ (\uparrow)$

BC 구간 ;
전단력의 변화가 없으므로 하중이 작용하지 않는다.

C점 ;
C점 전단력이 −1kN에서 10kN으로 불연속이 발생하므로 C점에 11kN의 집중하중이 작용한다.

CD 구간 ;
전단력의 변화가 없으므로 하중이 작용하지 않는다.

③ 전단력도의 면적은 해당 구간의 모멘트 차이와 같다.
$\quad M_D - M_A$ = AD 구간의 전단력도 면적
$\quad \rightarrow$ AD 구간의 전단력도 면적 = 0 ($\because M_A = 0, M_D = 0$)
④ 틀린 보기이다. B점에는 집중하중이 작용하지 않는다.

026
정답 ③

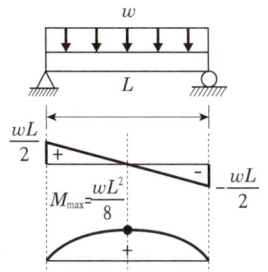

$M_{\max(P)} = M_{\max(w)}$;

$\dfrac{PL}{4} = \dfrac{wL^2}{8}$

∴ ③ $w = \dfrac{\left(\dfrac{PL}{4}\right)}{\left(\dfrac{L^2}{8}\right)} = \dfrac{2P}{L}$

027
정답 ③

자주 마주하게 될 하중에 대하여 전단력도와 모멘트도를 반드시 암기해 두어야 한다.

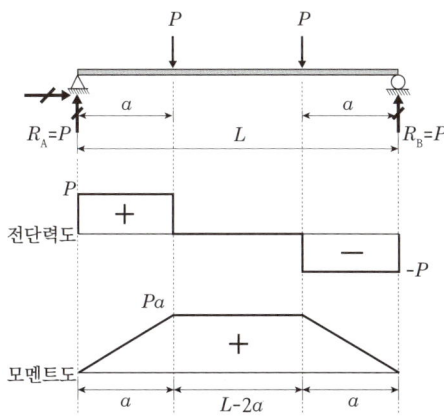

$R_A = R_B = \dfrac{2P}{2} = P$ (∵ 좌우대칭)

028
정답 ③

자주 마주하게 될 하중에 대하여 전단력도와 모멘트도를 반드시 암기해 두어야 한다.

029
정답 ④

자주 마주하게 될 하중에 대하여 전단력도와 모멘트도를 반드시 암기해 두어야 한다.

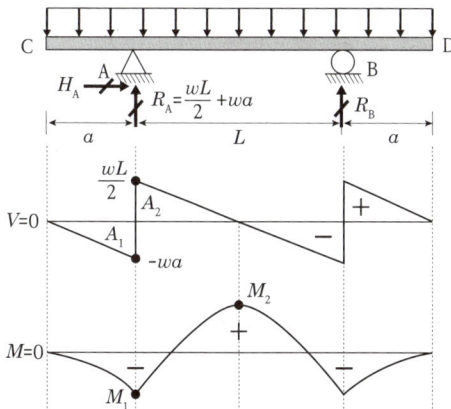

$R_A = \dfrac{1}{2}(w)(L+2a) = \dfrac{wL}{2} + wa$ (∵ 대칭)

전단력도의 면적은 해당 구간의 모멘트 차이와 같다.

$A_1 = \dfrac{1}{2} \times a \times (-wa) = -\dfrac{wa^2}{2}$

$A_2 = \dfrac{1}{2} \times \dfrac{L}{2} \times \dfrac{wL}{2} = \dfrac{wL^2}{8}$

$M_1 - M_C = M_1 - 0 = A_1 \ (\because M_C = 0)$

→ $M_1 = A_1 = -\dfrac{wa^2}{2}$

$M_2 - M_C = M_2 - 0 = A_1 + A_2 \ (\because M_C = 0)$

→ $M_2 = A_1 + A_2 = -\dfrac{wa^2}{2} + \dfrac{wL^2}{8}$

$M_2 = |M_1|$;

$-\dfrac{wa^2}{2} + \dfrac{wL^2}{8} = \dfrac{wa^2}{2}$

→ $\dfrac{wL^2}{8} = wa^2$

$\therefore L = 2\sqrt{2}\,a$

030

정답 ④

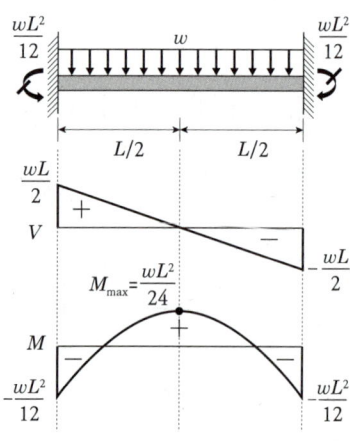

031

정답 ②

$\uparrow + \sum F_y = 0$;

$-(q_1 \times b) + (q_2)(2a+b) = 0$

→ $-(10\text{kN/m} \times 6\text{m}) + (q_2)(4\text{m}+6\text{m}) = 0$

→ $q_2 = 6\text{kN/m}$

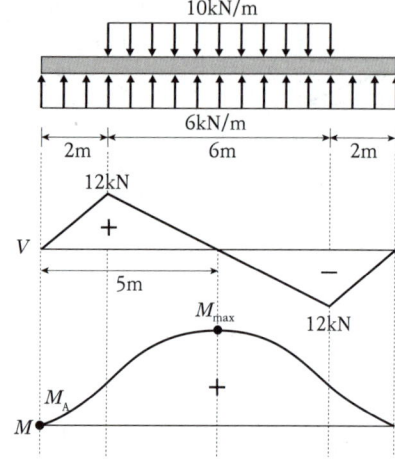

(1) 최대 휨 모멘트 발생지점

모멘트의 최대값은 전단력이 '+'에서 '−'로 바뀌는 점($V=0$)에서 발생한다. 좌우 대칭이므로 중앙 지점에서 발생한다.

(2) 최대 휨 모멘트 크기

전단력도의 면적은 해당 구간의 모멘트 차이와 같다.

$M_{\max} - M_A = M_{\max} - 0 \ (\because M_A = 0)$

$= \left(\dfrac{1}{2} \times 5\text{m} \times 12\text{kN}\right)$

$\therefore M_{\max} = 30\text{kN}\cdot\text{m}$

032

정답 ②

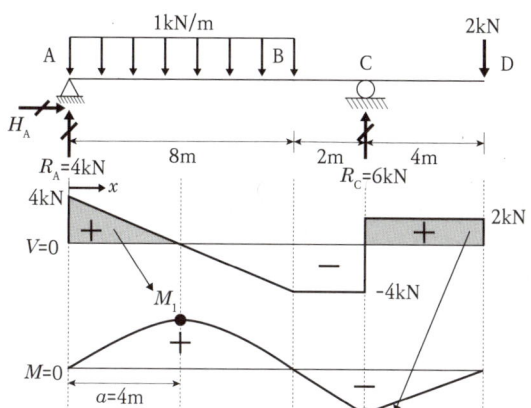

At entire

$\circlearrowleft +\sum M_A = 0$;

$(R_C \times 10\text{m}) - (1\text{kN/m} \times 8\text{m})\left(\dfrac{8\text{m}}{2}\right) - (2\text{kN} \times 14\text{m}) = 0$

→ $R_C = 6\text{kN}$

$\uparrow +\sum F_y = 0$;

$R_A - (1\text{kN/m} \times 8\text{m}) + 6\text{kN} - 2\text{kN} = 0$

→ $R_A = 4\text{kN}$

At AB ;

등분포 하중은 전단력도의 기울기이다.

$R_A - (w \times a) = 0$

→ $4\text{kN} - (1\text{kN/m})(a) = 0$

∴ $a = 4\text{m}$

꼭 알아두자!

문제에서 물어보지 않았으나 최대 모멘트를 구해보자.

(2) 최대 휨 모멘트 크기

전단력도의 면적은 해당 구간의 모멘트 차이와 같다.

$M_1 - M_A = M_1$ ($\because M_A = 0$)

$\quad\quad\quad\quad = \dfrac{1}{2} \times 4\text{m} \times 4\text{kN}$

∴ $M_1 = 8\text{kN} \cdot \text{m}$

$M_D - M_C = -M_C$ ($\because M_D = 0$)

$\quad\quad\quad\quad = 4\text{m} \times 2\text{kN}$

∴ $M_2 = -8\text{kN} \cdot \text{m}$

033

정답 ③

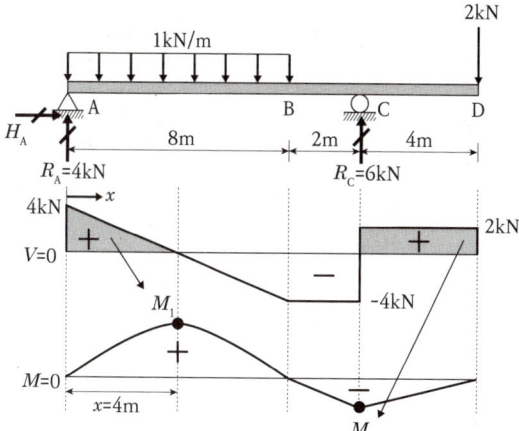

At entire

$\circlearrowleft +\sum M_A = 0$;

$(R_C \times 10\text{m}) - (1\text{kN/m} \times 8\text{m})\left(\dfrac{8\text{m}}{2}\right) - (2\text{kN} \times 14\text{m}) = 0$

→ $R_C = 6\text{kN}$

$\uparrow +\sum F_y = 0$;

$R_A - (1\text{kN/m} \times 8\text{m}) + 6\text{kN} - 2\text{kN} = 0$

→ $R_A = 4\text{kN}$

At AB ;

등분포 하중은 전단력도의 기울기이다.

$R_A - (w \times x) = 0$

→ $4\text{kN} - (1\text{kN/m}) \times a = 0$

→ $a = 4\text{m}$

∴ $M_1 = \dfrac{1}{2} \times 4\text{m} \times 4\text{kN} = 8\text{kN} \cdot \text{m}$

034

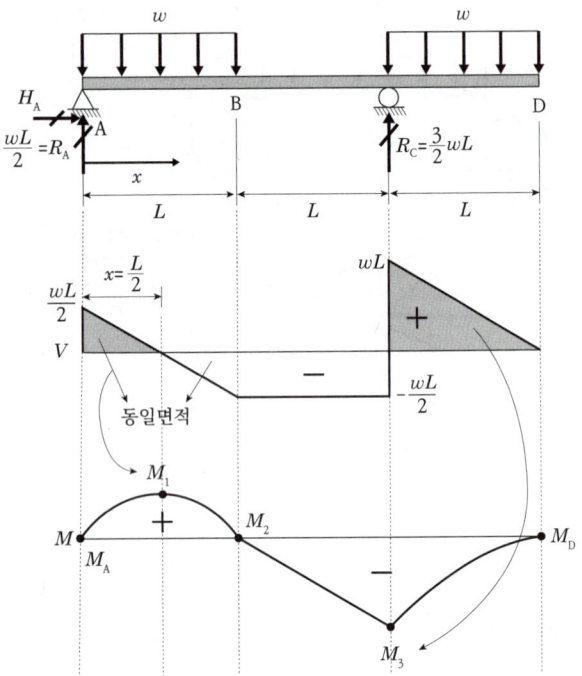

$$M_D - M_3 = 0 - M_3 \; (\because M_D = 0)$$
$$= \left(\frac{1}{2} \times L \times wL\right)$$
$$\rightarrow M_3 = -\frac{wL^2}{2}$$

↺ $+ \sum M_A = 0$;
$(R_C \times 2L) - (w \times L)\left(\frac{L}{2}\right) - (w \times L)\left(2L + \frac{L}{2}\right) = 0$

→ $R_C = \frac{3}{2}wL$

↑ $+ \sum F_y = 0$;
$R_A - (w \times L) + \frac{3}{2}wL - (w \times L) = 0$

→ $R_A = \frac{1}{2}wL$

$M_2 - M_A = 0 - 0 \; (\because M_A = 0)$
$\qquad = 전단력도의 면적$

전단력도에서 AB 구간의 '+', '−' 면적이 동일하다.

∴ $x = 1.0L$ (B점)

꼭 알아두자!

문제에서 물어보지 않았으나 최대 모멘트를 계산해 보자.
$M_1 - M_A = M_1 - 0 \; (\because M_A = 0)$
$\qquad = \left(\frac{1}{2} \times \frac{L}{2} \times \frac{wL}{2}\right)$

→ $M_1 = \frac{wL^2}{8}$

035

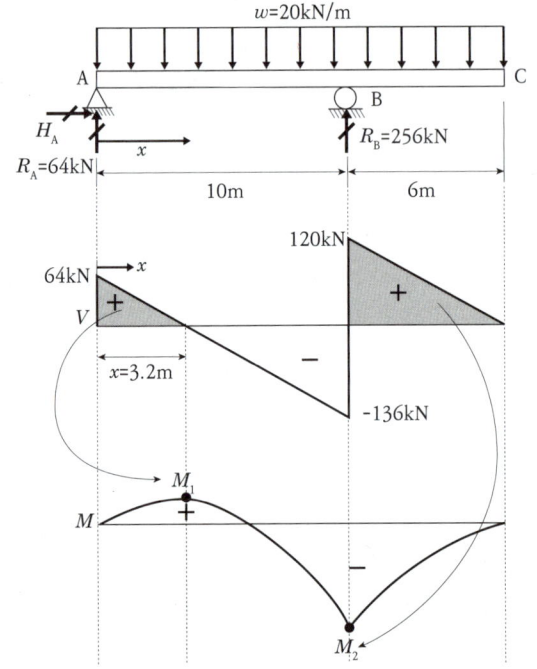

At entire
↺ $+ \sum M_A = 0$;
$(R_B \times 10\text{m}) - (20\text{kN/m} \times 16\text{m})\left(\frac{16\text{m}}{2}\right) = 0$

→ $R_B = 256\text{kN}$

↑ $+ \sum F_y = 0$;
$R_A - (20\text{kN/m} \times 16\text{m}) + 256\text{kN} = 0$

→ $R_A = 64\text{kN}$

등분포 하중은 전단력도의 기울기이다.
$R_A - (w \times x) = 0$
→ $64\text{kN} - (20\text{kN/m} \times x) = 0$

∴ $x = 3.2\text{m}$

꼭 알아두자!

문제에서 물어보지 않았으나 최대 모멘트를 구해보자.

(2) 최대 휨 모멘트 크기

전단력도의 면적은 해당 구간의 모멘트 차이와 같다.

$$M_1 - M_A = M_1 \ (\because M_A = 0)$$
$$= \frac{1}{2} \times 3.2\text{m} \times 64\text{kN}$$
$$\therefore M_1 = 102.4\text{kN·m}$$

$$M_C - M_2 = -M_2 \ (\because M_C = 0)$$
$$= \frac{1}{2} \times 6\text{m} \times 120\text{kN}$$
$$\therefore M_2 = -360\text{kN·m}$$

자유물체도에서 힘평형을 고려하여 계산할 수도 있다.

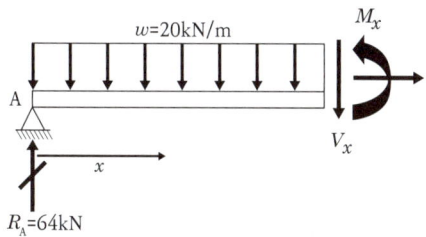

$\uparrow + \sum F_y = 0;$
$R_A - (w \times x) - V_x = 0$
$\rightarrow 64\text{kN} - (20\text{kN/m} \times x) - 0 = 0 \ (\because M_{max} \rightarrow V_x = 0)$

$\therefore x = 3.2\text{m}$

---

036 정답 ④

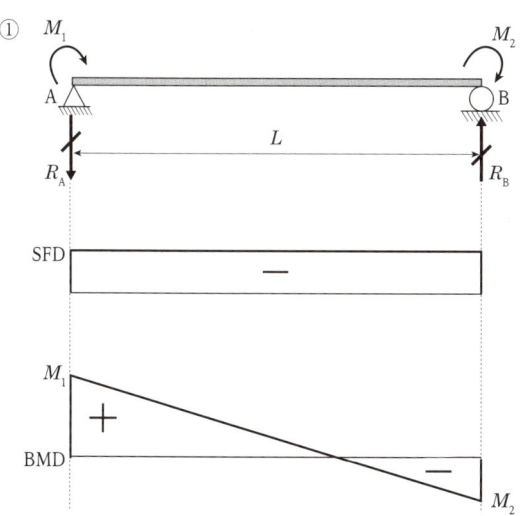

B점에서 모멘트 평형을 고려할 때 외력(M_1, M_2)이 '시계방향' 모멘트를 발생시키므로 반력(R_A)이 '반시계방향' 모멘트를 발생시켜야 모멘트 평형을 유지할 수 있다. 따라서 R_A가 하향으로 작용함을 추정할 수 있다.

AB 구간;
하중이 없어 전단력도가 일정하다.

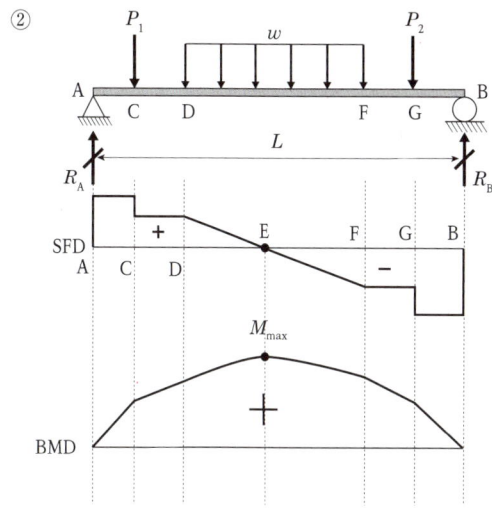

AC, CD 구간;
하중이 없어 전단력도가 일정하다.
C점;
집중하중 P_1이 작용하므로 전단력도의 불연속이 발생한다.
DF 구간;
등분포 하중은 전단력도의 기울기이다.
FG, GB 구간;
하중이 없어 전단력도가 일정하다.
G점;
집중하중 P_2가 작용하므로 전단력도의 불연속이 발생한다.

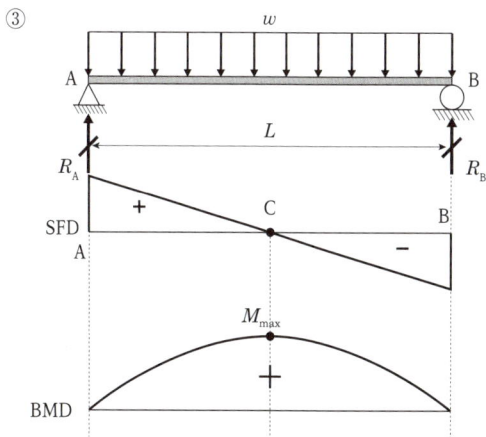

보에서 자주 마주하게 되는 하중으로 전단력도와 모멘트도를 반드시 암기해 두어야 한다.

④
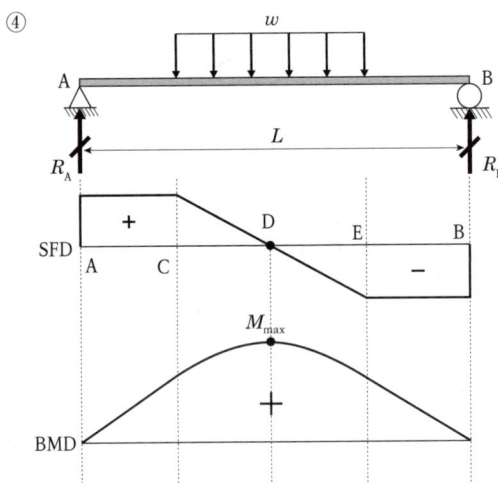

AC 구간 ;
하중이 없어 전단력도가 일정하다.
CE 구간 ;
등분포 하중은 전단력도의 기울기이다.
EB 구간 ;
하중이 없어 전단력도가 일정하다.

> 꼭 알아두자!
> 문제에서 물어보지 않았으나 모멘트도 개형도 구해 보자.

037 정답 ④

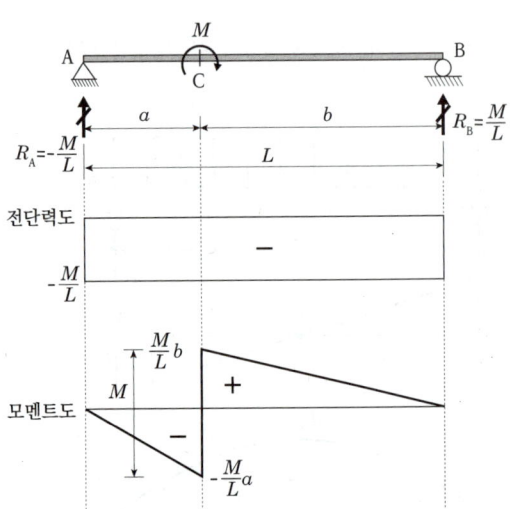

At entire
$\circlearrowleft + \sum M_B = 0$;
$(R_A \times L) + M = 0$
→ $R_A = -\dfrac{M}{L}(\downarrow)$

$\uparrow + \sum F_y = 0$;
$-\dfrac{M}{L} + R_B = 0$
→ $R_B = \dfrac{M}{L}(\uparrow)$

③ 축방향 외력이 없으므로 부재가 받는 축력도 없다.
④ 모멘트 하중의 작용위치가 변하더라도 모멘트 평형 방정식에 영향을 주지 않는다. 따라서 반력의 크기도 변하지 않는다.

> 꼭 알아두자!
> 시계 방향 외력 모멘트는 모멘트도에 '+' 불연속을 발생시킨다.

038 정답 ④

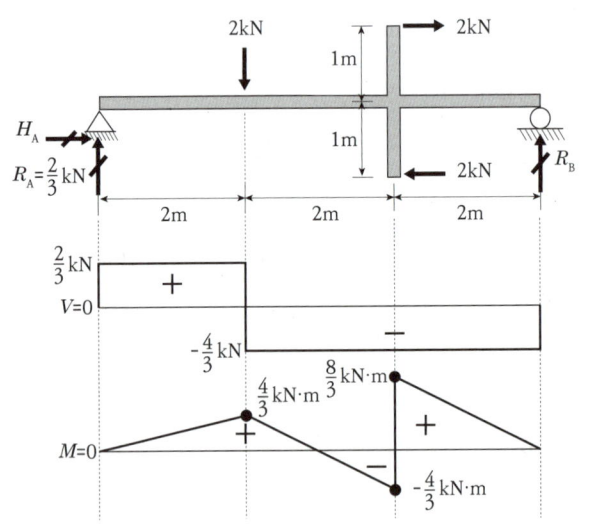

At entire
$\circlearrowleft + \sum M_B = 0$;
$(R_A \times 6m) - (2kN \times 4m) + (2kN \times 2m) = 0$
→ $R_A = \dfrac{2}{3} kN$

> 꼭 알아두자!
> 시계 방향 외력 모멘트는 모멘트도에 '+' 불연속을 발생시킨다.

039

정답 ①

전단력은 모멘트도의 기울기이다.

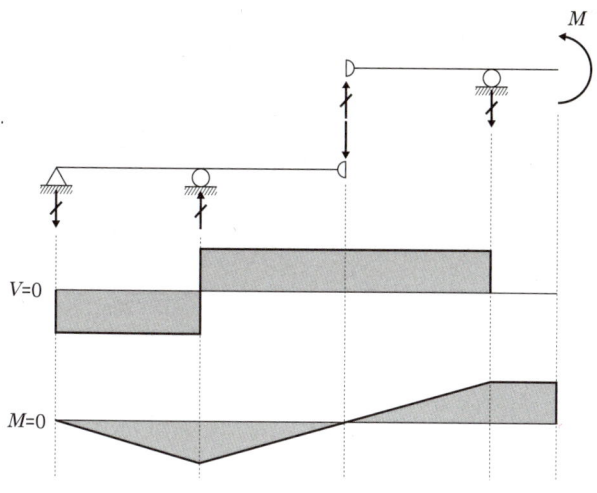

040

정답 ②

①

'$+M$'에 대해 아래로 볼록한 형상을 '$-M$'에 대해 위로 볼록한 형상을 보인다.

	모멘트	처짐형상
A~C	'$-$'	위로 볼록
C~E	'$+$'	아래로 볼록
E~G	'$-$'	위로 볼록

② 등분포 하중 일정 ➡ 전단력 기울기 일정(1차)
  ➡ 모멘트 기울기 변화(2차)

ex)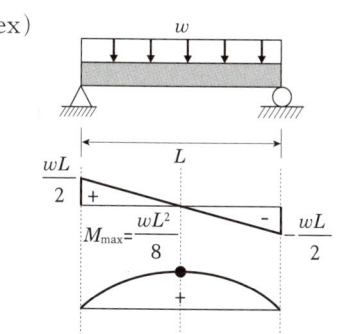

③ 집중 모멘트가 '시계 방향'으로 작용할 때 모멘트도는 집중 모멘트의 크기만큼 '더해야' 한다. (=위로 올라간다) (가벼운 응용역학 이론서 Day 01, Skill 4 참조)

④ 모멘트도의 기울기는 전단력이다.
  → 자유단 G점에 전단력이 있다.
  → 자유단 G점에 집중하중이 작용한다.

꼭 알아두자!

문제에서 물어보지 않았으나 하중의 형태와 전단력도를 구해 보자.

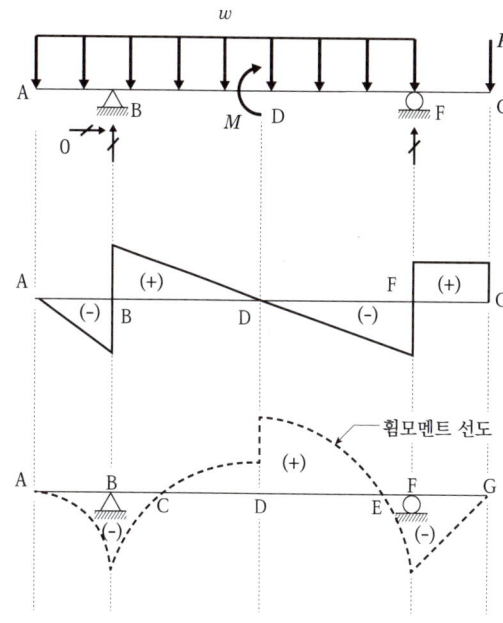

041

정답 ①

문제에서 수치는 고려하지 않고 대략적인 형상만 요구하므로 반력의 크기는 고려하지 않고 방향만 파악한다. 이후, 개략적인 전단력도를 그리고 전단력이 모멘트의 기울기임을 고려하여 모멘트도를 추정해 본다.

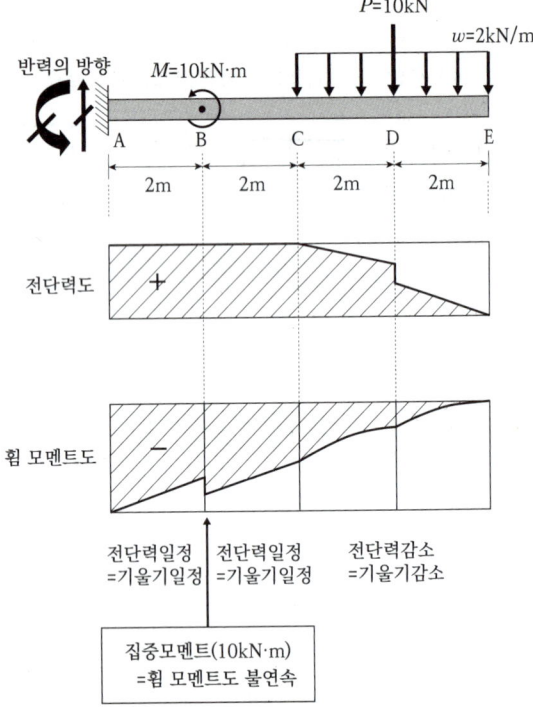

💡 **꼭 알아두자!**
반시계 방향 외력 모멘트는 모멘트도에 '−' 불연속을 발생시킨다.

042

정답 ②

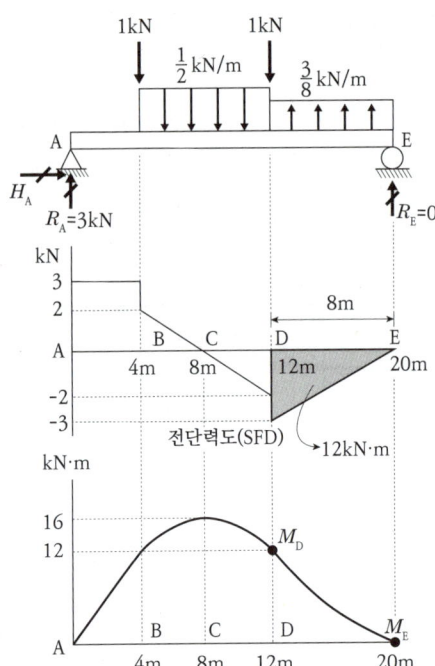

AB 구간 ;
전단력은 모멘트도의 기울기이다.
$$\frac{12\text{kN}\cdot\text{m}-0}{4\text{m}}=3\text{kN}=V_{AB}$$
→ ①번은 답이 될 수 없다.

BD 구간 ;
실전에서는 ②, ③, ④가 동일하므로 넘어가야 한다. 그러나 해석해 보면 다음과 같다.

종류	BC 구간	C점	CD 구간
모멘트도 기울기	'+' 기울기 감소	기울기 '0'	'−' 기울기 증가
전단력	'+' 값 감소	'0'	'−' 값 증가

DE 구간 ;
전단력은 모멘트도의 기울기이다.
모멘트도 '−' 기울기가 감소하므로 전단력도의 '−' 값이 점점 작아져야 한다.
→ ④번은 답이 될 수 없다.

전단력도의 면적은 해당 구간의 모멘트 차이와 같다.
$$M_E - M_D = 0 - 12\text{kN}\cdot\text{m} = -12\text{kN}\cdot\text{m}$$

∴ ② (∵ DE 구간의 전단력도 면적이 $-12\text{kN}\cdot\text{m}$)

꼭 알아두자!
문제에서 물어보지 않았으나 전단력도를 이용하여 구조에 가해지는 하중을 고려해 보자.

043
정답 ④

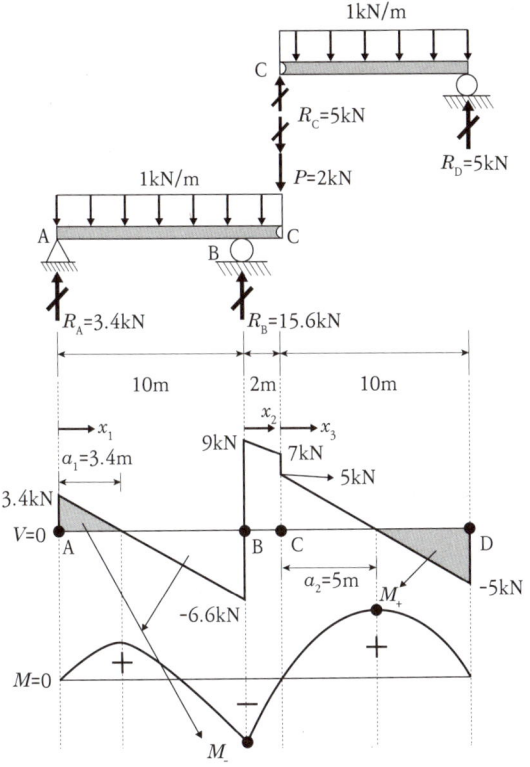

At CD
$R_C = \dfrac{(1\text{kN/m})(10\text{m})}{2} = 5\text{kN}$ (∵ 대칭)

At AC
$\circlearrowleft + \sum M_A = 0$;
$(R_B \times 10\text{m}) - (1\text{kN/m} \times 12\text{m})\left(\dfrac{12\text{m}}{2}\right) - (7\text{kN} \times 12\text{m}) = 0$
→ $R_B = 15.6\text{kN}$

$\uparrow + \sum F_y = 0$;
$R_A - (1\text{kN/m} \times 12\text{m}) + 15.6\text{kN} - 7\text{kN} = 0$
→ $R_A = 3.4\text{kN}$

등분포 하중은 전단력도의 기울기이다.
$R_A - (w \times a_1) = 0$

→ $3.4\text{kN} - (1\text{kN/m} \times a_1) = 0$
→ $a_1 = 3.4\text{m}$

$9\text{kN} - (w \times x_2)$
→ $V_C = 9\text{kN} - (1\text{kN/m} \times 2\text{m}) = 7\text{kN}$

$5\text{kN} - (w \times x_3) = 0$
→ $5\text{kN} - (1\text{kN/m} \times a_2) = 0$
→ $a_2 = 5\text{m}$

전단력도의 면적은 해당 구간의 모멘트 차이와 같다.
$M_- - M_A = M_-$ (∵ $M_A = 0$)
$\qquad = \left(\dfrac{1}{2} \times 3.4\text{m} \times 3.4\text{kN}\right) + \left(\dfrac{1}{2} \times 6.6\text{m} \times -6.6\text{kN}\right)$
→ $M_- = -16\text{kN}\cdot\text{m}$

$M_D - M_+ = -M_+$ (∵ $M_D = 0$)
$\qquad = \left(\dfrac{1}{2} \times 5\text{m} \times -5\text{kN}\right)$
→ $M_+ = 12.5\text{kN}\cdot\text{m}$

∴ $|M_{\max}| = |M_-| = 16\text{kN}\cdot\text{m}$

044
정답 ①

전단력은 휨모멘트도의 기울기이다. 문제에서 휨모멘트도의 기울기가 '0'이 되는 위치에서 모멘트를 구하라고 하였으므로 전단력이 '0'이 되는 곳을 찾아야 한다.

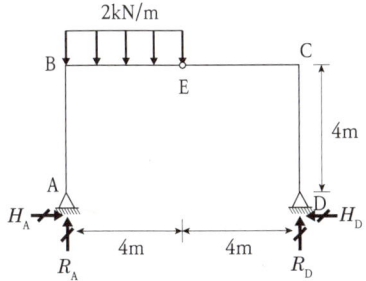

At entire
$\circlearrowleft + \sum M_A = 0$;
$(R_D \times 8\text{m}) - (2\text{kN/m} \times 4\text{m})\left(\dfrac{4\text{m}}{2}\right) = 0$
→ $R_D = 2\text{kN}$

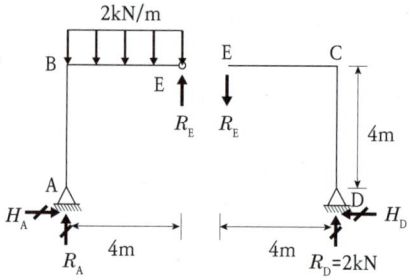

At ECD

$\uparrow + \Sigma F_y = 0$;

$-R_E + 2\text{kN} = 0$

→ $R_E = 2\text{kN}$

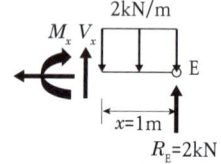

At 자유물체도

$\uparrow + \Sigma F_y = 0$;

$V_x - (2\text{kN/m} \times x) + 2\text{kN} = 0$

→ $-(2\text{kN/m} \times x) + 2\text{kN} = 0 \ (\because V_x = 0)$

→ $x = 1\text{m}$

$\circlearrowleft + \Sigma M_x = 0$;

$M_x + (2\text{kN/m} \times 1\text{m})\left(\dfrac{1\text{m}}{2}\right) - (2\text{kN} \times 1\text{m}) = 0$

∴ $M_x = 1\text{kN} \cdot \text{m}$

꼭 알아두자!

E점에 수평반력이 있으나 문제에서는 고려할 필요가 없어 계산하지 않는다.

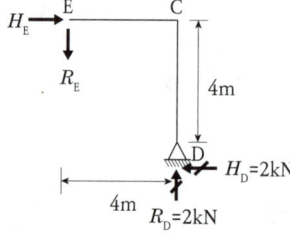

At ECD

$\circlearrowleft + \Sigma M_E = 0$;

$(H_D \times 4\text{m}) - (2\text{kN} \times 4\text{m}) = 0$

→ $H_D = 2\text{kN} (\leftarrow)$

→$+ \Sigma F_x = 0$;

$H_E - 2\text{kN} = 0$

→ $H_E = 2\text{kN} (\rightarrow)$

자주하는 질문

Q 왜 왼쪽 자유물체도에서 고려하면 안되나요?

A 당연히 됩니다. 그러나 수평반력을 고려해야 하기 때문에 조금 더 복잡해집니다.

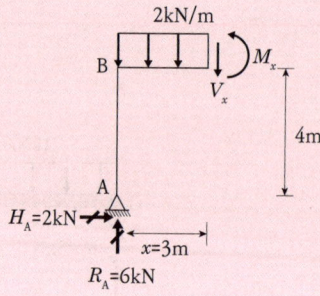

$\uparrow + \Sigma F_y = 0$;

$6\text{kN} - (2\text{kN/m} \times x) - V_x = 0$

→ $6\text{kN} - (2\text{kN/m} \times x) = 0 \ (\because V_x = 0)$

→ $x = 3\text{m}$ (B점에서 3m, E점에서 1m 동일위치)

$\circlearrowleft + \Sigma M_x = 0$;

$M_x - (6\text{kN} \times 3\text{m}) + (2\text{kN} \times 4\text{m}) + (2\text{kN/m} \times 3\text{m})\left(\dfrac{3\text{m}}{2}\right) = 0$

∴ $M_x = 1\text{kN} \cdot \text{m}$

045   정답 ①

최대모멘트는 고정단, 집중하중(모멘트 포함) 작용점, 전단력의 부호가 바뀌는 점($V=0$)에서 발생할 수 있다. (+강절점)

BC 부재를 해석하기 위해 D점 반력을 먼저 계산해야 한다.

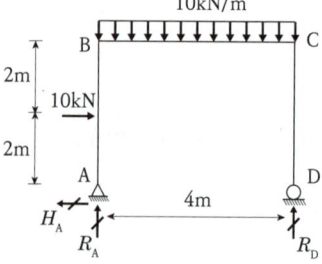

At entire

$\circlearrowleft + \Sigma M_A = 0$;

$(R_D \times 4\text{m}) - (10\text{kN} \times 2\text{m}) - (10\text{kN/m} \times 4\text{m})\left(\dfrac{4\text{m}}{2}\right) = 0$

→ $R_D = 25\text{kN}$

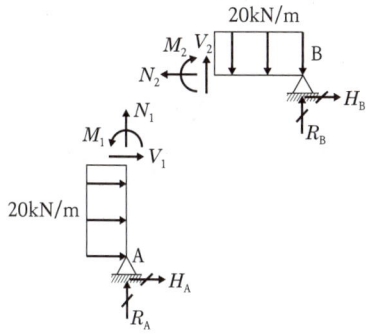

At 자유물체도

$\uparrow + \sum F_y = 0$;

$V_x - (10\text{kN/m} \times x) + 25\text{kN} = 0$

→ $-(10\text{kN/m} \times x) + 25\text{kN} = 0$ ($\because V_x = 0$)

→ $x = 2.5\text{m}$

$\circlearrowleft + \sum M_x = 0$;

→ $M_x + (10\text{kN/m} \times 2.5\text{m})\left(\dfrac{2.5\text{m}}{2}\right) - (25\text{kN} \times 2.5\text{m}) = 0$

∴ $M_{max} = 31.25\text{kN}\cdot\text{m}$

자주하는 질문

Q 왜 왼쪽 자유물체도에서 고려하면 안되나요?

A 당연히 됩니다. 그러나 외력과 수평반력을 고려해야 하기 때문에 조금 더 복잡해집니다.

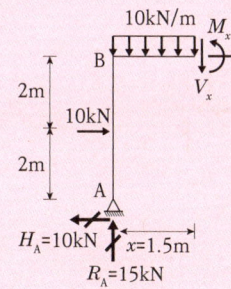

$\uparrow + \sum F_y = 0$;

$15\text{kN} - (10\text{kN/m} \times x) - V_x = 0$

→ $15\text{kN} - (10\text{kN/m} \times x) = 0$ ($\because V_x = 0$)

→ $x = 1.5\text{m}$ (B점에서 1.5m, C점에서 2.5m 동일위치)

$\circlearrowleft + \sum M_x = 0$;

$M_x - (15\text{kN} \times 1.5\text{m}) - (10\text{kN} \times 4\text{m}) + (10\text{kN} \times 2\text{m})$

  $+ (10\text{kN/m} \times 1.5\text{m})\left(\dfrac{1.5\text{m}}{2}\right) = 0$

∴ $M_{max} = 31.25\text{kN}\cdot\text{m}$

046

정답 ④

At CB

→ $+ \sum F_x = 0$;

$-N_2 + H_B = 0$

→ $N_2 = H_B$

At AC

$\uparrow + \sum F_y = 0$;

$N_1 + R_A = 0$

→ $N_1 = -R_A$

∴ 축에 수직방향 하중(20kN/m)은 축력에 영향을 주지 않는다.

꼭 알아두자!

부정정 구조의 반력(R_A, H_A, R_B, H_B)은 부정정 구조를 해석하면 계산할 수 있지만 필요없으며, 크기와 방향이 고정되어 있다는 것만 파악하면 된다.

047

정답 ④

모멘트 선도를 추정하는 문제에서 가장 먼저 확인해야 하는 것은 다음과 같다.

(1) 힌지, 롤러 지점 및 내부 힌지 모멘트 '0' 확인하기

②번은 A점이 힌지지만 모멘트가 존재하므로 불가능하다.

③번은 D점이 롤러지만 모멘트가 존재하므로 불가능하다.

(2) 강 절점에서 모멘트의 크기와 부호가 같은지 확인하기

③번은 B점에서 연결 부재의 모멘트 크기가 달라 불가능하다.

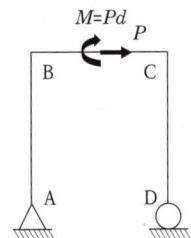

위와 같이 몇 개의 보기를 제거한 후 외력을 고려한다. 외력은 이격거리가 있으므로 BC에 모멘트를 발생시킨다. 따라서 BC 모멘트도에는 모멘트의 급격한 변화가 있어야 한다. 이를 만족시키는 모멘트 선도는 ④번 밖에 없다.

048   정답 ④

(1) 힌지, 롤러 지점 및 내부 힌지 모멘트 '0' 확인하기

A, D점은 힌지 지점으로 모멘트가 '0'이어야 하고, E점은 내부 힌지로 모멘트가 '0'이어야 한다.

(2) 강 절점에서 모멘트의 크기와 부호가 같은지 확인하기

B, C점은 강 절점으로 연결 부재의 모멘트 크기와 부호가 같아야 한다. ③번의 경우 B, C점의 연결부재 모멘트 부호가 달라 답이 될 수 없다.

이 문제는 특이하게 (1), (2) 과정을 통해 빠르게 제거할 수 있는 선지가 ③번 뿐이므로 힘의 크기를 고려해 봐야 한다. 이렇게 많은 보기가 남은 경우에는 풀이에 많은 시간이 소모될 수 있으므로 넘어가는 것이 좋다.

③번을 제거한 후에 남은 보기를 보면 ①, ②번의 개형이 같으므로 이들은 답이 될 수 없다고 판단해 ④번을 바로 답으로 고를 수도 있다.

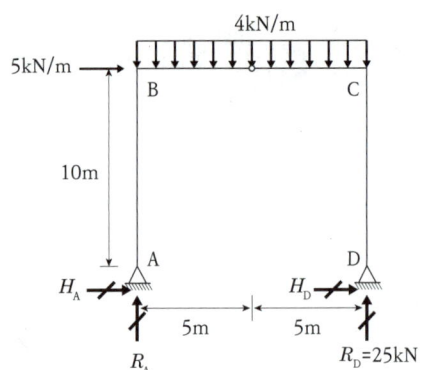

At entire

$\circlearrowleft + \sum M_A = 0;$

$(R_D \times 10\text{m}) - (5\text{kN} \times 10\text{m}) - (4\text{kN/m} \times 10\text{m})\left(\dfrac{10\text{m}}{2}\right) = 0$

→ $R_D = 25\text{kN}$

$\uparrow + \sum F_y = 0;$

$R_A + 25\text{kN} - (4\text{kN} \times 10\text{m}) = 0$

→ $R_A = 15\text{kN}$

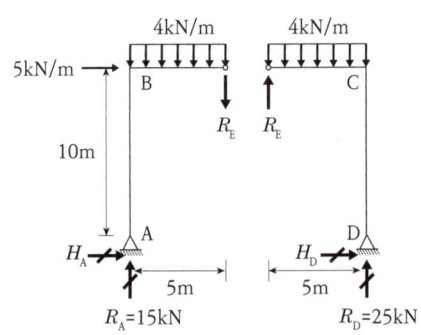

At ECD

$\uparrow + \sum F_y = 0;$

$R_E - (4\text{kN/m} \times 5\text{m}) + 25\text{kN} = 0$

→ $R_E = -5\text{kN}$

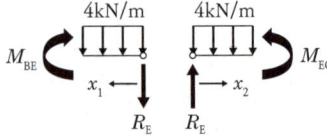

집중하중 R_E의 방향이 반대이므로 M_{BE}, M_{EC}의 부호가 반대가 되어야 한다.

∴ ④

CHAPTER 04 재료와 단면의 특성

001 ②	002 ②	003 ③	004 ③	005 ②
006 ④	007 ③	008 ②	009 ③	010 ①
011 ②	012 ①	013 ①	014 ①	015 ②
016 ③	017 ③	018 ②	019 ③	020 ③
021 ①	022 ②	023 ④	024 ②	025 ③
026 ①	027 ③	028 ②	029 ③	030 ④
031 ②	032 ①	033 ②	034 ④	035 ②
036 ④	037 ①	038 ②	039 ④	040 ①
041 ②	042 ②	043 ④	044 ③	045 ④
046 ②	047 ④	048 ③	049 ④	050 ①
051 ③				

001 정답 ②

$y_a = \dfrac{h}{2},\ y_b = \dfrac{h}{3}$

$y_c = \dfrac{h}{2},\ y_d = \dfrac{4r}{3\pi} = \dfrac{4h}{3\pi}$

$\therefore y_a = y_c > y_d > y_b$

002 정답 ②

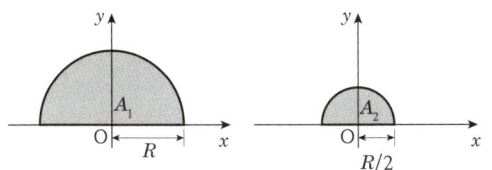

$A_1 = \dfrac{\pi(2R)^2}{4} \times \dfrac{1}{2}$

$A_2 = \dfrac{\pi(R)^2}{4} \times \dfrac{1}{2}$

$A_1 : A_2 = 4 : 1$

$y_c = \dfrac{\sum A_n y_n}{\sum A_n} = \dfrac{A_1 y_1 - A_2 y_2}{A_1 - A_2}$

$= \dfrac{(4)\left(\dfrac{4R}{3\pi}\right) - (1)\left(\dfrac{4\left(\dfrac{R}{2}\right)}{3\pi}\right)}{4-1} = \dfrac{14R}{9\pi}$

003 정답 ③

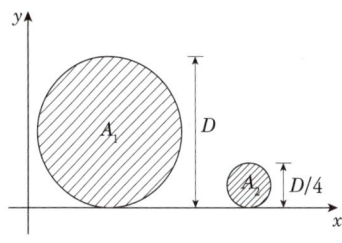

$A_1 = \dfrac{\pi D^2}{4},\ A_2 = \dfrac{\pi\left(\dfrac{D}{4}\right)^2}{4}$

$A_1 : A_2 = 1 : \dfrac{1}{16} = 16 : 1$

$\therefore \bar{y} = \dfrac{\sum A y_c}{\sum A} = \dfrac{\left(16 \times \dfrac{D}{2}\right) - \left(1 \times \dfrac{D}{8}\right)}{16-1} = \dfrac{21}{40}D$

004 정답 ③

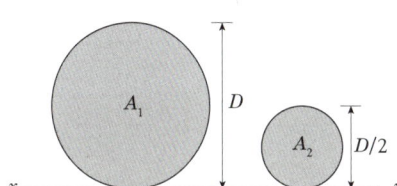

$A_1 = \dfrac{\pi D^2}{4},\ A_2 = \dfrac{\pi\left(\dfrac{D}{2}\right)^2}{4}$

$A_1 : A_2 = 1 : \dfrac{1}{4} = 4 : 1$

$y = \dfrac{\sum A y_c}{\sum A} = \dfrac{(4)\left(\dfrac{D}{2}\right) - (1)\left(\dfrac{D}{4}\right)}{4-1} = \dfrac{7}{12}D$

005

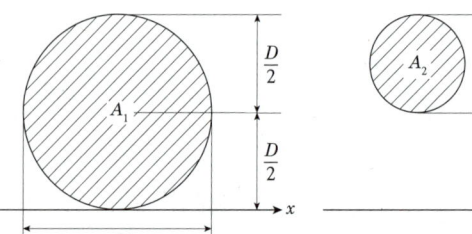

$A_1 = \dfrac{\pi D^2}{4}$, $A_2 = \dfrac{\pi \left(\dfrac{D}{2}\right)^2}{4}$

$A_1 : A_2 = 1 : \dfrac{1}{4} = 4 : 1$

$y = \dfrac{\sum A y_c}{\sum A} = \dfrac{4\left(\dfrac{D}{2}\right) - 1\left(\dfrac{D}{2} + \dfrac{D}{2} \times \dfrac{1}{2}\right)}{4 - 1} = \dfrac{5}{12}D$

006

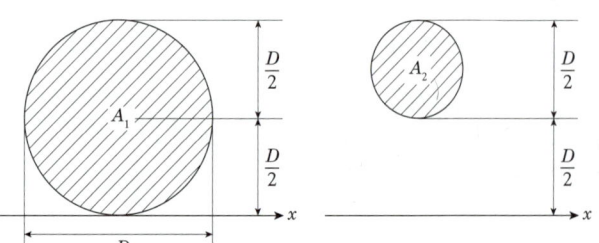

$A_1 = \dfrac{\pi D^2}{4}$, $A_2 = \dfrac{\pi \left(\dfrac{D}{2}\right)^2}{4}$

$A_1 : A_2 = 1 : \dfrac{1}{4} = 4 : 1$

$y = \dfrac{\sum A y_c}{\sum A} = \dfrac{4\left(\dfrac{D}{2}\right) - 1\left(\dfrac{D}{2} + \dfrac{D}{2} \times \dfrac{1}{2}\right)}{4 - 1} = \dfrac{5}{12}D$

007

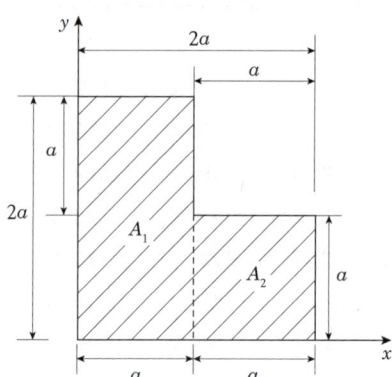

$A_1 = a \times 2a$, $A_2 = a \times a$

$A_1 : A_2 = 2a^2 : a^2 = 2 : 1$

$y = \dfrac{\sum A y_c}{\sum A} = \dfrac{2\left(\dfrac{2a}{2}\right) + 1\left(\dfrac{a}{2}\right)}{2 + 1} = \dfrac{5}{6}a$

꼭 알아두자!

전체 면적에서 빼는 방식으로 계산할 수도 있다.

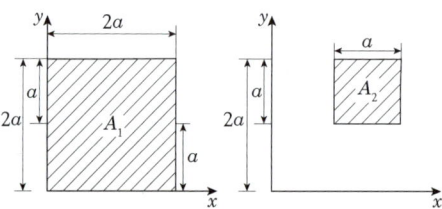

$A_1 = 2a \times 2a = 4a^2$, $A_2 = a \times a = a^2$
$A_1 : A_2 = 4a^2 : a^2 = 4 : 1$

$y = \dfrac{\sum A y_c}{\sum A} = \dfrac{4\left(\dfrac{2a}{2}\right) - 1\left(2a - \dfrac{a}{2}\right)}{4 - 1} = \dfrac{5}{6}a$

008

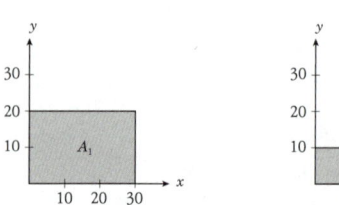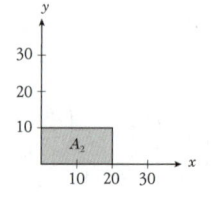

$A_1 = 30 \times 20 = 600$, $A_2 = 20 \times 10 = 200$
$A_1 : A_2 = 600 : 200 = 3 : 1$

$$y_o = \frac{\sum Ay}{\sum A} = \frac{(3)\left(\frac{20}{2}\right) - (1)\left(\frac{10}{2}\right)}{3-1} = 12.5$$

🔖 **꼭 알아두자!**

더하는 방식으로 계산할 수도 있다.

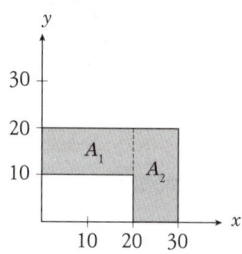

$A_1 = 20 \times 10 = 200$, $A_2 = 10 \times 20 = 200$
$A_1 : A_2 = 200 : 200 = 1 : 1$

$$y_o = \frac{\sum Ay}{\sum A} = \frac{(1)\left(10+\frac{10}{2}\right) + (1)\left(\frac{20}{2}\right)}{1+1} = 12.5$$

009 　정답 ③

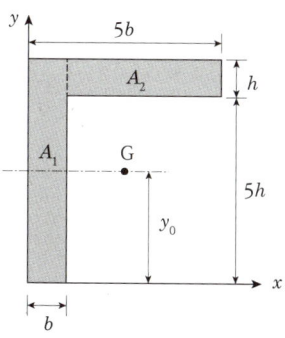

$A_1 = b \times 6h = 6bh$, $A_2 = 4b \times h = 4bh$
$A_1 : A_2 = 6 : 4 = 3 : 2$

$$y_o = \frac{\sum Ay_c}{\sum A} = \frac{(3)\left(\frac{6h}{2}\right) + (2)\left(5h+\frac{h}{2}\right)}{3+2} = 4h$$

🔖 **꼭 알아두자!**

전체 면적에서 빼는 방식으로 계산할 수도 있다.

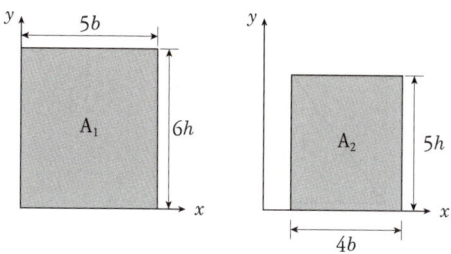

$A_1 = 5b \times 6h = 30bh$, $A_2 = 4b \times 5h = 20bh$
$A_1 : A_2 = 30 : 20 = 3 : 2$

$$y_o = \frac{\sum Ay_c}{\sum A} = \frac{(3)\left(\frac{6h}{2}\right) - (2)\left(\frac{5h}{2}\right)}{3-2} = 4h$$

010 　정답 ①

도심을 구하는 문제는 여러 가지 공식을 외우는 것보다 원리 그대로 푸는 것이 좋다.

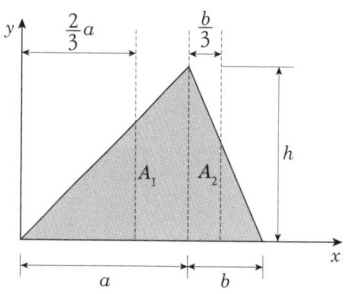

$A_1 = \frac{ah}{2}$, $A_2 = \frac{bh}{2}$

$A_1 : A_2 = a : b$

$$x = \frac{\sum Ax_c}{\sum A} = \frac{a\left(a \times \frac{2}{3}\right) + b\left(a + b \times \frac{1}{3}\right)}{a+b}$$

$$= \frac{2a^2 + 3ab + b^2}{3(a+b)}$$

$$= \frac{(2a+b)(a+b)}{3(a+b)} = \frac{2a+b}{3}$$

011

정답 ②

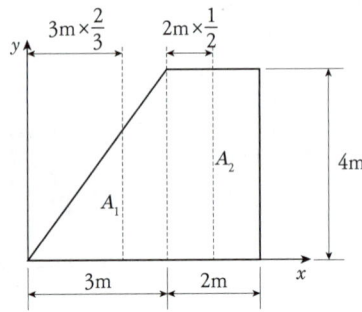

$A_1 = \dfrac{3 \times 4}{2} = 6\text{m}^2, \ A_2 = 2 \times 4 = 8\text{m}^2$

$A_1 : A_2 = 6 : 8 = 3 : 4$

$\bar{x} = \dfrac{\sum A x_c}{\sum A} = \dfrac{3\left(3\text{m} \times \dfrac{2}{3}\right) + 4\left(3\text{m} + 2\text{m} \times \dfrac{1}{2}\right)}{3+4}$

$= \dfrac{22}{7}\text{m}$

012

정답 ①

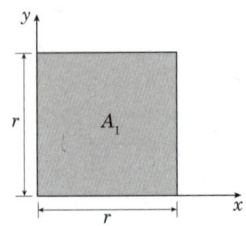 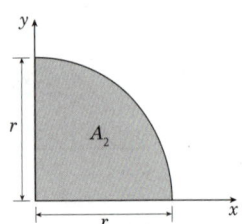

$A_1 = r^2, \ A_2 = \dfrac{\pi(2r)^2}{4} \times \dfrac{1}{4} = \dfrac{\pi r^2}{4}$

$A_1 : A_2 = 1 : \dfrac{\pi}{4} = 4 : \pi$

$y = \dfrac{\sum A y_c}{\sum A} = \dfrac{4\left(\dfrac{r}{2}\right) - \pi\left(\dfrac{4r}{3\pi}\right)}{4 - \pi}$

$= \dfrac{2r}{3(4-\pi)}$

013

정답 ①

$E_A : E_B : E_C = 2 : 1 : 3$

$A_A : A_B : A_C = 1 : 1 : 1$

$E_A A_A : E_B A_B : E_C A_C = 2 : 1 : 3$

$y_n = \dfrac{\sum(EA)y}{\sum(EA)}$

$= \dfrac{(2)\left(200 + \dfrac{100}{2}\text{mm}\right) + (1)\left(100 + \dfrac{100}{2}\text{mm}\right) + (3)\left(\dfrac{100}{2}\text{mm}\right)}{2+1+3}$

$= \dfrac{400}{3}\text{mm}$

꼭 알아두자!

탄성계수비(n)을 이용하여 계산할 수도 있다. 그러나 3개 이상 재료일 때 좋은 방법은 아니다.

$A_A : A_B : A_C = 1 : 1 : 1, \ n_A = \dfrac{E_A}{E_B} = 2, \ n_C = \dfrac{E_C}{E_B} = 3$

$c = \dfrac{\sum n A y_c}{\sum n A}$

$= \dfrac{(2)(1)\left(200 + \dfrac{100}{2}\text{mm}\right) + (1)(1)\left(100 + \dfrac{100}{2}\text{mm}\right) + (3)(1)\left(\dfrac{100}{2}\text{mm}\right)}{(2)(1) + (1)(1) + (3)(1)}$

$= \dfrac{400}{3}\text{mm}$

014

정답 ①

$E_1 : E_2 = 0.8 : 3.2 = 1 : 4$

$A_1 : A_2 = 100\text{mm} : 50\text{mm} = 2 : 1$

$E_1 A_1 : E_2 A_2 = 2 : 4 = 1 : 2$

$y_n = \dfrac{\sum(EA)y}{\sum(EA)}$

$= \dfrac{(1)\left(50\text{mm} + \dfrac{100\text{mm}}{2}\right) + (2)\left(\dfrac{50\text{mm}}{2}\right)}{1+2}$

$= 50\text{mm}$

> **꼭 알아두자!**
>
> 탄성계수비(n)을 이용하여 계산할 수도 있다.
>
> $A_1 : A_2 = 2 : 1,\ n = \dfrac{E_2}{E_1} = 4$
>
> $c = \dfrac{\sum nAy_c}{\sum nA}$
>
> $= \dfrac{(1)(2)\left(50\text{mm} + \dfrac{100}{2}\text{mm}\right) + (4)(1)\left(\dfrac{50}{2}\text{mm}\right)}{(1)(2) + (4)(1)}$
>
> $= 50\text{mm}$

015 정답 ②

$A_A = 200 \times 50\text{mm}^2 = 10000\text{mm}^2$
$A_B = 20 \times 500\text{mm}^2 = 10000\text{mm}^2$
$A_C = 200 \times 50\text{mm}^2 = 10000\text{mm}^2$
$A_A : A_B : A_C = 1 : 1 : 1$
$E_A : E_B : E_C = 1 : 2 : 4$
$E_A A_A : E_B A_B : E_C A_C = 1 : 2 : 4$

$x = \dfrac{\sum(EA)y}{\sum(EA)}$

$= \dfrac{(1)\left(550 + \dfrac{50}{2}\text{mm}\right) + (2)\left(50 + \dfrac{500}{2}\text{mm}\right) + (4)\left(\dfrac{50}{2}\text{mm}\right)}{1 + 2 + 4}$

$= \dfrac{1275}{7}\text{mm}$

> **꼭 알아두자!**
>
> 탄성계수비(n)을 이용하여 계산할 수도 있다. 그러나 3개 이상 재료일 때 좋은 방법은 아니다.
>
> $A_A : A_B : A_C = 1 : 1 : 1,\ n_A = \dfrac{E_B}{E_A} = 2,\ n_C = \dfrac{E_C}{E_A} = 4$
>
> $c = \dfrac{\sum nAy_c}{\sum nA}$
>
> $= \dfrac{(1)(1)\left(550 + \dfrac{50}{2}\text{mm}\right) + (2)(1)\left(50 + \dfrac{500}{2}\text{mm}\right) + (4)(1)\left(\dfrac{50}{2}\text{mm}\right)}{(1)(1) + (2)(1) + (4)(1)}$
>
> $= \dfrac{1275}{7}\text{mm}$

016 정답 ③

$Q = Ay_c = \left(b \times \dfrac{h}{4}\right)\left(\dfrac{h}{2} - \dfrac{h}{4} \times \dfrac{1}{2}\right) = \dfrac{3}{32}bh^2$

017 정답 ③

면적이 같을 경우 단면의 각 수가 적을수록 단면2차모멘트가 크다.
∴ C > B > A

018 정답 ②

각의 수가 작을수록 단면2차모멘트는 크다.
→ 사각형 (가), (나) > 원형 (다)

단면의 높이가 클수록 단면2차모멘트는 크다. $\left(\because \dfrac{bh^3}{12}\right)$

→ (가) > (나)

∴ (가) > (나) > (다)

019 정답 ③

단면2차모멘트는 도심축에서 축이 멀어질수록 크다.
($\because I_X = I_C + Ay^2$)
따라서 I_{Y_b}, I_{X_b}만 비교하면 된다.
또한 단면 2차모멘트는 높이(h)가 큰 단면이 크다.
$\left(\because I = \dfrac{bh^3}{3}\right)$

∴ $I_{Y_b} > I_{X_b}$

020

정답 ③

$$I_{x_1}=\frac{bh^3}{3}$$

$$I_{x_2}=I_{x_1}-\frac{b\left(\frac{h}{2}\right)^3}{3}=\frac{bh^3}{3}-\frac{b\left(\frac{h}{2}\right)^3}{3}=\frac{7}{24}bh^3$$

$$\therefore \frac{I_{x_2}}{I_{x_1}}=\frac{\left(\frac{7}{24}\right)}{\left(\frac{1}{3}\right)}=\frac{7}{8}$$

021

정답 ①

색칠한 사각형과 빗금친 사각형의 축이 동일하므로 단면2차모멘트를 빼서 계산할 수 있다.

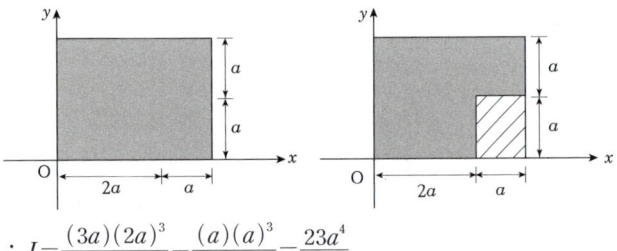

$$\therefore I=\frac{(3a)(2a)^3}{3}-\frac{(a)(a)^3}{3}=\frac{23a^4}{3}$$

꼭 알아두자!

단면 2차 모멘트를 더하는 방식으로 계산할 수 있다.

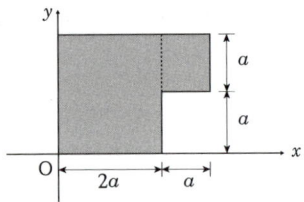

$$\therefore I=\frac{(2a)(2a)^3}{3}+\left[\frac{(a)(a)^3}{12}+(a\times a)\left(a+\frac{a}{2}\right)^2\right]=\frac{23a^4}{3}$$

022

정답 ②

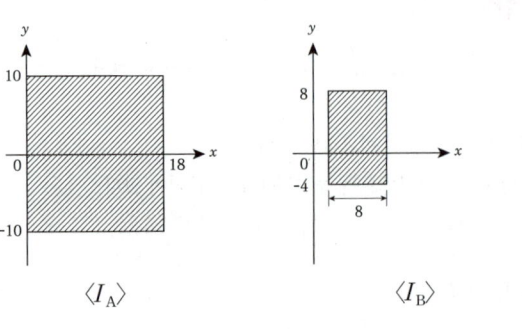

$\langle I_A \rangle$ $\langle I_B \rangle$

$$I_A=\frac{bh^3}{12}$$
$$=\frac{18\times 20^3}{12}\text{mm}^4=12000\text{mm}^4$$

$$I_B=\sum\frac{bh^3}{3}$$
$$=\frac{8\times 8^3}{3}\text{mm}^4+\frac{8\times 4^3}{3}\text{mm}^4=1536\text{mm}^4$$

$$\therefore I_A-I_B=12000\text{mm}^4-1536\text{mm}^4$$
$$=10464\text{mm}^4$$

꼭 알아두자!

I_B 는 평행축 정리를 이용해서 계산할 수 있다.

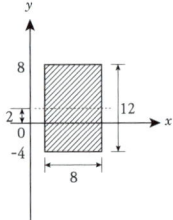

$$I_B=I_C+Ay^2$$
$$=\frac{8\times 12^3}{12}\text{mm}^4+(8\times 12\text{mm}^2)(8-6\text{mm})^2$$
$$=1536\text{mm}^4$$

023

정답 ④

$$I_X=I_C+Ay^2$$
$$=5000\text{cm}^4+(100\text{cm}^2\times(5\text{cm})^2)=7500\text{cm}^4$$

024

정답 ②

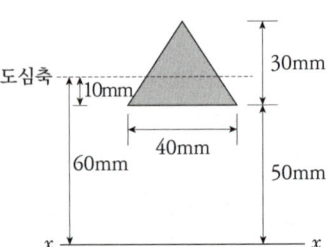

$$I_X=I_C+Ay^2$$
$$=\frac{bh^3}{36}+\left(\frac{bh}{2}\right)\left(50+\frac{30}{3}\text{mm}\right)^2$$
$$=\frac{40\times 30^3}{36}+\left(\frac{40\times 30}{2}\right)(60)^2$$
$$=219\times 10^4\text{mm}^4$$

025

정답 ③

$I_{X_1} = I_C + Ay_1^2$

→ $25000\text{cm}^4 = I_X + 200\text{cm}^2 \times (10\text{cm})^2$

→ $I_X = 5000\text{cm}^4$

$I_{X_2} = I_C + Ay_2^2$

→ $I_{X_2} = I_X + Ay_2^2$

→ $I_{X_2} = 5000\text{cm}^4 + 200\text{cm}^2 \times (20\text{cm})^2$

∴ $I_{X_2} = 85000\text{cm}^4$

026

정답 ①

$I_{x_1} = I_{xc} + Ay_1^2$

→ $100{,}000\text{mm}^4 = I_{xc} + (100\text{mm}^2)(30\text{mm})^2$

→ $I_{xc} = 10000\text{mm}^2$

$I_{x_2} = I_{xc} + Ay_2^2$

→ $I_{x_2} = 10000\text{mm}^2 + (100\text{mm}^2)(20\text{mm})^2$

∴ $I_{x_2} = 50000\text{mm}^2$

027

정답 ③

$I_{x_1} = I_c + Ay^2$

→ $I_{x_1} = I_{x_0} + Ad^2$

→ $I_{x_0} = I_{x_1} - Ad^2$

$I_{x_2} = I_c + Ay^2$

→ $I_{x_2} = I_{x_0} + A(2d)^2$

   $= (I_{x_1} - Ad^2) + A(4d^2)$

   $= I_{x_1} + 3Ad^2$

028

정답 ③

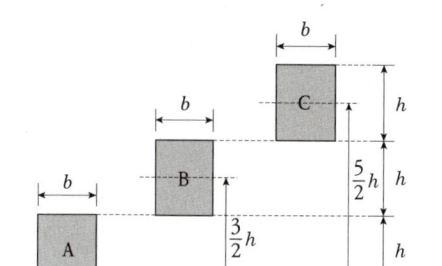

$I_A = \dfrac{bh^3}{3}$ (평행축 정리로 계산할 수 있으나 공식 이용)

$I_B = I_{도심} + Ay^2$

$\quad = \dfrac{bh^3}{12} + bh\left(\dfrac{3}{2}h\right)^2 = \dfrac{7bh^3}{3}$

$I_C = I_{도심} + Ay^2$

$\quad = \dfrac{bh^3}{12} + bh\left(\dfrac{5}{2}h\right)^2 = \dfrac{19bh^3}{3}$

∴ $I_A : I_B : I_C = \dfrac{1}{3} : \dfrac{7}{3} : \dfrac{19}{3} = 1 : 7 : 19$

꼭 알아두자!

다음과 같이 B, C 도형이 x축까지 연장되어 있다고 가정하고 I_A와 같이 계산한 뒤 가정된 영역을 빼는 방식으로 계산할 수 있으나 시험장에서 수험생이 이러한 접근을 하기는 어려울 수 있다.

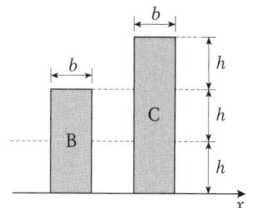 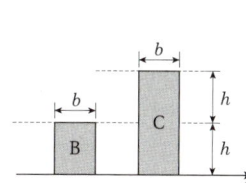

$I_A = \dfrac{bh^3}{3}$

$I_B = \dfrac{b(2h)^3}{3} - \dfrac{bh^3}{3} = \dfrac{b((2h)^3 - h^3)}{3} = \dfrac{7bh^3}{3}$

$I_C = \dfrac{b(3h)^3}{3} - \dfrac{b(2h)^3}{3} = \dfrac{b((3h)^3 - (2h)^3)}{3} = \dfrac{19bh^3}{3}$

∴ $I_A : I_B : I_C = \dfrac{1}{3} : \dfrac{7}{3} : \dfrac{19}{3} = 1 : 7 : 19$

029

정답 ③

$I_{X-X} = I_C = \dfrac{\pi d^4}{64}$

$I_{x-x} = I_C + Ay^2$

→ $I_{x-x} = I_{X-X} + Ay^2$

$= \dfrac{\pi d^4}{64} + \dfrac{\pi d^2}{4} \times y^2 = \dfrac{\pi d^4}{64} \times 2$ (∵ 문제 조건)

→ $\dfrac{\pi d^2}{4} \times y^2 = \dfrac{\pi d^4}{64}$

∴ $y = \dfrac{d}{4}$

030

정답 ④

수직응력과 마찬가지로 단면2차모멘트도 다음과 같은 조건이 성립한다.

$\sigma_x + \sigma_y = \sigma_\theta + \sigma_{\theta+90°} = \sigma_1 + \sigma_2$

$I_x + I_y = I_\theta + I_{\theta+90°} = I_1 + I_2$

(단, I_1 = 최대 단면2차모멘트, I_2 = 최소 단면2차모멘트)

$I_x + I_y = I_1 + I_2$;

→ $3\text{mm}^4 + 7\text{mm}^4 = I_1 + 2\text{mm}^4$

∴ $I_1 = 3 + 7 - 2 = 8\text{mm}^4$

031

정답 ③

$I_{(a)} = I_{(b)}$ (∵ 정사각형)

$S = \dfrac{I}{\text{중립축에서 가장 먼 길이}}$;

$S_{(a)} = \dfrac{I_{(a)}}{\left(\dfrac{h}{2}\right)}$, $S_{(b)} = \dfrac{I_{(b)}}{\left(\dfrac{\sqrt{2}h}{2}\right)}$

$S_{(a)} > S_{(b)}$ $\left(\because \dfrac{h}{2} < \dfrac{\sqrt{2}h}{2}\right)$

032

정답 ①

$S_{가} = \dfrac{a \times a^2}{6} = \dfrac{a^3}{6}$

$S = \dfrac{I_C}{\text{중립축에서 가장 먼 길이}}$;

$S_{나} = \dfrac{I_{나}}{\left(\dfrac{\sqrt{2}}{2}a\right)} = \dfrac{I_{가}}{\left(\dfrac{\sqrt{2}}{2}a\right)} = \dfrac{\left(\dfrac{a \times a^3}{12}\right)}{\left(\dfrac{\sqrt{2}}{2}a\right)} = \dfrac{\sqrt{2}}{12}a^3$

($I_{가} = I_{나}$ ∵ 정사각형)

$S_{다} = \dfrac{\pi a^3}{32}$

$S_{라} = \dfrac{\left(\dfrac{a \times a^3}{36}\right)}{\left(\dfrac{2}{3}a\right)} = \dfrac{a^3}{24}$

∴ (가) > (나) > (다) > (라)

033

정답 ①

(1) 면적 동일

$a^2 = \dfrac{\pi d^2}{4}$

→ $\dfrac{a^2}{d^2} = \dfrac{\pi}{4}$

→ $\dfrac{a}{d} = \sqrt{\dfrac{\pi}{4}}$

(2) S_1/S_2

사각형과 원의 단면계수는 암기해서 이용한다.

$S_1 = \dfrac{a^3}{6}$, $S_2 = \dfrac{\pi d^3}{32}$

$\dfrac{S_1}{S_2} = \dfrac{\left(\dfrac{a^3}{6}\right)}{\left(\dfrac{\pi d^3}{32}\right)} = \dfrac{32a^3}{6\pi d^3} = \dfrac{16}{3\pi}\left(\sqrt{\dfrac{\pi}{4}}\right)^3 = \dfrac{16}{3\pi}\left(\dfrac{\pi\sqrt{\pi}}{8}\right)$

$= \dfrac{2}{3}\sqrt{\pi}$

034

정답 ④

① $S = \dfrac{\pi d^3}{32} = \dfrac{\pi (2r)^3}{32}$

반지름(r) 2배 ➡ 단면계수(S) 8배

② $S = \dfrac{bh^2}{6}$

폭(b) 2배 ➡ 단면계수(S) 2배

③ 직사각형단면의 항복모멘트(M_y)는 단면계수(S)에 항복응력(σ_y)을 곱하여 구한다.

$M_y = \sigma_y \times S$

④ $A_o = b_o \times h_o$, $A_1 = b_1 \times h_1$

$A_o = A_1$;

$b_o \times h_o = b_1 \times h_1$

➡ $b_o \times h_o = b_1 \times 2h_o$ ($h_1 = 2h_o$ ∵ 문제조건)

➡ $b_1 = \dfrac{b_o}{2}$

$S_o = \dfrac{b_o h_o^2}{6}$, $S_1 = \dfrac{b_1 h_1^2}{6} = \dfrac{\left(\dfrac{b_o}{2}\right)(2h_o)^2}{6} = \dfrac{b_o h_o^2}{3}$

∴ $S_o : S_1 = \dfrac{1}{6} : \dfrac{1}{3} = 1 : 2$

035

정답 ③

둘레가 일정한($b+h=c$) 사각 단면에서 S_{max}가 되는 비는 표와 같다.

∴ $b : h : c = 1 : 2 : 3$

꼭 알아두자!

	최대단면 계수(S_{max}) $b : h : c$	최대단면 2차모멘트(I_{max}) $b : h : c$
정사각형 ($b+h=c$)	$1 : 2 : 3$	$1 : 3 : 4$
원 내접 사각형	$1 : \sqrt{2} : \sqrt{3}$	$1 : \sqrt{3} : 2$

편미분을 이용하여 계산할 수 있으나 수학에 약한 학생들은 암기하는 것을 추천한다. 편미분을 이용하여 계산하는 방법은 다음과 같다.

$b + h = c$(상수)　…ⓐ

➡ $b = c - h$

$S = \dfrac{bh^2}{6} = \dfrac{(c-h)h^2}{6} = \dfrac{ch^2 - h^3}{6}$

$\dfrac{\partial S}{\partial h} = 0$; (∵ 최대, 최소일 때 편미분값은 '0' 이다.)

➡ $\dfrac{\partial S}{\partial h} = \dfrac{2ch - 3h^2}{6} = 0$

➡ $h(2c - 3h) = 0$

➡ $2c = 3h$ (∵ $h \neq 0$)

➡ $h = \dfrac{2}{3}c$　…ⓑ

ⓑ를 ⓐ에 대입 ;

$b = \dfrac{1}{3}c$

∴ $b : h = 1 : 2$

036

정답 ④

$A = 2^2 - 1^2 = 3\,\text{cm}^2$

$I = \dfrac{2 \times 2^3}{3} - \dfrac{1 \times 1^3}{3} = \dfrac{15}{3}\,\text{cm}^4 = 5\,\text{cm}^4$

$r = \sqrt{\dfrac{I}{A}} = \sqrt{\dfrac{5\,\text{cm}^4}{3\,\text{cm}^2}} = \dfrac{\sqrt{15}}{3}\,\text{cm}$

037

정답 ①

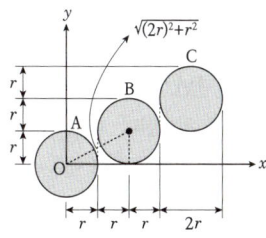

$(I_{PO})_A = I_{AO} = \dfrac{\pi (2r)^4}{32} = \dfrac{1}{2}\pi r^4$

$(I_{PO})_B = I_{BO} + Ad^2$
$= \dfrac{\pi(2r)^4}{32} + \dfrac{\pi(2r)^2}{4}(\sqrt{(2r)^2 + r^2})^2 = \dfrac{11}{2}\pi r^4$

$(I_{PO})_C = I_{CO} + Ad^2$
$= \dfrac{\pi(2r)^4}{32} + \dfrac{\pi(2r)^2}{4}(\sqrt{(4r)^2 + (2r)^2})^2 = \dfrac{41}{2}\pi r^4$

$\therefore (I_{PO})_A : (I_{PO})_B : (I_{PO})_C = \dfrac{1}{2} : \dfrac{11}{2} : \dfrac{41}{2} = 1 : 11 : 41$

038 정답 ②

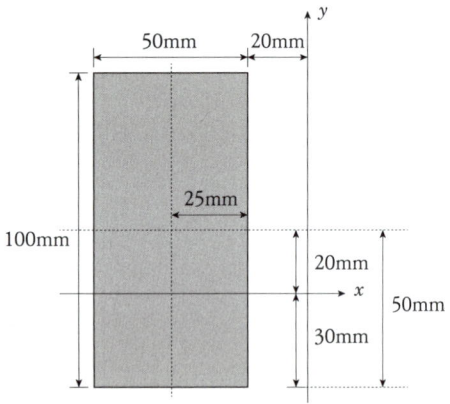

$I_{xy, 임의점} = I_{xy, 도심점} + Ad_1 d_2$
$= 0 + (50 \times 100 \text{mm}^2)(45\text{mm})(-20\text{mm})$
$= -4.5 \times 10^6 \text{mm}^4$

039 정답 ④

① 원리상 단면2차모멘트 $I = \int y^2 dA$이므로 항상 양(+)의 값을 갖는다.
② 단면적이 동일할 때 각의 수가 적을수록 단면2차모멘트가 크다.
③ 주축이란 단면상승모멘트 $I_{xy} = 0$인 축을 의미한다. 대칭축에서 항상 $I_{xy} = 0$으로 주축이다. 그러나 주축이라고 해서 항상 대칭축인 것은 아니다. 수험생들이 이해하기에 어려운 보기이므로 해당 보기를 단순암기하는 것을 권한다.
④ 단면1차모멘트는 도심축에서 '0'이다.

040 정답 ①

① 틀린 보기이다. I_1, I_2일 때 I_{xy}(단면상승모멘트)가 '0'이다.
② 옳은 보기이다. 주축 정의 자체가 I_1(최대 단면2차모멘트), I_2(최소 단면2차모멘트)가 발생하는 축을 의미한다.
③ 옳은 보기이다. $\tan 2\theta_P = \dfrac{2\tau_{xy}}{\sigma_x - \sigma_y}$
→ $\tan 2\theta_P = \dfrac{2(-I_{xy})}{I_x - I_y}$
④ 옳은 보기이다. '대칭축은 항상 주축이다. 그러나 주축이 항상 대칭축인 것은 아니다.' + 'I_1, I_2는 항상 직각이다.

> **꼭 알아두자!**
> 관성모멘트란 전공서적에서 영어를 번역하는 과정에서 단면2차모멘트 or 극관성모멘트를 지칭한다. 일반적으로 단면2차모멘트를 의미하기는 하나 출제자의 의도를 파악하는 것이 중요하다.

041 정답 ②

② $Q_x = A \times y_C = \left(\dfrac{1}{2}bh\right)\left(\dfrac{h}{3}\right) = \dfrac{bh^2}{6}$

④ $I_P = I_x + I_y = \dfrac{bh^3}{12} + \dfrac{hb^3}{12}$

042 정답 ③

①, ② 단면1차모멘트, 단면2차모멘트는 수학적으로 다음과 같이 표현할 수 있다. 눈에 익혀둬야 한다.
단면1차모멘트(Q) : $\sum A_i y_i$
단면2차모멘트(I) : $\sum A_i y_i^2$
A_i : 단면적, y_i : 각 단면적의 도심까지 거리
단면1차모멘트는 '+', '−' 값을 가질 수 있지만 단면2차모멘트는 '+' 값만 가질 수 있다. 단면1차모멘트의 단위는 'm³'이고, 단면2차모멘트의 단위는 'm⁴'이다.
③ 도심축에 대한 단면1차모멘트는 '0'이다.
④ 단면계수는 다음과 같이 정의된다.
$S = \dfrac{I_C}{중립축에서 가장 먼 길이}$

043

정답 ④

④ 두 개의 직선 부재가 연결된 단면에서는 두 부재의 교차점에 전단중심이 위치한다.

> **꼭 알아두자!**
> 도심은 단면이 4등분선을 기준으로 어느 쪽에 쏠려 있는지로 판정 가능하다.
>
> ① 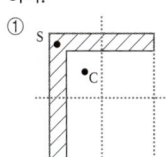 ③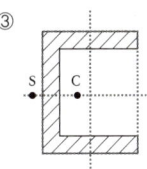
>
> ② 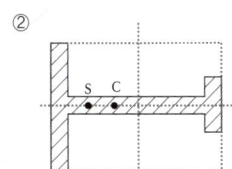 ④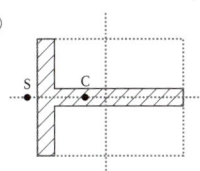

044

정답 ③

$$형상계수(f)=\frac{M_p}{M_y}=\frac{Z}{S}=\frac{\left(\frac{bh^2}{4}\right)}{\left(\frac{bh^2}{6}\right)}=1.5$$

045

정답 ④

② $M_p=\sigma_y\times Z=\sigma_y\times\frac{bh^2}{4}$

③ $M_y=\sigma_y\times S=\sigma_y\times\frac{bh^2}{6}$

④ $형상계수(f)=\frac{M_p}{M_y}=\frac{Z}{S}=\frac{\left(\frac{bh^2}{4}\right)}{\left(\frac{bh^2}{6}\right)}=\frac{3}{2}$

046

정답 ②

$S=\frac{bh^2}{6},\ Z=\frac{bh^2}{4}$

$\therefore S:Z=\frac{bh^2}{6}:\frac{bh^2}{4}=2:3$ (주어진 수치는 의미가 없다)

> **계산 TIP**
>
> 정리가 어려운 수험생들은 제일 앞에 있는 숫자만 보기와 같이 변경해 보는 방식으로 답을 선택하자.
>
> $\frac{bh^2}{6}:\frac{bh^2}{4}=\frac{1}{6}:\frac{1}{4}$
>
> → $1:\frac{3}{2}$ (곱하기 6 ∴ ①, ③ ×)
>
> → $2:3$ (곱하기 12 ∴ ② ○)
>
> → $4:6$ (곱하기 24 ∴ ④ ×)

047

정답 ④

$S=\dfrac{I_C}{중립축에서\ 가장\ 먼\ 길이}$;

$\therefore M_y=\sigma_y\times S$

$=(250\text{MPa})\left(\dfrac{2\times10^8\text{mm}^4}{250\text{mm}}\right)=200\text{kN}\cdot\text{m}$

048

정답 ③

(1) 소성중립축 계산

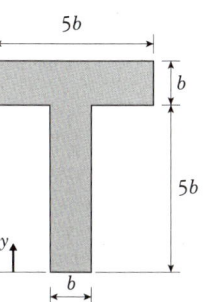

$A=(5b\times b)+(b\times 5b)=10b^2$

$\dfrac{A}{2}=b\times y=5b^2$

→ $y=5b$

(2) 소성계수 계산

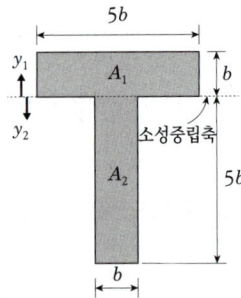

$$Z = Q_1 + Q_2 = A_1 y_1 + A_2 y_2$$
$$= (5b \times b)\left(\frac{b}{2}\right) + (b \times 5b)\left(\frac{5b}{2}\right) = 15b^3$$

(3) 소성 모멘트 계산

$$\therefore M_P = \sigma_y \times Z = \sigma_y \times 15b^3 = 15b^3 \sigma_y$$

049 정답 ④

$M_{\max(외력)} = \dfrac{wL^2}{8}$ (∵ 단순보 해석)

$M_{\max(저항력)} = \sigma_{\max} \times S$

$M_{\max(외력)} = M_{\max(저항력)}$;

$\dfrac{wL^2}{8} = \sigma_{\max} \times S$

$\therefore w = (\sigma_{\max} \times S)\left(\dfrac{8}{L^2}\right)$

$= (40\text{MPa} \times 2 \times 10^6 \text{mm}^3)\left(\dfrac{8}{(4\text{m})^2}\right) = 40\text{kN/m}$

> **계산 TIP**
>
> ● 정석적인 방법
>
> $w = (40\text{MPa} \times 2 \times 10^6 \text{mm}^3)\left(\dfrac{8}{(4\text{m})^2}\right)$
>
> $= (4 \times 2 \times 10^7 \text{N} \cdot \text{mm})\left(\dfrac{8}{4 \times 10^3 \text{mm} \times 4\text{m}}\right)$
>
> $= \dfrac{4 \times 2 \times 8}{4 \times 4} \times 10^4 \text{N/m} = 40\text{kN/m}$
>
> ● 앞자리 뽑기
>
> $w : 4 \times 2 \times \dfrac{8}{4^2} = 4 \longrightarrow w = 40\text{kN/m}$

050 정답 ①

$M_{\max} = \dfrac{wL^2}{8}$ (∵ 단순보 해석)

$M_{\max} = M_P$; (∵ 소성힌지 발생)

$\dfrac{wL^2}{8} = M_P$

$\therefore w_u = \dfrac{8M_P}{L^2}$

051 정답 ③

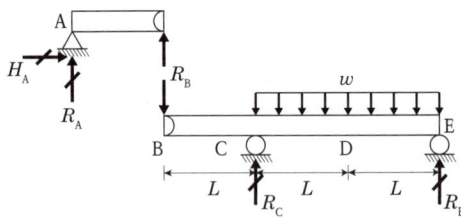

At CE

$M_{\max} = \dfrac{w(2L)^2}{8} = \dfrac{wL^2}{2}$ (∵ 단순보해석)

$Z = \dfrac{b(2h)^2}{4} = bh^2$

$M_P = \sigma_y \times Z$

$M_{\max} = M_P$;

$\dfrac{wL^2}{2} = (\sigma_y)(bh^2)$

$\therefore w = \dfrac{2bh^2 \sigma_y}{L^2}$

CHAPTER 05-1 강봉의 변형

001 ④	002 ②	003 ②	004 ②	005 ③
006 ①	007 ②	008 ④	009 ①	010 ①
011 ③	012 ③	013 ③	014 ①	015 ②
016 ④	017 ②	018 ④	019 ②	020 ①
021 ④	022 ③	023 ④	024 ②	025 ③
026 ①	027 ③	028 ④	029 ②	030 ④
031 ②	032 ③			

001 정답 ④

① $\delta = \dfrac{PL}{EA}$: A에 영향을 받는다.

② $\varepsilon = \dfrac{\delta}{L} = \dfrac{PL}{EA} \times \dfrac{1}{L} = \dfrac{P}{EA}$: A에 영향을 받는다.

③ $\sigma = \dfrac{P}{A}$: A에 영향을 받는다.

④ 부재력은 외력 P와 동일하므로 A와 무관하다.

002 정답 ②

$d \rightarrow 3d$

$A \rightarrow 9A \left(\because A = \dfrac{d^2\pi}{4} \right)$

$\sigma \rightarrow \dfrac{\sigma}{9} \left(\because \sigma = \dfrac{P}{A} \right)$

003 정답 ②

$\delta = \dfrac{PL}{EA} = \dfrac{(9\text{kN})(200\text{mm})}{(200\text{GPa})\left(\dfrac{\pi(100^2 - 80^2)}{4}\text{mm}^2\right)}$

$= \dfrac{1}{100\pi}[\text{mm}]$

계산 TIP

◦ 정석적인 방법

$\delta = \dfrac{(9\text{kN})(200\text{mm})}{(200\text{GPa})\left(\dfrac{\pi(100^2 - 80^2)}{4}\text{mm}^2\right)}$

$= \dfrac{(9\text{kN})(2 \times 10^2 \text{mm})}{(2 \times 10^2)\left(\dfrac{\pi \times 36 \times 10^2}{4}\right)\text{kN}}$

$= \dfrac{4 \times 9 \times 2 \times 10^2 \text{mm}}{2 \times \pi \times 36 \times 10^4} = \dfrac{1}{100\pi}[\text{mm}]$

◦ 앞자리 뽑기

$\delta : \dfrac{9 \times 2}{2 \times \dfrac{\pi \times 36}{4}} = \dfrac{4 \times 9 \times 2}{2 \times \pi \times 36} = \dfrac{1}{\pi} \rightarrow \delta = \dfrac{1}{100\pi}[\text{mm}]$

004 정답 ②

$\delta = \dfrac{PL}{EA} \rightarrow P = \delta \times \dfrac{EA}{L}$

$\therefore P = (1\text{mm})\dfrac{(2 \times 10^5 \text{MPa})(5\text{cm}^2)}{(5\text{m})} = 20\text{kN}$

계산 TIP

◦ 정석적인 방법

$P = (1\text{mm})\dfrac{(2 \times 10^5 \text{MPa})(5\text{cm}^2)}{(5\text{m})}$

$= (1 \times 10^{-3}\text{m})\dfrac{(2 \times 10^5 \text{MPa})(5 \times 10^2 \text{mm}^2)}{(5\text{m})}$

$= \dfrac{2 \times 5}{5} \times 10^4 \text{N} = 2 \times 10\text{kN} = 20\text{kN}$

◦ 앞자리 뽑기

$P : \dfrac{2 \times 5}{5} = 2 \rightarrow P = 20\text{kN}$

005 정답 ③

$\delta = \dfrac{PL}{EA} \rightarrow P = \delta \times \dfrac{EA}{L}$

$\therefore P = (1\text{cm})\dfrac{(2.1 \times 10^4 \text{kN/cm}^2)(1\text{cm}^2)}{(1\text{m})} = 210\text{kN}$

계산 TIP

◦ 정석적인 방법

$P = (1\text{cm})\dfrac{(2.1 \times 10^4 \text{kN/cm}^2)(1\text{cm}^2)}{(1\text{m})}$

$= (1 \times 10^{-2}\text{m})\dfrac{(2.1 \times 10^4 \text{kN/cm}^2)(1\text{cm}^2)}{(1\text{m})}$

$= 2.1 \times 10^2 \text{kN} = 210\text{kN}$

◦ 앞자리 뽑기

$P : 2.1 \rightarrow P = 210\text{kN}$

006 정답 ①

$\delta = \dfrac{PL}{EA} \rightarrow \varepsilon = \dfrac{\delta}{L} = \dfrac{P}{EA}$

$A_a : A_b = \dfrac{\pi d^2}{4} : \dfrac{\pi (2d)^2}{4} = 1 : 4$

$\varepsilon_a : \varepsilon_b = \dfrac{P}{(E)(1)} : \dfrac{P}{(E)(4)} = 4 : 1$

$\therefore \varepsilon_b / \varepsilon_a = 0.25$

007 정답 ②

$\delta = \dfrac{PL}{EA} \rightarrow E = \dfrac{PL}{\delta A}$

$\therefore E = \dfrac{(30\text{kN})(500\text{mm})}{(0.5\text{mm})\left(\dfrac{\pi \times 20^2}{4}\text{mm}^2\right)} = 100\text{GPa}$

계산 TIP

정석적인 방법

$E = \dfrac{(30\text{kN})(500\text{mm})}{(0.5\text{mm})\left(\dfrac{\pi \times 20^2}{4}\text{mm}^2\right)} = \dfrac{(3\times 10)(5\times 10^2)}{(5\times 10^{-1})\left(\dfrac{3\times 2^2 \times 10^2}{4}\right)}\text{GPa}$

$= \dfrac{4\times 3\times 5}{5\times 3\times 2^2} \times 10^2 \text{GPa} = 100\text{GPa}$

앞자리 뽑기

$E : \dfrac{3\times 5}{5\times \dfrac{3\times 2^2}{4}} = \dfrac{4\times 3\times 5}{5\times 3\times 2^2} = 1 \rightarrow E = 100\text{GPa}$

008 정답 ④

$\delta = \dfrac{PL}{EA} \rightarrow E = \dfrac{PL}{\delta A}$

$\therefore E = \dfrac{(100\text{kN})(1\text{m})}{(1\text{mm})(500\text{mm}^2)} = 2\times 10^5 \text{N/mm}^2$

계산 TIP

정석적인 방법

$E = \dfrac{(100\text{kN})(1\text{m})}{(1\text{mm})(500\text{mm}^2)} = \dfrac{(10^2 \times 10^3 \text{N})(10^3 \text{mm})}{(1\text{mm})(5\times 10^2 \text{mm}^2)}$

$= \dfrac{1}{5} \times 10^6 \text{N/mm}^2 = 2\times 10^5 \text{N/mm}^2$

앞자리 뽑기

$E : \dfrac{1}{5} = 0.2 \rightarrow E = 2\times 10^5 \text{N/mm}^2$

009 정답 ①

$\delta = \dfrac{PL}{EA} \rightarrow E = \dfrac{PL}{\delta A}$

$\therefore E = \dfrac{(60\text{kN})(200\text{mm})}{(0.15\text{mm})(20^2 \text{mm}^2)} = 2\times 10^5 \text{MPa}$

계산 TIP

정석적인 방법

$E = \dfrac{(60\text{kN})(200\text{mm})}{(0.15\text{mm})(20^2 \text{mm}^2)} = \dfrac{(6\times 10^3 \text{N})(2\times 10^2 \text{mm})}{(15\times 10^{-2}\text{mm})(2^2 \times 10^2 \text{mm}^2)}$

$= \dfrac{6\times 2}{15\times 2^2} \times 10^6 \text{MPa} = 2\times 10^5 \text{MPa}$

앞자리 뽑기

해당 문제는 보기에 ① 2.0×10^5과 ② 2.0×10^4 및 ③ 8.0×10^5 ④ 8.0×10^4이 10의 배수 관계에 있으므로 앞자리 뽑기를 적용할 수 없다.

010 정답 ①

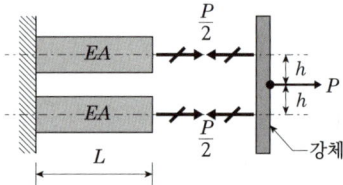

$\delta_a = \dfrac{NL}{EA} = \dfrac{\left(\dfrac{P}{2}\right)(L)}{EA} = \dfrac{PL}{2EA}$

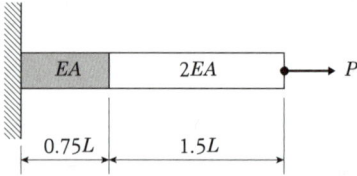

$N_1 = P,\ N_2 = P$

$\delta_b = \delta_1 + \delta_2$

$= \dfrac{P(1.5L)}{2EA} + \dfrac{P(0.75L)}{EA} = \dfrac{1.5PL}{EA}$

$\therefore \dfrac{\delta_b}{\delta_a} = \dfrac{\left(\dfrac{3}{2}\right)}{\left(\dfrac{1}{2}\right)} = 3$

011

정답 ③

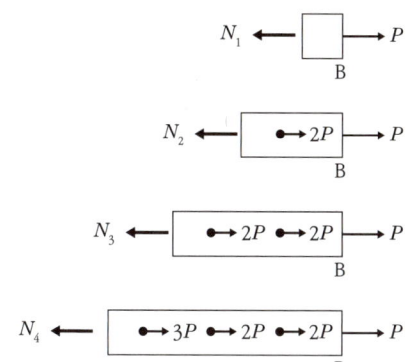

B점부터 왼쪽으로 1~4번 구간으로 표현.
$N_1 = P$, $N_2 = P + 2P = 3P$,
$N_3 = P + 2P + 2P = 5P$, $N_4 = P + 2P + 2P + 3P = 8P$

$$\delta = \delta_1 + \delta_2 + \delta_3 + \delta_4$$
$$= \frac{N_1 L_1}{EA} + \frac{N_2 L_2}{EA} + \frac{N_3 L_3}{EA} + \frac{N_4 L_4}{EA}$$
$$= \frac{(P)(L)}{EA} + \frac{(3P)(L)}{EA} + \frac{(5P)(L)}{EA} + \frac{(8P)(L)}{EA}$$
$$= \frac{17PL}{EA}$$

012

정답 ③

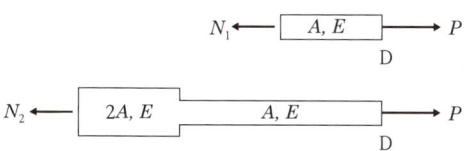

D점부터 왼쪽으로 1~2번 구간으로 표현.
$N_1 = P$, $N_2 = P$

$$\delta_D = \delta_1 + \delta_2$$
$$= \frac{N_1 L_1}{E_1 A_1} + \frac{N_2 L_2}{E_2 A_2}$$
$$= \frac{(P)(L)}{(E)(A)} + \frac{(P)(L)}{(E)(2A)} = \frac{3PL}{2EA}(\rightarrow)$$

013

정답 ③

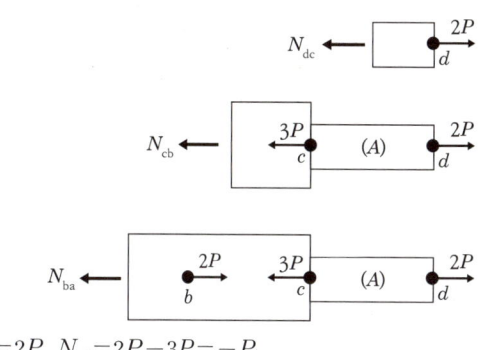

$N_{dc} = 2P$, $N_{cb} = 2P - 3P = -P$
$N_{ba} = 2P - 3P + 2P = P$

$$\delta_d = \delta_{dc} + \delta_{cb} + \delta_{ba}$$
$$= \frac{N_{dc} L_{dc}}{EA_{dc}} + \frac{N_{cb} L_{cb}}{EA_{cb}} + \frac{N_{ba} L_{ba}}{EA_{ba}}$$
$$= \frac{(2P)(L)}{EA} + \frac{(-P)(L)}{E(2A)} + \frac{(P)(L)}{E(2A)} = \frac{2PL}{EA}(\rightarrow)$$

014

정답 ①

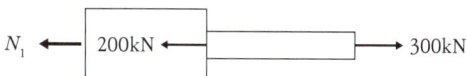

$N_2 = 300\text{kN}$, $N_1 = 300 - 200 = 100\text{kN}$

$$\delta_T = \delta_2 + \delta_1$$
$$= \frac{N_2 L_2}{EA_2} + \frac{N_1 L_1}{EA_1}$$
$$= \frac{(300\text{kN})(400\text{mm})}{(300\text{GPa})(200\text{mm}^2)} + \frac{(100\text{kN})(500\text{mm})}{(300\text{GPa})(500\text{mm}^2)}$$
$$= \frac{7}{3}\text{mm}$$

계산 TIP

정석적인 방법
$$\delta_T = \frac{(300\text{kN})(400\text{mm})}{(300\text{GPa})(200\text{mm}^2)} + \frac{(100\text{kN})(500\text{mm})}{(300\text{GPa})(500\text{mm}^2)}$$
$$= \frac{(3 \times 10^2\text{kN})(4 \times 10^2\text{mm})}{(3 \times 10^2)(2 \times 10^2)\text{kN}} + \frac{(10^2\text{kN})(5 \times 10^2\text{mm})}{(3 \times 10^2)(5 \times 10^2)\text{kN}}$$
$$= \frac{3 \times 4}{3 \times 2}\text{mm} + \frac{5}{3 \times 5}\text{mm} = \frac{7}{3}\text{mm}$$

앞자리 뽑기
δ_T는 2개 항으로 구성되므로 앞자리 뽑기를 적용할 수 없다.

015

정답 ②

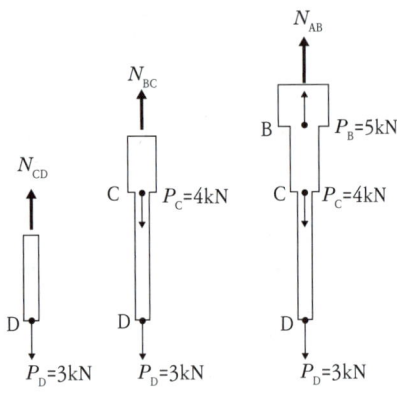

$N_{CD} = 3\text{kN}$
$N_{BC} = 3\text{kN} + 4\text{kN} = 7\text{kN}$
$N_{AB} = 3\text{kN} + 4\text{kN} - 5\text{kN} = 2\text{kN}$

$\delta_{AD} = \delta_{CD} + \delta_{BC} + \delta_{AB}$
$= \dfrac{N_{CD}L_{CD}}{EA_{CD}} + \dfrac{N_{BC}L_{BC}}{EA_{BC}} + \dfrac{N_{AB}L_{AB}}{EA_{AB}}$
$= \dfrac{(3\text{kN})(2\text{m})}{(20\text{kN/m}^2)(1\text{m}^2)} + \dfrac{(7\text{kN})(1\text{m})}{(20\text{kN/m}^2)(2\text{m}^2)}$
$\quad + \dfrac{(2\text{kN})(1\text{m})}{(20\text{kN/m}^2)(3\text{m}^2)}$
$\approx 0.5083\text{m}(\downarrow)$

계산 TIP

◆ 정석적인 방법

$\delta_{AD} = \dfrac{(3\text{kN})(2\text{m})}{(20\text{kN/m}^2)(1\text{m}^2)} + \dfrac{(7\text{kN})(1\text{m})}{(20\text{kN/m}^2)(2\text{m}^2)}$
$\quad + \dfrac{(2\text{kN})(1\text{m})}{(20\text{kN/m}^2)(3\text{m}^2)}$
$= \dfrac{3 \times 2}{2 \times 10}\text{m} + \dfrac{7}{2 \times 2 \times 10}\text{m} + \dfrac{2}{2 \times 3 \times 10}\text{m}$
$= \dfrac{3}{10} + \dfrac{7}{40} + \dfrac{1}{30} = \dfrac{36}{120} + \dfrac{21}{120} + \dfrac{4}{120} = \dfrac{61}{120} \approx 0.5083\text{m}$

◆ 앞자리 뽑기

δ_{AD}는 3개 항으로 구성되므로 앞자리 뽑기를 적용할 수 없다.

016

정답 ④

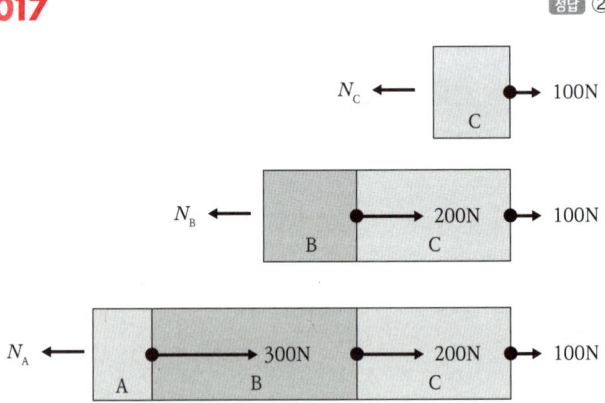

$N_{BC} = -P$
$N_{AB} = -P + Q$

$\delta_C = \delta_{BC} + \delta_{AB}$
$= \dfrac{N_{BC}L_{BC}}{EA} + \dfrac{N_{AB}L_{AB}}{EA}$
$= \dfrac{(-P)(2L)}{EA} + \dfrac{(-P+Q)(L)}{EA} = 0$

→ $-3P + Q = 0$

∴ $Q = 3P$

017

정답 ②

$N_C = 100\text{N}$
$N_B = 100 + 200 = 300\text{N}$
$N_A = 100 + 200 + 300 = 600\text{N}$

$\Delta = \delta_A + \delta_B + \delta_C$
$= \dfrac{N_A L_A}{E_A A} + \dfrac{N_B L_B}{E_B A} + \dfrac{N_C L_C}{E_C A}$
$= \dfrac{(600\text{N})(100\text{mm})}{(100\text{MPa})(100\text{mm}^2)} + \dfrac{(300\text{N})(200\text{mm})}{(200\text{MPa})(100\text{mm}^2)}$
$\quad + \dfrac{(100\text{N})(150\text{mm})}{(150\text{MPa})(100\text{mm}^2)}$
$= 10\text{mm}(\rightarrow)$

계산 TIP

○ 정석적인 방법

$$\Delta = \frac{(600N)(100mm)}{(100MPa)(100mm^2)} + \frac{(300N)(200mm)}{(200MPa)(100mm^2)}$$
$$+ \frac{(100N)(150m)}{(150MPa)(100mm^2)}$$
$$= \frac{(6 \times 10^2 N)(10^2 mm)}{(10^2)(10^2)N} + \frac{(3 \times 10^2 N)(2 \times 10^2 mm)}{(2 \times 10^2)(10^2)N}$$
$$+ \frac{(10^2 N)(15 \times 10 mm)}{(15 \times 10)(10^2)N}$$
$$= 6mm + \frac{3 \times 2}{2}mm + \frac{15}{15}mm = 10mm$$

○ 앞자리 뽑기

Δ는 3개 항으로 구성되므로 앞자리 뽑기를 적용할 수 없다.

018 정답 ④

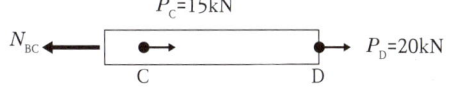

$N_{CD} = 20kN$
$N_{BC} = 20kN + 15kN = 35kN$
$N_{AB} = 20kN + 15kN - 35kN = 5kN$
$\delta_D = \delta_{AB} + \delta_{BC} + \delta_{CD}$
$= \frac{N_{AB}L_{AB}}{EA} + \frac{N_{BC}L_{BC}}{EA} + \frac{N_{CD}L_{CD}}{EA}$
$= \frac{(5kN)(10cm)}{EA} + \frac{(35kN)(10cm)}{EA} + \frac{(20kN)(20cm)}{EA}$
$= \frac{800kN \cdot cm}{(100GPa)(1mm^2)} = 8cm (\rightarrow)$

계산 TIP

○ 정석적인 방법

$\delta_D = \frac{800kN \cdot cm}{(100GPa)(1mm^2)} = \frac{8 \times 10^2 kN \cdot cm}{10^2 kN} = 8cm$

○ 앞자리 뽑기

$\delta_D : 8 \rightarrow \delta_D = 8cm$

019 정답 ②

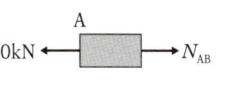

$N_{AB} = 50kN$
$N_{BC} = 50kN - 10kN = 40kN$
$N_{CD} = 50kN - 10kN + 30kN = 70kN$
$\delta_{AD} = \delta_{AB} + \delta_{BC} + \delta_{CD}$
$= \frac{N_{AB}L_{AB}}{EA} + \frac{N_{BC}L_{BC}}{EA} + \frac{N_{CD}L_{CD}}{EA}$
$= \frac{(50kN \times 1m)}{EA} + \frac{(40kN \times 2m)}{EA} + \frac{(70kN \times 1m)}{EA}$
$= \frac{200kN \cdot m}{EA} = \frac{200kN \cdot m}{(200GPa)(200mm^2)} = 5mm$

계산 TIP

○ 정석적인 방법

$\delta_{AD} = \frac{200kN \cdot m}{(200GPa)(200mm^2)} = \frac{2 \times 10^2 \times 10^3 kN \cdot mm}{2 \times 10^2 \times 2 \times 10^2 kN} = 5mm$

○ 앞자리 뽑기

$\delta_{AD} : \frac{2}{2 \times 2} = \frac{1}{2} = 0.5 \rightarrow \delta_{AD} = 5mm$

020 정답 ①

B점의 변위는 AB 구간의 변위와 무관하고 오직 CB 구간이 늘어나면 B점은 오른쪽으로 이동하고, CB 구간이 줄어들면 B점은 왼쪽으로 이동한다. 따라서 먼저 CB 구간의 부재력을 힘 평형을 이용하여 구한다.

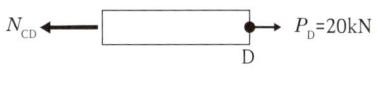

$N_{CB} = P_A - P_B$
$\delta_B = \delta_{CB}$
$= \frac{N_{CB}L_{CB}}{EA}$
$= \frac{(P_A - P_B)(2m)}{EA} = 0$ (∵ B점 이동 ×)

∴ $P_B = P_A = 10MN$

021

정답 ④

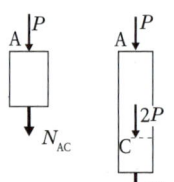

$N_{AC} = -P$, $N_{BC} = -P - 2P = -3P$

$\delta_A = \delta_{AC} + \delta_{BC}$
$= \dfrac{N_{AC}L_{AC}}{EA} + \dfrac{N_{BC}L_{BC}}{EA}$
$= \dfrac{(-P)(L)}{EA} + \dfrac{(-3P)(L)}{EA}$
$= -\dfrac{4PL}{EA}$ (압축) ($\downarrow$)

022

정답 ③

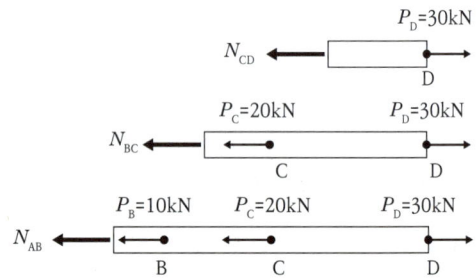

$N_{CD} = 30\text{kN}$
$N_{BC} = 30\text{kN} - 20\text{kN} = 10\text{kN}$
$N_{AB} = 30\text{kN} - 20\text{kN} - 10\text{kN} = 0\text{kN}$

$\delta_{AD} = \delta_{CD} + \delta_{BC} + \delta_{AB}$
$= \dfrac{N_{CD}L_{CD}}{EA} + \dfrac{N_{BC}L_{BC}}{EA} + \dfrac{N_{AB}L_{AB}}{EA}$
$= \dfrac{(30\text{kN})(3\text{m})}{EA} + \dfrac{(10\text{kN})(2\text{m})}{EA} + \dfrac{(0\text{kN})(1\text{m})}{EA}$
$= \dfrac{110\text{kN}\cdot\text{m}}{(20\text{MPa})(1\text{m}^2)} = 5.5\text{mm} (\rightarrow)$

◆ 계산 TIP

◦ 정석적인 방법
$\delta_{AD} = \dfrac{110\text{kN}\cdot\text{m}}{(20\text{MPa})(1\text{m}^2)} = \dfrac{11\times10^6\text{N}\cdot\text{mm}}{2\times10^6\text{N}} = 5.5\text{mm}(\rightarrow)$

◦ 앞자리 뽑기
$\delta_{AD} : \dfrac{110}{2} = 55 \rightarrow \delta_{AD} = 5.5\text{mm}(\rightarrow)$

023

정답 ④

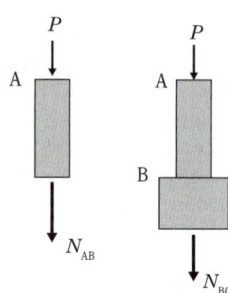

$N_{AB} = -P$, $N_{BC} = -P$

$\delta_{AB} = \dfrac{N_{AB}L_{AB}}{EA_{AB}} = \dfrac{(-P)\left(\dfrac{L}{2}\right)}{EA} = -\dfrac{PL}{2EA}$

$\delta_{BC} = \dfrac{N_{BC}L_{BC}}{EA_{BC}} = \dfrac{(-P)\left(\dfrac{L}{2}\right)}{2EA} = -\dfrac{PL}{4EA}$

$\delta_A = \delta_{AB} + \delta_{BC} = -\dfrac{3PL}{4EA}(\downarrow)$

$\delta_B = \delta_{BC} = -\dfrac{PL}{4EA}(\downarrow)$

$\therefore \delta_A : \delta_B = 3 : 1$

024

정답 ②

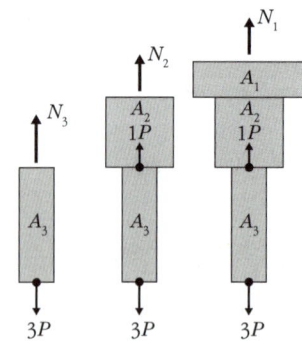

$N_3 = 3P$, $N_2 = N_1 = 3P - P = 2P$

$\delta_1 = \dfrac{N_1L_1}{EA_1} = \dfrac{(2P)(L)}{EA} = \dfrac{2PL}{EA}$

$\delta_2 = \dfrac{N_2L_2}{EA_2} = \dfrac{(2P)(2L)}{E\left(\dfrac{A}{2}\right)} = \dfrac{8PL}{EA}$

$\delta_3 = \dfrac{N_3L_3}{EA_3} = \dfrac{(3P)(3L)}{E\left(\dfrac{A}{4}\right)} = \dfrac{36PL}{EA}$

$\therefore \delta_1 : \delta_2 : \delta_3 = 2 : 8 : 36 = 1 : 4 : 18$

025

정답 ③

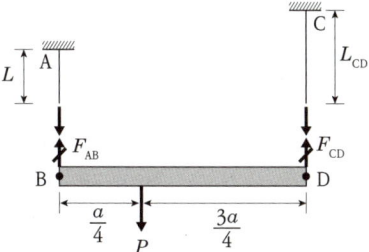

At BD

$\circlearrowleft + \sum M_B = 0;$

$(F_{CD} \times a) - \left(P \times \dfrac{a}{4}\right) = 0$

$\rightarrow F_{CD} = \dfrac{P}{4}$

$\uparrow + \sum F_y = 0;$

$F_{AB} - P + \dfrac{P}{4} = 0$

$\rightarrow F_{AB} = \dfrac{3}{4}P$

$\delta_{AB} = \dfrac{F_{AB} L_{AB}}{E_{AB} A_{AB}} = \dfrac{\left(\dfrac{3}{4}P\right)(L)}{E(3A_{CD})} = \dfrac{PL}{4EA_{CD}}$

$\delta_{CD} = \dfrac{F_{CD} L_{CD}}{E_{CD} A_{CD}} = \dfrac{\left(\dfrac{1}{4}P\right)(L_{CD})}{E(A_{CD})} = \dfrac{PL_{CD}}{4EA_{CD}}$

$\delta_{AB} = \delta_{CD}; (\because 수평유지)$

$\dfrac{PL}{4EA_{CD}} = \dfrac{PL_{CD}}{4EA_{CD}}$

$\therefore L_{CD} = L$

026

정답 ①

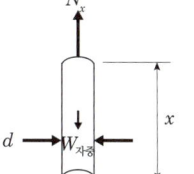

At 자유물체도

$\uparrow + \sum F_y = 0;$

$N_x - W_{자중} - W = 0$

$\rightarrow N_x = W_{자중} + W$

$\quad = (체적 \times \gamma) + W$

$\quad = (A \times x \times \gamma) + W$

$N_{max} = AL\gamma + W$

$\therefore \sigma_{max} = \dfrac{N_{max}}{A}$

$\quad = \gamma L + \dfrac{W}{A} = \gamma L + \dfrac{W}{\left(\dfrac{\pi d^2}{4}\right)}$

$\quad = \dfrac{4W}{\pi d^2} + \gamma L$

027

정답 ③

$\delta_T = \alpha \Delta T L$

$\quad = (1.0 \times 10^{-5}/℃)(20℃)(3m) = 0.6mm$

계산 TIP

◦ 정석적인 방법

$\delta_T = (1.0 \times 10^{-5}/℃)(20℃)(3m)$

$\quad = (1 \times 10^{-5})(2 \times 10)(3 \times 10^3 mm)$

$\quad = 2 \times 3 \times 10^{-1} mm = 0.6mm$

◦ 앞자리 뽑기

$\delta_T : 2 \times 3 = 6 \rightarrow \delta_T = 0.6mm$

028

정답 ④

δ_R : 축력에 의한 변형

δ_T : 온도 변화에 의한 변형

$\delta_R + \delta_T = 0; (\because 변형 없음)$

$\dfrac{PL}{EA} + \alpha \Delta T L = 0$

$\rightarrow P = -\alpha \Delta T E A$

$\therefore P = -(1 \times 10^{-5}/℃)(20℃)(200GPa)(0.001m^2)$

$\quad = -40kN (압축)$

> **계산 TIP**
>
> **◉ 정석적인 방법**
> $P = -(1\times 10^{-5}/℃)(20℃)(200\text{GPa})(0.001\text{m}^2)$
> $\quad = -(10^{-5})(2\times 10)(2\times 10^2)(10^{-3})\times 10^9 \text{N}$
> $\quad = -2\times 2\times 10^4 \text{N} = -40\text{kN(압축)}$
>
> **◉ 앞자리 뽑기**
> $P : -2\times 2 = -4 \rightarrow P = -40\text{kN(압축)}$

029 정답 ②

δ_R : 축력에 의한 변형
δ_T : 온도 변화에 의한 변형
$\delta_R + \delta_T = 0$; (∵ 변형 없음)
$\dfrac{PL}{EA} + \alpha \Delta T L = 0$
$\rightarrow P = -\alpha \Delta T E A$

$\therefore P = -(1\times 10^{-5}/℃)(-100℃)(200\text{GPa})(1\text{cm})^2$
$\quad = 20\text{kN(인장)}$

> **계산 TIP**
>
> **◉ 정석적인 방법**
> $P = -(1\times 10^{-5}/℃)(-100℃)(200\text{GPa})(1\text{cm})^2$
> $\quad = -(10^{-5})(-10^2)(2\times 10^2 \text{GPa})(10^{-4}\text{m}^2)$
> $\quad = 2\times 10^{-5} \times 10^9 \text{N} = 20\text{kN(인장)}$
>
> **◉ 앞자리 뽑기**
> 해당 문제는 보기에 ① 20kN(압축) ② 20kN(인장) ③ 200N(압축) ④ 200N(인장)이 10의 배수 관계에 있으므로 앞자리 뽑기를 적용할 수 없다.

030 정답 ④

ε_R : 축력에 의한 변형률
ε_T : 온도 변화에 의한 변형률
$\varepsilon_R + \varepsilon_T = 2400\times 10^{-6}$;
$\dfrac{P}{EA} + \alpha \Delta T = 2400\times 10^{-6}$ $\left(\because \delta = \dfrac{PL}{EA} \rightarrow \varepsilon = \dfrac{\delta}{L} = \dfrac{P}{EA}\right)$
$\rightarrow \sigma = \dfrac{P}{A} = (2400\times 10^{-6} - \alpha \Delta T) E$

$\therefore \sigma = (2400\times 10^{-6} - 20\times 10^{-6}/℃ \times -30℃)(100\text{GPa})$
$\quad = 300\text{MPa (인장)}$

031 정답 ②

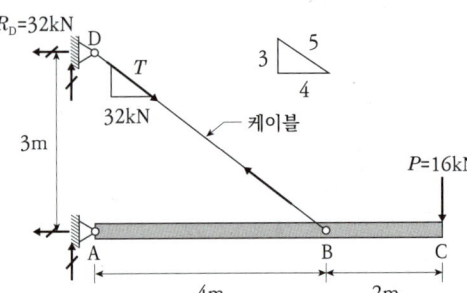

$\circlearrowleft + \sum M_A = 0$;
$(R_D \times 3\text{m}) - (16\text{kN} \times 6\text{m}) = 0$
$\rightarrow R_D = 32\text{kN}$

$T = 32\text{kN} \times \dfrac{5}{4} = 40\text{kN}$

$L = 4\text{m} \times \dfrac{5}{4} = 5\text{m}$

$\therefore \delta = \dfrac{NL}{EA} = \dfrac{TL}{EA}$
$\quad = \dfrac{(40\text{kN})(5\text{m})}{(200{,}000\text{kN/m}^2)(0.1\text{m}^2)} = 10\text{mm}$

032 정답 ③

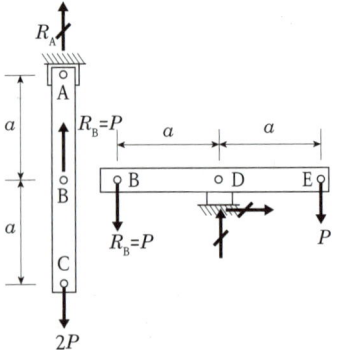

At BE
$\circlearrowleft + \sum M_D = 0$;
$(R_B \times a) - (P\times a) = 0$
$\rightarrow R_B = P$

At AC
↑ + $\sum F_y = 0$;
$R_A + P - 2P = 0$
→ $R_A = P$

① 총 부정정 차수 공식을 이용하여 계산할 수 있으나, 위의 과정과 같이 힘 평형 방정식만으로 구조를 해석할 수 있으므로 정정구조라고 판정하는 것이 편리하다.
② 옳은 보기이다.
③, ④ $N_{BC} = 2P$, $N_{AB} = 2P - P = P$
$\delta_{BC} = \dfrac{N_{BC} L_{BC}}{EA} = \dfrac{(2P)(a)}{EA} = \dfrac{2Pa}{EA}$
$\delta_{AB} = \dfrac{N_{AB} L_{AB}}{EA} = \dfrac{(P)(a)}{EA} = \dfrac{Pa}{EA}$
BE는 강체이므로 변형 후 형상이 직선을 유지한다. $\delta_B = \delta_{AB}$인데, $\delta_{AB} = \dfrac{Pa}{EA}$이므로 인장으로 B점은 아래로 이동한다. 따라서 E점은 위로 이동한다.

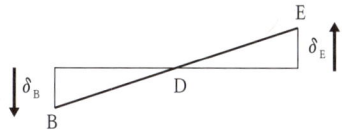

꼭 알아두자!

'Chapter 18 정정, 부정정'을 학습한 학생들은 부정정 차수를 계산해 보자.

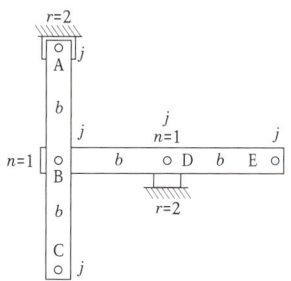

$b = 4$, $r = 4$, $n = 2$, $j = 5$
$b + r + n - 2j = 4 + 4 + 2 - 2(5) = 0$
불안정 예외 구조가 아니므로 정정 구조이다.

CHAPTER 05-2 포아송 비(Poisson's ratio)

001 ②	002 ④	003 ①	004 ①	005 ③
006 ②	007 ④	008 ①	009 ④	010 ④
011 ③	012 ③	013 ②	014 ①	015 ④
016 ①	017 ②	018 ②	019 ①	020 ①
021 ③

001 정답 ②

$\nu = -\dfrac{\varepsilon_{lat}}{\varepsilon_a} = -\dfrac{\left(\dfrac{\Delta d}{d}\right)}{\left(\dfrac{\Delta L}{L}\right)} = -\dfrac{L \Delta d}{d \Delta L}$

$= -\dfrac{(250mm)(-0.2mm)}{(100mm)(2mm)} = 0.25$

계산 TIP

● 정석적인 방법

$\nu = -\dfrac{(250mm)(-0.2mm)}{(100mm)(2mm)} = \dfrac{(25 \times 10)(2 \times 10^{-1})}{(10^2)(2)}$

$= \dfrac{25 \times 2}{2} \times 10^{-2} = 0.25$

● 앞자리 뽑기

$\nu : \dfrac{25 \times 2}{2} = 25 \rightarrow \nu = 0.25$

002 정답 ④

$\nu = -\dfrac{\varepsilon_{lat}}{\varepsilon_a} = -\dfrac{\left(\dfrac{\Delta d}{d}\right)}{\left(\dfrac{\Delta L}{L}\right)} = -\dfrac{L \Delta d}{d \Delta L}$

$= -\dfrac{(1m)(-0.1mm)}{(50mm)(5mm)} = 0.4$

계산 TIP

● 정석적인 방법

$\nu = -\dfrac{(1m)(-0.1mm)}{(50mm)(5mm)} = \dfrac{(10^3 mm)(10^{-1} mm)}{(5 \times 10 mm)(5mm)}$

$= \dfrac{10}{5 \times 5} = \dfrac{2}{5} = 0.4$

● 앞자리 뽑기

$\nu : \dfrac{1}{5 \times 5} = \dfrac{1}{25} \rightarrow \dfrac{100}{25} = 4 \rightarrow \nu = 0.4$

003

정답 ①

$$\nu = -\frac{\varepsilon_{lat}}{\varepsilon_a} = -\frac{\left(\frac{\Delta d}{d}\right)}{\left(\frac{\Delta L}{L}\right)} = -\frac{L\Delta d}{d\Delta L}$$

$$= -\frac{(500\text{mm})(-0.001\text{mm})}{(50\text{mm})(0.1\text{mm})} = 0.1$$

계산 TIP

◦ 정석적인 방법

$$\nu = -\frac{(500\text{mm})(-0.001\text{mm})}{(50\text{mm})(0.1\text{mm})} = \frac{(5\times 10^2)(10^{-3})}{(5\times 10)(10^{-1})}$$

$$= \frac{5}{5} \times 10^{-1} = 0.1$$

◦ 앞자리 뽑기

$$\nu : \frac{5}{5} = 1 \rightarrow \nu = 0.1$$

004

정답 ①

$$\nu = -\frac{\varepsilon_{lat}}{\varepsilon_a} = -\frac{\left(\frac{\Delta d}{d}\right)}{\left(\frac{\Delta L}{L}\right)} = -\frac{L\Delta d}{d\Delta L}$$

$$= -\frac{(2\text{m})(-0.0003\text{m})}{(0.1\text{m})(0.02\text{m})} = 0.3$$

계산 TIP

◦ 정석적인 방법

$$\nu = -\frac{(2\text{m})(-0.0003\text{m})}{(0.1\text{m})(0.02\text{m})} = \frac{(2)(3\times 10^{-4})}{(10^{-1})(2\times 10^{-2})}$$

$$= \frac{2\times 3}{2} \times 10^{-1} = 0.3$$

◦ 앞자리 뽑기

$$\nu : \frac{2\times 3}{2} = 3 \rightarrow \nu = 0.3$$

005

정답 ③

$$\delta = \frac{PL}{EA} \rightarrow \varepsilon_a = \frac{\delta}{L} = \frac{P}{EA}$$

$$\nu = -\frac{\varepsilon_{lat}}{\varepsilon_a} = -\frac{\left(\frac{\Delta d}{d}\right)}{\left(\frac{P}{EA}\right)} = -\frac{EA\Delta d}{dP}$$

$$= -\frac{(2\times 10^5\text{MPa})\left(\frac{\pi \times 10^2}{4}\text{mm}^2\right)(-0.4\text{mm})}{(10\text{mm})(3000\text{kN})} = \frac{1}{5}$$

계산 TIP

◦ 정석적인 방법

$$\nu = -\frac{(2\times 10^5\text{MPa})\left(\frac{\pi \times 10^2}{4}\text{mm}^2\right)(-0.4\text{mm})}{(10\text{mm})(3000\text{kN})}$$

$$= \frac{(2\times 10^5)(3\times 10^2)\text{N}(4\times 10^{-1})}{4(10)(3\times 10^3\times 10^3\text{N})}$$

$$= \frac{2\times 3\times 4}{4\times 3} \times 10^{-1} = 0.2 = \frac{1}{5}$$

◦ 앞자리 뽑기

$$\nu : \frac{2\times 3\times 4}{4\times 3} = 2 \rightarrow \nu = \frac{1}{5}$$

006

정답 ②

$$\delta = \frac{PL}{EA} \rightarrow E = \frac{PL}{\delta A}$$

$$\rightarrow E = \frac{(20\text{kN})(1000\text{mm})}{(500\mu\text{m})\left(\frac{\pi \times 20^2}{4}\text{mm}^2\right)} = \frac{400}{\pi}\text{GPa}$$

$$\nu = -\frac{\varepsilon_{lat}}{\varepsilon_a} = -\frac{\left(\frac{\Delta d}{d}\right)}{\left(\frac{\Delta L}{L}\right)} = -\frac{L\Delta d}{d\Delta L}$$

$$= -\frac{(1000\text{mm})(-3\mu\text{m})}{(20\text{mm})(500\mu\text{m})} = 0.3$$

꼭 알아두자!

마이크로미터는 잘 이용되는 단위는 아니나 기출에 한번 출제되었으므로 기억해 두면 좋다.

$\mu\text{m} = 10^{-6}\text{m} = 10^{-3}\text{mm}$

계산 TIP

● 정석적인 방법

$$E = \frac{(20\text{kN})(1000\text{mm})}{(500\mu\text{m})\left(\frac{\pi \times 20^2}{4}\text{mm}^2\right)}$$

$$= \frac{(2 \times 10\text{kN})(10^3\text{mm})}{(5 \times 10^2 \times 10^{-3}\text{mm})\left(\frac{\pi \times 2^2 \times 10^2}{4}\text{mm}^2\right)}$$

$$= \frac{4 \times 2}{5 \times \pi \times 2^2} \times 10^3 \text{GPa} = \frac{400}{\pi}\text{GPa}$$

$$\nu = -\frac{(1000\text{mm})(-3\mu\text{m})}{(20\text{mm})(500\mu\text{m})} = \frac{(10^3)(3)}{(2 \times 10)(5 \times 10^2)}$$

$$= \frac{3}{2 \times 5} = 0.3$$

● 앞자리 뽑기

$$E : \frac{2}{5 \times \frac{\pi \times 2^2}{4}} = \frac{4 \times 2}{5 \times \pi \times 2^2} = \frac{2}{5\pi} \rightarrow \frac{2 \times 10}{5\pi} = \frac{4}{\pi} \rightarrow E = \frac{400}{\pi}$$

$$\nu : \frac{3}{2 \times 5} = 0.3 \rightarrow \nu = 0.3$$

008 정답 ①

$$\nu = -\frac{\varepsilon_{\text{lat}}}{\varepsilon_{\text{a}}}$$

→ $\varepsilon_{\text{lat}} = -\nu \times \varepsilon_{\text{a}} = \frac{\Delta d}{d}$

→ $\Delta d = -\nu \times \varepsilon_{\text{a}} \times d$

$$= -\nu \times \frac{\Delta L}{L} \times d$$

$$\therefore \Delta d = -\left(\frac{1}{4}\right)\left(\frac{1\text{mm}}{150\text{mm}}\right)(15\text{mm}) = -0.025\text{mm}(감소)$$

꼭 알아두자!

포아송수(m)는 포아송비(ν)의 역수$\left(\text{m} = \frac{1}{\nu}\right)$이다.

007 정답 ④

$$\nu = -\frac{\varepsilon_{\text{lat}}}{\varepsilon_{\text{a}}}$$

→ $\varepsilon_{\text{lat}} = -\nu \times \varepsilon_{\text{a}} = \frac{\Delta d}{d}$

→ $\Delta d = -\nu \times \varepsilon_{\text{a}} \times d$

$$= -\nu \times \frac{\Delta L}{L} \times d$$

$$\therefore \Delta d = -(0.4)\left(\frac{2\text{mm}}{2\text{m}}\right)(100\text{mm}) = -0.04\text{mm}$$

꼭 알아두자!

$\varepsilon_{\text{lat}} = -\nu \times \varepsilon_{\text{a}}$에서 $\varepsilon_{\text{lat}} = -\nu \times \varepsilon_{\text{a}} = \frac{\Delta d}{d}$로 한번에 넘어가는 것이 중요하다.

009 정답 ④

$$\nu = -\frac{\varepsilon_{\text{lat}}}{\varepsilon_{\text{a}}}$$

→ $\varepsilon_{\text{lat}} = -\nu \times \varepsilon_{\text{a}} = \frac{\Delta d}{d}$

→ $\Delta d = -\nu \times \varepsilon_{\text{a}} \times d$

$$= -\nu \times \frac{\Delta L}{L} \times d$$

$$= -(0.2)\left(\frac{10\text{cm}}{10\text{m}}\right)(50\text{cm}) = -0.1\text{cm}$$

$$\therefore \Delta r = \frac{\Delta d}{2} = -0.05\text{cm}(감소)$$

010

정답 ④

$\nu = -\dfrac{\varepsilon_{\text{lat}}}{\varepsilon_a}$

→ $\varepsilon_{\text{lat}} = -\nu \times \varepsilon_a = \dfrac{\Delta d}{d}$

→ $\Delta d = -\nu \times \varepsilon_a \times d$

$\quad = -\nu \times \dfrac{P}{EA} \times d \; \left(\because \delta = \dfrac{PL}{EA} \rightarrow \varepsilon_a = \dfrac{\delta}{L} = \dfrac{P}{EA}\right)$

$\quad = -\nu \times \dfrac{P}{E\left(\dfrac{\pi d^2}{4}\right)} \times d$

$\quad = -4\left(\dfrac{P\nu}{\pi d E}\right)$

011

정답 ③

$\nu = -\dfrac{\varepsilon_{\text{lat}}}{\varepsilon_a}$

→ $\varepsilon_{\text{lat}} = -\nu \times \varepsilon_a = \dfrac{\Delta d}{d}$

→ $\Delta d = -\nu \times \varepsilon_a \times d$

$\quad = -\nu \times \dfrac{P}{EA} \times d \; \left(\because \delta = \dfrac{PL}{EA} \rightarrow \varepsilon_a = \dfrac{\delta}{L} = \dfrac{P}{EA}\right)$

$\therefore \Delta d = -(0.3)\left(\dfrac{15\text{kN}}{50\text{GPa} \times \dfrac{\pi \times 10^2}{4}\text{mm}^2}\right)(10\text{mm})$

$\quad = -0.012\text{mm}$

계산 TIP

● 정석적인 방법

$\Delta d = -(0.3)\left(\dfrac{15\text{kN}}{50\text{GPa} \times \dfrac{\pi \times 10^2}{4}\text{mm}^2}\right)(10\text{mm})$

$\quad = -(3 \times 10^{-1})\left(\dfrac{15\text{kN}}{5 \times 10 \times \dfrac{3 \times 10^2}{4}\text{kN}}\right)(10\text{mm})$

$\quad = -\dfrac{3 \times 15 \times 4}{5 \times 3} \times 10^{-3}\text{mm} = -0.012\text{mm}$

● 앞자리 뽑기

$\Delta d : -\dfrac{3 \times 15}{5 \times \dfrac{3}{4}} = -\dfrac{3 \times 15 \times 4}{5 \times 3} = -12 \rightarrow \Delta d = -0.012\text{mm}$

012

정답 ③

$\nu = -\dfrac{\varepsilon_{lat}}{\varepsilon_a}$

→ $\varepsilon_{lat} = -\nu \times \varepsilon_a = \dfrac{\Delta d}{d}$

→ $\Delta d = -\nu \times \varepsilon_a \times d$

$\quad = -\nu\left(\dfrac{P}{EA}\right)d \; \left(\because \delta = \dfrac{PL}{EA} \rightarrow \varepsilon_a = \dfrac{\delta}{L} = \dfrac{P}{EA}\right)$

$\therefore \Delta d = -(0.25)\left(\dfrac{10000\text{kN}}{2 \times 10^5\text{MPa} \times \dfrac{\pi \times 4^2}{4}\text{cm}^2}\right)(4\text{cm}) = -\dfrac{1}{8\pi}\text{cm}$

계산 TIP

● 정석적인 방법

$\Delta d = -(0.25)\left(\dfrac{10000\text{kN}}{2 \times 10^5\text{MPa} \times \dfrac{\pi \times 4^2}{4}\text{cm}^2}\right)(4\text{cm})$

$\quad = -(25 \times 10^{-2})\left(\dfrac{10^4 \times 10^3 \text{N}}{2 \times 10^5\text{MPa} \times \dfrac{\pi \times 4^2}{4} \times 10^2 \text{mm}^2}\right)(4\text{cm})$

$\quad = -\dfrac{25 \times 4}{2 \times \pi \times 4} \times 10^{-2}\text{cm} = -\dfrac{1}{8}\pi\text{cm}$

● 앞자리 뽑기

$\Delta d : -\dfrac{25 \times 4}{2 \times \dfrac{\pi \times 4^2}{4}} = -\dfrac{25 \times 4}{2 \times \pi \times 4} = -\dfrac{12.5}{\pi}$

→ $-\dfrac{12.5}{\pi \times 100} = -\dfrac{1}{8}\pi \rightarrow \Delta d = -\dfrac{1}{8}\pi\text{cm}$

013

정답 ②

$\nu = -\dfrac{\varepsilon_{\text{lat}}}{\varepsilon_a}$

→ $\varepsilon_{\text{lat}} = -\nu \times \varepsilon_a = \dfrac{\Delta d}{d}$

→ $\Delta d = -\nu \times \varepsilon_a \times d$

$\quad = -\nu \times \dfrac{\Delta L}{L} \times d$

$\quad = -(0.3)\left(\dfrac{3\text{mm}}{1\text{m}}\right)(30\text{mm}) = -0.027\text{mm}$

$\therefore$ 최종지름 $= d + \Delta d$

$\quad = 30\text{mm} - 0.027\text{mm} = 29.973\text{mm}$

014

정답 ①

(1) δ_1 (횡방향 변형량)

$\nu = -\dfrac{\varepsilon_{\text{lat}}}{\varepsilon_a}$

→ $\varepsilon_{\text{lat}} = -\nu \times \varepsilon_a = \dfrac{\delta_1}{L}$

→ $\delta_1 = -\nu \times \varepsilon_a \times L$

(2) σ_1

$\delta = \dfrac{PL}{EA}$ → $\delta = \sigma \times \dfrac{L}{E}$ $\left(\because \sigma = \dfrac{P}{A}\right)$

→ $\delta_1 = \sigma_1 \times \dfrac{L}{E} = \nu \times \varepsilon_a \times L$

→ $\sigma_1 = \nu \times \varepsilon_a \times E = \nu \sigma$ $(\because \sigma = \varepsilon E)$

015

정답 ④

$G = \dfrac{E}{2(1+\nu)} < E$

$\nu \Uparrow \rightarrow G = \dfrac{E}{2(1+\nu)} \Downarrow$

016

정답 ①

$G = \dfrac{E}{2(1+\nu)} = \dfrac{240\text{GPa}}{2(1+0.2)} = 100\text{GPa}$

017

정답 ②

$G = \dfrac{E}{2(1+\nu)}$ ⋯ ⓐ

$\delta = \dfrac{PL}{EA}$ → $E = \dfrac{PL}{\delta A}$ ⋯ ⓑ

ⓑ를 ⓐ에 대입;

$\therefore G = \dfrac{1}{2(1+\nu)} \times \dfrac{PL}{\delta A} = \dfrac{PL}{2A\delta(1+\nu)}$

018

정답 ②

$G = \dfrac{E}{2(1+\nu)}$ ⋯ ⓐ

$\delta = \dfrac{PL}{EA}$ → $E = \dfrac{PL}{\delta A}$ ⋯ ⓑ

ⓑ를 ⓐ에 대입;

$\therefore G = \dfrac{1}{2(1+\nu)} \times \dfrac{PL}{\delta A}$

$= \dfrac{1}{2(1+0.25)} \times \dfrac{(300\text{kN})(1000\text{mm})}{(5\text{mm})\left(\dfrac{3 \times 40^2}{4}\text{mm}^2\right)} = 20\text{GPa}$

019

정답 ①

$$\nu = -\frac{\varepsilon_{\text{lat}}}{\varepsilon_a} = -\frac{\left(\frac{\Delta d}{d}\right)}{\left(\frac{\Delta L}{L}\right)} = -\frac{L\Delta d}{d\Delta L}$$

$$= -\frac{(1\text{m})(-0.008\text{mm})}{(20\text{mm})(1\text{mm})} = 0.4$$

$$\therefore G = \frac{E}{2(1+\nu)} = \frac{280\text{GPa}}{2(1+0.4)} = 100\text{GPa}$$

계산 TIP

정석적인 방법

$$\nu = -\frac{(1\text{m})(-0.008\text{mm})}{(20\text{mm})(1\text{mm})} = \frac{(10^3\text{mm})(8\times 10^{-3})}{(2\times 10)}$$

$$= \frac{8}{2}\times 10^{-1} = 0.4$$

앞자리 뽑기

ν는 중간과정이므로 앞자리 뽑기를 적용할 수 없다.

020

정답 ①

$$\nu = -\frac{\varepsilon_{\text{lat}}}{\varepsilon_a} = -\frac{\left(\frac{\Delta d}{d}\right)}{\left(\frac{\Delta L}{L}\right)} = -\frac{L\Delta d}{d\Delta L}$$

$$= -\frac{(1\text{m})(-0.0055\text{mm})}{(50\text{mm})(1\text{mm})} = 0.11$$

$$\therefore G = \frac{E}{2(1+\nu)} = \frac{1.998\times 10^5 \text{N/mm}^2}{2(1+0.11)} = 9\times 10^4 \text{N/mm}^2$$

계산 TIP

정석적인 방법

$$\nu = -\frac{(1\text{m})(-0.0055\text{mm})}{(50\text{mm})(1\text{mm})} = \frac{(10^3\text{mm})(55\times 10^{-4}\text{mm})}{(5\times 10\text{mm})(1\text{mm})}$$

$$= \frac{55}{5}\times 10^{-2} = 0.11$$

앞자리 뽑기

ν는 중간과정이므로 앞자리 뽑기를 적용할 수 없다.

021

정답 ③

① $\sigma = \dfrac{P}{A} = \dfrac{P}{\left(\dfrac{\pi d^2}{4}\right)} = \dfrac{15\text{kN}}{\left(\dfrac{3\times 10^2}{4}\text{mm}^2\right)} = 200\text{MPa}$

② $\delta = \dfrac{PL}{EA} = \dfrac{(15\text{kN})(1\text{m})}{(200\text{GPa})\left(\dfrac{3\times 10^2}{4}\text{mm}^2\right)} = 1\text{mm}$

③ $\varepsilon = \dfrac{\delta}{L} = \dfrac{1\text{mm}}{1\text{m}} = 1\times 10^{-3}$

④ $\nu = -\dfrac{\varepsilon_{\text{lat}}}{\varepsilon_a}$

→ $\varepsilon_{\text{lat}} = -\nu \times \varepsilon_a = \dfrac{\Delta d}{d}$

→ $\Delta d = -\nu \times \varepsilon_a \times d$

$= -(0.3)(1\times 10^{-3})(10\text{mm}) = -0.003\text{mm}$

계산 TIP

정석적인 방법

① $\sigma = \dfrac{15\text{kN}}{\left(\dfrac{3\times 10^2}{4}\text{mm}^2\right)} = \dfrac{4\times 15\times 10^3\text{N}}{3\times 10^2 \text{mm}^2}$

$= \dfrac{4\times 15}{3}\times 10\text{MPa} = 200\text{MPa}$

② $\delta = \dfrac{(15\text{kN})(1\text{m})}{(200\text{GPa})\left(\dfrac{3\times 10^2}{4}\text{mm}^2\right)} = \dfrac{(15\text{kN})(10^3\text{mm})}{(2\times 10^2)\left(\dfrac{3\times 10^2}{4}\right)\text{kN}}$

$= \dfrac{4\times 15}{2\times 3}\times 10^{-1}\text{mm} = 1\text{mm}$

③ $\varepsilon = \dfrac{1\text{mm}}{1\text{m}} = \dfrac{10^{-3}\text{m}}{1\text{m}} = 10^{-3}$

④ $\Delta d = -(0.3)(1\times 10^{-3})(10\text{mm}) = -(3\times 10^{-1})(10^{-3})(10\text{mm})$

$= -3\times 10^{-3}\text{mm} = -0.003\text{mm}$

앞자리 뽑기

①, ②, ③, ④는 중간과정이므로 앞자리 뽑기를 적용할 수 없다.

CHAPTER 06 응력-변형률 곡선

001 ②	002 ①	003 ④	004 ③	005 ③
006 ④	007 ②	008 ④	009 ③	010 ④
011 ④	012 ②			

001 정답 ②

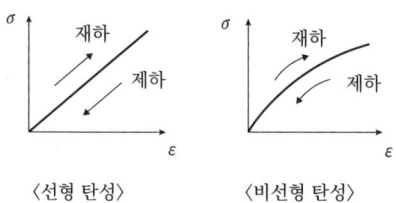

〈선형 탄성〉　〈비선형 탄성〉

① 탄성이란 하중을 제거했을 때 원래대로 되돌아가는 성질을 의미한다. (a)는 재하, 제하 시에 응력 경로가 선형적이므로 이를 선형탄성이라 한다.
② (b)는 하중 제하 시 경로 OB를 따르나 하중 제하 시 경로 OB가 아닌 BC를 따르므로 이를 소성이라 한다. 만약 하중 제하 시 경로 OB를 따랐다면 비선형 탄성이라 할 수 있다.
③, ④ 옳은 보기이다.

002 정답 ①

① '탄성' 이라는 것은 재료에 하중이 제거되었을 때 되돌아 가는 성질을 의미하며, 선형 탄성 뿐만 아니라 비선형 탄성도 존재한다.

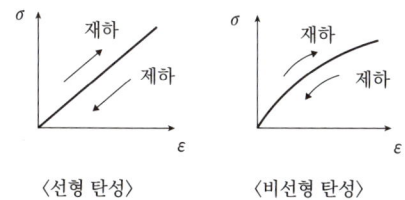

〈선형 탄성〉　〈비선형 탄성〉

② 재료의 탄성계수(E) 단위와 응력(σ, τ)의 단위는 파스칼(Pa)로 동일하다.
③ 연성파괴에 대한 설명이다.
④ 소성이란 원래대로 되돌아 가지 않는 성질을 의미한다. 따라서 소성 구간에서 하중을 제거하면 영구변형이 발생한다.

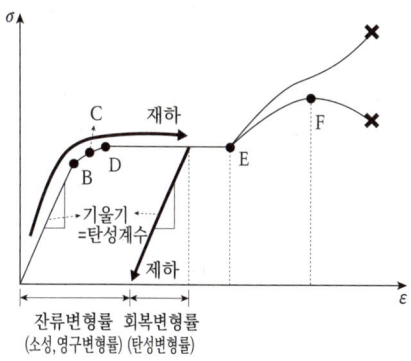

003 정답 ④

① '탄성' 이라는 것은 재료에 하중이 제거되었을 때 되돌아 가는 성질을 의미하며, 선형 탄성 뿐만 아니라 비선형 탄성도 존재한다.

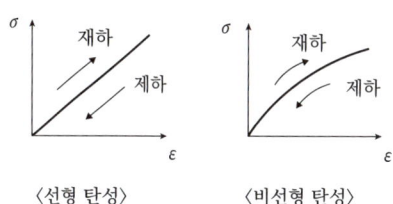

〈선형 탄성〉　〈비선형 탄성〉

② '크리프'란 일정한 응력에서 시간 경과시 '변형'이 증가하는 것이고, 같이 알아둘 개념은 '릴랙세이션'으로 일정한 변형에서 시간 경과시 '응력'이 감소하는 현상이다.
③ 보기와 같이 하중 제거시 남은 변형을 영구 변형이라 하며, 이러한 성질을 소성이라 한다.
④ 포아송 비의 정의는 다음과 같다.

$$\text{포아송 비}(\nu) = -\frac{\text{횡 방향 변형율}}{\text{축 방향 변형율}} = -\frac{\varepsilon_{lat}}{\varepsilon_{a}} = -\frac{\varepsilon_{h}}{\varepsilon_{v}}$$

004 정답 ③

리질리언스=A_1, 인성=$A_1+A_2+A_3+A_4$

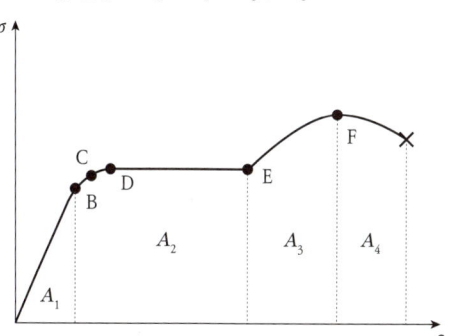

③ 리질리언스(Resilience) : 응력-변형률 곡선에서 비례한도까지의 면적

인성(toughness) : 응력-변형률 곡선에서 파괴 발생 시까지의 면적

005

정답 ③

A_0 : 초기 단면적
A_1 : 인장시 줄어든 단면적(실제 단면적)
L_0 : 초기 길이
L_1 : 인장 시 늘어난 전체 길이(실제 길이)

재료 인장시험을 실시할 경우 축 방향으로는 인장하게 되나 횡 방향으로는 줄어들게 된다. 따라서 인장 시 단면적은 초기 A_0에서 더 작은 A_1이 되게 된다.

① 공칭 응력 $\sigma = \dfrac{\text{힘}}{\text{초기 단면적}} = \dfrac{P}{A_0}$

진 응력 $\sigma = \dfrac{\text{힘}}{\text{실제 단면적}} = \dfrac{P}{A_1}$

② 모든 공학적 용도로는 공칭 응력과 공칭 변형률을 이용한다.
③ 인장시험 시 단면적이 줄게 되므로, 진 응력이 공칭 응력보다 크다.
④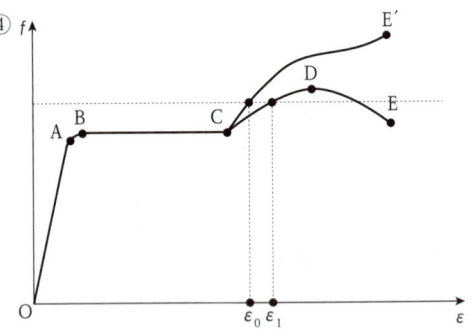

정확히는 에너지의 관점에서 설명해야 하나 수험생들은 그림처럼 동일한 응력에서 ε_0(진 변형률)<ε_1(공칭 변형률)으로 이해하는 것이 좋다.

006

정답 ④

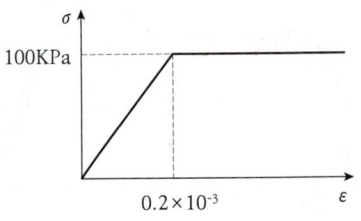

$\varepsilon = \dfrac{\delta}{L} = \dfrac{4 \times 10^{-4} \text{m}}{2\text{m}} = 0.2 \times 10^{-3}$

$\sigma = \dfrac{P}{A} = \dfrac{20\text{kN}}{0.2\text{m}^2} = 100\text{kPa}$

$\sigma = \varepsilon E \;\rightarrow\; E = \dfrac{\sigma}{\varepsilon}$

$\therefore E = \dfrac{100\text{kPa}}{0.2 \times 10^{-3}} = 500\text{MPa}$

꼭 알아두자!

축력에 의한 변형공식을 정리하여 계산할 수도 있다.

$\delta = \dfrac{PL}{EA} \;\rightarrow\; E = \dfrac{PL}{\delta A}$

$\therefore E = \dfrac{(20\text{kN})(2\text{m})}{(4 \times 10^{-4}\text{m})(0.2\text{m}^2)} = 500\text{MPa}$

007

정답 ②

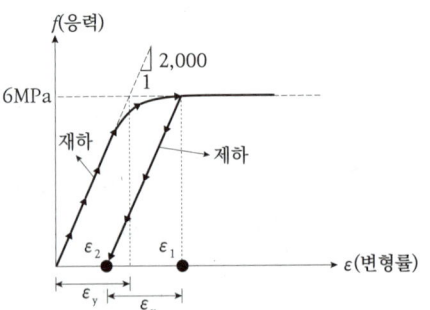

$\varepsilon_1 = \dfrac{\delta}{L} = \dfrac{2\text{cm}}{4\text{m}} = 5 \times 10^{-3}$

$\varepsilon_y = 6 \times \dfrac{1}{2000} = 3 \times 10^{-3}$

$\varepsilon_2 = \varepsilon_1 - \varepsilon_y$
$\quad = 5 \times 10^{-3} - 3 \times 10^{-3} = 2 \times 10^{-3}$

꼭 알아두자!

하중 제하시 기울기는 초기 하중 재하시 기울기(탄성계수)와 같다.

008

정답 ④

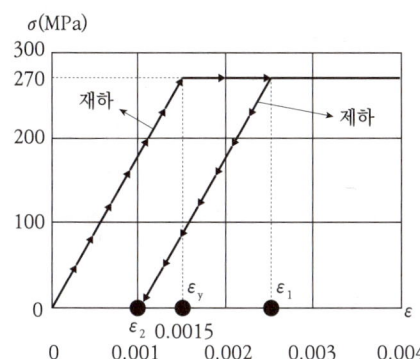

$\varepsilon_1 = \dfrac{\delta}{L} = \dfrac{2.5\text{mm}}{1\text{m}} = 2.5 \times 10^{-3}$

$\varepsilon_2 = \varepsilon_1 - \varepsilon_y$
$= 2.5 \times 10^{-3} - 1.5 \times 10^{-3} = 1 \times 10^{-3}$

$\varepsilon = \dfrac{\delta}{L} \;\Rightarrow\; \delta = \varepsilon \times L$

$\therefore \delta = (1 \times 10^{-3})(1\text{m}) = 1\text{mm}$

꼭 알아두자!
하중 제하시 기울기는 초기 하중 재하시 기울기(탄성계수)와 같다.

$\varepsilon_1 = \dfrac{\delta}{L} = \dfrac{15\text{mm}}{1.5\text{m}} = 10 \times 10^{-3}$

$\varepsilon_y = \dfrac{\sigma_y}{E} = \dfrac{300\text{MPa}}{200\text{GPa}} = 1.5 \times 10^{-3}$

$\varepsilon_2 = \varepsilon_1 - \varepsilon_y$
$= 10 \times 10^{-3} - 1.5 \times 10^{-3} = 8.5 \times 10^{-3}$

$\varepsilon = \dfrac{\delta}{L} \;\Rightarrow\; \delta = \varepsilon \times L$

$\therefore \delta = (8.5 \times 10^{-3})(1.5\text{m}) = 12.75\text{mm}$

꼭 알아두자!
하중 제하시 기울기는 초기 하중 재하시 기울기(탄성계수)와 같다.

009

정답 ③

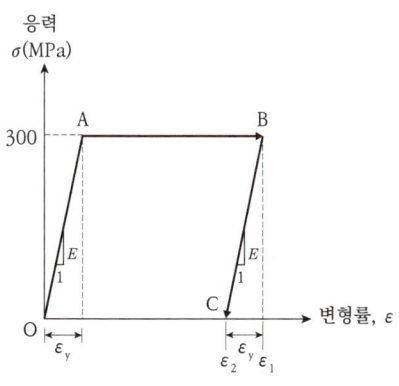

010

정답 ④

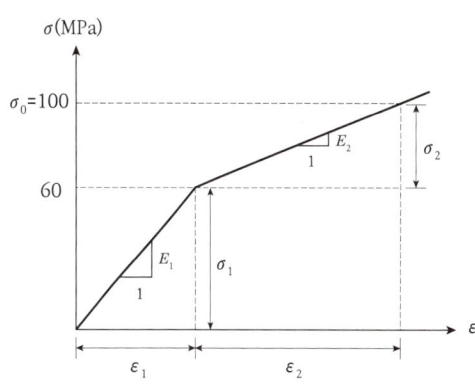

$\sigma_O = \dfrac{P}{A} = \dfrac{20\text{kN}}{200\text{mm}^2} = 100\text{MPa}$

$\varepsilon_T = \varepsilon_1 + \varepsilon_2 = \dfrac{\sigma_1}{E_1} + \dfrac{\sigma_2}{E_2}$

$= \dfrac{60\text{MPa}}{100\text{GPa}} + \dfrac{(100\text{MPa} - 60\text{MPa})}{40\text{GPa}}$

$= 0.6 \times 10^{-3} + 1 \times 10^{-3} = 1.6 \times 10^{-3}$

$\varepsilon = \dfrac{\delta}{L} \;\Rightarrow\; \delta = \varepsilon \times L$

$\therefore \delta = (1.6 \times 10^{-3})(2\text{m}) = 3.2\text{mm}$

꼭 알아두자!
하중 제하시 기울기는 초기 하중 재하시 기울기(탄성계수)와 같다.

011

정답 ④

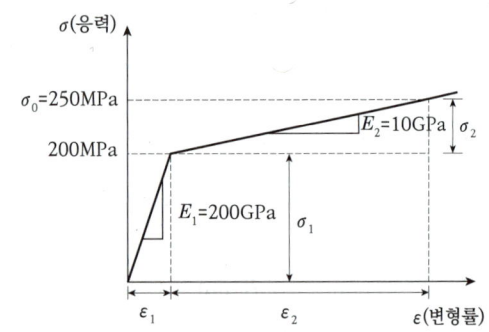

$\sigma_O = \dfrac{P}{A} = \dfrac{2500\text{N}}{10\text{mm}^2} = 250\text{MP}a$

$\varepsilon_T = \varepsilon_1 + \varepsilon_2 = \dfrac{\sigma_1}{E_1} + \dfrac{\sigma_2}{E_2}$

$\qquad = \dfrac{200\text{MPa}}{200\text{GPa}} + \dfrac{(250\text{MPa} - 200\text{MPa})}{10\text{GPa}}$

$\qquad = 1 \times 10^{-3} + 5 \times 10^{-3} = 6 \times 10^{-3}$

$\varepsilon = \dfrac{\delta}{L} \longrightarrow \delta = \varepsilon \times L$

$\therefore \delta = (6 \times 10^{-3})(1\text{m}) = 6\text{mm}$

> **꼭 알아두자!**
> 하중 제하시 기울기는 초기 하중 재하시 기울기(탄성계수)와 같다.

012

정답 ②

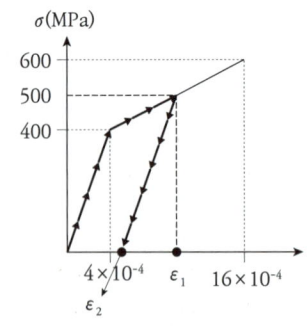 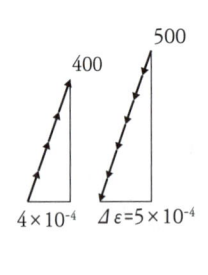

$\varepsilon_1 = \dfrac{4 \times 10^{-4} + 16 \times 10^{-4}}{2} = 10 \times 10^{-4}$

$\varDelta\varepsilon = 5 \times 10^{-4}$

$\therefore \varepsilon_2 = \varepsilon_1 - \varDelta\varepsilon$

$\qquad = 10 \times 10^{-4} - 5 \times 10^{-4} = 5 \times 10^{-4}$

> **꼭 알아두자!**
> 하중 제하시 기울기는 초기 하중 재하시 기울기(탄성계수)와 같다.

CHAPTER 07-1 휨응력·전단응력

001 ④	002 ③	003 ②	004 ②	005 ③
006 ③	007 ③	008 ①	009 ③	010 ③
011 ④	012 ②	013 ③	014 ②	015 ③
016 ④	017 ③	018 ①	019 ②	020 ④
021 ①	022 ③	023 ②	024 ②	025 ③
026 ④	027 ①	028 ②	029 ②	030 ③
031 ①	032 ②	033 ②	034 ③	035 ①
036 ④	037 ④	038 ②	039 ①	040 ②
041 ③	042 ②	043 ③	044 ④	045 ②
046 ③	047 ①	048 ②	049 ③	050 ③
051 ④	052 ①	053 ①	054 ①	055 ①

001

정답 ④

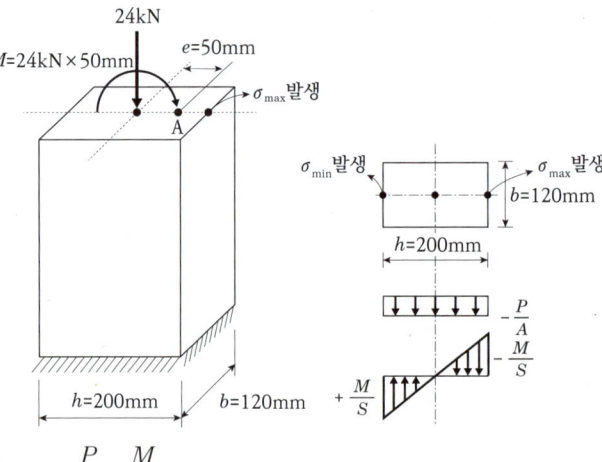

$\sigma_{\max} = -\dfrac{P}{A} - \dfrac{M}{S}$

$\qquad = -\dfrac{P}{bh} - \dfrac{Pe}{\left(\dfrac{bh^2}{6}\right)}$

$\qquad = -\dfrac{24\text{kN}}{120 \times 200\text{mm}^2} - \dfrac{(24\text{kN} \times 50\text{mm})}{\left(\dfrac{120 \times 200^2}{6}\text{mm}^3\right)}$

$\qquad = -2.5\text{MPa}$

계산 TIP

○ 정석적인 방법

$$\sigma_{max} = -\frac{24\text{kN}}{120 \times 200\text{mm}^2} - \frac{(24\text{kN} \times 50\text{mm})}{\left(\frac{120 \times 200^2}{6}\text{mm}^3\right)}$$

$$= -\frac{24 \times 10^3 \text{N}}{12 \times 2 \times 10^3 \text{mm}^2} - \frac{6 \times (24 \times 10^3 \text{N} \times 5 \times 10\text{mm})}{(12 \times 2^2 \times 10^5 \text{mm}^3)}$$

$$= -\frac{24}{12 \times 2}\text{MPa} - \frac{6 \times 24 \times 5}{12 \times 2^2} \times 10^{-1}\text{MPa}$$

$$= -1\text{MPa} - 1.5\text{MPa} = -2.5\text{MPa}$$

○ 앞자리 뽑기

σ_{max}는 2개 항으로 구성되므로 앞자리 뽑기를 적용할 수 없다.

계산 TIP

○ 정석적인 방법

$$\sigma_{max} = -\frac{100\text{kN}}{200 \times 400\text{mm}^2} - \frac{(100\text{kN} \times 100\text{mm})}{\left(\frac{200 \times 400^2}{6}\text{mm}^3\right)}$$

$$= -\frac{10^2 \times 10^3 \text{N}}{2 \times 4 \times 10^4 \text{mm}^2} - \frac{6 \times (10^2 \times 10^3 \text{N} \times 10^2 \text{mm})}{(2 \times 10^2 \times 4^2 \times 10^4 \text{mm}^3)}$$

$$= -\frac{1}{2 \times 4} \times 10\text{MPa} - \frac{6}{2 \times 4^2} \times 10\text{MPa}$$

$$= -1.25\text{MPa} - 1.875\text{MPa} = -3.125\text{MPa}$$

○ 앞자리 뽑기

σ_{max}는 2개 항으로 구성되므로 앞자리 뽑기를 적용할 수 없다.

---

002 정답 ③

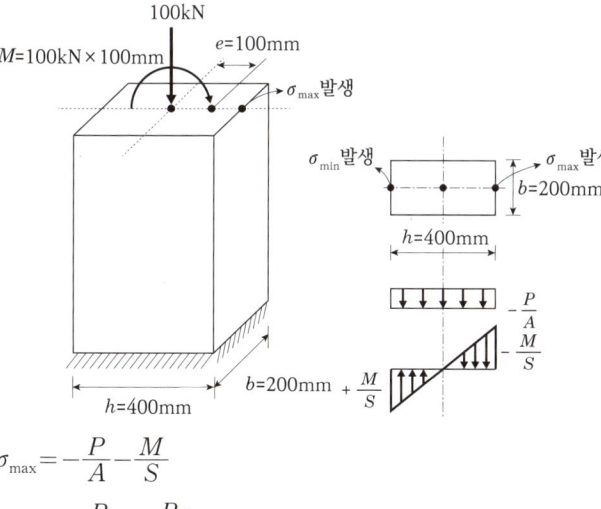

$$\sigma_{max} = -\frac{P}{A} - \frac{M}{S}$$

$$= -\frac{P}{bh} - \frac{Pe}{\left(\frac{bh^2}{6}\right)}$$

$$= -\frac{100\text{kN}}{200 \times 400\text{mm}^2} - \frac{(100\text{kN} \times 100\text{mm})}{\left(\frac{200 \times 400^2}{6}\text{mm}^3\right)}$$

$$= -3.125\text{MPa}$$

003 정답 ②

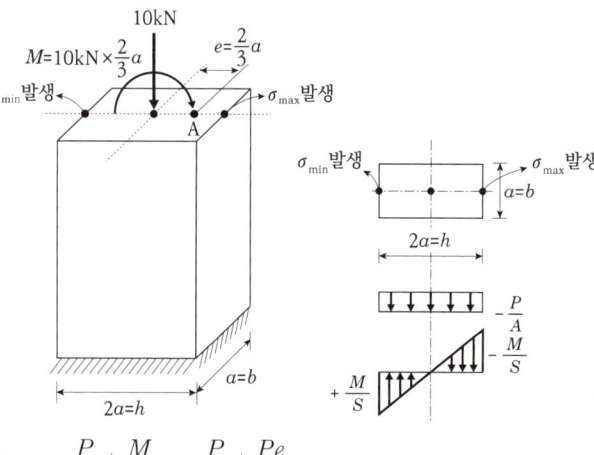

$$\sigma_{min} = -\frac{P}{A} + \frac{M}{S} = -\frac{P}{A} + \frac{Pe}{S}$$

$$\sigma_{max} = -\frac{P}{A} - \frac{M}{S} = -\frac{P}{A} - \frac{Pe}{S}$$

σ_{min}이 $\sigma_a = 150\text{MPa}$에 도달하는 것보다, σ_{max}가 $\sigma_a = -150\text{MPa}$에 도달하는 것이 빠르다.

$\left(\because -\dfrac{P}{A}\text{와} +\dfrac{Pe}{S}\text{의 부호가 달라 상쇄}\right)$

$\sigma_{\max} \leq \sigma_a$;

$$\sigma_{\max} = -\frac{P}{A} - \frac{M}{S}$$

$$= -\frac{P}{bh} - \frac{Pe}{\left(\frac{bh^2}{6}\right)}$$

$$= -\frac{10\text{kN}}{a \times 2a} - \frac{\left(10\text{kN} \times \frac{2}{3}a\right)}{\left(\frac{a(2a)^2}{6}\right)}$$

$$= -\frac{5\text{kN}}{a^2} - \frac{10\text{kN}}{a^2} = -\frac{15\text{kN}}{a^2} \leq -150\text{MPa}$$

→ $\frac{15\text{kN}}{150\text{MPa}} = 100\text{mm}^2 \leq a^2$ (응력의 크기 비교는 절대값으로 한다)

∴ $10\text{mm} \leq a$

계산 TIP

● 정석적인 방법

$$\frac{15\text{kN}}{150\text{MPa}} = \frac{15 \times 10^3 \text{N}}{15 \times 10 \text{N/mm}^2}$$
$$= 10^2 \text{mm}^2 \leq a^2$$

∴ $10\text{mm} \leq a$

● 앞자리 뽑기

$a^2 : \frac{15}{15} = 1$ → $10\text{mm} \leq a$

004

정답 ②

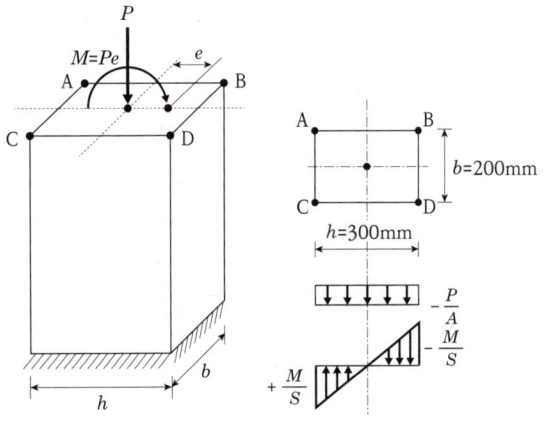

①, ④ ;

$\sigma_A = \sigma_C = -\frac{P}{A} + \frac{M}{S}$

$\sigma_B = \sigma_D = -\frac{P}{A} - \frac{M}{S}$

② ;

$$\sigma_B = -\frac{P}{A} - \frac{M}{S}$$

$$= -\frac{P}{bh} - \frac{Pe}{\left(\frac{bh^2}{6}\right)}$$

$$= -\frac{300\text{kN}}{200 \times 300 \text{mm}^2} - \frac{(300\text{kN} \times 40\text{mm})}{\left(\frac{200 \times 300^2}{6}\text{mm}^3\right)}$$

$$= -5\text{MPa} - 4\text{MPa}$$

$$= -9\text{MPa}$$

③ ;

$$\sigma_A = -\frac{P}{A} + \frac{M}{S}$$

$$= -\frac{P}{bh} + \frac{Pe}{\left(\frac{bh^2}{6}\right)}$$

$$= -\frac{300\text{kN}}{200 \times 300 \text{mm}^2} + \frac{(300\text{kN} \times 40\text{mm})}{\left(\frac{200 \times 300^2}{6}\text{mm}^3\right)}$$

$$= -5\text{MPa} + 4\text{MPa}$$

$$= -1\text{MPa}$$

꼭 알아두자!

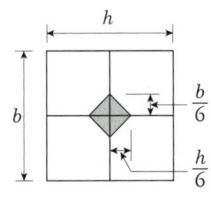 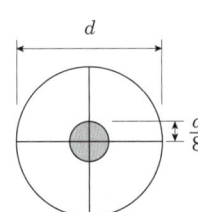

단면의 핵 개념을 이용하면 ③번 보기를 쉽게 판정할 수 있다.

$e(=40\text{mm}) < \frac{h}{6}(=50\text{mm})$

∴ $\sigma_A < 0$ (압축응력)

계산 TIP

● 정석적인 방법

② $\sigma_B = -\frac{300\text{kN}}{200 \times 300 \text{mm}^2} - \frac{(300\text{kN} \times 40\text{mm})}{\left(\frac{200 \times 300^2}{6}\text{mm}^3\right)}$

$$= -\frac{3 \times 10^2 \times 10^3 \text{N}}{2 \times 3 \times 10^4 \text{mm}^2} - \frac{6(3 \times 10^2 \times 10^3 \text{N} \times 4 \times 10\text{mm})}{(2 \times 3^2 \times 10^6 \text{mm}^3)}$$

$$= -\frac{3}{2 \times 3} \times 10\text{MPa} - \frac{6 \times 3 \times 4}{2 \times 3^2}\text{MPa}$$

$$= -5\text{MPa} - 4\text{MPa} = -9\text{MPa}$$

● 앞자리 뽑기

σ_B는 2개 항으로 구성되므로 앞자리 뽑기를 적용할 수 없다

005

정답 ③

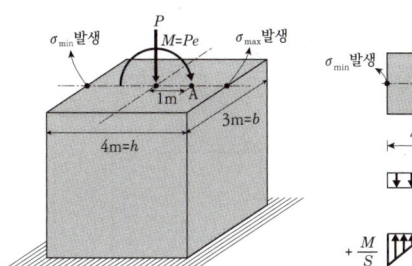

$\sigma_{max} = -\dfrac{P}{A} - \dfrac{M}{S}$

$\sigma_{min} = -\dfrac{P}{A} + \dfrac{M}{S}$

$\sigma_{max} - \sigma_{min} = -\dfrac{2M}{S} = -\dfrac{2(Pe)}{\left(\dfrac{bh^2}{6}\right)}$

$= -\dfrac{2(10{,}000\text{kN} \times 1\text{m})}{\left(\dfrac{3 \times 4^2}{6}\text{m}^3\right)}$

$= -2.5\text{MPa}$

(기둥에서는 압축력을 '+'로 표현하므로 답은 2.5MPa이다.)

계산 TIP

◦ 정석적인 방법

$\sigma_{max} - \sigma_{min} = -\dfrac{2(10{,}000\text{kN} \times 1\text{m})}{\left(\dfrac{3 \times 4^2}{6}\text{m}^3\right)} = -\dfrac{6 \times 2(10^4 \times 10^3\text{N} \times 1\text{m})}{(3 \times 4^2\text{m}^3)}$

$= -\dfrac{6 \times 2}{3 \times 4^2} \times 10^7 \text{Pa} = -2.5\text{MPa}$

◦ 앞자리 뽑기

$\sigma_{max} - \sigma_{min} : \dfrac{2}{\left(\dfrac{3 \times 4^2}{6}\right)} = \dfrac{6 \times 2}{3 \times 4^2} = \dfrac{1}{4} \;\Rightarrow\; \sigma_{max} - \sigma_{min} = -2.5\text{MPa}$

006

정답 ③

$\sigma_{max} = \dfrac{M_{max}}{S}$;

$\sigma_{(a)} = \dfrac{M}{\left(\dfrac{10 \times 10^2}{6}\text{cm}^3\right)}$

$\sigma_{(b)} = \dfrac{M}{\left(\dfrac{20 \times 10^2}{6}\text{cm}^3\right)}$

$\sigma_{(c)} = \dfrac{M}{\left(\dfrac{10 \times 20^2}{6}\text{cm}^3\right)}$

$\therefore \sigma_{(a)} : \sigma_{(b)} : \sigma_{(c)} = \dfrac{1}{10^2} : \dfrac{1}{20 \times 10} : \dfrac{1}{20^2}$

$= \dfrac{400}{10^2} : \dfrac{400}{20 \times 10} : \dfrac{400}{20^2}$

$= 4 : 2 : 1$

계산 TIP

정리가 어려운 수험생들은 제일 앞에 있는 숫자만 보기와 같이 변경해 보는 방식으로 답을 선택하자.

$\dfrac{400}{10^2} : \dfrac{400}{20 \times 10} : \dfrac{400}{20^2} = \dfrac{1}{10^2} : \dfrac{1}{20 \times 10} : \dfrac{1}{20^2}$

→ $1 : \dfrac{1}{2} : \dfrac{1}{4}$ (곱하기 10^2 ∴ ①, ② ×)

→ $4 : 2 : 1$ (곱하기 4×10^2 ∴ ③ ○)

→ $8 : 4 : 2$ (곱하기 8×10^2 ∴ ④ ×)

007

정답 ③

$\sigma = -\dfrac{My}{I}$;

(a) : $\sigma_{max} = -\dfrac{M_a\left(\dfrac{h}{2}\right)}{I}$

$= -\dfrac{M_a\left(\dfrac{200}{2}\text{mm}\right)}{\left(\dfrac{100 \times 200^3}{12}\text{mm}^4\right)}$ ⋯ ①

(b) : $\sigma_{max} = -\dfrac{M_b\left(\dfrac{h}{2}\right)}{I}$

$= -\dfrac{M_b\left(\dfrac{200}{2}\text{m}\right)}{\left(\dfrac{100 \times 200^3}{12}\text{mm}^4 - \dfrac{50 \times 100^3}{12}\text{mm}^4\right)}$ ⋯ ②

① = ② ;

$-\dfrac{M_a\left(\dfrac{200}{2}\text{mm}\right)}{\left(\dfrac{100 \times 200^3}{12}\text{mm}^4\right)} = -\dfrac{M_b\left(\dfrac{200}{2}\text{mm}\right)}{\left(\dfrac{100 \times 200^3}{12}\text{mm}^4 - \dfrac{50 \times 100^3}{12}\text{mm}^4\right)}$

→ $M_a\left(\dfrac{100 \times 200^3}{12} - \dfrac{50 \times 100^3}{12}\right) = M_b\left(\dfrac{100 \times 200^3}{12}\right)$

→ $M_a\left(\dfrac{125}{2} \times 10^6\right) = M_b\left(\dfrac{200}{3} \times 10^6\right)$

→ $M_a = \dfrac{16}{15}M_b$

∴ $M_a : M_b = 16 : 15$

꼭 알아두자!

(b)의 $\sigma_{max} = \dfrac{M_{max}}{S} = \dfrac{최대휨모멘트}{단면계수}$ 에서

$S = \dfrac{100 \times 200^2}{6} - \dfrac{(100 - 25 \times 2)(200 - 50 \times 2)^2}{6}$ 로 계산하여 이용하는 학생들이 있다. 이는 틀린 방법이다. 단면2차모멘트 I의 경우에는 여러 개의 단면을 더하거나 빼는 방식으로 계산 가능하나, 단면계수 S의 경우에는 이와 같은 방법의 적용이 불가능하다. 간단한 방법으로 증명 가능하나 공무원 응용역학에 필요하지 않은 내용이라 생략한다.

008

정답 ①

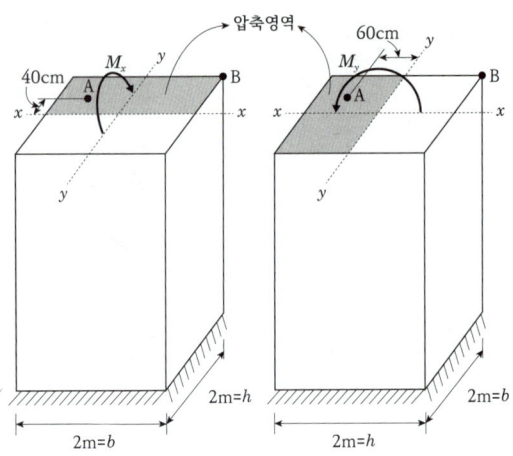

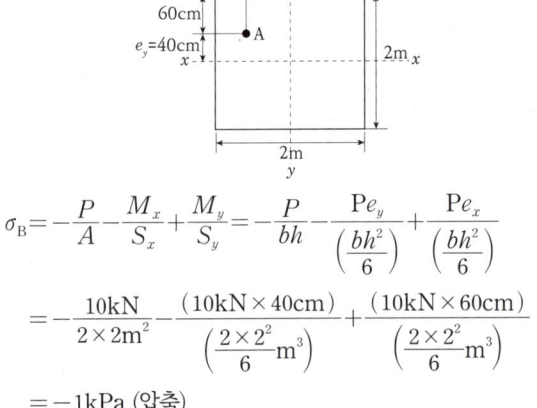

$\sigma_B = -\dfrac{P}{A} - \dfrac{M_x}{S_x} + \dfrac{M_y}{S_y} = -\dfrac{P}{bh} - \dfrac{Pe_y}{\left(\dfrac{bh^2}{6}\right)} + \dfrac{Pe_x}{\left(\dfrac{bh^2}{6}\right)}$

$= -\dfrac{10\text{kN}}{2 \times 2\text{m}^2} - \dfrac{(10\text{kN} \times 40\text{cm})}{\left(\dfrac{2 \times 2^2}{6}\text{m}^3\right)} + \dfrac{(10\text{kN} \times 60\text{cm})}{\left(\dfrac{2 \times 2^2}{6}\text{m}^3\right)}$

$= -1\text{kPa}$ (압축)

계산 TIP

정석적인 방법

$\sigma_B = -\dfrac{10\text{kN}}{2 \times 2\text{m}^2} - \dfrac{(10\text{kN} \times 40\text{cm})}{\left(\dfrac{2 \times 2^2}{6}\text{m}^3\right)} + \dfrac{(10\text{kN} \times 60\text{cm})}{\left(\dfrac{2 \times 2^2}{6}\text{m}^3\right)}$

$= -\dfrac{10\text{kN}}{2 \times 2\text{m}^2} - \dfrac{6(10\text{kN} \times 4 \times 10 \times 10^{-2}\text{m})}{(2 \times 2^2\text{m}^3)}$

$\quad + \dfrac{6(10\text{kN} \times 6 \times 10 \times 10^{-2}\text{m})}{(2 \times 2^2\text{m}^3)}$

$= -\dfrac{10}{2 \times 2}\text{kPa} - \dfrac{6 \times 4}{2 \times 2^2}\text{kPa} + \dfrac{6 \times 6}{2 \times 2^2}\text{kPa}$

$= -2.5\text{kPa} - 3\text{kPa} + 4.5\text{kPa} = -1\text{kPa}$

앞자리 뽑기

σ_B는 3개 항으로 구성되므로 앞자리 뽑기를 적용할 수 없다.

009

정답 ③

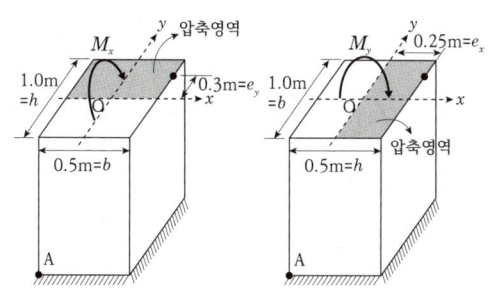

$$\sigma_A = -\frac{P}{A} + \frac{M_x}{S} + \frac{M_y}{S} = -\frac{P}{bh} + \frac{Pe_y}{\left(\frac{bh^2}{6}\right)} + \frac{Pe_x}{\left(\frac{bh^2}{6}\right)}$$

$$= -\frac{100\text{kN}}{0.5 \times 1\text{m}^2} + \frac{(100\text{kN} \times 0.3\text{m})}{\left(\frac{0.5 \times 1^2}{6}\text{m}^3\right)} + \frac{(100\text{kN} \times 0.25\text{m})}{\left(\frac{1 \times 0.5^2}{6}\text{m}^3\right)}$$

$$= 760\text{kN/m}^2$$

계산 TIP

◎ 정석적인 방법

$$\sigma_A = -\frac{100\text{kN}}{0.5 \times 1\text{m}^2} + \frac{(100\text{kN} \times 0.3\text{m})}{\left(\frac{0.5 \times 1^2}{6}\text{m}^3\right)} + \frac{(100\text{kN} \times 0.25\text{m})}{\left(\frac{1 \times 0.5^2}{6}\text{m}^3\right)}$$

$$= -\frac{10^2\text{kN}}{5 \times 10^{-1}\text{m}^2} + \frac{6(10^2\text{kN} \times 3 \times 10^{-1}\text{m})}{(5 \times 10^{-1}\text{m}^3)}$$

$$+ \frac{6(10^2\text{kN} \times 25 \times 10^{-2}\text{m})}{(1 \times 5^2 \times 10^{-2}\text{m}^3)}$$

$$= -\frac{1}{5} \times 10^3\text{kN/m}^2 + \frac{6 \times 3}{5} \times 10^2\text{kN/m}^2 + \frac{6 \times 25}{5^2} \times 10^2\text{kN/m}^2$$

$$= -200\text{kN/m}^2 + 360\text{kN/m}^2 + 600\text{kN/m}^2 = 760\text{kN/m}^2$$

◎ 앞자리 뽑기

σ_A는 3개 항으로 구성되므로 앞자리 뽑기를 적용할 수 없다.

010

정답 ③

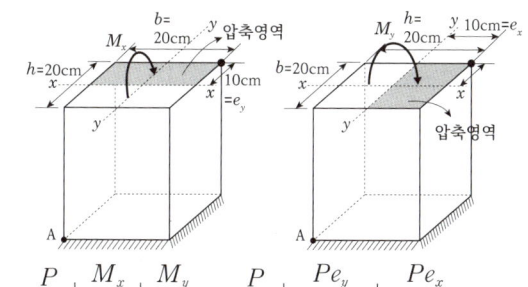

$$\sigma_A = -\frac{P}{A} + \frac{M_x}{S} + \frac{M_y}{S} = -\frac{P}{bh} + \frac{Pe_y}{\left(\frac{bh^2}{6}\right)} + \frac{Pe_x}{\left(\frac{bh^2}{6}\right)}$$

$$= -\frac{20\text{kN}}{20 \times 20\text{cm}^2} + \frac{(20\text{kN} \times 10\text{cm})}{\left(\frac{20 \times 20^2}{6}\text{cm}^3\right)} + \frac{(20\text{kN} \times 10\text{cm})}{\left(\frac{20 \times 20^2}{6}\text{cm}^3\right)}$$

$$= 2.5\text{MPa}$$

계산 TIP

◎ 정석적인 방법

$$\sigma_A = -\frac{20\text{kN}}{20 \times 20\text{cm}^2} + \frac{(20\text{kN} \times 10\text{cm})}{\left(\frac{20 \times 20^2}{6}\text{cm}^3\right)} + \frac{(20\text{kN} \times 10\text{cm})}{\left(\frac{20 \times 20^2}{6}\text{cm}^3\right)}$$

$$= -\frac{20\text{kN}}{20 \times 20\text{cm}^2} + \frac{2(20\text{kN} \times 10\text{cm})}{\left(\frac{20 \times 20^2}{6}\text{cm}^3\right)}$$

$$= -\frac{2 \times 10 \times 10^3\text{N}}{2 \times 2 \times 10^2 \times 10^2\text{mm}^2} + \frac{2 \times 6(2 \times 10 \times 10^3\text{N} \times 10 \times 10\text{mm})}{(2 \times 2^2 \times 10^3 \times 10^3\text{mm})}$$

$$= -\frac{2}{2 \times 2}\text{MPa} + \frac{6 \times 2 \times 2}{2 \times 2^2}\text{MPa}$$

$$= -0.5\text{MPa} + 3\text{MPa} = 2.5\text{MPa}$$

◎ 앞자리 뽑기

σ_A는 3개 항으로 구성되므로 앞자리 뽑기를 적용할 수 없다.

011

정답 ④

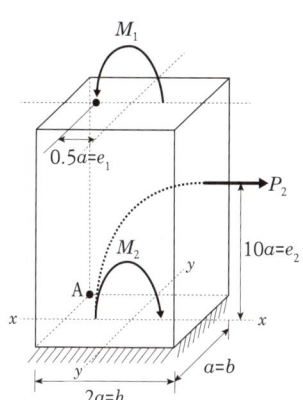

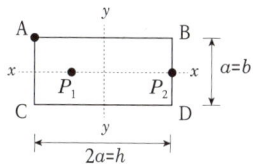

$$\sigma = -\frac{P_1}{A} - \frac{M_1}{S} + \frac{M_2}{S} = -\frac{P_1}{bh} - \frac{P_1 e_1}{\left(\frac{bh^2}{6}\right)} + \frac{P_2 e_2}{\left(\frac{bh^2}{6}\right)}$$

$$= -\frac{P_1}{a \times 2a} - \frac{(P_1 \times 0.5a)}{\left(\frac{a \times (2a)^2}{6}\right)} + \frac{(P_2 \times 10a)}{\left(\frac{a \times (2a)^2}{6}\right)}$$

$$= -\frac{P_1}{2a^2} - \frac{3P_1}{4a^2} + \frac{15P_2}{a^2} < 0$$

$$\rightarrow \frac{15P_2}{a^2} < \frac{5P_1}{4a^2}$$

$$\therefore 12 < \frac{P_1}{P_2}$$

012

정답 ②

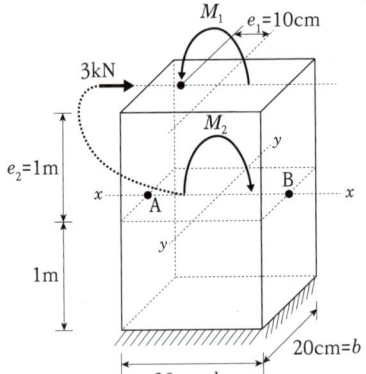

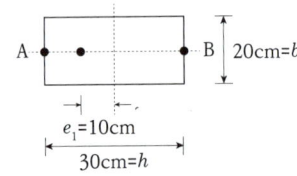

$$\sigma_A = -\frac{P}{A} - \frac{M_1}{S} + \frac{M_2}{S} = -\frac{P}{bh} - \frac{Pe_1}{\left(\frac{bh^2}{6}\right)} + \frac{Pe_2}{\left(\frac{bh^2}{6}\right)}$$

$$= -\frac{30\text{kN}}{20 \times 30\text{cm}^2} - \frac{(30\text{kN} \times 10\text{cm})}{\left(\frac{20 \times 30^2}{6}\text{cm}^3\right)} + \frac{(3\text{kN} \times 1\text{m})}{\left(\frac{20 \times 30^2}{6}\text{cm}^3\right)}$$

$$= -\frac{30\text{kN}}{20 \times 30\text{cm}^2} \ (\because 30\text{kN} \times 10\text{cm} = 3\text{kN} \times 1\text{m})$$

$$= -0.5\text{MPa (압축)}$$

$$\sigma_B = -\frac{P}{A} + \frac{M_1}{S} - \frac{M_2}{S} = -\frac{P}{bh} + \frac{Pe_1}{\left(\frac{bh^2}{6}\right)} - \frac{Pe_2}{\left(\frac{bh^2}{6}\right)}$$

$$= -0.5\text{MPa (압축)} \ (\because 30\text{kN} \times 10\text{cm} = 3\text{kN} \times 1\text{m})$$

계산 TIP

● 정석적인 방법

$$\sigma_A = -\frac{30\text{kN}}{30 \times 20\text{cm}^2} = -\frac{3 \times 10 \times 10^3\text{N}}{3 \times 2 \times 10^2 \times 10^2\text{mm}^2}$$

$$= -\frac{3}{3 \times 2}\text{MPa} = -0.5\text{MPa}$$

● 앞자리 뽑기

$$\sigma_A : -\frac{3}{3 \times 2} = -0.5 \ \rightarrow \ \sigma_A = -0.5\text{MPa}$$

013

정답 ③

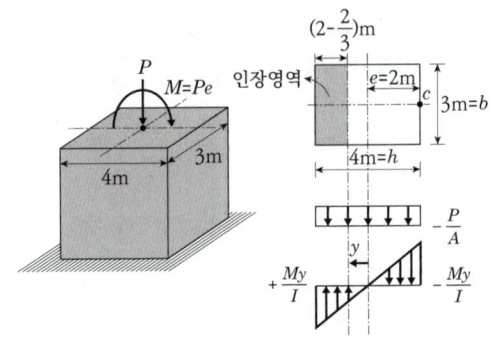

단면에 축력이 압축력으로 작용하므로, 인장응력이 발생하기 시작하는 영역은 $\sigma = -\frac{P}{A} + \frac{My}{I} = 0$ 이 되는 점 부터이다.

$$\sigma = -\frac{120\text{kN}}{3\text{m} \times 4\text{m}} + \frac{(120\text{kN} \times 2\text{m})y}{\left(\frac{3\text{m} \times (4\text{m})^3}{12}\right)} = 0$$

$$\rightarrow y = \frac{2}{3}\text{m}$$

∴ 인장응력이 발생하는 영역 넓이 $= \left(2\text{m} - \frac{2}{3}\text{m}\right)(3\text{m}) = 4\text{m}^2$

014

정답 ②

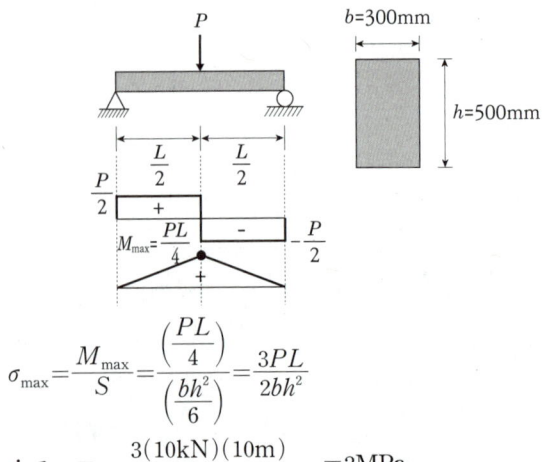

$$\sigma_{\max} = \frac{M_{\max}}{S} = \frac{\left(\frac{PL}{4}\right)}{\left(\frac{bh^2}{6}\right)} = \frac{3PL}{2bh^2}$$

$$\therefore \sigma_{\max} = \frac{3(10\text{kN})(10\text{m})}{2(300\text{mm})(500\text{mm})^2} = 2\text{MPa}$$

📳 계산 TIP

◉ 정석적인 방법

$$\sigma_{max} = \frac{3(10kN)(10m)}{2(300mm)(500m)^2} = \frac{3(10 \times 10^3 N)(10 \times 10^3 mm)}{2(3 \times 10^2 mm)(5^2 \times 10^4 mm^2)}$$
$$= \frac{3}{2 \times 3 \times 5^2} \times 10^2 MPa = 2MPa$$

◉ 앞자리 뽑기

해당 문제는 보기에 ① $\sigma_{max}=1$과 ③ $\sigma_{max}=100$ 및 ② $\sigma_{max}=2$ ④ $\sigma_{max}=200$이 10의 배수 관계에 있으므로 앞자리 뽑기를 적용할 수 없다.

015 정답 ③

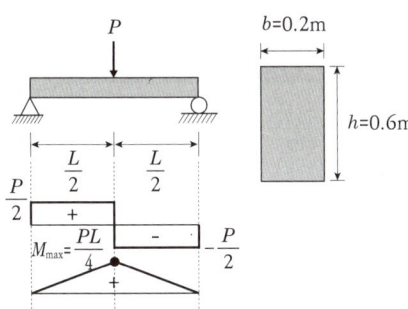

$$\sigma_{max} = \frac{M_{max}}{S} = \frac{\left(\frac{PL}{4}\right)}{\left(\frac{bh^2}{6}\right)} = \frac{3PL}{2bh^2} < \sigma_a$$

$$\rightarrow P < \sigma_a \times \frac{2bh^2}{3L}$$

$$\therefore P < (40MPa) \times \frac{2(0.2m)(0.6m)^2}{3(2m)} = 960kN$$

📳 계산 TIP

◉ 정석적인 방법

$$P < (40MPa) \times \frac{2(0.2m)(0.6m)^2}{3(2m)}$$
$$= (4 \times 10MPa) \frac{2(2 \times 10^{-1}m)(6^2 \times 10^{-2}m^2)}{3(2m)}$$
$$= 4 \times \frac{2 \times 2 \times 6^2}{3 \times 2} \times 10^{-2} \times 10^6 N = 960kN$$

◉ 앞자리 뽑기

$P : 4 \times \frac{2 \times 2 \times 6^2}{3 \times 2} = 96$ ➡ $P < 960kN$

016 정답 ④

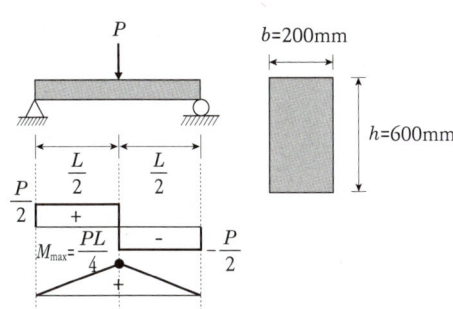

$$\sigma_{max} = \frac{M_{max}}{S} = \frac{\left(\frac{PL}{4}\right)}{\left(\frac{bh^2}{6}\right)} = \frac{3PL}{2bh^2} < \sigma_a$$

$$\rightarrow P < \sigma_a \times \frac{2bh^2}{3L}$$

$$\therefore P < (50MPa) \times \frac{2(200mm)(600mm)^2}{3(2m)} = 1200kN$$

📳 계산 TIP

◉ 정석적인 방법

$$P < (50MPa) \times \frac{2(200mm)(600m)^2}{3(2m)}$$
$$= (5 \times 10MPa) \frac{2(2 \times 10^2 mm)(6^2 \times 10^4 mm^2)}{3(2 \times 10^3 mm)}$$
$$= 5 \times \frac{2 \times 2 \times 6^2}{3 \times 2} \times 10^4 N = 1200kN$$

◉ 앞자리 뽑기

$P : 5 \times \frac{2 \times 2 \times 6^2}{3 \times 2} = 120$ ➡ $P < 1200kN$

017 정답 ③

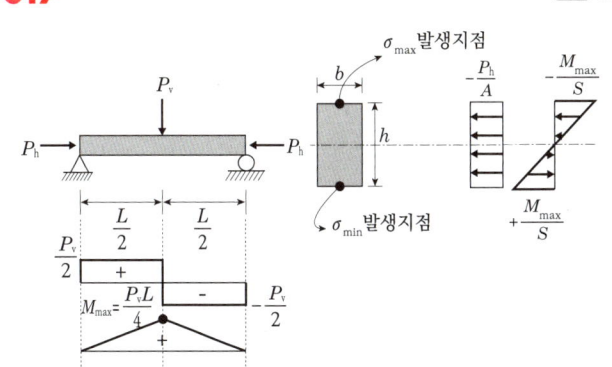

$$\sigma_{min} = -\frac{P}{A} + \frac{M}{S} = -\frac{P_h}{bh} + \frac{\left(\frac{P_vL}{4}\right)}{\left(\frac{bh^2}{6}\right)} = -\frac{P_h}{bh} + \frac{3P_vL}{2bh^2} < 0$$

$$\rightarrow \frac{3P_vL}{2bh^2} < \frac{P_h}{bh}$$

$$\rightarrow \frac{3P_vL}{2P_h} < h$$

$$\therefore \frac{3(2kN)(2m)}{2(50kN)} = 120mm < h$$

계산 TIP

○ 정석적인 방법
$$\frac{3(2kN)(2m)}{2(50kN)} = \frac{3(2kN)(2\times10^3mm)}{2(5\times10kN)}$$
$$= \frac{3\times2\times2}{2\times5}\times10^2mm = 120mm < h$$

○ 앞자리 뽑기
$$h : \frac{3\times2\times2}{2\times5} = \frac{6}{5} = 1.2 \rightarrow 120mm < h$$

계산 TIP

○ 정석적인 방법
$$\sigma_{min} = \frac{120kN}{300\times400mm^2} - \frac{3(20kN)(8m)}{2(300mm)(400mm)^2}$$
$$= \frac{12\times10\times10^3N}{3\times4\times10^4mm^2} - \frac{3(2\times10^3N)(8\times10^3mm)}{2(3\times10^2mm)(4^2\times10^4mm^2)}$$
$$= \frac{12}{3\times4}MPa - \frac{3\times2\times8}{2\times3\times4^2}\times10MPa$$
$$= 1MPa - 5MPa = -4MPa$$

○ 앞자리 뽑기
해당 문제는 보기에 ① 4(압축)과 ② 4(인장) 및 ③ 2(압축) ④ 2(인장)이 숫자가 같으므로 앞자리 뽑기를 적용할 수 없다.

018

정답 ①

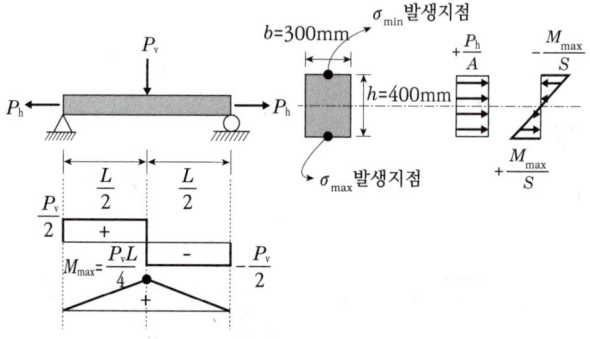

$$\sigma_{min} = \frac{P}{A} - \frac{M}{S} = \frac{P_h}{bh} - \frac{\left(\frac{P_vL}{4}\right)}{\left(\frac{bh^2}{6}\right)} = \frac{P_h}{bh} - \frac{3P_vL}{2bh^2}$$

$$\therefore \sigma_{min} = \frac{120kN}{300\times400mm^2} - \frac{3(20kN)(8m)}{2(300mm)(400mm)^2} = -4MPa$$

019

정답 ②

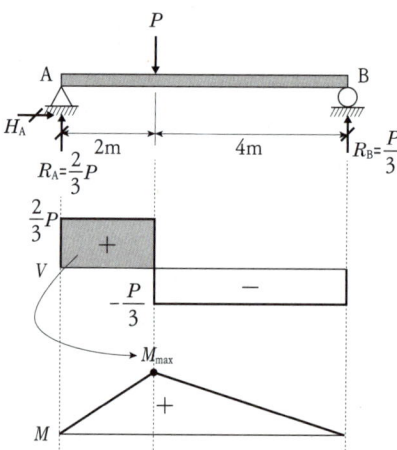

At entire
$$\circlearrowleft + \sum M_B = 0 ;$$
$$(R_A \times 6m) - (P \times 4m) = 0$$
$$\rightarrow R_A = \frac{2}{3}P$$

$$M_{max} = \frac{2}{3}P \times 2m = \left(\frac{4}{3}P\right)m$$

$$\sigma_{max} = \frac{M_{max}}{S} = \frac{\left(\frac{4}{3}P\right)m}{\left(\frac{bh^2}{6}\right)} = \left(\frac{8P}{bh^2}\right)m \leq \sigma_a$$

$$\rightarrow P \leq \sigma_a \times \frac{bh^2}{8} \times \frac{1}{m}$$
$$= (6MPa)\left(\frac{100\times200^2}{8}mm^3\right) \times \frac{1}{m} = 3kN$$

꼭 알아두자!

단순보에 집중하중이 작용할 때 최대모멘트는 집중하중 작용점에서 발생한다. 이를 인지할 경우 전단력도, 모멘트도를 그리지 않고 자유물체도에서 최대모멘트를 계산할 수 있다.

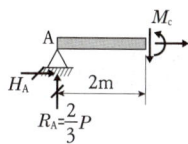

At AC
$\circlearrowleft + \sum M_C = 0$;
$M_C - \left(\dfrac{2}{3}P \times 2\text{m}\right) = 0$
$\rightarrow M_C = \left(\dfrac{4P}{3}\right)\text{m} = M_{max}$

계산 TIP

● 정석적인 방법

$P \leq (6\text{MPa})\left(\dfrac{100 \times 200^2}{8}\text{mm}^3\right) \times \dfrac{1}{\text{m}}$

$= (6\text{MPa})\left(\dfrac{10^2 \times 2^2 \times 10^4}{8}\text{mm}^3\right) \times \dfrac{1}{10^3\text{mm}}$

$= 6 \times \dfrac{2^2}{8} \times 10^3 \text{N} = 3\text{kN}$

● 앞자리 뽑기

$P : 6 \times \dfrac{2^2}{8} = 3 \rightarrow P \leq 3\text{kN}$

$\sigma_{max} = \dfrac{M_{max}}{S} = \dfrac{\left(\dfrac{wL^2}{8}\right)}{\left(\dfrac{bh^2}{6}\right)} = \dfrac{3wL^2}{4bh^2}$

020   정답 ④

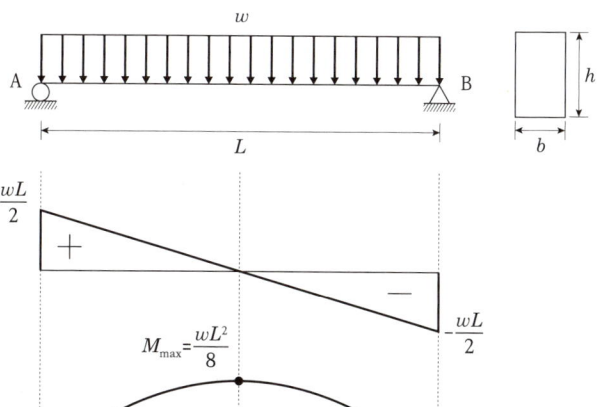

021   정답 ①

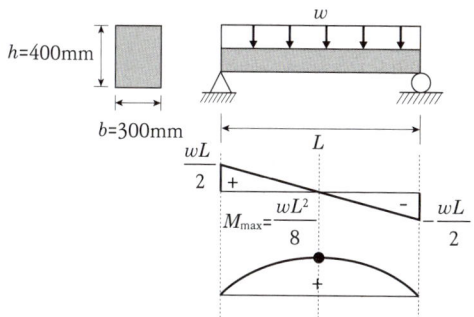

$\sigma_{max} = \dfrac{M_{max}}{S} = \dfrac{\left(\dfrac{wL^2}{8}\right)}{\left(\dfrac{bh^2}{6}\right)} = \dfrac{3wL^2}{4bh^2} \leq \sigma_a$

$\rightarrow w \leq \sigma_a \times \dfrac{4bh^2}{3L^2}$

$= (6\text{MPa})\left(\dfrac{4(300\text{mm})(400\text{mm})^2}{3(10\text{m})^2}\right) = 3.84\text{kN/m}$

계산 TIP

● 정석적인 방법

$w \leq (6\text{MPa})\left(\dfrac{4(300\text{mm})(400\text{mm})^2}{3(10\text{m})^2}\right)$

$= (6\text{MPa})\left(\dfrac{4(3 \times 10^2 \times 10^{-3}\text{m})(4^2 \times 10^4 \text{mm}^2)}{3(10^2 \text{m}^2)}\right)$

$= 6 \times \dfrac{4 \times 3 \times 4^2}{3} \times 10\text{N/m} = 3.84\text{kN/m}$

● 앞자리 뽑기

$w : 6 \times \dfrac{4 \times 3 \times 4^2}{3} = 384 \rightarrow w \leq 3.84\text{kN/m}$

022

정답 ③

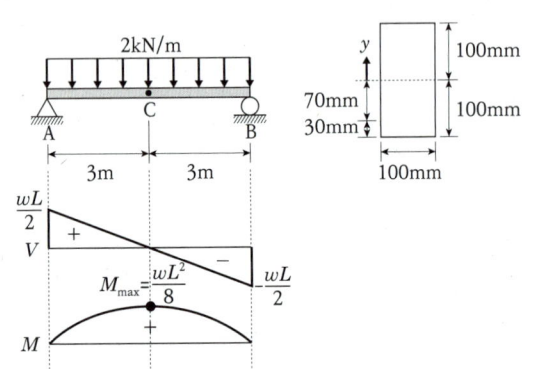

$$\sigma_c = -\frac{M_c y}{I} = -\frac{\left(\frac{wL^2}{8}\right)(y)}{\left(\frac{bh^3}{12}\right)} = -\frac{3wL^2 y}{2bh^3}$$

$$= -\frac{3(2\text{kN/m})(6\text{m})^2(-70\text{mm})}{2(100\text{mm})(200\text{mm})^3}$$

$$= 9.45\text{MPa}$$

계산 TIP

● 정석적인 방법

$$\sigma = -\frac{3(2\text{kN/m})(6\text{m})^2(-70\text{mm})}{2(100\text{mm})(200\text{mm})^3}$$

$$= -\frac{3(2\times10^3\text{N})(6^2\times10^3\text{mm})(-7\times10\text{mm})}{2(10^2\text{mm})(2^3\times10^6\text{mm}^3)}$$

$$= \frac{3\times2\times6^2\times7}{2\times2^3}\times10^{-1}\text{MPa} = 9.45\text{MPa}$$

● 앞자리 뽑기

$$\sigma : -\frac{3(2)(6^2)(-7)}{2(2^3)} = 94.5 \rightarrow \sigma = 9.45\text{MPa}$$

023

정답 ②

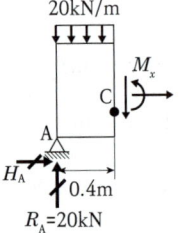

At entire

$R_A = \frac{(20\text{kN/m})(2\text{m})}{2} = 20\text{kN}$ (∵ 대칭)

At AC

$\circlearrowleft + \sum M_x = 0;$

$M_x - (20\text{kN}\times0.4\text{m}) + (20\text{kN/m}\times0.4\text{m})\left(\frac{0.4\text{m}}{2}\right) = 0$

$\rightarrow M_x = 6.4\text{kN}\cdot\text{m}$

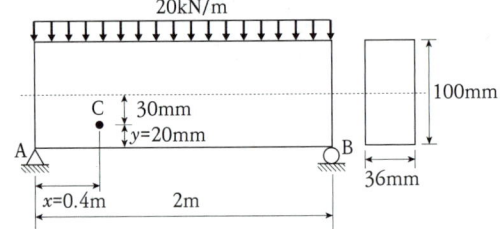

C점의 중립축으로부터 거리는 다음과 같다.

$y = -(50-20\text{mm}) = -30\text{mm}$

$$\therefore \sigma = -\frac{My}{I} = -\frac{My}{\left(\frac{bh^3}{12}\right)} = -\frac{(6.4\text{kN}\cdot\text{m})(-30\text{mm})}{\left(\frac{36\times100^3}{12}\text{mm}^4\right)} = 64\text{MPa}$$

계산 TIP

● 정석적인 방법

$$\sigma = -\frac{(6.4\text{kN}\cdot\text{m})(-30\text{mm})}{\left(\frac{36\times100^3}{12}\text{mm}^4\right)}$$

$$= -\frac{12(64\times10^{-1}\times10^6\text{N}\cdot\text{mm})(-3\times10\text{mm})}{(36\times10^6\text{mm}^4)}$$

$$= \frac{12\times64\times3}{36}\text{MPa} = 64\text{MPa}$$

● 앞자리 뽑기

$$\sigma : \frac{(64\times3)}{\left(\frac{36}{12}\right)} = 64 \rightarrow \sigma = 64\text{MPa}$$

024

정답 ②

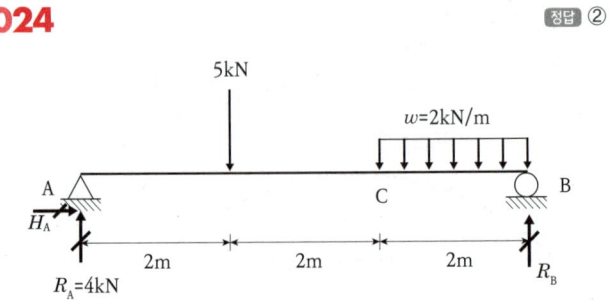

At entire
$\circlearrowleft + \Sigma M_B = 0$;
$(R_A \times 6m) - (5kN \times 4m) - (2kN/m \times 2m)\left(\dfrac{2m}{2}\right) = 0$
→ $R_A = 4kN$

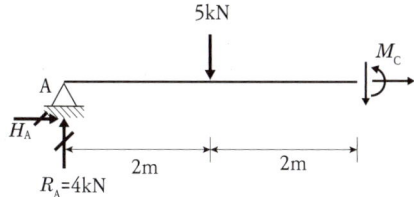

At AC
$\circlearrowleft + \Sigma M_C = 0$;
$M_C - (4kN \times 4m) + (5kN \times 2m) = 0$
→ $M_C = 6kN \cdot m$

$\therefore \sigma_{max-C} = \dfrac{M_C}{S} = \dfrac{M_C}{\left(\dfrac{bh^2}{6}\right)} = \dfrac{(6kN \cdot m)}{\left(\dfrac{12 \times 10^2}{6} cm^3\right)} = 30 MPa$

계산 TIP

● 정석적인 방법
$\sigma = \dfrac{(6kN \cdot m)}{\left(\dfrac{12 \times 10^2}{6} cm^3\right)} = \dfrac{6(6 \times 10^6 N \cdot mm)}{(12 \times 10^2 \times 10^3 mm^3)}$
$= \dfrac{6 \times 6}{12} \times 10 MPa = 30 MPa$

● 앞자리 뽑기
$\sigma : \dfrac{6}{\left(\dfrac{12}{6}\right)} = 3 \rightarrow \sigma = 30 MPa$

025 정답 ③

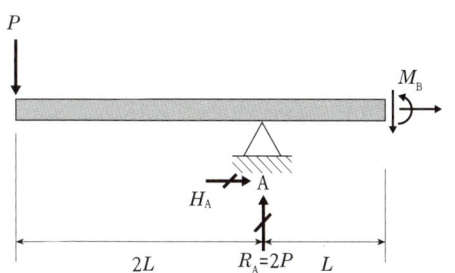

At entire
$R_A = \dfrac{P + 2P + P}{2} = 2P$ (∵ 대칭)

At 자유물체도
$\circlearrowleft + \Sigma M_B = 0$;
$M_B + (P \times 3L) - (2P \times L) = 0$
→ $M_B = -PL$

$\therefore \sigma_{max-B} = \dfrac{M_B}{S} = \dfrac{M_B}{\left(\dfrac{bh^2}{6}\right)} = \dfrac{PL}{\left(\dfrac{b^3}{6}\right)} = \dfrac{6PL}{b^3}$

026 정답 ④

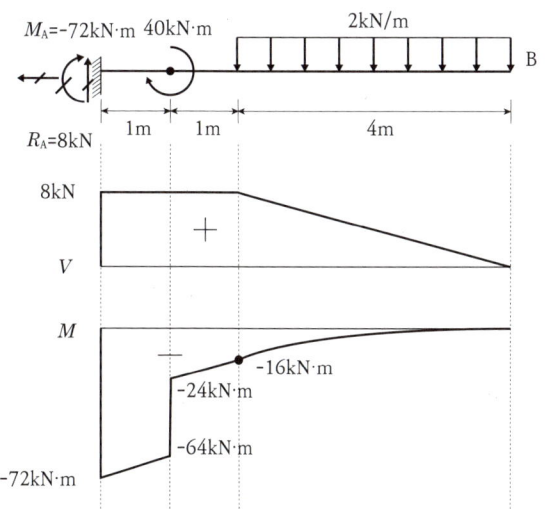

At entire
$\uparrow + \Sigma F_y = 0$;
$R_A - (2kN/m \times 4m) = 0$
→ $R_A = 8kN$

$\circlearrowleft + \Sigma M_A = 0$;
$M_A + (40kN \cdot m) + (2kN/m \times 4m)\left(2m + \dfrac{4}{2}m\right) = 0$
→ $M_A = -72kN \cdot m$

$$\sigma_{max} = \frac{M_{max}}{S} = \frac{M_A}{S} = \frac{M_A}{\left(\frac{bh^2}{6}\right)}$$

$$= \frac{72 \text{kN} \cdot \text{m}}{\left(\frac{600 \times 600^2}{6} \text{mm}^3\right)} = 2\text{MPa}$$

> **계산 TIP**
>
> ◇ 정석적인 방법
> $$\sigma_{max} = \frac{72\text{kN}\cdot\text{m}}{\left(\frac{600\times 600^2}{6}\text{mm}^3\right)} = \frac{6(72\times 10^6 \text{N}\cdot\text{mm})}{(6\times 10^2 \times 6^2 \times 10^4 \text{mm}^3)}$$
> $$= \frac{6\times 72}{6\times 6^2}\text{MPa} = 2\text{MPa}$$
>
> ◇ 앞자리 뽑기
> $$\sigma_{max} : \frac{72}{\left(\frac{6\times 6^2}{6}\right)} = 2 \rightarrow \sigma_{max} = 2\text{MPa}$$

③ ; $\gamma \rightarrow 2\gamma$
$$\sigma = \frac{3(2\gamma)L^2}{h} = 2\sigma_A$$

④ ; $L \rightarrow 2L$
$$\sigma = \frac{3\gamma(2L)^2}{h} = 4\sigma_A$$

> **꼭 알아두자!**
> 자중에 의한 등분포하중에 주의하여야 한다. (Day 03, Level up! Skill 3 참조)

027 정답 ①

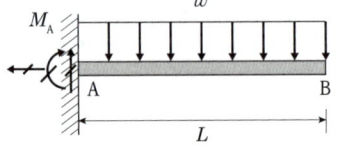 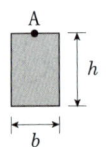

At entire
$\circlearrowleft + \Sigma M_A = 0$;
$$M_A + (w \times L)\left(\frac{L}{2}\right) = 0$$
$$\rightarrow M_A = -\frac{wL^2}{2}$$

$$\sigma_A = \frac{M_A}{S} = \frac{\left(\frac{wL^2}{2}\right)}{\left(\frac{bh^2}{6}\right)} = \frac{3wL^2}{bh^2}$$
$$= \frac{3(A\gamma)L^2}{bh^2} = \frac{3(bh\gamma)L^2}{bh^2} = \frac{3\gamma L^2}{h}$$

($w = A\gamma$ ∵ 자중의 의한 등분포하중)

① ; $b \rightarrow 2b$
$$\sigma = \frac{3\gamma L^2}{h} = \sigma_A$$

② ; $h \rightarrow 2h$
$$\sigma = \frac{3\gamma L^2}{(2h)} = \frac{\sigma_A}{2}$$

028 정답 ②

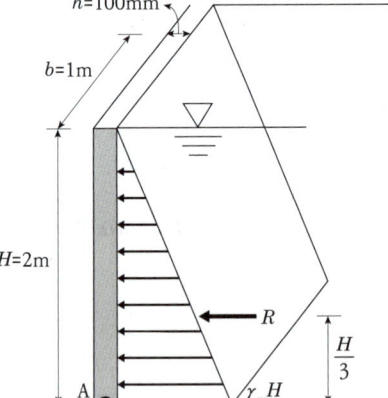

$$R = \frac{1}{2}\gamma_W H^2 \text{ [kN/m]}$$

At entire
$\circlearrowleft + \Sigma M_A = 0$;
$$M_A - \left(R \times \frac{H}{3}\right) = 0$$
$$\rightarrow M_A = \frac{1}{6}\gamma_W H^3 \text{ [kN·m/m]}$$

$$\therefore \sigma_{max} = \frac{M_A}{S} = \frac{\left(\frac{1}{6}\gamma_W H^3\right)}{\left(\frac{bh^2}{6}\right)} = \frac{\gamma_W H^3}{bh^2}$$

$$= \frac{(10\text{kN/m}^3)(2\text{m})^3}{(1\text{m})(100\text{mm})^2} = 8\text{MPa/m}$$

꼭 알아두자!

정확한 수압은 삼각형의 면적 $R=\frac{1}{2}\gamma_w H^2$이 아니라, 3차원 해석이므로 삼각형의 부피 $R=\frac{1}{2}\gamma_w H^2 \times 1\text{m}$이다. 따라서 식에 1m가 곱해져야 정확한 단위가 계산된다.

계산 TIP

○ 정석적인 방법

$$\sigma_{max}=\frac{(10\text{kN/m}^3)(2\text{m})^3}{(1\text{m})(100\text{mm})^2}=\frac{(10\times 10^3\text{N/m}^3)(2^3\text{m}^3)}{(1\text{m})(10^4\text{mm}^2)}=2^3\text{MPa/m}=8\text{MPa/m}$$

○ 앞자리 뽑기

$\sigma_{max} : 2^3=8 \rightarrow \sigma_{max}=8\text{MPa/m}$

$\rightarrow M_{max}=16\text{kN}\cdot\text{m}$

$$\therefore \sigma_{max}=\frac{M_{max}}{S}=\frac{16\text{kN}\cdot\text{m}}{\left(\frac{100\times 200^2}{6}\text{mm}^3\right)}=24\text{MPa}$$

계산 TIP

○ 정석적인 방법

$$\sigma_{max}=\frac{16\text{kN}\cdot\text{m}}{\left(\frac{100\times 200^2}{6}\text{mm}^3\right)}=\frac{6(16\times 10^6\text{N}\cdot\text{mm})}{(10^2\times 2^2\times 10^4\text{mm}^3)}=\frac{6\times 16}{2^2}\text{MPa}=24\text{MPa}$$

○ 앞자리 뽑기

$\sigma_{max} : \frac{16}{\left(\frac{2^2}{6}\right)}=\frac{16\times 6}{2^2}=24 \rightarrow \sigma_{max}=24\text{MPa}$

029 정답 ②

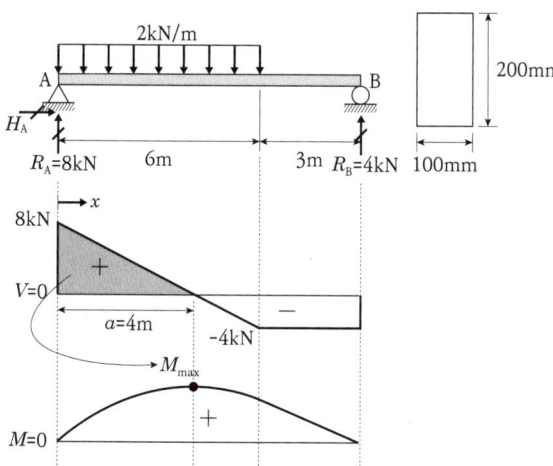

At entire

$\circlearrowleft + \sum M_B = 0$;

$(R_A \times 9\text{m}) - (2\text{kN/m}\times 6\text{m})\left(3\text{m}+\frac{6\text{m}}{2}\right) = 0$

$\rightarrow R_A = 8\text{kN}$

$8\text{kN} - (2\text{kN/m})(a) = 0$

$\rightarrow a = 4\text{m}$

$M_{max} - M_A = M_{max}$ ($\because M_A = 0$)

$\qquad = \frac{1}{2}\times 4\text{m}\times 8\text{kN}$

030 정답 ③

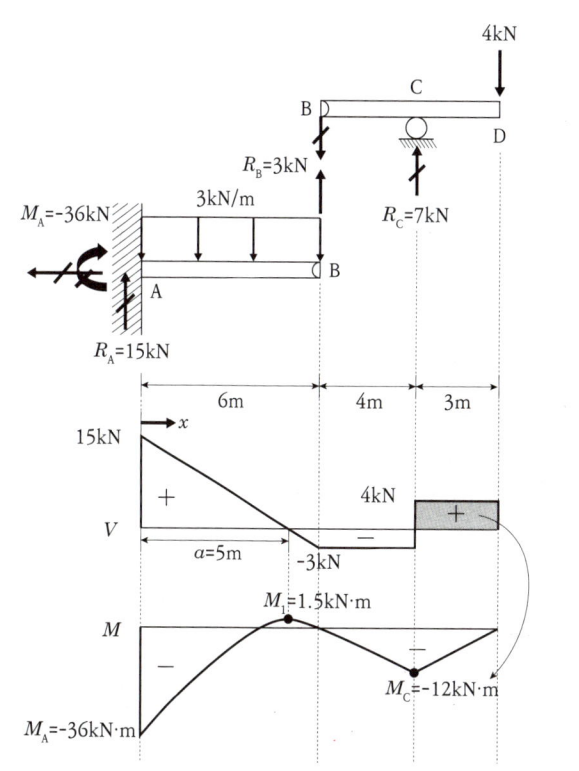

At BD

$\circlearrowleft + \sum M_C = 0$;

$(R_B \times 4\text{m}) - (4\text{kN}\times 3\text{m}) = 0$

$\rightarrow R_B = 3\text{kN}$

$\uparrow + \Sigma F_y = 0$;
$-3kN + R_C - 4kN = 0$
→ $R_C = 7kN$

At AB
$\circlearrowleft + \Sigma M_A = 0$;
$M_A + (3kN/m \times 6m)\left(\dfrac{6m}{2}\right) - (3kN \times 6m) = 0$
→ $M_A = -36kN \cdot m$

$R_A - (w \times a) = 0$
→ $15kN - (3kN/m \times a) = 0$
→ $a = 5m$

$M_1 - M_A = M_1 - (-36kN \cdot m)$
$\qquad = \dfrac{1}{2} \times 5m \times 15kN = 37.5kN \cdot m$
→ $M_1 = 1.5kN \cdot m$

$M_D - M_C = -M_C \; (\because M_D = 0)$
$\qquad = 3m \times 4kN$
→ $M_C = -12kN \cdot m$

$\therefore \sigma_{max} = \sigma_A = \dfrac{M_A}{S} = \dfrac{M_A}{\left(\dfrac{bh^2}{6}\right)}$
$\qquad = \dfrac{36kN \cdot m}{\left(\dfrac{0.6 \times 1^2}{6}m^3\right)} = 360kPa$

> **계산 TIP**
>
> ● 정석적인 방법
> $\sigma_A = \dfrac{36kN \cdot m}{\left(\dfrac{0.6 \times 1^2}{6}m^3\right)} = \dfrac{6(36kN \cdot m)}{(6 \times 10^{-1}m^3)}$
> $\qquad = \dfrac{6 \times 36}{6} \times 10kPa = 360kPa$
>
> ● 앞자리 뽑기
> $\sigma_A : \dfrac{36}{\left(\dfrac{0.6}{6}\right)} = 360$ → $M_A = 360kPa$

031 정답 ①

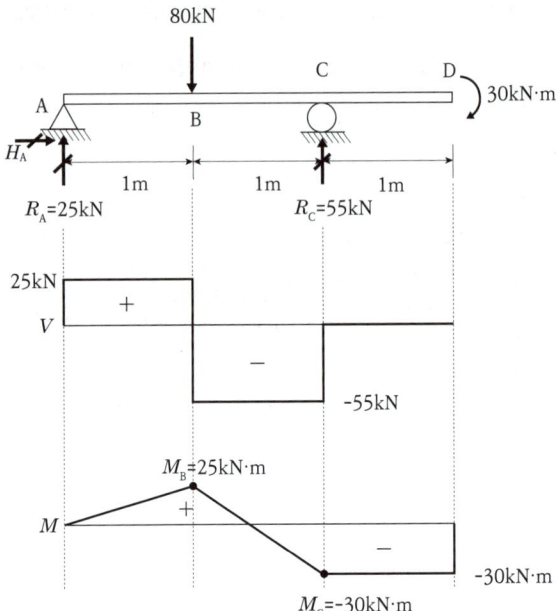

At entire
$\circlearrowleft + \Sigma M_A = 0$;
$(R_C \times 2m) - (80kN \times 1m) - 30kN \cdot m = 0$
→ $R_C = 55kN$

$\uparrow + \Sigma F_y = 0$;
$R_A - 80kN + 55kN = 0$
→ $R_A = 25kN$

$M_B - M_A = M_B \; (\because M_A = 0)$
$\qquad = 1m \times 25kN$
→ $M_B = 25kN \cdot m$

$M_C - M_A = M_C \; (\because M_A = 0)$
$\qquad = (1m \times 25kN) + (1m \times -55kN)$
→ $M_C = -30kN \cdot m$

$\sigma_{max} = \dfrac{M_{max}}{S} = \dfrac{M_{max}}{\left(\dfrac{bh^2}{6}\right)} = \dfrac{6M_{max}}{bh^2} < \sigma_a$

→ $\dfrac{6M_{max}}{\sigma_a h^2} < b$

$\therefore \dfrac{6(30kN \cdot m)}{(600MPa)(0.1m)^2} = 0.03m < b$

계산 TIP

◦ 정석적인 방법

$$\frac{6(30\text{kN}\cdot\text{m})}{(600\text{MPa})(0.1\text{m})^2} = \frac{6(3\times10\times10^3\text{N}\cdot\text{m})}{(6\times10^2\text{MPa})(10^{-2}\text{m}^2)}$$

$$= \frac{6(3\times10\times10^3\text{N}\cdot\text{m})}{(6\times10^2)(10^{-2})\times10^6\text{N}}$$

$$= \frac{6\times3}{6}\times10^{-2}\text{m} = 0.03\text{m} < b$$

◦ 앞자리 뽑기

$$b : \frac{6\times3}{3} = 3 \rightarrow 0.03\text{m} < b$$

033 정답 ②

$\tau = G\gamma$

$$\rightarrow \gamma = \frac{\tau}{G} = \frac{\left(\dfrac{V}{A}\right)}{\left(\dfrac{E}{2(1+\nu)}\right)} = \frac{2(1+\nu)V}{AE}$$

$$\left(\tau = \frac{V}{A} \because \text{응력은 단면에 균일하게 분포}\right)$$

$$= \frac{2(1+0.3)(10\text{kN})}{(10^2\text{mm}^2)(130\text{GPa})} = 0.002$$

계산 TIP

◦ 정석적인 방법

$$\gamma = \frac{2(1+0.3)(10\text{kN})}{(10^2\text{mm}^2)(130\text{GPa})} = \frac{2(13\times10^{-1})(10\text{kN})}{(10^2)(13\times10)\text{kN}}$$

$$= \frac{2\times13}{13}\times10^{-3} = 0.002$$

◦ 앞자리 뽑기

$$\gamma : \frac{2\times13}{13} = 2 \rightarrow \gamma = 0.002$$

032 정답 ②

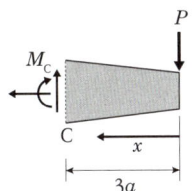

At 자유물체도

$\circlearrowleft + \sum M_C = 0;$

$M_C + (P\times 3a) = 0$

$\rightarrow M_C = -3Pa$

At C

$b = h = a + \dfrac{(3a)}{6} = \dfrac{3}{2}a$

$$\therefore \sigma_{\max} = \frac{M_C}{S} = \frac{3Pa}{\left(\dfrac{bh^2}{6}\right)}$$

$$= \frac{3Pa}{\left(\dfrac{\left(\dfrac{3}{2}a\right)^3}{6}\right)} = \frac{16P}{3a^2}$$

034 정답 ③

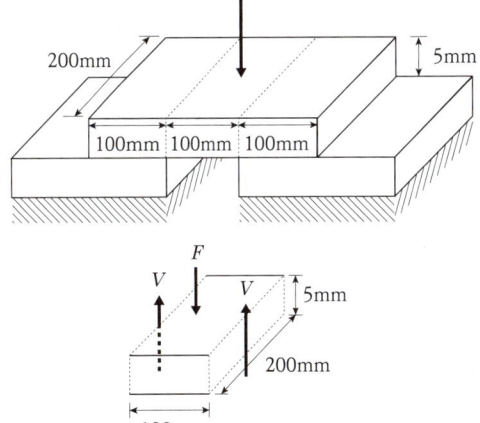

$V = \dfrac{F}{2}$

$\therefore \tau_{\text{avg}} = \dfrac{V}{A}$ (∵ 평균전단응력)

$$= \frac{\left(\dfrac{20\text{kN}}{2}\right)}{(200\times5\text{mm}^2)} = 10\text{N/mm}^2$$

계산 TIP

○ 정석적인 방법

$$\tau_{avg} = \frac{\left(\frac{20kN}{2}\right)}{(200 \times 5mm^2)} = \frac{(10 \times 10^3 N)}{(2 \times 10^2 \times 5mm^2)}$$
$$= \frac{1}{2 \times 5} \times 10^2 N/mm^2 = 10 N/mm^2$$

○ 앞자리 뽑기

$$\tau_{avg} : \frac{\left(\frac{2}{2}\right)}{2 \times 5} = 1 = \longrightarrow \tau_{avg} = 10 N/mm^2$$

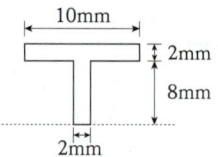

$$Q = (2 \times 8mm^2)\left(\frac{8}{2}mm\right) + (10 \times 2mm^2)\left(8 + \frac{2}{2}mm\right)$$
$$= 244mm^3$$

$$\therefore \tau = \frac{V(244)}{I(2)} = \frac{122V}{I}$$

035 정답 ①

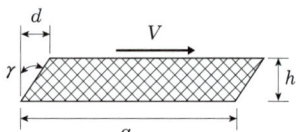

$\tau = G\gamma \longrightarrow \gamma = \frac{\tau}{G}$

$d = \gamma \times h$

→ $d = \frac{\tau}{G} \times h$

→ $d = \frac{1}{G} \times \frac{V}{A} \times h \left(\tau = \frac{V}{A} \because \text{전단력은 단면에 균일하게 전달}\right)$

→ $d = \frac{1}{G} \times \frac{V}{ab} \times h$

$\therefore d = \frac{hV}{abG}$

036 정답 ④

단면에 발생하는 전단응력의 크기는 다음과 같은 공식으로 계산할 수 있다.

$$\tau = \frac{VQ}{Ib}$$

위 식에서 단면에 발생하는 전단력 V, 단면의 단면2차모멘트 I는 변화하지 않으나, 단면의 폭 b, 단면1차모멘트 Q는 변화한다. 최대 전단응력은 b가 작고 Q가 큰 중립축에서 발생할 것이다. 따라서 중립축에 대한 단면1차모멘트를 계산한다.

037 정답 ④

① 색칠한 단면의 단면1차모멘트를 계산하면 다음과 같다.

$Q = A \times y_C$

A : 단면적, y_C : 도심 거리

$$Q = (b)\left(\frac{h}{2} - y\right)\left(y + \frac{\frac{h}{2} - y}{2}\right) = \left(\frac{b}{2}\right)\left(\frac{h}{2} - y\right)\left(\frac{h}{2} + y\right)$$
$$= \left(\frac{b}{2}\right)\left(\frac{h^2}{4} - y^2\right)$$

② 전단응력은 공식을 이용해 계산할 수 있다.

$$\tau = \frac{VQ}{Ib} = \frac{V}{Ib}\left(\frac{b}{2}\right)\left(\frac{h^2}{4} - y^2\right) = \frac{V}{2I}\left(\frac{h^2}{4} - y^2\right)$$

③ 전단력에 의한 전단응력 분포는 아래 그림과 같고 최대 전단 응력은 중립축에서 발생한다.

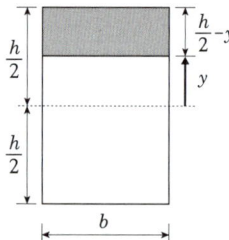

④ 직사각형에서 최대 전단응력(τ_{max})의 크기는 평균 전단응력의 $\frac{3}{2}$배이고, 원 단면에서 최대 전단응력의 크기는 평균 전단응력의 $\frac{4}{3}$배이다.

038 정답 ②

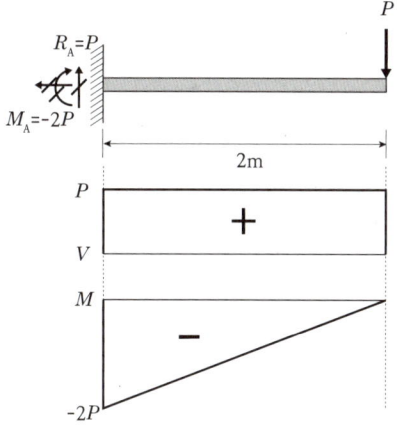

At entire
$\uparrow + \Sigma F_y = 0$;
$R_A - P = 0$
→ $R_A = P$
→ $V_{max} = P$
$\tau_{max} = \frac{4V_{max}}{3A} = \frac{4P}{3A} \leq \tau_a$
→ $P \leq \tau_a \times \frac{3A}{4}$
∴ $P \leq (1\text{N/mm}^2) \times \frac{3(4000\text{mm}^2)}{4} = 3\text{kN}$

♥ 꼭 알아두자!

문제에서 물어보지 않았으나 모멘트도를 그려보자.
At entire
↻ + $\Sigma M_A = 0$;
$M_A + (P \times 2m) = 0$
→ $M_A = -2P$ (↻)

039 정답 ①

$\tau_{max(\text{정사각형})} = \frac{3V}{2A_{(\text{정사각형})}}$
$= \frac{3V}{2a^2}$

$\tau_{max(\text{원형})} = \frac{4V}{3A_{(\text{원형})}}$
$= \frac{4V}{3\left(\frac{\pi a^2}{4}\right)} = \frac{16V}{3\pi a^2}$

∴ $\frac{\tau_{max(\text{정사각형})}}{\tau_{max(\text{원형})}} = \frac{\left(\frac{3V}{2a^2}\right)}{\left(\frac{16V}{3\pi a^2}\right)} = \frac{9\pi}{32}$

040 정답 ③

$A_a = \frac{\pi(2R)^2}{4} = \pi R^2$, $A_b = \frac{\pi((2R)^2 - R^2)}{4} = \frac{3}{4}\pi R^2$

$(\tau_{max})_{\text{원형}} = \frac{4V}{3A_a} = \frac{4V}{3(\pi R^2)} = \frac{4V}{3\pi R^2}$

$(\tau_{max})_{\text{원형관 단면}} = \frac{4V}{3A_b}\left(\frac{r_1^2 + r_1 r_2 + r_2^2}{r_1^2 + r_2^2}\right)$
$= \frac{4V}{3\left(\frac{3}{4}\pi R^2\right)}\left(\frac{0.5^2 + 0.5 \times 1 + 1^2}{0.5^2 + 1^2}\right)$
$= \frac{4V}{3\pi R^2} \times \frac{28}{15}$

∴ $(\tau_{max})_{\text{원형}} : (\tau_{max})_{\text{원형관 단면}} = 1 : \frac{28}{15} = 15 : 28$

041

정답 ③

등분포하중이 B점에 치우쳐 작용하므로 최대 전단응력은 B점에서 발생한다.

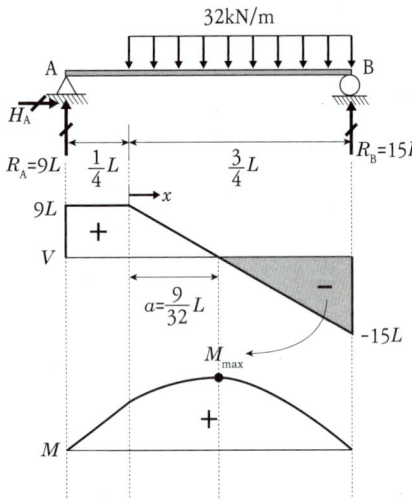

At entire

$\circlearrowleft + \sum M_A = 0;$

$(R_B \times L) - \left(32\text{kN/m} \times \frac{3}{4}L\right)\left(\frac{1}{4}L + \frac{1}{2} \times \frac{3}{4}L\right) = 0$

$\rightarrow R_B = (15 \times L)\text{kN} = V_{max}$

$\tau_{max} = \frac{3V_{max}}{2A} = \frac{3(15 \times L)\text{kN}}{2A} \leq \tau_a$

$\rightarrow L \leq \tau_a \times \frac{2A}{3(15)\text{kN}}$

$\therefore L \leq (1.5\text{MPa}) \times \frac{2(400 \times 600\text{mm}^2)}{3(15)\text{kN}} = 16\text{m}$

문제에서 물어보지 않았으나 최대 모멘트를 구해보자.

(1) 최대 휨 모멘트 발생지점
   모멘트의 최대값은 전단력이 '+'에서 '−'로 바뀌는 점($V = 0$)에서 발생한다.
   $9L - (w \times a) = 0$
   $\rightarrow 9L - (32\text{kN/m} \times x) = 0$
   $\rightarrow a = \frac{9}{32}L$

(2) 최대 휨 모멘트 크기
   전단력도의 면적은 해당 구간의 모멘트 차이와 같다.
   $M_B - M_{max} = -M_{max} \quad (\because M_B = 0)$
   $\qquad = \frac{1}{2} \times \left(\frac{3}{4}L - \frac{9}{32}L\right) \times -15L$
   $\therefore M_{max} = -\frac{225}{64}L^2$

계산 TIP

문제에서 길이 L이 문자로 주어져 단위 m가 생략되었다.

◦ **정석적인 방법**

$L \leq (1.5\text{MPa}) \times \frac{2(400 \times 600\text{mm}^2)}{3(15)\text{kN}}$

$= (15 \times 10^{-1}) \times \frac{2(4 \times 6 \times 10^4)\text{N}}{3(15) \times 10^3\text{N}} = 15 \times \frac{2 \times 4 \times 6}{3 \times 15} = 16\text{mm}$

◦ **앞자리 뽑기**

$L : 15 \times \frac{2 \times 4 \times 6}{3 \times 15} = 16 \rightarrow L = 16\text{m}$

042

정답 ②

전단력이 발생시키는 최대 전단응력을 계산하기 위해서는 먼저 최대 전단력을 계산해야 한다. 주어진 구조에서는 최대 전단력이 어디서 발생하는지 알 수 없으므로 전단력도를 그려 최대 전단력을 구한다.

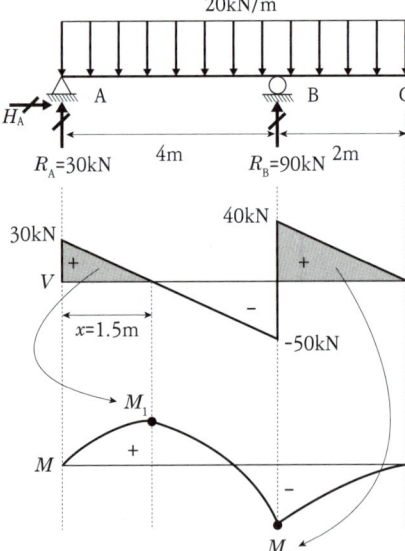

At entire

$\circlearrowleft + \sum M_A = 0;$

$(R_B \times 4\text{m}) - (20\text{kN/m} \times 6\text{m})\left(\frac{6\text{m}}{2}\right) = 0$

$\rightarrow R_B = 90\text{kN}$

$\uparrow + \sum F_y = 0;$

$R_A - (20\text{kN/m} \times 6\text{m}) + 90\text{kN} = 0$

$\rightarrow R_A = 30\text{kN}$

$V_{max} = V_{B,Left.} = -50\text{kN}$

사각형 단면의 최대 전단응력은 $\tau = \dfrac{VQ}{Ib}$로 계산할 수 있으나 $\dfrac{3V}{2A}$ 공식을 이용한다.

$$\therefore \tau_{max} = \dfrac{3V}{2A} = \dfrac{3(50\text{kN})}{2(100^2\text{mm}^2)} = 7.5\text{MPa}$$

계산 TIP

● 정석적인 방법

$$\tau_{max} = \dfrac{3(50\text{kN})}{2(100^2\text{mm}^2)} = \dfrac{3(5 \times 10 \times 10^3\text{N})}{2(10^5\text{mm}^2)} = \dfrac{3 \times 5}{2}\text{MPa} = 7.5\text{MPa}$$

● 앞자리 뽑기

$$\tau_{max} : \dfrac{3 \times 5}{2} = 7.5 \rightarrow \gamma_{max} = 7.5\text{MPa}$$

꼭 알아두자!

문제에서 물어보지 않았으나 최대 모멘트를 구해보자.

(1) 최대 휨 모멘트 발생지점
  모멘트의 최대값은 전단력이 '+'에서 '-'로 바뀌는 점($V = 0$)에서 발생한다.
  $x = 4\text{m} \times \dfrac{30\text{kN}}{30\text{kN} + 50\text{kN}} = 1.5\text{m}$

(2) 최대 휨 모멘트 크기
  전단력도의 면적은 해당 구간의 모멘트 차이와 같다.
  $M_1 - M_A = M_1$ ($\because M_A = 0$)
  $\qquad = \dfrac{1}{2} \times 1.5\text{m} \times 30\text{kN}$
  $\therefore M_1 = 22.5\text{kN} \cdot \text{m}$

  $M_C - M_2 = -M_2$ ($\because M_C = 0$)
  $\qquad = \dfrac{1}{2} \times 2\text{m} \times 40\text{kN}$
  $\therefore M_2 = -40\text{kN} \cdot \text{m}$

043

정답 ③

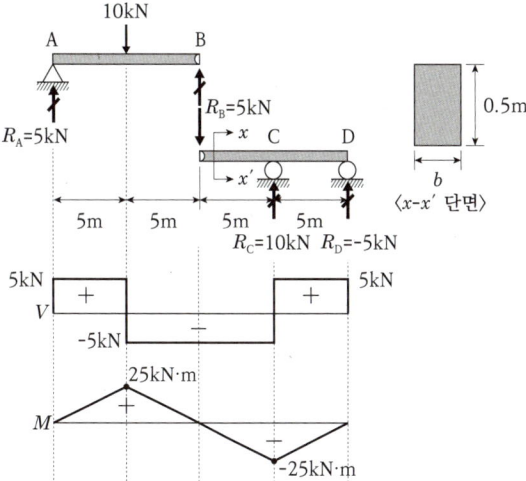

At AB
$R_A = R_B = \dfrac{10\text{kN}}{2} = 5\text{kN}$ ($\because$ 대칭)

At BD
$\circlearrowleft + \sum M_D = 0$;
$(R_C \times 5\text{m}) - (5\text{kN} \times 10\text{m}) = 0$
$\rightarrow R_C = 10\text{kN}$ (↑)

$\uparrow + \sum F_y = 0$;
$-5\text{kN} + 10\text{kN} + R_D = 0$
$\rightarrow R_D = -5\text{kN}$ (↓)
$V_{max} = 5\text{kN}$

$\tau_{max} = \dfrac{3V_{max}}{2A} = \dfrac{3V_{max}}{2(b \times 0.5\text{m})} < \tau_a$

$\rightarrow \dfrac{3V_{max}}{2(0.5\text{m})(\tau_a)} < b$

$\therefore \dfrac{3(5\text{kN})}{2(0.5\text{m})(300\text{kPa})} = 0.05\text{m} < b$

044

정답 ④

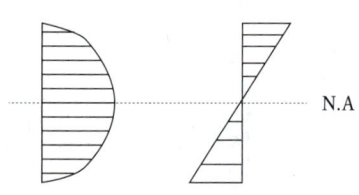

⟨전단응력⟩   ⟨휨응력⟩

①, ② 수직응력은 중립축에서 '0', 전단응력은 단면 상단, 하단에서 '0'이다.

③ 양단지점에서는 $M=0$이므로 $\sigma=-\dfrac{My}{I}=0$ 이다.

④ $\tau=\dfrac{3V}{2A}\neq 0$이다.

045

정답 ②

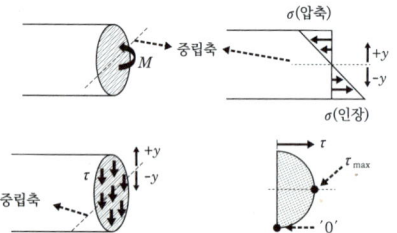

② 틀린 보기이다. 순수굽힘(휨)이 작용하는 단면에서 전단응력은 발생하지 않는다.

046

정답 ③

① $\sigma=\dfrac{M}{S}$이므로 수직응력은 단면계수에 반비례한다.

②, ③ 전단응력과 변형률의 분포는 다음과 같다.

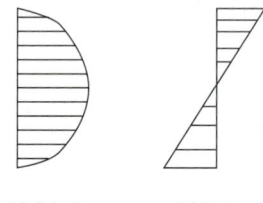

⟨전단응력⟩   ⟨휨응력⟩

④ 외력으로 수직력만 작용하였더라도 플랜지에서는 수평방향으로 전단응력이 작용한다.

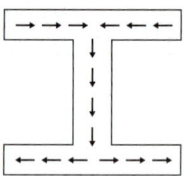

꼭 알아두자!

오일러-베르누이 가정, 티모센코 해석 등이 있으나 수험생들이 학습하지 않아도 되는 내용이다. 단지 우리가 배우는 응용역학은 오일러-베르누이 가정을 따른다는 사실만 알아두자.

047

정답 ①

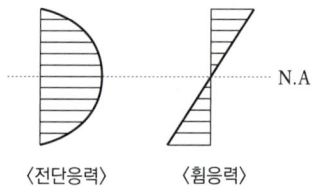

⟨전단응력⟩   ⟨휨응력⟩

$\sigma_C=0$ (∵ 중립축)

$\tau_C=0$ (∵ $V_C=0$)

꼭 알아두자!

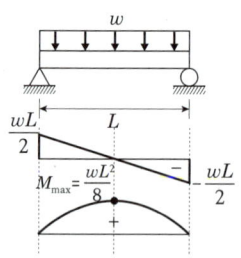 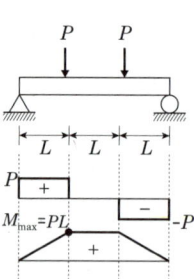

048

정답 ③

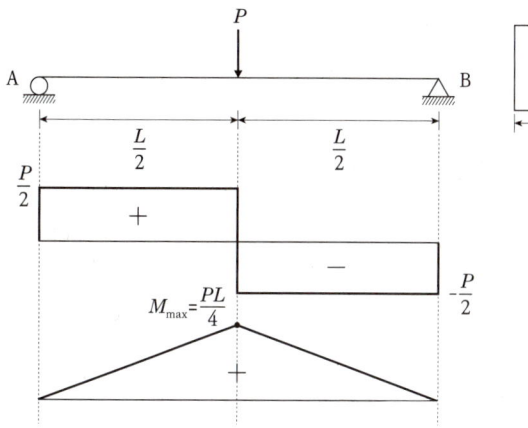

$$\tau_{max} = \frac{3V_{max}}{2A} = \frac{3\left(\frac{P}{2}\right)}{2(bh)} = \frac{3P}{4bh}$$

$$\sigma_{max} = \frac{M_{max}}{S} = \frac{\left(\frac{PL}{4}\right)}{\left(\frac{bh^2}{6}\right)} = \frac{3PL}{2bh^2}$$

$$\therefore \frac{\tau_{max}}{\sigma_{max}} = \frac{\left(\frac{3P}{4bh}\right)}{\left(\frac{3PL}{2bh^2}\right)} = \frac{h}{2L}$$

049

정답 ③

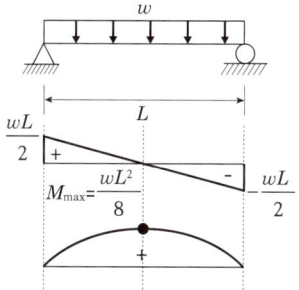

$$\sigma_{max} = \frac{M_{max}}{S} = \frac{\left(\frac{wL^2}{8}\right)}{\left(\frac{bh^2}{6}\right)} = \frac{3wL^2}{4bh^2}$$

$$\tau_{max} = \frac{3V_{max}}{2A} = \frac{3\left(\frac{wL}{2}\right)}{2bh} = \frac{3wL}{4bh}$$

$\sigma_{max} = 2\tau_{max}$;

$$\frac{3wL^2}{4bh^2} = \frac{3wL}{2bh}$$

$$\therefore \frac{L}{h} = 2$$

050

정답 ③

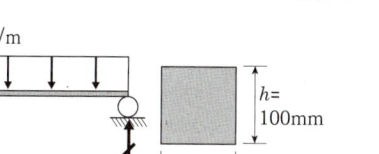

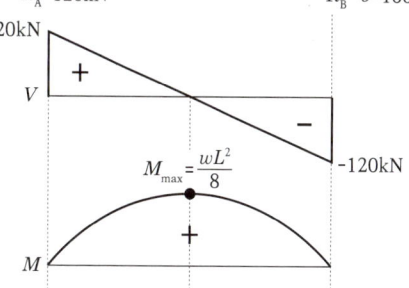

(1) 4m 떨어진 점의 최대 휨응력(f)

At entire

$$R_A = \frac{(20\text{kN/m})(12\text{m})}{2} = 120\text{kN} \ (\because \text{대칭})$$

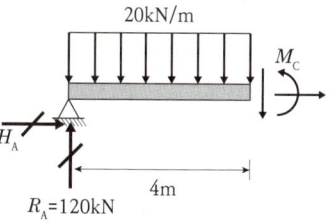

At 자유물체도

$\circlearrowleft + \Sigma M_C = 0$;

$$M_C - (120\text{kN} \times 4\text{m}) + (20\text{kN/m} \times 4\text{m})\left(\frac{4\text{m}}{2}\right) = 0$$

$\rightarrow M_C = 320\text{kN} \cdot \text{m}$

$$\sigma_{C-max} = \frac{M_C}{S} = \frac{M_C}{\left(\frac{bh^2}{6}\right)} = \frac{(320\text{kN} \cdot \text{m})}{\left(\frac{100 \times 100^2}{6}\text{mm}^3\right)} = 1920\text{MPa}$$

(2) 지간내 발생하는 최대전단응력(τ)

$$\tau_{max} = \frac{3V_{max}}{2A}$$
$$= \frac{3(120kN)}{2(100 \times 100mm^2)} = 18MPa$$

계산 TIP

◦ 정석적인 방법

$$\sigma_{C-max} = \frac{(320kN \cdot m)}{\left(\frac{100 \times 100^2}{6}mm^3\right)} = \frac{6(32 \times 10 \times 10^3 N \times 10^3 mm)}{10^2 \times 10^4 mm^3}$$
$$= 6 \times 32 \times 10 MPa = 1920 MPa$$

$$\tau_{max} = \frac{3(120kN)}{2(100 \times 100mm^2)} = \frac{3(12 \times 10 \times 10^3 N)}{2(10^4 mm^2)}$$
$$= \frac{3 \times 12}{2} MPa = 18 MPa$$

◦ 앞자리 뽑기

$$\sigma_{C-max} : \frac{32}{\frac{1}{6}} = 192 \rightarrow 1920 MPa$$

$$\tau_{max} : \frac{3(12)}{2} = 18 \rightarrow 18 MPa$$

$\tau_A = 0$ ($\because$ 상연)

$$\sigma_A = \frac{M_A}{S} = \frac{\left(\frac{wa^2}{2}\right)}{\left(\frac{bh^2}{6}\right)} = \frac{3wa^2}{bh^2}$$

051 정답 ④

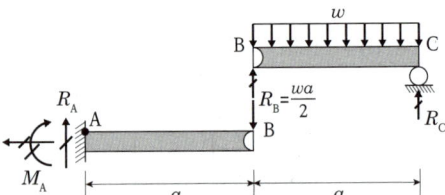

At BC
$R_B = \frac{wa}{2}$ ($\because$ 대칭)

At AB
$\circlearrowleft + \Sigma M_A = 0$;
$M_A + \left(\frac{wa}{2} \times a\right) = 0 \rightarrow M_A = -\frac{wa^2}{2}$

$\uparrow + \Sigma F_y = 0$;
$R_A - \frac{wa}{2} = 0 \rightarrow R_A = \frac{wa}{2}$

052 정답 ①

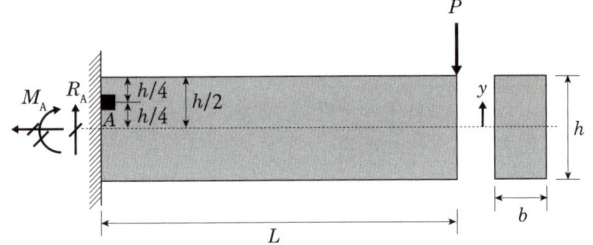

At entire
$\circlearrowleft + \Sigma M_A = 0$;
$M_A + PL = 0$
$\rightarrow M_A = -PL$

$\uparrow + \Sigma F_y = 0$;
$R_A - P = 0$
$\rightarrow R_A = P$
$\rightarrow V_A = P$

$$\sigma_A = -\frac{M_A y}{I} = -\frac{(-PL)\left(\frac{h}{4}\right)}{\left(\frac{bh^3}{12}\right)} = \frac{3PL}{bh^2}$$

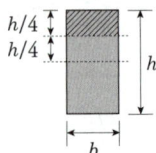

$$\tau_A = \frac{V_A Q}{Ib} = \frac{P\left(b \times \frac{h}{4}\right)\left(\frac{h}{2} - \frac{h}{4} \times \frac{1}{2}\right)}{\left(\frac{bh^3}{12}\right)(b)} = \frac{9P}{8bh}$$

053

정답 ①

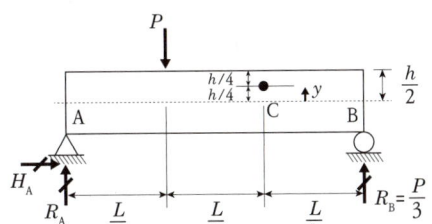

At entire
$\circlearrowleft + \sum M_A = 0$;
$(R_B \times L) - \left(P \times \dfrac{L}{3}\right) = 0$
$\rightarrow R_B = \dfrac{P}{3}$

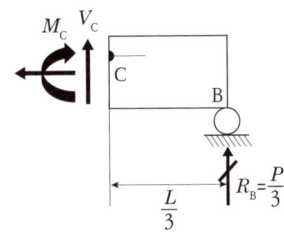

At CB
$\uparrow + \sum F_y = 0$;
$V_C + \dfrac{P}{3} = 0$
$\rightarrow V_C = -\dfrac{P}{3}$

$\circlearrowleft + \sum M_C = 0$;
$M_C - \left(\dfrac{P}{3} \times \dfrac{L}{3}\right) = 0$
$\rightarrow M_C = \dfrac{PL}{9}$

$\sigma_C = -\dfrac{M_C y}{I} = -\dfrac{\left(\dfrac{PL}{9}\right)\left(\dfrac{h}{4}\right)}{\left(\dfrac{bh^3}{12}\right)} = -\dfrac{PL}{3bh^2}$

$= -\dfrac{(120\text{kN})(27\text{m})}{3(30 \times 120^2\text{mm}^3)} = -2500\text{MPa (압축)}$

$Q = \left(b \times \dfrac{h}{4}\right)\left(\dfrac{h}{2} - \dfrac{h}{8}\right) = \dfrac{3}{32}bh^2$

$\tau_C = \dfrac{V_C Q}{Ib} = \dfrac{\left(\dfrac{P}{3}\right)\left(\dfrac{3}{32}bh^2\right)}{\left(\dfrac{bh^3}{12}\right)(b)} = \dfrac{3P}{8bh}$

$= \dfrac{3 \times 120\text{kN}}{8(30 \times 120\text{mm}^2)} = 12.5\text{MPa}$

🔢 계산 TIP

● **정석적인 방법**

$\sigma_C = -\dfrac{(120\text{kN})(27\text{m})}{3(30 \times 120^2\text{mm}^3)} = -\dfrac{(12 \times 10^3\text{N})(27 \times 10^3\text{mm})}{3(3 \times 12^2 \times 10^3\text{mm}^3)}$

$= -\dfrac{12 \times 27}{3 \times 3 \times 12^2} \times 10^4\text{MPa} = -2500\text{MPa (압축)}$

$\tau_C = \dfrac{3 \times 120\text{kN}}{8(30 \times 12\text{mm}^2)} = \dfrac{3 \times 12 \times 10 \times 10^3\text{N}}{8 \times 3 \times 12 \times 10^2\text{mm}^2}$

$= \dfrac{3 \times 12}{8 \times 3 \times 12} \times 10^2\text{MPa} = 12.5\text{MPa}$

● **앞자리 뽑기**

$\sigma_C = -\dfrac{12 \times 27}{3 \times 3 \times 12^2} = -\dfrac{1}{4} \rightarrow \sigma_C = -2500\text{MPa (압축)}$

$\tau_C = \dfrac{3 \times 12}{8 \times 3 \times 12} = \dfrac{1}{8} \rightarrow \tau_C = 12.5\text{MPa}$

054

정답 ①

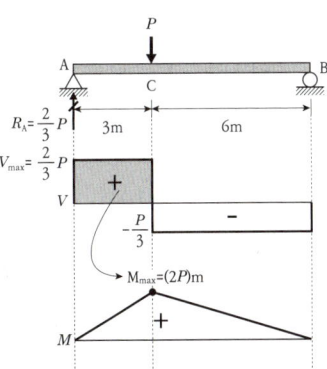

At entire
$\circlearrowleft + \sum M_B = 0$;
$(R_A \times 9\text{m}) - (P \times 6\text{m}) = 0$
$\rightarrow R_A = \dfrac{2}{3}P$

$\sigma_{max} \leq \sigma_a$;

$$\frac{M_{max}}{S} = \frac{(2P)\text{m}}{\left(\frac{bh^2}{6}\right)} = \frac{12P}{bh^2}\text{m} \leq \sigma_a$$

→ $P \leq \sigma_a \times \dfrac{bh^2}{12} \times \dfrac{1}{\text{m}}$

$= (60\text{MPa})\left(\dfrac{100 \times 200^2}{12}\text{mm}^3\right) \times \dfrac{1}{\text{m}} = 20\text{kN}$

$\tau_{max} \leq \tau_a$;

$$\frac{3V}{2A} = \frac{3\left(\frac{2}{3}P\right)}{2(bh)} = \frac{P}{bh} \leq \tau_a$$

→ $P \leq \tau_a \times bh$

$= (1\text{MPa})(100 \times 200\text{mm}^2) = 20\text{kN}$

∴ $P_{max(\sigma_a)} : P_{max(\tau_a)} = 20\text{kN} : 20\text{kN} = 1:1$

$$\tau_{max} = \frac{V_{max}Q}{Ib} = \frac{\left(\frac{P}{2}\right)(b \times t)(1.5t - 0.5t)}{\left(\frac{b \times (3t)^3}{12}\right)(b)} = \frac{2P}{9bt}$$

$\tau_{max} > \tau_a$;

$\dfrac{2P}{9bt} > \tau_a$

→ $\dfrac{2P}{9b\tau_a} = \dfrac{2(9\text{kN})}{9(50\text{mm})(5\text{MPa})} > t$

∴ $8\text{mm} > t$

계산 TIP

◦ **정석적인 방법**

$\dfrac{2(9\text{kN})}{9(50\text{mm})(5\text{MPa})} = \dfrac{2(9 \times 10^3\text{N}) \times \text{mm}^2}{9(5 \times 10\text{mm})(5\text{MPa}) \times \text{mm}^2}$

$= \dfrac{2 \times 9}{9 \times 5 \times 5} \times 10^2\text{mm} = 8\text{mm} > t$

◦ **앞자리 뽑기**

$\dfrac{2 \times 9}{9 \times 5 \times 5} = \dfrac{2}{25} = \dfrac{2 \times 100}{25} = 8$ → $8\text{mm} > t$

055

정답 ①

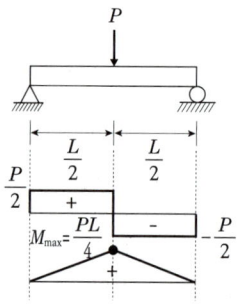

$V_{max} = \dfrac{P}{2}$

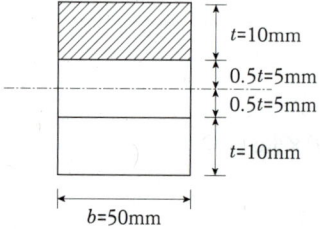

CHAPTER 07-2 비틀림

001 ① 002 ② 003 ④ 004 ④ 005 ②
006 ②

001 정답 ①

$$\tau_{max} = \frac{T \times \frac{d}{2}}{\frac{\pi d^4}{32}} = \frac{16T}{\pi d^3} \leq \tau_a$$

$$\rightarrow T \leq \tau_{max} \times \frac{\pi d^3}{16}$$

$$\leq 16\text{MPa} \times \frac{\pi(10\text{mm})^3}{16}$$

$$\therefore T \leq \pi [\text{N} \cdot \text{m}]$$

002 정답 ②

$$\tau = \frac{T\rho}{I_P};$$

$$\tau_{max} = \frac{Tr_{max}}{I_P}, \tau_{min} = \frac{Tr_{min}}{I_P}$$

$$\therefore \frac{\tau_{max}}{\tau_{min}} = \frac{\left(\frac{Tr_{max}}{I_P}\right)}{\left(\frac{Tr_{min}}{I_P}\right)} = \frac{r_{max}}{r_{min}}$$

$$= \frac{\left(\frac{20\text{mm}}{2}\right)}{\left(\frac{10\text{mm}}{2}\right)} = 2$$

003 정답 ④

$\phi = \frac{TL}{GI_P};$

① 비틀림모멘트(T) ⇑ → 비틀림각(ϕ) ⇑
   비틀림모멘트(T)에 비례한다.
② 봉의 길이(L) ⇑ → 비틀림각(ϕ) ⇑
   봉의 길이(L)에 비례한다.
③ 극관성모멘트(I_P) ⇑ → 비틀림각(ϕ) ⇓
   극관성모멘트(I_P)에 반비례한다.
④ 비틀림강성(GI_P) ⇑ → 비틀림각(ϕ) ⇓
   비틀림강성(GI_P)에 반비례한다.

004 정답 ④

$$\tau_{max} = \frac{Tr}{I_P} = \frac{T\left(\frac{d}{2}\right)}{\left(\frac{\pi d^4}{32}\right)} = \frac{16T}{\pi d^3}$$

$$= \frac{16(20\text{kN} \cdot \text{m})}{\pi(100\text{mm})^3} = \frac{320}{\pi}\text{MPa}$$

$$\phi = \frac{TL}{GI_P} = \frac{TL}{G\left(\frac{\pi d^4}{32}\right)} = \frac{32TL}{G\pi d^4}$$

$$= \frac{32(20\text{kN} \cdot \text{m})(10\text{m})}{(80\text{GPa})(\pi)(100\text{mm})^4} = \frac{0.8}{\pi}\text{rad}$$

005 정답 ②

외력 $\frac{P}{4}$가 원형 막대 끝단에 작용시키는 외력은 다음과 같이 해석 가능하다.

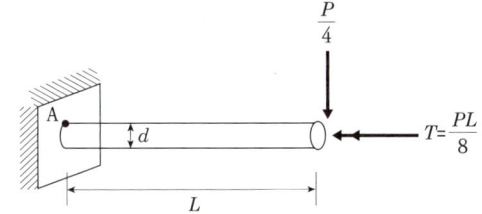

$$T = \frac{P}{4} \times \frac{L}{2} = \frac{PL}{8}$$

$$\therefore \tau_A = \frac{Tr}{I_P} = \frac{\left(\frac{PL}{8}\right)\left(\frac{d}{2}\right)}{\frac{\pi d^4}{32}} = \frac{2PL}{\pi d^3}$$

단, 원형봉의 고정단에서 외력 $\frac{P}{4}$에 의해 발생되는 전단응력도 있으나, A점에서는 중립축에 대해 단면1차모멘트가 0이므로 전단력에 의해 발생되는 전단응력은 존재하지 않는다. $\left(\because \tau = \frac{VQ}{Ib} = 0\right)$

006 정답 ②

$f = \dfrac{T}{2A_m}$;

(단, f : 전단 흐름, T : 비틀림 모멘트, A_m : 중심선으로 둘러싸인 폐단면의 넓이)

$f = \dfrac{300\text{kN} \cdot \text{m}}{2(310-10\text{mm})(210-10\text{mm})} = 2500\text{kN/m}$

계산 TIP

● 정석적인 방법

$f = \dfrac{300\text{kN} \cdot \text{m}}{2(310-10\text{mm})(210-10\text{mm})}$

$= \dfrac{3 \times 10^2 \text{kN} \cdot \text{m}}{2(3 \times 10^2 \times 10^{-3}\text{m})(2 \times 10^2 \times 10^{-3}\text{m})}$

$= \dfrac{3}{2 \times 3 \times 2} \times 10^4 \text{kN/m} = 2500\text{kN/m}$

● 앞자리 뽑기

해당 문제는 보기에 ① 0.25와 ② 2500 및 ③ 5000, ④ 0.5가 10의 배수 관계에 있으므로 앞자리 뽑기를 적용할 수 없다.

CHAPTER 08 막응력

문제편 156p~157p

| 001 ② | 002 ① | 003 ③ | 004 ② | 005 ② |

001 정답 ②

$\sigma = \dfrac{Pr}{2t}$

$= \dfrac{(6\text{MPa})(200\text{mm})}{2(6\text{mm})} = 100\text{MPa}$

002 정답 ①

(1) $\sigma_{\max} = \dfrac{Pr_i}{2t} \leqq \sigma_a$

→ $\dfrac{P_1(200\text{mm})}{2(10\text{mm})} \leqq 100\text{MPa}$

→ $P_1 \leqq 10\text{MPa}$

(2) $\tau_{\max} = \dfrac{Pr_i}{4t} \leqq \tau_a$

→ $\dfrac{P_2(200\text{mm})}{4(10\text{mm})} \leqq 30\text{MPa}$

→ $P_2 \leqq 6\text{MPa}$

∴ $P_{\max} \leqq 6\text{MPa}$

003 정답 ③

$\sigma_x = \dfrac{Pr_i}{2t}$

$= \dfrac{(1.2\text{MPa})(300\text{mm})}{2(10\text{mm})} = 18\text{MPa}$

$\sigma_y = \dfrac{Pr_i}{t}$

$= \dfrac{(1.2\text{MPa})(300\text{mm})}{(10\text{mm})} = 36\text{MPa}$

004

$r_i = \dfrac{d_i}{2} = \dfrac{420\text{mm}}{2} = 210\text{mm}$

$\sigma_h = \dfrac{Pr_i}{t} \leq \sigma_a$

→ $\dfrac{(3\text{MPa})(210\text{mm})}{t} \leq 90\text{MPa}$

∴ $7\text{mm} \leq t$

005

$d_0 = 30\text{cm}$

$r_i = \dfrac{d_0}{2} - t = \dfrac{30\text{cm}}{2} - t = (15-t)\text{cm}$

$\sigma_{max} = \sigma_h = \dfrac{Pr_i}{t} \leq \sigma_a$

→ $\dfrac{(10\text{MPa})(15-t)\text{cm}}{t} \leq 90\text{MPa}$

→ $(15-t)\text{cm} \leq 9t$

∴ $15\text{mm} \leq t$

CHAPTER 09 미소요소해석

문제편 158p~166p

001 ①	002 ②	003 ②	004 ④	005 ②
006 ③	007 ③	008 ①	009 ②	010 ④
011 ②	012 ②	013 ①	014 ③	015 ④
016 ②	017 ②	018 ④	019 ④	020 ③
021 ②	022 ④	023 ③	024 ②	025 ③
026 ③	027 ②	028 ③		

001

정답 ①

$\sigma_x = 40\text{MPa}, \sigma_y = -20\text{MPa}, \tau_{xy} = 30\text{MPa}$

$\tan 2\theta_P = \dfrac{2\tau_{xy}}{\sigma_x - \sigma_y} = \dfrac{2(30)}{40-(-20)} = 1$

→ $2\theta_P = 45°$

∴ $\theta_P = 22.5°$

 꼭 알아두자!

$\tan\theta$ 값을 암기하고 있어야 주각(θ_P)을 계산할 수 있다.

	45°	60°	90°
$\tan\theta$	1	$\sqrt{3}$	∞

	-45°	-60°	-90°
$\tan\theta$	-1	$-\sqrt{3}$	-∞

002

정답 ②

$\sigma_x = -8\text{MPa}, \sigma_y = 0\text{MPa}, \tau_{xy} = -4\text{MPa}$

$\tan 2\theta_P = \dfrac{2\tau_{xy}}{\sigma_x - \sigma_y} = \dfrac{2\times(-4)}{-8-0} = 1$

→ $2\theta_P = 45°$

∴ $\theta_P = \dfrac{45°}{2} = 22.5°$

 꼭 알아두자!

$\tan\theta$ 값을 암기하고 있어야 주각(θ_P)을 계산할 수 있다.

	45°	60°	90°
$\tan\theta$	1	$\sqrt{3}$	∞

	-45°	-60°	-90°
$\tan\theta$	-1	$-\sqrt{3}$	-∞

003

정답 ②

$\sigma_x = 2\text{MPa}, \sigma_y = -4\text{MPa}, \tau_{xy} = 3\text{MPa}$

$\sigma_1 = \dfrac{\sigma_x + \sigma_y}{2} + \sqrt{\left(\dfrac{\sigma_x - \sigma_y}{2}\right)^2 + (\tau_{xy})^2}$

$= \dfrac{2-4}{2} + \sqrt{\left(\dfrac{2-(-4)}{2}\right)^2 + (3)^2}$

$= -1 + 3\sqrt{2}\,\text{MPa}$

$\tan 2\theta_p = \dfrac{2\tau_{xy}}{\sigma_x - \sigma_y} = \dfrac{2(3)}{2-(-4)} = 1$

→ $2\theta_p = 45°$

∴ $\theta_p = 22.5°$

꼭 알아두자!

$\tan\theta$ 값을 암기하고 있어야 주각(θ_p)을 계산할 수 있다.

	45°	60°	90°
$\tan\theta$	1	$\sqrt{3}$	∞
	−45°	−60°	−90°
$\tan\theta$	−1	$-\sqrt{3}$	$-\infty$

004

정답 ④

계산 시에 문제에서 주어진 30°는 필요하지 않다.

$\sigma_{x'} = 55\text{MPa}, \sigma_{y'} = 45\text{MPa}, \tau_{x'y'} = -12\text{MPa}$

$\sigma_{1,2} = \dfrac{\sigma_{x'} + \sigma_{y'}}{2} \pm \sqrt{\left(\dfrac{\sigma_{x'} - \sigma_{y'}}{2}\right)^2 + (\tau_{x'y'})^2}$

$= \dfrac{55+45}{2} \pm \sqrt{\left(\dfrac{55-45}{2}\right)^2 + (-12)^2}$

$= 50 \pm 13$

$= 63\text{MPa}, 37\text{MPa}$

꼭 알아두자!

출제자가 의도했는지 알 수 없으나, 수직응력의 특성을 이용하면 바로 답을 구할 수 있다.

$\sigma_{x'} + \sigma_{y'} = 55\text{MPa} + 45\text{MPa} = 100\text{MPa}$

∴ $\sigma_{\max} = 63\text{MPa}, \sigma_{\min} = 37\text{MPa}$ (∵ $\sigma_{x'} + \sigma_{y'} = \sigma_{\max} + \sigma_{\min}$)

005

정답 ②

$\sigma_x = 150\text{MPa}, \sigma_y = 50\text{MPa}, \tau_{xy} = 50\text{MPa}$

$\sigma_1 = \dfrac{\sigma_x + \sigma_y}{2} + \sqrt{\left(\dfrac{\sigma_x - \sigma_y}{2}\right)^2 + (\tau_{xy})^2}$

$= \dfrac{150+50}{2} + \sqrt{\left(\dfrac{150-50}{2}\right)^2 + 50^2}$

$= 100 + 50\sqrt{2}$

006

정답 ③

$\sigma_x + \sigma_y = \sigma_1 + \sigma_2 = \sigma_{x_\theta} + \sigma_{y_\theta}$;

$\sigma_x + \sigma_y = \sigma_1 + \sigma_2$

→ $\sigma_2 = \sigma_x + \sigma_y - \sigma_1$

$= 450 - 150 - (550) = -250\text{MPa}$

$\sigma_x + \sigma_y = \sigma_{x_\theta} + \sigma_{y_\theta}$

→ $\sigma_{y_\theta} = \sigma_x + \sigma_y - \sigma_{x_\theta}$

$= 450 - 150 - 120 = 180\text{MPa}$

007

정답 ③

B점의 주응력을 해석하기 위해서는 $\sigma_x, \sigma_y, \tau_{xy}$ 계산이 필요하다.

(1) σ_x

B점은 중립축 위의 점이므로 $y=0$이다.

$\sigma_x = -\dfrac{My}{I} = -\dfrac{M_B(0)}{I} = 0$

(2) σ_y

y 방향으로 힘이 작용하지 않으므로 응력이 발생하지 않는다.

$\sigma_y = 0$

(3) τ_{xy}

τ_{xy}를 계산하기 위해서 B점의 전단력이 필요하므로 힘 평형 방정식을 이용하여 반력과 V_B를 계산한다.

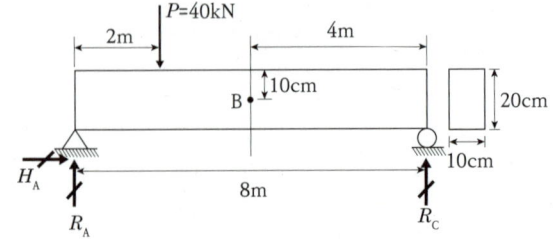

At entire

$\circlearrowleft + \Sigma M_A = 0$

$(R_C \times 8\text{m}) - (40\text{kN} \times 2\text{m}) = 0$

➡ $R_C = 10\text{kN}(\uparrow)$

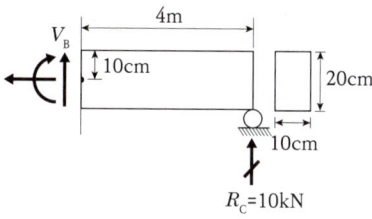

At BC

$\uparrow + \Sigma F_y = 0$

➡ $V_B + 10\text{kN} = 0$

➡ $V_B = -10\text{kN}$

B점의 τ_{xy}는 $\dfrac{VQ}{Ib}$를 이용하여 계산할 수 있으나 B점은 중립축 위의 점이므로 $\dfrac{3V}{2A}$를 이용하여 계산하는 것이 좋다.

$\tau_{xy} = \dfrac{3(10\text{kN})}{2(10 \times 20\text{cm}^2)} = 750\text{kPa}$

$\therefore \sigma_1 = \dfrac{\sigma_x + \sigma_y}{2} + \sqrt{\left(\dfrac{\sigma_x - \sigma_y}{2}\right)^2 + (\tau_{xy})^2}$

$= \dfrac{0+0}{2} + \sqrt{\left(\dfrac{0-0}{2}\right)^2 + (750\text{kPa})^2}$

$= 750\text{kPa}$

008 정답 ①

$\sigma_x = 36\text{MPa}, \sigma_y = 0, \tau_{xy} = -24\text{MPa}$

$\tau_{max} = \pm\sqrt{\left(\dfrac{\sigma_x - \sigma_y}{2}\right)^2 + (\tau_{xy})^2}$

$= \pm\sqrt{\left(\dfrac{36-0}{2}\right)^2 + (-24)^2}$

$= \pm 30\text{MPa}$

009 정답 ②

$\sigma_x = -60\text{MPa}, \sigma_y = -20\text{MPa}, \tau_{xy} = 0$

$\tau_{max} = \pm\sqrt{\left(\dfrac{\sigma_x - \sigma_y}{2}\right)^2 + (\tau_{xy})^2}$

$= \pm\sqrt{\left(\dfrac{-60-(-20)}{2}\right)^2 + 0^2}$

$= \pm 20\text{MPa}$

010 정답 ④

$\sigma_x = 100\text{MPa}, \sigma_y = -50\text{MPa}, \tau_{xy} = 0$

$\tau_{max} = \pm\sqrt{\left(\dfrac{\sigma_x - \sigma_y}{2}\right)^2 + \tau_{xy}^2}$

$= \pm\sqrt{\left(\dfrac{100-(-50)}{2}\right)^2 + 0^2}$

$= \pm 75\text{MPa}$

011 정답 ②

$\sigma_x = 75\text{MPa}, \sigma_y = -35\text{MPa}, \tau_{xy} = 0$

$\tau_{max} = \pm\sqrt{\left(\dfrac{\sigma_x - \sigma_y}{2}\right)^2 + (\tau_{xy})^2}$

$= \pm\sqrt{\left(\dfrac{75-(-35)}{2}\right)^2 + 0}$

$= \pm 55\text{MPa}$

012 정답 ②

$\sigma_x = 20\text{MPa}, \sigma_y = -40\text{MPa}, \tau_{xy} = -40\text{MPa}$

$\tau_{max} = \pm\sqrt{\left(\dfrac{\sigma_x - \sigma_y}{2}\right)^2 + (\tau_{xy})^2}$

$= \pm\sqrt{\left(\dfrac{(20)-(-40)}{2}\right)^2 + (-40)^2}$

$= \pm 50\text{MPa}$

013   정답 ①

$$\tau_{max} = \pm\sqrt{\left(\frac{\sigma_x-\sigma_y}{2}\right)^2 + \tau_{xy}^2} = \left|\frac{\sigma_x-\sigma_y}{2}\right| \quad (\because \tau_{xy}=0)$$

① $\sigma_x=-\sigma, \sigma_y=2\sigma \rightarrow \tau_{max}=\left|\frac{-\sigma-2\sigma}{2}\right|=1.5\sigma$

② $\sigma_x=\sigma, \sigma_y=2\sigma \rightarrow \tau_{max}=\left|\frac{\sigma-2\sigma}{2}\right|=0.5\sigma$

③ $\sigma_x=-\frac{\sigma}{2}, \sigma_y=\sigma \rightarrow \tau_{max}=\left|\frac{-\frac{\sigma}{2}-\sigma}{2}\right|=\frac{3}{4}\sigma$

④ $\sigma_x=-\sigma, \sigma_y=\sigma \rightarrow \tau_{max}=\left|\frac{-\sigma-\sigma}{2}\right|=\sigma$

014   정답 ③

$\sigma_{x'}=0, \sigma_{y'}=60\text{MPa}, \tau_{x'y'}=40\text{MPa}$

$$\tau_{max} = \pm\sqrt{\left(\frac{\sigma_{x'}-\sigma_{y'}}{2}\right)^2 + (\tau_{x'y'})^2}$$
$$= \pm\sqrt{\left(\frac{0-60}{2}\right)^2 + (40)^2}$$
$$= \pm 50\text{MPa}$$

$$\sigma_1 = \frac{\sigma_{x'}+\sigma_{y'}}{2} + \tau_{max}$$
$$= \frac{0+60}{2} + 50 = 80\text{MPa}$$

015   정답 ④

$\sigma_x=6\text{MPa}, \sigma_y=2\text{MPa}, \tau_{xy}=\sqrt{5}\text{MPa}$

$$\sigma_1 = \frac{\sigma_x+\sigma_y}{2} + \sqrt{\left(\frac{\sigma_x-\sigma_y}{2}\right)^2+(\tau_{xy})^2}$$
$$= \frac{6+2}{2} + \sqrt{\left(\frac{6-2}{2}\right)^2+(\sqrt{5})^2}$$
$$= 7\text{MPa}$$

$$\tau_{max} = \pm\sqrt{\left(\frac{\sigma_x-\sigma_y}{2}\right)^2+(\tau_{xy})^2}$$
$$= \pm\sqrt{\left(\frac{6-2}{2}\right)^2+(\sqrt{5})^2}$$
$$= \pm 3\text{MPa}$$

016   정답 ②

$\sigma_x=10\text{MPa}, \sigma_y=10\text{MPa}, \tau_{xy}=5\text{MPa}$

$$\sigma_{1,2} = \frac{\sigma_x+\sigma_y}{2} \pm \sqrt{\left(\frac{\sigma_x-\sigma_y}{2}\right)^2+(\tau_{xy})^2}$$
$$= \frac{10+10}{2} \pm \sqrt{\left(\frac{10-10}{2}\right)^2+(5)^2}$$
$$\rightarrow \sigma_1=15\text{MPa}, \sigma_2=5\text{MPa}$$

$$\tau_{max} = \pm\sqrt{\left(\frac{\sigma_x-\sigma_y}{2}\right)^2+(\tau_{xy})^2}$$
$$= \pm\sqrt{\left(\frac{10-10}{2}\right)+(5)^2} = \pm 5\text{MPa}$$

017   정답 ③

$\sigma_x=-8\text{MPa}, \sigma_y=16\text{MPa}, \tau_{xy}=-5\text{MPa}$

최대 전단응력이 발생할 때 수직응력은 σ_{avg}이다.

$$\sigma_{avg} = \frac{\sigma_x+\sigma_y}{2} = \frac{-8+16}{2}\text{MPa} = 4\text{MPa}$$

$$\tau_{max} = \pm\sqrt{\left(\frac{\sigma_x-\sigma_y}{2}\right)^2+(\tau_{xy})^2}$$
$$= \pm\sqrt{\left(\frac{-8-16}{2}\right)^2+(-5)^2}$$
$$= \pm 13\text{MPa}$$

018   정답 ④

$\sigma_x = \frac{P}{A} = \frac{10\text{kN}}{100\text{mm}^2} = 100\text{MPa}, \sigma_y=0, \tau_{xy}=0$

$$\sigma_\theta = \frac{\sigma_x+\sigma_y}{2} + \frac{\sigma_x-\sigma_y}{2}\cos 2\theta + \tau_{xy}\sin 2\theta$$
$$= \frac{100+0}{2} + \frac{100-0}{2}\cos 60° + 0$$
$$= \frac{100+0}{2} + \frac{100-0}{2}\left(\frac{1}{2}\right)$$
$$= 75\text{MPa}$$

$$\tau_\theta = -\frac{\sigma_x - \sigma_y}{2}\sin 2\theta + \tau_{xy}\cos 2\theta$$

$$= -\frac{100-0}{2}\sin 60° + 0$$

$$= -\frac{100-0}{2}\left(\frac{\sqrt{3}}{2}\right)$$

$$= -25\sqrt{3}\,\text{MPa}$$

꼭 알아두자!

	30°	45°	60°	90°	120°
$\sin\theta$	$\frac{1}{2}$	$\frac{\sqrt{2}}{2}$	$\frac{\sqrt{3}}{2}$	1	$\frac{\sqrt{3}}{2}$
$\cos\theta$	$\frac{\sqrt{3}}{2}$	$\frac{\sqrt{2}}{2}$	$\frac{1}{2}$	0	$-\frac{1}{2}$

019 정답 ④

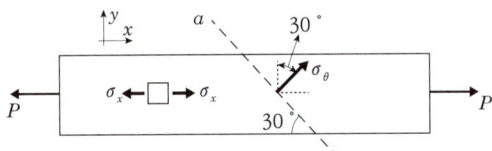

$\sigma_x = \dfrac{P}{A}$, $\sigma_y = 0$, $\tau_{xy} = 0$

$$\sigma_\theta = \frac{\sigma_x + \sigma_y}{2} + \frac{\sigma_x - \sigma_y}{2}\cos 2\theta + \tau_{xy}\sin 2\theta$$

$$= \frac{\sigma_x}{2} + \frac{\sigma_x}{2}\cos(120°) = 25\,\text{Pa}$$

→ $\dfrac{\sigma_x}{4} = 25\,\text{Pa}$

→ $\sigma_x = 100\,\text{Pa}$

→ $P = \sigma_x \times A = (100\,\text{Pa})(10\,\text{m}^2) = 1000\,\text{N}$

$$\tau_{\max} = \pm\sqrt{\left(\frac{\sigma_x - \sigma_y}{2}\right)^2 + (\tau_{xy})^2}$$

$$= \pm\sqrt{\left(\frac{100-0}{2}\right)^2 + 0}$$

$$= \pm 50\,\text{Pa}$$

꼭 알아두자!

	30°	45°	60°	90°	120°
$\sin\theta$	$\frac{1}{2}$	$\frac{\sqrt{2}}{2}$	$\frac{\sqrt{3}}{2}$	1	$\frac{\sqrt{3}}{2}$
$\cos\theta$	$\frac{\sqrt{3}}{2}$	$\frac{\sqrt{2}}{2}$	$\frac{1}{2}$	0	$-\frac{1}{2}$

020 정답 ③

$$\tan 2\theta_P = \frac{\gamma_{xy}}{\varepsilon_x - \varepsilon_y}$$

$$= \frac{-200 \times 10^{-6}}{(300 \times 10^{-6}) - (100 \times 10^{-6})}$$

$$= -1$$

→ $2\theta_P = -45°$

∴ $\theta_P = -22.5°,\ 67.5°\,(\because -22.5° + 90°)$

꼭 알아두자!

$\tan\theta$ 값을 암기하고 있어야 주각(θ_P)을 계산할 수 있다.

	45°	60°	90°
$\tan\theta$	1	$\sqrt{3}$	∞
	−45°	−60°	−90°
$\tan\theta$	−1	$-\sqrt{3}$	$-\infty$

021 정답 ②

$\varepsilon_1 = \dfrac{\gamma_{xy}}{2}$ → $\gamma_{xy} = 2\varepsilon_1$

$\tau = \dfrac{T\gamma}{I_P}$ → $\tau_{\max} = \dfrac{T\left(\dfrac{d}{2}\right)}{\left(\dfrac{\pi d^4}{32}\right)} = \dfrac{16T}{\pi d^3}$

$\tau = G\gamma$ → $G = \dfrac{\tau}{\gamma} = \dfrac{\left(\dfrac{16T}{\pi d^3}\right)}{(2\varepsilon_1)} = \dfrac{8T}{\pi d^3 \varepsilon_1}$

∴ $G = \dfrac{8(300\,\text{N}\cdot\text{m})}{\pi(40\,\text{mm})^3(0.0001)} = 125\,\text{GPa}$

꼭 알아두자!

순수전단변형 상태에서 최대수직변형률을 암기하면 좋다.
(Day 04, Level up! Skill 2 참조)

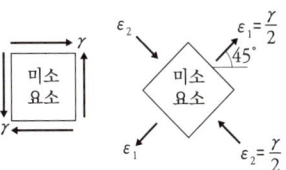

$\varepsilon_{1,2} = \pm\dfrac{\gamma_{xy}}{2}$

계산 TIP

◦ 정석적인 방법

$$G = \frac{8(300\text{N}\cdot\text{m})}{\pi(40\text{mm})^3(0.0001)} = \frac{8(3\times10^2\text{kN}\cdot\text{mm})}{\pi(4^3\times10^3\text{mm}^3)(10^{-4})}$$
$$= \frac{8\times3}{3\times4^3}\times10^3\text{GPa} = 125\text{GPa}$$

◦ 앞자리 뽑기

$$G : \frac{8\times3}{3\times4^3} = \frac{1}{8} = 0.125 \rightarrow G=125\text{GPa}$$

022
정답 ④

$\varepsilon_x = \varepsilon_a$, $\varepsilon_y = \varepsilon_c$, $\varepsilon_{45°} = \varepsilon_b$

$\therefore \gamma_{xy} = 2\varepsilon_{45°} - \varepsilon_x - \varepsilon_y$
$= 2\varepsilon_b - \varepsilon_a - \varepsilon_c$

꼭 알아두자!

재료에 스트레인게이지를 부착하여 변형률(ε)을 측정할 수 있다. 매우 빈번하게 출제되는 유형으로 다음과 같이 3개의 스트레인게이지 배열을 이용하는 문제가 있다.

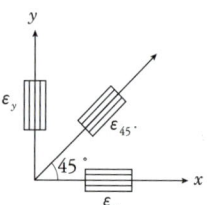

이 조건에서 변형률의 관계를 암기하면 쉽게 풀 수 있다. 반드시 암기해 두자.

$$\gamma_{xy} = 2\varepsilon_{45°} - \varepsilon_x - \varepsilon_y$$

023
정답 ③

$\varepsilon_x = \varepsilon_a = 2\times10^{-7}$
$\varepsilon_y = \varepsilon_c = 6\times10^{-7}$
$\varepsilon_{45°} = \varepsilon_b = 4\times10^{-7}$
$\gamma_{xy} = 2\varepsilon_{45°} - \varepsilon_x - \varepsilon_y$
$= 2\varepsilon_b - \varepsilon_a - \varepsilon_c = 0$

$\therefore \varepsilon_1 = \varepsilon_c = 6\times10^{-7}$ (주변형률 상태 $\because \gamma_{xy}=0$)

꼭 알아두자!

재료에 스트레인게이지를 부착하여 변형률(ε)을 측정할 수 있다. 매우 빈번하게 출제되는 유형으로 다음과 같이 3개의 스트레인게이지 배열을 이용하는 문제가 있다.

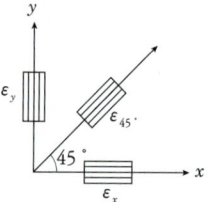

이 조건에서 변형률의 관계를 암기하면 쉽게 풀 수 있다. 반드시 암기해 두자.

$$\gamma_{xy} = 2\varepsilon_{45°} - \varepsilon_x - \varepsilon_y$$

024
정답 ②

$\varepsilon_x = \varepsilon_A = 250\times10^{-6}$
$\varepsilon_y = \varepsilon_B = 130\times10^{-6}$
$\varepsilon_{45°} = \varepsilon_C$
$\gamma_{xy} = 2\varepsilon_{45°} - \varepsilon_x - \varepsilon_y$
$= 2\varepsilon_C - \varepsilon_A - \varepsilon_B = 90\times10^{-6}$

$$\frac{\gamma_{max}}{2} = \pm\sqrt{\left(\frac{\varepsilon_x - \varepsilon_y}{2}\right)^2 + \left(\frac{\gamma_{xy}}{2}\right)^2}$$

$$\rightarrow \gamma_{max} = \pm 2\sqrt{\left(\frac{\varepsilon_A - \varepsilon_B}{2}\right)^2 + \left(\frac{\gamma_{xy}}{2}\right)^2}$$

$$\therefore \gamma_{max} = \pm 2\sqrt{\left(\frac{250-130}{2}\right)^2 + \left(\frac{90}{2}\right)^2}\times10^{-6} = 150\times10^{-6}$$

꼭 알아두자!

재료에 스트레인게이지를 부착하여 변형률(ε)을 측정할 수 있다. 매우 빈번하게 출제되는 유형으로 다음과 같이 3개의 스트레인게이지 배열을 이용하는 문제가 있다.

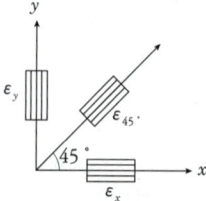

이 조건에서 변형률의 관계를 암기하면 쉽게 풀 수 있다. 반드시 암기해 두자.

$$\gamma_{xy} = 2\varepsilon_{45°} - \varepsilon_x - \varepsilon_y$$

> **계산 TIP**
>
> $2\sqrt{\left(\dfrac{250-130}{2}\right)^2+\left(\dfrac{90}{2}\right)^2}$을 정리하는 것이 어려운 수험생들은 보기를 루트 형태로 만드는 방식도 가능하다.
>
> $2\sqrt{3600+2025}=\sqrt{2^2\times 5625}=\sqrt{22500}$
>
> ① $100=\sqrt{100^2}=\sqrt{10000}$ ② $150=\sqrt{150^2}=\sqrt{22500}$
> ③ $200=\sqrt{200^2}=\sqrt{40000}$ ④ $250=\sqrt{250^2}=\sqrt{62500}$

025   정답 ③

$\varepsilon_x=\varepsilon_A$

$\varepsilon_{45°}=\varepsilon_B=\dfrac{\varepsilon_x+\varepsilon_y}{2}+\dfrac{\varepsilon_x-\varepsilon_y}{2}\cos 90°+\dfrac{\gamma_{xy}}{2}\sin 90°$

$\qquad =\dfrac{\varepsilon_x+\varepsilon_y}{2}+\dfrac{\varepsilon_x-\varepsilon_y}{2}(0)+\dfrac{\gamma_{xy}}{2}(1)=60$

$\varepsilon_{-45°}=\varepsilon_C=\dfrac{\varepsilon_x+\varepsilon_y}{2}+\dfrac{\varepsilon_x-\varepsilon_y}{2}\cos(-90°)+\dfrac{\gamma_{xy}}{2}\sin(-90°)$

$\qquad =\dfrac{\varepsilon_x+\varepsilon_y}{2}+\dfrac{\varepsilon_x-\varepsilon_y}{2}(0)+\dfrac{\gamma_{xy}}{2}(-1)=45$

$\varepsilon_B-\varepsilon_C=\dfrac{\gamma_{xy}}{2}(1-(-1))=15$

$\therefore \gamma_{xy}=15$

> **꼭 알아두자!**
>
> | | 30° | 45° | 60° | 90° | 120° |
> |---|---|---|---|---|---|
> | $\sin\theta$ | $\dfrac{1}{2}$ | $\dfrac{\sqrt{2}}{2}$ | $\dfrac{\sqrt{3}}{2}$ | 1 | $\dfrac{\sqrt{3}}{2}$ |
> | $\cos\theta$ | $\dfrac{\sqrt{3}}{2}$ | $\dfrac{\sqrt{2}}{2}$ | $\dfrac{1}{2}$ | 0 | $-\dfrac{1}{2}$ |

026   정답 ③

$\varepsilon_x=0$ (∵ 변형 제한), $\sigma_z=0$ (∵ 변형 제한 ×)

$\varepsilon_x=\dfrac{\sigma_x}{E}-\dfrac{\nu}{E}(\sigma_y+\sigma_z)=0$

→ $\sigma_x=\nu(\sigma_y+\sigma_z)$
$\qquad =(0.2)(-50\text{MPa}+0)=-10\text{MPa}$

$\therefore \varepsilon_y=\dfrac{\sigma_y}{E}-\dfrac{\nu}{E}(\sigma_x+\sigma_z)$

$\qquad =\dfrac{-50\text{MPa}-(0.2)(-10\text{MPa}+0)}{200\text{GPa}}=-0.24\times 10^{-3}$

027   정답 ②

$\varepsilon_x=0$ (∵ 변형 제한), $\sigma_z=0$ (∵ 변형 제한 ×)

$\varepsilon_x=\dfrac{\sigma_x}{E}-\dfrac{\nu}{E}(\sigma_y+\sigma_z)=0$

→ $\sigma_x=\nu(\sigma_y+\sigma_z)$
$\qquad =(0.4)(-0.1\text{N/mm}^2+0)=-0.04\text{N/mm}^2$

$\therefore \varepsilon_y=\dfrac{\sigma_y}{E}-\dfrac{\nu}{E}(\sigma_x+\sigma_z)$

$\qquad =\dfrac{-0.1\text{N/mm}^2-(0.4)(-0.04\text{N/mm}^2+0)}{10^3\text{N/mm}^2}$

$\qquad =-8.4\times 10^{-5}$

028   정답 ③

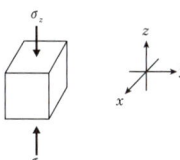

체적변형률(ε_v)은 x, y, z축 변형률의 합으로 정의된다.

$\varepsilon_v=\varepsilon_x+\varepsilon_y+\varepsilon_z$

$\quad =\varepsilon_\text{lat}+\varepsilon_\text{lat}+\varepsilon_a$

$\quad =-2\nu\varepsilon_a+\varepsilon_a \left(\because \nu=-\dfrac{\varepsilon_\text{lat}}{\varepsilon_a} \to \varepsilon_\text{lat}=-\nu\varepsilon_a\right)$

$\quad =(1-2\nu)\varepsilon_a$

CHAPTER 10 여러 지점의 응력해석

001 ④   002 ②   003 ④   004 ③   005 ①
006 ③

001
정답 ④

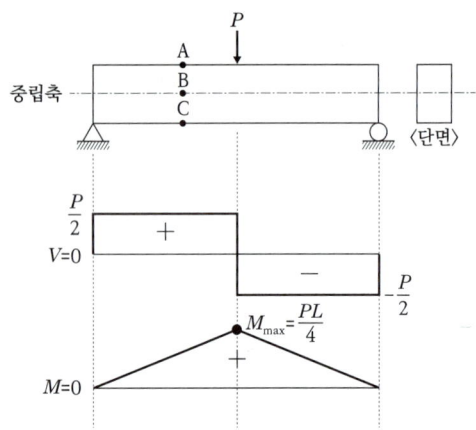

	모멘트에 의한 σ_x	전단력에 의한 τ
A	$\dfrac{M_A}{S}$	0 (∵ 상연점)
B	0 (∵ 중립축)	$\dfrac{3V_B}{2A}$
C	$\dfrac{M_C}{S}$	0 (∵ 하연점)

① $\tau_A = 0$ (∵ 상연점)
② $|\sigma_A| = |\sigma_C|$ (∵ $M_A = M_C$)
③ $P \rightarrow 2P$, $M_C \rightarrow 2M_C$
   $\sigma_C \left(= \dfrac{M_C}{S} \right) \rightarrow 2\sigma_C$
④ $\tau_B = \dfrac{3V_B}{2A}$, $\sigma_B = 0$ (∵ 중립축)
   B점에서 전단응력은 최대이나, 휨응력은 '0'이다.

 꼭 알아두자!

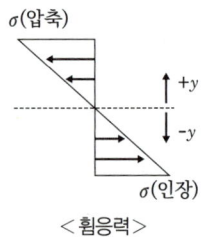
〈휨응력〉

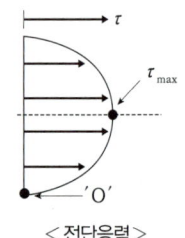
〈전단응력〉

002
정답 ②

	모멘트에 의한 σ_x	전단력에 의한 τ
A	$\dfrac{M_A}{S}$	0 (∵ 상연점, $V_A = 0$)
B	$\dfrac{M_B}{S}$	0 (∵ 상연점)
C	0 (∵ 중립축)	0 (∵ $V_C = 0$)
D	0 (∵ 중립축)	$\dfrac{3V_D}{2A}$
E	$\dfrac{M_E}{S}$	0 (∵ 하연점, $V_E = 0$)

① $\sigma_A = \sigma_B$ (∵ $M_A = M_B = PL$), $\tau_A = \tau_B = 0$
   수직응력과 전단응력이 같으므로 주응력이 같다.
② $\sigma_C = 0$, $\tau_C = 0$
   C점은 응력을 받지 않으므로 주응력은 '0'이다.
③ $\sigma_x = \sigma_D = 0$, $\sigma_y = 0$, $\tau_D = \dfrac{3V_D}{2A}$

$$\sigma_{1,2} = \dfrac{\sigma_x + \sigma_y}{2} \pm \sqrt{\left(\dfrac{\sigma_x - \sigma_y}{2}\right)^2 + (\tau_{xy})^2}$$

$$= \dfrac{0+0}{2} \pm \sqrt{\left(\dfrac{0-0}{2}\right)^2 + (\tau_D)^2}$$

$$= \pm \tau_D$$

$$\tau_{max} = \pm \sqrt{\left(\dfrac{\sigma_x - \sigma_y}{2}\right)^2 + (\tau_{xy})^2}$$

$$= \pm \sqrt{\left(\dfrac{0-0}{2}\right)^2 + (\tau_D)^2}$$

$$= \pm \tau_D$$

④ 휨응력의 방향은 모멘트의 방향을 보고 판정할 수 있다.
   E점에서는 휨 인장응력이 발생하며 주응력상태이다. (∵ $\tau_E = 0$)

꼭 알아두자!

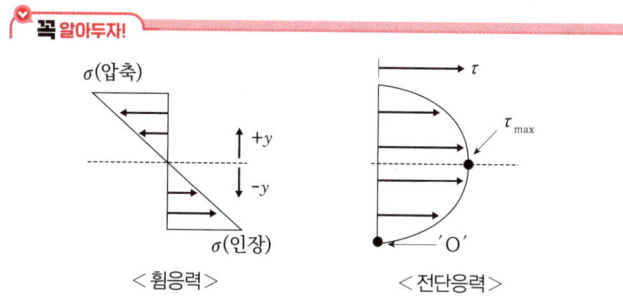

< 휨응력 >   < 전단응력 >

003

정답 ④

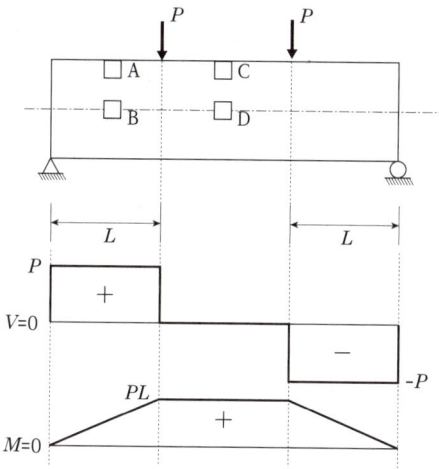

	모멘트에 의한 σ_x	전단력에 의한 τ
A	$\dfrac{M_A}{S}$	0 (∵ 상연점)
B	0 (∵ 중립축)	$\dfrac{3V_B}{2A}$
C	$\dfrac{M_C}{S}$	0 (∵ 상연점)
D	0 (∵ 중립축)	0 (∵ $V_D=0$)

∴ D점은 받는 응력이 '0'이므로 피해가 가장 적다.

꼭 알아두자!

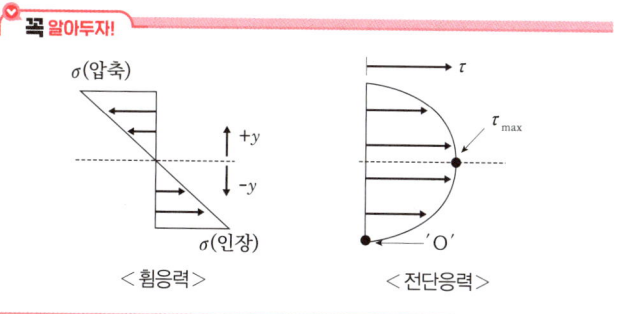

< 휨응력 >   < 전단응력 >

004

정답 ③

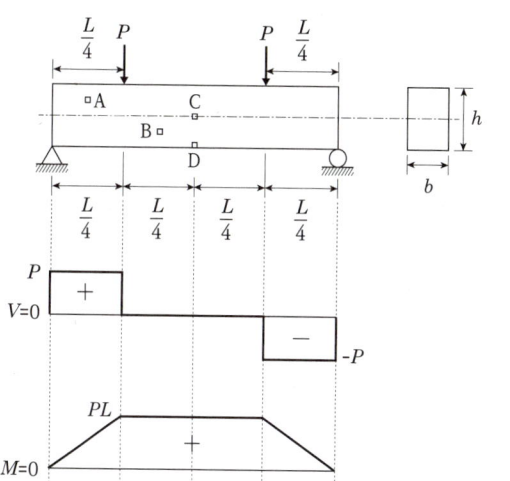

	모멘트에 의한 σ_x	전단력에 의한 τ
A	$\dfrac{M_A y}{I}$	$\dfrac{V_A Q}{Ib}$
B	$\dfrac{M_B y}{I}$	0 (∵ $V_B=0$)
C	0 (∵ 중립축)	0 (∵ $V_C=0$)
D	$\dfrac{M_D}{S}$	0 (∵ 하연, $V_D=0$)

휨응력, 전단응력의 방향은 모멘트와 전단력의 방향을 보고 판정할 수 있다.

∴ ③ C점은 무응력 상태이다.

꼭 알아두자!

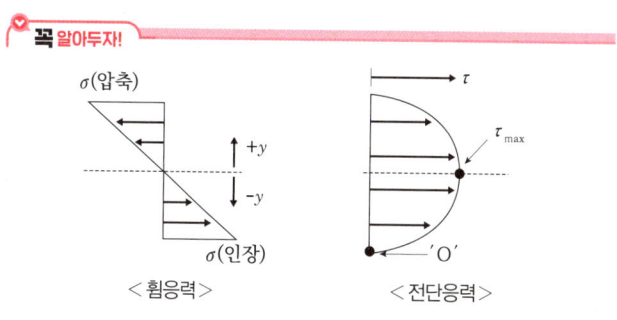

< 휨응력 >   < 전단응력 >

005 정답 ①

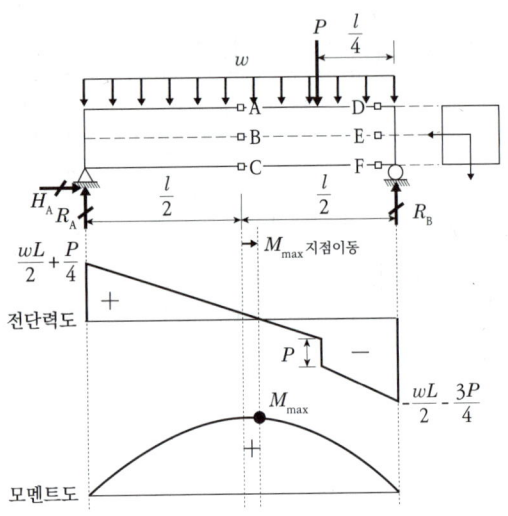

$\circlearrowleft + \sum M_B = 0;$

$(R_A \times L) - (w \times L)\left(\dfrac{L}{2}\right) - \left(P \times \dfrac{L}{4}\right) = 0$

$\rightarrow R_A = \dfrac{wL}{2} + \dfrac{P}{4}$

① 전단력도에서 전단력의 부호가 '+'에서 '−'로 바뀌는 점이 지간 중앙에서 조금 오른쪽에 위치하며, 이 점은 M_{max}가 발생하는 점과 같다. M_{max}가 발생하는 점에서 최대 휨 인장응력이 발생한다. 따라서 단순보 전 구간에서 최대 휨 인장응력은 C점 조금 오른쪽에서 발생한다.

② $\sigma_E = -\dfrac{My}{I} = 0 \ (y=0 \ \because \text{중립축 위})$

③ $\sigma_B = -\dfrac{My}{I} = 0 \ (y=0 \ \because \text{중립축 위})$

$\tau_B = \dfrac{3V_B}{2A} \neq 0 \ (\because V_B \neq 0)$

B점에서는 전단응력만 발생한다.

④ 휨응력의 방향은 모멘트의 방향을 보고 판정할 수 있다. A점에서는 휨 압축응력이 발생한다.

❤ 꼭 알아두자!

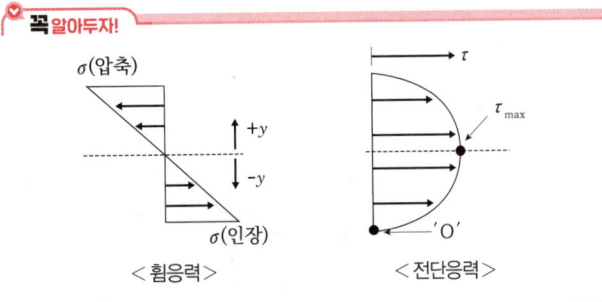

<휨응력> <전단응력>

006 정답 ③

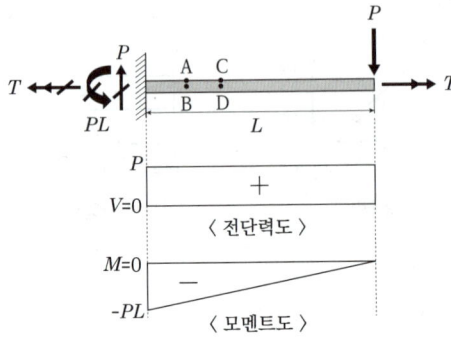

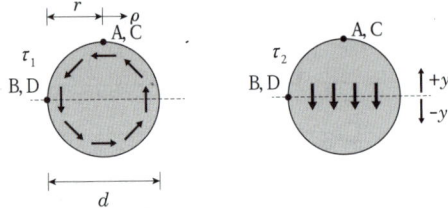

<비틀림에 의한 τ_1> <전단력에 의한 τ_2>

	비틀림에 의한 τ_1	전단력에 의한 τ_2	모멘트에 의한 σ_x
A	$\dfrac{T_A r}{I_P}$ (←)	0 (∵ 상연점)	$\dfrac{M_A}{S}$
B	$\dfrac{T_B r}{I_P}$ (↓)	$\dfrac{4V_B}{3A}$ (↓)	0 (∵ 중립축)
C	$\dfrac{T_C r}{I_P}$ (←)	0 (∵ 상연점)	$\dfrac{M_C}{S}$
D	$\dfrac{T_D r}{I_P}$ (↓)	$\dfrac{4V_D}{3A}$ (↓)	0 (∵ 중립축)

① $\sigma_A = \dfrac{M_A}{S},\ \sigma_B = 0\ (\because \text{중립축}),\ \sigma_C = \dfrac{M_C}{S}$

$\sigma_A > \sigma_B = 0$

$\sigma_A > \sigma_C\ (\because M_A > M_C)$

② $\tau_A = \dfrac{T_A r}{I_P},\ \tau_C = \dfrac{T_C r}{I_P},\ \tau_B = \dfrac{T_B r}{I_P} + \dfrac{4V_B}{3A}$

$\tau_A = \tau_C < \tau_B\ (\because T_A = T_C = T_B)$

③ $\tau_B = \dfrac{T_B r}{I_P} + \dfrac{4V_B}{3A},\ \tau_D = \dfrac{T_D r}{I_P} + \dfrac{4V_D}{3A}$

$\tau_B = \tau_D\ (\because T_B = T_D,\ V_B = V_D)$

④ $\tau_A = \dfrac{T_A r}{I_P},\ \sigma_A = \dfrac{M_A}{S}$

CHAPTER 11-1 처짐

001 ②	002 ④	003 ①	004 ④	005 ③
006 ①	007 ③	008 ④	009 ①	010 ③
011 ③	012 ③	013 ②	014 ②	015 ②
016 ③	017 ③	018 ④	019 ①	020 ①
021 ④	022 ④	023 ③	024 ①	025 ③
026 ①	027 ②	028 ②	029 ③	030 ②
031 ③	032 ④	033 ①	034 ②	035 ③
036 ①	037 ③	038 ①	039 ①	040 ①
041 ①	042 ④	043 ③	044 ③	045 ②
046 ③	047 ②	048 ③		

001 정답 ②

공식 암기

002 정답 ④

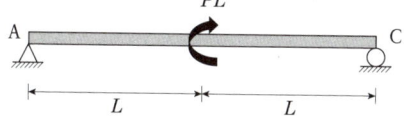

$\theta_A = \dfrac{ML}{24EI} = \dfrac{(PL)(2L)}{24EI} = \dfrac{PL^2}{12EI}$

003 정답 ①

$\delta_P = \dfrac{PL^3}{3EI}(\downarrow)$

$\delta_M = \dfrac{ML^2}{2EI} = \dfrac{(2PL)(L^2)}{2EI} = \dfrac{PL^3}{EI}(\uparrow)$

$\therefore \delta_T = \delta_P - \delta_M$
$= \dfrac{PL^3}{3EI} - \dfrac{PL^3}{EI}$
$= -\dfrac{2PL^3}{3EI}(\uparrow)$

004 정답 ④

$\delta_{B1} = \dfrac{5wL^4}{384E\left(\dfrac{bh^3}{12}\right)}$

$\delta_{B2} = \dfrac{5w(2L)^4}{384E\left(\dfrac{b(2h)^3}{12}\right)} = \dfrac{5w(16L^4)}{384E\left(\dfrac{8bh^3}{12}\right)} = 2\delta_{B1}$

005 정답 ③

$\delta_B = \dfrac{PL^3}{48EI}$, $\delta_E = \dfrac{P\left(\dfrac{L}{2}\right)^3}{3EI} = \dfrac{PL^3}{24EI}$

$\therefore \dfrac{\delta_E}{\delta_B} = \dfrac{\left(\dfrac{1}{24}\right)}{\left(\dfrac{1}{48}\right)} = 2$

꼭 알아두자!
수험생들이 해당 문제에서 E점이 아니라 D점의 처짐 공식을 적용하는 실수를 많이한다. 주의가 필요하다.
$\delta_E \neq \dfrac{5PL^3}{48EI} = \delta_D$

006 정답 ①

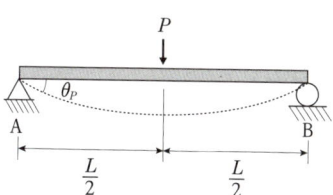

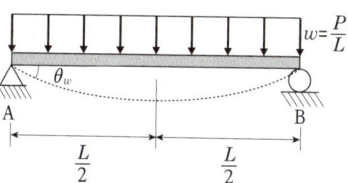

$\theta = \theta_P(\cup) + \theta_w(\cup)$
$= \dfrac{PL^2}{16EI} + \dfrac{wL^3}{24EI}$
$= \dfrac{PL^2}{16EI} + \left(\dfrac{P}{L}\right)\left(\dfrac{L^3}{24EI}\right)$
$= \dfrac{5PL^2}{48EI}(\cup)$

007

정답 ③

$\delta_1 = \dfrac{WL^3}{3EI_C}$, $\delta_2 = \dfrac{W(2L)^3}{48EI_S}$

$\delta_1 = \delta_2$;
$\dfrac{WL^3}{3EI_C} = \dfrac{WL^3}{6EI_S}$

$\therefore \dfrac{I_C}{I_S} = 2$

008

정답 ④

$\delta = \dfrac{PL^3}{48EI} = \dfrac{PL^3}{48E\left(\dfrac{bh^3}{12}\right)} = \dfrac{PL^3}{4Ebh^3}$

① ; $P \to \dfrac{P}{2}$

$\delta = \dfrac{PL^3}{4Ebh^3} \to \dfrac{\left(\dfrac{P}{2}\right)L^3}{4Ebh^3} = \dfrac{\delta}{2}$

② ; $b \to 2b$

$\delta = \dfrac{PL^3}{4Ebh^3} \to \dfrac{PL^3}{4E(2b)h^3} = \dfrac{\delta}{2}$

③ ; $L \to \dfrac{L}{2}$

$\delta = \dfrac{PL^3}{4Ebh^3} \to \dfrac{P\left(\dfrac{L}{2}\right)^3}{4Ebh^3} = \dfrac{\delta}{8}$

④ ; $h \to 2h$

$\delta = \dfrac{PL^3}{4Ebh^3} \to \dfrac{PL^3}{4Eb(2h)^3} = \dfrac{\delta}{8}$

009

정답 ①

암기하고 있는 모멘트도(DAY 01. 17page)를 고려하여 문제에서 주어진 휨모멘트를 확인하면, 단순보의 길이가 2배($L \to 2L$)가 되었음에도 최대 모멘트 크기$\left(M_{max} = \dfrac{PL}{4}\right)$가 같으므로 집중하중의 크기가 절반$\left(P \to \dfrac{P}{2}\right)$이 되었음을 추정할 수 있다.

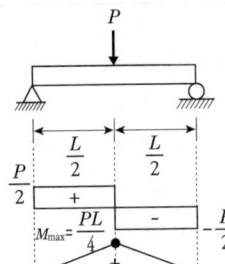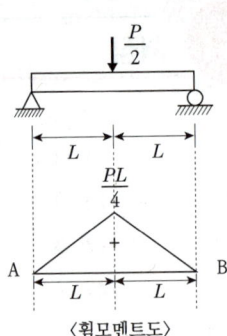

$\therefore \theta_{max} = \dfrac{\left(\dfrac{P}{2}\right)(2L)^2}{16EI} = \dfrac{PL^2}{8EI}$

010

정답 ③

$\theta_P = \dfrac{PL^2}{2EI}(\cup)$, $\theta_M = \dfrac{ML}{EI}(\cup)$

$\theta_P - \theta_M = 0$; ($\because \theta_A = 0$)
$\dfrac{PL^2}{2EI} - \dfrac{ML}{EI} = 0$

$\therefore M = \dfrac{PL}{2}$

011

정답 ③

$\delta_{B1} = \dfrac{PL^3}{3EI}$, $\delta_{B2} = \dfrac{ML^2}{2EI}$

$\delta_{B1} = \delta_{B2}$;
$\dfrac{PL^3}{3EI} = \dfrac{ML^2}{2EI}$

$\therefore P = \dfrac{3M}{2L}$

012

정답 ③

$$\delta_1 = \frac{P_1 L^3}{3EI}, \delta_2 = \frac{P_2(2L)^3}{3EI} = \frac{8P_2 L^3}{3EI}$$

$\delta_1 = \delta_2$;

$$\frac{P_1 L^3}{3EI} = \frac{8P_2 L^3}{3EI}$$

$$\therefore \frac{P_1}{P_2} = 8$$

013

정답 ②

$$\delta_0 = \frac{PL^3}{3E\left(\frac{bh_0^3}{12}\right)} = 8\text{mm}, \delta_1 = \frac{PL^3}{3E\left(\frac{bh_1^3}{12}\right)} = 27\text{mm}$$

$\delta_0 \times \frac{27}{8} = \delta_1$;

$$\frac{27}{8} \times \frac{PL^3}{3E\left(\frac{bh_0^3}{12}\right)} = \frac{PL^3}{3E\left(\frac{bh_1^3}{12}\right)}$$

$$\rightarrow h_1^3 = \frac{8}{27} \times h_0^3$$

$$\therefore h_1 = \frac{2}{3} h_0 = \frac{2}{3} b \ (\because \text{문제에서 } h_0 = b \text{ 가정})$$

계산 TIP

$h_1^3 = \frac{8}{27} \times h_0^3 \rightarrow h_1 = \sqrt[3]{\frac{8}{27}} \times h_0$

$\rightarrow h_1 = \sqrt[3]{\frac{2^3}{3^3}} \times h_0 \rightarrow h_1 = \frac{2}{3} \times h_0$

014

정답 ②

$$\theta_A = \frac{PL^2}{16EI}, \delta_C = \frac{PL^3}{48EI}$$

① $E \Uparrow \rightarrow \theta_A = \frac{PL^2}{16EI} (\Downarrow)$

② $L \Uparrow \rightarrow \theta_A = \frac{PL^2}{16EI} (\Uparrow)$

③ $EI \Uparrow \rightarrow \delta_C = \frac{PL^3}{48EI} (\Downarrow)$

④ $L \Uparrow \rightarrow \delta_C = \frac{PL^3}{48EI} (\Uparrow)$

015

정답 ②

$$\theta_A = \frac{PL^2}{16EI}$$

$$= \frac{(8\text{kN})(6\text{m})^2}{16(1200\text{kN}\cdot\text{m}^2)} = 0.015\text{rad} \ (\circlearrowright)$$

$$\delta_C = \frac{PL^3}{48EI}$$

$$= \frac{(8\text{kN})(6\text{m})^3}{48(1200\text{kN}\cdot\text{m}^2)} = 0.03\text{m} \ (\downarrow)$$

016

정답 ③

$$\delta_P = \frac{PL^3}{3EI} = \frac{(10\text{kN})(2\text{m})^3}{3(2\times10^{10}\text{kN}\cdot\text{mm}^2)} = \frac{4}{3}\text{mm}$$

$$\delta_M = \frac{ML^2}{2EI} = \frac{(10\text{kN}\cdot\text{m})(2\text{m})^2}{2(2\times10^{10}\text{kN}\cdot\text{mm}^2)} = 1\text{mm}$$

$$\delta_w = \frac{wL^4}{8EI} = \frac{(10\text{kN/m})(2\text{m})^4}{8(2\times10^{10}\text{kN}\cdot\text{mm}^2)} = 1\text{mm}$$

$$\therefore \delta_{\max} = \delta_T, \delta_T = \delta_P + \delta_M + \delta_w = \frac{10}{3}\text{mm}$$

계산 TIP

● 정석적인 방법

$$\delta_P = \frac{(10\text{kN})(2\text{m})^3}{3(2\times10^{10}\text{kN}\cdot\text{mm}^2)} = \frac{(10\text{kN})(2^3\times10^9\text{mm}^3)}{3(2\times10^{10}\text{kN}\cdot\text{mm}^2)}$$

$$= \frac{2^3}{3\times2}\text{mm} = \frac{4}{3}\text{mm}$$

$$\delta_M = \frac{(10\text{kN}\cdot\text{m})(2\text{m})^2}{2(2\times10^{10}\text{kN}\cdot\text{mm}^2)} = \frac{(10\times10^3\text{kN}\cdot\text{mm})(2^2\times10^6\text{mm}^2)}{2(2\times10^{10}\text{kN}\cdot\text{mm}^2)}$$

$$= \frac{2^2}{2\times2}\text{mm} = 1\text{mm}$$

$$\delta_w = \frac{(10\text{kN/m})(2\text{m})^4}{8(2\times10^{10}\text{kN}\cdot\text{mm}^2)} = \frac{(10\text{kN})(2^4\times10^9\text{mm}^3)}{8(2\times10^{10}\text{kN}\cdot\text{mm}^2)}$$

$$= \frac{2^4}{8\times2}\text{mm} = 1\text{mm}$$

● 앞자리 뽑기

$\delta_P, \delta_M, \delta_w$는 중간과정이므로 앞자리 뽑기를 적용할 수 없다.

017

정답 ③

〈풀이 1〉 공식을 이용하는 방법

$$\delta_P = \frac{5P(2L)^3}{48EI} = \frac{5PL^3}{6EI} \ (\downarrow)$$

$$\delta_Q = \frac{Q(2L)^3}{3EI} = \frac{8QL^3}{3EI} \ (\uparrow)$$

$\delta_P - \delta_Q = 0 \ ; \ (\because \delta_A = 0)$

$$\frac{5PL^3}{6EI} - \frac{8QL^3}{3EI} = 0$$

$$\therefore Q = \frac{5}{16}P$$

〈풀이 2〉 1차 부정정 구조로 해석하기

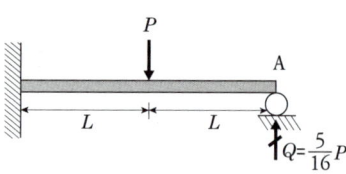

하중 P, Q 작용시 A점에 처짐이 발생하지 않았으므로 주어진 구조를 그림과 같이 A점에 롤러가 추가된 1차 부정정 구조로 해석할 수 있다. 이러한 구조는 빈번히 마주하는 경우로 부정정반력 '$Q = \frac{5}{16}P$'를 암기하면 유용하다.

018

정답 ④

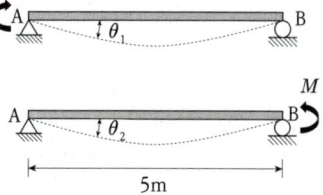

$\theta_1 = \frac{ML}{3EI}(\cup), \ \theta_2 = \frac{ML}{6EI}(\cup)$

$\therefore \theta_A = \theta_1 + \theta_2 = \frac{ML}{3EI} + \frac{ML}{6EI} = \frac{ML}{2EI} = \frac{5M}{2EI}(\cup)$

019

정답 ①

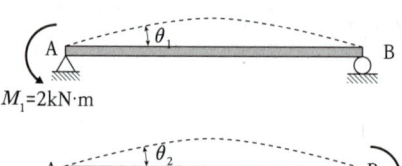
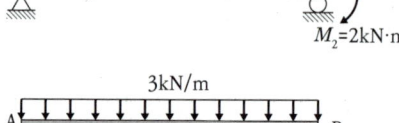
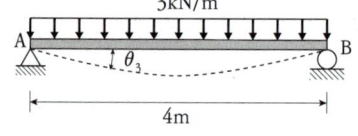

$\theta_1 = \frac{M_1 L}{3EI}(\cup), \ \theta_2 = \frac{M_2 L}{6EI}(\cup), \ \theta_3 = \frac{wL^3}{24EI}(\cup)$

$\theta_A = \theta_1 + \theta_2 - \theta_3 = \frac{M_1 L}{3EI} + \frac{M_2 L}{6EI} - \frac{wL^3}{24EI}$

$= \frac{(2\text{kN} \cdot \text{m})(4\text{m})}{3EI} + \frac{(2\text{kN} \cdot \text{m})(4\text{m})}{6EI} - \frac{(3\text{kN/m})(4\text{m})^3}{24EI}$

$= -\frac{4\text{kN} \cdot \text{m}^2}{EI} = -\frac{4\text{kN} \cdot \text{m}^2}{1000\text{kN} \cdot \text{m}^2} = -0.004\text{rad}(\cap)$

020

정답 ①

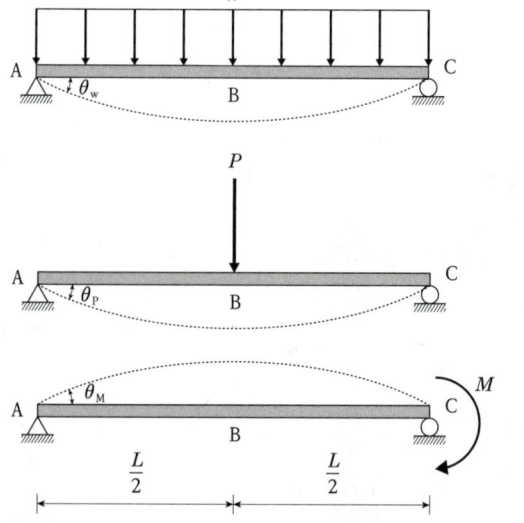

$\theta_w = \dfrac{wL^3}{24EI}(\circlearrowleft),\ \theta_P = \dfrac{PL^2}{16EI}(\circlearrowleft),\ \theta_M = \dfrac{ML}{6EI}(\circlearrowright)$

$\theta_A = \theta_w + \theta_P - \theta_M$

$= \dfrac{wL^3}{24EI} + \dfrac{PL^2}{16EI} - \dfrac{ML}{6EI}$

$= \dfrac{\left(\dfrac{2P}{L}\right)L^3}{24EI} + \dfrac{PL^2}{16EI} - \dfrac{\left(\dfrac{PL}{2}\right)L}{6EI} = \dfrac{PL^2}{16EI}(\circlearrowleft)$

021 정답 ④

(가) :

$\delta_{가} = \dfrac{PL^3}{48EI} = \dfrac{(wL)L^3}{48EI} = \dfrac{wL^4}{48EI}$

(나) :

$\delta_{나} = \dfrac{5wL^4}{384EI}$

(다) :

$\delta_{다} = \dfrac{ML^2}{16EI} \times 2 = \dfrac{\left(\dfrac{wL^2}{2}\right)(L^2)}{16EI} \times 2 = \dfrac{wL^4}{16EI}$

$\therefore \delta_{가} : \delta_{나} : \delta_{다} = \dfrac{wL^4}{48EI} : \dfrac{5wL^4}{384EI} : \dfrac{wL^4}{16EI} = 8 : 5 : 24$

022 정답 ④

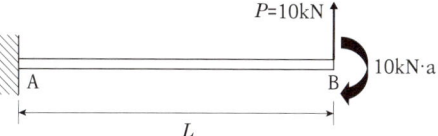

$\delta_P = \dfrac{PL^3}{3EI}(\uparrow),\ \delta_M = \dfrac{ML^2}{2EI}(\downarrow)$

$\delta_P - \delta_M = 0\ ;\ (\because \delta_B = 0)$

$\dfrac{PL^3}{3EI} - \dfrac{ML^2}{2EI} = 0$

→ $\dfrac{(10\text{kN})(10\text{m})^3}{3EI} - \dfrac{(10\text{kN}\cdot a)(10\text{m})^2}{2EI} = 0$

$\therefore a = \dfrac{20}{3}\text{m}$

023 정답 ③

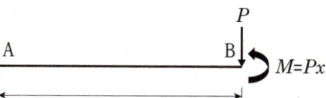

$\delta_P = \dfrac{PL^3}{3EI}(\downarrow)$

$\delta_M = \dfrac{ML^2}{2EI}(\uparrow)$

$\delta_P - \delta_M = 0\ ;\ (\because \delta_B = 0)$

$\dfrac{PL^3}{3EI} - \dfrac{ML^2}{2EI} = 0$

→ $\dfrac{PL^3}{3EI} - \dfrac{(Px)L^2}{2EI} = 0$

$\therefore x = \dfrac{2}{3}L$

024 정답 ①

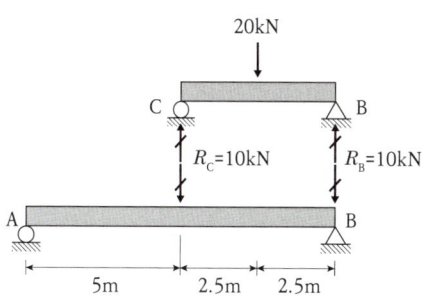

At CB

$R_C = R_B = \dfrac{20\text{kN}}{2} = 10\text{kN}\ (\because 대칭)$

At AB

$\delta_{\max} = \delta_C = \dfrac{PL^3}{48EI} = \dfrac{R_C L^3}{48EI}$

$= \dfrac{(10\text{kN})(10\text{m})^3}{48\left(\dfrac{1}{48} \times 10^5 \text{kN}\cdot\text{m}^2\right)} = 0.1\text{m}$

> 꼭 알아두자!
> 지점에 바로 작용하는 $R_B = 10kN$은 AB에 변형을 발생시키지 않는다.

025

정답 ③

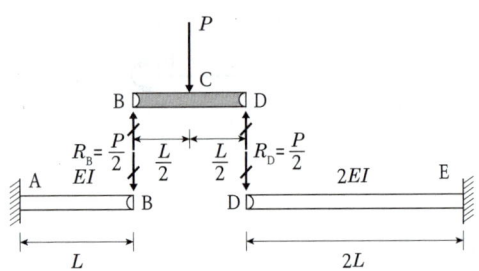

At BD

$R_B = R_D = \dfrac{P}{2}$ (∵ 대칭)

At AB

$\delta_B = \dfrac{R_B L^3}{3EI} = \dfrac{\left(\dfrac{P}{2}\right)L^3}{3EI} = \dfrac{PL^3}{6EI} = \delta$

At DE

$\delta_D = \dfrac{R_D (2L)^3}{3(2EI)} = \dfrac{\left(\dfrac{P}{2}\right)(2L)^3}{3(2EI)} = \dfrac{2PL^3}{3EI} = \dfrac{2}{3}(6\delta) = 4\delta$

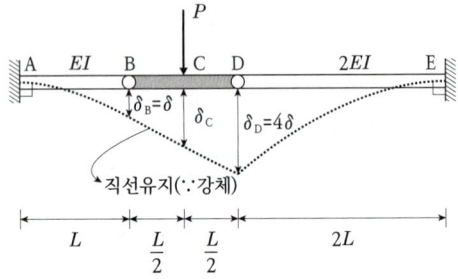

$\therefore \delta_C = \dfrac{\delta_B + \delta_D}{2} = \dfrac{\delta + 4\delta}{2} = 2.5\delta$

026

정답 ①

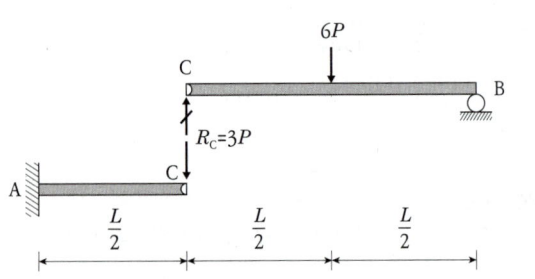

At CB

$R_C = \dfrac{6P}{2} = 3P$ (∵ 대칭)

At AC

$\therefore \delta_C = \dfrac{R_C L^3}{3EI} = \dfrac{(3P)\left(\dfrac{L}{2}\right)^3}{3EI} = \dfrac{PL^3}{8EI}$ (↓)

027

정답 ②

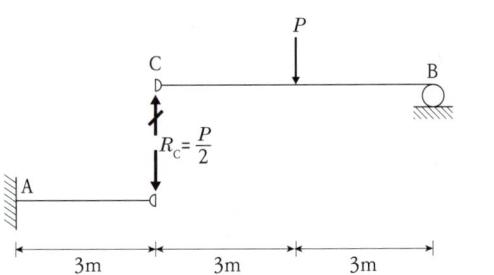

At CB

$R_C = \dfrac{P}{2}$ (∵ 대칭)

At AC

$\therefore \delta_C = \dfrac{R_C L^3}{3EI} = \dfrac{\left(\dfrac{P}{2}\right)(3m)^3}{3EI} = \dfrac{9P}{2EI}$

028

정답 ②

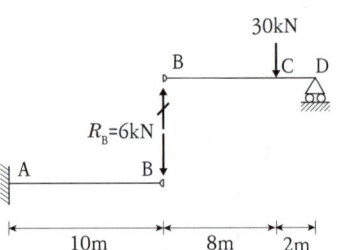

At BD

$\circlearrowleft + \sum M_D = 0$;

$(R_B \times 10m) - (30kN \times 2m) = 0$

$\rightarrow R_B = 6kN$

At AB

$$\therefore \delta_B = \frac{R_B L^3}{3EI} = \frac{(6\text{kN})(10\text{m})^3}{3(200\text{GPa})(5\times10^8\text{mm}^4)} = 20\text{mm}$$

계산 TIP

○ 정석적인 방법

$$\delta_B = \frac{(6\text{kN})(10\text{m})^3}{3(200\text{GPa})(5\times10^8\text{mm}^4)} = \frac{(6\text{kN})(10^3\times10^9\text{mm}^3)}{3(2\times10^2)(5\times10^8\text{mm}^2)\text{kN}}$$

$$= \frac{6}{3\times2\times5}\times10^2\text{mm} = 20\text{mm}$$

○ 앞자리 뽑기

$$\delta_B = \frac{6}{3\times2\times5} = 0.2 \rightarrow \delta_B = 20\text{mm}$$

029   정답 ②

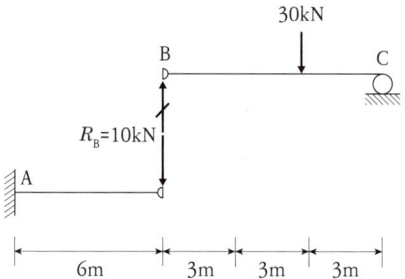

At BC

$\circlearrowleft + \sum M_C = 0;$

$(R_B \times 9\text{m}) - (30\text{kN} \times 3\text{m}) = 0$

$\rightarrow R_B = 10\text{kN}$

At AB

$$\therefore \delta_B = \frac{R_B L^3}{3EI} = \frac{(10\text{kN})(6\text{m})^3}{3(100,000\text{kN}\cdot\text{m}^2)} = 7.2\text{mm}$$

계산 TIP

○ 정석적인 방법

$$\delta_B = \frac{(10\text{kN})(6\text{m})^3}{3(100,000\text{kN}\cdot\text{m}^2)} = \frac{(10\text{kN})(6^3\text{m}^2\times10^3\text{mm})}{3(10^5\text{kN}\cdot\text{m}^2)}$$

$$= \frac{6^3}{3}\times10^{-1}\text{mm} = 7.2\text{mm}$$

○ 앞자리 뽑기

$\delta_B : \frac{6^3}{3} = 72 \rightarrow \delta_B = 7.2\text{mm}$

030   정답 ③

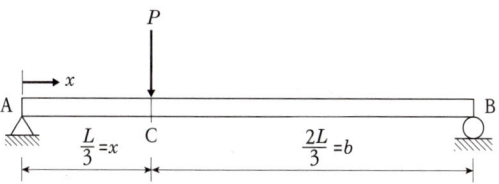

$b = \frac{2L}{3}, x = \frac{L}{3}, L = L$

$$\therefore \delta_C = \frac{Pbx}{6EIL}(L^2 - b^2 - x^2)$$

$$= \frac{P\left(\frac{2L}{3}\right)\left(\frac{L}{3}\right)}{6EIL}\left(L^2 - \left(\frac{2L}{3}\right)^2 - \left(\frac{L}{3}\right)^2\right)$$

$$= \frac{4PL^3}{243EI}$$

꼭 알아두자!

오른쪽에서 봐도 동일하다.

$b = \frac{L}{3}, x = \frac{2L}{3}, L = L$

$$\therefore \delta_C = \frac{Pbx}{6EIL}(L^2 - b^2 - x^2)$$

$$= \frac{P\left(\frac{L}{3}\right)\left(\frac{2L}{3}\right)}{6EIL}\left(L^2 - \left(\frac{L}{3}\right)^2 - \left(\frac{2L}{3}\right)^2\right)$$

$$= \frac{4PL^3}{243EI}$$

031   정답 ③

임의점 공식은 하중 넘어는 계산할 수 없으므로 반드시 왼쪽에서 봐야 한다.

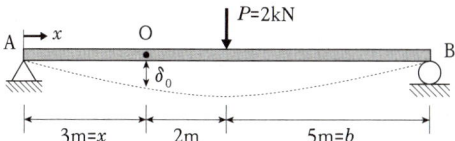

$L = 10\text{m}, b = 5\text{m}, x = 3\text{m}$

$$\delta = \frac{Pbx}{6EIL}(L^2 - b^2 - x^2)$$

$$= \frac{(2\text{kN})(5\text{m})(3\text{m})}{6(2\times10^{12}\text{N}\cdot\text{mm}^2)(10\text{m})}(10^2 - 5^2 - 3^2\text{m}^2)$$

$$= 16.5\text{mm}$$

계산 TIP

● 정석적인 방법
$$\delta = \frac{(2kN)(5m)(3m)}{6(2\times10^{12}N\cdot mm^2)(10m)}(10^2-5^2-3^2 m^2)$$
$$= \frac{(2\times10^3 N)(5\times10^3 mm)(3m)}{6(2\times10^{12}N\cdot10^{-6}m^2)(10m)}(10^2-5^2-3^2 m^2)$$
$$= \frac{2\times5\times3}{6\times2}(66)\times10^{-1} mm = 16.5 mm$$

● 앞자리 뽑기
$$\delta : \frac{2\times5\times3}{6\times2}(66) = 165 \;\rightarrow\; \delta = 16.5 mm$$

$L=L,\; b=\dfrac{L}{2},\; x=\dfrac{L}{4}$

$$\delta = \frac{Pbx}{6EIL}(L^2-b^2-x^2)$$
$$= \frac{P\left(\dfrac{L}{2}\right)\left(\dfrac{L}{4}\right)}{6EIL}\left(L^2-\left(\dfrac{L}{2}\right)^2-\left(\dfrac{L}{4}\right)^2\right)$$
$$= \frac{11PL^3}{768EI}$$

032   정답 ④

임의점 공식은 하중 넘어는 계산할 수 없으므로 반드시 오른쪽에서 봐야 한다.

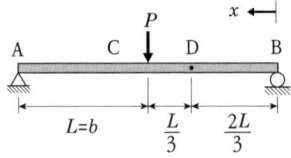

$b=L,\; x=\dfrac{2L}{3},\; L=2L$

$$\theta = \frac{Pb}{6EIL}(L^2-b^2-3x^2) \;(\text{단},\; x\le a)$$
$$= \frac{PL}{6EI(2L)}\left((2L)^2-L^2-3\left(\dfrac{2L}{3}\right)^2\right) = \frac{5PL^2}{36EI}$$

꼭 알아두자!
미분에 익숙한 학생은 δ를 x에 대하여 미분하면 θ 식을 구해 이용할 수 있다.

033   정답 ①

임의점 공식은 하중 넘어는 계산할 수 없으므로 반드시 오른쪽에서 봐야 한다.

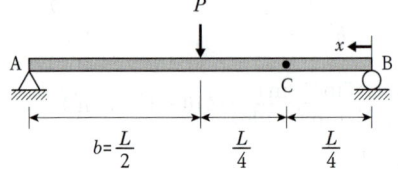

034   정답 ②

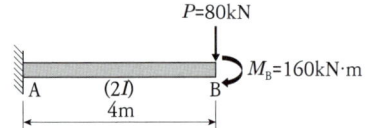

$P=80kN,\; M_B=80kN\times2m=160kN\cdot m$

$$\theta_B = \theta_P + \theta_M = \frac{PL^2}{2EI} + \frac{ML}{EI}$$
$$= \frac{(80kN)(4m)^2}{2E(2I)} + \frac{(160kN\cdot m)(4m)}{E(2I)} = \frac{640}{EI}$$

035   정답 ③

BC 구역에 하중이 없으므로 휨 변형이 발생하지 않는다.(CB 구간 직선) 따라서 $\theta_B=\theta_C$이므로 θ_C를 계산하면 된다.

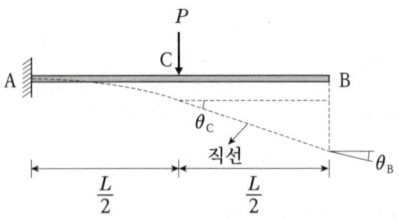

$$\therefore \theta_B = \theta_C = \frac{P\left(\dfrac{L}{2}\right)^2}{2EI} = \frac{PL^2}{8EI}$$

036 정답 ①

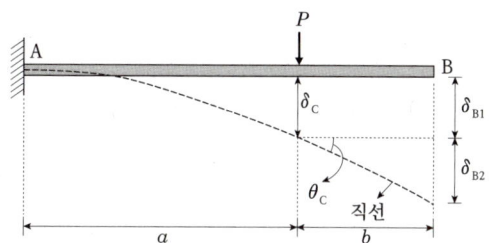

$\delta_C = \dfrac{Pa^3}{3EI}$

$\theta_C = \dfrac{Pa^2}{2EI}$

$\therefore \delta_B = \delta_{B1} + \delta_{B2}$
$= \delta_C + (\theta_C \times b)$
$= \dfrac{Pa^3}{3EI} + \left(\dfrac{Pa^2}{2EI} \times b\right) = \dfrac{Pa^2}{6EI}(2a+3b)$

037 정답 ①

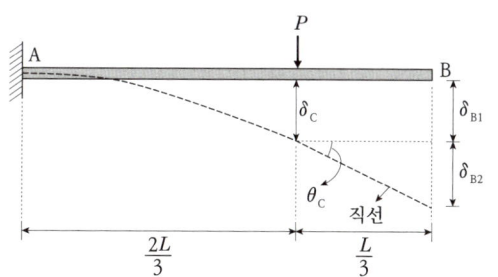

$\delta_C = \dfrac{P\left(\dfrac{2L}{3}\right)^3}{3EI} = \dfrac{8PL^3}{81EI}$

$\theta_C = \dfrac{P\left(\dfrac{2L}{3}\right)^2}{2EI} = \dfrac{2PL^2}{9EI}$

$\therefore \delta_B = \delta_{B1} + \delta_{B2}$
$= \delta_C + \left(\theta_C \times \dfrac{L}{3}\right)$
$= \dfrac{8PL^3}{81EI} + \left(\dfrac{2PL^2}{9EI} \times \dfrac{L}{3}\right) = \dfrac{14PL^3}{81EI}$

038 정답 ①

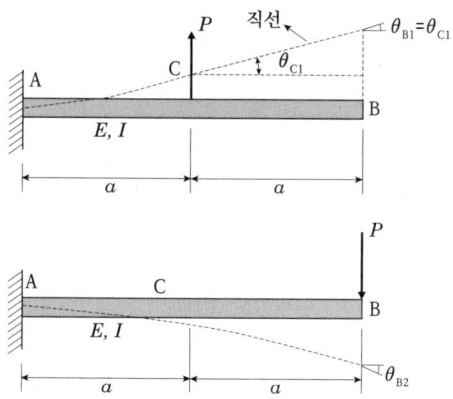

$\theta_{B1} = \theta_{C1} = \dfrac{Pa^2}{2EI}(\circlearrowleft)$

$\theta_{B2} = \dfrac{P(2a)^2}{2EI} = \dfrac{2Pa^2}{EI}(\circlearrowright)$

$\therefore \theta_B = \theta_{B2} - \theta_{B1} = \dfrac{2Pa^2}{EI} - \dfrac{Pa^2}{2EI} = \dfrac{3Pa^2}{2EI}(\circlearrowright)$

039 정답 ①

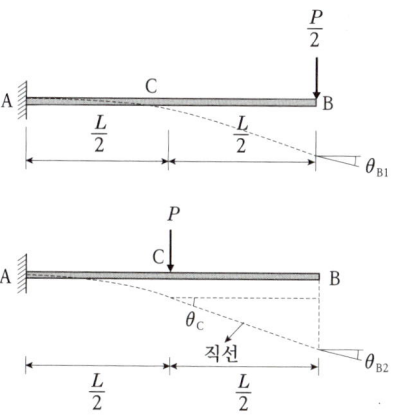

$\theta_{B1} = \dfrac{\left(\dfrac{P}{2}\right)L^2}{2EI} = \dfrac{PL^2}{4EI}(\circlearrowright)$

$\theta_{B2} = \theta_C = \dfrac{P\left(\dfrac{L}{2}\right)^2}{2EI} = \dfrac{PL^2}{8EI}(\circlearrowright)$

$\therefore \theta_B = \theta_{B1} + \theta_{B2} = \dfrac{PL^2}{4EI} + \dfrac{PL^2}{8EI} = \dfrac{3PL^2}{8EI}(\circlearrowright)$

040

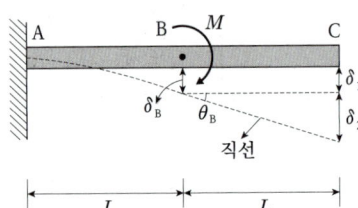

$\delta_B = \dfrac{ML^2}{2EI}$, $\theta_B = \dfrac{ML}{EI}$

$\delta_C = \delta_1 + \delta_2$
$\quad = \delta_B + (\theta_B \times L)$
$\quad = \dfrac{ML^2}{2EI} + \left(\dfrac{ML}{EI} \times L\right) = \dfrac{3ML^2}{2EI}$

$\therefore \dfrac{\delta_C}{\delta_B} = \dfrac{\left(\dfrac{3ML^2}{2EI}\right)}{\left(\dfrac{ML^2}{2EI}\right)} = 3$

041 정답 ①

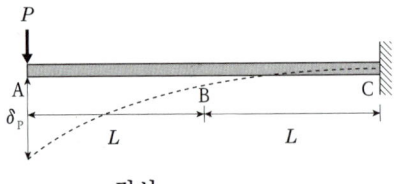

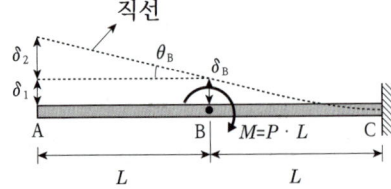

$\delta_P = \dfrac{P(2L)^3}{3EI} = \dfrac{8PL^3}{3EI}\ (\downarrow)$

$\theta_B = \dfrac{ML}{EI} = \dfrac{(PL)(L)}{EI} = \dfrac{PL^2}{EI}$

$\delta_B = \dfrac{ML^2}{2EI} = \dfrac{(PL)(L^2)}{2EI} = \dfrac{PL^3}{2EI}$

정답 ①

$\delta_M = \delta_1 + \delta_2$
$\quad = \delta_B + (\theta_B \times L)$
$\quad = \dfrac{PL^3}{2EI} + \left(\dfrac{PL^2}{EI} \times L\right) = \dfrac{3PL^3}{2EI}\ (\uparrow)$

$\therefore \delta_A = \delta_M - \delta_P = \dfrac{3PL^3}{2EI} - \dfrac{8PL^3}{3EI} = -\dfrac{7PL^3}{6EI}\ (\downarrow)$

042 정답 ④

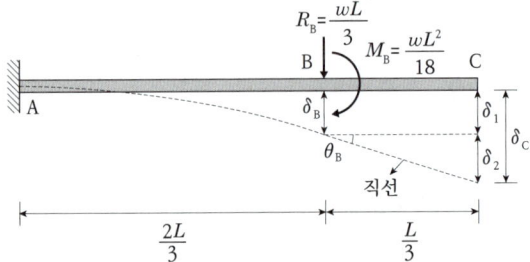

$\delta_B = \dfrac{\left(\dfrac{wL}{3}\right)\left(\dfrac{2L}{3}\right)^3}{3EI} + \dfrac{\left(\dfrac{wL^2}{18}\right)\left(\dfrac{2L}{3}\right)^2}{2EI} = \dfrac{11wL^4}{243EI}$

$\theta_B = \dfrac{\left(\dfrac{wL}{3}\right)\left(\dfrac{2L}{3}\right)^2}{2EI} + \dfrac{\left(\dfrac{wL^2}{18}\right)\left(\dfrac{2L}{3}\right)}{EI} = \dfrac{wL^3}{9EI}$

$\delta_{C1} = \delta_1 + \delta_2$
$\quad = \delta_B + \left(\theta_B \times \dfrac{L}{3}\right)$
$\quad = \dfrac{11wL^4}{243EI} + \left(\dfrac{wL^3}{9EI} \times \dfrac{L}{3}\right) = \dfrac{20wL^4}{243EI}$

B점에 발생하는 θ는 δ_{C1}에서 모두 고려했기 때문에 δ_{C2}는 B점에 회전변위가 없는 고정단 상태로 해석이 가능하다.

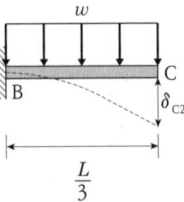

$\delta_{C2} = \dfrac{w\left(\dfrac{L}{3}\right)^4}{8EI} = \dfrac{wL^4}{648EI}$

$\therefore \delta_C = \delta_{C1} + \delta_{C2} = \dfrac{20wL^4}{243EI} + \dfrac{wL^4}{648EI} = \dfrac{163wL^4}{1944EI}$

자주하는 질문

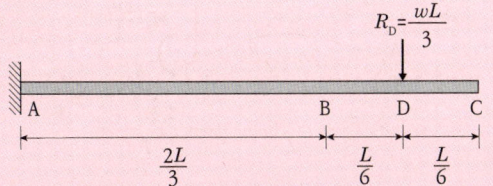

Q 왜 BC 구간 등분포하중을 D점 집중하중으로 변환한 상태로 해석하면 답이 나오지 않나요?

A 그 이유는 BD 구간 모멘트가 실제 구조의 모멘트와 달라지기 때문입니다. 모멘트는 구조에 회전과 곡률을 발생시킵니다. 동일한 모멘트가 발생하지 않는다면 변형 형상도 달라질 것입니다. $\left(\dfrac{M}{EI}=\dfrac{d\theta}{dx}=\dfrac{d^2\nu}{dx^2}\right)$ 수험생들이 이를 모두 고려하여 문제를 풀 수 없기 때문에 등분포하중 끝으로 집중하중을 이동시켜서 해석해야 한다고 암기하는 것이 좋습니다.

꼭 알아두자!
다른 방법으로 변위를 계산할 수 있다.

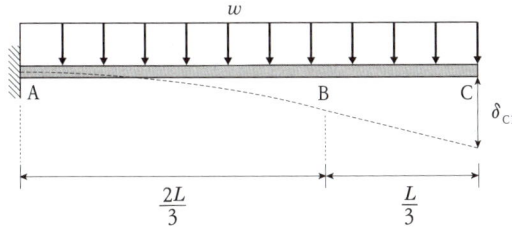

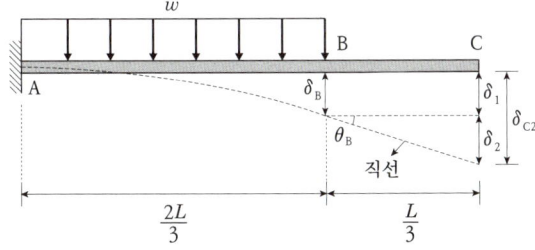

$\delta_{C1} = \dfrac{wL^4}{8EI}$

$\delta_{C2} = \delta_1 + \delta_2$
$= \delta_B + \left(\theta_B + \dfrac{L}{3}\right)$
$= \dfrac{w\left(\dfrac{2L}{3}\right)^4}{8EI} + \left(\dfrac{w\left(\dfrac{2L}{3}\right)^3}{6EI} \times \dfrac{L}{3}\right) = \dfrac{10wL^4}{243EI}$

$\therefore \delta_C = \delta_{C1} - \delta_{C2} = \dfrac{wL^4}{8EI} - \dfrac{10wL^4}{243EI} = \dfrac{163wL^4}{1944EI}$

043 정답 ③

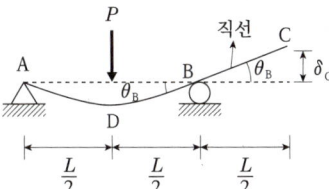

$\theta_B = \dfrac{PL^2}{16EI}$

$\delta_C = \theta_B \times L_{BC}$
$= \left(\dfrac{PL^2}{16EI}\right)\left(\dfrac{L}{2}\right) = \dfrac{PL^3}{32EI}$ (↑)

044 정답 ③

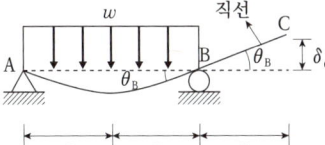

$\theta_B = \dfrac{wL^3}{24EI}$

$\delta_C = \theta_B \times L_{BC}$
$= \left(\dfrac{wL^3}{24EI}\right)\left(\dfrac{L}{2}\right) = \dfrac{wL^4}{48EI}$ (↑)

045 정답 ②

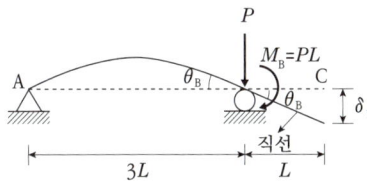

$\theta_B = \dfrac{ML}{3EI} = \dfrac{(PL)(3L)}{3EI} = \dfrac{PL^2}{EI}$

$\delta_1 = \theta_B \times L_{BC}$
$= \dfrac{PL^2}{EI} \times L = \dfrac{PL^3}{EI}$ (↓)

B점에 발생하는 θ_B는 δ_1에서 모두 고려했기 때문에 δ_2는 B점에 회전변위가 없는 고정단 상태로 해석이 가능하다.

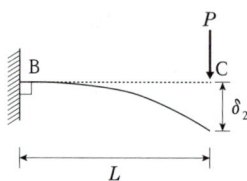

$\delta_2 = \dfrac{PL^3}{3EI}$ (↓)

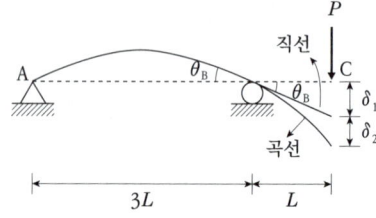

$\therefore \delta = \delta_1 + \delta_2$
$= \dfrac{PL^3}{EI} + \dfrac{PL^3}{3EI} = \dfrac{4PL^3}{3EI}$ (↓)

꼭 알아두자!
카스티글리아노 제2정리를 이용하여 계산할 수 있다.

---

(2) Q에 의한 처짐

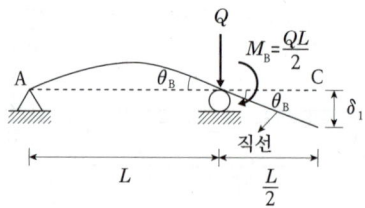

$\theta_B = \dfrac{ML}{3EI} = \dfrac{\left(\dfrac{QL}{2}\right)(L)}{3EI} = \dfrac{QL^2}{6EI}$

$\delta_1 = \theta_B \times L_{BC} = \dfrac{QL^2}{6EI} \times \dfrac{L}{2} = \dfrac{QL^3}{12EI}$ (↓)

B점에 발생하는 θ_B는 δ_1에서 모두 고려했기 때문에 δ_2는 B점에 회전변위가 없는 고정단 상태로 해석이 가능하다.

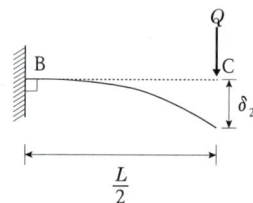

$\delta_2 = \dfrac{Q\left(\dfrac{L}{2}\right)^3}{3EI} = \dfrac{QL^3}{24EI}$ (↓)

$\delta_Q = \delta_1 + \delta_2 = \dfrac{QL^3}{12EI} + \dfrac{QL^3}{24EI} = \dfrac{QL^3}{8EI}$ (↓)

$\delta_P - \delta_Q = 0$; ($\because \delta_C = 0$)

$\dfrac{PL^3}{32EI} - \dfrac{QL^3}{8EI} = 0$

$\therefore \dfrac{P}{Q} = 4$

046

정답 ③

(1) P에 의한 처짐

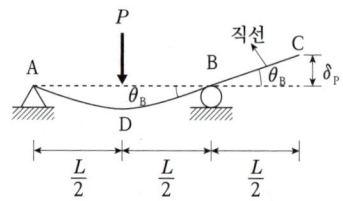

$\theta_B = \dfrac{PL^2}{16EI}$

$\delta_P = \theta_B \times L_{BC} = \dfrac{PL^2}{16EI} \times \dfrac{L}{2} = \dfrac{PL^3}{32EI}$ (↑)

047

정답 ②

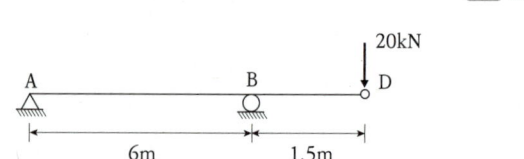

(1) δ_1

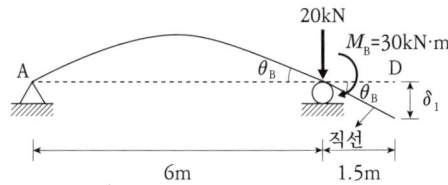

$M_B = P \times L_{BD} = 20\text{kN} \times 1.5\text{m} = 30\text{kN}\cdot\text{m}$

$\theta_B = \dfrac{M_B L_{AB}}{3EI} = \dfrac{(30\text{kN}\cdot\text{m})(6\text{m})}{3EI}$

$\delta_1 = \theta \times L_{BD}$

$\quad = \dfrac{(30\text{kN}\cdot\text{m})(6\text{m})}{3EI} \times 1.5\text{m} = \dfrac{90\text{kN}\cdot\text{m}^3}{EI}$ (↓)

B점에서 발생하는 θ_B는 δ_1에서 모두 고려했기 때문에 δ_2는 B점에 회전변위가 없는 고정단 상태로 해석이 가능하다.

(2) δ_2

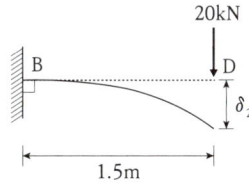

$\delta_2 = \dfrac{PL^3}{3EI} = \dfrac{(20\text{kN})(1.5\text{m})^3}{3EI} = \dfrac{22.5\text{kN}\cdot\text{m}^3}{EI}$

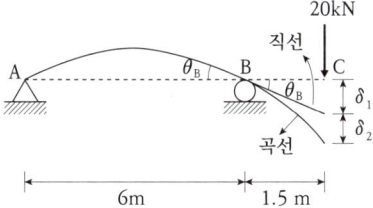

$\therefore \delta_D = \delta_1 + \delta_2 = \dfrac{90\text{kN}\cdot\text{m}^3}{EI} + \dfrac{22.5\text{kN}\cdot\text{m}^3}{EI}$

$\quad = \dfrac{112.5\text{kN}\cdot\text{m}^3}{EI}$

$\quad = \dfrac{112.5\text{kN}\cdot\text{m}^3}{(200\text{GPa})(25 \times 10^6 \text{mm}^4)}$

$\quad = 22.5\text{mm}$

계산 TIP

◉ 정석적인 방법

$\delta_D = \dfrac{112.5\text{kN}\cdot\text{m}^3}{(200\text{GPa})(25 \times 10^6 \text{mm}^4)} = \dfrac{(1125 \times 10^{-1}\text{kN}\cdot 10^9 \text{mm}^3)}{(2 \times 10^2)(25 \times 10^6 \text{mm}^2)\text{kN}}$

$\quad = \dfrac{1125}{2 \times 25}\text{mm} = 22.5\text{mm}$

◉ 앞자리 뽑기

$\delta_D : \dfrac{1125}{2 \times 25} = 22.5 \ \Rightarrow \ \delta_D = 22.5\text{mm}$

048

정답 ③

A점에 휨 모멘트가 '0'이기 위해서는 두 개의 하중이 서로 같은 크기의 반대 방향 모멘트를 발생시켜 두 모멘트가 상쇄되어야 한다.

①, ② 하중이 1개뿐이므로 모멘트가 상쇄될 수 없어 '0'이 될 수 없다.

③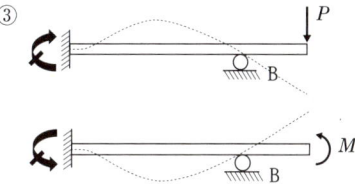

각 하중에 대한 A점 모멘트 반력의 방향이 반대이므로 '0'이 될 가능성이 있다.

④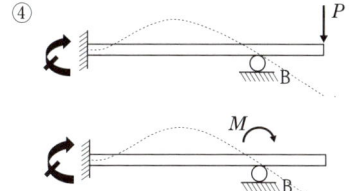

각 하중에 대한 A점 모멘트 반력의 방향이 같으므로 '0'이 될 가능성이 없다.

CHAPTER 11-2 2개 구조 나눠 해석하기

001 ④   002 ④   003 ③

001
정답 ④

(1) 스프링 변형에 의한 처짐(δ_1)

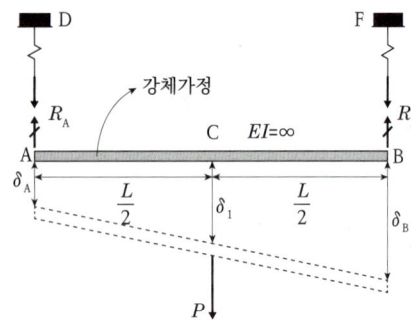

$R_A = R_B = \dfrac{P}{2}$ (∵ 대칭)

$\delta_A = \dfrac{R_A}{K_A} = \dfrac{\left(\dfrac{P}{2}\right)}{k_1} = \dfrac{P}{2k_1}$

$\delta_B = \dfrac{R_B}{K_B} = \dfrac{\left(\dfrac{P}{2}\right)}{k_2} = \dfrac{P}{2k_2}$

$\delta_1 = \dfrac{\delta_A + \delta_B}{2} = \dfrac{\left(\dfrac{P}{2k_1}\right) + \left(\dfrac{P}{2k_2}\right)}{2} = \dfrac{P}{4k_1} + \dfrac{P}{4k_2}$

(2) 휨 변형에 의한 처짐(δ_2)

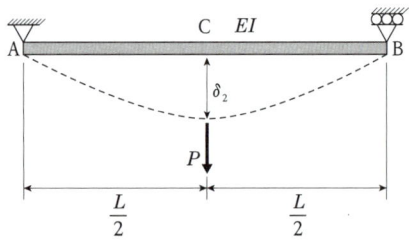

$\delta_2 = \dfrac{PL^3}{48EI}$

∴ $\delta_T = \delta_1 + \delta_2 = \dfrac{P}{4k_1} + \dfrac{P}{4k_2} + \dfrac{PL^3}{48EI}$

> **꼭 알아두자!**
> 해당 문제는 카스티글라노 제2정리로 풀이할 수 있다. 고득점을 원하는 학생들은 이를 염두해야 한다.

002
정답 ④

(1) 스프링 변형에 의한 처짐(δ_1)

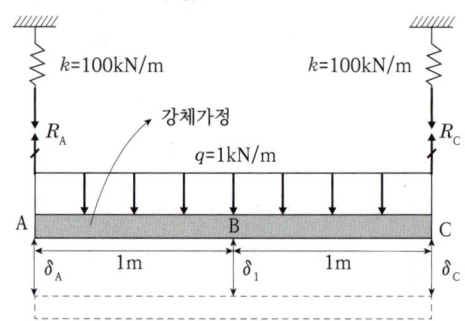

$R_A = R_C = \dfrac{(1\text{kN/m})(2\text{m})}{2} = 1\text{kN}$ (∵ 대칭)

$\delta_A = \dfrac{R_A}{k_A} = \dfrac{1\text{kN}}{100\text{kN/m}} = 0.01\text{m}$

$\delta_C = \dfrac{R_C}{k_C} = \dfrac{1\text{kN}}{100\text{kN/m}} = 0.01\text{m}$

$\delta_1 = \dfrac{\delta_A + \delta_C}{2} = \dfrac{(0.01\text{m}) + (0.01\text{m})}{2} = 0.01\text{m}$

(2) 휨 변형에 의한 처짐(δ_2)

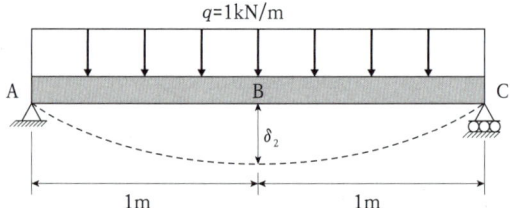

$\delta_2 = \dfrac{5wL^4}{384EI} = \dfrac{5(1\text{kN/m})(2\text{m})^4}{384\left(\dfrac{5}{384} \times 10^3 \text{kN} \cdot \text{m}^2\right)} = 0.016\text{m}$

∴ $\delta_T = \delta_1 + \delta_2 = 0.01\text{m} + 0.016\text{m} = 0.026\text{m}$

003

정답 ③

(1) 스프링 변형에 의한 처짐(δ_1)

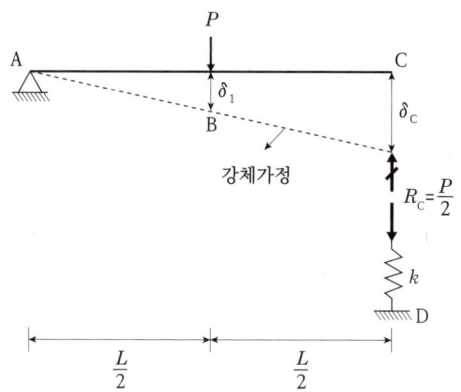

$R_C = \dfrac{P}{2}$ ($\because$ 대칭)

$\delta_C = \dfrac{R_C}{k_C} = \dfrac{\left(\dfrac{P}{2}\right)}{\left(\dfrac{24EI}{L^3}\right)} = \dfrac{PL^3}{48EI}$

$\delta_1 = \dfrac{\delta_C}{2} = \dfrac{\left(\dfrac{PL^3}{48EI}\right)}{2} = \dfrac{PL^3}{96EI}$

(2) 휨 변형에 의한 처짐(δ_2)

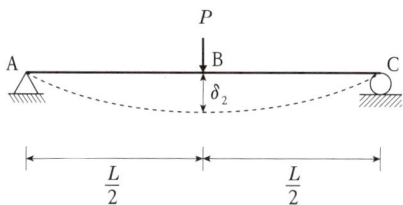

$\delta_2 = \dfrac{PL^3}{48EI}$

$\therefore \delta_T = \delta_1 + \delta_2 = \dfrac{PL^3}{96EI} + \dfrac{PL^3}{48EI} = \dfrac{PL^3}{32EI}$

CHAPTER 12-1 변형에너지

문제편 187p~189p

| 001 ④ | 002 ④ | 003 ④ | 004 ③ | 005 ③ |
| 006 ③ | 007 ① | | | |

001

정답 ④

$P-\delta$ 곡선의 면적은 에너지를 의미한다. 두 개 이상의 하중이 작용할 경우 간섭에 의해 A_3 만큼의 변형에너지가 추가로 발생한다는 것을 알 수 있다.

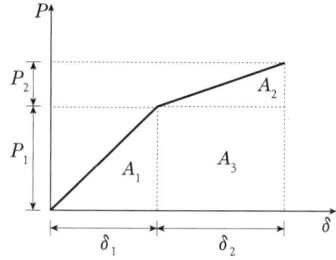

$\therefore U = A_1 + A_2 + A_3$
$= \dfrac{P_1\delta_1}{2} + \dfrac{P_2\delta_2}{2} + P_1\delta_2$

> **꼭 알아두자!**
> 이 문제에서는 보기가 그대로 주어졌으나 맥스웰 상반정리에 의해 $P_1\delta_2 = P_2\delta_1$과 동일하다는 것도 알아둔다.
> 따라서 $\dfrac{P_1\delta_1}{2} + \dfrac{P_2\delta_2}{2} + P_1\delta_2 = \dfrac{P_1\delta_1}{2} + \dfrac{P_2\delta_2}{2} + P_2\delta_1$ 또한 답이 될 수 있다.

002

정답 ④

$U = \dfrac{P\delta}{2} = \dfrac{P}{2}\left(\dfrac{PL}{EA}\right) = \dfrac{P^2L}{2EA}$

문제에서 길이(L)를 주지 않았으므로 한 변의 길이($a \rightarrow A = a^2$)를 준 것은 함정이다.

$\therefore U = \dfrac{P\delta}{2} = \dfrac{100\text{kN} \times 1\text{mm}}{2} = 50\text{N}\cdot\text{m}$

003

정답 ④

$d \to A,\ 2d \to 4A\ \left(\because A = \dfrac{\pi d^2}{4}\right)$

$U_{(a)} = \dfrac{P^2 L}{2EA}$

$U_{(b)} = \dfrac{P^2\left(\dfrac{L}{2}\right)}{2EA} + \dfrac{P^2\left(L - \dfrac{L}{2}\right)}{2E(4A)} = \dfrac{5P^2 L}{16EA}$

$\therefore \dfrac{U_{(a)}}{U_{(b)}} = \dfrac{\left(\dfrac{1}{2}\right)}{\left(\dfrac{5}{16}\right)} = \dfrac{8}{5}$

004

정답 ③

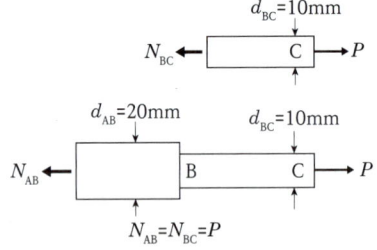

$N_{AB} = N_{BC} = P$

$U = \dfrac{P\delta}{2} = \dfrac{P}{2}\left(\dfrac{PL}{EA}\right) = \dfrac{P^2 L}{2EA}\ ;$

$U = U_{AB} + U_{BC} = \dfrac{N_{AB}^2 L_{AB}}{2EA_{AB}} + \dfrac{N_{BC}^2 L_{BC}}{2EA_{BC}}$

$= \dfrac{P^2(1\text{m})}{2E(4A)} + \dfrac{P^2(0.8\text{m})}{2E(A)}\ \left(d \to 2d,\ A \to 4A\ \because A = \dfrac{\pi d^2}{4}\right)$

$= \dfrac{21P^2}{40EA}\text{m} = \dfrac{21(20\text{kN})^2}{40(200\text{GPa})\left(\dfrac{3 \times 10^2}{4}\text{mm}^2\right)}\text{m} = 14000\text{N}\cdot\text{mm}$

계산 TIP

◦ 정석적인 방법

$U = \dfrac{21(20\text{kN})^2}{40(200\text{GPa})\left(\dfrac{3 \times 10^2}{4}\text{mm}^2\right)}\text{m}$

$= \dfrac{4 \times 21(2^2 \times 10^2 \text{kN} \times 10^3 \text{N})}{(4 \times 10)(2 \times 10^2)(3 \times 10^2)\text{kN}}(10^3 \text{mm})$

$= \dfrac{4 \times 21 \times 2^2}{4 \times 2 \times 3} \times 10^3 \text{N}\cdot\text{mm} = 14000\text{N}\cdot\text{mm}$

◦ 앞자리 뽑기

$U:\ \dfrac{21 \times 2^2}{4 \times 2 \times \left(\dfrac{3}{4}\right)} = 14 \to U = 14000\text{N}\cdot\text{mm}$

005

정답 ③

내부에너지(변형에너지) = 외부에너지 = $\dfrac{P\delta}{2}$;

$\therefore U = \dfrac{1}{2} \times P \times \dfrac{PL^3}{3EI} = \dfrac{P^2 L^3}{6EI}$

꼭 알아두자!

내부에너지(변형에너지)는 적분을 이용하여 계산할 수 있다.

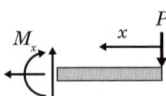

$0 \le x \le L\ ;\ M_x = -Px$

$U = \int \dfrac{M_x^2}{2EI} = \int_0^L \dfrac{(-Px)^2}{2EI} = \dfrac{P^2}{2EI}\left[\dfrac{1}{3}x^3\right]_0^L = \dfrac{P^2 L^3}{6EI}$

006

정답 ③

내부에너지(변형에너지) = 외부에너지 = $\dfrac{M\theta}{2}$;

$U_M = \dfrac{1}{2} \times (PL) \times \dfrac{(PL)L}{EI} = \dfrac{P^2 L^3}{2EI}$

내부에너지(변형에너지) = 외부에너지 = $\dfrac{P\delta}{2}$;

$U_Q = \dfrac{1}{2} \times Q \times \dfrac{QL^3}{3EI} = \dfrac{Q^2 L^3}{6EI}$

$U_M = U_Q\ ;$

$\dfrac{P^2 L^3}{2EI} = \dfrac{Q^2 L^3}{6EI}$

$\to Q^2 = 3P^2$

$\therefore Q = \sqrt{3} P$

꼭 알아두자!

내부에너지(변형에너지)는 적분을 이용하여 계산할 수 있다.

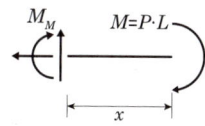

$0 \leq x \leq L \ ; \ M_M = -PL$

$U_M = \int \dfrac{M_M^2}{2EI} = \int_0^L \dfrac{(-PL)^2}{2EI} = \dfrac{P^2L^2}{2EI}\left[x\right]_0^L = \dfrac{P^2L^3}{2EI}$

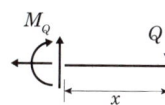

$0 \leq x \leq L \ ; \ M_Q = -Qx$

$U_Q = \int \dfrac{M_Q^2}{2EI} = \int_0^L \dfrac{(-Qx)^2}{2EI} = \dfrac{Q^2}{2EI}\left[\dfrac{1}{3}x^3\right]_0^L = \dfrac{Q^2L^3}{6EI}$

007 정답 ①

$U = \dfrac{P\delta}{2} = \dfrac{P}{2}\left(\dfrac{PL}{EA}\right) = \dfrac{P^2L}{2EA}$

$u = \dfrac{U}{V} = \dfrac{\left(\dfrac{P^2L}{2EA}\right)}{(AL)} = \dfrac{P^2}{2EA^2}$

$\rightarrow P^2 = u \times 2EA^2 \rightarrow P = \sqrt{2uEA^2}$

$\therefore P = \sqrt{2(0.01\text{N/mm}^2)(500\text{kN})(10000\text{mm}^2)} = 10\text{kN}$

계산 TIP

○ 정석적인 방법

$P = \sqrt{2(0.01\text{N/mm}^2)(500\text{kN})(10000\text{mm}^2)}$
$= \sqrt{2(10^{-2} \times 10^{-3}\text{kN/mm}^2)(5 \times 10^2\text{kN})(10^4\text{mm}^2)}$
$= \sqrt{2 \times 5 \times 10}\text{kN} = 10\text{kN}$

○ 앞자리 뽑기

해당 문제는 보기에 ① 10 ③ 100 및 ② 11 ④ 110이 10의 배수 관계에 있으므로 앞자리 뽑기를 적용할 수 없다.

CHAPTER 12-2 카스티길라노 제2정리

문제편 190p~192p

| 001 ④ | 002 ④ | 003 ② | 004 ② | 005 ④ |
| 006 ① | 007 ④ | 008 ④ |

001 정답 ④

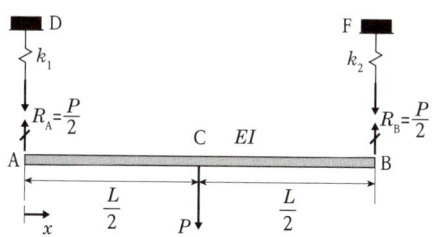

$R_A = R_B = \dfrac{P}{2}$ (∵ 대칭)

$0 \leq x \leq \dfrac{L}{2} \ ; \ M = \dfrac{P}{2}x$

$\delta_C = \dfrac{\partial U}{\partial P} = \dfrac{N\left(\dfrac{\partial N}{\partial P}\right)}{k} + \int \dfrac{M\left(\dfrac{\partial M}{\partial P}\right)}{EI}dx$

$= \dfrac{\left(\dfrac{P}{2}\right)\left(\dfrac{1}{2}\right)}{k_1} + \dfrac{\left(\dfrac{P}{2}\right)\left(\dfrac{1}{2}\right)}{k_2} + 2\int_0^{\frac{L}{2}} \dfrac{\left(\dfrac{P}{2}x\right)\left(\dfrac{1}{2}x\right)}{EI}dx$

$= \dfrac{\left(\dfrac{P}{2}\right)\left(\dfrac{1}{2}\right)}{k_1} + \dfrac{\left(\dfrac{P}{2}\right)\left(\dfrac{1}{2}\right)}{k_2} + \dfrac{P}{2EI}\left[\dfrac{1}{3}x^3\right]_0^{\frac{L}{2}}$

$= \dfrac{P}{4k_1} + \dfrac{P}{4k_2} + \dfrac{PL^3}{48EI}$

꼭 알아두자!

해당 문제는 'Chapter 11-2'에서 풀이한 방법이 가장 좋다. 카스티길라노 제2정리의 적용 과정을 보여주기 위해서 위와 같이 풀이한 것이다.

002 정답 ④

카스티길라노 제2정리를 수식으로 표현하면 다음과 같다.

$\delta = \dfrac{\partial U}{\partial P}$

식을 그대로 해석하면 에너지(U)를 하중(P)으로 편미분할 경우 변위(δ)를 계산할 수 있다는 의미이다.

003

정답 ②

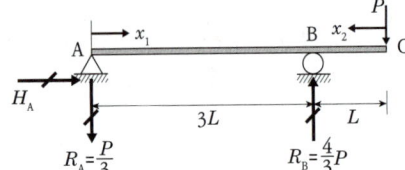

$\circlearrowleft + \sum M_B = 0$;
$(R_A \times 3L) - (P \times L) = 0$
$\rightarrow R_A = \dfrac{P}{3}$ (↓)

$0 \leq x_1 \leq 3L$; $M_1 = -\dfrac{P}{3}x_1$

$0 \leq x_2 \leq L$; $M_2 = -Px_2$

$\delta_C = \dfrac{\partial U}{\partial P} = \int \dfrac{M\left(\dfrac{\partial M}{\partial P}\right)}{EI} dx$

$= \int_0^{3L} \dfrac{\left(-\dfrac{P}{3}x_1\right)\left(-\dfrac{1}{3}x_1\right)}{EI} + \int_0^L \dfrac{(-Px_2)(-x_2)}{EI}$

$= \dfrac{P}{9EI}\left[\dfrac{1}{3}x^3\right]_0^{3L} + \dfrac{P}{EI}\left[\dfrac{1}{3}x^3\right]_0^L$

$= \dfrac{PL^3}{EI} + \dfrac{PL^3}{3EI} = \dfrac{4PL^3}{3EI}$

자주하는 질문

Q 왜 한 방향으로 모멘트를 표현하지 않나요?

A 한 방향으로 모멘트를 표현할 경우 롤러 반력이 모멘트 식에 표현되어 미분 과정이 복잡해지기 때문입니다. 계산기를 이용하면 한 방향으로 표현해도 되지만 시험에서는 계산기를 이용할 수 없기 때문에 모멘트가 간략하게 나오는 방향으로 표현해야 합니다.

$0 \leq x_1 \leq 3L$; $M_1 = -\dfrac{P}{3}x_1$

$3L \leq x_1 \leq 4L$; $M_2 = -\dfrac{P}{3}x_1 + \left(\dfrac{4}{3}P\right)(x_1 - 3L)$

004

정답 ②

내부에너지(변형에너지) = 외부에너지 = $\dfrac{P\delta}{2}$;

외부에너지를 계산하기 위해서는 P에 대응되는 δ를 계산해야 한다. δ를 카스티글리아노 제2정리를 이용하여 계산한다.

$R_A = R_B = \dfrac{P}{2}$ (∵ 대칭)

$0 \leq x_1 \leq \dfrac{L}{2}$; $M_1 = \dfrac{P}{2}x_1$

$0 \leq x_2 \leq \dfrac{L}{2}$; $M_2 = \dfrac{P}{2}x_2$

$\delta_C = \dfrac{\partial U}{\partial P} = \int \dfrac{M\left(\dfrac{\partial M}{\partial P}\right)}{EI} dx$

$= \int_0^{\frac{L}{2}} \dfrac{\left(\dfrac{P}{2}x_1\right)\left(\dfrac{1}{2}x_1\right)}{2EI} + \int_0^{\frac{L}{2}} \dfrac{\left(\dfrac{P}{2}x_2\right)\left(\dfrac{1}{2}x_2\right)}{EI}$

$= \dfrac{P}{8EI}\left[\dfrac{1}{3}x^3\right]_0^{\frac{L}{2}} + \dfrac{P}{4EI}\left[\dfrac{1}{3}x^3\right]_0^{\frac{L}{2}}$

$= \dfrac{PL^3}{192EI} + \dfrac{PL^3}{96EI} = \dfrac{PL^3}{64EI}$

$\therefore U = \dfrac{P\delta_C}{2} = \dfrac{P}{2}\left(\dfrac{PL^3}{64EI}\right) = \dfrac{P^2L^3}{128EI}$

꼭 알아두자!

내부에너지(변형에너지)는 적분을 이용하여 계산할 수 있다.

$0 \leq x_1 \leq \dfrac{L}{2}$; $M_1 = \dfrac{P}{2}x_1$

$0 \leq x_2 \leq \dfrac{L}{2}$; $M_2 = \dfrac{P}{2}x_2$

$U = \int \dfrac{M^2}{2EI} = \int_0^{\frac{L}{2}} \dfrac{\left(\dfrac{P}{2}x_1\right)^2}{2(2EI)} + \int_0^{\frac{L}{2}} \dfrac{\left(\dfrac{P}{2}x_2\right)^2}{2EI}$

$= \dfrac{P^2}{16EI}\left[\dfrac{1}{3}x^3\right]_0^{\frac{L}{2}} + \dfrac{P^2}{8EI}\left[\dfrac{1}{3}x^3\right]_0^{\frac{L}{2}}$

$= \dfrac{P^2L^3}{384EI} + \dfrac{P^2L^3}{192EI} = \dfrac{P^2L^3}{128EI}$

005

정답 ④

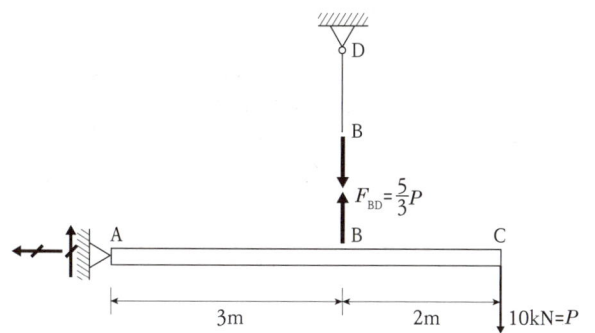

카스티글리아노 제2정리를 적용하기 위해서는 외력을 미지수(P)로 표현해야 한다. 따라서 $10\text{kN} = P$로 두고 계산한다.

$\circlearrowleft + \Sigma M_A = 0$;
$(F_{BD} \times 3\text{m}) - (P \times 5\text{m}) = 0$
$\rightarrow F_{BD} = \dfrac{5P}{3}$

$\delta_C = \dfrac{\partial U}{\partial P} = \dfrac{N\left(\dfrac{\partial N}{\partial P}\right)}{k} + \int \dfrac{M\left(\dfrac{\partial M}{\partial P}\right)}{EI}dx$

$= \dfrac{\left(\dfrac{5P}{3}\right)\left(\dfrac{5}{3}\right)}{k} + 0 \ (EI = \infty \ \because \text{강체})$

$= \dfrac{\left(\dfrac{5}{3} \times 10\text{kN}\right)\left(\dfrac{5}{3}\right)}{20{,}000\text{kN/m}} = \dfrac{25}{18}\text{mm}$

006

정답 ①

(1) 카스티글리아노 제2정리 이용

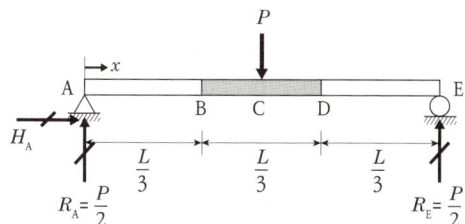

$R_A = R_B = \dfrac{P}{2} \ (\because \text{대칭})$

$0 \le x \le \dfrac{L}{2}$; $M = \dfrac{P}{2}x$

$\delta_C = \dfrac{\partial U}{\partial P} = \int \dfrac{M\left(\dfrac{\partial M}{\partial P}\right)}{EI}dx$

$= 2\left[\int_0^{\frac{L}{3}} \dfrac{\left(\dfrac{P}{2}x\right)\left(\dfrac{1}{2}x\right)}{EI}dx + \int_{\frac{L}{3}}^{\frac{L}{2}} \dfrac{\left(\dfrac{P}{2}x\right)\left(\dfrac{1}{2}x\right)}{\infty}\right]$

$(EI = \infty \ \because \text{BD 강체})$

$= \dfrac{P}{2EI}\left[\dfrac{1}{3}x^3\right]_0^{\frac{L}{3}} = \dfrac{PL^3}{162EI}$

(2) 공액보법 이용

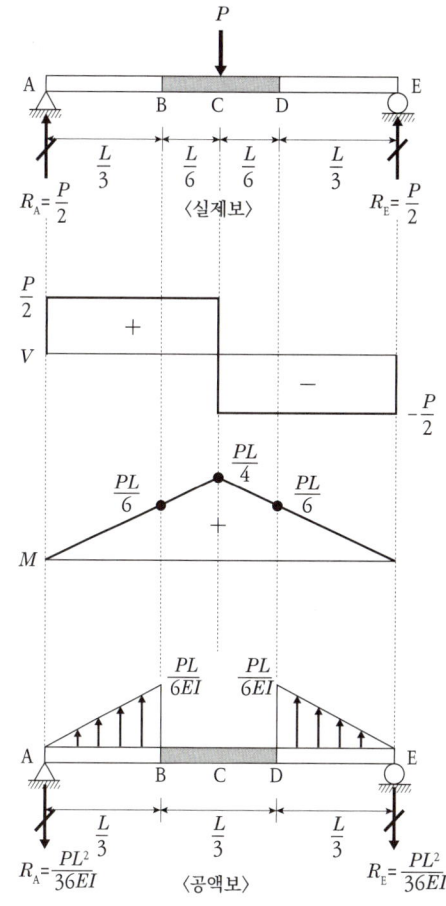

At 공액보

$R_A = R_E = \dfrac{2\left(\dfrac{1}{2} \times \dfrac{L}{3} \times \dfrac{PL}{6EI}\right)}{2} = \dfrac{PL^2}{36EI} \ (\downarrow)(\because \text{대칭})$

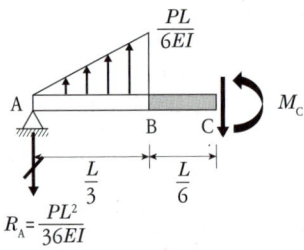

AT 공액보 AC

$\circlearrowleft + \sum M_C = 0$;

$M_C + \left(\dfrac{PL^2}{36EI}\right)\left(\dfrac{L}{3} + \dfrac{L}{6}\right) - \left(\dfrac{1}{2} \times \dfrac{L}{3} \times \dfrac{PL}{6EI}\right)\left(\dfrac{L}{6} + \dfrac{L}{3} \times \dfrac{1}{3}\right) = 0$

$\rightarrow M_C = -\dfrac{PL^3}{162EI}$

$\therefore \delta_C = M_C = -\dfrac{PL^3}{162EI}(\downarrow)$

007 정답 ④

(1) 카스티글리아노 제2정리 이용

$0 \leq x \leq L$; $M = -Px$

$\delta_A = \dfrac{\partial U}{\partial P} = \int \dfrac{M\left(\dfrac{\partial M}{\partial P}\right)}{EI} dx$

$= \int_0^{\frac{L}{2}} \dfrac{(-Px)(-x)}{EI} + \int_{\frac{L}{2}}^{L} \dfrac{(-Px)(-x)}{E(2I)}$

$= \dfrac{P}{EI}\left[\dfrac{1}{3}x^3\right]_0^{\frac{L}{2}} + \dfrac{P}{2EI}\left[\dfrac{1}{3}x^3\right]_{\frac{L}{2}}^{L}$

$= \dfrac{PL^3}{24EI} + \dfrac{7PL^3}{48EI} = \dfrac{3PL^3}{16EI}$

(2) 공식 이용

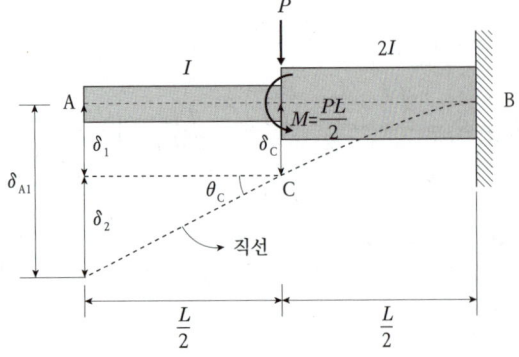

$\delta_C = \dfrac{P\left(\dfrac{L}{2}\right)^3}{3E(2I)} + \dfrac{\left(\dfrac{PL}{2}\right)\left(\dfrac{L}{2}\right)^2}{2E(2I)} = \dfrac{5PL^3}{96EI}$

$\theta_C = \dfrac{P\left(\dfrac{L}{2}\right)^2}{2E(2I)} + \dfrac{\left(\dfrac{PL}{2}\right)\left(\dfrac{L}{2}\right)}{E(2I)} = \dfrac{3PL^2}{16EI}$

$\delta_{A1} = \delta_1 + \delta_2 = \delta_C + \left(\theta_C \times \dfrac{L}{2}\right)$

$= \dfrac{5PL^3}{96EI} + \left(\dfrac{3PL^2}{16EI} \times \dfrac{L}{2}\right) = \dfrac{7PL^3}{48EI}$

C점에 발생하는 θ_C는 δ_{A1}에서 모두 고려했기 때문에 δ_{A2}는 C점 회전변위가 없는 고정단 상태로 해석이 가능하다.

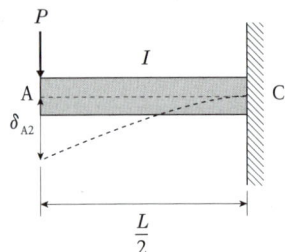

$\delta_{A2} = \dfrac{P\left(\dfrac{L}{2}\right)^3}{3EI} = \dfrac{PL^3}{24EI}$

$\therefore \delta_A = \delta_{A1} + \delta_{A2} = \dfrac{7PL^3}{48EI} + \dfrac{PL^3}{24EI} = \dfrac{3PL^3}{16EI}$

008 정답 ④

(1) 카스티글리아노 제2정리 이용

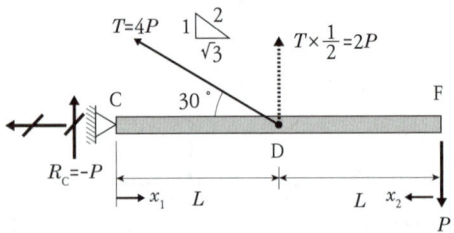

$\circlearrowleft + \sum M_C = 0$;

$\left(T \times \dfrac{1}{2}\right)(L) - (P \times 2L) = 0$

$\rightarrow T = 4P$

$\uparrow + \sum F_y = 0$;

$R_C + 2P - P = 0$

→ $R_C = -P$

$0 \leq x_1 \leq L$; $M_1 = -Px_1$
$0 \leq x_2 \leq L$; $M_2 = -Px_2$

$$\delta_F = \frac{\partial U}{\partial P} = \frac{(N)\left(\frac{\partial N}{\partial P}\right)(L)}{EA} + \int \frac{M\left(\frac{\partial M}{\partial P}\right)}{EI}dx$$

$$= \frac{(4P)(4)\left(L \times \frac{2}{\sqrt{3}}\right)}{EA} + 0 \;(EI = \infty \;\because 강체)$$

$$= \frac{32\sqrt{3}PL}{3EA}$$

(2) 기하학적 해석

케이블 장력($T = 4P$) 계산까지는 (1) 과정과 동일하다.

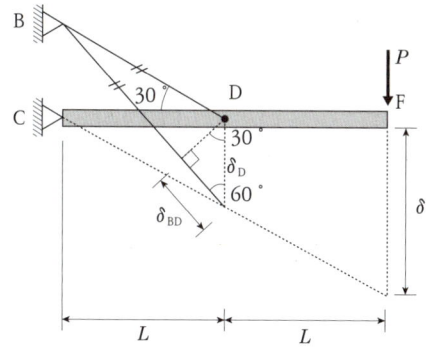

$L_{BD} \times \cos 30° = L$

→ $L_{BD} = \dfrac{L}{\cos 30°}$

$$\delta_{BD} = \frac{TL_{BD}}{EA} = \frac{(4P)\left(\dfrac{L}{\cos 30°}\right)}{EA} = \frac{8\sqrt{3}PL}{3EA}$$

$\delta_D \times \cos 60° = \delta_{BD}$

→ $\delta_D = \dfrac{\delta_{BD}}{\cos 60°} = \dfrac{\left(\dfrac{8\sqrt{3}PL}{3EA}\right)}{\left(\dfrac{1}{2}\right)} = \dfrac{16\sqrt{3}PL}{3EA}$

$\therefore \delta_F = 2\delta_D = 2\left(\dfrac{16\sqrt{3}PL}{3EA}\right) = \dfrac{32\sqrt{3}PL}{3EA}$

CHAPTER 13 공액보법

문제편 193p~194p

001 ①   002 ②   003 ①

001

정답 ①

① $\dfrac{L}{\sqrt{3}}$

꼭 알아두자!

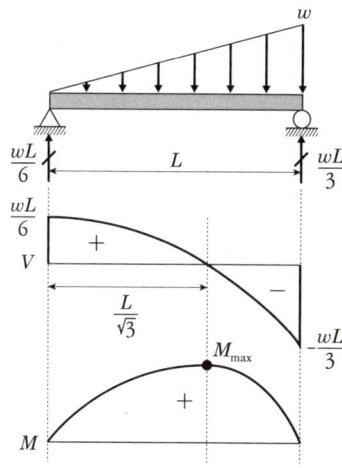

단순보에 작용하는 삼각등분포하중의 전단력도와 모멘트도는 다음과 같다. 개형을 암기할 필요는 없다. 단 모멘트도의 최댓값이 발생하는 지점 $\dfrac{L}{\sqrt{3}}$ 을 암기하면 고난이도 문제를 쉽게 풀 수 있다. $\left(M_{max} = \dfrac{wL^2}{9\sqrt{3}}\right)$

002   정답 ②

(1) 공액보법

$$\frac{M}{EI} = \frac{\alpha \Delta T}{h}$$

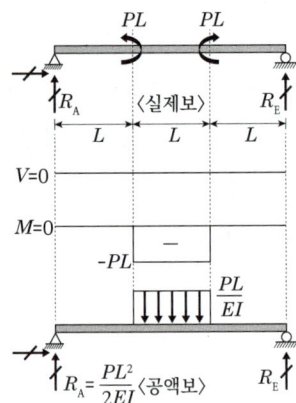

At entire

$$R_A = R_B = -\frac{\left(\frac{\alpha \Delta T}{h} \times L\right)}{2} = -\frac{\alpha \Delta TL}{2h} \ (\because 대칭)$$

$$= -\frac{(1.2 \times 10^{-5}/℃)(80℃)(10m)}{2(40cm)} = -0.012\text{rad}$$

$$\therefore V_A = R_A = \theta_A = -0.012\text{rad}(\circlearrowright)$$

(2) 이중적분법

$$\frac{d^2v}{dx^2} = \frac{d\theta}{dx} = \frac{\alpha \Delta T}{h}, \quad \Delta T = 120℃ - 40℃ = 80℃$$

$$\theta = \frac{\alpha \Delta Tx}{h} + C_1 \ ;$$

$$x = \frac{L}{2} \rightarrow \theta = 0 \ (\because 대칭)$$

$$\rightarrow \theta = \frac{\alpha \Delta T}{h}\left(\frac{L}{2}\right) + C_1 = 0$$

$$\rightarrow C_1 = -\frac{\alpha \Delta TL}{2h} \rightarrow \theta = \frac{\alpha \Delta Tx}{h} - \frac{\alpha \Delta TL}{2h}$$

$$\therefore \theta_A = -\frac{\alpha \Delta TL}{2h}$$

$$= -\frac{(1.2 \times 10^{-5}/℃)(80℃)(10m)}{2(40cm)} = -0.012\text{rad}(\circlearrowright)$$

003   정답 ①

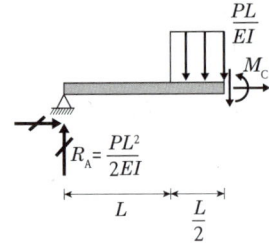

At 공액보

$$R_A = R_E = \frac{\left(\frac{PL}{EI} \times L\right)}{2} = \frac{PL^2}{2EI} \ (\because 대칭)$$

At 공액보 AC

$\circlearrowleft + \sum M_C = 0 \ ;$

$$M_C - \left(\frac{PL^2}{2EI}\right)\left(L + \frac{L}{2}\right) + \left(\frac{PL}{EI} \times \frac{L}{2}\right)\left(\frac{L}{2} \times \frac{1}{2}\right) = 0$$

$$\rightarrow M_C = \frac{5PL^3}{8EI}$$

$$R_A = V_A = \theta_A = \frac{PL^2}{2EI}(\circlearrowright), \ M_C = \delta_C = \frac{5PL^3}{8EI}(\uparrow)$$

$$\therefore a = \frac{1}{2}, \ b = \frac{5}{8}$$

CHAPTER 14-1 영부재

| 001 ① | 002 ① | 003 ④ | 004 ④ | 005 ③ |
| 006 ④ | 007 ③ | 008 ④ | 009 ③ | 010 ② |

001
정답 ①

모서리에 위치한 힌지에 하중이 없으면 '0' 부재이다.

∴ ① 0

꼭 알아두자!

문제에서 물어보지 않았으나 부재력을 계산해 보자.

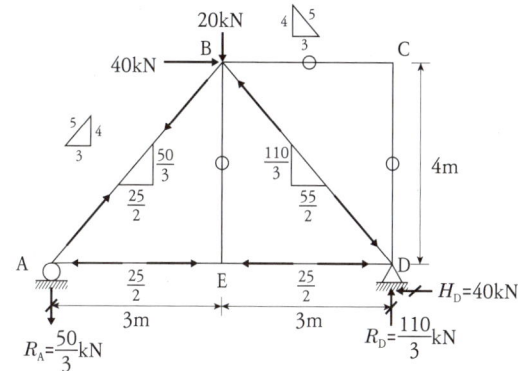

$\circlearrowleft + \sum M_A = 0$;
$(R_D \times 6m) - (40kN \times 4m) - (20kN \times 3m) = 0$
→ $R_D = \dfrac{110}{3} kN (\uparrow)$

002
정답 ①

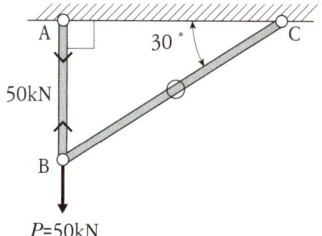

트러스 부재는 축력만 존재하므로, 만약 BC 부재력이 존재한다면 B점에서 힘의 평형요건을 만족시킬 수 없다. ($\rightarrow + \sum F_x \neq 0$)
그러므로 $F_{BC} = 0$이 되어야 하고 이를 '0' 부재라 한다. $F_{BC} = 0$이므로 모든 외력은 F_{AB}가 받아야 한다.

∴ $F_{AB} = 50kN$

003
정답 ④

직선으로 연결된 부재에 추가적으로 연결된 단 1개의 부재는 영부재이다.

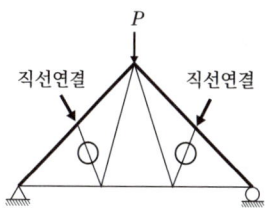

영부재가 판정되면 이로 인해 연쇄적으로 영부재 판정이 가능하다. 영부재를 없는 부재로 판정하면 다시 직선으로 연결된 부재에 추가적을 연결된 단 1개의 부재를 영부재로 판정할 수 있다.

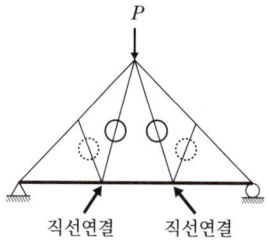

004
정답 ④

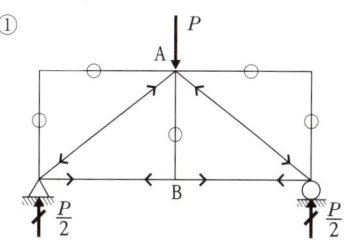

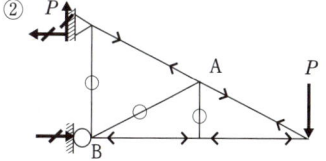

③
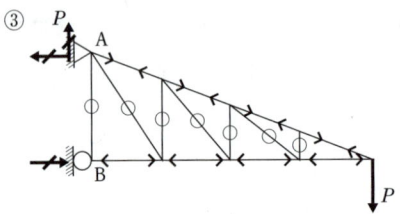

④
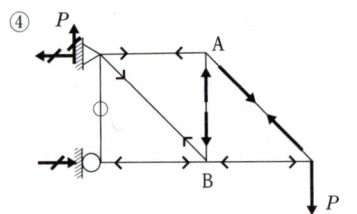

> **꼭 알아두자!**
> ④번과 같이 '0' 부재 판정이 바로 안되는 경우 트러스의 부재력 방향을 표현해 보는 것으로 판정한다.

005　　　정답 ③

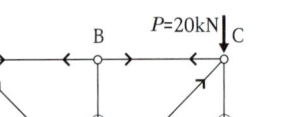
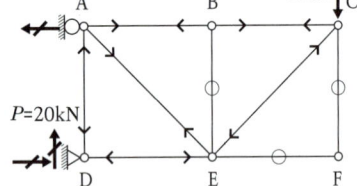

At F ;
F_{FC}가 있다면 F점에서 $\sum F_y$를 만족시킬 수 없으므로 F_{FC}는 '0'이다.
F_{FE}가 있다면 F점에서 $\sum F_x$를 만족시킬 수 없으므로 F_{FE}는 '0'이다.

At B ;
부재 BA, BC가 직선 부재이므로 F_{BE}가 있다면 힘 평형을 만족시킬 수 없으므로 F_{BE}는 '0'이다.

∴ 총 3개의 영부재가 존재한다.

006　　　정답 ④

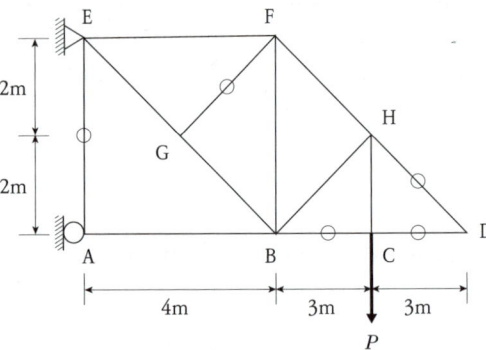

At D ;
F_{DH}가 있다면 D점에서 $\sum F_y$를 만족시킬 수 없으므로 F_{DH}는 '0'이다.
F_{DH}가 '0'이므로 F_{CD}가 있다면 D점에서 $\sum F_x$를 만족시킬 수 없으므로 F_{CD}는 '0'이다.

At C ;
F_{CD}가 '0'이므로 F_{BC}가 있다면 C점에서 $\sum F_x$를 만족시킬 수 없으므로 F_{BC}는 '0'이다.

At G ;
부재 EG, BG가 직선 부재이므로 F_{FG}가 있다면 힘 평형을 만족시킬 수 없으므로 F_{FG}는 '0'이다.

At A ;
A점은 롤러 지점으로 x축 방향에 대한 반력밖에 없다. 따라서 F_{AE}가 존재한다면 힘 평형을 만족시킬 수 없으므로 F_{AE}는 '0'이다.

> **꼭 알아두자!**
> 문제에서 물어보지 않았으나 절점법을 이용하여 부재력을 계산해 보자.
> At entire
> ↺ $+\sum M_E = 0$;
> $(R_A \times 4m) - (P \times 7m) = 0$
> → $R_A = \dfrac{7}{4}P$

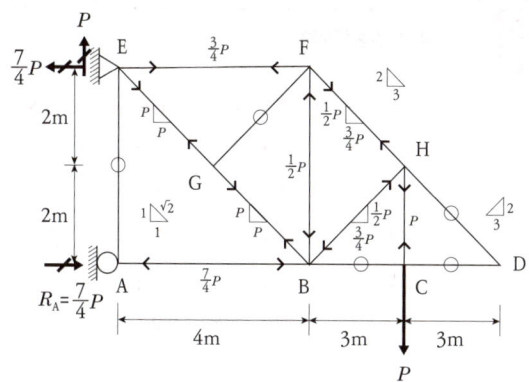

008

정답 ④

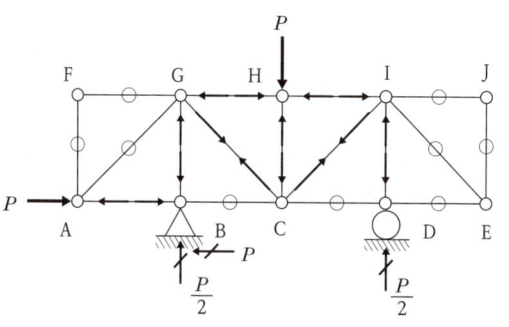

007

정답 ③

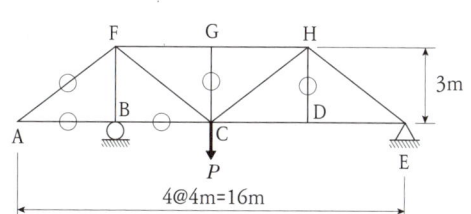

꼭 알아두자!

문제에서 물어보지 않았으나 부재력을 계산해 보자.

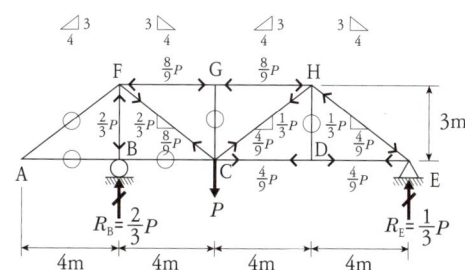

$\circlearrowleft + \sum M_E = 0$;

$(R_B \times 12m) - (P \times 8m) = 0$

$\rightarrow R_B = \dfrac{2}{3}P$

009

정답 ③

출제자의 의도는 다음과 같다.

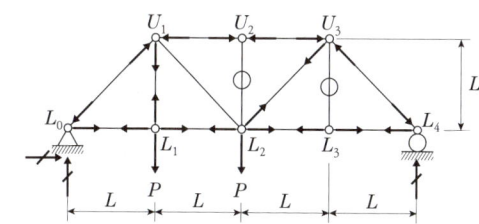

$\therefore$ ③ 2개 : $U_2 L_2$, $U_3 L_3$

꼭 알아두자!

문제에서 물어보지 않았으나 부재력을 계산해 보자.

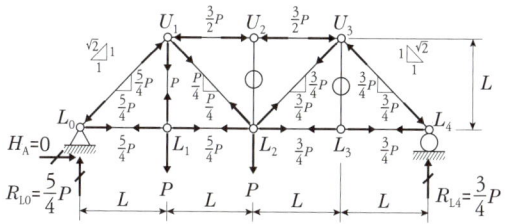

$\circlearrowleft + \sum M_{L4} = 0$;

$(R_{L0} \times 4L) - (P \times 3L) - (P \times 2L) = 0$

$\rightarrow R_{L0} = \dfrac{5}{4}P$

$\uparrow + \sum F_y = 0$;

$\dfrac{5}{4}P - P - P + R_{L4} = 0$

$\rightarrow R_{L4} = \dfrac{3}{4}P$

010

출제자의 의도는 다음과 같다.

정답 ②

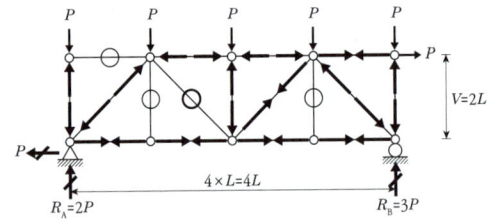

∴ ② 3개

> **꼭 알아두자!**
> 트러스 부재의 길이에 따라 추가적으로 영부재가 발생할 수 있다. 그러나 특수한 상황은 영부재를 고려할 때 답으로 채택되지 않는다.

If $V = 2L$;

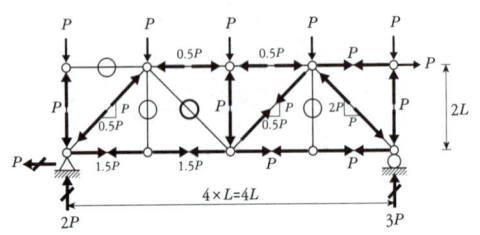

$\circlearrowleft + \sum M_B = 0$;
$(R_A \times 4L) - (P \times 4L) - (P \times 3L) - (P \times 2L) - (P \times L) + (P \times 2L) = 0$
→ $R_A = 2P$

$\uparrow + \sum F_y = 0$;
$2P - 5P + R_B = 0$
→ $R_B = 3P$

∴ ③ 4개

CHAPTER 14-2 트러스 부재력

문제편 199p~212p

001 ②	002 ④	003 ④	004 ④	005 ①
006 ①	007 ④	008 ②	009 ③	010 ①
011 ④	012 ①	013 ④	014 ①	015 ③
016 ①	017 ①	018 ④	019 ③	020 ④
021 ①	022 ④	023 ②	024 ②	025 ①
026 ③	027 ④	028 ④	029 ②	030 ①
031 ④	032 ④	033 ④	034 ④	035 ④

001

정답 ②

①, ③ 보, 라멘(N, V, M)
②, ④ 기둥, 트러스, 스프링, 아치 (N : 인장력, 압축력)

> **꼭 알아두자!**
> 아치의 경우에는 특별한 경우에 축력만 부담하게 되는데 '포물선 3활절아치'의 경우에 한정하여 축력만 부담하게 된다.

002

정답 ④

트러스의 특징을 암기해야 한다.
① 각 부재는 직선이며 그 방향으로 축력만 받는다.
②, ③ 각 부재의 중심축은 절점에서 만나며 하중은 절점에만 작용한다.

003

정답 ④

①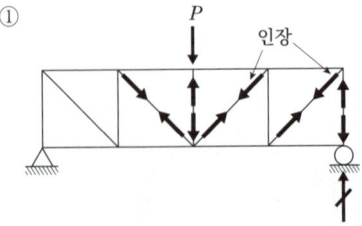

②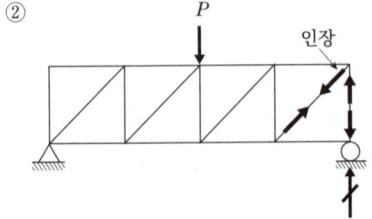

③

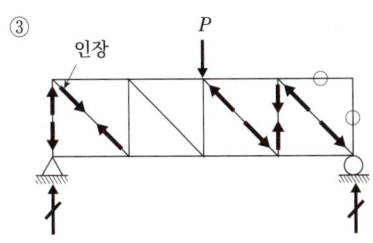

④

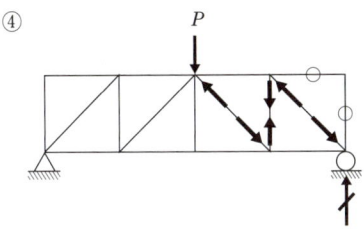

> **꼭 알아두자!**
> 해당구조는 불안정 구조로 사실상 문제 오류이며 따라서 모든 부재력을 계산할 수 없다. 그러나 이러한 오류는 이의제기를 해도 받아들여지지 않는다. 'Chapter 18 정정·부정정'을 학습한 후 아래와 같이 부정정 차수를 계산해 보자.
> $b=6, r=3, n=0, j=5$
> $b+r+n-2j=6+3+0-2(5)=-1$
>
> 또한 E점에서 y축 힘평형이 만족하지 않는다는 것으로 확인할 수 있다.

004   정답 ④

(1) 절점법

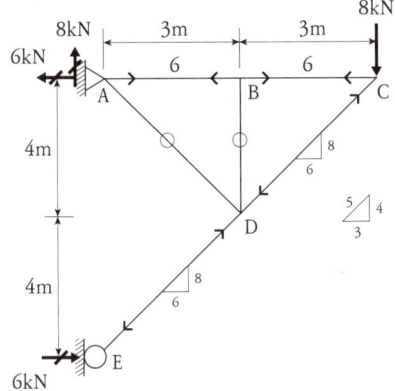

$\therefore F_{AB}=6\text{kN}$ (인장)

(2) 단면법

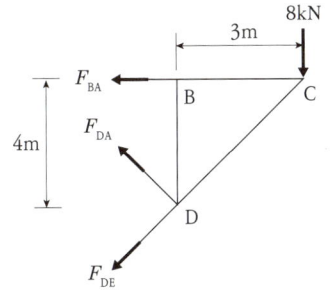

At 자유물체도
$\circlearrowleft +\sum M_D=0\ ;$
$(F_{BA}\times 4\text{m})-(8\text{kN}\times 3\text{m})=0$

$\therefore F_{BA}=6\text{kN}$ (인장)

005   정답 ①

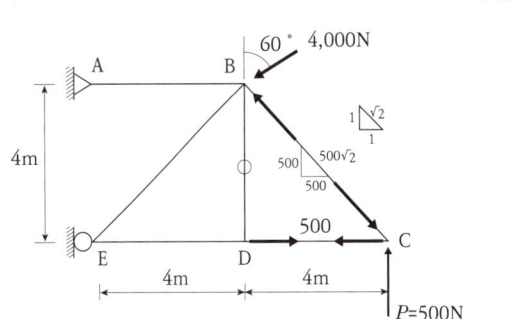

> **꼭 알아두자!**
> 해당구조는 불안정 구조로 사실상 문제 오류이며 따라서 모든 부재력을 계산할 수 없다. 그러나 이러한 오류는 이의제기를 해도 받아들여지지 않는다. 'Chapter 18 정정·부정정'을 학습한 후 아래와 같이 부정정 차수를 계산해 보자.
> $b=6, r=3, n=0, j=5$
> $b+r+n-2j=6+3+0-2(5)=-1$

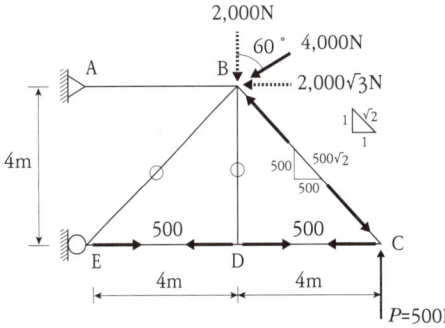

> 또한 B점에서 y축 힘평형이 만족하지 않는다는 것으로 확인할 수 있다.

006 정답 ①

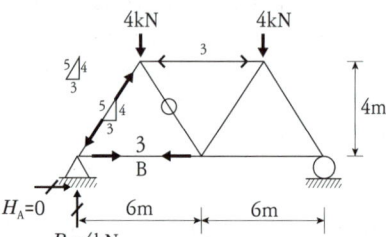

At entire
$R_A = \dfrac{4\text{kN} + 4\text{kN}}{2} = 4\text{kN}$ (∵ 대칭)

007 정답 ④

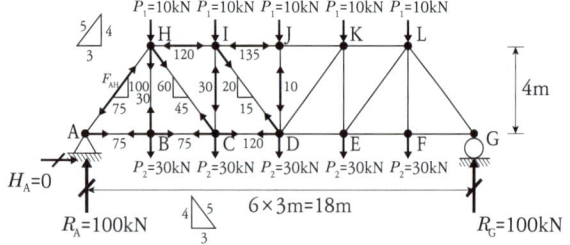

At entire
$R_A = \dfrac{5P_1 + 5P_2}{2} = 100\text{kN}$ (∵ 대칭)

At A
$F_{AH} = 100\text{kN} \times \dfrac{5}{4} = 125\text{kN}$ (압축)

008 정답 ②

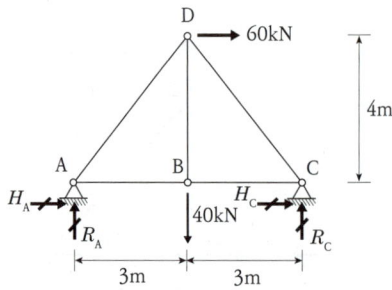

$\circlearrowleft + \sum M_C = 0$;
$(R_A \times 6\text{m}) + (60\text{kN} \times 4\text{m}) - (40\text{kN} \times 3\text{m}) = 0$
→ $R_A = -20\text{kN}$

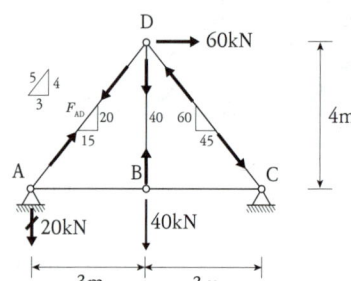

∴ $F_{AD} = 20\text{kN} \times \dfrac{5}{4} = 25\text{kN}$ (인장)

꼭 알아두자!

해당 구조는 부정정 구조로 수험생들이 모든 부재의 부재력(F_{AB}, F_{BC})을 계산할 수 없다. 별도의 해석 방법이 필요하며 무시해도 좋다.
$b = 5$, $r = 4$, $n = 0$, $j = 4$
$b + r + n - 2j = 5 + 4 + 0 - 2(4) = 1$차부정정구조

009 정답 ③

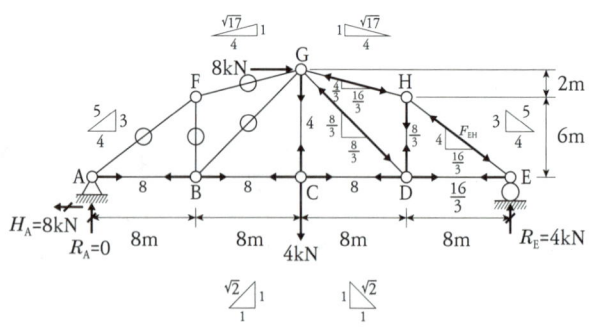

At entire
$\circlearrowleft + \sum M_A = 0$;
$(R_E \times 32\text{m}) - (4\text{kN} \times 16\text{m}) - (8\text{kN} \times 8\text{m}) = 0$
→ $R_E = 4\text{kN}$

∴ $F_{EH} = 4\text{kN} \times \dfrac{5}{3} = \dfrac{20}{3}$ (압축)

010

정답 ①

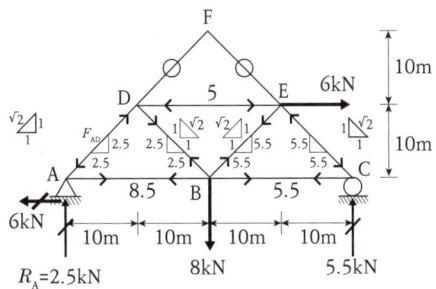

$\circlearrowleft + \sum M_C = 0$;
$(R_A \times 40m) - (8kN \times 20m) + (6kN \times 10m) = 0$
$\rightarrow R_A = 2.5kN$

$\therefore F_{AD} = 2.5 \times \sqrt{2} kN = \frac{5}{2}\sqrt{2} kN$ (압축)

011

정답 ④

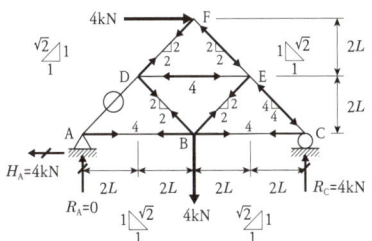

$\circlearrowleft + \sum M_C = 0$;
$(R_A \times 8L) + (4kN \times 4L) - (4kN \times 4L) = 0$
$\rightarrow R_A = 0$

$\rightarrow + \sum F_x = 0$
$-H_A + 4kN = 0$
$\rightarrow H_A = 4kN$

$\therefore$ ④ $F_{AB} = 4kN$ (인장)

자주하는 질문

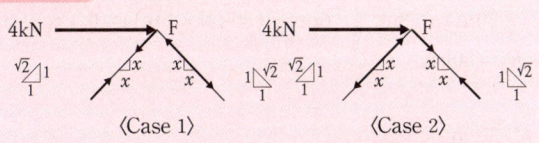

⟨Case 1⟩   ⟨Case 2⟩

Q F점에서 반대 방향(Case 2)으로 수직방향 힘 평형을 유지하면 안 되나요?

A 안됩니다. ⟨Case 2⟩도 F점에서 y축 평형은 만족합니다. 그러나 모든 힘이 오른쪽으로 작용하기 때문에 x축 평형을 만족하지 못합니다. 따라서 ⟨Case 1⟩만 가능합니다.

012

정답 ①

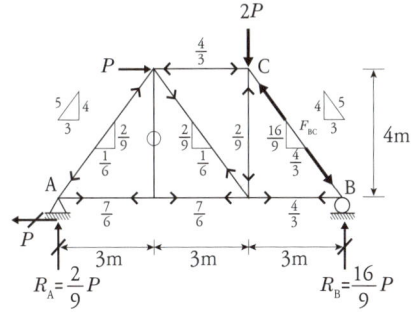

$\circlearrowleft + \sum M_B = 0$;
$(R_A \times 9m) + (P \times 4m) - (2P \times 3m) = 0$
$\rightarrow R_A = \frac{2}{9}P$

$\uparrow + \sum F_y = 0$;
$\frac{2}{9}P + R_B - 2P = 0$
$\rightarrow R_B = \frac{16}{9}P$

$\therefore F_{BC} = \frac{16}{9} \times \frac{5}{4} = \frac{20}{9} kN$ (압축)

013

정답 ④

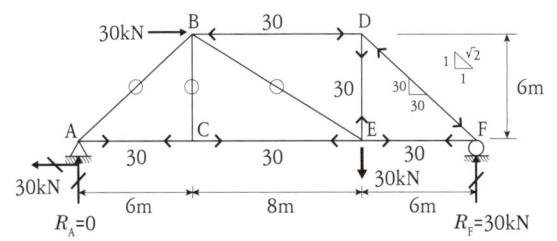

$\circlearrowleft + \sum M_A = 0$;
$(R_F \times 20m) - (30kN \times 6m) - (30kN \times 14m) = 0$
→ $R_F = 30kN$

∴ $F_{BD} = 30kN$ (압축)

014 정답 ①

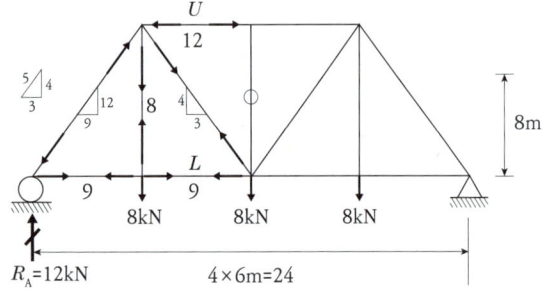

At entire
$R_A = \dfrac{8kN \times 3}{2} = 12kN$ (∵ 대칭)

015 정답 ③

(1) 절점법

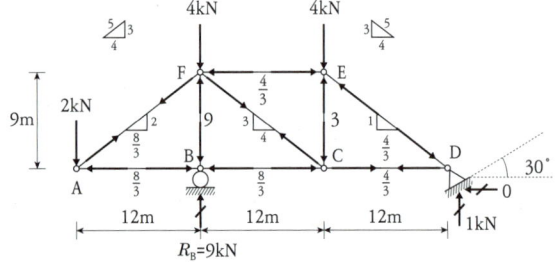

At entire
$\circlearrowleft + \sum M_D = 0$;
$(R_B \times 24m) - (2kN \times 36m) - (4kN \times 24m)$
$\qquad - (4kN \times 12m) = 0$
→ $R_B = 9kN$

(2) 단면법

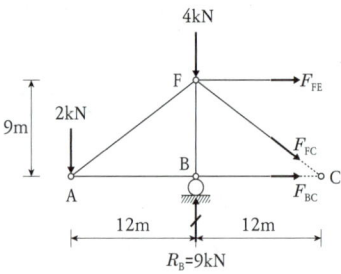

At 자유물체도
$\circlearrowleft + \sum M_C = 0$;
$(F_{FE} \times 9m) - (2kN \times 24m) - (4kN \times 12m)$
$\qquad + (9kN \times 12m) = 0$

∴ $F_{FE} = -\dfrac{4}{3}kN$ (압축)

016 정답 ①

문제를 풀기 위해서는 두 트러스의 다양한 부재력이 필요하므로 절점법을 이용해서 모든 부재력을 표현하고 시작하면 좋다. 단, 두 트러스 모두 좌우 대칭이므로 반만 구한다.

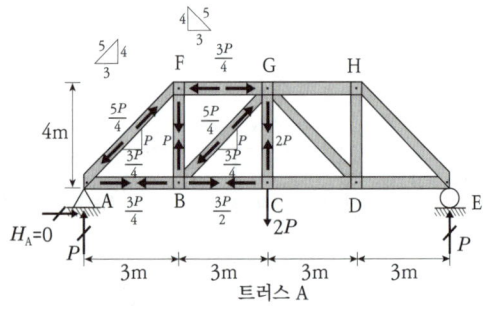

트러스 A

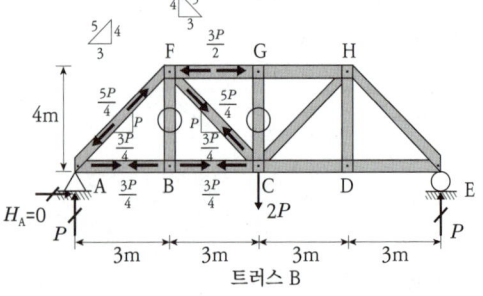

트러스 B

① 트러스의 A의 부재 FG 부재력 $= -\dfrac{3}{4}P$

트러스의 B의 부재 FG 부재력 $= -\dfrac{3}{2}P$

∴ 옳은 보기이다.

② 트러스의 A의 부재 AF 부재력 $= -\dfrac{5}{4}P$

트러스의 B의 부재 AF 부재력 $= -\dfrac{5}{4}P$

∴ 틀린 보기이다.

③ 트러스의 A의 부재 FB 부재력 $= P$

트러스의 B의 부재 FB 부재력 $= \,'0'$

∴ 틀린 보기이다.

④ 트러스의 A의 부재 BG 부재력 $= -\dfrac{5}{4}P$(압축)

트러스의 B의 부재 FC 부재력 $= \dfrac{5}{4}P$(인장)

∴ 틀린 보기이다.

017 정답 ①

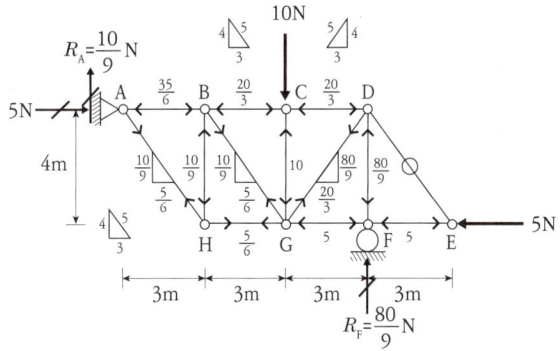

$\circlearrowleft + \sum M_A = 0$;

$(R_C \times 10\text{m}) - (20\text{kN} \times 5\text{m}) = 0$

→ $R_C = 10\text{kN}$

∴ $F_{AB} = 10\text{kN}$ (인장)

018 정답 ④

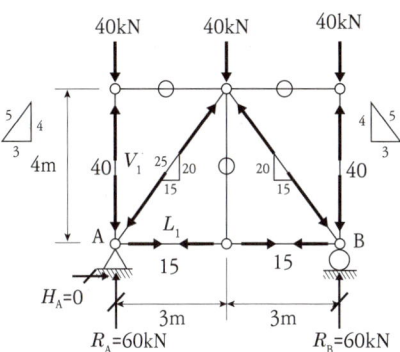

At entire

$R_A = R_B = \dfrac{40\text{kN} + 40\text{kN} + 40\text{kN}}{2} = 60\text{kN}$ (∵ 대칭)

꼭 알아두자!

'Chapter 18 정정·부정정'을 학습한 후 아래와 같이 부정정 차수를 계산해 보자.
$b=9,\ r=3,\ n=0,\ j=6$
$b+r+n-2j = 9+3+0-2(6) = 0$

019 정답 ③

꼭 알아두자!

절점법으로 모든 부재력을 계산할 수 있으나 숫자가 깔끔하지 못하다. 수험생들은 크게 신경쓰지 않아도 좋다.

At entire

$\circlearrowleft + \sum M_A = 0$;

$(R_F \times 9\text{m}) - (10N \times 6\text{m}) - (5N \times 4\text{m}) = 0$

→ $R_F = \dfrac{80}{9}N$

020

정답 ④

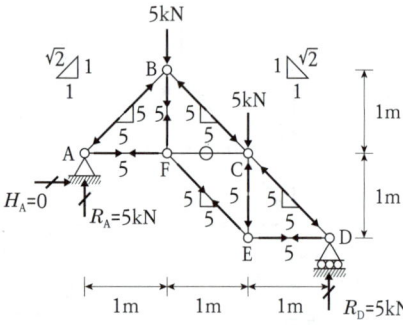

$\circlearrowleft + \sum M_D = 0$;
$(R_A \times 3m) - (5kN \times 2m) - (5kN \times 1m) = 0$
→ $R_A = 5kN$

∴ $F_{BC} = 5\sqrt{2}kN$ (압축)

021

정답 ①

At G, F
두 개 직선부재에 한 개의 부재가 연결되어 부재 BG, DF는 '0' 부재이다.
→ $F_{BG} = 0$, $F_{DF} = 0$

At B, D
돌출된 힌지에서 힘 평형을 고려하면 AB, BC 그리고 CD, DE는 '0' 부재이다.
→ $F_{AB} = 0$, $F_{BC} = 0$, $F_{CD} = 0$, $F_{DE} = 0$

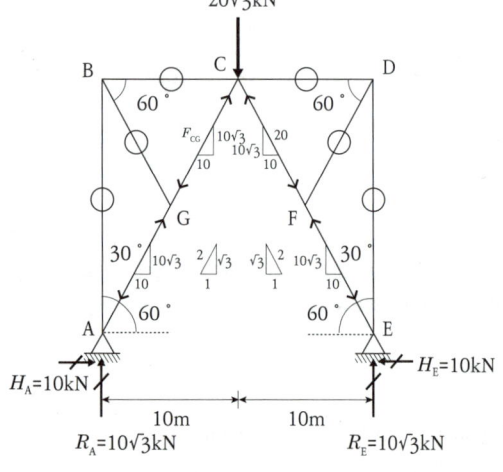

∴ $F_{CG} = 10\sqrt{3} \times \dfrac{2}{\sqrt{3}} = 20kN$ (압축)

022

정답 ③

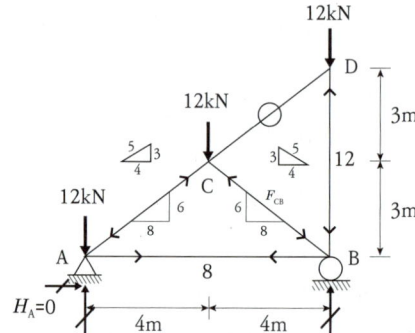

At entire
$\circlearrowleft + \sum M_A = 0$;
$(R_B \times 8m) - (12kN \times 4m) - (12kN \times 8m) = 0$
→ $R_B = 18kN$

∴ $F_{CB} = 6kN \times \dfrac{5}{3} = 10kN$ (압축)

023

정답 ②

(1) 절점법

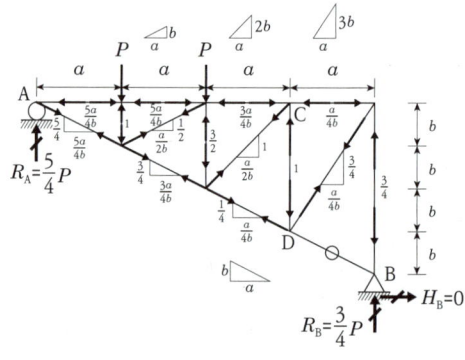

$\circlearrowleft + \sum M_B = 0$;
$(R_A \times 4a) - (P \times 3a) - (P \times 2a) = 0$
→ $R_A = \dfrac{5}{4}P$

↑ $+ \sum F_y = 0$;
$\dfrac{5}{4}P - P - P + R_B = 0$
→ $R_B = \dfrac{3}{4}P$

$\rightarrow + \sum F_x = 0$;
$H_B = 0$

(2) 단면법

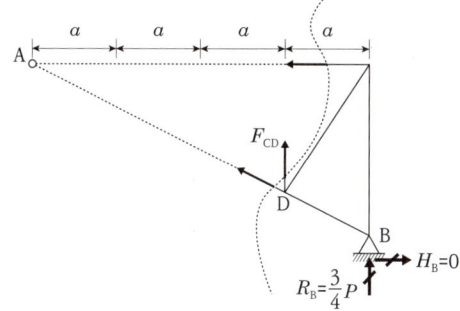

$\circlearrowleft + \sum M_A = 0$;
$(F_{CD} \times 3a) + \left(\dfrac{3}{4}P \times 4a\right) = 0$
$\therefore F_{CD} = -P$ (압축력)

024

정답 ②

F_{AB}, F_{BC}는 B점에서 $\rightarrow + \sum F_x = 0$을 만족해야 하므로 수평 분력을 동일하게 '$x$'로 가정하고 절점법을 이용하여 트러스의 분력을 모두 표시한다.

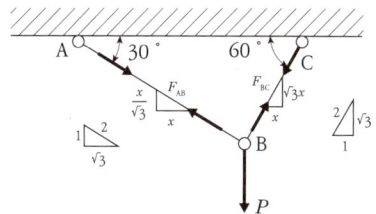

$F_{BC} = 2x = 100\text{kN} \rightarrow x = 50\text{kN}$

At B ;
$\uparrow + \sum F_y = 0$;
$\dfrac{x}{\sqrt{3}} + \sqrt{3}x - P = 0$ ($\sqrt{3} \approx 1.7$)
$P = \dfrac{50}{1.7} + 1.7 \times 50 \approx 114.1\text{kN} \approx 115.5\text{kN}$

025

정답 ①

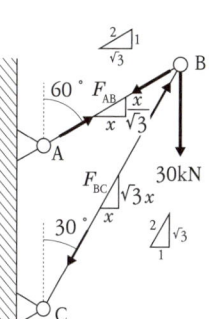

At B
$\rightarrow + \sum F_x = 0$을 만족해야 하므로
'F_{AB}의 수평반력 = F_{BC}의 수평반력 = x'로 가정한다.

$\uparrow + \sum F_y = 0$;
$-\dfrac{x}{\sqrt{3}} + \sqrt{3}x - 30 = 0$
$\rightarrow x = 15\sqrt{3}$

$\therefore F_{AB} = \dfrac{2}{\sqrt{3}}x = \dfrac{2}{\sqrt{3}}(15\sqrt{3}) = 30\text{kN}$ (인장)
$F_{BC} = 2x = 2(15\sqrt{3}) = 30\sqrt{3}$ (압축)

026

정답 ③

도르래에는 동일한 장력이 걸리므로 힘의 방향을 바꿔주는 역할을 한다. 따라서 구조는 다음과 같이 표현 가능하다.

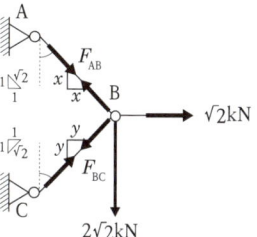

$\rightarrow + \sum F_x = 0$;
$-x - y + \sqrt{2}\text{kN} = 0$ ……①

$\uparrow + \sum F_y = 0$;
$x - y - 2\sqrt{2}\text{kN} = 0 \cdots\cdots ②$

①+② ;
$-2y - \sqrt{2} = 0$
→ $y = -\dfrac{\sqrt{2}}{2} \cdots\cdots ③$

③을 ①에 대입 ;
$-x + \dfrac{\sqrt{2}}{2} + \sqrt{2} = 0$
→ $x = \dfrac{3\sqrt{2}}{2}$

∴ $F_{AB} = \sqrt{2}x = \sqrt{2}\left(\dfrac{3\sqrt{2}}{2}\right) = 3\text{kN}$ (인장)

$F_{BC} = \sqrt{2}y = \sqrt{2}\left(-\dfrac{\sqrt{2}}{2}\right) = -1\text{kN}$ (압축)

027
정답 ①

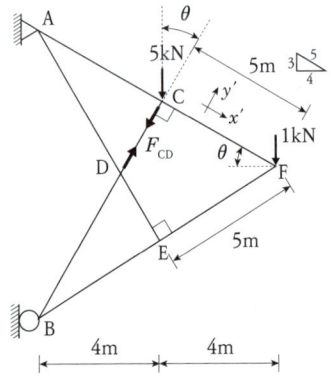

At C
$\nearrow + \sum F_{y'} = 0$;
$-F_{CD} - (5\text{kN})(\cos\theta) = 0$

∴ $F_{CD} = (-5\text{kN})\left(\dfrac{4}{5}\right) = -4\text{kN}$ (압축)

꼭 알아두자!
해당구조는 불안정 구조로 사실상 문제 오류이며 따라서 모든 부재력을 계산할 수 없다. 그러나 이러한 오류는 이의제기를 해도 받아들여지지 않는다. 'Chapter 18 정정·부정정'을 학습한 후 아래와 같이 부정정 차수를 계산해 보자.
$b = 8, r = 3, n = 0, j = 6$
$b + r + n - 2j = 8 + 3 + 0 - 2(6) = -1$

이와 별개로 F점에서 CF, FE 부재력 계산과정을 익혀두면 좋다. F점에서 수평방향 힘 평형을 만족해야 하므로 F_{CF}, F_{FE}의 방향은 반대여야 하고 수평 분력의 크기는 동일해야 하므로 이를 '$4x$'로 가정한다.

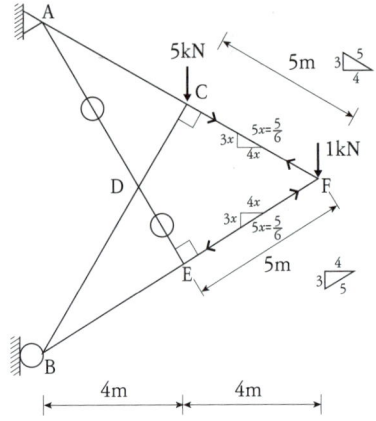

At F
$\uparrow + \sum F_y = 0$;
$3x + 3x - 1\text{kN} = 0$
→ $x = \dfrac{1}{6}\text{kN}$

∴ $F_{FC} = 5x = \dfrac{5}{6}\text{kN}$ (인장), $F_{FE} = 5x = \dfrac{5}{6}\text{kN}$ (압축)

자주하는 질문

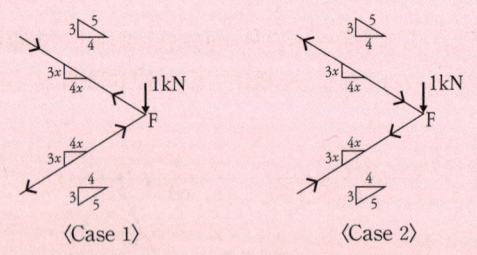

⟨Case 1⟩ ⟨Case 2⟩

Q F점에서 반대방향(Case 2)으로 수평방향 힘 평형을 유지하면 안 되나요?

A 안됩니다. ⟨Case 2⟩도 F점에서 x축 평형은 만족합니다. 그러나 모든 힘이 아래쪽으로 작용하기 때문에 y축 평형을 만족하지 못합니다. 따라서 ⟨Case 1⟩만 가능합니다.

028

정답 ④

(1) F_{CD}

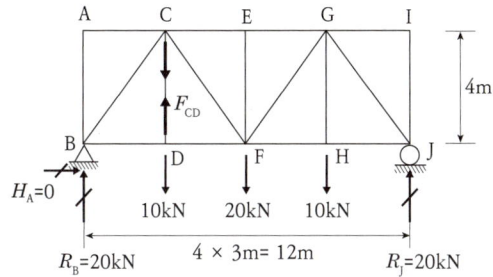

At entire

$$R_B = R_J = \frac{10kN + 20kN + 10kN}{2} = 20kN \ (\because \text{대칭})$$

At D

$\uparrow + \sum F_y = 0$;

$F_{CD} - 10kN = 0$

$\rightarrow F_{CD} = 10kN \ (\text{인장})$

(2) F_{CF}

트러스의 경사부재력 계산은 단면법을 이용하는 것이 좋다.

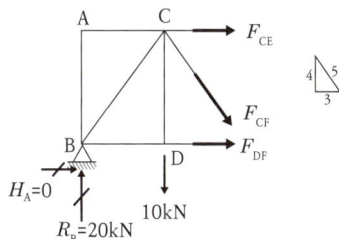

At 자유물체도

$\uparrow + \sum F_y = 0$;

$20kN - 10kN - \left(F_{CF} \times \dfrac{4}{5}\right) = 0$

$\rightarrow F_{CF} = 12.5kN \ (\text{인장})$

꼭알아두자!

문제에서 물어보지 않았으나 절점법으로 모든 트러스 부재력을 계산해 보자. 좌우 대칭이므로 반만 계산한다.

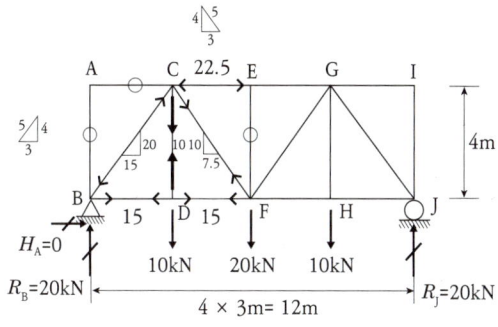

029

정답 ②

트러스의 경사부재력 계산은 단면법을 이용하는 것이 좋다.

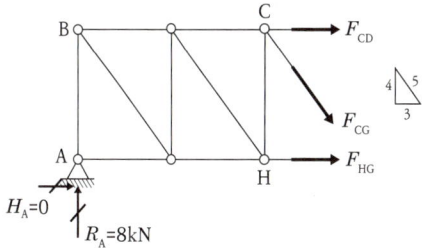

At entire

$\circlearrowleft + \sum M_F = 0$;

$(R_A \times 15m) - (20kN \times 6m) = 0$

$\rightarrow R_A = 8kN$

At 자유물체도

$\uparrow + \sum F_y = 0$;

$8kN - \left(F_{CG} \times \dfrac{4}{5}\right) = 0$

$\therefore F_{CG} = 10kN \ (\text{인장})$

꼭 알아두자!

문제에서 물어보지 않았으나 절점법을 이용하여 전체 부재력을 계산해 보자.

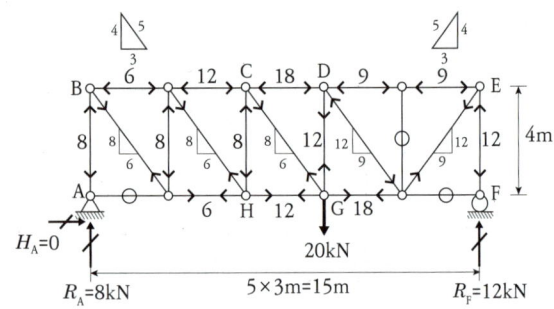

---

030 정답 ①

(1) 절점법

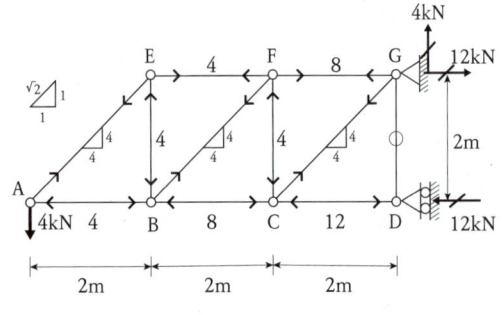

∴ $F_{BC} = -8\text{kN}$ (압축)

(2) 단면법

아래 그림과 같이 적당한 단면으로 자른다. F점에서 모멘트 평형 방정식을 잡을 경우 F_{EF}, F_{BF}는 F점을 지나므로 모멘트 팔길이가 '0'이 되어 무시할 수 있다.

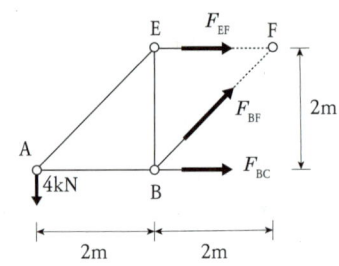

$\circlearrowleft + \sum M_F = 0$;

$(F_{BC} \times 2\text{m}) + (4\text{kN} \times 4\text{m}) = 0$

∴ $F_{BC} = -8\text{kN}$ (압축)

---

031 정답 ④

트러스의 경사부재력 계산은 단면법을 이용하는 것이 좋다.

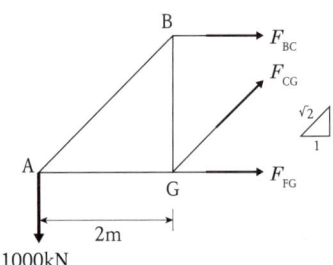

$\uparrow + \sum F_y = 0$;

$\left(F_{CG} \times \dfrac{1}{\sqrt{2}}\right) - 1000\text{kN} = 0$

∴ $F_{CG} = 1000\sqrt{2}\,\text{kN}$ (인장)

꼭 알아두자!

문제에서 물어보지 않았으나 절점법을 이용하여 전체 부재력을 계산해 보자.

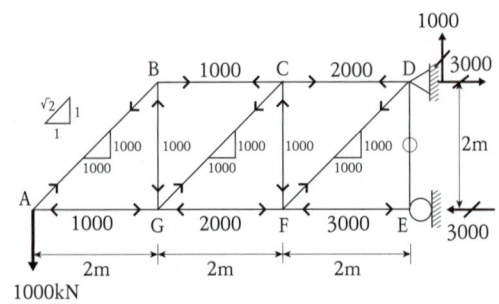

032

정답 ④

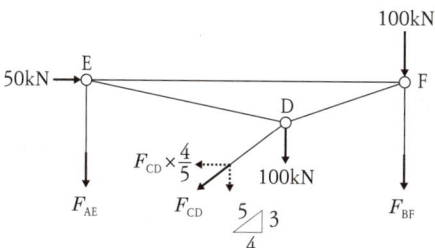

At 자유물체도

$\rightarrow + \sum F_x = 0$;

$50\text{kN} - \left(F_{CD} \times \dfrac{4}{5}\right) = 0$

$\therefore F_{CD} = 62.5\text{kN}$ (인장)

033

정답 ④

(1) 절점법

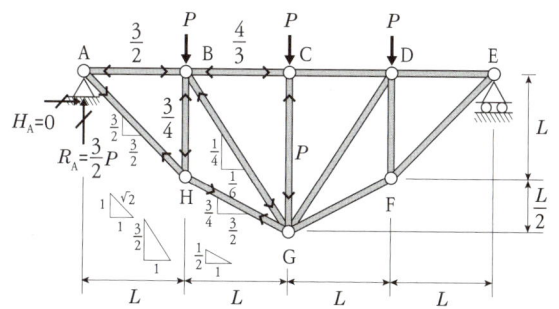

At entire

$R_A = R_E = \dfrac{P+P+P}{2} = \dfrac{3}{2}P$ (∵ 대칭)

$\therefore F_{BC} = -\dfrac{4}{3}P$ (압축)

(2) 단면법

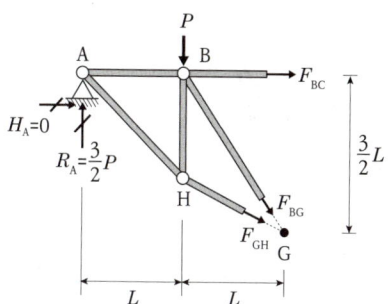

At 자유물체도

$\circlearrowleft + \sum M_G = 0$;

$\left(F_{BC} \times \dfrac{3}{2}L\right) + \left(\dfrac{3}{2}P \times 2L\right) - (P \times L) = 0$

$\therefore F_{BC} = -\dfrac{4}{3}P$ (압축)

034

정답 ④

(1) 절점법

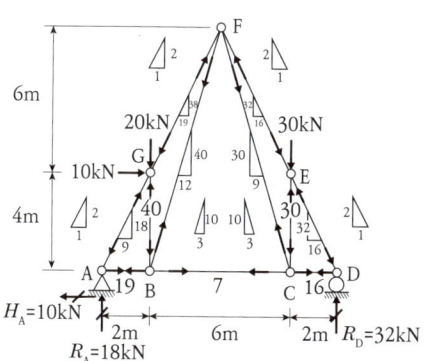

At entire

$\circlearrowleft + \sum M_A = 0$;

$(R_D \times 10\text{m}) - (10\text{kN} \times 4\text{m}) - (20\text{kN} \times 2\text{m})$

$\qquad\qquad\qquad\qquad\qquad - (30\text{kN} \times 8\text{m}) = 0$

$\rightarrow R_D = 32\text{kN}$

$\therefore F_{BC} = 7\text{kN}$ (인장)

(2) 단면법

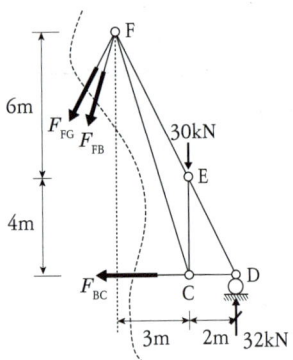

At 자유물체도

$\circlearrowleft + \sum M_F = 0$;

$(F_{BC} \times 10\text{m}) + (30\text{kN} \times 3\text{m}) - (32\text{kN} \times 5\text{m}) = 0$

$\therefore F_{BC} = 7\text{kN}(인장)$

035 정답 ④

(1) 절점법

I점에서 수직 방향 힘 평형을 만족해야 하므로 F_{IF}, F_{IH}의 방향은 반대여야 하고 수직 분력의 크기는 동일해야 하므로 이를 'x'로 가정한다.

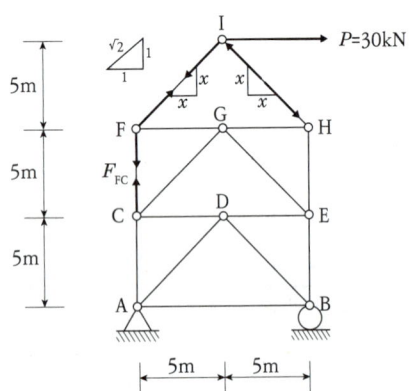

At I

$\rightarrow + \sum F_x = 0$;

$30\text{kN} - x - x = 0$

$\Rightarrow x = 15\text{kN}$

At F

$\uparrow + \sum F_y = 0$;

$x - F_{FC} = 0$

$\therefore F_{FC} = x = 15\text{kN}$ (인장)

자주하는 질문

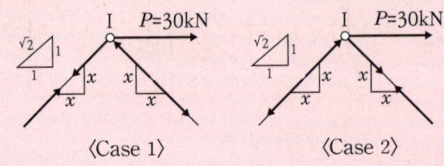

⟨Case 1⟩   ⟨Case 2⟩

Q I점에서 반대 방향(Case 2)으로 수직 방향 힘 평형을 유지하면 안 되나요?

A 안됩니다. ⟨Case 2⟩도 I점에서 y축 평형은 만족합니다. 그러나 모든 힘이 오른쪽으로 작용하기 때문에 x축 평형을 만족하지 못합니다. 따라서 ⟨Case 1⟩만 가능합니다.

(2) 단면법

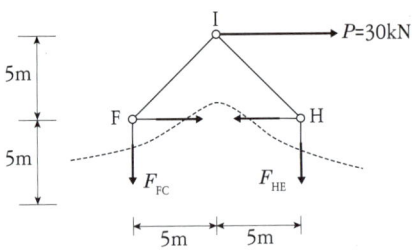

$\circlearrowleft + \sum M_H = 0$;

$(F_{FC} \times 10\text{m}) - (30\text{kN} \times 5\text{m}) = 0$

$\therefore F_{FC} = 15\text{kN}$ (인장)

꼭 알아두자!

문제에서 물어보지 않았으나 절점법을 이용하여 모든 부재력을 계산해 보자.

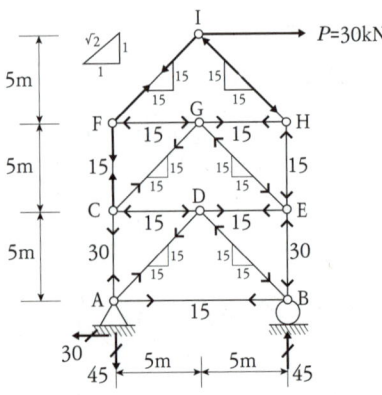

CHAPTER 15 강성

001 ②	002 ④	003 ①	004 ④	005 ④
006 ④	007 ④	008 ②	009 ④	010 ③
011 ②	012 ②	013 ②	014 ②	015 ①
016 ③	017 ④	018 ③	019 ②	020 ①

001 정답 ②

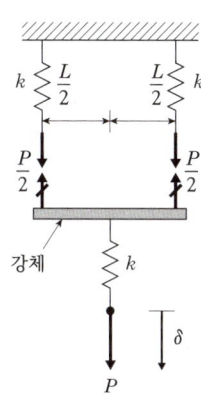

상부 스프링 변형 : $\delta_1 = \dfrac{\left(\dfrac{P}{2}\right)}{k} = \dfrac{P}{2k}$

하부 스프링 변형 : $\delta_2 = \dfrac{P}{k}$

$\delta = \delta_1 + \delta_2 = \dfrac{P}{2k} + \dfrac{P}{k} = \dfrac{3P}{2k}$

002 정답 ④

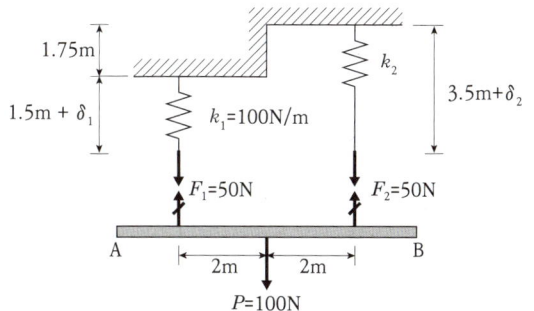

$1.75\text{m} + 1.5\text{m} + \delta_1 = 3.5\text{m} + \delta_2$ (∵ 수평유지)

→ $\delta_1 = 0.25\text{m} + \delta_2$ …… ①

$F_1 = F_2 = \dfrac{P}{2} = 50\text{N}$ (∵ 대칭)

$F = K\delta \rightarrow \delta = \dfrac{F}{K}$

$\delta_1 = \dfrac{F_1}{K_1}, \delta_2 = \dfrac{F_2}{K_2}$ …… ②

②를 ①에 대입 ;

$\dfrac{F_1}{K_1} = 0.25\text{m} + \dfrac{F_2}{K_2}$

→ $\dfrac{50\text{N}}{100\text{N/m}} = 0.25\text{m} + \dfrac{50\text{N}}{K_2}$

→ $K_2 = \dfrac{50\text{N}}{0.25\text{m}} = 200\text{N/m}$

003 정답 ①

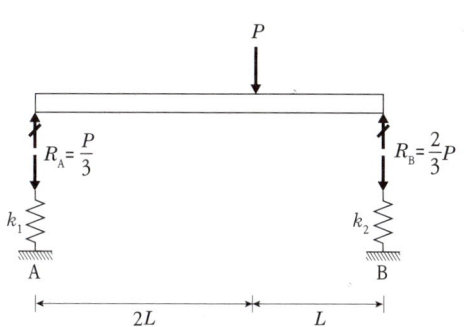

$\circlearrowleft + \sum M_A = 0$;
$(R_B \times 3L) - (P \times 2L) = 0$
→ $R_B = \dfrac{2}{3}P$

$\uparrow + \sum F_y = 0$;
$R_A - P + \dfrac{2}{3}P = 0 \rightarrow R_A = \dfrac{P}{3}$

$\delta_A = \delta_B$; (∵ 강체가 수평을 유지)

$\dfrac{R_A}{k_1} = \dfrac{R_B}{k_2}$

→ $\dfrac{\left(\dfrac{P}{3}\right)}{k_1} = \dfrac{\left(\dfrac{2P}{3}\right)}{k_2}$

∴ $\dfrac{k_1}{k_2} = \dfrac{1}{2}$

004

정답 ④

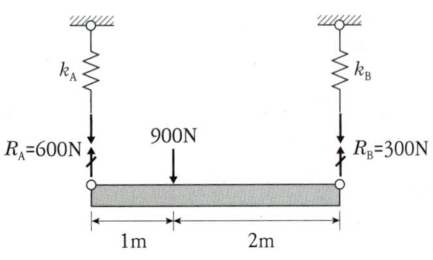

$\circlearrowleft + \sum M_A = 0$;
$(R_B \times 3m) - (900N \times 1m) = 0$
→ $R_B = 300N$

$\uparrow + \sum F_y = 0$;
$R_A - 900N + 300N = 0$
→ $R_A = 600N$

$\delta_A = \delta_B$; (∵ 강체가 수평을 유지)
$\dfrac{R_A}{k_A} = \dfrac{R_B}{k_B}$
→ $\dfrac{600N}{5kN/m} = \dfrac{300N}{k_B}$

∴ $k_B = 300N \times \dfrac{5kN/m}{600N} = \dfrac{5}{2} kN/m$

005

정답 ④

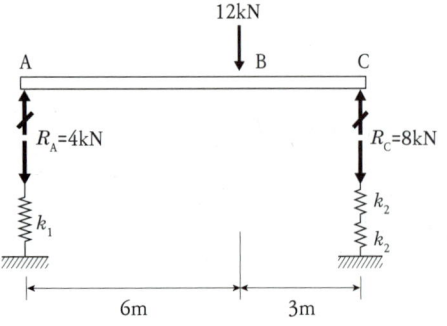

$\circlearrowleft + \sum M_A = 0$;
$(R_C \times 9m) - (12kN \times 6m) = 0$
→ $R_C = 8kN$

$\uparrow + \sum F_y = 0$;
$R_A - 12kN + 8kN = 0$
→ $R_A = 4kN$

$\delta_A = \delta_C$; (∵ 수평 유지)
$\dfrac{R_A}{k_1} = \dfrac{R_C}{k_2} + \dfrac{R_C}{k_2}$
→ $\dfrac{4kN}{100kN/m} = 2\left(\dfrac{8kN}{k_2}\right)$

∴ $k_2 = 400kN/m$

> **자주하는 질문**
>
>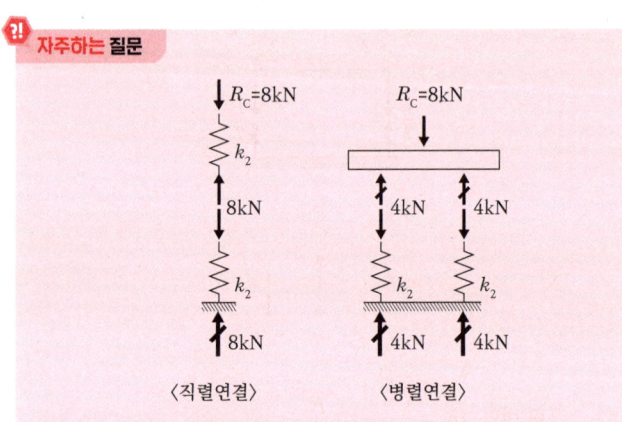
>
> ⟨직렬연결⟩   ⟨병렬연결⟩
>
> **Q** $R_C = 8kN$을 C점 스프링 2개가 나눠서 부담하는 것 아닌가요?
>
> **A** 아닙니다. 두 스프링 모두 $R_C = 8kN$을 부담합니다. 자유물체도를 그려보면 쉽게 이해할 수 있습니다. 이를 직렬연결이라 합니다. 나눠서 부담하려면 스프링이 병렬연결 되어야 합니다.

006

정답 ④

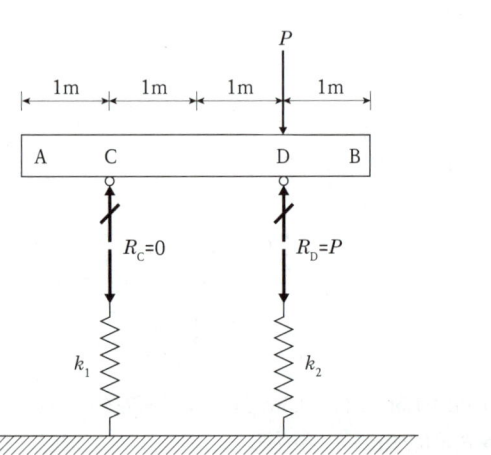

$\circlearrowleft + \sum M_C = 0$;
$(R_D \times 2\text{m}) - (P \times 2\text{m}) = 0$
$\rightarrow R_D = P$

$\uparrow + \sum F_y = 0$
$R_C + P - P = 0$
$\rightarrow R_C = 0$

$\delta_C = \dfrac{R_C}{K_1} = \dfrac{0}{K_1} = 0$

$\delta_D = \dfrac{R_D}{K_2} = \dfrac{1\text{kN}}{1\text{kN/m}} = 1\text{m}$

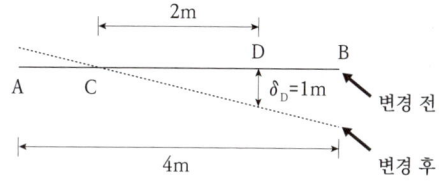

AB는 강체로 변형 후에 직선을 유지한다. AB 전 구간에서 기울기가 일정한데 CD의 2m에서 $\delta_D = 1$m이므로 AB의 4m에서 $\delta_{AB} = 2$m이다.

007

정답 ④

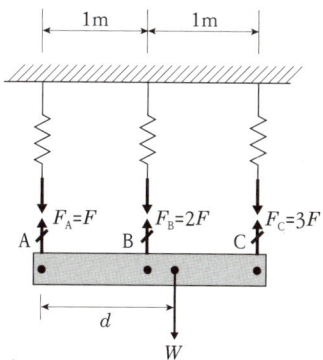

$F = K\delta$;
$F_A = K\delta = F$, $F_B = K(2\delta) = 2F$, $F_C = K(3\delta) = 3F$

$\uparrow + \sum F_y = 0$;
$F + 2F + 3F - W = 0$
$\rightarrow F = \dfrac{W}{6}$

$\circlearrowleft + \sum M_A = 0$;
$(W \times d) - (2F \times 1\text{m}) - (3F \times 2\text{m}) = 0$
$\rightarrow (W \times d) - \left(2 \times \dfrac{W}{6} \times 1\text{m}\right) - \left(3 \times \dfrac{W}{6} \times 2\text{m}\right) = 0$

$\therefore d = \dfrac{4}{3}\text{m}$

008

정답 ②

(1) 힘평형 방정식을 이용하는 방법

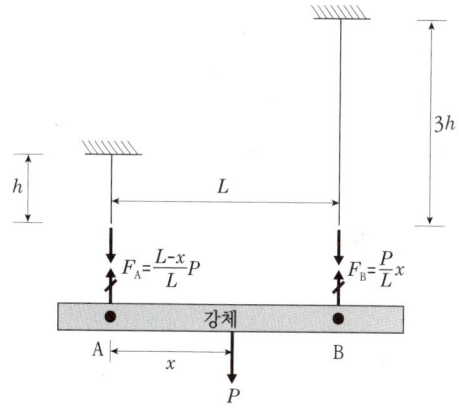

At AB
$\circlearrowleft + \sum M_A = 0$;
$(F_B \times L) - (P \times x) = 0$
$\rightarrow F_B = \dfrac{x}{L}P$

$\uparrow + \sum F_y = 0$;
$F_A - P + \dfrac{x}{L}P = 0$
$\rightarrow F_A = P - \dfrac{x}{L}P = \dfrac{L}{L}P - \dfrac{x}{L}P = \dfrac{L-x}{L}P$

$\delta_A = \dfrac{F_A L_A}{EA} = \dfrac{\left(\dfrac{L-x}{L}P\right)(h)}{EA}$

$\delta_B = \dfrac{F_B L_B}{EA} = \dfrac{\left(\dfrac{x}{L}P\right)(3h)}{EA}$

$\delta_A = \delta_B$; (∵ 수평유지)

$$\frac{\left(\frac{L-x}{L}P\right)(h)}{EA} = \frac{\left(\frac{x}{L}P\right)(3h)}{EA}$$

➡ $L-x = 3x$

∴ $x = \frac{L}{4}$

(2) 강성을 이용하는 방법

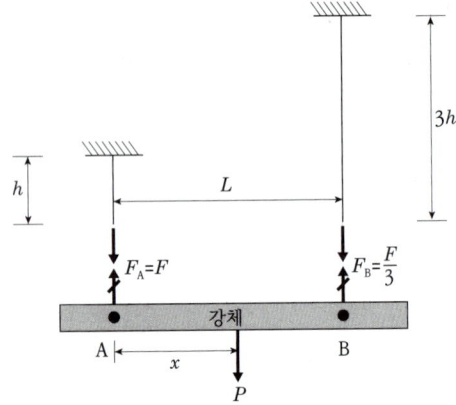

$F = K\delta$;

$F_A = K_A \times \delta = \frac{EA}{h}\delta = F$

$F_B = K_B \times \delta = \frac{EA}{3h}\delta = \frac{F}{3}$

↑ $+\sum F_y = 0$;

$F_A + F_B - P = 0$

➡ $F + \frac{F}{3} - P = 0$

➡ $F = \frac{3}{4}P$

↻ $+\sum M_A = 0$;

$(P \times x) - \left(\frac{F}{3} \times L\right) = 0$

➡ $(P \times x) - \left(\frac{1}{3} \times \frac{3}{4}P \times L\right) = 0$

∴ $x = \frac{L}{4}$

009   정답 ④

(1) 힘평형 방정식을 이용하는 방법

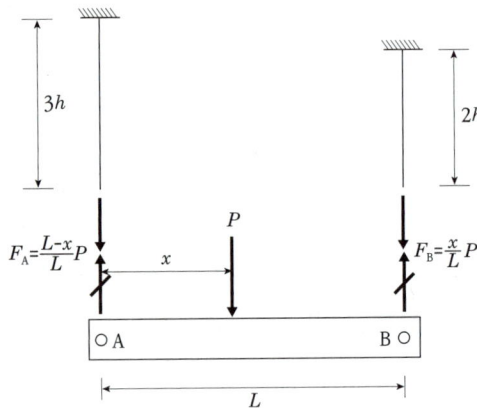

At AB

↻ $+\sum M_A = 0$;

$(F_B \times L) - (P \times x) = 0$

➡ $F_B = \frac{x}{L}P$

↑ $+\sum F_y = 0$;

$F_A - P + \frac{x}{L}P = 0$

➡ $F_A = P - \frac{x}{L}P = \frac{L}{L}P - \frac{x}{L}P = \frac{L-x}{L}P$

$\delta_A = \frac{F_A L_A}{EA} = \frac{\left(\frac{L-x}{L}P\right)(3h)}{EA}$

$\delta_B = \frac{F_B L_B}{EA} = \frac{\left(\frac{x}{L}P\right)(2h)}{EA}$

$\delta_A = \delta_B$; (∵ 수평유지)

$$\frac{\left(\frac{L-x}{L}P\right)(3h)}{EA} = \frac{\left(\frac{x}{L}P\right)(2h)}{EA}$$

➡ $3(L-x) = 2x$

∴ $x = \frac{3}{5}L$

(2) 강성을 이용하는 방법

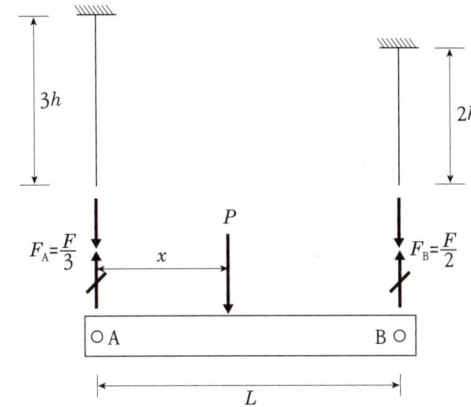

$F = K\delta$;

$F_A = K_A \delta = \dfrac{EA}{3h}\delta = \dfrac{F}{3}$

$F_B = K_B \delta = \dfrac{EA}{2h}\delta = \dfrac{F}{2}$

$\uparrow + \sum F_y = 0$;

$\dfrac{F}{3} + \dfrac{F}{2} - P = 0$

→ $F = \dfrac{6}{5}P$

$\circlearrowleft + \sum M_A = 0$;

$(P \times x) - \left(\dfrac{F}{2} \times L\right) = 0$

→ $(P \times x) - \left(\dfrac{1}{2} \times \dfrac{6}{5}P \times L\right) = 0$

∴ $x = \dfrac{3}{5}L$

010 정답 ③

(1) 힘평형 방정식을 이용하는 방법

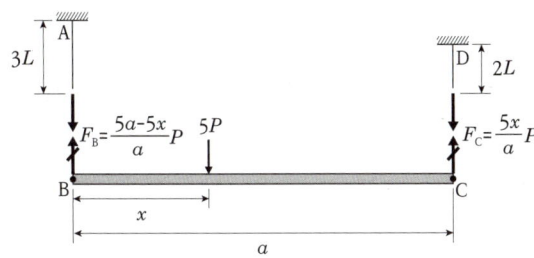

At AB

$\circlearrowleft + \sum M_B = 0$;

$(F_C \times a) - (5P \times x) = 0$

→ $F_C = \dfrac{5x}{a}P$

$\uparrow + \sum F_y = 0$;

$F_B - 5P + \dfrac{5x}{a}P = 0$

→ $F_B = 5P - \dfrac{5x}{a}P = \dfrac{5a}{a}P - \dfrac{5x}{a}P = \dfrac{5a-5x}{a}P$

$\delta_B = \dfrac{F_B L_B}{EA} = \dfrac{\left(\dfrac{5a-5x}{a}P\right)(3L)}{EA}$

$\delta_C = \dfrac{F_C L_C}{EA} = \dfrac{\left(\dfrac{5x}{a}P\right)(2L)}{EA}$

$\delta_B = \delta_C$; (∵ 수평유지)

$\dfrac{\left(\dfrac{5a-5x}{a}P\right)(3L)}{EA} = \dfrac{\left(\dfrac{5x}{a}P\right)(2L)}{EA}$

→ $3(5a - 5x) = 2(5x)$

∴ $x = \dfrac{3}{5}a$

(2) 강성을 이용하는 방법

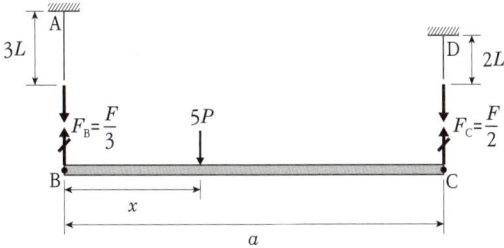

$F=k\delta$;

$F_B = k_B \times \delta = \dfrac{EA}{3L} \times \delta = \dfrac{F}{3}$

$F_C = k_C \times \delta = \dfrac{EA}{2L} \times \delta = \dfrac{F}{2}$

$\uparrow + \sum F_y = 0$;

$\dfrac{F}{3} - 5P + \dfrac{F}{2} = 0$

→ $F = 6P$

$\circlearrowleft + \sum M_B = 0$;

$(5P \times x) - \left(\dfrac{F}{2} \times a\right) = 0$

→ $(5P \times x) - \left(\dfrac{1}{2} \times 6P \times a\right) = 0$

∴ $x = 0.6a$

011　　정답 ②

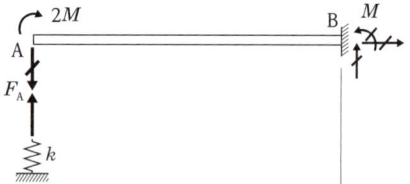

$F = K\delta$;

$F_A = K \times \dfrac{L}{100}$

$\circlearrowleft + \sum M_B = 0$;

$(F \times L) - 2M + M = 0$

→ $\left(K \times \dfrac{L}{100}\right)(L) = M$

∴ $K = \dfrac{100M}{L^2}$

012　　정답 ②

$M_A = K_\theta \times \theta$

　　$= \dfrac{4EI}{L} \times \theta$

　　$= \dfrac{4(40000\text{N}\cdot\text{mm}^2)(0.025\text{rad})}{4\text{m}}$

　　$= 1\text{N}\cdot\text{mm}$

013　　정답 ②

$P_S = \dfrac{K_S}{K_S + K_C} P = \dfrac{\left(\dfrac{E_S A_S}{L}\right)}{\left(\dfrac{E_S A_S}{L}\right) + \left(\dfrac{E_C A_C}{L}\right)} P$

　　$= \dfrac{E_S A_S}{E_S A_S + E_C A_C} P$

∴ $\sigma_S = \dfrac{P_S}{A_S} = \dfrac{E_S}{E_S A_S + E_C A_C} P$

꼭 알아두자!

문제에서 물어보지 않았으나, P_C, σ_C, $\delta = \delta_S = \delta_C$를 구해보자.

$P_C = \dfrac{K_C}{K_S + K_C} P = \dfrac{\left(\dfrac{E_C A_C}{L}\right)}{\left(\dfrac{E_C A_C}{L}\right) + \left(\dfrac{E_S A_S}{L}\right)} P$

　　$= \dfrac{E_C A_C}{E_C A_C + E_S A_S} P$

$\sigma_C = \dfrac{P_C}{A_C} = \dfrac{E_C}{E_C A_C + E_S A_S} P$

$\delta = \dfrac{P}{K_t} = \dfrac{P}{K_S + K_C} = \dfrac{P}{\left(\dfrac{E_S A_S}{L}\right) + \left(\dfrac{E_C A_C}{L}\right)} = \dfrac{PL}{E_S A_S + E_C A_C}$

$\delta_S = \dfrac{P_S L}{E_S A_S} = \left(\dfrac{E_S A_S}{E_S A_S + E_C A_C} P\right)\left(\dfrac{L}{E_S A_S}\right) = \dfrac{PL}{E_S A_S + E_C A_C}$

$\delta_C = \dfrac{P_C L}{E_C A_C} = \left(\dfrac{E_C A_C}{E_S A_S + E_C A_C} P\right)\left(\dfrac{L}{E_C A_C}\right) = \dfrac{PL}{E_S A_S + E_C A_C}$

014　　정답 ②

$P_C = \dfrac{K_C}{K_C + K_S} = \dfrac{\left(\dfrac{E_C A_C}{L}\right)}{\left(\dfrac{E_C A_C}{L}\right) + \left(\dfrac{E_S A_S}{L}\right)} P$

　　$= \dfrac{E_C A_C}{E_C A_C + E_S A_S} P$

$\sigma_C = \dfrac{P_C}{A_C} = \dfrac{E_C}{E_C A_C + E_S A_S} P = \dfrac{1}{A_C + (E_S/E_C)A_S} P$

　　$= \dfrac{1}{900\text{cm}^2 + 9(27\text{cm}^2)}(120\text{tf}) \approx 105\text{kgf}/\text{cm}^2$

동일한 과정으로 σ_S는 다음과 같다.

$P_S = \dfrac{K_S}{K_S + K_C} P = \dfrac{\left(\dfrac{E_S A_S}{L}\right)}{\left(\dfrac{E_C A_C}{L}\right) + \left(\dfrac{E_S A_S}{L}\right)} P$

　　$= \dfrac{E_S A_S}{E_C A_C + E_S A_S} P$

$$\sigma_S = \frac{P_S}{A_S} = \frac{E_S}{E_C A_C + E_S A_S} P = \frac{(E_S/E_C)}{A_C + (E_S/E_C)A_S} P$$
$$= \frac{9}{900\text{cm}^2 + 9(27\text{cm}^2)}(120\text{tf}) \approx 945\text{kgf/cm}^2$$

> **꼭 알아두자!**
> 출제자가 의도했는지 모르겠으나 보기를 보면 $\sigma_S = n\sigma_C = 9\sigma_C$에 해당하는 보기가 ②번 뿐이다. 이러한 역학적 특성을 알고 있다면 문제를 쉽게 풀 수 있다.

015 정답 ①

$$K_{(7)} : K_{(L)} : K_{(L)} = \frac{E_1 A_1}{L} : \frac{E_2 A_2}{L} : \frac{E_1 A_1}{L}$$
$$= \frac{E_1 A_1}{E_2 A_2} : 1 : \frac{E_1 A_1}{E_2 A_2}$$
$$= r : 1 : r$$

$$\therefore P_1 = P_{(7)} = \frac{K_{7}}{\sum K}P = \frac{r}{r+1+r}P = \frac{r}{2r+1}P$$

$$\therefore P_2 = P_{(L)} = \frac{K_{L}}{\sum K}P = \frac{1}{r+1+r}P = \frac{1}{2r+1}P$$

016 정답 ③

$$F = K\delta \rightarrow \delta = \frac{F}{K} \ ;$$
$$\delta = \frac{P}{\sum k} = \frac{P}{2K_v}$$
$$= \frac{P}{2\left(\frac{EA}{L}\sin^2\theta\right)} = \frac{PL}{2EA\sin^2\theta}$$
$$= \frac{(50\text{kN})(600\text{mm})}{2(250\text{GPa})(120\text{mm}^2)(\sin^2 45°)} = 1\text{mm}$$

> **계산 TIP**
>
> ◉ 정석적인 방법
> $$\delta = \frac{(50\text{kN})(600\text{mm})}{2(250\text{GPa})(120\text{mm}^2)(\sin^2 45°)}$$
> $$= \frac{(5 \times 10\text{kN})(6 \times 10^2\text{mm})}{2(25 \times 10)(12 \times 10)\text{kN} \times \left(\frac{\sqrt{2}}{2}\right)^2}$$
> $$= \frac{5 \times 6}{2 \times 25 \times 12 \times \frac{1}{2}} \times 10\text{mm} = 1\text{mm}$$
>
> ◉ 앞자리 뽑기
> $$\delta : \frac{5 \times 6}{2 \times 25 \times 12 \times \left(\frac{\sqrt{2}}{2}\right)^2} = \frac{1}{10} \rightarrow \delta = 1\text{mm}$$

017 정답 ④

$$F = K\delta \ ;$$
$$P = \left(2 \times \frac{EA}{L}\sin^2\theta\right) \times 1 = \left(2 \times \frac{EA}{L}\sin^2 45\right)$$
$$= \left(2 \times \frac{EA}{L} \times \left(\frac{\sqrt{2}}{2}\right)^2\right) = \frac{EA}{L}$$

018 정답 ③

$$\delta_k = \frac{P}{\sum K} = \frac{P}{2K_v + K_K}$$
$$= \frac{P}{2\left(\frac{EA}{L}\sin^2\theta\right) + k} = \frac{P}{2k\sin^2\theta + k}$$
$$= \frac{P}{k(2\sin^2\theta + 1)}$$

019 정답 ②

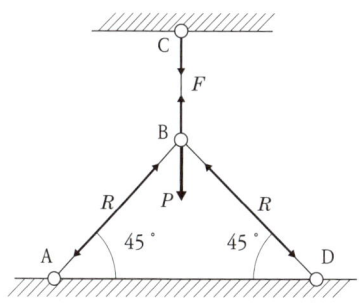

$$K_{BC} : K_{BA-v} : K_{BD-v}$$
$$= \frac{EA}{L} : \frac{EA}{L}\sin^2\theta : \frac{EA}{L}\sin^2\theta = 1 : \frac{1}{2} : \frac{1}{2}$$

$$\therefore F = \frac{K_{BC}}{\sum K}P = \frac{1}{1 + \frac{1}{2} + \frac{1}{2}}P = \frac{1}{2}P \text{ (인장)}$$

> **꼭 알아두자!**
> 강성의 비를 이용하여 부재력을 계산할 경우 부재력의 부호를 판정할 수 없다. 변형형상을 고려하여 인장, 압축을 판정해야 한다. 외력에 의해 B 점이 하향이동하므로 BC 부재는 인장력을 받을 것이다.

020

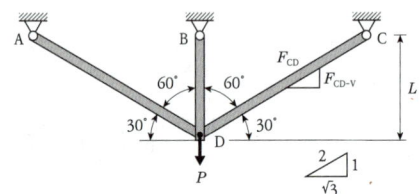

$K_{BD} : K_{AD-V} : K_{CD-V}$
$= \dfrac{EA}{L} : \dfrac{EA}{2L}\sin^2 30° : \dfrac{EA}{2L}\sin^2 30° = 1 : \dfrac{1}{8} : \dfrac{1}{8}$

$F_{BD} = \dfrac{K_{BD}}{\sum K}P = \dfrac{1}{1+\dfrac{1}{8}+\dfrac{1}{8}}P = \dfrac{4}{5}P$

$F_{CD-V} = \dfrac{K_{CD-V}}{\sum K}P = \dfrac{\dfrac{1}{8}}{1+\dfrac{1}{8}+\dfrac{1}{8}}P = \dfrac{1}{10}P$

$F_{CD} = 2 \times F_{CD-V} = \dfrac{1}{5}P$

$\therefore \dfrac{F_{BD}}{F_{CD}} = \dfrac{\left(\dfrac{4}{5}P\right)}{\left(\dfrac{1}{5}P\right)} = 4$

CHAPTER 16 강체를 포함한 구조

001 ③　002 ③　003 ③　004 ③

001   정답 ③

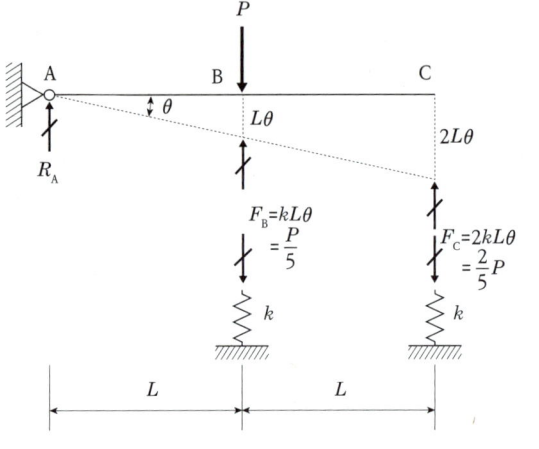

$F = K\delta$;
$F_B = k(L\theta) = kL\theta,\ F_C = k(2L\theta) = 2kL\theta$

$\circlearrowleft + \sum M_A = 0$;
$(kL\theta \times L) + (2kL\theta \times 2L) - (P \times L) = 0$
$\rightarrow kL\theta = \dfrac{P}{5}$

$\uparrow + \sum F_y = 0$;
$R_A - P + \dfrac{P}{5} + \dfrac{2}{5}P = 0$

$\therefore R_A = \dfrac{2}{5}P\ (\uparrow)$

> **꼭 알아두자!**
> 강체는 변형되지 않으므로 변형 후에도 직선을 유지한다.

002

정답 ③

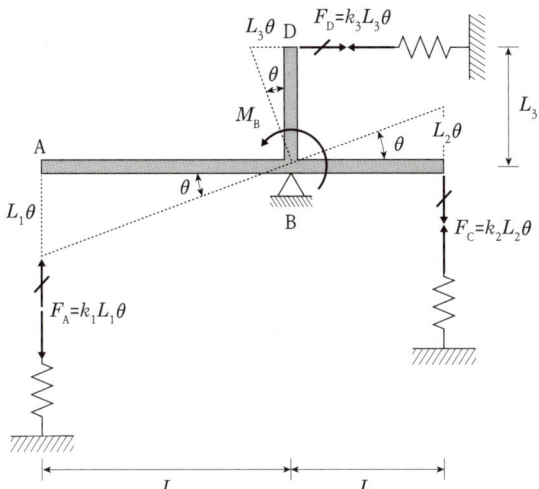

$F = K\delta$;
$F_A = k_1(L_1\theta) = k_1 L_1 \theta$, $F_C = k_2(L_2\theta) = k_2 L_2 \theta$, $F_D = k_3(L_3\theta) = k_3 L_3 \theta$

$\circlearrowleft + \sum M_B = 0$;
$(k_1 L_1 \theta \times L_1) + (k_2 L_2 \theta \times L_2) + (k_3 L_3 \theta \times L_3) - M_B = 0$
→ $k_1 L_1^2 \theta + k_2 L_2^2 \theta + k_3 L_3^2 \theta - M_B = 0$
→ $\theta = \dfrac{M_B}{k_1 L_1^2 + k_2 L_2^2 + k_3 L_3^2}$
$= \dfrac{30\text{N}\cdot\text{m}}{(5\text{kN/m})(2\text{m})^2 + (5\text{kN/m})(1\text{m})^2 + (5\text{kN/m})(1\text{m})^2}$
$= 0.001\text{rad}$

∴ $\delta_A = L_1 \theta = (2\text{m})(0.001\text{rad}) = 2\text{mm}$

003

정답 ③

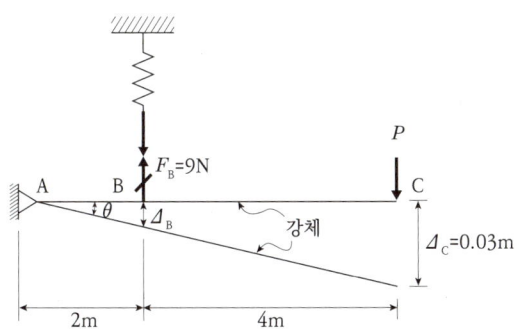

$\Delta_B : \Delta_C = 2\text{m} \times \theta : 6\text{m} \times \theta = 2\text{m} : 6\text{m} = 0.01\text{m} : 0.03\text{m}$

$F = K\delta$;
$F_B = k_B \Delta_B = (900\text{N/m})(0.01\text{m}) = 9\text{N}$

$\circlearrowleft + \sum M_A = 0$;
$(P \times 6\text{m}) - (9N \times 2\text{m}) = 0$

∴ $P = 3\text{N}$

004

정답 ③

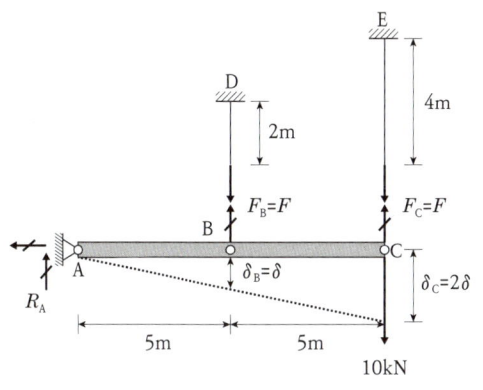

$\delta_B : \delta_C = 5\text{m} : 10\text{m} = \delta : 2\delta$

$F = K\delta$;
$F_B = \dfrac{EA}{L_B}\delta_B = \dfrac{EA}{2\text{m}}\delta = F$
$F_C = \dfrac{EA}{L_C}\delta_C = \dfrac{EA}{4\text{m}}(2\delta) = F$

$\circlearrowleft + \sum M_A = 0$;
$(F \times 5\text{m}) + (F \times 10\text{m}) - (10\text{kN} \times 10\text{m}) = 0$
→ $F = \dfrac{20}{3}\text{kN}$

$\uparrow + \sum F_y = 0$;
$R_A + \dfrac{20}{3}\text{kN} + \dfrac{20}{3}\text{kN} - 10\text{kN} = 0$

∴ $R_A = -\dfrac{10}{3}\text{kN}(\downarrow)$

CHAPTER 17 기둥

001 ③	002 ④	003 ②	004 ②	005 ④
006 ④	007 ④	008 ②	009 ①	010 ②
011 ④	012 ②	013 ④	014 ④	015 ①
016 ②	017 ③	018 ③	019 ③	020 ①
021 ②	022 ②	023 ②	024 ②	025 ③
026 ①	027 ①	028 ①	029 ③	030 ②
031 ④	032 ④

001 정답 ③

$$r = \sqrt{\frac{I_{min}}{A}} = \sqrt{\frac{1600 \text{cm}^4}{100 \text{cm}^2}} = 4\text{cm}$$

$$\therefore \lambda = \frac{L_e}{r} = \frac{4\text{m}}{4\text{cm}} = 100$$

꼭 알아두자!
문제에서 기둥의 지점 조건에 대한 별도의 언급이 없어 4m를 유효길이로 이용한다.

계산 TIP
- 정석적인 방법

$$r = \sqrt{\frac{1600 \text{cm}^4}{100 \text{cm}^2}} = \sqrt{\frac{16 \times 10^2 \text{cm}^2}{10^2}} = \sqrt{4^2 \text{cm}^2} = 4\text{cm}$$

$$\lambda = \frac{4\text{m}}{4\text{cm}} = \frac{4 \times 10^2 \text{cm}}{4\text{cm}} = 100$$

- 앞자리 뽑기
r는 중간과정이므로 앞자리 뽑기를 적용할 수 없다.

002 정답 ④

$$r = \sqrt{\frac{I_{min}}{A}} = \sqrt{\frac{\left(\frac{\pi d^4}{64}\right)}{\left(\frac{\pi d^2}{4}\right)}} = \frac{d}{4}$$

$$\therefore \lambda = \frac{L_e}{r} = \frac{L}{\left(\frac{d}{4}\right)} = \frac{4L}{d}$$

꼭 알아두자!
문제에서 기둥의 지점조건에 대한 언급이 없어 L을 유효길이로 이용한다.

003 정답 ②

$$r = \sqrt{\frac{I_{min}}{A}} = \sqrt{\frac{\left(\frac{2b \times b^3}{12}\right)}{(2b \times b)}} = \sqrt{\frac{b^2}{12}}$$

$$\lambda = \frac{L_e}{r} = \frac{L}{\sqrt{\frac{b^2}{12}}} \leq 48$$

$$\rightarrow L \leq 48\sqrt{\frac{b^2}{12}} = (8\sqrt{3})b$$

계산 TIP
$48\sqrt{\frac{b^2}{12}}$을 정리하는 것이 어려운 수험생들은 보기를 루트 형태로 만드는 방식도 가능하다.

$$48\sqrt{\frac{b^2}{12}} = \sqrt{48^2 \times \frac{b^2}{12}} = \sqrt{192}b$$

① $6\sqrt{3} = \sqrt{6^2 \times 3} = \sqrt{108}$　② $8\sqrt{3} = \sqrt{8^2 \times 3} = \sqrt{192}$
③ $10\sqrt{3} = \sqrt{10^2 \times 3} = \sqrt{300}$　④ $12\sqrt{3} = \sqrt{12^2 \times 3} = \sqrt{432}$

004 정답 ②

$$r = \sqrt{\frac{I_{min}}{A}} = \sqrt{\frac{\left(\frac{b \times b^3}{12}\right)}{(b \times b)}} = \sqrt{\frac{b^2}{12}}$$

$$\lambda = \frac{L_e}{r} = \frac{5\text{m}}{\sqrt{\frac{b^2}{12}}} = 100$$

$$\rightarrow \frac{5\text{m}}{100} = \sqrt{\frac{b^2}{12}} \rightarrow \frac{5 \times 10^2 \text{cm}}{100} = 5\text{cm} = \sqrt{\frac{b^2}{12}}$$

$$\rightarrow b^2 = 25\text{cm}^2 \times 12 = 300\text{cm}^2$$

$$\therefore b = \sqrt{300}\text{cm} = 10\sqrt{3}\text{cm}$$

계산 TIP
$\sqrt{300}$을 정리하는 것이 어려운 수험생들은 보기를 루트 형태로 만드는 방식도 가능하다.
① $5\sqrt{5} = \sqrt{5^2 \times 5} = \sqrt{125}$　② $10\sqrt{3} = \sqrt{10^2 \times 3} = \sqrt{300}$
③ $15\sqrt{5} = \sqrt{15^2 \times 5} = \sqrt{1125}$　④ $20\sqrt{3} = \sqrt{20^2 \times 3} = \sqrt{1200}$

005   정답 ④

$P_{cr} = \dfrac{\pi^2 E I_{\min}}{L_e^2}$;

① $I_{\min} \uparrow \;\Rightarrow\; P_{cr} \uparrow$

② $L_e \uparrow \;\Rightarrow\; P_{cr} \downarrow$

③ 옳은 보기이다.

④ 단면의 각의 수가 적을수록 단면 2차 모멘트가 크다. 정삼각형 단면이 원형 단면보다 각의 수가 적어 단면 2차모멘트가 크다. 따라서 동일조건에서 정삼각형 단면은 동일한 면적의 원형단면보다 임계하중이 크다.

$I_{\min} \uparrow \;\Rightarrow\; P_{cr} \uparrow$

006   정답 ④

① Euler 탄성좌굴이론은 비례한도 이내에서 성립한다. 따라서 기둥의 재료는 후크의 법칙을 따르며 균질하다.

② $k = \dfrac{1}{\rho} = \dfrac{d\theta}{dx} = \dfrac{d^2 v}{dx^2}$

③ 잔류응력이란 외력이 없을 때도 남아있는 응력을 의미한다. 초기 결함이 없다면 잔류응력은 발생하지 않는다.

④ 평면 유지의 법칙에 대한 설명이다. 수험생들은 평면 유지의 법칙이 '항상' 만족한다고 생각해도 좋다.

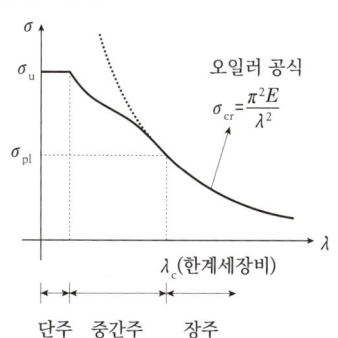

007   정답 ④

① 기둥은 세장비(λ)에 따라 단주, 중간주, 장주로 구분할 수 있다. 그림까지 암기할 필요는 없다.

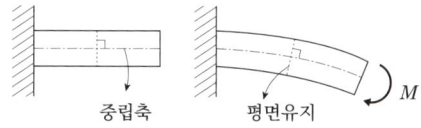

② 단면의 핵에 대한 정의이다.

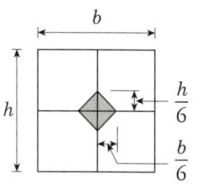 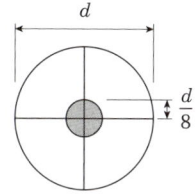

③ 기둥의 세장비(λ)는 기둥단면의 단면적(A), 단면2차모멘트(I), 그리고 기둥의 길이(L_e)로 계산된다.

$\lambda = \dfrac{L_e}{r},\; r = \sqrt{\dfrac{I_{\min}}{A}}$

④ 양단이 고정된 장주의 유효길이 계수(effective length factor)는 0.5이다.

008   정답 ②

① 단주의 경우에는 파단이 발생하나, 장주의 경우에는 좌굴파괴가 일어날 수 있다.

② 장주는 기둥의 단면 도심축 방향으로 압축력을 받아 좌굴파괴되는 기둥이다.

③ 단면의 핵에 대한 정의이다.

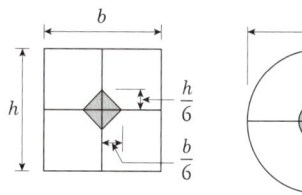

④ 양단이 고정된 장주의 유효길이 계수(effective length factor)는 0.5이다.

009   정답 ①

$P_{cr} = \dfrac{\pi^2 E I_{\min}}{L_e^2}$

$= \dfrac{(\pi^2)(210\,\text{GPa})\left(\dfrac{200 \times 100^3}{12}\,\text{mm}^4\right)}{(0.5 \times 4\,\text{m})^2}$

$= 8750\,\text{kN}$

> **계산 TIP**
>
> ● 정석적인 방법
>
> $$P_{cr} = \frac{(\pi^2)(210\text{GPa})\left(\frac{200 \times 100^3}{12}\text{mm}^4\right)}{(0.5 \times 4\text{m})^2}$$
>
> $$= \frac{(10)(21 \times 10\text{GPa})\left(\frac{2 \times 10^2 \times 10^6}{12}\text{mm}^4\right)}{(2^2 \times 10^6 \text{mm}^2)}$$
>
> $$= \frac{21 \times 2}{2^2 \times 12} \times 10^4 \text{kN} = 8750\text{kN}$$
>
> ● 앞자리 뽑기
>
> $P_{cr} : \dfrac{21 \times 2}{2^2 \times 12} = \dfrac{7}{8} \longrightarrow \dfrac{7000}{8} = 875 \longrightarrow P_{cr} = 8750\text{kN}$

010 정답 ②

① $r = \sqrt{\dfrac{I_{min}}{A}} = \sqrt{\dfrac{\left(\dfrac{\pi D^4}{64}\right)}{\left(\dfrac{\pi D^2}{4}\right)}} = \dfrac{D}{4}$

② $\lambda = \dfrac{L_e}{r} = \dfrac{(2L)}{\left(\dfrac{D}{4}\right)} = \dfrac{8L}{D}$

③, ④ $P_{cr} = \dfrac{\pi^2 EI_{min}}{L_e^2} = \dfrac{\pi^2 EI}{(2L)^2} = \dfrac{\pi^2 EI}{4L^2}$

$\sigma_{cr} = \dfrac{P_{cr}}{A} = \dfrac{\left(\dfrac{\pi^2 EI}{4L^2}\right)}{A} = \dfrac{\left(\dfrac{\pi^2 E}{4L^2}\right)\left(\dfrac{\pi D^4}{64}\right)}{\left(\dfrac{\pi D^2}{4}\right)} = \dfrac{\pi^2 ED^2}{64L^2}$

011 정답 ④

$P_{cr} = \dfrac{\pi^2 EI_{min}}{L_e^2}$;

$P_1 = \dfrac{\pi^2 EI_1}{L^2}, \ P_2 = \dfrac{\pi^2 EI_2}{(2 \times L)^2} = \dfrac{\pi^2 EI_2}{4L^2}$

$P_1 = P_2$;

$\dfrac{\pi^2 EI_1}{L^2} = \dfrac{\pi^2 EI_2}{4L^2}$

$\therefore \dfrac{I_2}{I_1} = 4$

012 정답 ④

$P_{cr} = \dfrac{\pi^2 EI_{min}}{L_e^2}$;

$P_{cr(a)} = \dfrac{\pi^2 EI}{L^2} = 10\text{kN}$

$P_{cr(b)} = \dfrac{\pi^2 EI}{\left(\dfrac{L}{2}\right)^2} = \dfrac{4\pi^2 EI}{L^2} = 4(10\text{kN}) = 40\text{kN}$

013 정답 ④

$P_{cr} = \dfrac{\pi^2 EI_{min}}{L_e^2}$;

$P_{cr(a)} = \dfrac{\pi^2 EI_{min}}{L^2} = 100\text{kN}$

$P_{cr(b)} = \dfrac{\pi^2 EI_{min}}{\left(\dfrac{L}{2}\right)^2} = \dfrac{4\pi^2 EI_{min}}{L^2} = 4(100\text{kN}) = 400\text{kN}$

014 정답 ④

$P_{cr} = \dfrac{\pi^2 EI_{min}}{L_e^2}$;

$P_{cr(가)} = \dfrac{\pi^2 EI}{(5\text{m})^2} = 160\text{kN} \longrightarrow \pi^2 EI = 5^2 \times 160\text{kN}$

$P_{cr(나)} = \dfrac{\pi^2 EI}{(0.5 \times 4m)^2} = \dfrac{\pi^2 EI}{2^2} = \dfrac{1}{2^2}(5^2 \times 160\text{kN}) = 1000\text{kN}$

015 정답 ①

$P_{cr} = \dfrac{\pi^2 EI_{min}}{L_e^2}$;

$P_{cr(a)} = \dfrac{\pi^2 EI}{L^2} = 20\text{kN}$

$P_{cr(b)} = \dfrac{\pi^2 EI}{(2 \times L)^2} = \dfrac{\pi^2 EI}{4L^2} = \dfrac{1}{4}(20\text{kN}) = 5\text{kN}$

016 정답 ②

$P_{cr} = \dfrac{\pi^2 EI_{\min}}{L_e^2}$;

$P_{cr(a)} = \dfrac{\pi^2 EI}{(5\text{m})^2} = \dfrac{\pi^2 EI}{5^2} = 360\text{kN} \longrightarrow \pi^2 EI = 5^2 \times 360\text{kN}$

$P_{cr(b)} = \dfrac{\pi^2 EI}{(2 \times 3m)^2} = \dfrac{\pi^2 EI}{6^2} = \dfrac{1}{6^2}(5^2 \times 360\text{kN}) = 250\text{kN}$

017 정답 ③

$P_{cr} = \dfrac{\pi^2 EI_{\min}}{L_e^2}$;

양단힌지 $L_e = L \longrightarrow P_{cr} = \dfrac{\pi^2 EI_{\min}}{L^2}$

① 1단 힌지, 타단 자유 ➡ 불안정 구조

② 1단 자유, 타단 고정 $L_e = 2L \longrightarrow P_{cr} = \dfrac{\pi^2 EI_{\min}}{(2L)^2} = \dfrac{\pi^2 EI_{\min}}{4L^2}$

③ 1단 힌지, 타단 고정 $L_e = \dfrac{L}{\sqrt{2}} \longrightarrow P_{cr} = \dfrac{\pi^2 EI_{\min}}{\left(\dfrac{L}{\sqrt{2}}\right)^2} = \dfrac{2\pi^2 EI_{\min}}{L^2}$

④ 양단 고정 $L_e = 0.5L \longrightarrow P_{cr} = \dfrac{\pi^2 EI_{\min}}{\left(\dfrac{L}{2}\right)^2} = \dfrac{4\pi^2 EI_{\min}}{L^2}$

018 정답 ③

$P_{cr} = \dfrac{\pi^2 EI_{\min}}{L_e^2}$;

$P_{cr(a)} = \dfrac{\pi^2 EI}{(2L_a)^2} = \dfrac{\pi^2 EI}{(2 \times 10\text{m})^2} = \dfrac{\pi^2 EI}{400\text{m}^2}$

$P_{cr(b)} = \dfrac{\pi^2 EI}{(L_b)^2} = \dfrac{\pi^2 EI}{(20\text{m})^2} = \dfrac{\pi^2 EI}{400\text{m}^2}$

$P_{cr(c)} = \dfrac{\pi^2 EI}{(0.5 L_c)^2} = \dfrac{\pi^2 EI}{(0.5 \times 20\text{m})^2} = \dfrac{\pi^2 EI}{100\text{m}^2}$

$P_{cr(d)} = \dfrac{\pi^2 EI}{\left(\dfrac{L_d}{\sqrt{2}}\right)^2} = \dfrac{\pi^2 EI}{\left(\dfrac{20\text{m}}{\sqrt{2}}\right)^2} = \dfrac{\pi^2 EI}{200\text{m}^2}$

$\therefore P_{cr(\max)} = P_{cr(c)}$

019 정답 ③

$P_{cr} = \dfrac{\pi^2 EI_{\min}}{L_e^2}$;

① $P_{cr-1} = \dfrac{\pi^2 EI_{\min}}{(2L_1)^2} = \dfrac{\pi^2 EI_{\min}}{\left(2 \times \dfrac{L}{2}\right)^2} = \dfrac{\pi^2 EI_{\min}}{L^2}$

② $P_{cr-2} = \dfrac{\pi^2 EI_{\min}}{(L_2)^2} = \dfrac{\pi^2 EI_{\min}}{(L)^2} = \dfrac{\pi^2 EI_{\min}}{L^2}$

③ $P_{cr-3} = \dfrac{\pi^2 EI_{\min}}{\left(\dfrac{L_3}{\sqrt{2}}\right)^2} = \dfrac{\pi^2 EI_{\min}}{\left(\dfrac{1}{\sqrt{2}} \times \dfrac{3}{2}L\right)^2} = \dfrac{8\pi^2 EI_{\min}}{9L^2}$

④ $P_{cr-3} = \dfrac{\pi^2 EI_{\min}}{(0.5 \times L_4)^2} = \dfrac{\pi^2 EI_{\min}}{\left(\dfrac{L}{2}\right)^2} = \dfrac{4\pi^2 EI_{\min}}{L^2}$

$\therefore P_{cr-\min} = P_{cr-3}$

020 정답 ①

$P_{cr} = \dfrac{\pi^2 EI_{\min}}{L_e^2}$;

$P_{cr-A} = \dfrac{\pi^2 EI}{(2 \times L_A)^2} = \dfrac{\pi^2 EI}{(2 \times L)^2} = \dfrac{\pi^2 EI}{4L^2}$

$P_{cr-B} = \dfrac{\pi^2 EI}{(L_B)^2} = \dfrac{\pi^2 EI}{(2L)^2} = \dfrac{\pi^2 EI}{4L^2}$

$P_{cr-C} = \dfrac{\pi^2 EI}{\left(\dfrac{L_C}{\sqrt{2}}\right)^2} = \dfrac{\pi^2 EI}{\left(\dfrac{3L}{\sqrt{2}}\right)^2} = \dfrac{\pi^2 EI}{4.5L^2}$

$\therefore P_{cr-A} = P_{cr-B} > P_{cr-C}$

021 정답 ②

$P_{cr} = \dfrac{\pi^2 EI_{\min}}{L_e^2}$;

$P_{cr,A} = \dfrac{\pi^2 EI}{(L_A)^2} = \dfrac{\pi^2 E\left(\dfrac{b^4}{12}\right)}{L^2} = \dfrac{\pi^2 Eb^4}{12L^2}$

$P_{cr,B} = \dfrac{\pi^2 EI}{(L_B)^2} = \dfrac{\pi^2 E\left(\dfrac{\left(\dfrac{b}{2}\right)^4}{12}\right)}{\left(\dfrac{L}{2}\right)^2} = \dfrac{\pi^2 Eb^4}{48L^2}$

$\therefore P_{cr,A} : P_{cr,B} = \dfrac{1}{12} : \dfrac{1}{48} = 4 : 1$

022

정답 ②

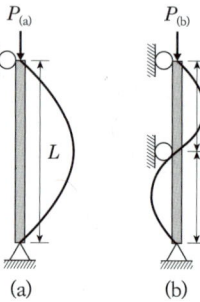
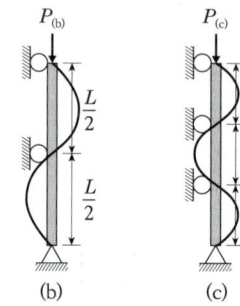

〈좌굴형상〉

$P_{cr} = \dfrac{\pi^2 E I_{min}}{L_e^2}$;

$P_{cr(a)} = \dfrac{\pi^2 EI}{(L^2)} = \dfrac{\pi^2 EI}{L^2}$

$P_{cr(b)} = \dfrac{\pi^2 EI}{\left(\dfrac{L}{2}\right)^2} = \dfrac{4\pi^2 EI}{L^2}$

$P_{cr(c)} = \dfrac{\pi^2 EI}{\left(\dfrac{L}{3}\right)^2} = \dfrac{9\pi^2 EI}{L^2}$

$\therefore P_{cr(a)} : P_{cr(b)} : P_{cr(c)} = 1 : 4 : 9$

023

정답 ②

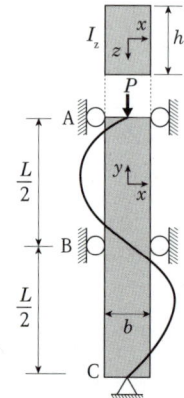
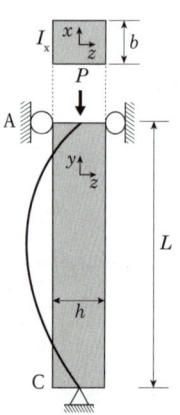

〈x-y 평면 좌굴형상〉　〈y-z 평면 좌굴형상〉

$P_{cr} = \dfrac{\pi^2 E I_{min}}{L_e^2}$;

$P_{cr-xy} = \dfrac{\pi^2 E I_z}{L_e^2} = \dfrac{\pi^2\left(\dfrac{L^2}{\pi^2}\right)\pi}{\left(\dfrac{L}{2}\right)^2} = 4\pi$

$P_{cr-yz} = \dfrac{\pi^2 E I_x}{L_e^2} = \dfrac{\pi^2\left(\dfrac{L^2}{\pi^2}\right)(20\pi)}{L^2} = 20\pi$

$\therefore P_{cr-min} = P_{cr-xy} = 4\pi$

024

정답 ②

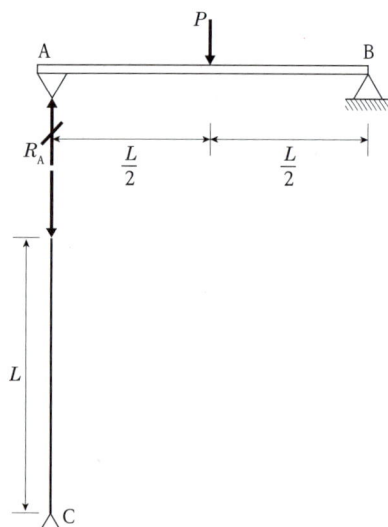

At AB

$R_A = \dfrac{P}{2}$ (∵ 대칭)

At AC

$P_{cr} = \dfrac{\pi^2 EI}{L_e^2}$;

$P_{cr-AC} = \dfrac{\pi^2 EI}{L^2}$

안전율 $= \dfrac{\text{저항력}}{\text{외력}} = \dfrac{P_{cr-AC}}{R_A} = \dfrac{\left(\dfrac{\pi^2 EI}{L^2}\right)}{\left(\dfrac{P}{2}\right)} = 2$

$\therefore P = \dfrac{\pi^2 EI}{L^2}$

025

정답 ③

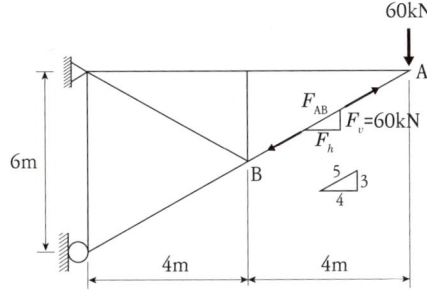

$F_{AB} = F_v \times \dfrac{5}{3} = 60\text{kN} \times \dfrac{5}{3} = 100\text{kN}$

At AB

$P_{cr} = \dfrac{\pi^2 E I_{min}}{L_e^2}$;

$P_{cr-AB} = \dfrac{\pi^2 E I}{(L_{AB})^2} \geq F_{AB}$ (∵ 탄성좌굴 방지)

→ $I \geq F_{AB} \times \dfrac{(L_{AB})^2}{\pi^2 E}$

∴ $I \geq (100\text{kN}) \times \dfrac{(5\text{m})^2}{(\pi^2)(250\text{GPa})} = \dfrac{1000}{\pi^2}\text{cm}^4$

꼭 알아두자!
트러스는 각 절점이 힌지이므로 양단 힌지 기둥으로 해석할 수 있다.

계산 TIP

● 정석적인 방법

$I \geq (100\text{kN}) \times \dfrac{(5\text{m})^2}{(\pi^2)(250\text{GPa})}$

$= (10^2\text{kN}) \times \dfrac{(5^2\text{m}^2)}{(\pi^2)(25 \times 10^6 \text{kN/m}^2)}$

$= \dfrac{5^2}{\pi^2 \times 25} \times 10^{-5}\text{m}^4 = \dfrac{5^2}{\pi^2 \times 25} \times 10^{-5} \times 10^8 \text{cm}^4$

$= \dfrac{1000}{\pi}\text{cm}^4$

● 앞자리 뽑기

$I : \dfrac{5^2}{\pi^2 \times 25} = \dfrac{1}{\pi^2}$ → $I = \dfrac{1000}{\pi^2}\text{cm}^4$

026

정답 ①

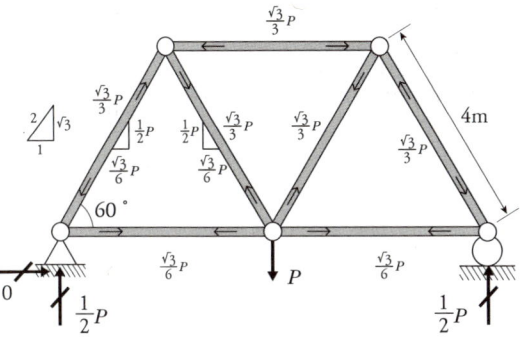

최대 인장력 = $\dfrac{\sqrt{3}}{3}P$, 최대 압축력 = $\dfrac{\sqrt{3}}{3}P$

압축 : 좌굴강도 6kN

인장, 압축 : 항복강도 100kN/m²

→ 항복하중 = 100kN/m² × 0.1m² = 10kN

최대 인장력, 최대 압축력의 크기가 같으나 압축력의 허용 강도가 더 작으므로 압축에 대해서만 고려한다.

$\dfrac{\sqrt{3}}{3} P_{max} < 6\text{kN}$

∴ $P_{max} < 6\text{kN} \times \dfrac{3}{\sqrt{3}} = 6\sqrt{3}\text{kN}$

027

정답 ①

가새골조가 보강되면 횡변위는 발생하지 않는다.

기둥 AB ;
- A점은 힌지이다.
- B점은 횡변위가 없으며 각변위는 다소 발생하므로 고정단의 강성과 힌지 강성 사이로 해석 가능하다.
- 따라서 기둥 AB는 '힌지–고정단'과 '힌지–힌지' 사이의 해석이므로 유효길이는 0.7보다 크고 1보다 작다.

기둥 CD ;
- D점은 고정단이다.
- C점은 횡변위가 없으며 각변위는 다소 발생하므로 고정단의 강성과 힌지 강성 사이로 해석 가능하다.
- 따라서 기둥 CD는 '고정단–힌지'와 '고정단–고정단' 사이의 해석이므로 유효길이는 0.5보다 크고 0.7보다 작다.

028

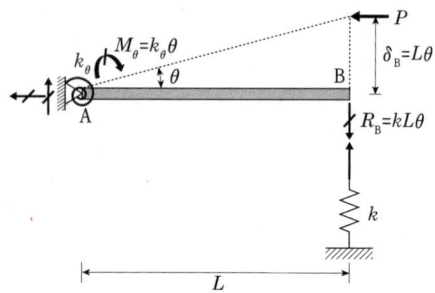

$\delta_B = L \times \theta = L\theta$
$F = K\delta$;
$R_B = (k)(L\theta) = kL\theta$
$M = K_\theta \theta$;
$M_\theta = (k_\theta)(\theta) = k_\theta \theta$

At entire
$\circlearrowleft + \sum M_A = 0$;
$(P \times L\theta) - (k_\theta \theta) - (kL\theta \times L) = 0$
$\rightarrow PL\theta - k_\theta \theta - kL^2\theta = 0$

$\therefore P_{cr} = \dfrac{k_\theta}{L} + kL$

029

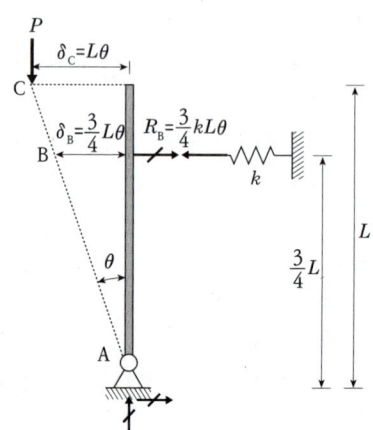

$\delta_B = \dfrac{3}{4} L \times \theta = \dfrac{3}{4} L\theta$, $\delta_C = L \times \theta = L\theta$
$F = K\delta$;
$R_B = (k)\left(\dfrac{3}{4} L\theta\right) = \dfrac{3}{4} kL\theta$

At entire
$\circlearrowleft + \sum M_A = 0$;
$(P \times L\theta) - \left(\dfrac{3}{4} kL\theta \times \dfrac{3}{4} L\right) = 0$
$\rightarrow PL\theta - \dfrac{9}{16} kL^2\theta = 0$

$\therefore P_{cr} = \dfrac{9}{16} kL$

> **꼭 알아두자!**
> 강체는 변형되지 않으므로 변형 후에도 직선을 유지한다.

030

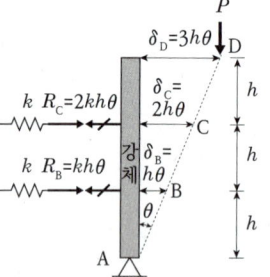

$\delta_B = h \times \theta = h\theta$, $\delta_C = 2h \times \theta = 2h\theta$, $\delta_D = 3h \times \theta = 3h\theta$
$F = K\delta$;
$R_B = (k)(h\theta) = kh\theta$, $R_C = (k)(2h\theta) = 2kh\theta$

$\circlearrowleft + \sum M_A = 0$;
$(P \times 3h\theta) - (kh\theta \times h) - (2kh\theta \times 2h) = 0$
$\rightarrow 3Ph\theta - 5kh^2\theta = 0$

$\therefore P = \dfrac{5hk}{3}$

031

정답 ④

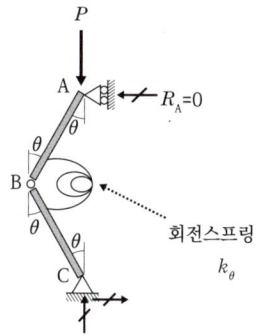

At entire
$\circlearrowleft + \sum M_C = 0$;
$(R_A \times L) = 0$
→ $R_A = 0$

At AB
$\delta_B = \dfrac{L}{2} \times \theta = \dfrac{L\theta}{2}$
$M = K_\theta \theta$;
$M_B = (k_\theta)(2\theta) = 2k_\theta \theta$

$\circlearrowleft + \sum M_B = 0$;
$\left(P \times \dfrac{L\theta}{2}\right) - (2k_\theta \theta) = 0$
∴ $P_{cr} = \dfrac{4k_\theta}{L}$

$\delta_B = a \times \theta = a\theta$
$F = K\delta$;
$R_B = (k)(a\theta) = ka\theta$

At entire
$\circlearrowleft + \sum M_A = 0$;
$(R_C)(a+b) - (ka\theta)(a) = 0$
→ $R_C = \dfrac{ka^2\theta}{a+b}$

At BC
$\circlearrowleft + \sum M_B = 0$;
$(P \times a\theta) - \left(\dfrac{ka^2\theta}{a+b} \times b\right) = 0$

∴ $P_{cr} = \dfrac{kab}{a+b}$

032

정답 ④

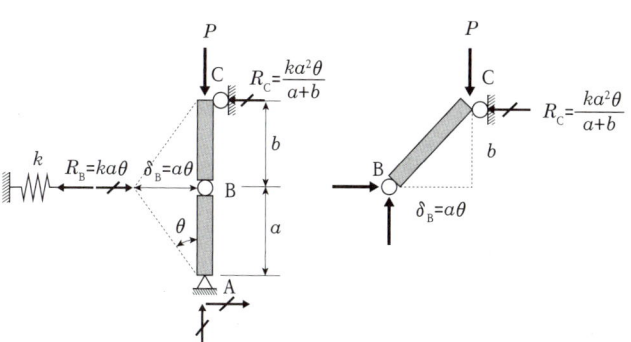

CHAPTER 18 정정·부정정

문제편 237p~264p

001 ③	002 ④	003 ③	004 ②	005 ①
006 ③	007 ①	008 ②	009 ③	010 ②
011 ④	012 ③	013 ①	014 ③	015 ③
016 ③	017 ②	018 ②	019 ②	020 ①
021 ④	022 ②	023 ②	024 ④	025 ③
026 ②	027 ④	028 ②	029 ①	030 ③
031 ④	032 ③	033 ②	034 ②	035 ②
036 ③	037 ④	038 ②	039 ②	040 ①
041 ②	042 ③	043 ②	044 ①	045 ③
046 ③	047 ①	048 ③	049 ②	050 ②
051 ②	052 ②	053 ②	054 ②	055 ①
056 ③	057 ②	058 ①	059 ②	060 ②
061 ①	062 ①	063 ④	064 ②	065 ③
066 ②	067 ②	068 ②	069 ④	070 ①
071 ③	072 ①	073 ①	074 ②	075 ②

001
정답 ③

① 2차원 평면(물체)에서 힘 평형 방정식은 총 3개이다. 외적 정정이란 힘 평형 방정식의 수와 지점 반력의 수가 같은 것을 의미한다.
②, ④ 정정구조에 지점침하, 온도 변화, 초기 균열이 발생할 경우 반력, 부재력이 발생하지 않는다. 그러나 부정정 구조에서는 반력, 부재력이 발생한다. 매우 중요한 특징으로 반드시 기억하자.
③ 외적 정정 구조의 지점 반력은 부재의 강성과 무관하다.

002
정답 ④

④ 정정구조에 지점침하, 온도 변화, 초기 균열이 발생할 경우 반력, 부재력이 발생하지 않는다. 그러나 부정정 구조에서는 반력, 부재력이 발생한다. 매우 중요한 특징으로 반드시 기억하자.

003
정답 ③

① 정정 구조란 미지력과 이용가능한 평형 방정식의 수가 같아 모든 미지력을 정할 수 있는 구조를 의미한다. 미지력이 평형 방정식 수보다 많을 경우 미지력을 정할 수 없어 부정정 구조라 한다.
②, ④ 미지력과 이용가능한 평형방정식의 수가 같음에도 불구하고 구조가 불안정한 예외 두 가지에 대한 보기이다.
③ 부재의 수(b)+반력의 수(r)−2×절점 수(j)>0일 때 부정정 구조이다. 보기에서는 $b+r<2j$라고 했으므로 틀린 보기이다.

004
정답 ②

〈기본 구조〉

2(롤러2개)−1(내부힌지)=1차 부정정

∴ 1개의 내부힌지가 추가되면 정정 구조물이 된다.

> **꼭 알아두자!**
> 보의 부정정 차수는 기본 구조를 떠올리는 것이 중요하다.

005
정답 ①

〈기본 구조〉

3(롤러3개)=3차 부정정

∴ 3개의 내부힌지가 추가되면 정정 구조물이 된다.

006
정답 ③

(가)
(나)
(다)

〈기본 구조〉

(가) : 2(롤러2개)=2차 부정정
(나) : 3(고정단)+2(힌지)−1(내부힌지)=4차 부정정
(다) : 2(롤러2개)−1(내부힌지)=1차 부정정

007
정답 ①

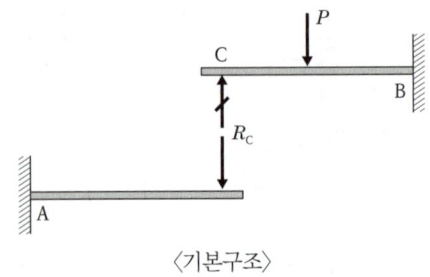

〈기본구조〉

1(롤러1개)=1차 부정정

008   정답 ②

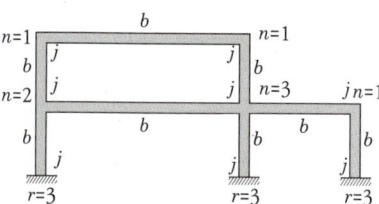
〈기본구조〉
3(고정단)−1(수평반력 무시)=2차 부정정

009   정답 ③

$b=13, r=3, n=0, j=7$
$\therefore b+r+n-2j=13+3+0-2(7)=$ 2차 부정정

010   정답 ②

• 총 부정정 차수
$b=26, r=5, n=0, j=12$
$b+r+n-2j=26+5+0-2(12)=$ 7차 부정정

• 외적 부정정 차수
$r-3=5-3=$ 2차 부정정

• 내적 부정정 차수
$7-2=$ 5차 부정정

011   정답 ④

$b=10, r=3, n=0, j=7$
$b+r+n-2j=10+3+0-2(7)=-1$ → 불안정

안정 구조물로 변환하기 위해서는 부재수(b), 반력수(r), 강절점수(n)를 증가시켜야 한다.
① b가 1개 추가되므로 안정이 된다.
② r이 1개 추가되므로 안정이 된다.
③ b가 1개 추가되므로 안정이 된다.
④ r이 1개 줄어드므로 여전히 불안정이다.

012   정답 ③

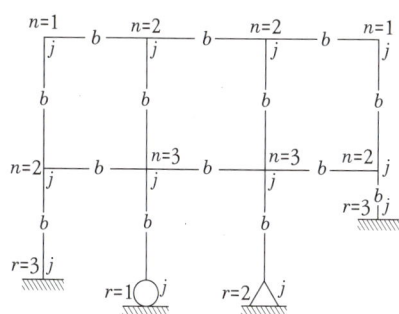
$b=8, r=9, n=8, j=8$
$\therefore b+r+n-2j=8+9+8-2(8)=$ 9차 부정정

013   정답 ①

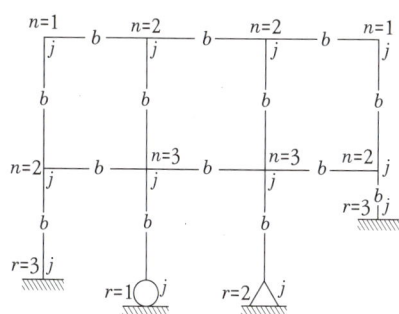
$b=14, r=9, n=16, j=12$
$\therefore b+r+n-2j=14+9+16-2(12)=$ 15차 부정정

014   정답 ③

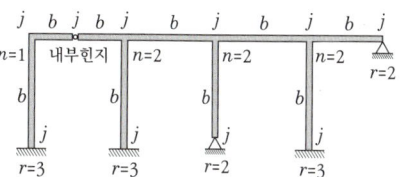
$b=9, r=13, n=7, j=10$
$\therefore b+r+n-2j=9+13+7-2(10)=$ 9차 부정정

015

정답 ③

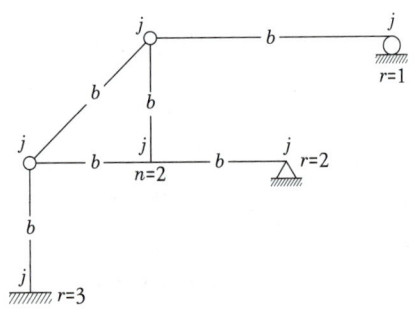

$b=6, r=6, n=2, j=6$
$\therefore b+r+n-2j=6+6+2-2(6)=2$차 부정정

016

정답 ③

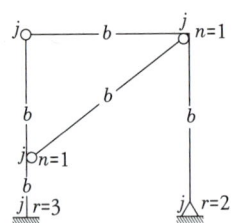

$b=5, r=5, n=2, j=5$
$\therefore b+r+n-2j=5+5+2-2(5)=2$차 부정정

017

정답 ③

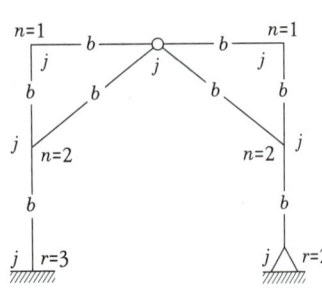

$b=8, r=5, n=6, j=7$
$\therefore b+r+n-2j=8+5+6-2(7)=5$차부정정

018

정답 ②

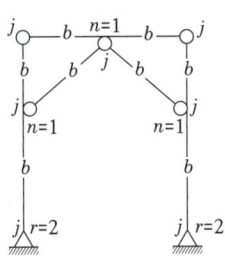

$b=8, r=4, n=3, j=7$
$b+r+n-2j=8+4+3-2(7)=1$차 부정정

불안정 예외 구조가 아니므로 안정 구조이다.
ⓐ 반력이 한 점에 모이는 경우
ⓑ 구조의 이동(움직임)이 발생하는 경우
ⓒ 자유물체도에서 힘평형을 만족하지 못하는 경우

> **꼭 알아두자!**
> '이동'이란 부재의 변형 없이 움직임이 발생하는 것을 의미한다.

019

정답 ②

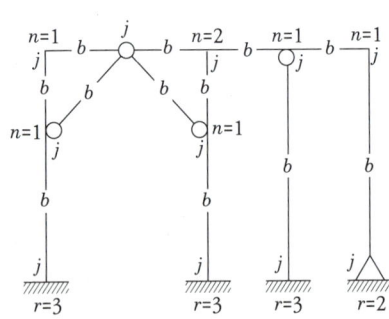

$b=12, r=11, n=7, j=11$
$\therefore b+r+n-2j=12+11+7-2(11)=8$차 부정정

020

정답 ①

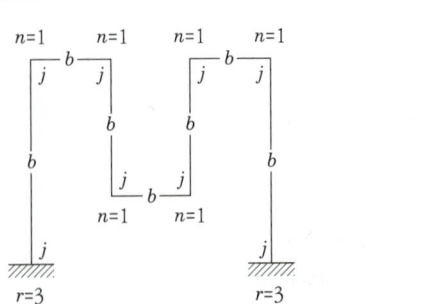

① $b=7, r=6, n=6, j=8$
$b+r+n-2j=7+6+6-2(8)=3$차 부정정

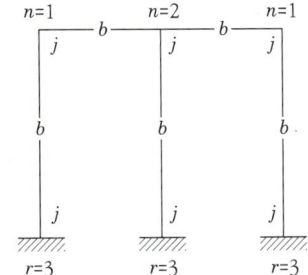

② $b=5, r=9, n=4, j=6$
$b+r+n-2j=5+9+4-2(6)=6$차 부정정

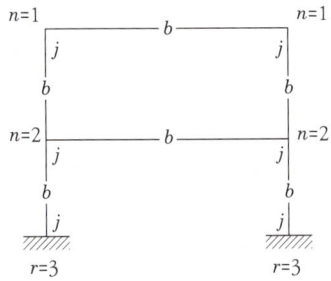

③ $b=6, r=6, n=6, j=6$
$b+r+n-2j=6+6+6-2(6)=6$차 부정정

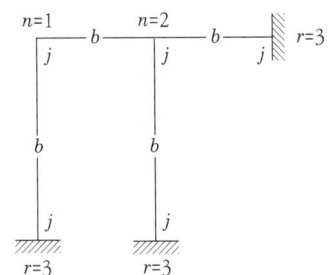

④ $b=4, r=9, n=3, j=5$
$b+r+n-2j=4+9+3-2(5)=6$차 부정정

021

정답 ④

① 트러스의 총 부정정 차수는 공식을 이용하여 계산한다.
$b=21, r=4, n=0, j=11$
$b+r+n-2j=21+4+0-2(11)=3$차 부정정

② 트러스의 총 부정정 차수는 공식을 이용하여 계산한다.
$b=10, r=4, n=0, j=6$
$b+r+n-2j=10+4+0-2(6)=2$차 부정정

③ 보의 총 부정정 차수는 기본 구조를 떠올린다.
3(고정단)−1(내부힌지)=2차 부정정

④ 라멘의 총 부정정 차수는 공식을 이용하여 계산한다.
$b=6, r=6, n=2, j=5$
$b+r+n-2j=6+6+2-2(5)=4$차 부정정

꼭 알아두자!

문제의 그림만으로는 주어진 구조가 '보' 구조인지, '보−기둥' 구조인지 알 수 없다. 따라서 '보−기둥' 구조라면 2차 부정정이고 축력(문제에서는 수평력)을 받지 않는 '보' 구조라면 1차 부정정 구조이다. 그러나 이 문제에서는 중요하지 않다.

022

정답 ②

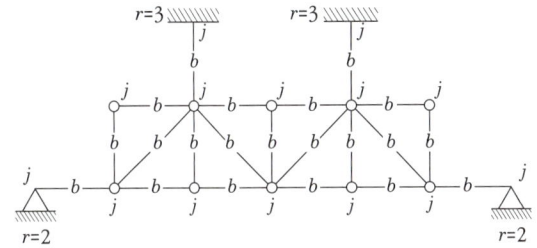

$b=21, r=10, n=0, j=14$
∴ $b+r+n-2j=21+10+0-2(14)=3$차 부정정

023

정답 ②

가. $b=5, r=7, n=4, j=6$
$b+r+n-2j=5+7+4-2(6)=4$차 부정정

나. $b=14, r=4, n=0, j=9$
$b+r+n-2j=14+4+0-2(9)=0$ ➔ 정정

다. $b=4, r=5, n=1, j=5$
$b+r+n-2j=4+5+1-2(5)=0$ ➔ 정정 ? ×
불안정 예외 구조이다.
ⓐ 반력이 한 점에 모이는 경우
ⓑ 구조의 이동(움직임)이 발생하는 경우
ⓒ 자유물체도에서 힘평형을 만족하지 못하는 경우

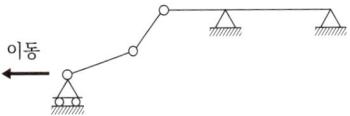

라. $b=3, r=3, n=0, j=3$
$b+r+n-2j=3+3+0-2(3)=0$ ➔ 정정

024

정답 ④

(a) : 반력이 한 점으로 모이는 경우 ➡ 불안정
(b) : 물체에 이동이 발생하는 경우 ➡ 불안정
(c) : 자유물체도에서 힘평형을 만족하지 못하는 경우 ➡ 불안정

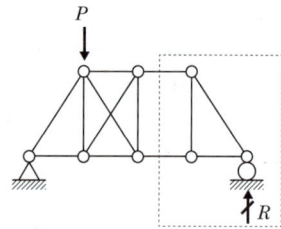

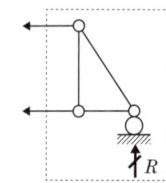

(d)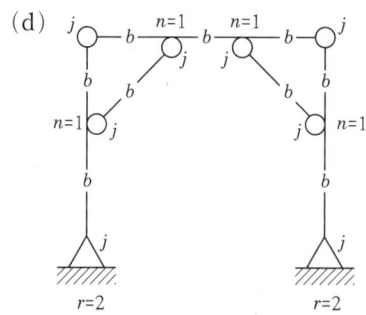

$b=9, r=4, n=4, j=8$
$b+r+n-2j=9+4+4-2(8)=1$차 부정정

불안정 예외 구조가 아니므로 안정 구조이다.
ⓐ 반력이 한 점에 모이는 경우
ⓑ 구조의 이동(움직임)이 발생하는 경우
ⓒ 자유물체도에서 힘평형을 만족하지 못하는 경우

> 꼭 알아두자!
> '이동'이란 부재의 변형 없이 움직임이 발생하는 것을 의미한다.

025

정답 ③

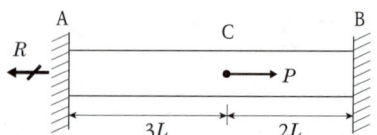

$N_{AC}=R, N_{CB}=R-P$

$\delta_{AC}+\delta_{CB}=0$; (∵ 양단 고정)

$\dfrac{N_{AC}L_{AC}}{EA}+\dfrac{N_{CB}L_{CB}}{EA}$

$=\dfrac{(R)(3L)}{EA}+\dfrac{(R-P)(2L)}{EA}=0$

➡ $R(3)+(R-P)(2)=0$

➡ $R=\dfrac{2}{5}P$

$\delta_{AC}=\dfrac{N_{AC}L_{AC}}{EA}=\dfrac{(R)(3L)}{EA}$

$=\dfrac{\left(\dfrac{2}{5}P\right)(3L)}{EA}=\dfrac{6PL}{5EA}$ (인장)

∴ $\delta_C=\delta_{AC}=\dfrac{6PL}{5EA}$ (→)

> 꼭 알아두자!
> δ_{AC}가 늘어나면 C점은 오른쪽으로, δ_{AC}가 줄어들면 C점은 왼쪽으로 이동한다.
> δ_{CB}가 늘어나면 C점은 왼쪽으로, δ_{CB}가 줄어들면 C점은 오른쪽으로 이동한다.

026

정답 ②

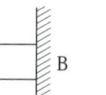

$N_{AC}=R, N_{CB}=R-F$

$\delta=\delta_{AC}+\delta_{CB}=0$; (∵ 양단고정)

$\dfrac{N_{AC}L_{AC}}{EA}+\dfrac{N_{CB}L_{CB}}{EA}$

$=\dfrac{(R)\left(\dfrac{L}{4}\right)}{EA}+\dfrac{(R-F)\left(\dfrac{3}{4}L\right)}{EA}=0$

→ $R\left(\dfrac{1}{4}\right)+(R-F)\left(\dfrac{3}{4}\right)=0$

→ $R=\dfrac{3}{4}F$

$\delta_{AC}=\dfrac{N_{AC}L_{AC}}{EA}=\dfrac{(R)\left(\dfrac{L}{4}\right)}{EA}$

$=\dfrac{\left(\dfrac{3}{4}F\right)\left(\dfrac{L}{4}\right)}{EA}=\dfrac{3FL}{16EA}$ (인장)

∴ $\delta_C=\delta_{AC}=\dfrac{3FL}{16EA}(\rightarrow)$

> 꼭 알아두자!
> δ_{AC}가 늘어나면 C점은 오른쪽으로, δ_{AC}가 줄어들면 C점은 왼쪽으로 이동한다.
> δ_{CB}가 늘어나면 C점은 왼쪽으로, δ_{CB}가 줄어들면 C점은 오른쪽으로 이동한다.

027 정답 ④

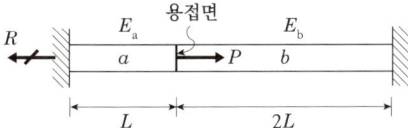

$N_a=R,\ N_b=R-P$

$\delta_a+\delta_b=0$; (∵ 양단 고정)

$\dfrac{N_aL_a}{E_aA}+\dfrac{N_bL_b}{E_bA}$

$=\dfrac{(R)(L)}{(2E_b)A}+\dfrac{(R-P)(2L)}{E_bA}=0$

→ $R\left(\dfrac{1}{2}\right)+(R-P)(2)=0$

→ $R=\dfrac{4}{5}P$

∴ $\sigma_a=\dfrac{N_a}{A}=\dfrac{R}{A}=\dfrac{\left(\dfrac{4}{5}P\right)}{A}=\dfrac{4P}{5A}$

028 정답 ②

$N_{AC}=R,\ N_{CB}=R-10\text{kN}$

$\delta_{AC}+\delta_{CB}=0$; (∵ 양단 고정)

$\dfrac{N_{AC}L_{AC}}{E_{AC}A}+\dfrac{N_{CB}L_{CB}}{E_{CB}A}$

$=\dfrac{(R)(5\text{m})}{(50\text{GPa})(500\text{mm}^2)}+\dfrac{(R-10\text{kN})(5\text{m})}{(200\text{GPa})(500\text{mm}^2)}=0$

→ $R\left(\dfrac{1}{50}\right)+(R-10\text{kN})\left(\dfrac{1}{200}\right)=0$

→ $R=2\text{kN}$

$\delta_{AC}=\dfrac{N_{AC}L_{AC}}{E_{AC}A}=\dfrac{(R)(5\text{m})}{(50\text{GPa})(500\text{mm}^2)}$

$=\dfrac{(2\text{kN})(5\text{m})}{(50\text{GPa})(500\text{mm}^2)}=0.4\text{mm}$ (인장)

∴ $\delta_C=\delta_{AC}=0.4\text{mm}(\rightarrow)$

> 꼭 알아두자!
> δ_{AC}가 늘어나면 C점은 오른쪽으로, δ_{AC}가 줄어들면 C점은 왼쪽으로 이동한다.
> δ_{CB}가 늘어나면 C점은 왼쪽으로, δ_{CB}가 줄어들면 C점은 오른쪽으로 이동한다.
> $\delta_{CB}=\dfrac{N_{CB}L_{CB}}{E_{CB}A}=\dfrac{(R-10\text{kN})(5\text{m})}{(200\text{GPa})(500\text{mm}^2)}$
> $=\dfrac{(-8\text{kN})(5\text{m})}{(200\text{GPa})(500\text{mm}^2)}=-0.4\text{mm}$(압축)
>
> ∴ $\delta_C=\delta_{CB}=0.4\text{mm}(\rightarrow)$

계산 TIP

● 정석적인 방법

$\delta_{AC}=\dfrac{(2\text{kN})(5\text{m})}{(50\text{GPa})(500\text{mm}^2)}=\dfrac{(2\text{kN})(5\times10^3\text{mm})}{(5\times10)(5\times10^2)\text{kN}}$

$=\dfrac{2\times5}{5\times5}\text{mm}=0.4\text{mm}$

● 앞자리 뽑기

$\delta_{AC}:\dfrac{2\times5}{5\times5}=0.4\ \Rightarrow\ \delta_{AC}=0.4\text{mm}$

029 정답 ①

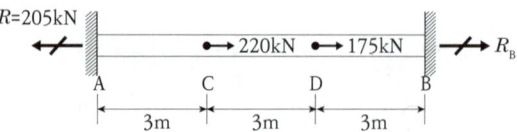

$N_{AC}=R$, $N_{CD}=R-220\text{kN}$,
$N_{DB}=R-220\text{kN}-175\text{kN}=R-395\text{kN}$

$\delta_{AC}+\delta_{CD}+\delta_{DB}=0$; ($\because$ 양단 고정)

$\dfrac{N_{AC}L_{AC}}{EA}+\dfrac{N_{CD}L_{CD}}{EA}+\dfrac{N_{DB}L_{DB}}{EA}$

$=\dfrac{(R)(3\text{m})}{EA}+\dfrac{(R-220\text{kN})(3\text{m})}{EA}+\dfrac{(R-395\text{kN})(3\text{m})}{EA}=0$

→ $R(3)+(R-220\text{kN})(3)+(R-395\text{kN})(3)=0$

→ $R=205\text{kN}$

→ $+\sum F_x=0$;
$-205\text{kN}+220\text{kN}+175\text{kN}+R_B=0$

$\therefore R_B=-190\text{kN}$ (←)

030 정답 ①

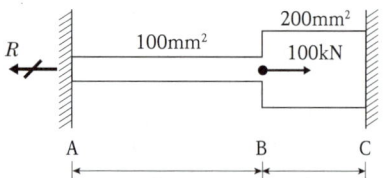

$N_{AB}=R$, $N_{BC}=R-100\text{kN}$

$\delta_{AB}+\delta_{BC}=0$; ($\because$ 양단 고정)

$\dfrac{N_{AB}L_{AB}}{EA_{AB}}+\dfrac{N_{BC}L_{BC}}{EA_{BC}}$

$=\dfrac{(R)(2\text{m})}{(200\text{GPa})(100\text{mm}^2)}+\dfrac{(R-100\text{kN})(1\text{m})}{(200\text{GPa})(200\text{mm}^2)}=0$

→ $R\left(\dfrac{2}{100}\right)+(R-100\text{kN})\left(\dfrac{1}{200}\right)=0$

→ $R=20\text{kN}$

$\therefore R_A=R=20\text{kN}$ (←)

031 정답 ④

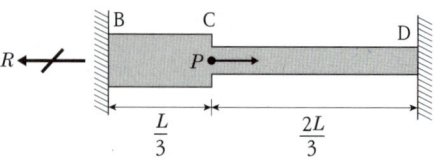

$N_{BC}=R$, $N_{CD}=R-P$

$\delta_{BC}+\delta_{CD}=0$; ($\because$ 양단 고정)

$\dfrac{N_{BC}L_{BC}}{EA_{BC}}+\dfrac{N_{CD}L_{CD}}{EA_{CD}}$

$=\dfrac{(R)\left(\dfrac{L}{3}\right)}{E(2A)}+\dfrac{(R-P)\left(\dfrac{2L}{3}\right)}{EA}=0$

→ $R\left(\dfrac{\left(\dfrac{1}{3}\right)}{2}\right)+(R-P)\left(\dfrac{2}{3}\right)=0$

→ $R=\dfrac{4}{5}P$

$\therefore \sigma_{CD}=\dfrac{N_{CD}}{A_{CD}}=\dfrac{(R-P)}{A}=\dfrac{\left(\dfrac{4}{5}P-P\right)}{A}=-\dfrac{P}{5A}$ (압축)

032 정답 ④

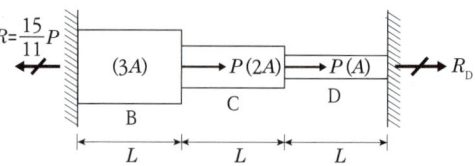

$N_B=R$, $N_C=R-P$, $N_D=R-P-P=R-2P$

$\delta_B+\delta_C+\delta_D=0$; ($\because$ 양단 고정)

$\dfrac{N_B L}{EA_B}+\dfrac{N_C L}{EA_C}+\dfrac{N_D L}{EA_D}$

$=\dfrac{RL}{E(3A)}+\dfrac{(R-P)L}{E(2A)}+\dfrac{(R-2P)L}{EA}=0$

→ $R\left(\dfrac{1}{3}\right)+(R-P)\left(\dfrac{1}{2}\right)+(R-2P)=0$

→ $R=\dfrac{15}{11}P$ (←)

$N_B=R=\dfrac{15}{11}P$, $N_C=R-P=\dfrac{15}{11}P-P=\dfrac{4}{11}P$

$$N_D = R - 2P = \frac{15}{11}P - 2P = -\frac{7}{11}P$$

① $N_B : N_C = \dfrac{15}{11} : \dfrac{4}{11} = 15 : 4$

② $\sigma_D = \dfrac{N_D}{A_D} = \dfrac{\left(-\dfrac{7}{11}P\right)}{A} = -\dfrac{7P}{11A}$

$\sigma_B = \dfrac{N_B}{A_B} = \dfrac{\left(\dfrac{15}{11}P\right)}{(3A)} = \dfrac{5P}{11A}$

$\sigma_B \times \dfrac{7}{5} = \dfrac{5P}{11A} \times \dfrac{7}{5} = \dfrac{7P}{11A} = |\sigma_D|$

③ $\delta_B = \dfrac{N_B L}{EA_B} = \dfrac{\left(\dfrac{15}{11}P\right)L}{E(3A)} = \dfrac{5PL}{11EA}$

$\delta_C = \dfrac{N_C L}{EA_C} = \dfrac{\left(\dfrac{4}{11}P\right)L}{E(2A)} = \dfrac{2PL}{11EA}$

$\delta_D = \dfrac{N_D L}{EA_D} = \dfrac{\left(-\dfrac{7}{11}P\right)L}{EA} = -\dfrac{7PL}{11EA}$

④ $R_A = R = \dfrac{15}{11}P\ (\leftarrow)$

→ $+\sum F_x = 0$;

$-\dfrac{15}{11}P + P + P + R_D = 0$

→ $R_D = -\dfrac{7}{11}P\ (\leftarrow)$

양 지점의 반력은 크기가 다르고 방향이 같다.

033   정답 ④

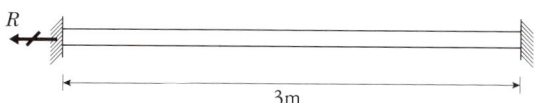

$N = R$

δ_R : 축력에 의한 변형
δ_T : 온도 변화에 의한 변형
$\delta_R + \delta_T = 0$; (∵ 양단 고정)
$\dfrac{RL}{EA} + \alpha \Delta T L = 0$
→ $R = -\alpha \Delta T E A$

∴ $R = -(1.1 \times 10^{-5}/℃)(40℃)(2.0 \times 10^6 \text{N/cm}^2)(100\text{cm}^2)$
  $= -88\text{kN}$

계산 TIP

○ 정석적인 방법
$R = -(1.1 \times 10^{-5}/℃)(40℃)(2.0 \times 10^6 \text{N/cm}^2)(100\text{cm}^2)$
  $= -(11 \times 10^{-6})(4 \times 10)(2 \times 10^3 \text{kN})(10^2)$
  $= -11 \times 4 \times 2 \text{kN} = -88\text{kN}$

○ 앞자리 뽑기
R : $-1.1 \times 4 \times 2 = -8.8$ → $R = -88\text{kN}$

034   정답 ④

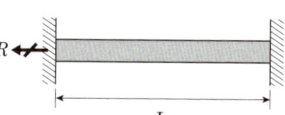

$N = R$

δ_R : 축력에 의한 변형
δ_T : 온도 변화에 의한 변형
$\delta_R + \delta_T = 0$; (∵ 양단고정)
$\dfrac{RL}{EA} + \alpha \Delta T L = 0$
→ $R = -\alpha \Delta T E A$

∴ $R = -(2 \times 10^{-5}/℃)(20℃)(2 \times 10^5 \text{MPa})(5000\text{mm}^2)$
  $= -400\text{kN}\ (압축)$

035   정답 ②

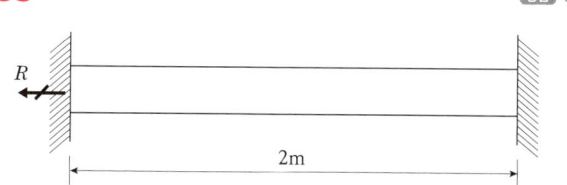

$N = R$

δ_R : 축력에 의한 변형
δ_T : 온도 변화에 의한 변형
$\delta_R + \delta_T = 0$; (∵ 양단 고정)

$$\frac{RL}{EA} + \alpha \Delta T L = 0$$

$$\rightarrow \frac{R}{A} = -\alpha \Delta T E$$

$$\therefore \sigma = -(1.2 \times 10^{-6}/℃)(30℃)(200\text{GPa}) = -7.2\text{MPa}$$

계산 TIP

● 정석적인 방법
$$\sigma = -(1.2 \times 10^{-6}/℃)(30℃)(200\text{GPa})$$
$$= -(12 \times 10^{-7}/℃)(3 \times 10℃)(2 \times 10^2 \times 10^3 \text{MPa})$$
$$= -12 \times 3 \times 2 \times 10^{-1} \text{MPa} = -7.2\text{MPa}$$

● 앞자리 뽑기
$$\sigma : -12 \times 3 \times 2 = -72 \rightarrow \sigma = -7.2\text{MPa}$$

036 정답 ③

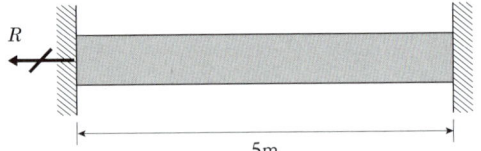

$N = R$

δ_R : 축력에 의한 변형
δ_T : 온도 변화에 의한 변형
$\delta_R + \delta_T = 0$; (∵ 양단고정)

$$\frac{RL}{EA} + \alpha \Delta T L = 0$$

$$\rightarrow \frac{R}{A} = -\alpha \Delta T E = -40\text{MPa}$$

$$\rightarrow \Delta T = \frac{40\text{MPa}}{\alpha E}$$

$$\therefore \Delta T = \frac{40\text{MPa}}{(1 \times 10^{-5}/℃)(200\text{GPa})} = 20℃$$

계산 TIP

● 정석적인 방법
$$\Delta T = \frac{40\text{MPa}}{(1 \times 10^{-5}/℃)(200\text{GPa})} = \frac{4 \times 10\text{MPa}}{(10^{-5}/℃)(2 \times 10^2 \times 10^3 \text{MPa})}$$
$$= \frac{4}{2} \times 10℃ = 20℃$$

● 앞자리 뽑기
$$\Delta T : \frac{4}{2} = 2 \rightarrow \Delta T = 20℃$$

037 정답 ④

$N = R$

δ_R : 축력에 의한 변형
δ_T : 온도 변화에 의한 변형
$\delta_R + \delta_T = 0$; (∵ 양단고정)

$$\frac{RL}{EA} + \alpha \Delta T L = 0$$

$$\rightarrow R = -\alpha \Delta T E A$$

기둥 $(a), (b), (c)$는 $\alpha, \Delta T, E$가 동일하므로 반력의 크기 순서는 단면적의 크기 순서와 동일하다.

$$\therefore (a) > (b) > (c)$$

038 정답 ②

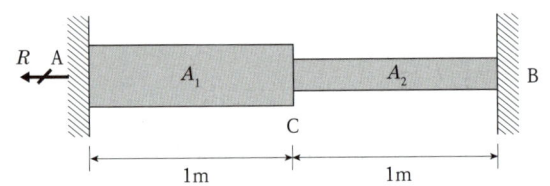

$N_1 = R, N_2 = R$

δ_R : 축력에 의한 변형
δ_T : 온도 변화에 의한 변형
$\delta_R + \delta_T = 0$; (∵ 양단고정)

$$\frac{N_1 L_1}{EA_1} + \frac{N_2 L_2}{EA_2} + \alpha \Delta T (L_1 + L_2)$$

$$= \frac{RL}{EA_1} + \frac{RL}{EA_2} + \alpha \Delta T (2L)$$

$$= RL \left(\frac{A_2 + A_1}{EA_1 A_2} \right) + 2\alpha \Delta T L = 0$$

$$\rightarrow R = -2\alpha \Delta T \left(\frac{EA_1 A_2}{A_1 + A_2} \right)$$

$$\therefore R = -2(1 \times 10^{-5}/℃)(10℃)$$
$$\left(\frac{(210\text{GPa})(1000\text{mm}^2)(500\text{mm}^2)}{1000\text{mm}^2 + 500\text{mm}^2} \right)$$
$$= -14\text{kN}$$

🖩 **계산 TIP**

○ **정석적인 방법**

$$R = -2(1 \times 10^{-5}/℃)(10℃)\left(\frac{(210\text{GPa})(1000\text{mm}^2)(500\text{mm}^2)}{500\text{mm}^2 + 1000\text{mm}^2}\right)$$

$$= -2(10^{-5})(10)\frac{(21 \times 10)(10^3)(5 \times 10^2)\text{kN}}{(15 \times 10^2)}$$

$$= -2 \times \frac{21 \times 5}{15}\text{kN} = -14\text{kN}$$

○ **앞자리 뽑기**

$$R : -2 \times \frac{21 \times 5}{15} = -14 \longrightarrow R = -14\text{kN}$$

039
정답 ②

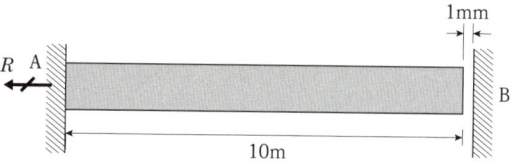

$N = R$

δ_R : 축력에 의한 변형
δ_T : 온도 변화에 의한 변형
$\delta_R + \delta_T = 1\text{mm}$;

$$\frac{RL}{EA} + \alpha \Delta T L = 1\text{mm}$$

$$\longrightarrow \frac{R}{A} = (1\text{mm} - \alpha \Delta T L) \times \frac{E}{L}$$

$$\therefore \sigma = (1\text{mm} - (1.0 \times 10^{-5}/℃)(20℃)(10\text{m})) \times \frac{2\text{GPa}}{10\text{m}}$$

$$= -200\text{kPa}$$

🖩 **계산 TIP**

○ **정석적인 방법**

$$\sigma = (1\text{mm} - (1.0 \times 10^{-5}/℃)(20℃)(10\text{m})) \times \frac{2\text{GPa}}{10\text{m}}$$

$$= (10^{-3}\text{m} - (10^{-5})(2 \times 10)(10\text{m})) \times \frac{2 \times 10^6 \text{kPa}}{10\text{m}}$$

$$= (-1 \times 10^{-3}\text{m}) \times \frac{2 \times 10^6 \text{kPa}}{10\text{m}}$$

$$= -2 \times 10^2 \text{kPa} = -200\text{kPa}$$

○ **앞자리 뽑기**

σ는 2개 항으로 구성되나 괄호 안 두 항의 단위를 맞춘 후 앞자리를 뽑을 수 있다.

$\sigma : (1 - 10^{-5} \times 2 \times 10 \times 10 \times 10^3) \times 2 = -2 \longrightarrow \sigma = -200\text{kPa}$

040
정답 ①

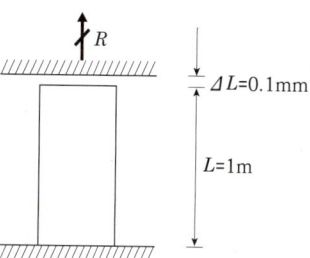

$N = R$

δ_R : 축력에 의한 변형
δ_T : 온도 변화에 의한 변형
$\delta_R + \delta_T = 0.1\text{mm}$;

$$\frac{RL}{EA} + \alpha \Delta T L = 0.1\text{mm}$$

$$\longrightarrow \frac{R}{A} = (0.1\text{mm} - \alpha \Delta T L) \times \frac{E}{L}$$

$$\therefore \sigma = (0.1\text{mm} - (15 \times 10^{-6}/℃)(40℃)(1\text{m})) \times \frac{200\text{GPa}}{1\text{m}}$$

$$= -0.1 GPa \text{ (압축)}$$

🖩 **계산 TIP**

○ **정석적인 방법**

$$\sigma = (0.1\text{mm} - (15 \times 10^{-6}/℃)(40℃)(1\text{m})) \times \frac{200\text{GPa}}{1\text{m}}$$

$$= (10^{-1} \times 10^{-3}\text{m} - (15 \times 10^{-6})(4 \times 10)(1\text{m})) \times \frac{2 \times 10^2 \text{GPa}}{1\text{m}}$$

$$= (-5 \times 10^{-4}\text{m}) \times \frac{2 \times 10^2 \text{GPa}}{1\text{m}}$$

$$= -5 \times 2 \times 10^{-2}\text{GPa} = -0.1\text{GPa (압축)}$$

○ **앞자리 뽑기**

σ는 2개 항으로 구성되나 괄호 안 두 항의 단위를 맞춘 후 앞자리를 뽑을 수 있다.

$\sigma : (10^{-1} \times 10^{-3} - 15 \times 4 \times 10^{-5}) \times 2 = -1 \times 10^{-3}$
$\longrightarrow \sigma = -0.1\text{GPa (압축)}$

041
정답 ②

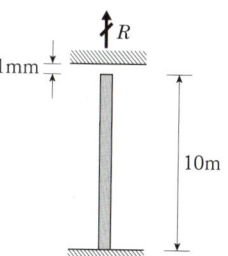

$N = R$

δ_R : 축력에 의한 변형

δ_T : 온도 변화에 의한 변형

$\delta_R + \delta_T = 1mm$;

$\dfrac{RL}{EA} + \alpha \Delta T L = 1mm$

→ $\dfrac{R}{A} = (1mm - \alpha \Delta T L) \times \dfrac{E}{L}$

∴ $\sigma = (1mm - (1 \times 10^{-5}/℃)(20℃)(10m)) \times \dfrac{200GPa}{10m}$

$= -20MPa$ (압축)

○ **계산 TIP**

● 정석적인 방법

$\sigma = (1mm - (1 \times 10^{-5}/℃)(20℃)(10m)) \times \dfrac{200GPa}{10m}$

$= (10^{-3}m - (10^{-5})(2 \times 10)(10m)) \times \dfrac{2 \times 10^2 \times 10^3 MPa}{10m}$

$= (-1 \times 10^{-3}m) \times \dfrac{2 \times 10^5 MPa}{10m}$

$= -2 \times 10 MPa = -20MPa$ (압축)

● 앞자리 뽑기

σ는 2개 항으로 구성되나 괄호 안 두 항의 단위를 맞춘 후 앞자리를 뽑을 수 있다.

$\sigma : (10^{-3} - 10^{-5} \times 2 \times 10 \times 10) \times 2 = -2 \times 10^{-3}$

→ $\sigma = -20MPa$ (압축)

042
정답 ③

① 양단이 고정되어 있으므로 온도 변형이 발생해도 변형은 발생하지 않는다.

$\delta_R + \delta_T = 0$ (∵ 양단고정)

②
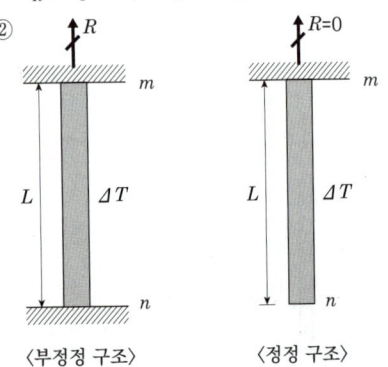

〈부정정 구조〉 〈정정 구조〉

$N = R$

δ_R : 축력에 의한 변형

δ_T : 온도 변화에 의한 변형

$\delta_R + \delta_T = 0$; (∵ 양단고정)

$\dfrac{RL}{EA} + \alpha \Delta T L = 0$

→ $\dfrac{R}{A} = -\alpha \Delta T E$

③, ④ n 지점이 자유단이라면 구조는 정정 구조이다.
고정단의 반력은 '0'이다.
봉의 축방향 변형량은 $\alpha \Delta T L$ 이다.

▼ **꼭 알아두자!**

정정구조에 지점침하, 온도 변화, 초기 균열이 발생할 경우 반력, 부재력이 발생하지 않는다. 그러나 부정정 구조에서는 반력, 부재력이 발생한다. 매우 중요한 특징으로 반드시 기억하자.

043
정답 ③

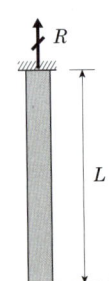

(1) 온도 변화에 의한 축력

δ_R : 축력에 의한 변형

δ_T : 온도 변화에 의한 변형

$\delta_R + \delta_T = 0$; (∵ 양단고정)

$\dfrac{RL}{EA} + \alpha \Delta T L = 0$

→ $R = -\alpha \Delta T E A$

(2) 기둥의 좌굴하중

$P_{cr} = \dfrac{\pi^2 E I_{min}}{L_e^2} = \dfrac{\pi^2 E I_{min}}{(0.5 \times L)^2} = \dfrac{4\pi^2 E I}{L^2}$

$R > P_{cr}$; (∵ 좌굴 발생)

$\alpha \Delta T E A > \dfrac{4\pi^2 E I}{L^2}$

∴ $\Delta T > \dfrac{4\pi^2 I}{A \alpha L^2}$

꼭 알아두자!

외력(P)이 기둥의 임계하중(P_{cr})에 도달할 때 좌굴이 발생하는 것이 아니다. 임계하중은 경계 값이며 외력이 임계하중에 도달하면 불안정하지도 안정하지도 않다. 따라서 아래와 같은 답은 틀린 표현이다.

$\Delta T = \dfrac{4\pi^2 I}{A\alpha L^2}$

---

044 정답 ①

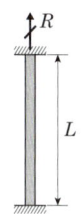

(1) 온도 변화에 의한 축력

δ_R : 축력에 의한 변형
δ_T : 온도 변화에 의한 변형
$\delta_R + \delta_T = 0$; (∵ 양단고정)

$\dfrac{RL}{EA} + \alpha \Delta T L = 0$

→ $R = -\alpha \Delta T E A$

(2) 기둥의 좌굴하중

$P_{cr} = \dfrac{\pi^2 E I_{min}}{L_e^2} = \dfrac{\pi^2 E I_{min}}{(0.5 \times L)^2} = \dfrac{4\pi^2 EI}{L^2}$

$R > P_{cr}$; (∵ 좌굴 도달)

$\alpha \Delta T E A > \dfrac{4\pi^2 EI}{L^2}$

∴ $\Delta T > \dfrac{4\pi^2 I}{\alpha A L^2}$

꼭 알아두자!

외력(P)이 기둥의 임계하중(P_{cr})에 도달할 때 좌굴이 발생하는 것이 아니다. 임계하중은 경계 값이며 외력이 임계하중에 도달하면 불안정하지도 안정하지도 않다. 따라서 아래와 같은 답은 틀린 표현이다.

$\Delta T = \dfrac{4\pi^2 I}{A\alpha L^2}$

---

045 정답 ③

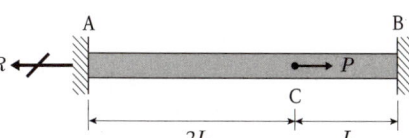

$N_{AC} = R$, $N_{CB} = R - P$

$\delta_{AC} + \delta_{CB} = 0$; (∵ 양단 고정)

$\dfrac{N_{AC} L_{AC}}{EA} + \dfrac{N_{CB} L_{CB}}{EA}$

$= \dfrac{R(2L)}{EA} + \dfrac{(R-P)(L)}{EA} = 0$

→ $R(2) + (R-P) = 0$

→ $R = \dfrac{1}{3} P$

∴ $U = U_{AC} + U_{CB}$

$= \dfrac{N_{AC}^2 L_{AC}}{2EA} + \dfrac{N_{CB}^2 L_{CB}}{2EA}$ $\left(\because U = \dfrac{P\delta}{2} = \dfrac{P}{2}\left(\dfrac{PL}{2}\right) = \dfrac{P^2 L}{2EA} \right)$

$= \dfrac{(R)^2 L_{AC}}{2EA} + \dfrac{(R-P)^2 L_{CB}}{2EA}$

$= \dfrac{\left(\dfrac{P}{3}\right)^2 (2L)}{2EA} + \dfrac{\left(\dfrac{P}{3} - P\right)^2 L}{2EA} = \dfrac{P^2 L}{3EA}$

---

046 정답 ③

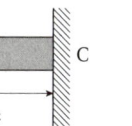

$N_{AB} = R$, $N_{BC} = R$

$\delta_1 = \dfrac{N_{AB} L_{AB}}{EA} = \dfrac{R(1.505\text{m})}{E_1 A}$

$\delta_2 = \dfrac{N_{BC} L_{BC}}{EA} = \dfrac{R(1.500\text{m})}{(3E_1 A)}$

∴ $\delta_1 : \delta_2 = 1.505\text{m} : \dfrac{1.500\text{m}}{3} = 3.01 : 1$

047 정답 ①

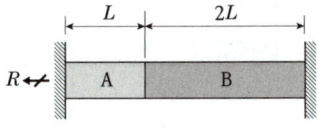

$N_A = R$, $N_B = R$

$\sigma_A = \dfrac{N_A}{A} = \dfrac{R}{A}$, $\sigma_B = \dfrac{N_B}{A} = \dfrac{R}{A}$

$\therefore \sigma_A = \sigma_B$

048 정답 ③

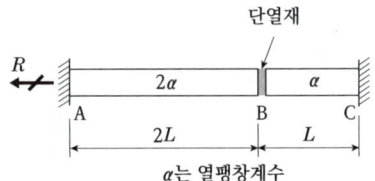

α는 열팽창계수

$N_{AB} = R$, $N_{BC} = R$

δ_R : 축력에 의한 변형
δ_T : 온도 변화에 의한 변형
$\delta_R + \delta_T = 0$; ($\because$ 양단고정)

$\dfrac{N_{AB}L_{AB}}{EA} + \dfrac{N_{BC}L_{BC}}{EA} + \alpha_{AB}\Delta T_{AB}L_{AB} + \alpha_{BC}\Delta T_{BC}L_{BC}$

$= \dfrac{R(2L)}{EA} + \dfrac{RL}{EA} + (2\alpha)(T)(2L) + (\alpha)(\Delta T_{BC})(L)$

$= 0 + 0 + 4\alpha TL + \alpha \Delta T_{BC}L = 0$

$\left(\because \sigma_{BC} = \dfrac{N_{BC}}{A} = \dfrac{R}{A} = 0 \rightarrow R = 0\right)$

$\therefore \Delta T_{BC} = -4T$ (하강)

049 정답 ④

$N_{봉} = R$, $N_{스프링} = R$

δ_R : 축력에 의한 변형
δ_T : 온도 변화에 의한 변형
$\delta_R + \delta_T = 0$; ($\because$ 양단고정)

$\dfrac{N_{봉}L_{봉}}{EA} + \dfrac{N_{스프링}}{k} + \alpha \Delta T L_{봉}$

$= \dfrac{R(2\text{m})}{(200\text{GPa})(100\text{mm}^2)} + \dfrac{R}{(2000\text{N/mm})}$
$\qquad + (10^{-5}/℃)(30℃)(2\text{m}) = 0$

$\rightarrow R\left(\dfrac{(2\text{m})}{(200\text{GPa})(100\text{mm}^2)} + \dfrac{1}{2000\text{N/mm}}\right)$
$\qquad = -(10^{-5}/℃)(30℃)(2\text{m})$

$\rightarrow R = -1\text{kN}$

$\therefore$ 늘어난 봉의 길이 = |줄어든 스프링 길이|
$= \left|\dfrac{N_{스프링}}{k}\right| = \left|\dfrac{R}{k}\right| = \left|\dfrac{-1\text{kN}}{2000\text{N/mm}}\right|$
$= |-0.5\text{mm}| = 0.5\text{mm}$

꼭 알아두자!

늘어난 봉의 길이도 계산하면 동일한 결과가 나오나 계산과정이 복잡하다.

늘어난 봉의 길이 $= \dfrac{N_{봉}L_{봉}}{EA} + \alpha \Delta T L_{봉}$

$= \dfrac{(-1\text{kN})(2\text{m})}{(200\text{GPa})(100\text{mm}^2)} + (10^{-5}/℃)(30℃)(2\text{m})$

$= 0.5\text{mm}$

계산 TIP

○ 정석적인 방법

좌변과 우변의 단위를 kN, m로 통일시키면 단위를 무시할 수 있다.

$R\left(\dfrac{(2\text{m})}{(200\text{GPa})(100\text{mm}^2)} + \dfrac{1}{2000\text{N/mm}}\right)$
$= -(10^{-5}/℃)(30℃)(2\text{m})$

$\rightarrow R\left(\dfrac{2\text{m}}{(2\times 10^2)(10^2)\text{kN}} + \dfrac{10^{-3}\text{m}}{2\text{kN}}\right) = -(10^{-5})(3\times 10)(2\text{m})$

$\rightarrow R(10^{-4} + 5\times 10^{-4}) = -6\times 10^{-4}$

$\rightarrow R = \dfrac{-6\times 10^{-4}}{6\times 10^{-4}} = -1\text{kN}$

○ 앞자리 뽑기

R은 중간과정이므로 앞자리 뽑기를 적용할 수 없다.

050

정답 ②

A점 변형이 제한되지 않으므로 $N_{AB}=N_{AC}=0$이다.

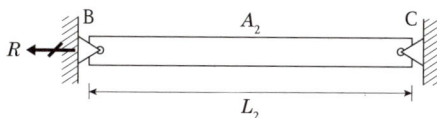

$N_{BC}=R$

δ_R : 축력에 의한 변형
δ_T : 온도 변화에 의한 변형
$\delta_R+\delta_T=0$; ($\because$ 양단고정)
$\dfrac{RL_2}{EA_2}+\alpha \Delta T L_2=0$
→ $R=-\alpha \Delta T E A_2$
$\therefore N_{BC}=R=-\alpha(20℃)EA_2=-20\alpha EA_2$ (압축)

051

정답 ②

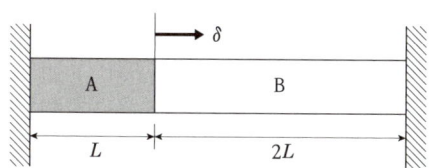

온도 변화에 의한 변위를 δ로 가정하면 ε_A, ε_B는 다음과 같이 표현된다.

$\varepsilon_A=\dfrac{\delta}{L}$, $\varepsilon_B=-\dfrac{\delta}{2L}$

$\varepsilon_B=-\dfrac{1}{2}\left(\dfrac{\delta}{L}\right)=-\dfrac{1}{2}\varepsilon_A$

$\therefore \varepsilon_A=-2\varepsilon_B$

052

정답 ③

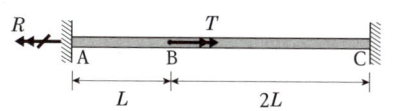

$T_{AB}=R, T_{BC}=R-T$

$\phi_{AB}+\phi_{BC}=0$ ($\because$ 양단고정)

$\dfrac{T_{AB}L_{AB}}{GJ}+\dfrac{T_{BC}L_{BC}}{GJ}$

$=\dfrac{RL}{GJ}+\dfrac{(R-T)(2L)}{GJ}=0$

→ $R+(R-T)(2)=0$

→ $R=\dfrac{2}{3}T$

$\therefore \phi_B=\phi_{AB}=\dfrac{T_{AB}L_{AB}}{GJ}=\dfrac{\left(\dfrac{2}{3}T\right)(L)}{GJ}=\dfrac{2TL}{3GJ}$

053

정답 ③

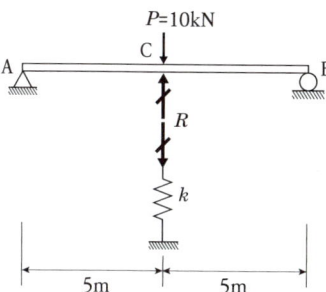

δ_P : 외력(10kN)에 의한 C점 처짐
δ_R : 스프링 반력(R)에 의한 C점 처짐
δ_k : 스프링 변형
$\delta_P-\delta_R=\delta_k$;

$\dfrac{PL^3}{48EI}-\dfrac{RL^3}{48EI}=\dfrac{R}{k}$ ($\because F=k\delta$ → $\delta=\dfrac{F}{k}$)

→ $\dfrac{PL^3}{48EI}=R\left(\dfrac{L^3}{48EI}+\dfrac{1}{k}\right)=R\left(\dfrac{kL^3+48EI}{48EIk}\right)$

→ $R=\dfrac{kL^3}{kL^3+48EI}P$

$\therefore \delta_C=\delta_k=\dfrac{R}{k}=\dfrac{L^3}{kL^3+48EI}P$

$=\dfrac{(10m)^3(10kN)}{(1MN/m)(10m)^3+48\left(\dfrac{1000}{16}MN\cdot m^2\right)}$

$=2.5mm$

꼭 알아두자!

해당 문제는 강성 개념으로 쉽게 풀이할 수 있다. 그러나 위와 같이 풀이한 이유는 변위일치에 대한 개념을 잡아야 다양한 문제에 쉽게 대응할 수 있기 때문이다.

$$\delta_C = \frac{P}{\sum K} = \frac{P}{k + \frac{48EI}{L^3}}$$

$$= \frac{10\text{kN}}{1\text{MN/m} + \frac{48}{(10\text{m})^3}\left(\frac{1000}{16}\text{MN}\cdot\text{m}^2\right)}$$

$$= 2.5\text{mm}$$

계산 TIP

◦ **정석적인 방법**

$$\delta_C = \frac{(10\text{m})^3(10\text{kN})}{(1\text{MN/m})(10\text{m})^3 + 48\left(\frac{1000}{16}\text{MN}\cdot\text{m}^2\right)}$$

$$= \frac{(10^3\text{m}^3)(10\times10^3\text{N})}{(10^6\text{N/m})(10^3\text{m}^3) + 48\left(\frac{10^3}{16}\times10^6\text{N}\cdot\text{m}^2\right)}$$

$$= \frac{10^7}{10^9 + 3\times10^9}\text{m} = \frac{1}{4}\times10^{-2}\text{m} = 2.5\text{mm}$$

◦ **앞자리 뽑기**

δ_C는 2개 항으로 구성되므로 앞자리 뽑기를 적용할 수 없다.

054 정답 ②

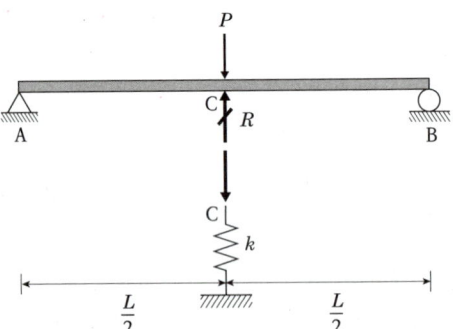

- δ_P : 외력(P)에 의한 C점 처짐
- δ_R : 스프링 반력(R)에 의한 C점 처짐
- δ_k : 스프링 변형

$\delta_P - \delta_R = \delta_k$;

$$\frac{PL^3}{48EI} - \frac{RL^3}{48EI} = \frac{R}{k} \left(\because F = k\delta \rightarrow \delta = \frac{F}{k}\right)$$

$$\rightarrow \frac{PL^3}{48EI} - \frac{\left(\frac{P}{2}\right)L^3}{48EI} = \frac{\left(\frac{P}{2}\right)}{k} \left(\because R = \frac{P}{2}\right)$$

$$\rightarrow \frac{PL^3}{96EI} = \frac{P}{2k}$$

$$\therefore k = \frac{48EI}{L^3}$$

꼭 알아두자!

해당 문제는 강성 개념으로도 풀 수 있다. 그러나 위와 같이 풀이한 이유는 변위일치에 대한 개념을 잡아야 다양한 문제에 쉽게 대응할 수 있기 때문이다.

$$P_k = \frac{k}{\sum K}P = \frac{k}{\frac{48EI}{L^3} + k}P = \frac{P}{2}$$

$$\rightarrow 2k = \frac{48EI}{L^3} + k$$

$$\therefore k = \frac{48EI}{L^3}$$

055 정답 ①

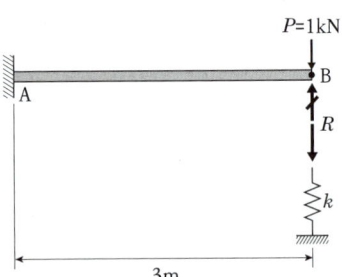

- δ_P : 외력(P)에 의한 B점 처짐
- δ_R : 스프링 반력(R)에 의한 B점 처짐
- δ_k : 스프링 변형

$\delta_P - \delta_R = \delta_k$;

$$\frac{PL^3}{3EI} - \frac{RL^3}{3EI} = \frac{R}{k} \left(\because F = k\delta \rightarrow \delta = \frac{F}{k}\right)$$

$$\rightarrow \frac{PL^3}{3EI} = R\left(\frac{L^3}{3EI} + \frac{1}{k}\right) = R\left(\frac{KL^3 + 3EI}{3EIK}\right)$$

$$\rightarrow R = \frac{kL^3}{kL^3 + 3EI}P$$

$$\therefore \delta_B = \delta_k = \frac{R}{k} = \frac{L^3}{kL^3 + 3EI}P$$

$$= \frac{(3\text{m})^3(1\text{kN})}{(100\text{kN/m})(3\text{m})^3 + 3(100\text{kN}\cdot\text{m}^2)}$$

$$= 9\text{mm}$$

꼭 알아두자!

해당 문제는 강성 개념으로 쉽게 풀이할 수 있다. 그러나 위와 같이 풀이한 이유는 변위일치에 대한 개념을 잡아야 다양한 문제에 쉽게 대응할 수 있기 때문이다.

$$\delta_B = \frac{P}{\Sigma K} = \frac{P}{k + \frac{3EI}{L^3}}$$

$$= \frac{1\text{kN}}{100\text{kN/m} + \frac{3(100\text{kN}\cdot\text{m}^2)}{(3\text{m})^3}}$$

$$= 9\text{mm}$$

계산 TIP

◦ 정석적인 방법

$$\delta_B = \frac{(3\text{m})^3(1\text{kN})}{(100\text{kN/m})(3\text{m})^3 + 3(100\text{kN}\cdot\text{m}^2)}$$

$$= \frac{3^3}{10^2 \times 3^3 + 3 \times 10^2}\text{m} = \frac{27}{30} \times 10^{-2}\text{m} = 9\text{mm}$$

◦ 앞자리 뽑기

δ_B는 2개 항으로 구성되므로 앞자리 뽑기를 적용할 수 없다.

꼭 알아두자!

좌항과 우항의 단위를 맞춰서 표현하는 것이 일반적이다. 따라서 수험생들은 다음과 같이 정리하는 것을 기억해두면 좋다.

$$R = \frac{qL^4}{8EI}\left(\frac{3EIk}{kL^3 + 3EI}\right) = \frac{3qL}{8}\left(\frac{kL^3}{kL^3 + 3EI}\right)$$

056 정답 ③

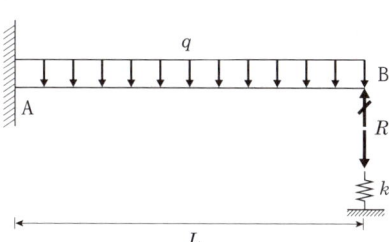

δ_q : 외력(q)에 의한 B점 처짐
δ_R : 스프링 반력(R)에 의한 B점 처짐
δ_k : 스프링 변형
$\delta_q - \delta_R = \delta_k$;

$$\frac{qL^4}{8EI} - \frac{RL^3}{3EI} = \frac{R}{k} \left(\because F = K\delta \rightarrow \delta = \frac{F}{K}\right)$$

$$\rightarrow \frac{qL^4}{8EI} = R\left(\frac{L^3}{3EI} + \frac{1}{k}\right) = R\left(\frac{kL^3 + 3EI}{3EIk}\right)$$

$$\rightarrow R = \frac{qL^4}{8EI}\left(\frac{3EIk}{kL^3 + 3EI}\right)$$

$$\therefore \Delta = \delta_k = \frac{R}{k} = \frac{qL^4}{8EI}\left(\frac{3EI}{kL^3 + 3EI}\right)$$

$$= \frac{3qL^2}{8}\left(\frac{L^2}{kL^3 + 3EI}\right) = \frac{3qL^2}{8}\left(\frac{1}{kL + \frac{3EI}{L^2}}\right)$$

057 정답 ②

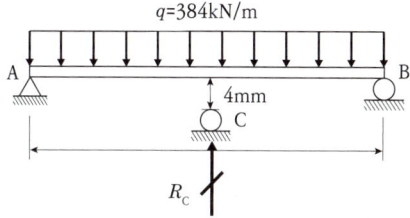

δ_q : 외력(q)에 의한 C점 처짐
δ_R : 롤러 반력(R_C)에 의한 C점 처짐
Δ : 이격거리(4mm)
$\delta_q - \delta_R = \Delta$;

$$\frac{5qL^4}{384EI} - \frac{R_C L^3}{48EI} = \Delta$$

$$\rightarrow \frac{5(384\text{kN/m})(1\text{m})^4}{384(1000\text{kN}\cdot\text{m}^2)} - \frac{R_C(1\text{m})^3}{48(1000\text{kN}\cdot\text{m}^2)} = 4\text{mm}$$

$$\therefore R_C = 48\text{kN}$$

계산 TIP

◦ 정석적인 방법

좌변과 우변의 단위를 kN, m로 통일시키면 단위를 무시할 수 있다.

$$\frac{5(384\text{kN/m})(1\text{m})^4}{384(1000\text{kN}\cdot\text{m}^2)} - \frac{R_C(1\text{m})^3}{48(1000\text{kN}\cdot\text{m}^2)} = 4\text{mm}$$

$$\rightarrow \frac{5(384\text{kN/m})(1\text{m})^4}{384(1000\text{kN}\cdot\text{m}^2)} - \frac{R_C(1\text{m})^3}{48(1000\text{kN}\cdot\text{m}^2)} = 4 \times 10^{-3}\text{m}$$

$$\rightarrow \frac{5 \times 384}{384 \times 10^3} - \frac{R_C}{48 \times 10^3} = 4 \times 10^{-3}$$

$$\rightarrow 5 - \frac{R_C}{48} = 4 \rightarrow R_C = 48\text{kN}$$

◦ 앞자리 뽑기

R_C는 3개 항으로 구성되므로 앞자리 뽑기를 적용할 수 없다.

058

정답 ①

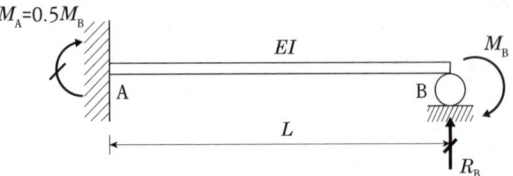

전달률이란 롤러 또는 힌지 지점에 외력 모멘트가 가해질 때 반대편 고정단에 전달되는 모멘트 비율을 의미한다. 전 단면에 걸쳐 휨강성 EI가 같다면 전달률은 '0.5'이다. 전달된 모멘트의 방향은 외력 모멘트와 같다.

∴ $M_A = 0.5M_B$ (↺)

> **꼭 알아두자!**
> 전달률을 이용하면 변위일치를 사용하지 않고 부정정 구조의 반력(R_B)을 계산할 수 있다.
>
> **(1) 변위일치를 이용하는 방법**
> δ_M : 외력모멘트(M_B)에 의한 B점 처짐
> δ_R : 롤러 반력(R_B)에 의한 B점 처짐
> $\delta_M - \delta_R = 0$; (∵ 롤러지점)
> $\dfrac{M_B L^2}{2EI} - \dfrac{R_B L^3}{3EI} = 0$
> → $R_B = \dfrac{3M_B}{2L}$ (↑)
>
> **(2) 전달률을 이용하는 방법**
> $M_A = 0.5M_B$ (∵ 전달률)
> ↺ + $\sum M_A = 0$;
> $(R_B \times L) - 0.5M_B - M_B = 0$
> → $R_B = \dfrac{3M_B}{2L}$ (↑)

059

정답 ②

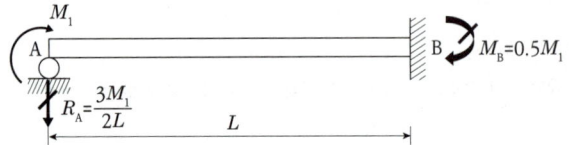

(1) 변위일치를 이용하는 방법
δ_M : 외력모멘트(M_1)에 의한 A점 처짐
δ_R : 롤러 반력(R_A)에 의한 A점 처짐
$\delta_M - \delta_R = 0$; (∵ 롤러지점)

$\dfrac{M_1 L^2}{2EI} - \dfrac{R_A L^3}{3EI} = 0$

→ $R_A = \dfrac{3M_1}{2L}$ (↓)

(2) 전달률을 이용하는 방법
$M_B = 0.5M_1$ (∵ 전달률)

↺ + $\sum M_B = 0$;
$(R_A \times L) - M_1 - 0.5M_1 = 0$
→ $R_A = \dfrac{3M_1}{2L}$ (↓)

$\theta_M = \dfrac{M_1 L}{EI}$ (↺)

$\theta_R = \dfrac{R_A L^2}{2EI} = \dfrac{\left(\dfrac{3M_1}{2L}\right)L^2}{2EI} = \dfrac{3M_1 L}{4EI}$ (↺)

∴ $\theta_A = \theta_M - \theta_R = \dfrac{M_1 L}{EI} - \dfrac{3M_1 L}{4EI} = \dfrac{M_1 L}{4EI}$ (↺)

> **꼭 알아두자!**
> 강성을 이용하여 θ_A를 계산할 수 있다. 변위 방향은 외력 모멘트 방향과 같다.
> $K_{AB} = \dfrac{4EI}{L}$
> $M = K_\theta \theta$ → $\theta = \dfrac{M}{K_\theta}$;
> $\theta_A = \dfrac{M_1}{K_{AB}} = \dfrac{M_1}{\left(\dfrac{4EI}{L}\right)} = \dfrac{M_1 L}{4EI}$ (↺)

060

정답 ②

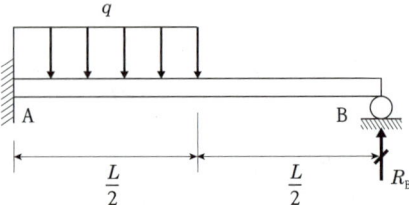

δ_q : 등분포하중(q)에 의한 B점 처짐
δ_R : 롤러 반력(R_B)에 의한 B점 처짐
$\delta_q - \delta_R = 0$; (∵ 롤러지점)

$\left(\dfrac{7L^4}{384EI}\right)(q) - \left(\dfrac{L^3}{3EI}\right)(R_B) = 0$

$$\therefore R_B = \frac{7}{128}qL\ (\uparrow)$$

061

정답 ①

공식 암기 문제이다.

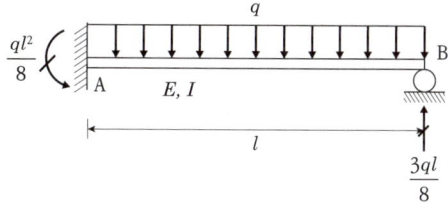

$$\therefore M_A = -\frac{ql^2}{8},\ R_B = \frac{3ql}{8}$$

062

정답 ①

공식 암기 문제이다.

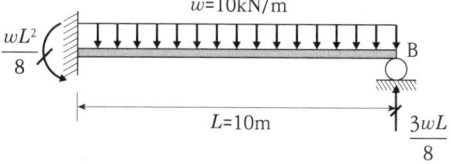

$$\therefore M_A = -\frac{wL^2}{8} = -\frac{(10\text{kN/m})(10\text{m})^2}{8} = -125\text{kN}\cdot\text{m}$$

063

정답 ④

공식 암기 문제이다.

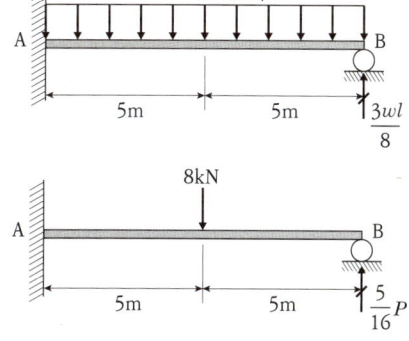

$$\therefore R_B = \frac{3wL}{8} + \frac{5}{16}P$$
$$= \frac{3(2\text{kN/m})(10\text{m})}{8} + \frac{5}{16}(8\text{kN}) = 10\text{kN}$$

> **꼭 알아두자!**
> 문제에서 물어보지 않았으나 고정단 모멘트도 공식으로 계산해보자.

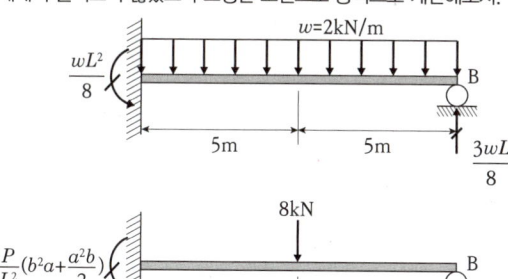

$$M_A = \frac{wL^2}{8} + \frac{P}{L^2}\left(b^2a + \frac{a^2b}{2}\right)$$
$$= \frac{(2\text{kN/m})(10\text{m})^2}{8} + \frac{8\text{kN}}{(10\text{m})^2}\left((5\text{m})^2(5\text{m}) + \frac{(5\text{m})^2(5\text{m})}{2}\right)$$
$$= 40\text{kN}\cdot\text{m}$$

064

정답 ②

공식 암기 문제이다.

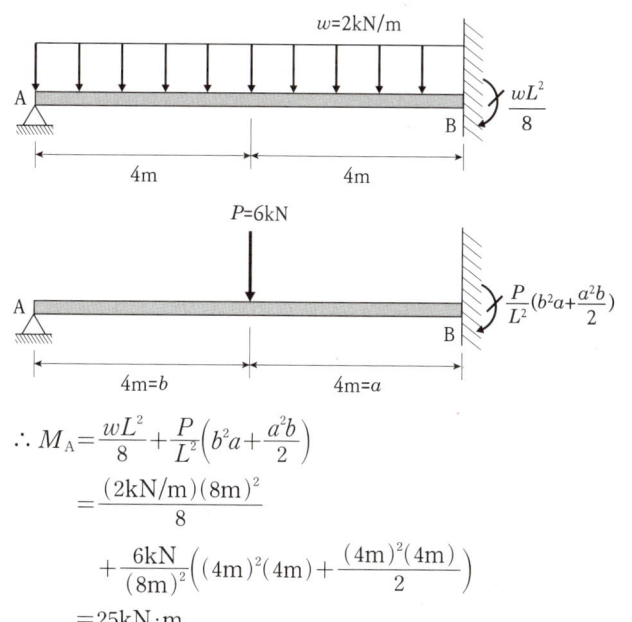

$$\therefore M_A = \frac{wL^2}{8} + \frac{P}{L^2}\left(b^2a + \frac{a^2b}{2}\right)$$
$$= \frac{(2\text{kN/m})(8\text{m})^2}{8}$$
$$+ \frac{6\text{kN}}{(8\text{m})^2}\left((4\text{m})^2(4\text{m}) + \frac{(4\text{m})^2(4\text{m})}{2}\right)$$
$$= 25\text{kN}\cdot\text{m}$$

065   정답 ③

[방법 1] 반력을 외력으로 해석하는 방법

부정정 반력을 외력처럼 생각하면, R_B라는 외력이 δ 만큼의 변위를 발생시켰다고 해석할 수 있다.

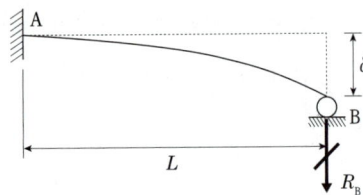

$$\therefore \delta = \frac{R_B L^3}{3EI} \rightarrow R_B = \frac{3EI}{L^3}\delta \ (\downarrow)$$

[방법 2] 고정단 모멘트를 암기하는 방법

이러한 1차 부정정보의 지점침하는 매우 빈번히 마주하는 구조로 고정단 모멘트 $\left(M_A = \dfrac{3EI}{L^2}\delta\right)$를 암기하는 것이 좋다.

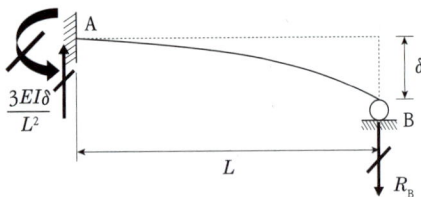

$\circlearrowleft + \sum M_A = 0;$

$(R_B L) - \dfrac{3EI\delta}{L^2} = 0$

$\therefore R_B = \dfrac{3EI}{L^3}\delta \ (\downarrow)$

066   정답 ②

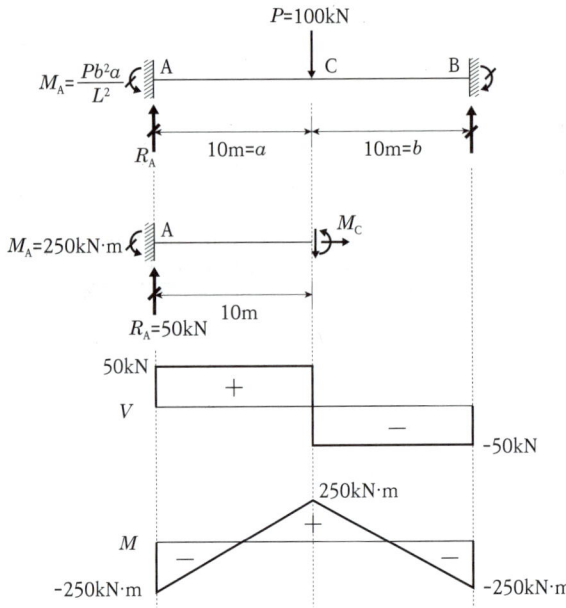

At entire

$M_A = \dfrac{Pb^2 a}{L^2} = \dfrac{(100\text{kN})(10\text{m})^2(10\text{m})}{(20\text{m})^2} = 250\text{kN}\cdot\text{m}$

$R_A = \dfrac{100\text{kN}}{2} = 50\text{kN} \ (\because 대칭)$

At AC

$\circlearrowleft + \sum M_C = 0;$

$M_C + 250\text{kN}\cdot\text{m} - (50\text{kN} \times 10\text{m}) = 0$

$\therefore M_C = 250\text{kN}\cdot\text{m}$

꼭 알아두자!

별도의 공식을 암기하면 한번에 계산할수도 있다.

If $a = b = \dfrac{L}{2}$;

$M_C = \dfrac{PL}{8} = \dfrac{(100\text{kN})(20\text{m})}{8} = 250\text{kN}\cdot\text{m}$

067 정답 ③

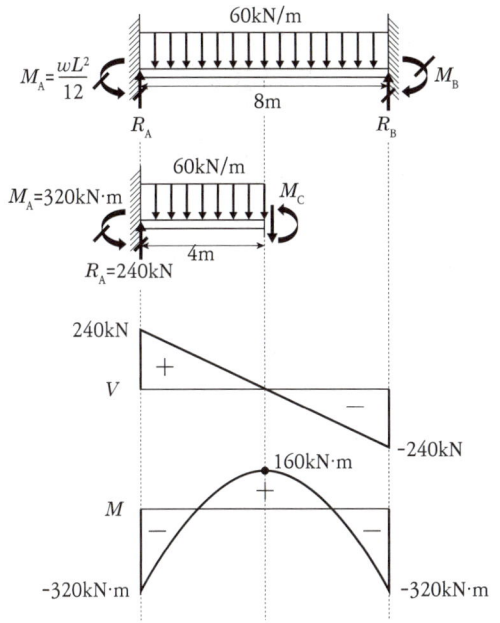

At entire

$M_A = \dfrac{wL^2}{12} = \dfrac{(60\text{kN/m})(8\text{m})^2}{12} = 320\text{kN} \cdot \text{m}$

$R_A = \dfrac{(60\text{kN/m})(8\text{m})}{2} = 240\text{kN}$ (∵ 대칭)

At AC

$\circlearrowleft + \sum M_C = 0$;

$M_C + 320\text{kN} \cdot \text{m} - (240\text{kN} \times 4\text{m}) + (60\text{kN/m} \times 4\text{m})\left(\dfrac{4\text{m}}{2}\right) = 0$

→ $M_C = 160\text{kN} \cdot \text{m}$

$\therefore \sigma_{max} = \dfrac{M_{max}}{S} = \dfrac{M_A}{\left(\dfrac{bh^2}{6}\right)}$

$= \dfrac{320\text{kN} \cdot \text{m}}{\left(\dfrac{(300\text{mm})(800\text{mm})^2}{6}\right)} = 10\text{MPa}$

꼭 알아두자!

별도의 공식을 암기하면 한번에 계산할수도 있다.

$M_C = \dfrac{wL^2}{24} = \dfrac{(60\text{kN/m})(8\text{m})^2}{24} = 160\text{kN} \cdot \text{m}$

068 정답 ②

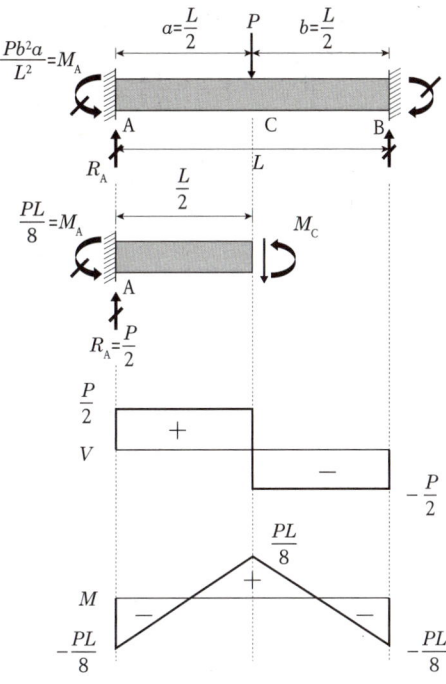

At entire

$M_A = \dfrac{Pb^2 a}{L^2} = \dfrac{P\left(\dfrac{L}{2}\right)^2\left(\dfrac{L}{2}\right)}{L^2} = \dfrac{PL}{8}$

At AC

$\circlearrowleft + M_C = 0$;

$M_C + \dfrac{PL}{8} - \left(\dfrac{P}{2} \times \dfrac{L}{2}\right) = 0$

→ $M_C = \dfrac{PL}{8}$

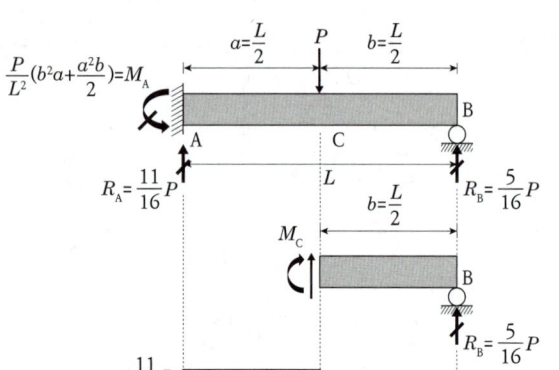

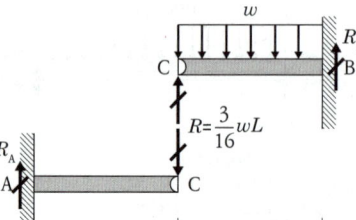

069 정답 ④

At AC
$$\delta_{c1} = \frac{RL^3}{3EI}$$

At CB
$$\delta_{c2} = \frac{wL^4}{8EI} - \frac{RL^3}{3EI}$$

$\delta_{c1} = \delta_{c2}$; (∵ 일체화)

$$\frac{RL^3}{3EI} = \frac{wL^4}{8EI} - \frac{RL^3}{3EI}$$

$$\rightarrow \frac{2RL^3}{3EI} = \frac{wL^4}{8EI}$$

$$\rightarrow R = \frac{3}{16}wL$$

At AC
$\uparrow + \Sigma F_y = 0$;
$R_A - \frac{3}{16}wL = 0 \rightarrow R_A = \frac{3}{16}wL$

At CB
$\uparrow + \Sigma F_y = 0$;
$\frac{3}{16}wL - (w \times L) + R_B = 0 \rightarrow R_B = \frac{13}{16}wL$

$$\therefore \frac{R_A}{R_B} = \frac{\left(\frac{3}{16}wL\right)}{\left(\frac{13}{16}wL\right)} = \frac{3}{13}$$

At entire
$$M_A = \frac{P}{L^2}\left(b^2a + \frac{a^2b}{2}\right) = \frac{P}{L^2}\left(\left(\frac{L}{2}\right)^2\left(\frac{L}{2}\right) + \frac{\left(\frac{L}{2}\right)^2\left(\frac{L}{2}\right)}{2}\right)$$
$$= \frac{3}{16}PL$$

At CB
$\circlearrowleft + \Sigma M_C = 0$;
$M_C - \left(\frac{5}{16}P \times \frac{L}{2}\right) = 0$

$\rightarrow M_C = \frac{5}{32}PL$

고정단–고정단 : $M_A = \frac{PL}{8}$, $M_{max} = \frac{PL}{8}$

고정단–힌지 : $M_A = \frac{3}{16}PL$, $M_{max} = \frac{3}{16}PL$

∴ A지점 모멘트 증가, 최대 모멘트 증가

> **꼭 알아두자!**
> 최대 모멘트는 백에 아흔아홉은 고정단에서 발생한다. 정확히 판단할 시간이 없다면 수험생들은 고정단에서 최대 모멘트가 발생한다고 생각해도 좋다.

 **꼭 알아두자!**

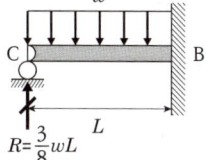

Q BC 구조만 봤을 때 '$R=\frac{3}{8}wL$'이 아닌가요?

A 공식으로 암기하고 있는 '$R=\frac{3}{8}wL$'은 캔틸레버 끝단에 롤러 지점이 추가되었을 때 롤러의 수직반력입니다. 롤러 지점은 수직변위가 발생하지 않지만 해당 문제는 C점에 수직변위가 발생하기 때문에 값이 다릅니다.

070 정답 ①

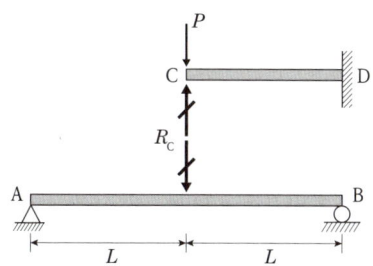

At CD
$$\delta_{C1}=\frac{(P-R_C)L^3}{3EI}$$

At AB
$$\delta_{C2}=\frac{R_C(2L)^3}{48EI}=\frac{R_C L^3}{6EI}$$

$\delta_{C1}=\delta_{C2}$; (∵ 일체화)
$$\frac{(P-R_C)L^3}{3EI}=\frac{R_C L^3}{6EI}$$
→ $R_C=\frac{2}{3}P$

∴ $\delta_C=\delta_{C1}=\delta_{C2}=\dfrac{\left(\frac{2}{3}P\right)L^3}{6EI}=\dfrac{PL^3}{9EI}$

071 정답 ③

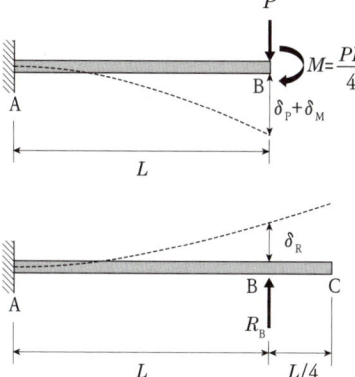

δ_P : 외력(P)에 의한 B점 처짐
δ_M : 외력모멘트(M)에 의한 B점 처짐
δ_R : 롤러 반력(R_B)에 의한 B점 처짐
Δ : 이격거리 $\left(\dfrac{5PL^3}{24EI}\right)$

$\delta_P+\delta_M-\delta_R=\Delta$;

$$\frac{PL^3}{3EI}+\frac{\left(\frac{PL}{4}\right)L^2}{2EI}-\frac{R_B L^3}{3EI}=\frac{5PL^3}{24EI}$$

→ $\dfrac{PL^3}{4EI}=\dfrac{R_B L^3}{3EI}$

∴ $\dfrac{R_B}{P}=\dfrac{3}{4}$

072 정답 ①

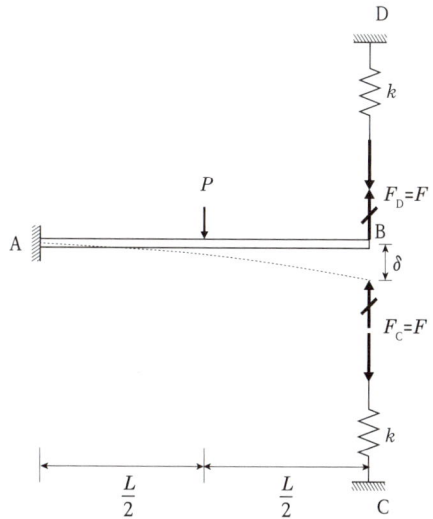

$F = K\delta$;
$F_C = k\delta$, $F_D = k\delta$
$F_C = F_D = F$

δ_P : 외력(P)에 의한 B점 처짐
δ_F : 스프링반력(F)에 의한 B점 처짐
δ_k : 스프링 변형
$\delta_P - \delta_F = \delta_k$;

$\dfrac{5PL^3}{48EI} - 2 \times \dfrac{FL^3}{3EI} = \dfrac{F}{k}$

→ $\dfrac{5PL^3}{48EI} - 2 \times \dfrac{FL^3}{3EI} = \dfrac{F}{\left(\dfrac{EI}{2L^3}\right)} = \dfrac{2FL^3}{EI}$

→ $\dfrac{5PL^3}{48EI} = \dfrac{8FL^3}{3EI}$

→ $F = \dfrac{5}{128}P$

∴ $\delta_B = \delta_k = \dfrac{F}{k} = \dfrac{\left(\dfrac{5}{128}P\right)}{\left(\dfrac{EI}{2L^3}\right)} = \dfrac{5PL^3}{64EI}$

073 〔정답 ①〕

튜브에만 온도 변화가 발생하므로 늘어나는 튜브를 실린더가 잡아당길 것이고, 튜브는 실린더를 잡아당길 것이다. 실린더와 튜브 사이에 발생하는 힘은 R로 같다. 실린더와 튜브는 일체화되어 있으므로 실린더와 튜브의 변형은 같다.

(1) 튜브의 변형(δ_1)

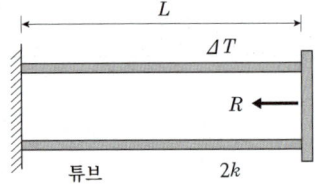

튜브에는 온도 변형으로 인한 인장과 실린더가 튜브를 잡아당기는 힘에 의한 압축이 발생한다.

$\delta_1 = \alpha \Delta TL - \dfrac{R}{2k} \left(\because F = k\delta \;\to\; \delta = \dfrac{F}{k}\right)$

(2) 실린더의 변형(δ_2)

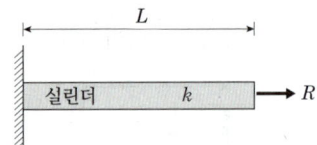

실린더는 튜브가 실린더를 잡아당기는 힘에 의한 인장이 발생한다.

$\delta_2 = \dfrac{R}{k} \left(\because F = k\delta \;\to\; \delta = \dfrac{F}{k}\right)$

$\delta_1 = \delta_2$;

$\alpha \Delta TL - \dfrac{R}{2k} = \dfrac{R}{k}$

→ $\alpha \Delta TL = \dfrac{3R}{2k}$

→ $R = \dfrac{2k\alpha \Delta TL}{3}$

∴ $\delta = \delta_2 = \dfrac{R}{k} = \dfrac{2\alpha \Delta TL}{3}$

074 〔정답 ②〕

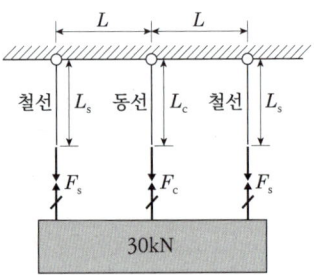

(1) 힘 평형 방정식
↑ $+ \sum F_y = 0$;
$2F_S + F_C - 30\text{kN} = 0$ …… ①

(2) 모멘트 평형 방정식
↻ $+ \sum M_A = 0$;
$(F_C \times L) + (F_S \times 2L) - (30\text{kN} \times L) = 0$
→ $F_C + 2F_S - 30\text{kN} = 0$ …… ② (①=②)

(3) 적합방정식
$\delta_S = \dfrac{F_S L_S}{E_S A_S}$, $\delta_C = \dfrac{F_C L_C}{E_C A_C}$
$\delta_S = \delta_C$; (∵ 대칭)

$$\frac{F_S L_S}{E_S A_S} = \frac{F_C L_C}{E_C A_C}$$

$$\rightarrow \frac{(F_S)(L)}{(2\times 10^5 \text{MPa})(100\text{mm}^2)} = \frac{(F_C)(L)}{(1\times 10^5 \text{MPa})(200\text{mm}^2)}$$

$$\rightarrow F_S = F_C$$

$$\therefore \frac{\sigma_S}{\sigma_C} = \frac{\left(\frac{F_S}{A_S}\right)}{\left(\frac{F_C}{A_C}\right)} = \frac{A_C}{A_S} = \frac{200\text{mm}^2}{100\text{mm}^2} = 2 \;(\because F_S = F_C)$$

075   정답 ②

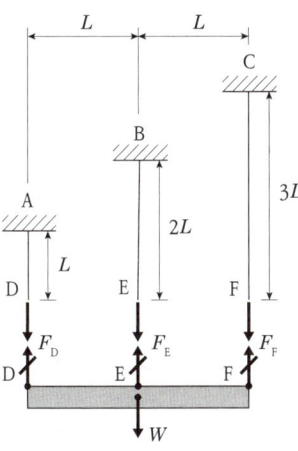

(1) 힘 평형 방정식

↑ $+\sum F_y = 0$;

$F_D + F_E + F_F - W = 0$ …… ①

(2) 모멘트 평형 방정식

↻ $+\sum M_E = 0$;

$(F_D \times L) - (F_F \times L) = 0$

→ $F_D = F_F$ …… ②

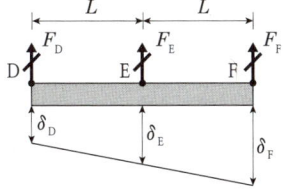

(3) 적합방정식

$$\delta_D = \frac{F_D L}{EA}, \; \delta_E = \frac{F_E(2L)}{EA}, \; \delta_F = \frac{F_F(3L)}{EA}$$

$$\delta_E = \frac{\delta_D + \delta_F}{2} \;;\; (\because 강체\; 직선유지)$$

$$\frac{2F_E L}{EA} = \frac{F_D L}{2EA} + \frac{3F_F L}{2EA}$$

$$\rightarrow 2F_E = \frac{1}{2}F_D + \frac{3}{2}F_F \cdots\cdots ③$$

②를 ①, ③에 대입;

$F_D + F_E + F_D - W = 0$

$2F_D + F_E - W = 0$ …… ④

$2F_E = \frac{1}{2}F_D + \frac{3}{2}F_D = 2F_D$

→ $F_D - F_E = 0$ …… ⑤

④+⑤;

$3F_D - W = 0$

$$\therefore F_D = \frac{W}{3}$$

CHAPTER 19 모멘트 분배법

001 ② 002 ② 003 ② 004 ① 005 ②
006 ③ 007 ② 008 ②

001 정답 ②

$K_{AB} = \dfrac{4EI}{L} = \dfrac{4EI}{5\text{m}}$

$K_{AC} = \dfrac{4EI}{L} = \dfrac{4EI}{5\text{m}}$

$K_{AD} = \dfrac{4EI}{L} = \dfrac{4E(2I)}{10\text{m}} = \dfrac{4EI}{5\text{m}}$

$\therefore DF_{AB} = \dfrac{K_{AB}}{\sum K_A} = \dfrac{K_{AB}}{K_{AB}+K_{AC}+K_{AD}}$

$= \dfrac{\left(\dfrac{4}{5}\right)}{\left(\dfrac{4}{5}\right)+\left(\dfrac{4}{5}\right)+\left(\dfrac{4}{5}\right)} = \dfrac{1}{3}$

002 정답 ②

$K_{OA} = \dfrac{4EI}{L}$

$K_{OB} = \dfrac{4(4EI)}{L} = \dfrac{16EI}{L}$

$K_{OC} = \dfrac{4(2EI)}{L} = \dfrac{8EI}{L}$

$\therefore DF_{OC} = \dfrac{K_{OC}}{\sum K_O} = \dfrac{K_{OC}}{K_{OA}+K_{OB}+K_{OC}}$

$= \dfrac{8}{4+16+8} = \dfrac{2}{7}$

003 정답 ②

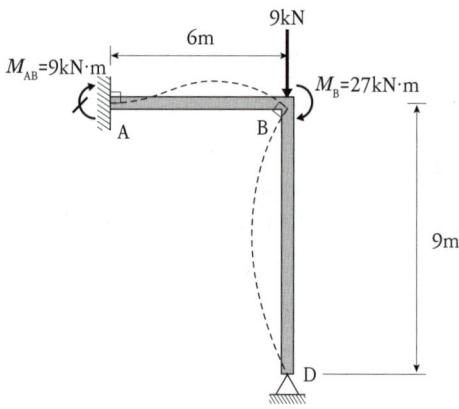

$K_{BA} = \dfrac{4EI}{L} = \dfrac{4EI}{6\text{m}} = \dfrac{2EI}{3\text{m}}$

$K_{BD} = \dfrac{3EI}{L} = \dfrac{3EI}{9\text{m}} = \dfrac{EI}{3\text{m}}$

$DF_{BA} = \dfrac{K_{BA}}{\sum K_B} = \dfrac{K_{BA}}{K_{BA}+K_{BD}}$

$= \dfrac{\left(\dfrac{2}{3}\right)}{\left(\dfrac{2}{3}\right)+\left(\dfrac{1}{3}\right)} = \dfrac{2}{3}$

$M_B = 9\text{kN} \times 3\text{m} = 27\text{kN}\cdot\text{m}\ (\circlearrowleft)$

$\therefore M_{AB} = (M_B \times DF_{BA}) \times 전달률 + FEM_{AB}$

$= \left(27\text{kN}\cdot\text{m} \times \dfrac{2}{3}\right) \times 0.5 + 0 = 9\text{kN}\cdot\text{m}\ (\circlearrowleft)$

> **꼭 알아두자!**
> 고정단 모멘트는 분배될 때 부호가 바뀌나, 외력 모멘트는 분배될 때 부호가 바뀌지 않는다.

004 정답 ①

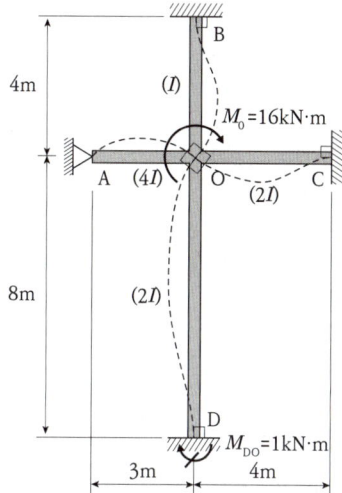

$K_{OA} = \dfrac{3EI}{L} = \dfrac{3E(4I)}{3m} = \dfrac{4EI}{m}$

$K_{OB} = \dfrac{4EI}{L} = \dfrac{4EI}{4m} = \dfrac{EI}{m}$

$K_{OC} = \dfrac{4EI}{L} = \dfrac{4E(2I)}{4m} = \dfrac{2EI}{m}$

$K_{OD} = \dfrac{4EI}{L} = \dfrac{4E(2I)}{8m} = \dfrac{EI}{m}$

$DF_{OD} = \dfrac{K_{OD}}{\sum K_O} = \dfrac{K_{OD}}{K_{OA}+K_{OB}+K_{OC}+K_{OD}}$

$\qquad = \dfrac{1}{(4)+(1)+(2)+(1)} = \dfrac{1}{8}$

$M_O = 16 kN \cdot m\ (\circlearrowleft)$

$\therefore M_{DO} = (M_O \times DF_{OD}) \times 전달률 + FEM_{DO}$

$\qquad = \left(16 kN \cdot m \times \dfrac{1}{8}\right) \times 0.5 + 0 = 1 kN \cdot m\ (\circlearrowleft)$

꼭 알아두자!
고정단 모멘트는 분배될 때 부호가 바뀌나, 외력 모멘트는 분배될 때 부호가 바뀌지 않는다.

005 정답 ②

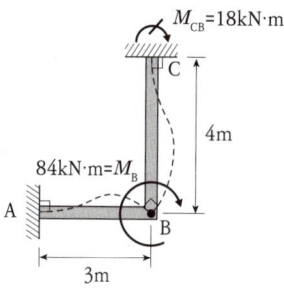

$K_{BA} = \dfrac{4EI}{L} = \dfrac{4EI}{3m}$

$K_{BC} = \dfrac{4EI}{L} = \dfrac{4EI}{4m} = \dfrac{EI}{m}$

$DF_{BC} = \dfrac{K_{BC}}{\sum K_B} = \dfrac{K_{BC}}{K_{BA}+K_{BC}}$

$\qquad = \dfrac{1}{\left(\dfrac{4}{3}\right)+1} = \dfrac{3}{7}$

$M_B = 84 kN \cdot m\ (\circlearrowleft)$

$\therefore M_{CB} = (M_B \times DF_{BC}) \times 전달률 + FEM_{CB}$

$\qquad = \left(84 kN \cdot m \times \dfrac{3}{7}\right) \times 0.5 + 0 = 18 kN \cdot m\ (\circlearrowleft)$

꼭 알아두자!
고정단 모멘트는 분배될 때 부호가 바뀌나, 외력 모멘트는 분배될 때 부호가 바뀌지 않는다.

006 정답 ③

(1) 식을 이용한 방법

$K_{BA} = \dfrac{4EI}{L} = \dfrac{4E(9I)}{3m} = \dfrac{12EI}{m}$

$K_{BC} = \dfrac{4EI}{L} = \dfrac{4E(8I)}{4m} = \dfrac{8EI}{m}$

$DF_{BA} = \dfrac{K_{BA}}{\sum K_B} = \dfrac{12}{12+8} = \dfrac{3}{5}$

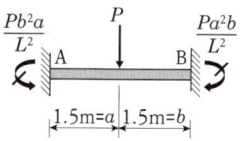

CHAPTER 19 | 모멘트 분배법 **223**

$$\frac{Pb^2a}{L^2}=\frac{(80\text{kN})(1.5\text{m})^2(1.5\text{m})}{(3\text{m})^2}=30\text{kN}\cdot\text{m}$$

$FEM_{AB}=-30\text{kN}\cdot\text{m},\ FEM_{BA}=30\text{kN}\cdot\text{m}$

불균형모멘트$(M_B)=FEM_{BA}+FEM_{BC}$
$$=30\text{kN}\cdot\text{m}+0=30\text{kN}\cdot\text{m}$$

$M_{AB}=-(M_B\times DF_{BA})\times$ 전달률 $+FEM_{AB}$
$$=-\left(30\text{kN}\cdot\text{m}\times\frac{3}{5}\right)\times 0.5-30\text{kN}\cdot\text{m}=-39\text{kN}\cdot\text{m}\ (\circlearrowleft)$$

(2) 표를 이용한 방법

	AB	BA	BC	CB
DF	0	$\frac{3}{5}$	$\frac{2}{5}$	0
FEM	−30	30	0	0
분배	0	−18	−12	0
전달	−9			−6
분배	0			0
Σ	−39	12	−12	−6

∴ $M_{AB}=-39\text{kN}\cdot\text{m}\ (\circlearrowleft)$

꼭 알아두자!
고정단 모멘트는 분배될 때 부호가 바뀌나, 외력 모멘트는 분배될 때 부호가 바뀌지 않는다.

007 정답 ②

(1) 식을 이용한 방법

$K_{BA}=\dfrac{3EI}{L}=\dfrac{3EI}{6\text{m}}=\dfrac{EI}{2\text{m}}$

$K_{BC}=\dfrac{4EI}{L}=\dfrac{4EI}{8\text{m}}=\dfrac{EI}{2\text{m}}$

$DF_{BA}=\dfrac{K_{BA}}{\sum K_B}=\dfrac{\left(\dfrac{1}{2}\right)}{\left(\dfrac{1}{2}\right)+\left(\dfrac{1}{2}\right)}=0.5$

$DF_{BC}=\dfrac{K_{BC}}{\sum K_B}=\dfrac{\left(\dfrac{1}{2}\right)}{\left(\dfrac{1}{2}\right)+\left(\dfrac{1}{2}\right)}=0.5$

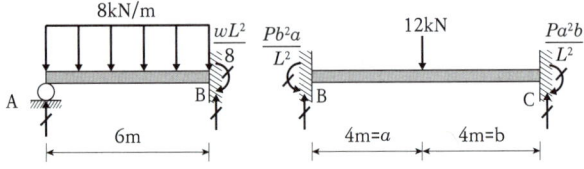

$\dfrac{wL^2}{8}=\dfrac{(8\text{kN/m})(6\text{m})^2}{8}=36\text{kN}\cdot\text{m}$

$\dfrac{Pb^2a}{L^2}=\dfrac{(12\text{kN})(4\text{m})^2(4\text{m})}{(8\text{m})^2}=12\text{kN}\cdot\text{m}$

$FEM_{BA}=36\text{kN}\cdot\text{m},\ FEM_{BC}=-12\text{kN}\cdot\text{m}$
$FEM_{CB}=12\text{kN}\cdot\text{m}$

불균형모멘트$(M_B)=FEM_{BA}+FEM_{BC}$
$$=36\text{kN}\cdot\text{m}-12\text{kN}\cdot\text{m}=24\text{kN}\cdot\text{m}$$

$M_{BA}=-(M_B\times DF_{BA})+FEM_{BA}$
$$=-(24\text{kN}\cdot\text{m}\times 0.5)+36\text{kN}\cdot\text{m}=24\text{kN}\cdot\text{m}\ (\circlearrowleft)$$

$M_{BC}=-(M_B\times DF_{BC})+FEM_{BC}$
$$=-(24\text{kN}\cdot\text{m}\times 0.5)-12\text{kN}\cdot\text{m}=-24\text{kN}\cdot\text{m}\ (\circlearrowleft)$$

$M_{CB}=-(M_B\times DF_{BC})\times$ 전달률 $+FEM_{CB}$
$$=-(24\text{kN}\cdot\text{m}\times 0.5)\times 0.5+12\text{kN}\cdot\text{m}=6\text{kN}\cdot\text{m}\ (\circlearrowleft)$$

(2) 표를 이용한 방법

	AB	BA	BC	CB
DF	1	0.5	0.5	0
FEM		36	−12	12
분배		−12	−12	0
전달	−6			−6
분배	6			0
Σ	0	24	−24	6

앞의 결과와 동일하다.

008

정답 ②

꼭 알아두자!

해당 문제는 변위일치 방법으로 빠르게 계산할 수 있다. 그러나 변위일치 방법으로 문제를 풀기 위해서는 추가적으로 수많은 처짐 공식을 암기해야 하고 이는 수험생의 부담을 가중시킬 뿐이다. 심지어 출제빈도가 매우 낮아 암기한 공식을 이용할 기회도 없을 것이다.

(0) 변위일치를 이용한 방법

δ_w : 외력(w)에 의한 B점 처짐
δ_R : 롤러 반력(R_B)에 의한 B점 처짐
$\delta_w - \delta_R = 0$; ($\because$ 롤러지점)

$$\frac{1}{2}\left(\frac{wL^4}{384EI}\right) - \frac{R_B L^3}{192EI} = 0$$

$$\rightarrow \frac{wL^4}{768EI} - \frac{R_B L^3}{192EI} = 0$$

$$\rightarrow R_B = \frac{wL}{4}$$

$$\therefore R_B = \frac{(30\text{kN/m})(8\text{m})}{4} = 60\text{kN}$$

따라서 이 문제는 굳이 풀겠다면 모멘트 분배법으로 풀겠지만, 지간에 하중이 있는 2차 부정정 이상의 구조는 시험장에서 버리고 넘어가는 것이 좋다. 그 시간에 다른 문제를 풀자.

(1) 표를 이용한 방법

$$K_{BA} = \frac{4EI}{L} = \frac{4EI}{4\text{m}} = \frac{EI}{\text{m}}$$

$$K_{BC} = \frac{4EI}{L} = \frac{4EI}{4\text{m}} = \frac{EI}{\text{m}}$$

$$DF_{BA} = \frac{K_{BA}}{\sum K_B} = \frac{1}{1+1} = 0.5$$

$$DF_{BC} = \frac{K_{BC}}{\sum K_B} = \frac{1}{1+1} = 0.5$$

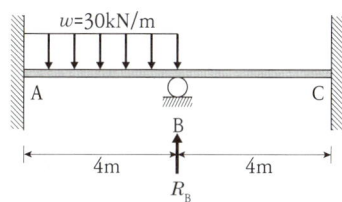

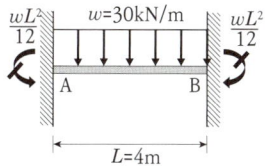

$$\frac{wL^2}{12} = 40\text{kN}\cdot\text{m}$$

$FEM_{AB} = -40\text{kN}\cdot\text{m}, FEM_{BA} = 40\text{kN}\cdot\text{m}$

	AB	BA	BC	CB
DF	0	0.5	0.5	0
FEM	−40	40		
분배	0	−20	−20	
전달	−10			−10
분배		0	0	
∑	−50	20	−20	−10

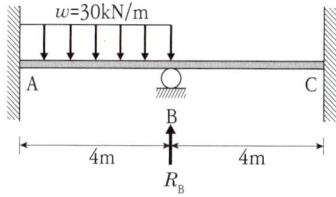

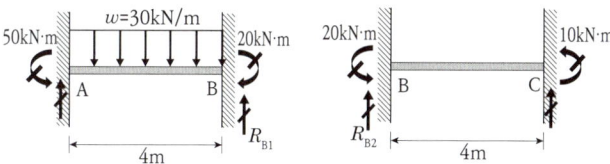

At AB

$\circlearrowleft + \sum M_A = 0$;

$(R_{B1} \times 4\text{m}) + 50\text{kN}\cdot\text{m} - (30\text{kN/m} \times 4\text{m})\left(\frac{4\text{m}}{2}\right) - 20\text{kN}\cdot\text{m} = 0$

$\rightarrow R_{B1} = 52.5\text{kN}$

At BC

$\circlearrowleft + \sum M_C = 0$;

$(R_{B2} \times 4\text{m}) - 20\text{kN}\cdot\text{m} - 10\text{kN}\cdot\text{m} = 0$

$\rightarrow R_{B2} = 7.5\text{kN}$

$\therefore R_B = R_{B1} + R_{B2} = 52.5\text{kN} + 7.5\text{kN} = 60\text{kN}$

(2) 식을 이용한 방법

불균형 모멘트(M_B) = $FEM_{BA} + FEM_{BC}$
$= 40\text{kN}\cdot\text{m} + 0 = 40\text{kN}\cdot\text{m}$

$M_{AB} = -(M_B \times DF_{BA}) \times$ 전달률 $+ FEM_{AB}$
$= -(40\text{kN}\cdot\text{m} \times 0.5) \times 0.5 - 40\text{kN}\cdot\text{m}$
$= -50\text{kN}\cdot\text{m}$ ($\circlearrowleft$)

$M_{BA} = -(M_B \times DF_{BA}) + FEM_{BA}$
  $= -(40\text{kN}\cdot\text{m} \times 0.5) + 40\text{kN}\cdot\text{m} = 20\text{kN}\cdot\text{m} \;(\circlearrowleft)$

$M_{BC} = -(M_B \times DF_{BC}) + FEM_{BC}$
  $= -(40\text{kN}\cdot\text{m} \times 0.5) + 0 = -20\text{kN}\cdot\text{m} \;(\circlearrowright)$

$M_{CB} = -(M_B \times DF_{BC}) \times 전달률 + FEM_{CB}$
  $= -(40\text{kN}\cdot\text{m} \times 0.5) \times 0.5 + 0 = -10\text{kN}\cdot\text{m} \;(\circlearrowright)$

앞의 결과와 동일하다.

CHAPTER 20 영향선

문제편 269p~275p

001 ①	002 ①	003 ②	004 ②	005 ④
006 ③	007 ④	008 ①	009 ②	010 ①
011 ④	012 ③	013 ④	014 ④	015 ③
016 ③	017 ④	018 ②	019 ②	020 ①

001

C점 연직 반력에 대한 영향선을 그리기 위해 C점 연직 반력 구속을 해제하면 C점의 롤러가 제거된다. 다시 해제한 구속력을 외력으로 가할 때 변형 형상이 영향선의 개형과 동일하다.

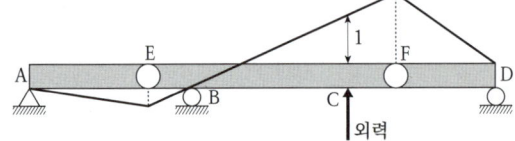

💟 꼭 알아두자!
연직 반력을 외력으로 준 지점의 영향선 높이 차는 '1'이다.

002

B점 연직 반력에 대한 영향선을 그리기 위해 B점 연직 반력 구속을 해제하면 B점의 롤러가 제거된다. 다시 해제한 구속력을 외력으로 가할 때 변형 형상이 영향선의 개형과 동일하다.

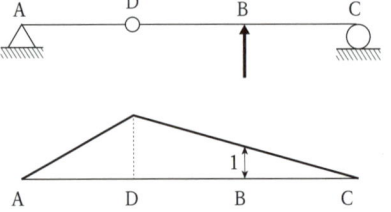

💟 꼭 알아두자!
연직 반력을 외력으로 준 지점의 영향선 높이 차는 '1'이다.

003

각 점(A, B, C, D점)의 연직 반력에 대한 영향선을 그리기 위해 각 점(A, B, C, D점)의 연직 반력 구속을 해제하면 각 점(A, B, C, D점)

의 롤러가 제거된다. 다시 해제한 구속력을 외력으로 가할 때 변형 형상이 영향선의 개형과 동일하다. 순서대로 A, B, C, D점의 수직반력에 대한 영향선은 다음과 같다.

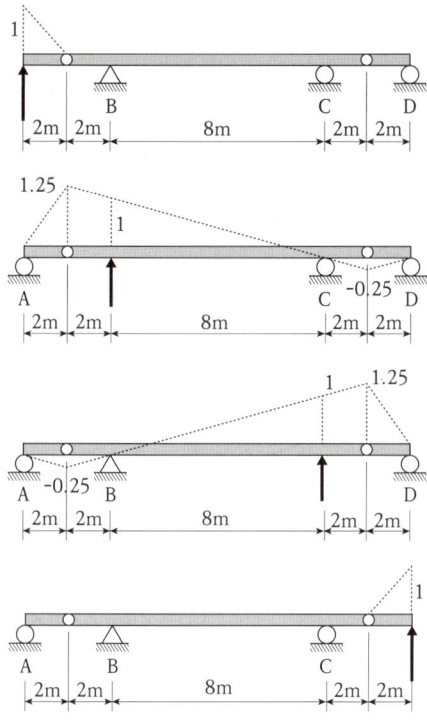

> **꼭 알아두자!**
> 연직 반력을 외력으로 준 지점의 영향선 높이 차는 '1'이다.

004 정답 ②

A점 연직 반력에 대한 영향선을 그리기 위해 A점 연직 반력 구속을 해제하면 A점의 힌지가 제거된다. 다시 해제한 구속력을 외력으로 가할 때 변형 형상이 영향선의 개형과 동일하다.

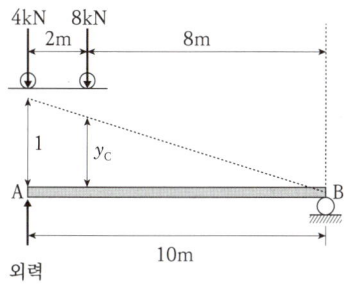

$y_C = 1 \times \dfrac{8m}{10m} = 0.8$

$\therefore R_{A-\max} = (4kN \times 1) + (8kN \times 0.8) = 10.4kN$

> **꼭 알아두자!**
> 연직 반력을 외력으로 준 지점의 영향선 높이 차는 '1'이다.

005 정답 ④

B점 연직 반력에 대한 영향선을 그리기 위해 B점 연직 반력 구속을 해제하면 B점의 롤러가 제거된다. 다시 해제한 구속력을 외력으로 가할 때 변형 형상이 영향선의 개형과 동일하다.

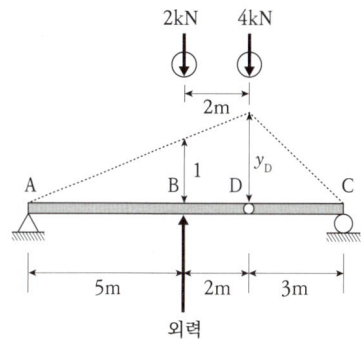

$y_D = 1 \times \dfrac{7m}{5m} = \dfrac{7}{5}$

$\therefore R_{B-\max} = (2kN \times 1) + \left(4kN \times \dfrac{7}{5}\right) = \dfrac{38}{5} kN$

> **꼭 알아두자!**
> 연직 반력을 외력으로 준 지점의 영향선 높이 차는 '1'이다.

006 정답 ③

C점 전단력에 대한 영향선을 그리기 위해 C점 전단력 구속을 해제하면 C점에 비회전 롤러가 생성된다. 다시 해제한 구속력을 외력으로 가할 때 변형 형상이 영향선의 개형과 동일하다.

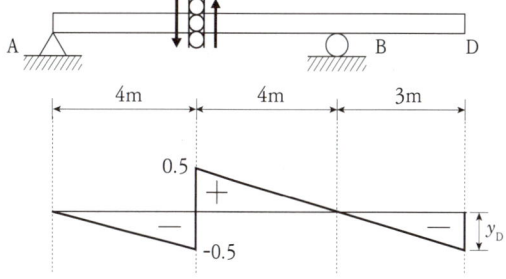

$\therefore y_D = 0.5 \times \dfrac{3m}{4m} = 0.375$

> **꼭 알아두자!**
> 전단력을 외력으로 준 지점의 영향선 높이 차는 '1'이다. 이 높이 차는 양 구간 길이의 비로 나눠진다.

007　　정답 ④

C점 전단력에 대한 영향선을 그리기 위해 C점 전단력 구속을 해제하면 C점에 비회전 롤러가 생성된다. 다시 해제한 구속력을 외력으로 가할 때 변형 형상이 영향선의 개형과 동일하다.

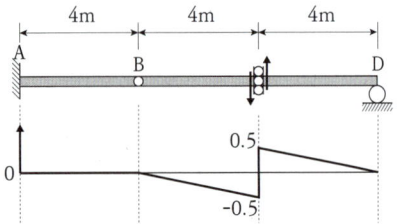

> **꼭 알아두자!**
> 전단력을 외력으로 준 지점의 영향선 높이 차는 '1'이다. 이 높이 차는 양 구간 길이의 비로 나눠진다.

008　　정답 ①

C점 전단력에 대한 영향선을 그리기 위해 C점 전단력 구속을 해제하면 C점에 비회전 롤러가 생성된다. 다시 해제한 구속력을 외력으로 가할 때 변형 형상이 영향선의 개형과 동일하다.

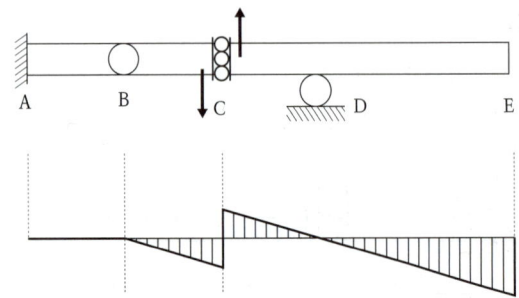

> **꼭 알아두자!**
> 전단력을 외력으로 준 지점의 영향선 높이 차는 '1'이다. 이 높이 차는 양 구간 길이의 비로 나눠진다.

009　　정답 ②

문제에서 절대 최대 전단력이라고 언급하여 수험생들이 혼란스러울 수 있으나 이 문제는 한 점(B점)의 최대 전단력의 크기를 물어봤으므로 영향선 문제이다.

B점 전단력에 대한 영향선을 그리기 위해 B점 전단력 구속을 해제하면 B점에 비회전 롤러가 생성된다. 다시 해제한 구속력을 외력으로 가할 때 변형 형상이 영향선의 개형과 동일하다.

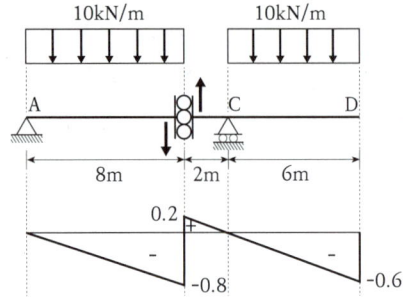

$\therefore V_{B-max} = \left(\dfrac{1}{2} \times 8m \times -0.8\right)(10kN/m)$
$\qquad\qquad\quad + \left(\dfrac{1}{2} \times 6m \times -0.6\right)(10kN/m)$
$\qquad\quad = -50kN$

> **꼭 알아두자!**
> 전단력을 외력으로 준 지점의 영향선 높이 차는 '1'이다. 이 높이 차는 양 구간 길이의 비로 나눠진다.

010　　정답 ①

C점 전단력에 대한 영향선을 그리기 위해 C점 전단력 구속을 해제하면 C점에 비회전 롤러가 생성된다. 다시 해제한 구속력을 외력으로 가할 때 변형 형상이 영향선의 개형과 동일하다.

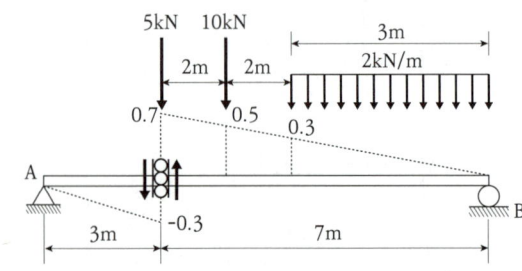

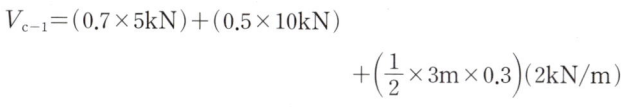

$$=9.4\text{kN}$$

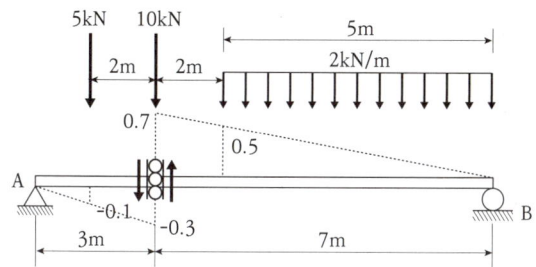

$$V_{c-2}=(-0.1\times 5\text{kN})+(0.7\times 10\text{kN})$$
$$+\left(\frac{1}{2}\times 5\text{m}\times 0.5\right)(2\text{kN/m})$$
$$=9\text{kN}$$

$$\therefore V_{\max}=V_{c-1}=9.4\text{kN}$$

> **꼭 알아두자!**
> 전단력을 외력으로 준 지점의 영향선 높이 차는 '1'이다. 이 높이 차는 양 구간 길이의 비로 나눠진다.

011

정답 ④

1) 뮐러-브레슬러 원리를 이용한 풀이

A~D 구간 : D점 전단력에 대한 영향선을 그리기 위해 D점 전단력 구속을 해제하면 D점에 비회전 롤러가 생성된다. 다시 해제한 구속력을 외력으로 가할 때 변형 형상이 영향선의 개형과 동일하다.

E~F 구간 : E점 전단력에 대한 영향선을 그리기 위해 E점 전단력 구속을 해제하면 E점에 비회전 롤러가 생성된다. 다시 해제한 구속력을 외력으로 가할 때 변형 형상이 영향선의 개형과 동일하다.

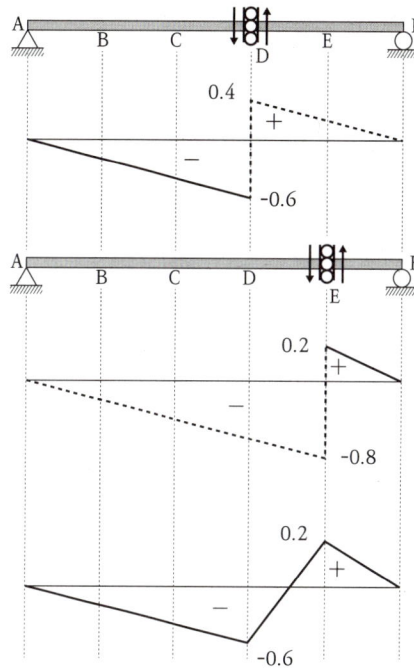

> **꼭 알아두자!**
> 전단력을 외력으로 준 지점의 영향선 높이 차는 '1'이다. 이 높이 차는 양 구간 길이의 비로 나눠진다.

2) 영향선의 개념을 이용한 풀이

(1) D점 하중 작용

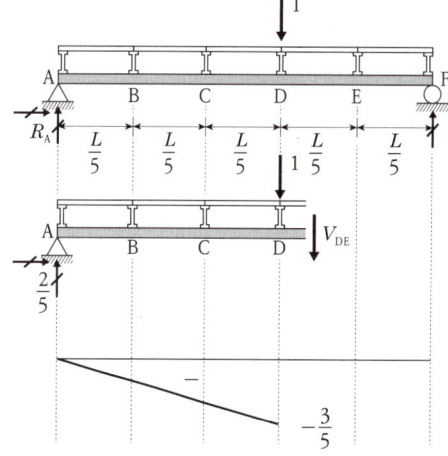

At entire

$\circlearrowleft +\Sigma M_F=0$;

$(R_A\times L)-\left(1\times\dfrac{2L}{5}\right)=0$

→ $R_A = \dfrac{2}{5}$

At 자유물체도
↑ $+\sum F_y = 0$;
$R_A - 1 - V_{DE} = 0$
→ $V_{DE} = R_A - 1 = \dfrac{2}{5} - 1 = -\dfrac{3}{5}$

(2) E점 하중 작용

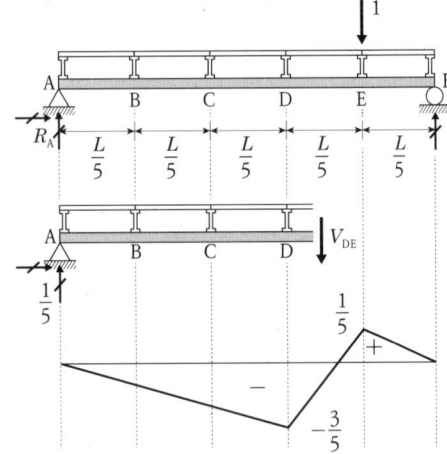

At entire
↺ $+\sum M_F = 0$;
$(R_A \times L) - \left(1 \times \dfrac{L}{5}\right) = 0$
→ $R_A = \dfrac{1}{5}$

At 자유물체도
↑ $+\sum F_y = 0$;
$R_A - V_{DE} = 0$
→ $V_{DE} = R_A = \dfrac{1}{5}$

012 정답 ③

A점 모멘트에 대한 영향선을 그리기 위해 A점 모멘트 구속을 해제하면 A점에 힌지가 생성된다. 다시 해제한 구속력을 외력으로 가할 때 변형 형상이 영향선의 개형과 동일하다.

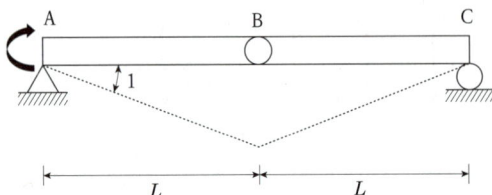

꼭 알아두자!

모멘트를 외력으로 준 지점의 영향선 회전변위는 '1'이다. 이 회전변위는 양구간 길이의 역비로 나눠진다.

013 정답 ④

C점 모멘트에 대한 영향선을 그리기 위해 C점 모멘트 구속을 해제하면 C점에 내부힌지가 생성된다. 다시 해제한 구속력을 외력으로 가할 때 변형 형상이 영향선의 개형과 동일하다.

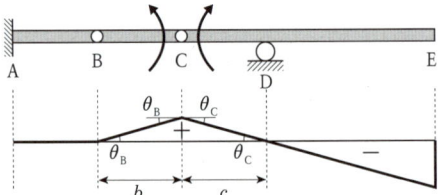

꼭 알아두자!

모멘트를 외력으로 준 지점의 영향선 회전변위는 '1'이다. 이 회전변위는 양구간 길이의 역비로 나눠진다.
$\theta_B + \theta_C = 1$
$\theta_B : \theta_C = c : b$

014 정답 ④

B점 모멘트에 대한 영향선을 그리기 위해 B점 모멘트 구속을 해제하면 B점에 내부힌지가 생성된다. 다시 해제한 구속력을 외력으로 가할 때 변형 형상이 영향선의 개형과 동일하다.

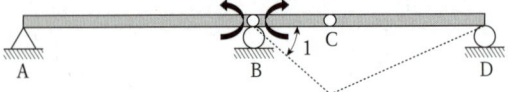

꼭 알아두자!

모멘트를 외력으로 준 지점의 영향선 회전변위는 '1'이다. 이 회전변위는 양구간 길이의 역비로 나눠진다.

015   정답 ③

이 문제는 한 점(B점)의 부모멘트의 최대 절댓값의 크기를 물어봤으므로 영향선 문제이다.
B점 모멘트에 대한 영향선을 그리기 위해 B점 모멘트 구속을 해제하면 B점에 내부힌지가 생성된다. 다시 해제한 구속력을 외력으로 가할 때 변형 형상이 영향선의 개형과 동일하다.

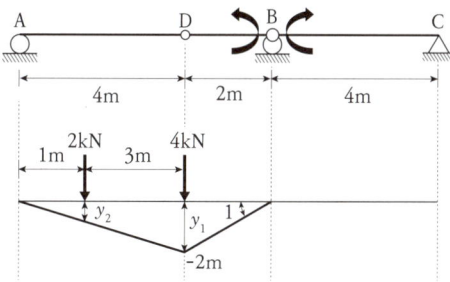

$y_1 = 2m \times \theta = 2m \times 1 = 2m$

$y_2 = y_1 \times \dfrac{1m}{4m} = 2m \times \dfrac{1m}{4m} = 0.5m$

$\therefore M_{d-max} = (2kN \times -y_2) + (4kN \times -y_1)$
$\qquad = (2kN \times -0.5m) + (4kN \times -2m)$
$\qquad = -9kN \cdot m$

꼭 알아두자!

모멘트를 외력으로 준 지점의 영향선 회전변위는 '1'이다. 이 회전변위는 양구간 길이의 역비로 나눠진다.

016   정답 ③

B점 모멘트에 대한 영향선을 그리기 위해 B점 모멘트 구속을 해제하면 B점에 내부힌지가 생성된다. 다시 해제한 구속력을 외력으로 가할 때 변형 형상이 영향선의 개형과 동일하다.

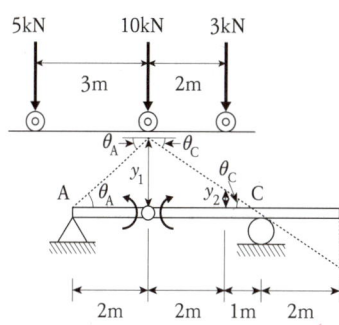

$\theta_A + \theta_C = 1$

$\rightarrow \theta_A : \theta_C = 3m : 2m$

$\therefore \theta_A = 0.6, \theta_C = 0.4$

$y_1 = 3m \times \theta_C = 3m \times 0.4 = 1.2m$

$y_2 = 1m \times \theta_C = 1m \times 0.4 = 0.4m$

$\therefore M_{B-max} = (10kN \times y_1) + (3kN \times y_2)$
$\qquad = (10kN \times 1.2m) + (3kN \times 0.4m)$
$\qquad = 13.2kN \cdot m$

꼭 알아두자!

모멘트를 외력으로 준 지점의 영향선 회전변위는 '1'이다. 이 회전변위는 양구간 길이의 역비로 나눠진다.
아래와 같은 재하 조건도 있으나 10kN 작용 지점(C점)의 영향선 종거가 '0'이고, 3kN 작용 지점의 종거가 '-'이므로 별도로 고려할 필요가 없다.

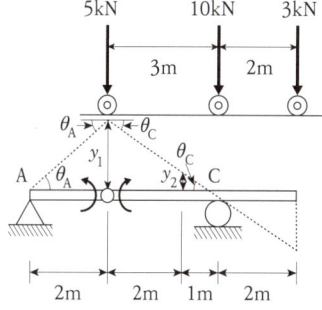

017   정답 ④

C점 모멘트에 대한 영향선을 그리기 위해 C점 모멘트 구속을 해제하면 C점에 내부힌지가 생성된다. 다시 해제한 구속력을 외력으로 가할 때 변형 형상이 영향선의 개형과 동일하다.

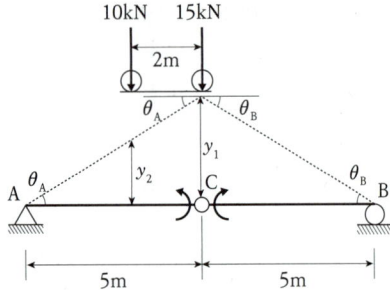

$\theta_A + \theta_B = 1$

$\theta_A : \theta_B = 5\text{m} : 5\text{m}$

→ $\theta_A = 0.5,\ \theta_B = 0.5$

$y_1 = 5\text{m} \times \theta_A = 5\text{m} \times 0.5 = 2.5\text{m}$

$y_2 = 3\text{m} \times \theta_A = 3\text{m} \times 0.5 = 1.5\text{m}$

$\therefore M_{C-\max} = (15\text{kN} \times y_1) + (10\text{kN} \times y_2)$
$= (15\text{kN} \times 2.5\text{m}) + (10\text{kN} \times 1.5\text{m}) = 52.5\text{kN} \cdot \text{m}$

> **꼭 알아두자!**
> 모멘트를 외력으로 준 지점의 영향선 회전변위는 '1'이다. 이 회전변위는 양구간 길이의 역비로 나눠진다.

018   정답 ②

C점 모멘트에 대한 영향선을 그리기 위해 C점 모멘트 구속을 해제하면 C점에 내부힌지가 생성된다. 다시 해제한 구속력을 외력으로 가할 때 변형 형상이 영향선의 개형과 동일하다.

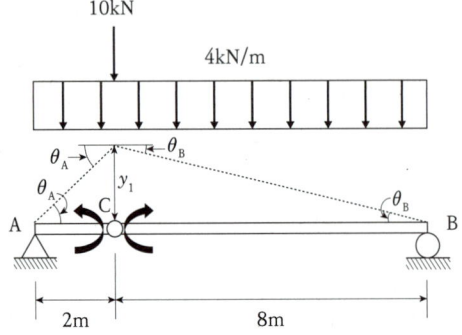

$\theta_A + \theta_B = 1$

$\theta_A : \theta_C = 8\text{m} : 2\text{m}$

→ $\theta_A = 0.8,\ \theta_C = 0.2$

$y_1 = 2\text{m} \times \theta_A = 2\text{m} \times 0.8 = 1.6\text{m}$

$\therefore M_{C-\max} = (10\text{kN} \times y_1) + \left(\frac{1}{2} \times 10\text{m} \times y_1\right)(4\text{kN/m})$
$= (10\text{kN} \times 1.6\text{m}) + \left(\frac{1}{2} \times 10\text{m} \times 1.6\right)(4\text{kN/m})$
$= 48\text{kN} \cdot \text{m}$

> **꼭 알아두자!**
> 모멘트를 외력으로 준 지점의 영향선 회전변위는 '1'이다. 이 회전변위는 양구간 길이의 역비로 나눠진다.

019   정답 ②

C점 모멘트에 대한 영향선을 그리기 위해 C점 모멘트 구속을 해제하면 C점에 내부힌지가 생성된다. 다시 해제한 구속력을 외력으로 가할 때 변형 형상이 영향선의 개형과 동일하다.

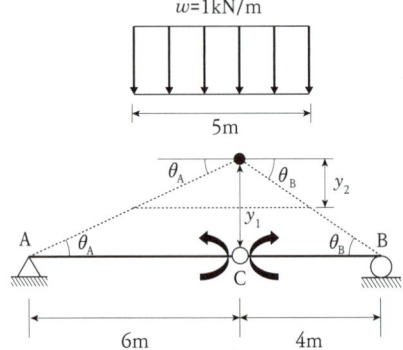

$\theta_A + \theta_B = 1$

$\theta_A : \theta_B = 4\text{m} : 6\text{m}$

→ $\theta_A = 0.4,\ \theta_B = 0.6$

$y_1 = 6\text{m} \times \theta_A = 6\text{m} \times 0.4 = 2.4\text{m}$

$10\text{m} : 5\text{m} = y_1 : y_2 = 2.4\text{m} : y_2$

→ $y_2 = 1.2\text{m}$

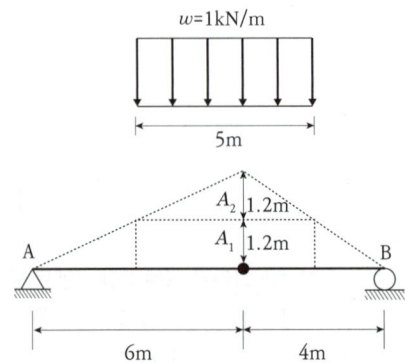

$$A = A_1 + A_2$$
$$= (5\text{m} \times 1.2\text{m}) + \left(\frac{1}{2} \times 5\text{m} \times 1.2\text{m}\right) = 9\text{m}^2$$

$$\therefore M_{c-\max} = A \times w = (9\text{m}^2)(1\text{kN/m}) = 9\text{kN} \cdot \text{m}$$

> **꼭 알아두자!**
> 모멘트를 외력으로 준 지점의 영향선 회전변위는 '1'이다. 이 회전변위는 양구간 길이의 역비로 나눠진다.

020   정답 ①

E점 모멘트에 대한 영향선을 그리기 위해 E점 모멘트 구속을 해제하면 E점에 내부힌지가 생성된다. 다시 해제한 구속력을 외력으로 가할 때 변형 형상이 영향선의 개형과 동일하다.

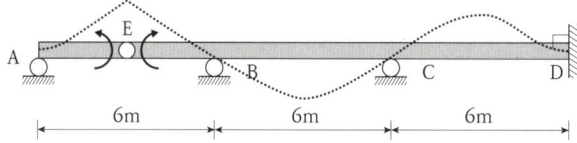

CHAPTER 21 절대최대전단력, 절대최대모멘트

001 ④   002 ①   003 ①   004 ②   005 ③
006 ③   007 ②

001   정답 ④

(1) 등분포하중

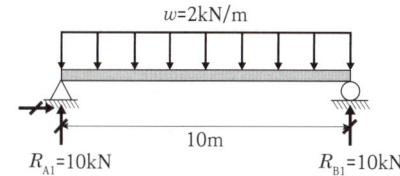

$R_{A1} = R_{B1} = \dfrac{wL}{2}$ (∵ 대칭)

$= \dfrac{(2\text{kN/m})(10\text{m})}{2} = 10\text{kN}$

(2) 집중하중

집중하중에 의한 최대 전단력은 지점에 하중이 몰릴 때 발생한다.

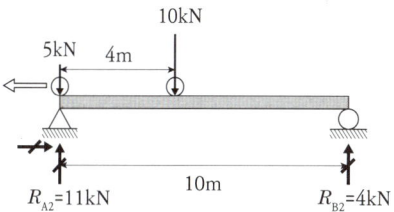

$\circlearrowleft + \sum M_A = 0$;
$(R_{B2} \times 10\text{m}) - (10\text{k} \times 4\text{m}) = 0$
→ $R_{B2} = 4\text{kN}$
→ $R_{A2} = 11\text{kN}$

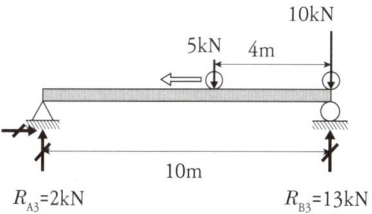

$\circlearrowleft + \sum M_B = 0$;
$(R_{A3} \times 10\text{m}) - (5\text{kN} \times 4\text{m}) = 0$
→ $R_{A3} = 2\text{kN}$
→ $R_{B3} = 13\text{kN}$

$\therefore V_{\max} = R_{B1} + R_{B3} = 23\text{kN}$

002 정답 ①

집중하중에 의한 최대 전단력은 지점에 하중이 몰릴 때 발생한다.

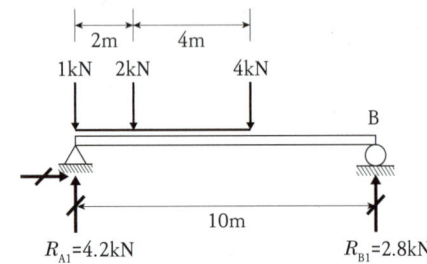

$\circlearrowleft + \sum M_A = 0$;
$(R_{B1} \times 10m) - (2kN \times 2m) - (4kN \times 6m) = 0$
→ $R_{B1} = 2.8kN$
→ $R_{A1} = 4.2kN$

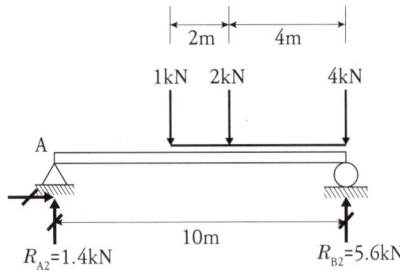

$\circlearrowleft + \sum M_B = 0$;
$(R_{A2} \times 10m) - (1kN \times 6m) - (2kN \times 4m) = 0$
→ $R_{A2} = 1.4kN$
→ $R_{B2} = 5.6kN$

∴ $V_{max} = R_{B2} = 5.6kN$

003 정답 ①

▼ 꼭 알아두자!

단순보의 절대 최대 휨모멘트 계산은 응용역학을 처음 공부하는 학생들이 어려워하는 개념으로 다른 문제로 응용될 여지가 없어 풀이 과정을 암기하는 것이 좋다.
(1) 합력 계산하기
(2) 하중 재하하기
(3) 절대최대모멘트 계산하기

(1) 합력 계산하기

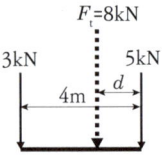

$F_t = 3kN + 5kN = 8kN$
$F_t \times d = 3kN \times 4m$
→ $d = 1.5m$

(2) 하중 재하하기

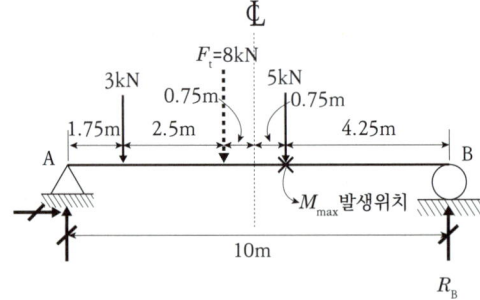

∴ $x = 4.25m$

> **꼭 알아두자!**
>
> 문제에서 물어보지 않았으나 절대최대모멘트도 계산해 보자.

(3) 절대최대모멘트 계산하기

At entire
$\circlearrowleft + \sum M_A = 0$;
$(R_B \times 10\text{m}) - (F_t \times 4.25\text{m}) = 0$
→ $R_B = 3.4\text{kN}$

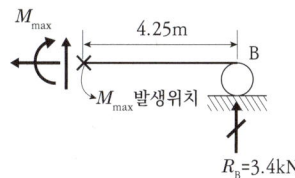

At 자유물체도
$\circlearrowleft + \sum M_{max} = 0$;
$M_{max} - (3.4\text{kN} \times 4.25\text{m}) = 0$

∴ $M_{max} = 14.45\text{kN} \cdot \text{m}$

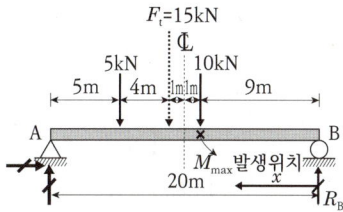

∴ $x = 9\text{m}$

> **꼭 알아두자!**
>
> 문제에서 물어보지 않았으나 절대최대모멘트도 계산해 보자.

(3) 절대최대모멘트 계산하기

At entire
$\circlearrowleft + \sum M_A = 0$;
$(R_B \times 20\text{m}) - (F_t \times 9\text{m}) = 0$
→ $R_B = 6.75\text{kN}$

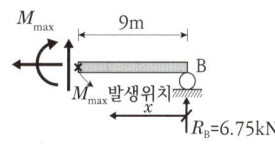

At 자유물체도
$\circlearrowleft + \sum M_{max} = 0$;
$M_{max} - (6.75\text{kN} \times 9\text{m}) = 0$

∴ $M_{max} = 60.75\text{kN} \cdot \text{m}$

004 정답 ②

> **꼭 알아두자!**
>
> 단순보의 절대 최대 휨모멘트 계산은 응용역학을 처음 공부하는 학생들이 어려워하는 개념으로 다른 문제로 응용될 여지가 없어 풀이 과정을 암기하는 것이 좋다.
> (1) 합력 계산하기
> (2) 하중 재하하기
> (3) 절대최대모멘트 계산하기

(1) 합력 계산하기

$F_t = 5\text{kN} + 10\text{kN} = 15\text{kN}$
$F_t \times d = 5\text{kN} \times 6\text{m}$
→ $d = 2\text{m}$

(2) 하중 재하하기

005

정답 ③

(1) 합력 계산하기

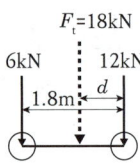

$F_t = 6kN + 12kN = 18kN$

$F_t \times d = 6kN \times 1.8m$

→ $d = 0.6m$

(2) 하중 재하하기

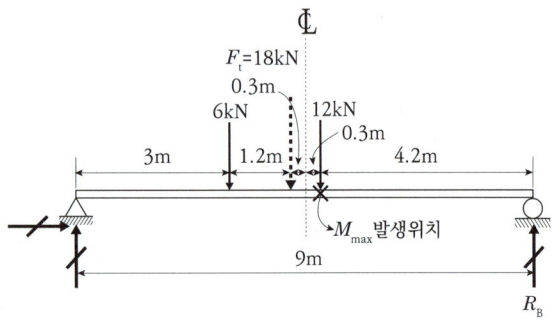

(3) 절대최대모멘트 계산하기

At entire

$\circlearrowleft + \sum M_A = 0$;

$(R_B \times 9m) - (F_t \times 4.2m) = 0$

→ $R_B = 8.4kN$

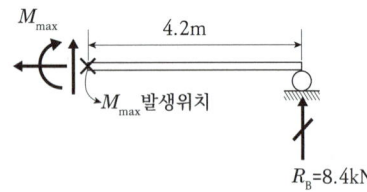

At 자유물체도

$\circlearrowleft + \sum M_{max} = 0$;

$M_{max} - (8.4kN \times 4.2m) = 0$

∴ $M_{max} = 35.28 kN \cdot m$

006

정답 ③

(1) 합력 계산하기

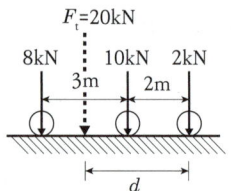

$F_t = 8kN + 10kN + 2kN = 20kN$

$F_t \times d = (8kN \times 5m) + (10kN \times 2m)$

→ $d = 3m$

(2) 하중 재하하기

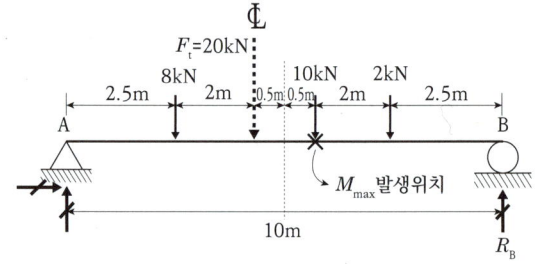

(3) 절대최대모멘트 계산하기

At entire

$\circlearrowleft + \sum M_A = 0$;

$(R_B \times 10m) - (F_t \times 4.5m) = 0$

→ $R_B = 9kN$

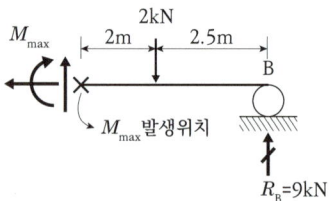

At 자유물체도

$\circlearrowleft + \sum M_{max} = 0$;

$M_{max} + (2kN \times 2m) - (9kN \times 4.5m) = 0$

∴ $M_{max} = 36.5 kN \cdot m$

007

(1) 합력 계산하기

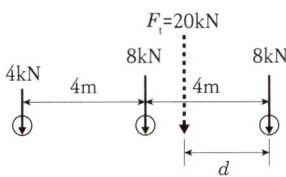

$F_t = 4kN + 8kN + 8kN = 20kN$
$F_t \times d = (4kN \times 8m) + (8kN \times 4m)$
→ $d = 3.2m$

(2) 하중 재하하기

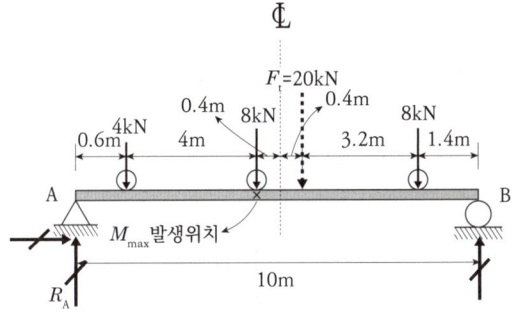

(3) 절대최대모멘트 계산하기

At entire
$\circlearrowleft + \sum M_B = 0$;
$(R_A \times 10m) - (F_t \times 4.6m) = 0$
→ $R_A = 9.2kN$

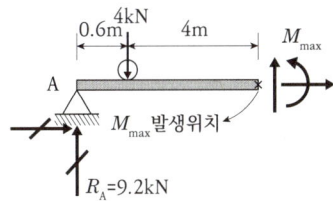

At 자유물체도
$\circlearrowleft + \sum M_{max} = 0$;
$M_{max} - (9.2kN \times 4.6m) + (4kN \times 4m) = 0$

∴ $M_{max} = 26.32kN \cdot m$

정답 ②

CHAPTER 22 케이블 일반 정리

001 ④   002 ①

001

정답 ④

케이블 일반 정리를 이용하기 위해 케이블과 동일한 길이를 갖는 등가단순보에 하중을 재하하여 모멘트를 계산한다.

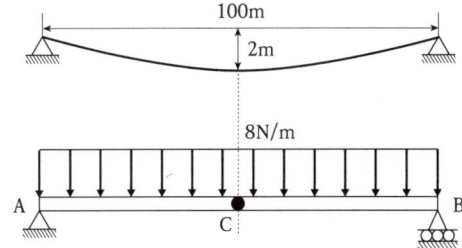

At 등가단순보
$[M_C] = H \times y_C$;
$\dfrac{wL^2}{8} = H \times y_C$

→ $\dfrac{(8N/m)(100m)^2}{8} = H \times 2m$

→ $10000N \cdot m = H \times 2m$

→ $H = 5000N$

∴ $T_{min} = \sqrt{H^2 + V^2_{min}} = \sqrt{5000^2 + 0^2} = 5000N$

002

정답 ①

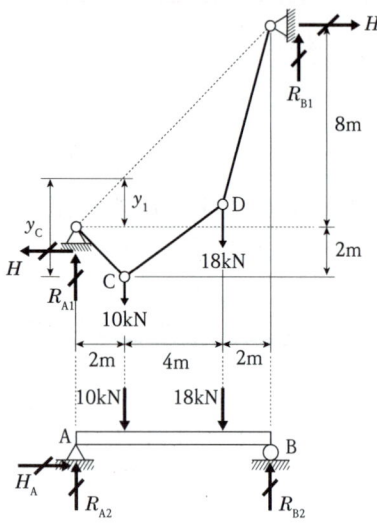

At 케이블

$y_1 = 8m \times \dfrac{2}{8} = 2m$, $y_C = y_1 + 2m = 4m$

At 등가단순보

$\circlearrowleft + \sum M_B = 0$;
$(R_{A2} \times 8m) - (10kN \times 6m) - (18kN \times 2m) = 0$
→ $R_{A2} = 12kN$

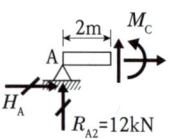

At 자유물체도

$\circlearrowleft + \sum M_C = 0$;
$M_C - (12kN \times 2m) = 0$
→ $M_C = 24kN \cdot m$

$[M_C] = H \times y_m$;
$24kN \cdot m = H \times 4m$
∴ $H = 6kN$

꼭 알아두자!

문제에서 물어보지 않았으나, A점 수직반력(R_{A1}), 장력(T_{AC}, T_{CD}, T_{DB})을 구해보자.

At entire

$\circlearrowleft + \sum M_B = 0$;
$(R_{A1} \times 8m) + (6kN \times 8m) - (10kN \times 6m) - (18kN \times 2m) = 0$
∴ $R_{A1} = 6kN$ (↑)

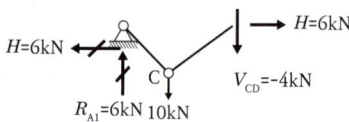

$T_{AC} = \sqrt{H^2 + V^2_{AC}} = \sqrt{6^2 + 6^2}\, kN$

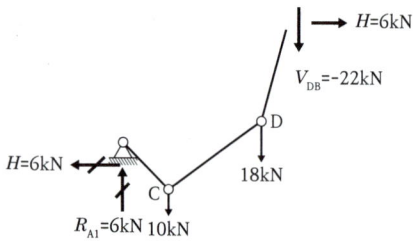

$T_{CD} = \sqrt{H^2 + V^2_{CD}} = \sqrt{6^2 + 4^2}\, kN$

$T_{DB} = \sqrt{H^2 + V^2_{DB}} = \sqrt{6^2 + 22^2}\, kN$

∴ $T_{max} = T_{BD}$

(케이블의 기울기가 클수록 인장력이 크다.)

CHAPTER 23 도르래

001 ②　　002 ②

001

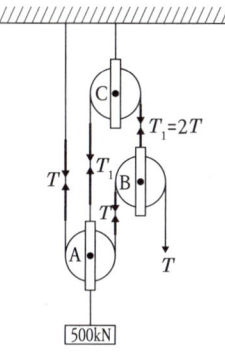

At B
$\uparrow + \sum F_y = 0$;
$T_1 - T - T = 0$
→ $T_1 = 2T$

At A
$\uparrow + \sum F_y = 0$;
$T + T_1 + T - 500\text{kN} = 0$
→ $4T = 500\text{kN}$

∴ $T = 125\text{kN}$

> 꼭 알아두자!
> 도르래에 연결된 하나의 케이블은 동일한 장력(인장력)을 받는다.

002

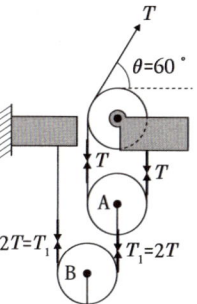

At A
$\uparrow + \sum F_y = 0$;
$T + T - T_1 = 0$
→ $T_1 = 2T$

At B
$\uparrow + \sum F_y = 0$;
$T_1 + T_1 - 1200\text{kN} = 0$
→ $4T = 1200\text{kN}$

∴ $T = 300\text{kN}$

> 꼭 알아두자!
> 도르래에 연결된 하나의 케이블은 동일한 장력(인장력)을 받는다.

CHAPTER 24 안전율

001 ② 002 ④ 003 ③ 004 ②

001 정답 ②

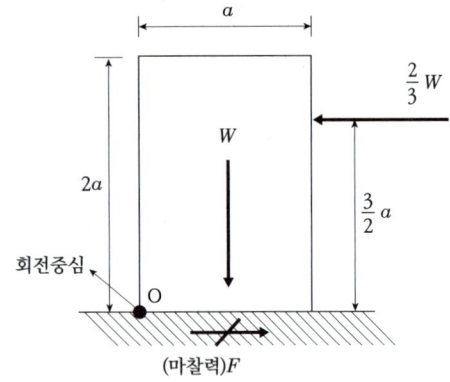

안전율 $=\dfrac{\text{저항력}}{\text{외력}}$;

(1) 전도

전도안전율 $=\dfrac{\text{저항 } M}{\text{외력 } M}=\dfrac{(W)\left(\dfrac{a}{2}\right)}{\left(\dfrac{2}{3}W\right)\left(\dfrac{3}{2}a\right)}<1$

(2) 활동

활동안전율 $=\dfrac{\text{마찰력}}{\text{수평력}}=\dfrac{(\mu)(W)}{\left(\dfrac{2}{3}W\right)}=\dfrac{(0.75)(W)}{\left(\dfrac{2}{3}W\right)}>1$

∴ 수평이동없이 넘어진다.

> **꼭 알아두자!**
> 토목설계에서는 활동안전율 '1.5', 전도안전율 '2'를 설계기준으로 하나 응용역학에서는 별도의 언급이 없다면 '1'을 기준으로 한다.

002 정답 ④

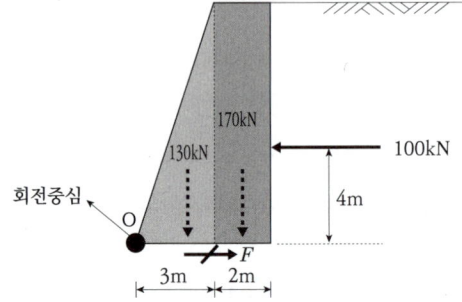

안전율 $=\dfrac{\text{저항력}}{\text{외력}}$;

(1) 전도

$\text{전도안전율}=\dfrac{\text{저항 } M}{\text{외력 } M}$

$=\dfrac{(130\text{kN})\left(3\text{m}\times\dfrac{2}{3}\right)+(170\text{kN})\left(3\text{m}+\dfrac{2\text{m}}{2}\right)}{(100\text{kN})(4\text{m})}$

$=\dfrac{940\text{kN}\cdot\text{m}}{400\text{kN}\cdot\text{m}}=2.35>1.5$

(2) 활동

$\text{활동안전율}=\dfrac{\text{마찰력}}{\text{수평력}}=\dfrac{(\mu)(W)}{H}$

$=\dfrac{(0.4)(130\text{kN}+170\text{kN})}{100\text{kN}}$

$=\dfrac{120\text{kN}}{100\text{kN}}=1.2<1.5$

∴ 전도 : 안전, 활동 : 불안전

003 정답 ③

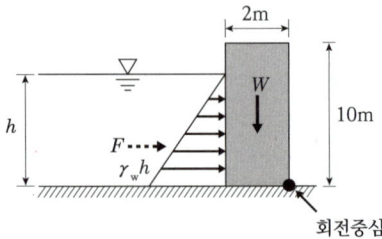

안전율 $=\dfrac{\text{저항력}}{\text{외력}}$;

전도안전율 $=\dfrac{\text{저항}M}{\text{외력}M}=\dfrac{(W)\left(\dfrac{2\text{m}}{2}\right)}{(F)\left(\dfrac{h}{3}\right)}$

$=\dfrac{(A\gamma_c)\left(\dfrac{2\text{m}}{2}\right)}{\left(\dfrac{1}{2}\gamma_w h^2\right)\left(\dfrac{h}{3}\right)}$

$=\dfrac{(2\text{m}\times 10\text{m})(25\text{kN/m}^3)\left(\dfrac{2\text{m}}{2}\right)}{\left(\dfrac{1}{2}\right)(10\text{kN/m}^3)(h^2)\left(\dfrac{h}{3}\right)}$

$=\dfrac{500\text{kN}\cdot\text{m/m}}{\left(\dfrac{5}{3}h^3\right)\text{kN}\cdot\text{m/m}}\geq 1\ (\because \text{전도 발생} \times)$

$\therefore \sqrt[3]{300}\text{m}\geq h$

> **꼭 알아두자!**
> 토목설계에서는 활동안전율 '1.5', 전도안전율 '2'를 설계기준으로 하나 응용역학에서는 별도의 언급이 없다면 '1'을 기준으로 한다.

004   정답 ②

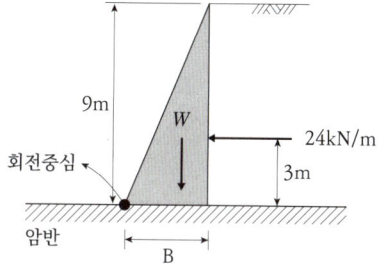

안전율 $=\dfrac{\text{저항력}}{\text{외력}}$;

전도안전율 $=\dfrac{\text{저항}M}{\text{외력}M}=\dfrac{(W)\left(B\times\dfrac{2}{3}\right)}{(24\text{kN/m})(3\text{m})}$

$=\dfrac{(A\gamma_c)\left(B\times\dfrac{2}{3}\right)}{(24\text{kN/m})(3\text{m})}$

$=\dfrac{\left(\dfrac{1}{2}\times B\times 9\text{m}\right)(24\text{kN/m}^3)\left(B\times\dfrac{2}{3}\right)}{(24\text{kN/m})(3\text{m})}$

$=\dfrac{(72B^2)\text{kN}\cdot\text{m/m}}{72\text{kN}\cdot\text{m/m}}\geq 1\ (\because \text{전도 발생} \times)$

$\therefore B\geq 1\text{m}$

> **꼭 알아두자!**
> 토목설계에서는 활동안전율 '1.5', 전도안전율 '2'를 설계기준으로 하나 응용역학에서는 별도의 언급이 없다면 '1'을 기준으로 한다.

CHAPTER 25 곡률

| 001 ① | 002 ④ | 003 ① | 004 ① | 005 ① |
| 006 ③ | 007 ① | 008 ③ | 009 ④ | 010 ④ |
| 011 ③ |

001   정답 ①

'$+M$'에 대해 아래로 볼록한 형상을, '$-M$'에 대해 위로 볼록한 형상을 보인다.

002   정답 ④

라멘의 휨 모멘트도를 그리면 다음과 같다.

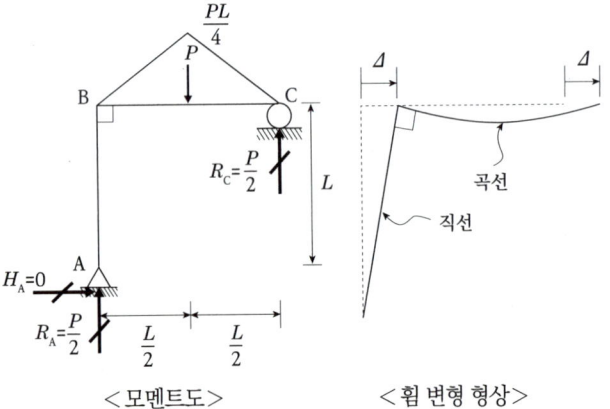

<모멘트도>   <휨 변형 형상>

부재 AB의 경우 모멘트가 '0'이므로 발생하지 않아 직선을 유지하고, 부재 BC의 경우 '+'의 모멘트가 발생하므로 아래 방향으로 휨이 발생한다.

003   정답 ①

$k = \dfrac{1}{\rho} = \dfrac{M}{EI}$;

① 휨모멘트(M) ⇑ → 곡률(k) ⇑
   휨모멘트(M)에 비례한다.
② 곡률반경(ρ) ⇑ → 곡률(k) ⇓
   곡률반경(ρ)에 반비례한다.
③ 탄성계수(E) ⇑ → 곡률(k) ⇓
   탄성계수(E)에 반비례한다.
④ 단면2차모멘트(I) ⇑ → 곡률(k) ⇓
   보의 단면2차모멘트(I)에 반비례한다.

004   정답 ①

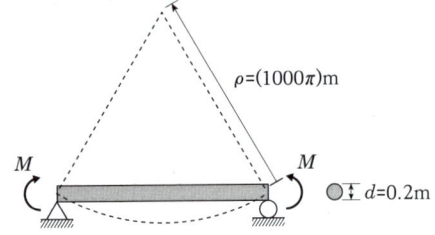

$K = \dfrac{1}{\rho} = \dfrac{M}{EI} \rightarrow M = \dfrac{EI}{\rho}$

$\therefore M = \dfrac{E\left(\dfrac{\pi d^4}{64}\right)}{\rho} = \dfrac{E\pi d^4}{64\rho}$

$= \dfrac{(200,000\text{MPa})(\pi)(0.2\text{m})^4}{64(1000\pi\text{m})} = 5\text{kN·m}$

005   정답 ①

$K = \dfrac{1}{\rho} = \dfrac{M}{EI} \rightarrow M = \dfrac{EI}{\rho}$

$R \times \dfrac{\pi}{3} = \pi \rightarrow R = 3$

$\therefore M = \dfrac{EI}{3}$

006   정답 ③

$K = \dfrac{1}{\rho} = \dfrac{M}{EI} \rightarrow E = \dfrac{M\rho}{I}$

$\therefore E = \dfrac{(50\text{N·m})(4\text{m})}{\left(\dfrac{10 \times 10^3}{12}\text{mm}^4\right)} = 240\text{GPa}$

007 정답 ①

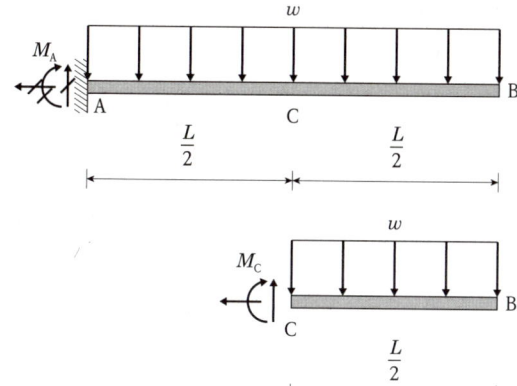

$$K=\frac{1}{\rho}=\frac{M}{EI} \rightarrow \rho=\frac{EI}{M}$$

At entire
$\circlearrowleft +\Sigma M_A=0$;
$M_A+(w\times L)\left(\frac{L}{2}\right)=0$
$\rightarrow M_A=-\frac{wL^2}{2}(\circlearrowleft)$

At CB
$\circlearrowleft +\Sigma M_C=0$;
$M_C+\left(w\times\frac{L}{2}\right)\left(\frac{L}{4}\right)=0$
$\rightarrow M_C=-\frac{wL^2}{8}(\circlearrowleft)$

$\therefore \frac{\rho_C}{\rho_A}=\frac{\left(\frac{EI}{M_C}\right)}{\left(\frac{EI}{M_A}\right)}=\frac{M_A}{M_C}=\frac{\left(-\frac{wL^2}{2}\right)}{\left(-\frac{wL^2}{8}\right)}=4$

$\frac{\rho_C}{\rho_B}=\frac{\left(\frac{EI}{M_C}\right)}{\left(\frac{EI}{M_B}\right)}=\frac{M_B}{M_C}=\frac{(0)}{\left(-\frac{wL^2}{8}\right)}=0$ ($M_B=0$ ∵ 자유단)

008 정답 ③

$\varepsilon=-Ky$
$\rightarrow K=-\frac{\varepsilon}{y}=-\frac{0.0012}{2.4\text{mm}}=-0.5\text{m}$

009 정답 ④

$\varepsilon=-Ky=-\frac{y}{\rho}\left(\because K=\frac{1}{\rho}\right)$

강봉 중심선의 곡률반경(ρ)
$\rho=R+\frac{d}{2}$

$\therefore \varepsilon_{max}=-\frac{y_{max}}{\rho}$
$=-\frac{\left(\frac{d}{2}\right)}{\left(R+\frac{d}{2}\right)}=-\frac{d}{2R+d}$

010 정답 ④

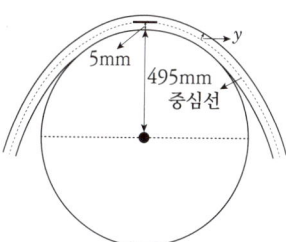

$\varepsilon=-Ky=-\frac{y}{\rho}\left(\because K=\frac{1}{\rho}\right)$

강봉 중심선의 곡률반경(ρ)
$\rho=\frac{990}{2}\text{mm}+\frac{10}{2}\text{mm}$
$=500\text{mm}$

$\sigma=\varepsilon E=\left(-\frac{y}{\rho}\right)(E)$
$=\left(-\frac{5\text{mm}}{500\text{mm}}\right)(2\times 10^5 \text{MPa})$
$=-2000\text{MPa}$

011

정답 ③

> **꼭 알아두자!**
> 해당 문제는 이중적분법으로 풀이할 수 있다. 모두 수험생들이 학습하기에는 어려움이 있다. 이런 문제를 넘어가는 것 또한 수험생의 실력이라고 할 수 있다. 7급을 준비하는 학생들만 학습하도록 하자.

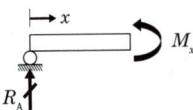

$\circlearrowleft + \sum M_x = 0;$

$M_x - R_A x = 0$

→ $M_x = R_A x$

$\dfrac{M}{EI} = v''$ → $M = EIv'' = R_A x$

$EIv' = \dfrac{1}{2} R_A x^2 + C_1$

$EIv = \dfrac{1}{6} R_A x^3 + C_1 x + C_2$

$x=0$, $x=L$일 때 처짐은 '0'이다.(∵ 힌지, 롤러 지점)

$v(0) = 0$; $C_2 = 0$

$v(L) = 0$; $C_1 = -\dfrac{1}{6} R_A L^2$

$\dfrac{v}{v''} = \dfrac{EIv}{EIv''} = \dfrac{\frac{1}{6}R_A x^3 - \frac{1}{6}R_A L^2 x}{R_A x} = \dfrac{x^2 - L^2}{6}$

CHAPTER 26 파푸스정리

문제편 291p

001 ① **002** ② **003** ③

001

정답 ①

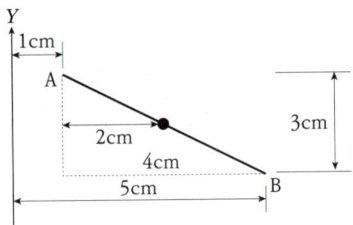

표면적 = 선분길이 × 도심거리 × 회전각도

$= (5\text{cm})(3\text{cm})\left(360° \times \dfrac{\pi}{180°}\right)$

$= 30\pi \text{cm}^2$

> **꼭 알아두자!**
> 간혹 '표면적=선분길이×도심거리×2π'로 암기하는 학생들이 있는데 '표면적=선분길이×도심거리×회전각도'로 암기하는 것을 추천한다.

002

정답 ②

부피 = 단면적 × 도심 거리 × 회전 각도

$= (a \times b)\left(\dfrac{b}{2}\right)(360°)$

$= (3 \times 5 \text{cm}^2)\left(\dfrac{5\text{cm}}{2}\right)\left(360° \times \dfrac{\pi}{180°}\right)$

$= 75\pi$

> **꼭 알아두자!**
> 간혹 '부피=단면적×도심 거리×2π'로 암기하는 학생들이 있는데 '부피=단면적×도심 거리×회전 각도'로 암기하는 것을 추천한다.

003

정답 ③

부피 = 단면적 × 도심 거리 × 회전 각도

$= \left(\dfrac{1}{2} \times R \times H\right)\left(R \times \dfrac{1}{3}\right)\left(360° \times \dfrac{\pi}{180°}\right)$

$= \dfrac{\pi R^2 H}{3}$

> **꼭 알아두자!**
> 간혹 '부피=단면적×도심 거리×2π'로 암기하는 학생들이 있는데 '부피=단면적×도심 거리×회전 각도'로 암기하는 것을 추천한다.

CHAPTER 27 역학 일반

001	②	002	④	003	③	004	②	005	④
006	③	007	②	008	③	009	②	010	②
011	②	012	③

001
정답 ②

① 관성의 법칙(1법칙) : 힘이 평형을 이룰 때 물체는 현재의 운동상태를 유지한다.
② 마찰력은 물체의 이동방향에 반대방향으로 작용하므로 옳은 문장이나 뉴튼의 법칙과 무관하다.
③ 가속도의 법칙(2법칙) : $F=ma$에 대한 설명이다.
④ 작용과 반작용의 법칙(3법칙) : 반작용력은 작용력과 힘의 크기가 같고 방향은 반대이다.

▼ 꼭 알아두자!
뉴튼의 3법칙에 대한 문제이다. 응용역학이라기 보다는 물리문제로 크게 중요하지 않다.

002
정답 ④

① 힘은 화살표로 표현할 수 있다. 화살표의 방향은 힘의 방향, 화살표의 시작점은 작용점, 힘의 크기는 수치로 표현한다.
② 후크의 법칙 $\sigma=\varepsilon E$에 대한 설명이다.
③ 동마찰계수는 정마찰계수보다 항상 작다. 멈춰있는 물체를 밀 때 일단 움직이기만 하면 미는 힘을 적게 줘도 수월하게 움직이는 것을 생각하면 기억하기 쉽다.

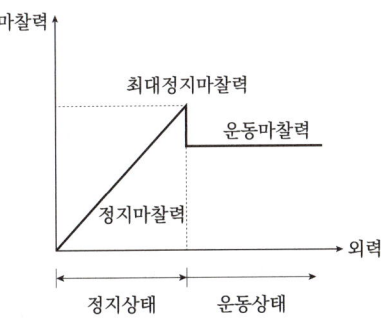

④ 물리에서 '스칼라'란 크기만 존재하며 '벡터'란 크기와 방향이 존재한다.

스칼라	벡터
속력	속도, 가속도
이동거리	변위
온도, 압력	
길이, 면적, 부피	

▼ 꼭 알아두자!
스칼라와 벡터는 혼동하기 쉬운 것을 몇가지 암기해 두면 좋다. 너무 자세히 공부할 필요는 없다.

003
정답 ③

①, ② 물리에서 '스칼라'란 크기만 존재하며, '벡터'란 크기와 방향이 존재한다.

스칼라	벡터
속력	속도, 가속도
이동거리	변위
온도, 압력	
길이, 면적, 부피	

③ 마찰력은 두 물체의 접촉면 사이에서 발생하며 그 힘의 방향은 물체의 운동방향에 반대로 발생한다.
④ 동마찰계수는 정마찰계수보다 항상 작다. 멈춰있는 물체를 밀 때 일단 움직이기만 하면 미는 힘을 적게 줘도 수월하게 움직이는 것을 생각하면 기억하기 쉽다.

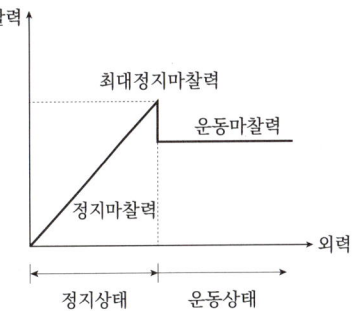

004
정답 ②

① 마찰력($F=\mu N$)은 접촉면의 크기(A)에 상관없다.
② 동마찰계수는 정마찰계수보다 항상 작다. 멈춰있는 물체를 밀 때 일단 움직이기만 하면 미는 힘을 적게 줘도 수월하게 움직이는 것을 생각하면 기억하기 쉽다.
따라서 최대정지마찰력은 운동마찰력보다 크다.

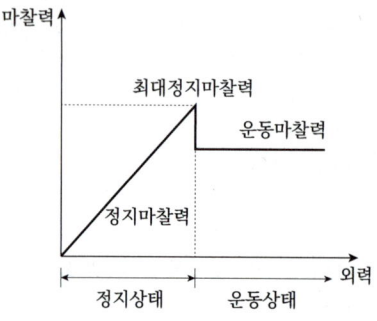

③ 마찰력(F)은 물체의 운동방향에 반대로 발생한다.
④ 마찰각(θ)이란 물체가 움직이려는 순간의 경사 각도를 의미한다. 마찰력(F)이 크면 마찰각이 크다. 따라서 최대 정지마찰력에 도달했을 때 마찰각도 최대값을 갖는다.

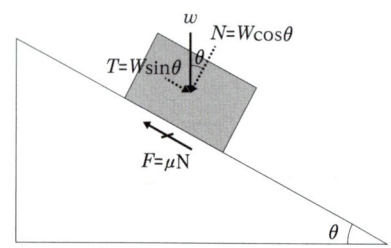

ㄷ. 변형 후의 형상을 사용하기도 한다.
　ex) 강체를 포함한 구조

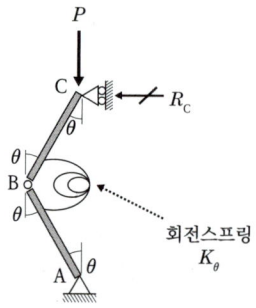

ㄹ. 해당 보기는 부정정차수 판정식이 '0'임에도 불구하고 불안정 구조로 판정되는 예외 문장 중 하나이다. 반력이 한 점에 모이는 구조물은 불안정한 구조로 판정된다.

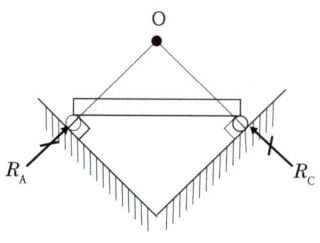

〈반력의 한 점에 모이는 경우〉

005

정답 ④

ㄱ. T형 단면의 경우 도심과 전단 중심이 일치하지 않는 것을 알 수 있다.

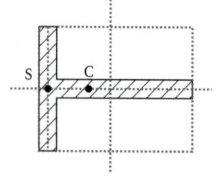

ㄴ. θ가 매우 작을 때 $\sin\theta \approx \theta$, $\tan\theta \approx \theta$이다.

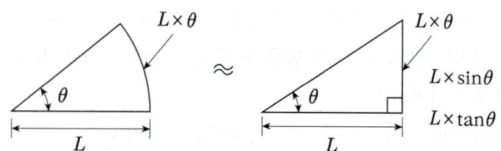

006

정답 ③

①, ② 가속도란 속력이 변하거나 방향이 변하는 것을 의미한다.
　일정한 속력으로 직선 운동하는 물체는 속력과 방향이 변하지 않았으므로 가속도가 영(zero)이다.
　일정한 속력으로 곡선 운동하는 물체는 방향이 변했으므로 가속도가 영(zoero)이 아니다.
③ 단면이 모멘트를 받을 경우 휨 응력은 다음과 같다.

$$\sigma_x = -\frac{My}{I}$$

이러한 수직응력은 미소요소에 전단응력을 발생시킨다.

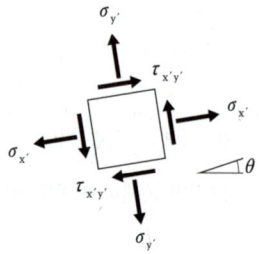

$$\tau_{x'y'} = -\frac{\sigma_x - \sigma_y}{2}\sin 2\theta + \tau_{xy}\cos 2\theta$$

④ 옳은 보기이다.

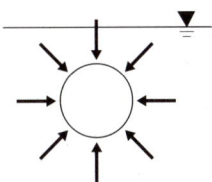

> **꼭 알아두자!**
> 보기 ③의 연직응력은 출제자가 수직응력을 잘못 표현한 것으로 짐작된다.

007   정답 ②

힘의 차원 $[MLT^{-2}]$를 암기해 두면 좋다.

① 응력은 '$\frac{힘}{면적}$'이다.
$$\sigma = \frac{P}{A} = \frac{N}{m^2} = \frac{MLT^{-2}}{L^2} = ML^{-1}T^{-2}$$

② 에너지는 '힘×거리'이다.
$$U = \frac{P\delta}{2} = \frac{N \times m}{2} = \frac{MLT^{-2} \times L}{2} = ML^2T^{-2}$$

③ 전단력은 '힘'이다.
$$F = MLT^{-2}$$

④ 휨모멘트는 '힘×거리'이다.
$$M = N \times m = MLT^{-2} \times L = ML^2T^{-2}$$

008   정답 ③

인장 응력, 비틀림 응력, 탄성계수는 모두 응력의 단위[N/m²]를 갖는다. 그러나 전단 변형율의 경우에는 $\gamma = \frac{\tau}{G} = \frac{N/m^2}{N/m^2}$이므로 무차원이다.

009   정답 ②

② $I_p = I_x + I_y$이다. 단면 2차모멘트는 항상 '+'의 값을 가지므로 I_p 또한 항상 '+'이다.

④ 모든 힘은 일을 한다. $U = \frac{M\theta}{2}$

010   정답 ②

① $\tau = \frac{VQ}{Ib}$, 단면1차모멘트(Q)에 영향을 받는다.

② $K = \frac{M}{EI}$, 단면상승모멘트(I_{xy})에 영향을 받지 않는다.

③ $\sigma = \frac{M}{S}$, 단면계수(S)에 영향을 받는다.

④ ex) $\delta = \frac{PL^3}{3EI}$, 단면2차모멘트($I$)에 영향을 받는다.

011   정답 ②

② 탄성 곡선상의 점 A에서의 접선과 점 B로부터 그은 접선 사이의 점 A에서의 수직편차 $t_{B/A}$는 $\frac{M}{EI}$ 선도에서 이 두 점 사이의 모멘트와 같다. 문제에서 면적은 사잇각을 의미한다.

012   정답 ③

③ 보기는 이중적분법에 대한 설명이다.
가상일법(단위하중법)은 구하고자 하는 변위의 방향으로 '단위하중'을 가해 변위를 계산하는 방법이다.

CHAPTER 28 소성해석

001 ①   002 ①   003 ④   004 ②

001

정답 ①

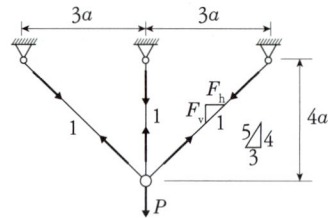

문제의 <그림 2>에서 각 부재의 항복 하중이 '1'임을 알 수 있다. 극한 수직 하중을 계산하기 위해 모든 부재가 항복 하중 '1'에 도달했다고 가정한다.

$\uparrow + \sum F_y = 0$;

$2F_v + 1 - P = 0$

$\rightarrow 2\left(1 \times \dfrac{4}{5}\right) + 1 - P = 0$

$\therefore P = \dfrac{13}{5}$

꼭 알아두자!

'항복 하중'이란 구조를 이루는 부재 중 어떤 부재가 처음으로 항복에 도달할 때 외력을 의미한다. '극한 하중'이란 구조를 이루는 모든 부재가 항복에 도달할 때 외력을 의미한다.

002

정답 ①

주어진 재료는 탄소성 재료이므로 구조가 탄성영역에 있는지 소성 상태에 이르렀는지 판단이 필요하다. 온도 변형에 의한 고정단 반력을 R로 가정하면 다음과 같은 변위 일치 방정식을 세울 수 있다.

$\delta_1 + \delta_2 = 0$ (∵ 양단 고정) ;

δ_1 : 온도 변화에 따른 고정단 반력에 의한 변형

δ_2 : 온도 변화에 따른 변형

$\dfrac{RL}{EA} + \alpha \Delta T L = 0 \cdots\cdots$ ①

$\rightarrow \sigma = \dfrac{R}{A} = -\alpha \Delta T E$

재료가 항복에 이르는 온도 변화를 계산하기 위해 항복응력 200MPa을 대입한다.

$200\text{MPa} = -(5 \times 10^{-5}/\text{℃})(\Delta T)(200\text{GPa})$

$\rightarrow \Delta T = -\dfrac{200\text{MPa}}{(5 \times 10^{-5}/\text{℃})(200\text{GPa})} = -20\text{℃}$

문제에서는 $\Delta T = -10\text{℃}$라고 하였으므로 재료는 탄성 영역에 존재한다. 따라서 온도 하중은 ①식을 이용하여 다음과 같이 계산된다.

$R = -\alpha \Delta T E A$

$= -(5 \times 10^{-5}/\text{℃})(-10\text{℃})(200\text{GPa})(200\text{mm}^2)$

$\therefore R = 20\text{kN}$

003

정답 ④

① $r_{\min} = \sqrt{\dfrac{I_{\min}}{A}} = \sqrt{\dfrac{\left(\dfrac{hb^3}{12}\right)}{bh}} = \dfrac{b}{\sqrt{12}}$

$r_{\max} = \sqrt{\dfrac{I_{\max}}{A}} = \sqrt{\dfrac{\left(\dfrac{bh^3}{12}\right)}{bh}} = \dfrac{h}{\sqrt{12}}$

$r_{\min} \times r_{\max} = \dfrac{bh}{12}$

③ 탄성 좌굴축은 약축으로 세로축이다.

④
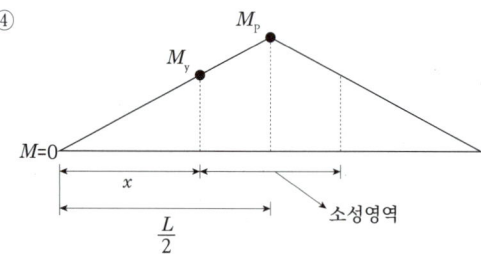

$M_y = \sigma_y \times S = \sigma_y \times \dfrac{bh^2}{6}$

$M_P = \sigma_y \times Z = \sigma_y \times \dfrac{bh^2}{4}$

$M_y : M_P = x : \dfrac{L}{2}$

$\rightarrow \dfrac{1}{6} : \dfrac{1}{4} = x : \dfrac{L}{2}$

$\rightarrow x = \dfrac{L}{3}$

$\therefore$ 소성영역 $= L - 2x = \dfrac{L}{3}$

꼭 알아두자!

소성힌지가 생성되면 정정 구조에 내부힌지가 추가되는 것으로 구조는 불안정 구조가 되어 붕괴된다.

004

정답 ②

2021년도 지방직 7급 19번에 출제된 적 있는 유형으로, 곡률을 이용하여 풀이하는 방법을 익혀두자.

$$\varepsilon_y = \frac{\sigma_y}{E} = \frac{200\text{MPa}}{200\text{GPa}} = 1 \times 10^{-3}$$

$\varepsilon = -Ky$;

$$\rightarrow K = -\frac{\varepsilon}{y} = \frac{-1 \times 10^{-3}}{\left(-\frac{h}{4}\right)} = \frac{4 \times 10^{-3}}{h}$$

$$\therefore \varepsilon_{\max} = -K\left(\frac{h}{2}\right) = \frac{4 \times 10^{-3}}{h} \times \frac{h}{2} = 2 \times 10^{-3}$$

꼭 알아두자!

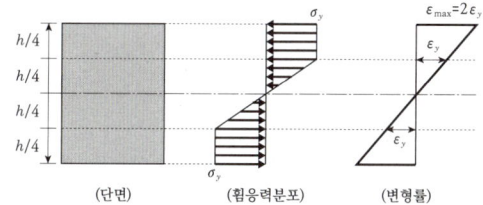

(단면)　(휨응력분포)　(변형률)

평면유지의 법칙은 항복에 도달하더라도 적용되므로 이를 이용하여 최대 변형률을 계산할 수도 있다.

$$\varepsilon_y = \frac{\sigma_y}{E} = \frac{200\text{MPa}}{200\text{GPa}} = 1 \times 10^{-3}$$

$$\varepsilon_{\max} = 2\varepsilon_y = 2(1 \times 10^{-3}) = 2 \times 10^{-3}$$

CHAPTER 29 기타 문제

문제편 297p~298p

| 001 ① | 002 ② | 003 ④ | 004 ④ |

001

정답 ①

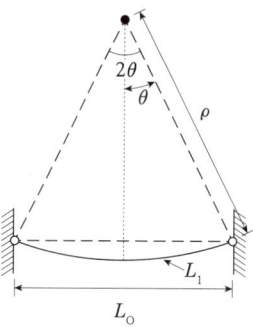

원래 길이 : $L_o = 2(\rho\sin\theta)$
변형 후 길이 : $L_1 = \rho(2\theta)$

$$\varepsilon = \frac{\text{변형된 길이}}{\text{원래 길이}} = \frac{L_1 - L_o}{L_o}$$

$$= \frac{2\rho\theta - 2\rho\sin\theta}{2\rho\sin\theta} = \frac{\theta - \sin\theta}{\sin\theta}$$

002

정답 ②

(1) 방향벡터($\vec{r}$) 계산

$\vec{r}$ = 도착지점 좌표 − 시작지점 좌표
$= A(4,5,-2)\text{m} - O(0,0,0)\text{m} = 4\vec{i} + 5\vec{j} - 2\vec{k}$

(2) 힘벡터($\vec{F}$)

$\vec{F} = 8\vec{i} + 4\vec{j} - 3\vec{k}$

(3) 모멘트 벡터($\vec{M}$) 계산

$$\vec{M} = \vec{r} \atop \vec{F} \begin{vmatrix} \vec{i} & \vec{j} & \vec{k} \\ 4 & 5 & -2 \\ 8 & 4 & -3 \end{vmatrix}$$

$= \vec{i}(5 \times (-3) - (-2)(4)) - \vec{j}(4 \times -3 - (-2)(8))$
$\quad + \vec{k}(4 \times 4 - 5 \times 8)$
$= -7\vec{i} - 4\vec{j} - 24\vec{k}$

003

정답 ④

(1) 방향벡터($\vec{r}$) 계산

$\vec{r}$ = 도착지점 좌표 − 시작지점 좌표
$= B(6, 0, 5)\text{m} - A(4, 0, -3)\text{m} = 2i + 0j + 8k$

(2) 힘벡터($\vec{F}$) 계산

힘벡터의 단위방향벡터($\vec{n}$) 계산 ;

$\vec{N}$ = 도착지점 좌표 − 시작지점 좌표
$= C(0, -8, 5)\text{m} - B(6, 0, 5)\text{m} = -6i - 8j + 0k$

$\vec{n} = \dfrac{1}{\sqrt{6^2 + 8^2 + 0^2}}(-6i - 8j + 0k)$

$= \dfrac{1}{10}(-6i - 8j + 0k)$

$\vec{F} = 10\text{kN} \times \vec{n} = -6i - 8j + 0k$

(3) 모멘트 벡터($\vec{M}$) 계산

$\vec{M} = \begin{matrix}\vec{r}\\\vec{F}\end{matrix}\begin{vmatrix} i & j & k \\ 2 & 0 & 8 \\ -6 & -8 & 0 \end{vmatrix}$

$= i(0 \times 0 - 8 \times -8) - j(2 \times 0 - 8 \times -6) + k(2 \times -8 - 0 \times -6)$

$= 64i - 48j - 16k$

004

정답 ④

(1) 변형도를 이용한 방법

AB 부재만 온도 변형이 일어나 인장이 발생하므로 변위 선도는 다음과 같다.

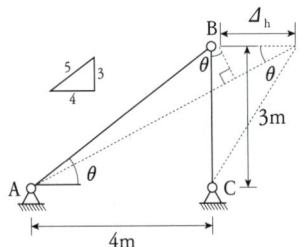

$\alpha \Delta T L = \Delta_h \times \cos\theta$;

$\rightarrow \Delta_h = \dfrac{\alpha \Delta T L}{\cos\theta} = \dfrac{(4 \times 10^{-5}/°\text{C})(10°\text{C})(5\text{m})}{\left(\dfrac{4}{5}\right)} = 2.5\text{mm}$

(2) 단위하중법을 이용한 방법

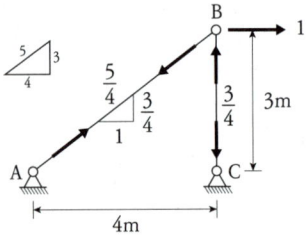

$1 \times \delta_h = \sum n \times dL$

$= \left(\dfrac{5}{4} \times \alpha \Delta T L\right) + \left(-\dfrac{3}{4} \times 0\right) = \dfrac{5}{4}\alpha \Delta T L$

$= \left(\dfrac{5}{4}\right)(4 \times 10^{-5}/°\text{C})(10°\text{C})(5\text{m}) = 2.5\text{mm} (\rightarrow)$

MEMO

MEMO

비전공자도 합격시키는 쉽고 가벼운 ——— **진승현 토목직**